全 世 界 无 产 者, 联 合 起 来!

马克思恩格斯全集

第四十卷

（上 册）

1867—1882年

经济学手稿

中共中央党史和文献研究院编译

人民出版社

《马克思恩格斯全集》第二版是根据中国共产党中央委员会的决定，由中共中央马克思恩格斯列宁斯大林著作编译局自1986年起负责编译的。中共中央党史和文献研究院组建以后，继续推进有关编译工作。

凡　　例

1. 正文和附录中的文献分别按写作或发表时间编排。在个别情况下，为了保持一部著作或一组文献的完整性和有机联系，编排顺序则作变通处理。

2. 目录和正文中凡标有星花×的标题，都是编者加的。

3. 在引文中尖括号〈　〉内的文字和标点符号是马克思或恩格斯加的，引文中加圈点。处，是马克思或恩格斯加着重号的地方。

4. 在目录和正文中方括号［　］内的文字是编者加的。

5. 未说明是编者加的脚注为马克思或恩格斯的原注。

6.《人名索引》、《文学作品和神话中的人物索引》、《文献索引》、《报刊索引》、《地名索引》、《名目索引》条目按汉语拼音字母顺序排列。

7. 引文的出处中标有［P.］、［B.］、［M.］、［L.］、［Zh.］者，分别为马克思的《巴黎笔记》(1843年10月—1845年1月)、《布鲁塞尔笔记》(1845—1847年)、《曼彻斯特笔记》(1845年)、《伦敦笔记》(1850—1853年)和《引文笔记》(1859年)的外文缩写符号，符号后面的罗马数字和阿拉伯数字，分别指笔记本的编号和页码。

目　　录

插　图

前　言

《马克思恩格斯全集》中文第2版第40卷主要收载马克思从1867年至1882年围绕《资本论》第二册和第三册撰写的手稿,此外还收入马克思在这一时期围绕修订、翻译《资本论》第一卷撰写的手稿。根据手稿的写作时间和篇幅,第40卷的内容在本版中分为上、中、下三册出版。第40卷(上)收载马克思于1867—1868年撰写的13篇手稿;第40卷(中)收载马克思于1868—1870年撰写的《资本论》第二册第Ⅱ稿;第40卷(下)收载马克思于1871—1882年撰写的手稿。

众所周知,马克思的三部经济学手稿是《政治经济学批判(1857—1858年手稿)》、《政治经济学批判(1861—1863年手稿)》和《资本论(1863—1865年手稿)》,它们分别收入本版第30—31卷、第32　37卷以及第38—39卷。第40卷收载的手稿可以统称为《资本论(1867—1882年手稿)》,这是马克思的第四部经济学手稿,其创作历程可以分为两个时期。1867—1870年为第一个创作时期。在这一时期,马克思开始的想法是在《资本论》第一卷问世后接着出版后续卷次,为此他同时推进第二册和第三册的付排稿的撰写。但随着写作的展开,付排稿不久就变成研究性手稿;由于《资本论》前三册构成一个"艺术的整体",而且第二册是第三册的逻辑前提,因此马克思逐渐将精力集中到第二册手稿的写作上。马克思在这一时期取得的最重要成果是《资本论》第二册第 II 稿。马克思在这一创作时期撰写的手稿收入第 40 卷（上）和（中）。1871—1882 年为第二个创作时期。在这一时期，从 1871 年至 1875 年，马克思将主要精力用于修订出版《资本论》第一卷德文第二版和法文版等工作，其间留下了若干手稿、札记，并写下几篇涉及第三册主题的片断稿；从 1876 年至 1882 年，马克思主要从事第二册手稿的撰写工作，留下了一系列手稿和片断稿，其中最主要的是第二册第 V—VIII 稿。第二个创作时期的手稿将收入第 40 卷（下）。

在 1867—1870 年即第一个创作时期，马克思希望在《资本论》第一卷顺利出版的基础上，尽可能快地出版《资本论》第二卷。当时马克思计划将《资本论》分成三卷四册出版：《资本论》第一卷第一册已经于 1867 年出版；第二卷包括第二册和第三册，即后来恩格斯整理出版的《资本论》第二卷和第三卷；第三卷包括第四册理论史。所以，这个时期马克思提到的第二卷，总是包括第二册和第三册。

马克思在《资本论（1863—1865 年手稿）》中已经为《资本论》第一、二、三册分别写了一份全卷手稿，其中的第一册手稿是马克思整理付排《资本论》第一卷的基础。同样，这部手稿包括的第二册第 I 稿和第三册"主要的手稿"（见《马克思恩格斯全集》中文第 2 版第 46 卷第 8 页；恩格斯将其编为第三册第 I 稿）是马克思整理付排后续卷次的基础。从 1866 年 1 月开始到 1867 年 4 月，马克思仔细整理和润色第一册手稿，写成《资本论》第一册的誊清稿；此后直到 8 月，马克思忙于审阅校样、撰写附录《价值形式》和第一版序言。马克思在此期间已经着手后续卷次的工作。就《资本论》第三册而言，马克思计划以这一册的主要手稿为基础撰写付排稿。马克思显然对第三册主要手稿的开篇部分并不满意，因此从改写这一部分入手。从1867年6月至1868年春，马克思进行了四次尝试，留下以《成本价格和利润》为题的四篇片断稿。另外，马克思在这一时期还写下与第三册有关的另外三篇手稿，分别涉及剩余价值率和利润率的关系、利润率规律和级差地租等主题。就第二册而言，马克思从1867年10月开始尝试以第二册第I稿为基础，为该册撰写付排稿，至1870年写成与第二册有关的手稿四篇，其中这一册本身的手稿三篇（主要是第二册第II稿和第IV稿），涉及该册主题的摘录一篇。除此以外，这一时期还有三篇手稿同时与《资本论》第二册和第三册有关，包括两篇研究性手稿和一篇摘录。

在这一创作时期，马克思为实现概念和术语的精准化而不断探索，同时在研究和阐述的方法上不断创新，使《资本论》的理论发展呈现出丰富的层次。

在本卷所收手稿和第二册第II稿中，马克思致力于对既有概念进行辨析和区分，而之所以这样做，是因为他自己还处在围绕"范畴的规定"进行探索的过程中（见《马克思恩格斯全集》中文第2版第38卷第255页）。例如，马克思自己使用的一些术语往往具有两重含义，有时甚至有三重含义，cirkulirendes Kapital这个词组就是如此。它既表示"流动资本"，又表示"流通资本"，还可以表示"流动的资本"。在表示"流动资本"时，这个词组指生产资本中在价值转移方式上与固定资本相区别的那部分资本，包括原料、辅助材料等和可变资本。在表示"流通资本"时，这个词组指不断进行形式转化的资本在流通领域所采取的两种形态，包括商品资本和货币资本。在表示"流动的资本"时，这个词组指资本的流动状态，从资本循环的角度来看，全部资本始终都处在运动和转化之中。为了消除这种一词多义现象,马克思力求采用更加清晰、妥帖、精确的术语来表示固定资本和流动资本,例如他尝试引入"创业资本"和"经营资本"这对概念。此外,马克思区分了生产时间和劳动时间,还区分了周转、周转时间、周转期间和周转周期。手稿使用的术语越来越丰富,各个概念的界定越来越精细,充分体现出马克思进行政治经济学研究的科学精神和严谨态度。

与概念和术语的探索过程紧密联系在一起的是具体的研究方法问题。为了使研究工作更具有针对性和更贴近研究对象,马克思根据不同的研究对象,分别采取辩证阐述、实证分析、数学计算和运用公式符号等具体方法。在第二册手稿中论述资本循环问题时,马克思运用了辩证阐述的方法,这对于从总体上把握资本的运动结构非常恰当,同时十分有效。在这一时期,马克思还摘录了许多统计材料,为进行科学论证提供了充分的实证依据。在本卷许多手稿中,马克思采取数学计算的方式进行分析论证,其中一系列结论都与计算过程和结果密切相关。马克思在研究过程中还注重合理地借鉴自然科学和数学思维方法,灵活地运用公式、符号等辅助手段,这就使得阐述更为简洁精准,结论更为鲜明突出。马克思对研究方法高度重视,多年来持续进行艰辛探索,倾注了大量心血。这种孜孜不倦、卓有成效的努力,不仅推动了一系列具体问题的解决,而且彰显了科学世界观和方法论对政治经济学研究的重要指导意义,拓展了辩证唯物主义和历史唯物主义理论应用的新途径新境界。

第40卷(上)收载马克思撰写于1867—1868年的13篇手稿,其中有撰写第二册和第三册付排稿的过程中留下的片断稿,有涉及这两册主题的研究性手稿,还有与这两册内容相关的引文摘录。与第二册有关的手稿表明,马克思在努力写出一部全卷手稿的过程中,对资本流通过程所包含的资本循环和资本周转问题进行了多层面的系统探讨,深化了对资本周转与利润率关系的研究。与第三册有关的手稿表明,马克思在以《资本论》第三册主要手稿为基础写作新的手稿的过程中,拓展了对一些理论问题的研究,例如剩余价值率和利润率的关系、利润率的规律、资本周转对利润率的影响等。马克思还打算用新的实证材料对第三册主要手稿的相关内容加以更新,并为此广泛搜集材料,特别是关于第五章(此时他明确地称之为"信用章")和第六章(关于土地所有权和地租)的各种统计材料。

本卷收载的与第二册有关的手稿有三篇,分别是《资本论》第二册〈资本的流通过程〉第一章开头部分》、《〈资本论〉第二册按主题挑选的引文摘录》和《〈资本论〉第二册〈资本的流通过程〉(第Ⅳ稿)》。

《〈资本论〉第二册〈资本的流通过程〉第一章开头部分》写于1867年10月,是一篇只有四页的片断稿,内容涉及第二册第一章第1节。这篇片断稿可以说是第Ⅳ稿的准备稿,它每一页上半部分的段落都源自《资本论》第二册第Ⅰ稿,其内容又被马克思反复修改。在每一页下半部分,马克思尝试直接誊抄上半页修改过的内容。在抄写过程中,如果出现脚注,马克思只在行文中标出注码,不再抄写注释内容,结果是每一页的草稿和誊抄稿分别标有注码,但却使用共同的注文内容。马克思在抄写过程中往往又进行修改,到第四页就中止了写作。后来,在写作第Ⅳ稿的过程中,马克思将这四页的誊抄部分再次进行誊抄和修改,作为第Ⅳ稿前几页的内容。这篇片断稿的形成过程表明,马克思当时希望很快写成一部可以付排的第二册手稿。

《〈资本论〉第二册按主题挑选的引文摘录》写于1867年秋冬,有

12页,几乎每页上的关键词之间都留有空白,表明马克思打算摘录更多的内容。这篇摘录在马克思的创作过程中起着重要作用:他借此重新梳理自1865年第二册第Ⅰ稿写成以来尚未解决的理论问题,并储备相关引文以供利用。第二册第Ⅰ稿在许多方面还不完善,只是撰写新的手稿的基础,这篇摘录就是重新写作的第一个步骤。第二册第Ⅰ稿的不足之处表现在许多方面,例如还没有对第二册和第三册的论题做出清晰的划分,只探讨了作为第三册必要前提的那些资本流通问题,甚至都没有吸收《政治经济学批判(1861—1863年手稿)》中已经取得的许多理论成果。出现这种情况的部分原因是第二册第Ⅰ稿的特定写作过程:这部手稿是与第三册主要手稿交叉着写成的,第三册主要手稿前半部分写于1864年下半年,第二册第Ⅰ稿写于1865年上半年,第三册主要手稿后半部分写于1865年下半年。这篇摘录主要涉及第二章资本周转。在写作第二册第Ⅳ稿和第Ⅱ稿的过程中,马克思利用了本篇摘录中的绝大部分内容。

《〈资本论〉第二册〈资本的流通过程〉(第Ⅳ稿)》写于1868年春至当年年底,有58页,是一篇没有完成的手稿。第二册第Ⅳ稿的内容包括第一章《资本流通》和第二章《资本周转》的开头部分。第一章有三节,即《资本的形态变化》、《生产时间和流通时间》和《流通费用》。第1节探讨三种资本循环形式,即货币资本的循环、生产资本的循环和商品资本的循环。这三种循环形式后来构成第二册的核心阐述模式之一。第二章《资本周转》只写到第2节《固定资本和流动资本(创业资本和经营资本)》就中断了。从写作时间来看,第Ⅳ稿与第二册第Ⅱ稿的相应章节是重合的,马克思在一段时间内交替地撰写这两部手稿;从手稿内容来看,第Ⅳ稿是第Ⅱ稿部分内容的誊清和抄写;从笔迹和规格来看,第Ⅳ稿书写工整,章节划分明确,脚注规范完整。

　　第 IV 稿尽管并不完整，仍然有其自身的价值，它的部分叙述比较成熟，马克思打算将来采用其中的许多内容。恩格斯在整理出版《资本论》第二卷现行版的过程中利用了第 IV 稿，将其部分内容编为第五、六、七章和第八章开头部分（见《马克思恩格斯全集》中文第 2 版第 45 卷第 138—182 页）。

　　本卷收载的与第三册有关的手稿有七篇，分别是《关于剩余价值率和利润率的计算的札记》、第一章开头部分的四篇草稿、《利润率的规律》、《级差地租。采自摘录笔记本的摘录》。

　　《关于剩余价值率和利润率的计算的札记》写于 1867 年 4 月或 1869 年 9—10 月，涉及剩余价值率和利润率的关系问题。马克思通过计算表明，随着利润率的降低，对工人的剥削有可能加剧。

　　关于第一章开头部分的四篇草稿分别是：《第三册第一章〈剩余价值转化为利润。利润率〉（第一草稿）》，写于 1867 年 6 月 26—27 日；《第三册第一章〈剩余价值转化为利润和剩余价值率转化为利润率〉（第二草稿）》，写于 1867 年 9 月；《第三册第一章〈剩余价值转化为利润和剩余价值率转化为利润率〉（第三草稿）》，写于 1867 年 9—10 月，部分内容可能写于 1868 年春；《第三册第一章〈剩余价值转化为利润和剩余价值率转化为利润率〉（第四草稿）》，写于 1868 年春。

　　1864 年夏至 1865 年 12 月，马克思创作了《资本论》第三册主要手稿。在这部手稿中，第一章《剩余价值转化为利润》的第 1 节是《剩余价值和利润》。马克思在这里先论证了利润就是与预付总资本相联系的剩余价值，规定了利润率就是年剩余价值与年总资本之比，并予以阐述。不过手稿刚写到第 3 页，马克思就开始分析利润率提高和降低的条件，总结"利润率的规律"，探究剩余价值率和利润率之间差数的公式和变动规律。直到手稿第 33 页，他才谈到"成本价格"并在随后的几个手稿页中加以阐述。此后一直到手稿第 70 页，马克思又转而以数字例证计算的方式对剩余价值率和利润率的关系进行探讨。手稿从第 71 页开始是第 3 节《不变资本使用上的节约》（见《马克思恩格斯全集》中文第 2 版第 39 卷第 128 页）。由此可见，第三册主要手稿对成本价格问题的论述是相当薄弱的。

马克思从补充完善这一点开始，尝试直接写作第三册的付排稿，并且作了四次努力，留下四篇片断稿。这四篇草稿都没有超出第一章第 1 节的范围，因而从中无法看出马克思在撰写时对第三册篇章结构的整体考虑。不过，马克思在 1868 年 4 月 30 日给恩格斯的信中详细介绍了他在第三册中要考察的主要内容，一共分为七个要点：第 I 点论述的是，利润首先只是剩余价值的另一个名称或另一个范畴；第 II 点论述的是，在第 I 点中所说的运动现在被看做投在不同生产部门的资本量的差别；第 III 点论述的是，随着社会的进步，利润率趋向下降；第 IV 点讨论商人资本的加入使利润转化为实际形式；第 V 点进一步讨论这种实际形式的利润分为企业利润和利息，以及生息资本和信用制度；第 VI 点是超额利润转化为地租；第 VII 点探讨庸俗经济学家当做出发点的那些表现形式：地租来自土地，利润（利息）来自资本，工资来自劳动。由此可见，马克思撰写上述四篇草稿时仍然打算采用第三册主要手稿的篇章结构。

对于马克思来说，成本价格并不是一个价格量，而是一个价值量。因此，马克思偶尔也使用了"成本价值"这个概念（见本卷第 202 页）。马克思在这四篇草稿中区分了"实际的"成本价格和资本主义成本价格，前者是劳动的耗费，后者则是资本的耗费。马克思着手写作《第三册第一章〈剩余价值转化为利润。利润率〉（第一草稿）》的缘由可能是恩格斯1867年6月26日的一封信。恩格斯在这封信里提醒马克思,工厂主和庸俗经济学家会拿通常的计算方式来反驳他的价值规定:原料若干,折旧若干,工资若干(每一个实际的小时产品的实际开支)等等。

恩格斯在整理出版《资本论》第三卷现行版的过程中将第四草稿编为"第Ⅱ稿",将第三草稿编为"第Ⅲ稿",并利用这两篇片断稿编成第三卷第一章《成本价格和利润》(见《马克思恩格斯全集》中文第2版第46卷第30—48页)。恩格斯没有利用第一草稿和第二草稿。

《利润率的规律》写于1867年10—12月,一共有9页,马克思用罗马数字Ⅰ、Ⅱ、Ⅲ将其分为三个部分。在这篇手稿中,马克思总结了在《资本论》第三册主要手稿中已经得出的结论,其中包括四条规律:(1)利润率始终小于剩余价值率;(2)利润率随着剩余价值的增加而提高,随着剩余价值的减少而降低;(3)相同的剩余价值率可以表现为不同的利润率,反过来,不同的利润率可以表现相同的剩余价值率;(4)不同的剩余价值率可以表现为相同的利润率,反过来,相同的利润率可以表现不同的剩余价值率。

《级差地租。采自摘录笔记本的摘录》写于1868年春夏,只有4页。这篇摘录以《布鲁塞尔笔记》(1845年)、《曼彻斯特笔记》(1845年)和《大笔记本》(1865—1866年)等为资料来源,内容涉及级差地租的形成和稳定性,自然的土地肥力和经济学的土地肥力,土地的物理属性和化学属性,位置和气候的影响,由长年的单一种植导致的土地肥力耗尽,等等。

这篇摘录是马克思为修订第三册第六章《超额利润转化为地租》而写成的。第六章的写作本身伴随着研究过程,是马克思尝试对地租问题进行正面的系统论述的初步努力。在1865年撰写第六章之前以及后来在撰写该章过程中，马克思同时以摘录的形式进行研究工作，由此写成一本他自己称之为《大笔记本》的摘录笔记；这个笔记本的大部分内容与农业、地租和农业化学有关。在马克思看来，第三册第六章并不成熟，只是进一步写作的基础。首先，这一章的内容没有经过进一步加工整理，只是确立了基本范畴，文献引证工作也没有完成。其次，马克思对该章的结构也不满意，因此在这一章写作过程中重新拟定了写作计划（见《马克思恩格斯全集》中文第2版第39卷第1012页）。最后，农业科学研究领域出现了大量的新文献，其中包括农业化学家李比希和申拜因出版的最新著作，马克思认识到继续进行摘录和研究是非常必要的。

在本卷收载的手稿中，有三篇同时与第二册和第三册有关，它们是《关于剩余价值率和利润率、利润率规律、成本价格和资本周转》（简称《大手稿》）、《亚当·斯密〈国民财富的性质和原因的研究〉第一篇的几则评注性摘录》和《利润率、成本价格和资本周转》。

《大手稿》写于1867年10月或11月至1868年秋冬，总计79页，在本卷所有手稿中篇幅最大，它由四个独立部分组成。这四个部分分别是《关于剩余价值率和利润率的关系》、《利润率的一般规律》、《成本价格、利润、利润率和资本周转》、《关于周转和成本价格利润率、年利润率、一般利润率等的研究》。在第一部分《关于剩余价值率和利润率的关系》中，马克思分三种情况进行讨论：在剩余价值率和剩余价值量保持不变的前提下，总资本 C 由于不变资本 c 的增加而增加；总资本 C 保持不变，剩余价值 m 增加或者减少；在不变资本 c 保持不变的前提下，总资本 C 由于可变资本 v 的数量变化而发生变化。在这里，马克思是用例证计算的方法探讨各种变化情况的。第二部分《利润率的一般规律》是在本卷所收另一篇手稿《利润率的规律》的基础上写成的,并采用了同样的计算方法。在第三部分《成本价格、利润、利润率和资本周转》中,马克思探讨了成本价格、利润率和资本周转之间的各种联系,用相当大的篇幅剖析了涉及固定资本和流动资本这对概念的"错误"(见本卷第 233—240 页),这是属于《资本论》第二册的问题。第四部分《关于周转和成本价格利润率、年利润率、一般利润率等的研究》主要探讨资本周转对利润率的影响。我们知道,在《资本论》第三册主要手稿中,马克思预先说明要考察周转速度和周转次数对利润率的影响,并为此写下一个小标题"流通时间的变化即它的缩短和延长(以及与之相关的交通工具)对利润率的影响"(见《马克思恩格斯全集》中文第 2 版第 39 卷第 244 页),预留了空白的手稿页。但是,马克思随后又表示:"流通时间对利润率的影响程度如何,我们这里不打算详细探讨这个问题〔因为第二册还没有写,在该册中将专门论述这个问题〕。"(同上,第 266 页)在《大手稿》第四部分,马克思正是围绕这个问题展开专门研究。

《亚当·斯密〈国民财富的性质和原因的研究〉第一篇的几则评注性摘录》写于 1868 年 6 月 21—22 日前后,是马克思对亚·斯密《国民财富的性质和原因的研究》1848 年阿伯丁—伦敦版部分内容的摘录和评注。马克思摘录了斯密关于价值、价格、工资、利润、利息和地租的论述,并对斯密的论点逐一进行剖析。这篇摘录与第二册第 II 稿的写作有关,是从第二册第 I 稿向第 II 稿过渡的中间环节。在第二册第 I 稿中,马克思在论述社会再生产的第三章中借助斯密的交换概念进行阐述,其中包括资本和资本的交换、资本和收入的交换、收入和收入的交换。在阐述过程中,马克思依次对斯密论述的荒谬之处加以批判。而在第 II 稿第三章,马克思则就社会再生产阐述了自己的观点。从第二册第 I 稿借助亚·斯密的交换概念进行阐述,经过本篇摘录作为中介环节,马克思就过渡到第 II 稿及其他手稿中的正面阐述。

《利润率、成本价格和资本周转》写于 1868 年 6—7 月,当时马克思再一次研究利润率和成本价格等问题,写下本篇手稿。这篇手稿分为(I)、(II)两个部分。第(I)部分计算了一个数量为 500 的资本的三种不同周转情况;第(II)部分探讨在一般利润率既定的情况下价值如何平均化为生产价格,这里按照剩余价值率、有机构成和周转速度的不同组合,分为三种情况进行计算分析。

这篇手稿与《大手稿》第四部分《关于周转和成本价格利润率、年利润率、一般利润率等的研究》的写作过程紧密联系在一起,二者的主题都是探讨资本周转对利润率的影响问题。马克思在这两篇文献中将第二册和第三册的问题融合在一起进行探讨,在一定程度上跨越了两册之间既定的论题划分界限。在这里,为了更准确、更纯粹地研究资本周转对利润率的影响,马克思提出一个新的概念即成本价格利润率,并使用同一个数字例证进行计算分析,得出许多重要的结论。

成本价格利润率即按照成本价格计算的利润率,是指商品中包含的利润与成本价格即 c+v 的比率。在商品中包含的剩余价值 m 由于同全部预付资本发生联系而转化为利润的情况下,相应地 c+v 就转化为商品的成本价格。这里的商品可以是一周的产品,也可以是流动资本一个周转期间内的产品,还可以是年产品。所谓年利润率,也叫预付资本利润率,是每年生产的剩余价值量和为此而预付的全部资本的比率。预付资本中的固定资本在一年中只有一部分价值进入资本周转,而流动资本可能在一年中周转多次。马克思指出,只有成本价格利润率才能准确表示劳动力的剥削程度。

　　马克思在《资本论》第三册主要手稿中没有提出成本价格利润率的概念。这部手稿开篇给出的利润率定义是："如果现在按照由预付不变资本＋预付可变资本的总额构成的全部预付资本来计算年（或通常一定流通期间产生的）剩余价值，那么剩余价值就转化为利润。利润率是年剩余价值和总资本的比率，这个比率通常也以百分数表现出来。"（见《马克思恩格斯全集》中文第2版第39卷第8页）这里所谈的利润率是预付资本利润率，同时它以年为计算周期，所以也是年利润率。马克思接下来就开始探讨利润率与剩余价值率的关系，总结利润率的规律，将同一资本在一年内的周转假定为不变量。

　　而在《利润率、成本价格和资本周转》和《大手稿》第四部分中，马克思将同一资本的周转看做变量，资本周转速度的变化同样对利润率产生影响。马克思指出，影响年利润率的主要因素包括资本有机构成、剩余价值率和资本周转。如果要纯粹地考察资本周转的影响，就要假定资本有机构成和剩余价值率保持不变。具体来说，马克思列出一个数量为500的资本进行周转的三种不同情况，即每年周转一次、每年周转不到一次和每年周转多于一次。在这三种情况下，马克思在计算中都使资本在执行职能即进行价值增殖时有机构成保持不变，同时假定剩余价值率不变。马克思指出，资本按照一定的有机构成被预付出去，但在执行职能的过程中，由于周转的影响，这个资本按照另外一种不同的有机构成进行价值增殖，正是后面这种有机构成决定了成本价格利润率。虽然资本按照三种不同的速度进行周转，但成本价格利润率保持不变，因为执行职能的资本的有机构成保持不变。在这种情况下，如果年利润率发生变化，则只能归因于资本周转速度的变化，因为剩余价值率也没有变化。

　　在《利润率、成本价格和资本周转》中，马克思通过巧妙的分析将剩余价值率的影响转化为资本有机构成的影响(参看本卷第358—361页)。这样就只剩下两个决定因素,即资本有机构成和资本周转。在有机构成既定的情况下,影响年利润率的是资本周转速度。在资本周转速度既定的情况下,影响年利润率的是资本有机构成,具体则表现为不同的成本价格利润率对年利润率的决定作用。因此,利润率的平均化取决于两个因素,一是资本周转,二是成本价格利润率(具体来说则是成本价格利润率与年利润率之间的差数)。

考虑到利润率的平均化与生产价格的形成联系在一起,马克思在《利润率、成本价格和资本周转》这篇手稿后半部分探讨了生产价格问题,总结出商品生产价格的总公式。这里的生产价格是在商品成本价格的基础上,经过一定的追加或者扣除形成的。这种追加或者扣除由两个要素构成:由于资本周转不同导致单个资本偏离社会资本的平均周转,因此需要追加或者扣除第一个要素。由于成本价格利润率偏离社会资本的年利润率,因此需要追加或者扣除第二个要素。将这两个要素包括在内的公式,马克思称之为商品生产价格的总公式。这样,马克思就考察了商品价值平均化为生产价格的过程。

本卷中译文根据《马克思恩格斯全集》历史考证版第2部分第4卷第3册(2012年)编译。

需要指出的是,本卷所收手稿在《马克思恩格斯全集》历史考证版中是作为《1863—1867年经济学手稿》的结尾部分发表的。当年人们在研究收入这一时期手稿的第2部分第4卷的编目时,将这一卷分为3册:第1册和第2册收入《资本论(1863—1865年手稿)》,第3册收入《资本论(1863—1865年手稿)》完成之后到《资本论》第一卷出版之前写成的其余手稿。最后这些手稿保存在两个文件夹中，封面上有马克思写的"属于第二册"和"属十第三册"的字样。当时编者认为，这两个文件夹中的手稿都写于1867年《资本论》第一卷德文第一版出版之前，其内容是对《资本论（1863—1865年手稿）》的补充。

1983年，收入《资本论》第一卷德文第一版的《马克思恩格斯全集》历史考证版第2部分第5卷出版，这决定了在第5卷之前不可能再增设别的卷次。1988年，第2部分第4卷第1册出版；1992年，第2部分第4卷第2册出版，这就等于提前确定了第4卷第3册所收文献在历史考证版第2部分中的起讫年代。然而，历史考证版第4卷第3册编者后来经过重新考证断定，全书正文部分所收13篇手稿的写作时间为1867—1868年，其中只有两篇手稿写于《资本论》第一卷德文第一版出版之前。这些手稿不是对《资本论（1863—1865年手稿）》的补充，而是一部全新的手稿即《资本论（1867—1882年手稿）》的开端部分。根据这种新的研究，本版不再将第4卷第3册手稿与第38、39卷作为一个单元，而是将它们与马克思后来写的手稿合为一卷即作为第40卷编译出版。

收入本卷的13篇手稿按照写作时间顺序进行编排。需要说明的是，马克思自己一般并未标明写作时间，这些手稿的写作时间通常是历史考证版编者根据传记材料、书信往来、手稿特点等推断得出的结论。

恩格斯在研究和辨读马克思的手稿时，用铅笔、红色铅笔在手稿上进行了标注和勾画，有时直接对一些笔误和计算错误进行修改，在编辑过程中又对马克思的原文作了极少量的改动。本卷手稿中凡是已经由恩格斯编入《资本论》第二卷和第三卷的内容（见《马克思恩格斯全集》中文第2版第45卷第138—182页、第46卷第30—48页)、在马克思的手稿和恩格斯整理出版的版本外文一致的情况下,中译文保持一致;如果外文不一致,本卷则按照手稿进行翻译。通过对比马克思的手稿和恩格斯整理出版的版本,一方面可以看到马克思手稿的原貌,另一方面可以从恩格斯的改动中了解他从事编辑工作的具体思路和卓越贡献。至于恩格斯未采用的手稿,在本卷中均第一次译成中文。

另需指出的是,马克思在撰写手稿的过程中进行了大量修改,删除或替换一些文字。《马克思恩格斯全集》历史考证版编者把由此产生的变动称为"异文",我们将其中对理解正文有帮助的部分翻译出来,作为卷末注的内容发表。手稿有一些表达不准确或不严谨的地方,我们按手稿原貌译出。手稿中还存在一些笔误和计算错误,但马克思的分析和结论往往和计算结果紧密联系在一起;有鉴于此,我们遵从原稿,没有对计算或数字错误进行订正,仅在必要时用脚注予以说明。在处理这类问题时,我们核对了马克思相关手稿的照片,对历史考证版中少量排印或编校失误进行了订正。

在本卷手稿中,马克思大量运用缩写符号指代不同的概念和术语、表示不同的量或同一量的变化情况,符号使用有时前后并不一致,例如在计算资本构成的场合,马克思用 f 或 f.表示固定资本,用 c 表示流动资本或者不变资本,用 fc 或 f.c.或 cf 表示固定不变资本,用 cir.c.、circ.c.、circ.、c.cir 或 cc 表示流动不变资本,用 v.cir.或 cir.v 或 vc 表示流动可变资本,我们均按手稿原貌刊出,在必要情况下加脚注予以说明。马克思在摘录或引用其他作者的著作时,有时并非是逐字逐句地抄写,而是作了不同程度的改动或压缩,从而导致引文与原始文献有一些差别。马克思在撰写手稿时,一般把稿纸对折为上下两半,上半部分书写正文,下半部分用于注释。手稿中所加的注释,有时只是在正文和注释区域写有注码,并没有相应注文,有时甚至只在正文中写下注码,注释区域什么都没有写。以上情况,我们均按原样刊出,在必要时用脚注加以说明。马克思在撰写手稿的过程中,有时在手稿页中其他地方写下文字,对原来的行文进行补充,并用特定符号示意将两处文字联系起来;有时用文字提示调整一些段落的位置。历史考证版编者根据这些符号和提示对马克思的手稿文本作了调整,我们也照此刊出,不再另做说明。方括号中的数字是马克思为自己的手稿所编的页码。

卡·马克思

经济学手稿

(1867—1882 年)

《资本论》第二册和第三册手稿

（1867—1868 年）

关于剩余价值率和利润率的计算的札记

（由路易·库格曼加以说明）[1]

写于1867年4月16日—5月15日之间，或1869年9月18日—10月7日之间

第一次用德文发表于《马克思恩格斯全集》2012年历史考证版第2部分第4卷第3册

原文是德文

中文根据《马克思恩格斯全集》2012年历史考证版第2部分第4卷第3册翻译

$$600—$$

$$500 \quad 400^c \quad 100^v$$

$$\overset{c}{400}+\overset{v}{100}+\overset{m}{100}=600 \quad 100\%$$

$$\frac{100}{500}=20\% \quad 90\% \quad 10\%$$
$$\overline{\qquad\qquad}$$

$$100 \quad 20$$
$$10\,000$$

$$\overset{c}{100} \quad \overset{v}{100} \quad \frac{120\text{ 塔勒}}{120}$$
$$50 \mid 150$$

$$\overset{c}{100} \quad \overset{v}{100} \mid \overset{m}{20} \mid 10\%$$

$$170 \mid 30 \mid \overset{m}{10} \mid 33\frac{1}{3}\%$$

$$\frac{10}{200} \qquad 5\%$$

〔由库格曼加以说明：〕

利润率的降低决定于对只是再生产出来的生产资料的更大投入，(机器等)，但是，尽管利润更少，对工人的剥削却加剧了。

如果利润＝5％,那么剥削＝$33\frac{1}{3}$％。

如果资本家的利润＝20％,那么对工人的剥削（剩余价值）＝100％。

卡尔·马克思

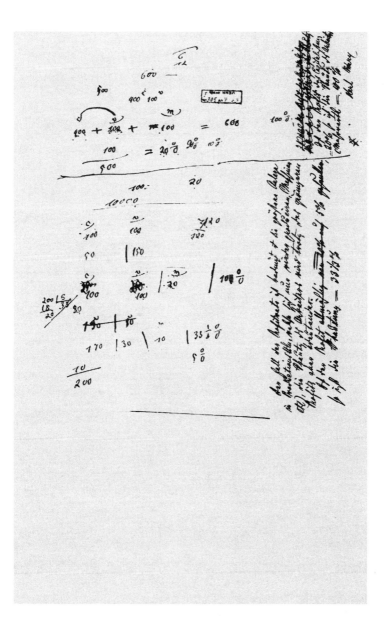

《关于剩余价值率和利润率的计算的札记》手稿

第 三 册

第 一 章

剩余价值转化为利润。利润率

（第 一 草 稿）[2]

写于 1867 年 6 月 26—27 日

第一次用德文发表于《马克思
恩格斯全集》2012 年历史考证
版第 2 部分第 4 卷第 3 册

原文是德文

中文根据《马克思恩格斯全集》
2012 年历史考证版第 2 部分
第 4 卷第 3 册翻译

69

T AG A

2. Bd 3 gehörig

(NO 69ª)

标有"属于第三册"字样的封面

[1] 第 一 章

剩余价值转化为利润。利润率

（1）成本价格和利润

按照资本主义方式生产的一切商品的价值都可以分解为 $c+v+m$。[①] 如果我们从这个产品价值中减去剩余价值，那么，**在商品中剩下的**，是一个剩余部分 $=c+v$，即一个在商品生产上耗费的**资本价值 $c+v$** 的单纯**等价物**。商品价值的这个部分，或者说它借以表现自身的**价格**，只是**补偿资本家所消耗的生产资料和所使用的劳动力的价格总额**，也就是说，只是**补偿商品使他自己耗费**的东西，所以对资本家来说，构成商品的**成本价格**。如果我们把商品价值叫做 **w**，把成本价格叫做 **k**，那么，$w=c+v+m$ 这个公式就转化为 $w=k+m$，或者说，**商品价值＝成本价格＋剩余价值**。

用来补偿所耗费的资本价值的那部分商品价值，必须通过流通过程，不断从**商品形式**再转化为商品的**生产要素形式**，或者说从商品

---

① 参看本卷第 23、31、532 页，《马克思恩格斯全集》中文第 2 版第 42 卷第 215—217 页。——编者注

资本形式再转化为生产资本形式。成本价格必须不断**买回**在商品形成中消耗的生产资本的组成部分,而通过自己在商品再生产中发挥的这种特殊作用,成本价格就使自己表现为商品价值的一个独特部分。[3]

商品的成本价格**小于商品的价值**。既然 w＝k＋m,那么 k＝w－m,或者说,**成本价格＝商品价值减去包含在它当中的剩余价值**。剩余价值,即商品价值的一部分,不需要资本家耗费什么东西,因为它耗费的只是工人的无酬劳动。剩余价值产生于商品生产,但是剩余价值的生产费用并不进入资本家的费用。所以,商品使它的资本主义生产者耗费的东西和**商品的生产本身耗费**的东西,是两个完全不同的量。商品的资本主义费用是用**资本的耗费**来计量的,而商品的实际费用或商品价值,则是用**劳动的耗费**来计量的。因此,构成商品价值的一个单纯部分的商品的成本价格,是一个表明资本主义生产的特征的特性。

从成本价格的规定很容易得出结论:成本价格自身的价值量,随着资本耗费的量的给定而给定。例如,如果为了生产某个商品量必须耗费 500 镑资本,那么商品的成本价格就是 500 镑,也就是说,要取得的产品价值中就有 500 镑,构成资本预付[(1)] 的一个单纯等价物或一个单纯补偿价值。预付资本的价值量每一次发生变化,商品的成本价格也会相应地发生同样大小的变化。

---

(1) 这里所理解的资本预付,只是在商品生产过程中**实际**耗费的那部分资本投入。参看第一卷第 179—180 页。[①]

---

① 参看《马克思恩格斯全集》中文第 2 版第 42 卷第 205—207 页。——编者注

《第三册　第一章　剩余价值转化为利润。利润率（第一草稿）》第1页

[2]并且，这种变化是产生于预付资本中不变部分的价值量的改变，还是产生于可变部分的价值量的改变，在这里是完全无关紧要的。假定 500 镑的预付资本最初＝$c_{400}+v_{100}$。如果同样一些生产资料的价格从 400 提高到 450，或者从 400 降低到 350 镑，那么，成本价格一次是提高到 550 镑（＝$c_{450}+v_{100}$），另一次则是降低到 450 镑（＝$c_{350}+v_{100}$）。但是，如果同量劳动力的价格从 100 提高到 150 镑，或者相反从 100 降低到 50 镑，也会出现完全相同的结果。在一个场合，成本价格会从 500 提高到 550 镑（＝$c_{400}+v_{150}$），在另一个场合，成本价格则降低到 450 镑（＝$c_{400}+v_{50}$）。因此，就成本价格而言，在资本预付的不变组成部分和可变组成部分之间不存在区别。实际上，在资本预付本身内部也不存在这种区别。只有在实际执行职能的生产资本中，这种区别才会表现出来。预付资本是一个既定的价值额，例如 500 镑。预付资本的两个部分，购买生产资料所投入的 400 镑，以及购买劳动力所投入的 100 镑，同样都是既定的价值量，其中一个由生产资料的价格决定，另一个由劳动力的价格决定。因此，如果资本预付的一部分，即用于购买劳动力的 100 镑，被称为可变资本，那么，这只是就随后在资本的生产过程本身中发生的变化而言的，但是，这种变化丝毫也没有改变下述情况：资本预付中的 100 镑和以前一样表现为所使用的劳动力的价格。[4]我们总结一下这些情况：商品的成本价格，也就是说，**商品价值的一部分**，随着资本预付的量的给定而给定；资本预付的价值量每一次发生变动，成本价格的量就相应地发生同样大小的变化；最后，不变资本和可变资本的区别，无论是就成本价格而言，还是在资本预付本身内部，都不会表现出来。只要将上面的情况总结起来，那么似乎就非常清楚，预付资本价值，例如 500 镑，构成**商品价值的**一个**现成要素**即商品成本价格，而

剩余价值则是成本价格的增加额。只要不再孤立地就其自身来考察成本价格及其变动，而是联系资本的价值增殖过程从而联系商品的价值形成过程进行考察，庸俗经济学固执地抓住的这种假象就会消失。

第 三 册

第 一 章
剩余价值转化为利润和
剩余价值率转化为利润率
（第 二 草 稿）[5]

大约写于 1867 年 9 月

第一次用德文发表于《马克思
恩格斯全集》2012 年历史考证
版第 2 部分第 4 卷第 3 册

原文是德文

中文根据《马克思恩格斯全集》
2012 年历史考证版第 2 部分
第 4 卷第 3 册翻译

[1] 第 一 章

剩余价值转化为利润和
剩余价值率转化为利润率

（1）成本价格和利润

按照资本主义方式生产的一切商品的价值都可以分解为 $\overarc{c+v}+m$。如果我们从这个产品价值中减去剩余价值，那么，在商品中剩下的，是一个剩余部分＝$\overarc{c+v}$，即一个**在商品的生产要素上耗费的资本价值 c＋v** 的单纯**等**价物或单纯**补偿价值**。

商品价值的这个部分，或者说它借以表现自身的价格，只是补偿商品**使资本家自身耗费**的东西，也就是说，只是**补偿所消耗的生产资料和所使用的劳动力的价格总额**。所以对资本家来说，它构成商品的**成本价格**。如果我们把商品价值叫做 w，把成本价格叫做 k，那么，w＝c＋v＋m 这个公式就转化为 w＝k＋m 这个公式，或者说，**商品价值＝成本价格＋剩余价值**。

只补偿所耗费的资本价值的那部分商品价值，必须通过流通过程，不断从**商品形式**再转化为**生产要素形式**，或者说必须不断**买回生**

产资本中消耗的组成部分。因此,通过自己在商品再生产中的这种职能,**成本价格**就使自己表现为商品价值的一个特殊的特有要素。另一方面:商品**使资本家耗费的东西**和**商品的生产本身耗费的东西**,是两个完全不同的量。商品价值中由剩余价值构成的部分,**不需要资本家耗费什么东西**,因为它耗费的只是工人的**无酬劳动**。商品的资本主义费用是用**资本的耗费**来计量的,而商品的实际费用则是用**劳动的耗费**来计量的。所以,商品的资本主义成本价格小于商品的**价值**,或者说小于商品的实际成本价格。既然 **w＝k＋m**,那么 **k＝w－m**,或者说:**成本价格＝商品价值减去这个价值中包含的剩余价值**。因此,把商品中合起来只是补偿所耗费的资本价值的那<u>些</u>价值部分,在**成本价格**范畴下独立出来,同时也就表明了资本主义生产的特殊性质。[①]

相反,**成本价格**这一范畴同**商品价值的形成**,或同在实际的资本价值增殖过程中发生的事情毫无关系。[6]

假定某个商品的生产耗费 500 镑的资本,即用于生产资料的 400 镑或 c_{400}(＝用于劳动资料损耗的 20 镑和用于生产材料的 380 镑),和用于购买劳动力的 100 镑或 v_{100}。假定一个十小时的平均工作日表现为一个 6 先令的货币量,劳动力的剥削程度为 100%。这样一来,100 镑可变资本就是 $333\frac{1}{3}$ 个十小时工作日的价值产品,但是,用这 100 镑支付的劳动力却提供 $666\frac{2}{3}$ 个十小时工作日的劳动。

产品价值＝600 镑＝c_{400}＋200 镑新价值。

600 镑产品价值的六分之五,或者说 500 镑,构成商品的**成本价**

---

① 本手稿从开头至此的内容,参看本卷第 15—16 页。——编者注

格。成本价格包含 c_{400} 和新生产的 200 镑价值的一半($=v_{100}$),也就是说,包含就其生产而言两个完全不同的价值组成部分。一旦我们假定所耗费的不变资本部分,或者假定所耗费的可变资本部分发生价值量的变化,成本价格的这两个要素同商品价值本身的不同关系就会恰当地显现出来。

假定同样一些生产资料的价格由 400 镑提高到 600 镑,或者相反,降低到 200 镑。在第一个场合,不仅商品的**成本价格**由 500 镑提高到 700 镑($=c_{600}+v_{100}$),而且**商品价值**本身也由 600 镑提高到 800 镑($=c_{600}+v_{100}+m_{100}$)。在第二个场合,不仅成本价格由 500 镑降低到 300 镑($=c_{200}+v_{100}$),而且商品价值本身也由 600 镑降低到 400 镑($c_{200}+v_{100}+m_{100}$)。①

反过来,假定同量劳动力的价格由 100 镑提高到 150 镑,或者降低到 50 镑。虽然在前一个场合,**成本价格**由 500 镑提高到 550 镑($=c_{400}+v_{150}$),而在后一个场合,成本价格降低到 450 镑($=c_{400}+v_{50}$),但在这两个场合,**商品价值**保持不变。我们得到的要么是 $c_{400}+v_{150}+m_{50}$,要么是 $c_{400}+v_{50}+m_{150}$,两次都是 600 镑。(1)**7**

[2]我们首先有一个从商品的生产过程中产生的新价值 200 镑。商品的另一个价值组成部分$=c$,在过程之前已经作为现在消耗掉的生产资料的价值,作为不变的资本部分 c 而独立存在。这个资本部分 c 不仅会由产品的一个价值组成部分$=c$ 得到**补偿**,而且它还将

---

(1)　第一卷第三章第 1、2 节。②

---

①　关于本段和下段内容,参看本卷第 19 页。——编者注

②　参看《马克思恩格斯全集》中文第 2 版第 42 卷第 167—205 页。——编者注

自身的价值 c **追加**到产品中去。劳动过程中消耗的生产资料的价值从生产资料本身转移到产品中去，从而作为产品价值的一个要素再现出来。因此，按照资本部分 c 的绝对价值量变大或变小，加到 200镑新价值上的价值部分 c 也就变大或变小，商品的绝对价值量＝**c＋200 镑新价值**也就增加或减少。[8]如果劳动力的价格从而可变资本部分 v 的价值增加或减少，那么只是 200 镑新价值中需要用来补偿 v 的部分增加或减少。如果可变资本＝100，那么 200 镑新价值的一半就要用于可变资本的补偿，如果 v＝50，那么 200 镑新价值的 $\frac{1}{4}$就要用于可变资本的补偿，如果 v＝150，那么 200 镑新价值的 $\frac{3}{4}$ 就要用于可变资本的补偿，与此同时，剩余价值分别构成 200 镑新价值的 $\frac{1}{2}$、$\frac{3}{4}$ 或者 $\frac{1}{4}$。新价值分解为预付可变资本的补偿价值即成本价格的一个要素和剩余价值的不同比例，自然丝毫不会改变新价值的总量，也就不会改变商品价值＝**c＋200 镑新价值**的绝对量。可变的资本价值会由商品价值来**补偿**，但它不是商品价值的一个构成要素。可变资本自身的价值不会像不变资本的价值那样被**追加**到产品中去。

　　从全部商品价值中会分割出来一部分，用于补偿在商品生产上所耗费的资本价值。这一部分就是商品的**成本价格**。因此，说什么成本价格的量是由所耗费的资本的量所决定，就是纯粹的同义反复。反过来，成本价格却并不决定商品价值的量。假如预付的资本价值＝c＋v，在我们的例子中＝c_{400}＋v_{100}，形成商品价值的一个现成的构成要素，从而作为既定的价值部分进入产品价值，而剩余价值 m，在我们的例子中是 m_{100}，被追加到这一现成存在的、由资本预付给定的价值组成部分上，就会出现上述情况。假如 c＋v＝c_{400}＋v_{100}，产品价值就会＝既定的 **500 镑成本价格＋100 镑剩余价值**，＝600

镑。相反,假如 $c+v=c_{400}+v_{150}$,产品价值就会＝**既定的 550 镑成本
价格＋100 镑剩余价值＝650 镑**。[(2)][①]

当然,预先可以知道的是,成本价格的一个要素,即补偿所耗费
的不变资本的那部分商品价值,同时是商品价值本身的一个构成要
素。商品价值的这个部分之所以作为商品价值的部分存在,只是因
为它以前就作为预付的资本部分的价值存在了,而这个价值正是它
必须补偿的。

---

(2)　实际上,庸俗经济学就是这样理解问题的,因此,按照其观点,商品价
值随着工资的上涨或下跌而增加或减少。[②]

第 三 册

第 一 章

剩余价值转化为利润和
剩余价值率转化为利润率

（第 三 草 稿）[9]

写于 1867 年 9—10 月，部分
内容大约写于 1868 年春

第一次用德文发表于《马克思
恩格斯全集》2012 年历史考证
版第 2 部分第 4 卷第 3 册

原文是德文

中文根据《马克思恩格斯全集》
2012 年历史考证版第 2 部分
第 4 卷第 3 册翻译

[1] 第 一 章

剩余价值转化为利润和
剩余价值率转化为利润率

（1）成本价格和利润

按照资本主义方式生产的一切商品的价值 w 都可以分解为 c＋v＋m。如果我们从这个产品价值中减去剩余价值，那么，**在商品中剩下的**，是一个在**商品的生产要素上耗费的资本价值 c＋v 的单纯等价物或补偿价值**，也就是说，是所消耗的生产资料和所使用的劳动力的价格总额的单纯**等价物**或补偿价值。商品的这个价值部分，只是补偿商品**使资本家自身耗费的东西**，所以**对资本家来说**，构成商品的**成本价格**。如果我们把商品价值叫做 w，把成本价格叫做 k，那么，w＝c＋v＋m 这个公式就转化为 w＝k＋m 这个公式，或者说，**商品价值＝成本价格＋剩余价值**。

商品**使资本家耗费的东西**和**商品的生产本身耗费的东西**，无疑是两个完全不同的量。商品价值中由剩余价值构成的部分，**不需要资本家耗费什么东西**，因为它耗费的只是工人的**无酬劳动**。但是，因为在资本主义生产的基础上，工人自己在进入生产过程之后，就构成执行职能并属于资本家的生产资本的一个单纯组成部分，从而资本家表现为实际的**商品生产者**，所以，**对资本家来说**，商品的成本价格也就表现为**商品本身的成本价格**。

因此，把商品价值中那些补偿商品生产上耗费的各个资本价值的部分概括为**成本价格**这个范畴，这一方面表明资本主义生产的特殊性质。商品的资本主义费用是用**资本的耗费**来计量的，而商品的实际费用则是用**劳动的耗费**来计量的。所以，商品的资本主义成本价格小于商品的实际成本价格，或者说**小于商品的价值**，这是因为，既然 **w＝k＋m**，那么 k＝w－m，或者说，**成本价格＝商品价值减去这个价值中包含的剩余价值**。另一方面，成本价格绝不是一个纯粹主观的范畴，即一个从资本家的观念中产生，从而作为他的账簿上的一个项目再现出来的范畴。确切地说，在实际的商品再生产中，商品价值中在**成本价格**范畴下独立出来的这个要素，发挥着独特的极为重要的作用，这是因为，成本价格必须通过流通过程，不断从自己的**商品形式再转化为生产要素形式**，或者说，商品的成本价格必须不断**买回**在商品生产上消费的生产资本的组成部分。因此，商品价值的这一部分事实上是在商品的连续生产过程中，也就是说，在商品的再生产过程中，使自己表现为商品价值的特有要素，而商品的再生产过程是**商品生产过程和商品流通过程的统一**。

相反，**成本价格**这一范畴同商品的**价值形成**，或同在**资本的价值增殖过程**中发生的事情毫无关系。即使我们知道，一个商品价值的六分之五只构成商品的成本价格，即只够补偿在商品生产上所耗费的资本价值，我们由此还是既不会知道，商品价值的这 $\frac{5}{6}$ 是怎样**生产出来**的，也不会知道，商品价值超出这 $\frac{5}{6}$ 以外的余额是怎样**生产出**

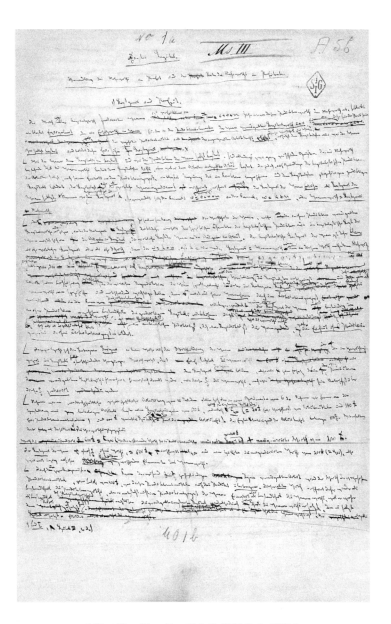

《第三册　第一章　剩余价值转化为利润和
剩余价值率转化为利润率(第三草稿)》第 1 页

来的。

我们假定,一个十小时的社会平均工作日表现为一个 6 先令的
货币量。此外,我们假定,某个商品的生产耗费 500 镑的资本,即用
于不变资本的 400 镑或 c_{400}(=用于劳动资料损耗的 20 镑和用于生
产材料的 380 镑),和 100 镑可变资本或 v_{100}(=劳动力的价格)。假
定劳动力的剥削程度为 100%。这样一来,我们得到的价值增值过
程的结果[1]就是:

**产品价值:600 镑=c_{400}(在生产资料上耗费的 400 镑资本的再
现价值)+新生产的 200 镑价值。**

商品的**成本价格**等于商品价值的 $\frac{5}{6}$,—500 镑,包含 c_{400} 和新生
产的 200 镑价值的一半(=v_{100}),也就是说,包含就其**生产**而言两个
完全不同的商品价值要素。

由于在 $366\frac{2}{3}$ 个十小时工作日内耗费的劳动的有目的的形式,
所消耗的生产资料的价值总计为 400 镑,就由这些生产资料**转移**到
产品中去了。所以,这个旧价值是作为产品价值的组成部分再现出
来的,而不是在商品的生产过程中产生的。它之所以作为商品价值
的组成部分存在,只是因为它以前已经作为资本预付的组成部分存
在了。因此,所耗费的不变资本,是用它本身**加**到产品中的那部分商
品价值来**补偿**的。

[2]成本价格的另一个组成部分的情况却完全相反。预付可变
资本**没有**把它本身的价值追加到产品中去。可变资本的价值或者劳

---

(1)　第一卷第三章第 1、2 节。[1]

---

①　参看《马克思恩格斯全集》中文第 2 版第 42 卷第 167—205 页。——
　　编者注

动力的价格，为这种力的活的表现所代替。因此，如果说劳动力在资本预付内被算做**价值**，那么它在实际的生产资本中就作为**价值形成要素**执行职能。通过转化为 $366\frac{2}{3}$ 个工作日内的劳动，劳动力创造出一个 200 镑的**新价值**。这个新价值的一部分只**补偿** 100 镑的可变资本，但是，预付的这 100 镑既不构成 200 镑新价值的一部分，也不构成 600 镑总的产品价值的一部分。

　　一旦我们假定所耗费的不变资本部分，或者假定所耗费的可变资本部分发生价值量的变化，成本价格的这两个要素同商品价值本身完全不同的关系就会恰当地显现出来。假定同样一些生产资料的价格或不变资本部分由 400 镑提高到 600 镑，或者相反，由 400 镑降低到 200 镑。在前一个场合，不仅商品的**成本价格**由 500 镑提高到 700 镑（$=c_{600}+v_{100}$），而且**商品价值**本身也由 600 镑提高到 800 镑（$=c_{600}+v_{100}+m_{100}$）。在后一个场合，不仅成本价格由 500 镑降低到 300 镑（$=c_{200}+v_{100}$），而且**商品价值**本身也由 600 镑降低到 400 镑（$=c_{200}+v_{100}+m_{100}$）。因为所耗费的不变资本会把它本身的价值加到产品中去，所以在其他条件不变的情况下，产品价值随着这个资本价值的绝对量的增减而增减。反过来，假定在其他条件不变的情况下，同量劳动力的价格由 100 镑提高到 150 镑，或者相反，降低到 50 镑。虽然在前一个场合，成本价格由 500 镑提高到 550 镑（$=c_{400}+v_{150}$），而在后一个场合，成本价格由 500 镑降低到 450 镑（$=c_{400}+v_{50}$），但在这两个场合，600 镑的**商品价值**保持不变。商品价值一次变为 $c_{400}+v_{150}+m_{50}$，另一次变为 $c_{400}+v_{50}+m_{150}$。[10]因为转化为劳动的劳动力将一个一定的**新价值**，在我们的例子中总计为 200 镑，追加到产品价值中 c 这部分上，即由所消耗的生产资料的价值给定的部分上，所以，预付可变资本的绝对价值量的变化，只要它仅仅表

示所使用的劳动力的**价格**的变化,就丝毫也不会改变产品价值

$\overgroup{c+200\ \textbf{镑新价值}}$的绝对总量。相反地,这种变化只会影响产品价值

的一部分即新价值分解为剩余价值和资本投入的补偿价值的

比例。[①]

　　因此,商品价值的一部分只提供一个在商品生产上所耗费的资

本价值的等价物或补偿价值,**从而构成商品的成本价格**,这是一个事

实,而且这一点完全不取决于在成本价格中加在一起的商品价值本

身的不同部分是如何形成或生产出来的。然而,在资本主义生产的

基础上,实际情况颠倒地表现出来。[11]

　　资本主义生产方式不同于建立在奴隶制基础上的生产方式的地

方,除了其他方面,还在于:**劳动力的价值或价格**,表现为**劳动本身的**

价值或价格,或者说,表现为**工资**。[②]因此,资本预付的可变部分,表

现为在工资上耗费的资本,表现为一个用来**支付**在生产上耗费的全

部劳动的资本价值。[12]

———————

　　500 镑资本预付＝在生产资料上耗费的 400 镑资本＋在所使用

的劳动上耗费的 100 镑资本。600 镑商品价值＝500 镑成本价格

(400 镑是所消耗的生产资料的价格＋100 镑是所使用的劳动的价

格)＋100 镑剩余价值。

　　现在,在资本预付中,在劳动上支出的资本部分和在生产资料

———————

(2)　同上,第五章第 4 节。[②]

———————

① 本手稿从开头至此的内容,参看本卷第 23—25 页。——编者注

② 参看《马克思恩格斯全集》中文第 2 版第 42 卷第 548—579 页。——

编者注

上,例如在棉花上支出的资本部分的区别,仅仅在于前者是用来支付一种物质上不同的**生产要素**。

————

[3][13]因此,在我们的例子中,100镑的劳动力价值或价格(就目前的问题而言,这个价格大于、小于还是等于价值是无关紧要的),即 $333\frac{1}{3}$ 个十小时工作日的价值产品,表现为在生产过程本身当中在 $666\frac{2}{3}$ 个工作日内被推动的劳动的价值或价格,或者说,表现为劳动力在 $666\frac{2}{3}$ 个工作日内完成的职能的报酬。换句话说,3先令,也就是5小时劳动的价值产品,表现为十小时的日劳动的价值。由此,在**资本预付**内,它的**不变**组成部分与它的**可变**组成部分之间的区别就消失了。正如在生产过程中消耗的生产资料的价值已经表现为资本预付的组成部分,现在,在生产过程中耗费的劳动的价值也表现为资本预付的组成部分。在这种情况下,生产资料因为被有目的地消耗掉,就把自己的价值转移到产品中去,同样,劳动因为以有目的、有用的形式被耗费掉,也把自己的价值转移到产品中去。因此,商品成本价格的所有组成部分在资本预付中就已经表现为既定的价值要素,就其自身而言,它们构成产品价值的现成要素。实际上,预付资本各个部分的区别仅仅在于,它们被投入购买**物质上**不同的生产要素,即一方面用于生产资料,另一方面用于劳动;同样,耗费在生产资料上的资本部分,就其自身而言,又分解为各个价值部分,用于购买物质上不同的生产成分,即劳动资料、原料、辅助材料,等等。只有各个价值,却没有任何价值形成要素进入商品的价值形成过程。资本价值之所以作为商品的成本价格再现出来,是因为而且只是因为它已经作为资本价值耗费掉了。商

品的成本价格不仅是**补偿**资本预付的商品的价值组成部分,而且是通过资本预付而形成的,或从资本预付产生的商品的价值组成部分。

［前面段落的重写及续写部分］

[4]由商品价值的一部分所**补偿**,同商品价值本身的生产没有任何关系。相反,成本价格的另一部分并不仅仅是下面意义上的成本价格,即商品价值的一部分**补偿**预付的不变资本,而且这个部分本身是通过预付资本**追加**到产品中,也就是说,这个部分同时是生产资料本身的成本价格**14**,因此,如果生产资料的价格提高,它就使商品价值增大,如果生产资料的价格下降,它就使商品价值缩小。成本价格的两部分,用我们的例子来说就是 c_{400} 和 v_{100},只有一个共同点:二者都是商品价值中**补偿**预付资本的部分。①

但是从资本主义生产的观点来看,这个实际的情况必然以**颠倒**的形式表现出来。

资本主义生产方式不同于建立在奴隶制基础上的生产方式的地方,除了其他方面,还在于:**劳动力的价值或价格,表现为劳动本身的价值或价格**,或者说,**表现为工资**。(＋**注释**)(第五章第 4 节)。因此,预付资本的可变组成部分,表现为在**工资**上耗费的资本,表现为一个用来支付在生产上耗费的全部劳动的价值或价格的资本价值。

---

① 从本段最后一句话至手稿结尾的内容,恩格斯调整顺序后将其编入《资本论》第三卷第一章(参看《马克思恩格斯全集》中文第 2 版第 46 卷第 30—45 页)。——编者注

例如,假定一个十小时的社会平均工作日体现为一个 6 先令的货币量,那么,100 镑可变资本就是一个在 $333\frac{1}{3}$ 个十小时工作日内生产的价值的货币表现。但是,这个在**预付**资本中出现的所购买的劳动力的价值,并不是实际执行职能的资本的部分。确切地说,在生产过程本身中它被发挥作用的劳动力所代替。此外,拿上述的例子来说,如果劳动力的剥削程度为 100%,那么劳动力就会在 $666\frac{2}{3}$ 个十小时工作日内耗费掉,从而把一个 200 镑的新价值加入产品。但在预付资本中,这 100 镑可变资本表现为在工资上支出的资本,或者说,表现为在 $666\frac{2}{3}$ 个十小时工作日内完成的劳动的价格。$\dfrac{100\ \text{镑}}{666\frac{2}{3}}$ 得 3 先令,这就是十小时劳动的价格,它是 5 小时劳动的价值产品。[①]

如果把**预付资本**和**商品价值**二者比较一下,我们就会得到:

I.预付资本 500 镑＝在生产资料上耗费的资本 400 镑(即生产资料的价格)＋在劳动上耗费的资本 100 镑(即$666\frac{2}{3}$个工作日的价格或工资)。

II.商品价值 600 镑＝成本价格 500 镑(耗费的生产资料的价格400 镑＋耗费的 $666\frac{2}{3}$ 个工作日的价格 100 镑)＋剩余价值 100 镑。

在这个公式中,在劳动上支出的资本部分和在生产资料(例如棉花)上支出的资本部分的区别,仅仅在于前者是用来支付一种**物质上**

---

① 本段中的部分内容是对前 3 页手稿的修改和誊抄,参看本卷第 35、37、38 页。——编者注

不同的生产要素,①而绝不在于前者在商品的价值形成过程中,从而在资本的增殖过程中,起着职能上不同的作用。生产资料的价格,正像它在预付资本中已经出现的那样,会在商品的成本价格中再现出来,这是因为这些生产资料已经有目的地用掉了。同样,在商品的生产上耗费的 $666\frac{2}{3}$ 个工作日的价格或这些工作日的工资,也像它在预付资本中已经出现的那样,会在商品的成本价格中再现出来,这也是因为这个数量的劳动已经以有目的的形式耗费了。我们看到的只是**现有价值**即预付资本的各个价值部分加入产品价值的形成,而不是创造新价值的要素。不变资本和可变资本的区别也就消失了。全部 500 镑的成本价格,现在取得了双重意义:第一,它是 600 镑**商品价值**中用来**补偿**商品的生产上耗费的 500 镑资本**的组成部分**;第二,商品**价值**的这个**组成部分**本身之所以存在,只是因为它以前已经作为所使用的生产要素即生产资料和劳动的**成本价格**存在了,也就是说,已经作为预付资本存在了。资本价值之所以作为商品的成本价格再现出来,是**因为**而且只是因为它已经作为资本价值**耗费**掉了。②

预付资本的不同的价值组成部分已经消耗在物质上不同的生产成分,即劳动资料、原料、辅助材料和劳动上,这一情况只是决定了商品的成本价格必须再买回这些物质上不同的生产成分。而就成本价格本身的形成来说,只有**一个区别**会显现出来,即**固定资本和流动资本的区别**。用我们的例子来说,20 镑算做劳动资料的损耗。(c_{400}=劳动资料的损耗 20 镑+生产材料 380 镑)。如果这个劳动资料的价值在商品生产之前=1 200 镑,那么,在商品生产之后,它就以两种

---

① 参看本卷第 37—38 页。——编者注

② 关于本段最后这句话,见本卷第 38 页。——编者注

不同的形态存在：20 镑表现为商品价值的一部分；1 200 － 20 镑或 1 180 镑表现为仍归资本家所有的劳动资料的余下的价值，换句话说，不是表现为他的商品资本的价值要素，而是表现为他的生产资本的价值要素。和劳动资料相反，生产材料和工资却在商品的生产中全部消耗。我们讲过，预付资本的这些不同组成部分，就周转来说，采取**固定资本**和**流动**资本的形式。

因此，预付资本＝**1 680 镑**（固定资本＝1 200 镑＋**流动资本**＝480 镑（＝生产材料 380 镑＋工资 100 镑））。

但是，商品的**成本价格**只＝500 镑（＝固定资本的损耗 20 镑，**流动资本** 480 镑）。

商品**成本价格**和**预付资本**的这种差异只是证明：商品的成本价格仅仅是由商品的生产上**耗费的资本构成**的。

[5]在商品的生产上，**所使用的**劳动资料的价值是 1 200 镑，但这个预付资本价值在生产上只丧失了 20 镑。因此，所使用的固定资本只有一部分加入商品的成本价格，因为它只有**一部分**在商品的生产上**消耗**掉。所使用的流动资本则全部加入商品的成本价格，因为它在商品的生产上**全部消耗**掉了。而这无非是证明：所耗费的固定资本部分和所耗费的流动资本部分，会按照它们各自价值量的比例，**同样**加入商品的**成本价格**，商品价值的这个部分只是来源于商品的生产上**所耗费的资本**！如果不是这样，我们就不能理解，为什么预付的固定资本 1 200 镑只是把它在生产过程中丧失的 20 镑，而不是把它在生产过程中没有丧失的 1 180 镑也加入产品价值。

因此，固定资本和流动资本的这种差异，从成本价格的计算来说，不过证明成本价格从表面上看是由耗费的资本价值形成的，或者说，是由资本家自己在耗费的生产要素（包括劳动在内）上付出的价格形成的。另一方面,从价值形成来说,在劳动力上支出的**可变资本部分**,在这里,在**流动资本**这个项目下,**显然**和**不变资本**(即由生产材料构成的资本部分)等同起来,这样,资本的增殖过程的神秘化也就完成了。(参看第一卷第193页以**纳·威·西尼耳**为例说明这种混淆的结果。①)

以上我们只考察了商品价值的一个要素,即**成本价格**。现在我们也必须看看商品价值的另一个组成部分即**剩余价值**,这是因为,**w=k+m**,或者说,**商品价值＝成本价格＋剩余价值**。这个剩余价值首先是**商品价值超过商品成本价格的余额**。但是,因为商品的成本价格等于所耗费的资本的价值,并且不断地再转化为所耗费的资本的各种物质要素,这个价值余额就是商品的生产上耗费掉的并且会从商品流通中流回的资本的**价值增加额**。我们以前已经看到,虽然剩余价值 m 只是产生于可变资本 v 的价值变动,因而本来只是可变资本的一个增长额,但在生产过程结束以后,它同样也成为所耗费的总资本 c+v 的一个价值增加额。$c+\overset{\frown}{v+m}$这一公式——它表示,m的生产是由于预付在劳动力上的固定的资本价值 v 转化为一个流动的量——也可以用$\overset{\frown}{c+v}+m$来表现。(注释4②)在生产开始以前,我们有一个 500 镑的资本。在生产完成以后,我们就有了一个 **500 镑的资本＋**一个 **100 镑的价值增加额**。

但是,剩余价值不仅对进入价值增殖过程的预付资本部分来说是一个增加额,而且对**不进入价值增殖过程的预付资本部分**来说也是一个增加额;因而,不仅对用商品的成本价格来补偿的**所耗费的资**

---

① 　参看本卷第 535—536 页,《马克思恩格斯全集》中文第 2 版第 21 卷第 440—441 页、第 42 卷第 218—224 页。——编者注
② 　参看本卷第 539 页脚注(4),《马克思恩格斯全集》中文第 2 版第 42 卷第 205—207 页。——编者注

本来说是一个价值增加额，而且对生产中**所使用的**全部资本来说也是一个价值增加额。在生产过程开始以前，我们有一个1 680镑的资本价值，即在劳动资料上支出的1 200镑固定资本（其中只有20镑的损耗加入商品价值），加上在生产材料和工资上支出的480镑流动资本。在生产过程完成以后，我们有了生产资本的价值组成部分1 180镑，加上一个商品资本600镑。把这两个价值额加在一起，这个资本家现在就占有了一个1 780镑的价值。从这个价值减去全部预付资本1 680镑，就剩下一个100镑的价值增加额。因此，100镑的剩余价值，对生产中**所耗费的**资本部分500镑来说，是一个价值增加额，对**所使用的**资本1 680镑来说，也是一个价值增加额。

现在很清楚，这个资本的价值增加额来自用资本进行的生产过程，也就是来自**资本自身**；因为它在生产过程完成以后才存在，而在生产过程开始以前并不存在。首先就生产中**所耗费的**资本来说，剩余价值必定**同样**都来自所耗费的资本的不同价值要素，即由生产资料构成的价值要素和由劳动构成的价值要素，因为这些要素同样都加入**成本价格的形成**。它们同样都把自己的作为预付资本存在的价值加入产品价值，而并不区分为**不变的**价值量和**可变的**价值量。关于这一点，只要我们设想一下，全部所耗费的资本完全由工资构成，或者完全由生产资料的价值构成，就很清楚了。这时，在前一个场合，商品价值就不是 $c_{400}+v_{100}+m_{100}$，而是 $v_{500}+m_{100}$。在工资上支出的资本500镑，就是生产商品价值600镑所使用的全部劳动的价值，正因为如此，它形成全部产品的**成本价格**。但是，这个成本价格的形成，即所耗费的资本价值作为产品的价值组成部分借以再现的过程，是我们在这个商品价值的形成中所知道的唯一过程。至于这个商品价值中剩余价值组成部分100镑是怎样产生的，我们并不知道。在商品价

值＝c_{500}＋m_{100}的第二个场合,情况也完全一样。在这两个场合,我们
都知道,剩余价值是由一个既定的价值产生的,因为这个价值是以生
产资本的形式**预付**的,至于是以劳动的形式预付,还是以生产资料的
形式预付,那是没有关系的。但是,另一方面,这个预付的资本价值能
形成**剩余价值**,并不是由于它已经**被消耗**,从而形成了商品的**成本价
格**。因为,正是就它形成商品的成本价格来说,它形成的**不是剩余价
值**,而只是**所耗费的资本的等价物**,或补偿价值。因而,就它形成剩余
价值来说,它不是靠它作为**所耗费的**资本的特有属性,而是靠它作为
预付资本,从而作为**所使用的**资本的特有属性,来形成剩余价值的。
因此,剩余价值既由预付资本中那个加入商品成本价格的部分产生,
也由预付资本中那个不加入商品成本价格的部分产生;总之,**同样由
所使用的**资本的固定组成部分和流动组成部分产生。总资本在物质
上是产品形成要素,不管它作为劳动资料,还是作为生产资料和劳动,
都是如此。总资本虽然只有一部分[6]进入价值增殖过程,但在物质
上总是全部进入现实的劳动过程。或许正是由于这个原因,它虽然只
是部分地参加成本价格的形成,但会全部参加剩余价值的形成。不管
怎样,结论总是:剩余价值是**同等地**由所使用的资本的一切部分产生
的。如果用**马尔萨斯**的粗浅的说法,这个推论还可以更简短地表达为:

"资本家对于他所预付的资本的一切部分,都期望得到同样的利益。"(**注
释5①**)

剩余价值,作为全部预付资本的这样一种观念上的产物,取得了
利润这个转化形式。因此,一个价值额之所以成为资本,是因为它用

---

①　参看本卷第198、541页,《马克思恩格斯全集》中文第2版第35卷第
34页、第39卷第63页。——编者注

来生产利润（注释6①）），换句话说，利润之所以产生出来，是因为有一个价值额被当做资本来使用。如果我们把利润叫做 p，那么，w=c+v+m=k+m 这个公式，就变成 w=k+p 这个公式，也就是**商品价值＝成本价格＋利润**。[15]

因此，我们目前在这里看到的利润，和剩余价值是一回事，不过它具有一个**神秘化的**形式，而这个神秘化的形式必然会从资本主义生产方式中产生出来。因为在成本价格的表面的形成上，不变资本和可变资本之间的区别看不出来了，所以在生产过程中发生的价值变化的起源，必然从可变的资本组成部分转移到总资本上面。因为在一极上，劳动力的价格表现为**工资**这个转化形式，所以在另一极上，剩余价值表现为**利润**这个转化形式。

〔＋＋关于第(3)页 这一区别仅仅产生于不变资本部分和可变资本部分在**实际的商品的价值形成**中的，从而也在**资本的价值增殖过程**中的不同职能。所耗费的不变资本会把自身的价值追加到产品价值中。因此，产品价值会按照不变资本的绝对量的比率的增大而增大。所耗费的可变资本不会把自身的价值追加到产品价值中。在产品中，一个由劳动新创造的价值取代了在资本预付中出现的可变资本的价值。因此，可变资本部分的绝对价值量并不会改变这个新创造的价值的绝对量，而只会改变这个新创造的价值的两个组成部分的数量关系，其中一个组成部分**补偿**预付的可变资本，另一个组成部分则形成剩余价值。〕②

---

① 参看本卷第 542 页脚注(6)，《马克思恩格斯全集》中文第 2 版第 35 卷第 32 页。——编者注
② 关于这段插入内容，参看本卷第 544 页结尾处标有"＋＋"插入符号的一段话。——编者注

我们知道,商品的成本价格小于它的价值。因为 $w=k+m$,所以 $k=w-m$。只有 $m=0$,公式 $w=k+m$ 才会化为 $w=k$,即**商品价值=商品成本价格**。这种情况在资本主义生产的基础上是绝不会发生的,虽然在特殊的市场情况下,商品的出售价格可以降低到商品的成本价格,甚至降低到商品的成本价格以下。

因此,如果商品是**按照它的价值**出售的,那么,利润就会被实现,这个利润等于商品价值超过商品成本价格的余额,也就是等于商品价值中包含的全部剩余价值。然而,资本家即使**低于商品的价值**出售商品,也可以得到利润。只要商品的出售价格**高于商品的成本价格,即使它低于商品的价值**,也总会实现商品价值中包含的剩余价值的一部分,从而总会获得利润。用我们的例子来说,商品价值=600镑,成本价格=500 镑。假定商品按 510 镑、520 镑、530 镑、560 镑或590 镑出售,它就分别**低于它的价值** 90 镑、80 镑、70 镑、40 镑或 10镑出售,但从它的出售中仍然可以分别得到 10 镑、20 镑、30 镑、60镑或 90 镑的利润。在商品的价值和它的成本价格之间,显然会有无数的出售价格。商品价值中由剩余价值构成的要素越大,这些中间价格的实际活动余地也就越大。

这不仅可以说明日常的竞争现象,例如某些**低价出售**(underselling)的情形,某些产业部门的商品价格异常低廉的现象(注释2①)等等。我们下面将会看到,政治经济学迄今没有理解的关于资本主义竞争的基本规律,即调节**一般利润率**和由它决定的所谓**生产价格**的规律,就是建立在商品价值和商品成本价格之间的这种差异之上的,建立在由此引起的商品**低于价值**出售也能获得利润这样一

① 参看本卷第 533 页脚注(2)。——编者注

种可能性之上的。

[6]商品出售价格的**最低界限**，是由商品的**成本价格**规定的。如果商品**低于**它的成本价格出售，生产资本中已经消耗的组成部分，就不能全部由出售价格得到补偿。如果这个过程继续下去，预付资本价值就会消失。

〔第（1）篇开头部分〕[16]

按照资本主义方式生产的一切商品 **W** 的价值，用公式来表示是 $w = c + v + m$。如果我们从这个产品价值中减去剩余价值，那么，**在商品中剩下的**，只是一个在商品的**生产要素上耗费的资本价值** $c + v$ 的等价物或补偿价值，因为 $c + v + m - m = c + v$。

例如，假定生产某一商品耗费 500 镑资本，其中劳动资料的损耗 20 镑，生产材料 380 镑，劳动力 100 镑，假定劳动力的剥削程度为 100%，这样，产品价值 600 镑 $= c_{400} + v_{100} + m_{100}$。减去 100 镑剩余价值之后，还剩下 500 镑的商品价值，而这 500 镑只是补偿已经耗费的资本 500 镑。商品价值的这个部分，即补偿所消耗的生产资料价格和所使用的劳动力价格的部分，只是补偿商品**使资本家自身耗费的东西**，所以**对资本家来说**，这就是商品的**成本价格**。

商品**使资本家耗费的东西**和**商品的生产本身所耗费的东西**，无疑是两个完全不同的量。商品价值中由剩余价值构成的部分，**不需要资本家耗费什么东西**，因为它耗费的只是工人的**无酬劳动**。但是，因为在资本主义生产的基础上，工人自己在进入生产过程之后，就只成为执行职能的并属于资本家的生产资本的一个组成部分，也就是说，资本家是实际的**商品生产者**，所以，**对资本家来说**，商品的**成本价格**必然表现为**商品本身的成本价格**。我们把成本价格叫做 **k**，**w＝c＋v＋m** 这个公式就转化为 **w＝k＋m** 这个公式，或者说，**商品价值＝成本价格＋剩余价值**。

因此，把商品价值中那些只是补偿商品生产上**耗费的资本**价值的部分概括为**成本价格**这个范畴，这一方面表明资本主义生产的特殊性质。商品的资本主义费用是用**资本的耗费**来计量的，而商品的实际费用则是用**劳动的耗费**来计量的。所以，商品的资本主义的成本价格，是与商品的价值或商品的实际成本价格不同的，或者说，**它小于商品价值**；[7]因为，既然 **w＝k＋m**，那么 **k＝w－m**。另一方面，商品的成本价格也绝不仅仅是资本家**账簿**上的一个项目。这个价值组成部分的**独立存在**，在现实的商品生产中，会经常在实际中表现出来，因为这个价值部分会通过流通过程，由它的商品形式周期地再转化为生产资本的形式，也就是说，商品的成本价格必须不断**买回**在商品生产上消费的各种生产要素。

但是，**成本价格**这一范畴，同商品的**价值形成**或同**资本的增殖过程毫无关系**。即使我们知道商品价值 600 镑的六分之五或 500 镑，只是所耗费的 500 镑资本的等价物或补偿价值，因此只够买回这个资本的各种物质要素，我们由此还是不会知道，商品**价值**中形成商品成本价格的这个 $\frac{5}{6}$ 是怎样**生产**出来的，也不会知道商品价值中形成剩余价值的最后 $\frac{1}{6}$ 是怎样**生产**出来的。不过，我们通过进一步的研究将会看到，在资本主义经济中，成本价格具有一种**假象**，似乎它是**价值生产本身**的一个范畴。

我们再拿上面的例子来说。假定一个社会平均工作日表现为一个 6 先令的货币量，那么，500 镑预付资本＝$400_c＋v_{100}$，是 $1666\frac{2}{3}$ 个十小时工作日的价值产品,其中 $1333\frac{1}{3}$ 个工作日结晶在生产资料的价值(c_{400})中,$333\frac{1}{3}$ 个工作日结晶在劳动力的价值(v_{100})中。生产这个新形成的商品,需要劳动力在 $666\frac{2}{3}$ 个十小时工作日内进行耗费。

其次,我们知道(见第一卷第三章第 1、2 节①):

新形成的产品的价值 600 镑＝在生产资料上耗费的 400 镑资本的再现价值(c_{400})＋新生产的 200 镑价值。

商品的成本价格 500 镑,包含 c_{400} 和新生产的 200 镑价值的一半(＝v_{100}),也就是包含两个**来源**完全不同的商品价值要素。

由于在 $666\frac{2}{3}$ 个十小时工作日内耗费的劳动的有目的的性质,所消费的生产资料的价值 400 镑,就由这些生产资料**转移**到产品中去了。所以,这个旧价值是作为产品价值的组成部分再现出来的,而不是在商品的生产过程中产生的。它之所以作为商品价值的组成部分存在,只是因为它以前已经作为预付资本的组成部分存在了。因此,所耗费的不变资本,是用它本身**加**到商品价值上的那部分商品价值来补偿的。可见,**成本价格**的这个要素具有双重意义:一方面,它加入商品的**成本价格**,因为它是商品价值中那个用来补偿所耗费的资本的组成部分;另一方面,它形成商品价值的一个组成部分,仅仅因为它是**所耗费的资本的价值**,或者说,因为生产资料**花**了这么多的费用。

成本价格的另一个组成部分的情况却完全相反。在商品生产中耗费的 $666\frac{2}{3}$ 日的劳动,形成一个 **200 镑的新价值**。这个新价值中

---

① 参看《马克思恩格斯全集》中文第 2 版第 42 卷第 167—205 页。——编者注

的一部分,只补偿 100 镑预付的可变资本,或者说,只补偿所使用的劳动力的价格。但是,这个预付的资本价值绝不会参加它借以得到补偿的新价值的形成。在**预付资本**中,劳动力被算做**价值**,而在生产过程中,它作为**价值形成的要素**执行职能。在**预付资本**中出现的劳动力价值,在实际执行职能的生产资本中,为形成价值的活的劳动力自身所代替。

商品价值中这些合起来形成**成本价格**的不同组成部分之间的区别,一旦我们假定所耗费的不变资本部分,或者假定所耗费的可变资本部分发生价值量的变化,就会显示出来。假定同样一些生产资料的价格或不变资本部分由 400 镑提高到 600 镑,或者相反,由 400 镑降低到 200 镑。在前一个场合,不仅商品的**成本价格**会由 500 镑提高到 700 镑($=c_{600}+v_{100}$),而且**商品价值**本身也会由 600 镑提高到 800 镑($=c_{600}+v_{100}+m_{100}$)。在后一个场合,不仅**成本价格**会由 500 镑降低到 300 镑($=c_{200}+v_{100}$),而且商品价值本身也会由 600 镑降低到 400 镑($=c_{200}+v_{100}+m_{100}$)。因为所耗费的不变资本会把它本身的价值追加到产品中去,所以在其他条件不变的情况下,产品价值将会随着这个资本价值的绝对量的增减而增减。反过来,假定在其他条件不变的情况下,同量劳动力的价格由 100 镑增加到 150 镑,或者相反,减少到 50 镑。虽然在前一个场合,**成本价格**会由 500 镑提高到 550 镑($=c_{400}+v_{150}$),而在后一个场合,会由 500 镑降低到 450 镑($=c_{400}+v_{50}$),但在这两个场合,**商品价值**还是保持不变$=600$ 镑(在前一个场合$=c_{400}+v_{150}+m_{50}$;在后一个场合$=c_{400}+v_{50}+m_{150}$)。预付的可变资本不会把它自身的价值加到产品中去。不如说,在产品中代替可变资本价值出现的,是一个由劳动创造的**新价值**。可变资本的绝对价值量的变化,只要仅仅表现劳动力价格的单纯变化,就自然丝毫不会改变商品价值的绝对量,因为它并不改变由活动的劳动力创造的这个新价值的绝对量。相反地,这种变化只会影响新价值的两个组成部分的数量关系,其中,一个组成部分构成剩余价值,另一个组成部分则**补偿**可变资本,**从而**加入商品的成本价格。

第 二 册

资本的流通过程
第一章开头部分[17]

大约写于 1867 年 10 月

第一次用德义发表于《马克思
恩格斯全集》2012 年历史考证
版第 2 部分第 4 卷第 3 册

原文是德文

中文根据《马克思恩格斯全集》
2012 年历史考证版第 2 部分
第 4 卷第 3 册翻译

[1] 第 二 册

资本的流通过程

第 一 章
资 本 流 通

[I]
(1) 资本的形态变化

资本主义生产过程的直接结果是一个**商品量**,[①] 棉纱、谷物等。为了使问题简化,我们首先假定,预付总资本全部在生产过程中消耗掉了,也就是说,预付总资本现在按其全部规模具有新生产的商品量的形式。换句话说,我们撇开资本中以其旧有形式在产品之外继续存在,因而并未进入流通过程的那部分不谈。[18] 从生产过程中产生的商品量的

[①]　见本卷第 56、389 页。另外参看《马克思恩格斯全集》中文第 2 版第 38 卷第 168 页。——编者注

价值高于在这个商品量的形成中消耗的商品的价值。因此,这个商品量的**价格总额**所代表的货币多于最初为购买其生产要素所预付的货币。商品产品现在必须从商品形式转化为货币形式,或者说,必须卖出去。^①不过现在,这一过程即简单商品流通中的第一形态变化,在资本的运动中构成第二形态变化或终结形态变化。这一过程是从商品向货币的**再转化**,从而对货币向其出发点的**回流**起着中介作用。因此,如果我们将最初预付的货币额称做G,将这个货币额转化成的商品即生产资料和劳动力称做W,将生产过程称做P,将商品产品称做 W' ,将商品产品再转化成的货币额称做 G' ,⁽¹⁾那么我们就得到:

第 I 种资本流通形式: $G—W—P—W'—G'$ 。

我们看到,这是资本在我们面前最初(第一卷第二章第 1 节^②)**出现**时的第一种流通形式: $G—W—G'$,现在以生产过程为中介。

〔〔I〕的誊抄稿〕
(1) 资本的形态变化:
货币资本、商品资本、生产资本

　　资本主义生产过程的直接结果是一个**商品量**,例如 8 000 磅棉纱。

------

(1)　 G' 代表的货币额＝ W' 的价格,而 W' 这个商品量的价值高于 W 或 G 的价值。

------

①　参看《马克思恩格斯全集》中文第 2 版第 38 卷第 168 页。——编者注
②　见《马克思恩格斯全集》中文第 2 版第 42 卷第 131—142 页。——编者注

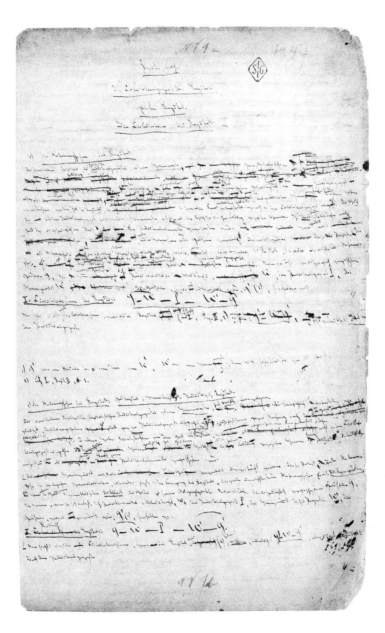

《第二册　资本的流通过程　第一章开头部分》第 1 页

为了使问题简化,我们首先假定,预付资本全部在生产过程中消耗掉,也就是说,预付资本现在按其全部规模转化为棉纱。换句话说:我们撇开所使用的资本中比如说以其旧有形式继续存在,因而并未进入流通过程的那部分不谈。**18** 商品产品的价值大于在该产品形成中消耗的商品的价值。因此,商品产品的**价格总额**所代表的货币多于为购买其生产要素所预付的货币。**19**

商品产品现在必须转化为货币,或者说,必须卖出去。^① 不过现在,这一过程即简单商品流通中的第一形态变化,在资本的运动中构成第二形态变化或终结形态变化。这一过程是从商品形式向货币形式的**再转化**,从而对货币向其出发点的**回流**起着中介作用。因此,如果我们将最初预付的货币额称做 G,将这个货币额转化成的商品即生产资料和劳动力称做 W,将生产过程称做 P,将这一过程的商品产品称做 W′,将商品产品转化成的货币额称做 G′,^{(1)②}那么我们就得到:

第 I 种资本循环:$\overgroup{G—W}—P—\overgroup{W′—G′}$。

我们看到,这是资本在我们面前⁽²⁾首先**出现**时的流通形式,即 **G—W—G′**,不过现在以生产过程为中介。

---

(2) 第一册第二章第 1 节。^③

---

① 参看《马克思恩格斯全集》中文第 2 版第 38 卷第 168 页。——编者注
② 在誊抄稿中,马克思只标出了注码(1),没有抄写注文内容,关于脚注(1)的内容,参看本卷第 56 页。——编者注
③ 参看《马克思恩格斯全集》中文第 2 版第 42 卷第 131—142 页。——编者注

[2] [II]

[a]在生产过程中,不仅**生产了**商品,而且还**生产了**剩余价值,因此,最初预付的价值**已经增殖**。假定资本家最初预付了 540 镑,即400 镑用于购买 8 000 磅棉花,80 镑用于现已消耗的劳动资料,纱锭量等,也就是说,480 镑是不变资本,60 镑用于工资。假定剩余价值率是 100%,商品产品是 8 000 磅棉纱。(3) 这样,这 8 000 磅棉纱的价值就 $= 480_c + 60_v + 60_m = 600$ 镑。(4) 因此,如果 1 磅棉纱卖 $1\frac{1}{2}$ 先令,或者说,如果 8 000 磅的总量卖 600 镑,那么它们便是按其价值卖出。**21**我们记得(5),通过对总产品的一定划分,它的一部分可以作为**剩余产品**分离出来。剩余产品是这样一个产品部分:在总过程期间所耗费的剩余劳动,从而所生产的全部剩余价值都在它上面集中起来。在上述场合,例如 7 200 磅棉纱只是补偿预付在生产资料和工资上的资本,而 800 磅棉纱则构成剩余产品。这 800 磅没有花费资本家一文钱。尽管如此,买者用 60 镑只不过支付了 800 磅棉纱的价值。这 800 磅棉纱包含的劳动,和其他任意 800 磅棉纱或一个 60

---

(3) 为了使问题简化,飞花忽略不计。①

(4) 我在这里用 480_c 等来表示 480 镑的不变资本等,因为这种形式比在第一卷中使用的 480_c 镑等更方便。**20**

(5) 第一卷第 188 页及以下几页。②

---

① 参看《马克思恩格斯全集》中文第 2 版第 42 卷第 215 页。——编者注

② 同上,第 215—217 页。——编者注

镑的金量包含的劳动恰好一样多。60镑的价格实际上只是对象化在800磅棉纱中的劳动的货币名称。不管是被支付报酬还是未被支付报酬，在800磅棉纱的生产中所耗费的劳动和在一个60镑的金量的生产中所耗费的劳动恰好一样多。因此，如果二者相互交换，就是等价物进行交换。对于资本家来说，每磅棉纱同样只花费1先令 $4\frac{1}{5}$ 便士，即1先令用于棉花，$2\frac{2}{5}$ 便士用于消耗的劳动资料，$1\frac{4}{5}$ 便士用于工资。但是，正是由于资本家将每磅棉纱卖贵 $1\frac{4}{5}$ 便士即卖1先令6便士，他才是按其价值卖出每磅棉纱。这个价值的 $\frac{1}{10}$ 由剩余价值构成，也就是说，体现在每磅棉纱中的劳动的 $\frac{1}{10}$ 是无酬劳动，这一点丝毫也不会改变对象化劳动的总量。实际上，如果资本家是按1先令 $4\frac{1}{5}$ 便士而不是按1先令6便士卖出每磅棉纱，那么他就向买者赠送了棉纱价值的 $\frac{1}{10}$ 或者说 $\frac{1}{10}$ 磅棉纱。他将产品**低于**其价值 $\frac{1}{10}$ 卖出。我们假定，两个资本家互相直接交换他们的商品，例如棉纱和酒，从而货币对他们来说就只是充当**计算货币**。虽然他们互相交换的是等价物，也就是说，每个人都是将自己的商品按其600镑的**价值**卖给另一个人，但是他们每个人都实现了60镑的利润。在交易之后，一方占有酒而不再是棉纱形式上的剩余价值，另一方占有棉纱而不再是酒的形式上的剩余价值。对于双方来说，剩余价值只是改变了存在形式。但剩余价值在交换以前就已存在。剩余价值不是在交换中而是在生产过程中产生的。[22] 交换后和交换前一样，都以棉纱和酒的形式存在一个1200镑的总价值，而交换后也和交换前一样，这个价值的 $\frac{1}{10}$ 即120镑构成剩余价值，构成这样一个价值额：对于这两个资本家来说，除了靠剥削他们各自的工人以外，这个价值额没有耗费他们任何东西。

———

[[IIa]的誊抄稿和续写部分[IIb]]

在生产过程中,不仅生产了**商品**,而且还生产了**剩余价值**。正是由于这样,预付的价值**已经增殖**。假定资本家最初预付了 540 镑,即 400 镑用于购买 8 000 磅棉花,80 镑用于现已消耗的劳动资料,纱锭等,60 镑用于工资。假定剩余价值率是 100％,商品产品是 8 000 磅棉纱。(3)① 这样,这 8 000 磅棉纱的价值就 $= 480_c + 60_v + 60_m = 600$ 镑,(4)① 也就是比如说 2 000 个十二小时工作日的货币表现,不过其中只有 400 个工作日耗费在纺纱过程本身中。因此,如果 1 磅棉纱卖 1 先令 6 便士,或者说,如果 8 000 磅棉纱卖 600 镑,那么它们便是按其价值出售。我们记得(5)①,通过对总产品的一定划分,它的一部分可以作为**剩余产品**分离出来。在上述场合,例如 7 200 磅棉纱只是补偿预付在生产资料和工资上的资本,而 800 磅棉纱则构成剩余产品。这 800 磅没有花费**资本家**一文钱,但它们并不因此就是从天上掉下来的。更确切地说,这些棉纱的生产耗费了 2 400 个劳动小时,和其他任意 800 磅棉纱或一个 60 镑的金量所耗费的劳动恰好一样多。60 镑的价格实际上只是对象化在 800 磅棉纱中的劳动的货币名称。不管劳动被支付报酬或未被支付报酬,这种情况和劳动形成价值的属性绝对没有任何关系。因此,如果买者向资本家支付了 60 镑,那么,他只不过支付了 800 磅棉纱的货币等价物。对于

---

① 马克思在誊抄稿中没有抄写脚注(3)(4)(5)的内容,关于其内容,参看本卷第 60 页。——编者注

资本家来说,每磅棉纱同样只花费 1 先令 $4\frac{1}{5}$ 便士,即 1 先令用于棉花,$2\frac{2}{5}$ 便士用于消耗的劳动资料,$1\frac{4}{5}$ 便士用于工资。但是,正是由于资本家将每磅棉纱卖**贵** $1\frac{4}{5}$ 便士即卖 1 先令 6 便士,他才是按其价值卖出每磅棉纱,因为每磅棉纱包含的无酬劳动形成一个 $1\frac{4}{5}$ 便士的价值部分。实际上,如果资本家只是按 1 先令 $4\frac{1}{5}$ 便士而不是按 1 先令 6 便士卖出每磅棉纱,那么他就向买者赠送了 $\frac{1}{10}$ 磅棉纱,或者说,他将产品**低于**其价值 $\frac{1}{10}$ 卖出。我们进一步假定,两个资本家互相直接出售他们的商品,例如棉纱和棉花,从而货币就只是充当**计算货币**。虽然双方交换的只是等价物,拿 600 磅的棉纱价值与 600 磅的棉花价值交换,但是他们每个人都实现了 60 磅的利润。在交易之后,一方占有棉花而不再是棉纱形式上的剩余价值 60 磅,另一方占有棉纱而不再是棉花形式上的剩余价值 60 磅。剩余价值在他们手里只是改变了使用形式。但剩余价值在交换以前就已存在。剩余价值不是在交换中而是在生产过程中产生的。交换后和交换前一样,[3]都以棉纱和棉花的形式存在一个 1 200 磅的总价值,而交换后也和交换前一样,这个价值的 $\frac{1}{10}$ 即 120 磅构成剩余价值,也就是说,构成这样一个价值额:对于这两个资本家来说,除了靠剥削他们各自的劳动力以外,这个价值额没有耗费他们任何东西。[IIb]正因为这样,双方中的每一个人要**出售**的是一个他只**支付**过一部分的商品价值。在资本主义生产过程中,商品孕育了剩余价值。这个剩余价值构成商品价值的一部分。因此,如果商品**按其价值出售**,**剩余价值就会实现**。已经以**商品形式**存在的剩余价值通过出售只不过是取得了**货币形式**。

资本家知道剩余价值或资本增殖的这个秘密。这一点可以由他在生产过程期间实际上的所作所为,由他对剩余劳动的狂热追逐得到证明。只要这个世界触及他的生产洞穴,缩短和调节工作日威胁到他,资本家自己就会一怒之下向世界大声公开这个秘密。但是,我们的资本家过着双重的生活,一种生活是在封闭的工场中,另一种生活是在公开的市场上;一种生活是在生产领域中,另一种生活是在流通领域中;一种生活是内部的,另一种生活是外部的;一种生活是有机的,另一种生活是动物的[6],而这种双重生活在资本的头脑里造就了双重系列的神经产物,或者说造就了某种双重意识。

[[IIb]的誊抄稿[①]]

都以棉纱和棉花的形式存在一个1 200镑的总价值,而交换后也和交换前一样,这个价值的$\frac{1}{10}$即120镑构成剩余价值,也就是说,构成这样一个价值额:对于这两个资本家来说,除了靠剥削他们各自的劳动力以外,这个价值额没有耗费他们任何东西。正因为这样,每个人都要把一个商品价值全部**卖给**另一个人,而他只**支付**过这个商品价值的一部分。在资本主义生产过程中,商品孕育了剩余价值。这个剩余价值构成商品价值的一部分。因此,如果商品**按其价值出售,剩余价值就会实现**。已经以**商品形式**存在的剩余价值通过出售只不过是取得了**货币形式**。

资本家知道剩余价值或资本增殖的秘密。这一点可以由他在生

---

(6)　在比沙将有机生命和动物生命区别开的意义上。**23**

① 在手稿中,马克思是从手稿第3页(见本卷第63页)开始誊抄的。——编者注

产过程期间全部实际上的所作所为,由他对**剩余劳动**的狂热追逐得到证明。只要这个世界触及他的生产洞穴,用法定工作日进行威胁,资本家自己就会一怒之下向世界大声公开这个秘密。但是,他过着双面的生活,一种生活是在封闭的工场中,另一种生活是在公开的市场上;一种生活是在生产领域中,另一种生活是在流通领域中;一种生活是内部的,另一种生活是外部的;一种生活是有机的,另一种生活是动物的。^{(6)①}这种双重生活在资本的头脑里造就了双重系列的神经产物,从而造就了某种双重意识。

[4]　[III]

我们的资本家用 540 镑的价值创造出 600 镑的价值,从而创造出 60 镑的剩余价值,这是不争的事实。然而,预付的**价值额**如果不**事先抛弃自己独立的价值形态**,就不能通过生产过程增大或增殖。这个价值额原来是 540 镑货币,它现在是 8 000 磅棉纱。棉纱价值在 600 镑的棉纱**价格**上仅仅具有观念上的货币形式。棉纱价格必须通过出售来**实现**。商品出售是一种流通行为。也就是说,资本家必须从生产领域回到流通领域。虽然剩余价值是在生产领域中**生产出来**,但是,它同时和最初预付的价值一起,在流通领域中才会**实现**。使得货币贮藏者把商品的价值与其价值形式混淆起来的同样的错觉,使资本家把剩余价值的创造与剩余价值向金的转化混淆起来。

---

①　马克思在誊抄稿中没有抄写注文内容,关于脚注(6)的内容,参看本卷第 64 页。——编者注

资本的头脑在生产场所之外产生的这种观念混乱[7]，还由于种种流通现象得以巩固。在考察简单商品流通时，我们已经看到，商品价格的实现，或者说，商品变体为货币的过程，对于单个的商品出售者来说是一个困难的过程，其中充满风险。[8]对于从事大规模生产，因而也要大规模出售的资本家来说，随着他的经营规模的扩大，风险也增加了。假如他事先没有占有一支劳动军的剩余产品，那他也就不必事后出售这些产品。而他恰恰相反，认为自己之所以占有他人的劳动产品，是因为他冒了出售的风险。此外，对于单个资本家来说，被并入商品产品的剩余价值**得以实现**的规模，取决于他的商品的出售。撇开使商品的价格有时低于其价值，有时高于其价值的波动的市场行情不谈，在流通领域中，资本家面对的是资本家。"海盗和海盗莫相残。"〔"海盗相残，一事无成。"（马蒂兰·雷尼埃《讽刺诗 XII》）〕**24**而明天他会实现自己始终抱有的企图，将商品尽可能更贵，尽可能**高于其价值**卖出去，例如以 610 镑出售棉纱。他生产了 60 镑的剩余价值，但他却实现了 70 镑的剩余价值。显然，其中的七分之一，即 10 镑，是在流通领域中攫取的。这 10 镑不是在生产场所中生长出来的。也许今天我们的资本家被人欺骗，不得不将他的 8 000 磅棉纱以 590 镑降价出售。虽然他生产了 60 镑的剩余价值，但他只实现了 50 镑的剩余价值。因此，在单个的资本个体生产的剩余价值和它实

---

(7)　　这种观念混乱更深层次的原因在第三册中才会阐述。①

(8)　　第一册第 65 页及下页。②

---

①　　参看《马克思恩格斯全集》中文第 2 版第 39 卷第 1037—1123页。——编者注

②　　同上，第 42 卷第 87—90 页。——编者注

现的剩余价值之间,有时按照这个方向,有时按照那个方向出现了**量的差额**。面对资本家兄弟,他宣称生产是利润的源泉;面对工人,他宣称流通是利润的源泉。这样,他在流通领域中经历的事件就模糊和掩盖了剩余价值的源泉。

————

[插入部分｜｜｜①的新稿本]

流通中的事件模糊和掩盖了剩余价值的源泉。资本家的意识变得混乱了。资本家从这种混乱状态中创造出这种享受,即在理论上不仅欺骗他人,而且根据需要也欺骗自己。

————

[[III]的誊抄稿]

我们的资本家在生产过程中用 540 镑的价值创造出 600 镑的价值,从而创造出 60 镑的剩余价值,这是不争的事实。但是,预付的**价值额**只有在**丧失自己独立的价值形态**之后才能增大或增殖。[25] 这个价值额从 540 镑货币变成了**价格**为 600 镑的 8 000 磅棉纱。这个价格现在要通过出售棉纱来实现。也就是说,资本家必须从生产领域回到流通领

————

① 　上段中最后两句话是"插入部分＋＋＋",马克思将这两句话写在手稿页下部,并用符号"＋＋＋"提示将其插入现有位置。——编者注

域。虽然剩余价值是在生产领域中**生产出来**,但是,它就像商品价值的其他组成部分一样,在流通领域中才会**实现**。使得货币贮藏者把商品的价值与其价值形式混淆起来的同样的错觉,使资本家把剩余价值的创造与剩余价值向金的转化混淆起来。这种观念混乱(7)① 还由于种种流通现象得以巩固。正如以前我们看到的,商品变体为货币的过程,对于单个的商品出售者来说始终是一个困难的过程。(8)① 对于从事大规模生产,因而也要大规模出售的资本家来说,随着他的经营规模的扩大,风险也增加了。假如他事先没有占有一支劳动军的剩余产品,那他也就不必事后出售这些产品。而他恰恰相反,用自己出售产品的风险来解释对他人劳动产品的占有。此外,他从工人身上榨取的剩余价值得以**实现**的规模,不仅随着市场价格的一般波动而发生变化。在市场上,资本家面对的是资本家。狡诈对狡诈的个人较量开始了:"海盗和海盗莫相残";或者像马蒂兰·雷尼埃所翻译的法文所说:"海盗相残,一事无成。"24 我们的资本家也许不得不将他的 8 000磅棉纱以 590 镑降价出售。虽然他生产了 60 镑的剩余价值,但他只实现了 50 镑的剩余价值。剩余价值的六分之一,或者说 $133\frac{1}{3}$ 磅棉纱,落入他的营业伙伴手中,而他的营业伙伴却为此未付分文。这就相当于他赠送出去自己剩余产品的 $\frac{1}{6}$,即 $133\frac{1}{3}$ 磅棉纱。我们的资本家在生产过程中占有了剩余产品 800 磅棉纱,但是在流通过程中,在棉纱转化为金时,[丧失了]其中的 $\frac{1}{6}$。你们,不是为了你们自己。26 相反,如果他成功地欺骗了营业伙伴,将棉纱**高于其价值**出售,例如以 610镑出售,那么,他就实现了 70 镑的剩余价值,虽然他只生产了 60 镑的

---

① 马克思在誊抄稿中没有抄写脚注(7)和(8)的内容,关于其内容,参看本卷第 66 页。——编者注

剩余价值。显然,数额达 10 镑的剩余价值不是在他的生产场所生长出来的。更确切地说,他从流通领域中骗取了这个剩余价值。在这两种场合,在**单个资本家**生产的剩余价值和他实现的剩余价值之间出现了**量的差额**。由于流通中的冒险行为,剩余价值的源泉就变得模糊不清,被掩盖起来。

《资本论》第二册
按主题挑选的引文摘录[27]

大约写于 1867 年秋冬

第一次用德文发表于《马克思恩格斯全集》2012 年历史考证版第 2 部分第 4 卷第 3 册

原文是德文

中文根据《马克思恩格斯全集》2012 年历史考证版第 2 部分第 4 卷第 3 册翻译

标有"属于第二册"字样的封面

[1] 第二册 资本的流通过程

不同的资本周转。西斯蒙第[《论商业财富,或商业立法中运用的政治经济学原理》1803 年日内瓦版第 1 卷第 228—229 页]。(《补充笔记本 C》第 8 页)施托尔希[《政治经济学教程,或论决定人民幸福的原理》1815 年圣彼得堡版第 2 卷第 127 页]。(《补充笔记本 G》第 56、57 页)[28]

流通时间等通过贸易而得以缩短,减少了损失,没有现实产品。(魁奈[《关于商业和手工业者劳动的问答》,载于《重农学派》1846 年巴黎版第 1 部第 145—146 页]。《补充笔记本 C》第 29 页)[29]

商人只是**交换的中介。**(勒特罗纳[《就价值、流通、工业、国内外贸易论社会利益。(1777 年)》,载于《重农学派》1846 年巴黎版第 2 部第 963 页]。《补充笔记本 E》第 13、14 页)(梅尔西埃·德拉里维耶尔[《政治社会天然固有的秩序》,载于《重农学派》1846 年巴黎版第 2 部第 445—638 页]。《补充笔记本 E》第 116、117 页)[30]

在作为再生产过程的流通中,一方将流通的货币还给另一方。因此,真正的**流通**(循环)也就是"引起再生产的支出的循环,以及引起支出的再生产的循环;循环通过货币流通来进行,而货币是支出和再生产的尺度"。(魁奈[《关于商业和手工业者劳动的问答》,载于《重农学派》1846年巴黎版第1部]第209页。《补充笔记本C》第30、31页)[31]

总生产或再生产。 勃多[《经济表说明》,载于《重农学派》1846年巴黎版第2部第822—823页]。(《补充笔记本C》第37页)[32]

原预付的周期性修理。(勃多[,第825页],《补充笔记本C》第38页)

(维护、修理、不断更新,每年就花费原预付价值的$\frac{1}{10}$。同上)[33]

平均数的重要性。(勃多[,第826页]。《补充笔记本C》第38页)[34]

"对外贸易……绝不会干扰我们当前的目的。通过这种贸易,一个国家只交换其领土范围内的消费品或贸易品,以换来另一个国家的消费品或贸易品;也就是说,国内产品超出了我们应达到的一般消费量;而国外产品占领了它们的位置。"(勃多《经济表说明》,第856页。[《补充笔记本D》第4页])

[2]再生产过程中的货币流通。

"因此,应当将生产阶级〈农场主〉视为构成当前国民收入的所有流通货币的第一分配对象。"(勃多《经济表说明》,第857页。[《补充笔记本D》第4—5页])("货币流通或者国民收入在社会三个阶级间的流通,有必要在《经济表》中画出来。"同上,第863页。[《补充笔记本D》第11页])[35]

"因此,生产阶级发现通过其销售返回的货币是相同的,它重新用这些货币继续付款和购买,由此直到全部收入支付完毕,再生产的 $\frac{3}{5}$ 应当由其他两个阶级分给它。循环周期就完成了,并且引发了提供新的流通的新的收获。社会就是这样通过再生产和消费的不断循环而持续存在。"(勒特罗纳[《就价值、流通、工业、国内外贸易论社会利益》,载于《重农学派》1846年巴黎版第2部]第923、924页。《补充笔记本 E》第9页)

"正是这种预付和这种资本的持续回流构成了我们所谓的货币流通,这种有益和富有成效的流通,推动社会的所有劳动,维持政体的活动和生命,而我们有充分的理由将其与动物体内血液的循环进行比较。"(杜尔哥《[关于财富的形成和分配的]考察》第45页)[36]

"货币流通与生产流通的区别……　货币流通,没有消费;毫无疑问,换手以便于支付和交换……生产消费……不过……它们每年通过自然界的馈赠得以更新;而且,它们不仅仅更新被消费掉的。"(勒特罗纳[《就价值、流通、工业、国内外贸易论社会利益》,载于《重农学派》1846年巴黎版第2部]第924—925页。[《补充笔记本 E》第10页])

好年景和坏年景的周期。"7年的平均数,或者更确切地说,形成歉收和丰收循环周期的若干年的平均数,就是用谷物表示的这块土地的通常的地租。"(配第《赋税论》1667年伦敦版第24页。[《补充笔记本 A》第15页])[①]

---

① 　参看《马克思恩格斯全集》中文第2版第37卷第376页。——编者注

资本回流。"应使用一切必要的手段,使各种商品的消费尽可能多,只要事物的性质能够允许…… 为了产业中所使用的资本的回流尽可能快,也应该这样做。回流越快,到消费者手中的商品就越便宜;回流越慢,利润往往也就越大,也就是说,卖给消费者的商品就应该越贵。"(范德林特[《货币万能,或试论怎样才能使各阶层人民都有足够的货币》1734年伦敦版]第146页。[《补充笔记本E》第166页])

[3]**货币流通和各种收入。**康替龙。

"在英国,一般都认为租地农场主应该创造三种收入:

(1)首要的收入,即实际的租金,是他付给所有者的,假定其价值等于其农场三分之一的收益〈农产品的1/3〉;

(2)第二种收入,用以维持耕种他的农场的人力和马匹;

以及(3)最后的第三种收入,必须留给他,作为他的企业的利润。"(康替龙[《试论一般商业的性质》1756年阿姆斯特丹版]第255页。[《补充笔记本G》第88—89页])

产品流通原则和其能动因素为租地农场主(农业资本家)**的农业的生产原则:**"国家的所有粮食,以及制造商品的所有材料,直接或间接出自农民手中…… 土地生产了所有物品…… 因此,租地农场主的三种收入应被视为主要来源,或者,可以说是国内流通的第一动力。"([康替龙,]第256页[。《补充笔记本G》第89页])

第一种收入应以现金形式支付给所有者:至于第二种和第三种收入,应使用现金购买铁、泰姆铜、盐、糖、呢绒,以及一般来说在农村消费的所有城市商品〈生产工具也计算在内〉;=三种收入即总数的$\frac{1}{6}$。([康替龙,]第256、257页[。《补充笔记本G》第89—

90 页]）大部分食物、衣物和住宅……在农村采用实物交换形式进行支付，无需现金。（[康替龙,]第 257、258 页[。《补充笔记本 G》第 89—90 页]）

用于 $\frac{1}{3}$ 产品的货币（＝所有者的地租），以及用于农村消费的城市商品的货币＝大约土地产品的 $\frac{1}{6}$；总计＝产品的 $\frac{3}{6}=\frac{1}{2}$。（[康替龙,]第 258 页[。《补充笔记本 G》第 91 页]）这些货币流通于"所有者花费的每一项租金中，在城市中，花费的是租地农场主已经支付大量物品的租金，而城市的企业主，就像屠夫和其他人那样积累一笔一笔的货币，成批购买农民的牛、小麦等。因此，所有大笔货币被分成小的金额，然后所有小额货币被积聚在一起，用来直接或者间接支付租地农场主的大笔金额，而这些金额总是以批发或者零售作为抵押品。"（[康替龙,]第 259 页[。《补充笔记本 G》第 91—92 页]）

固定资本（创业资本?）流动资本（经营资本?）[37]

"固定资本……为获取利润而使用的资本的一部分，这部分保持在所有者手中才会产生这样的利润。

流动资本是在出售之前不产生这样的利润的那部分资本。"（马尔萨斯《政治经济学定义》1827 年伦敦版第 237、238 页）

[4]**流通的货币－流通费用**。"　国内流通的货币，是该国资本的一定部分，这部分完全从生产用途中抽出来，以便促进或提高其他部分的生产率；因此，为了使金充当流通手段，必须有一定量的财富，

这就好像为了制造一台机器，以促进任何另一种生产，必须有一定量的财富一样。"(《经济学家》第 V 卷第 520 页)[38]

闲置资本。积蓄等。布莱克[《论限制兑现期间政府支出的影响》1823 年伦敦版第 54—57 页]。[《政治经济学批判(1857—1858 年手稿)》]第 VII 笔记本(装订本)第 28 页。[①]一个国家的资本总是有很大一部分闲置着。(约·斯·穆勒《略论[政治经济学的某些有待解决的问题]》[1844 年伦敦版第 55、56 页]。小笔记本 2[《曼彻斯特笔记》(1845 年)第 5 笔记本]第 36[b]、37a 页)[②]，未被利用的机器、工具、建筑物等，或者**一半被利用，**同样如此。每个企业家都持有的**商品贮存**同样如此。这是资本主义流通的一个弊端。(同上，第 37a、37b 页。[穆勒，第 56 页])[②]（把一部分国民资本动用起来，如果没有交换，这部分资本也许还会闲置更长的时间。同上，第 37b[、38a]页。[穆勒，第 58 页]生产者和企业家的情况就是如此。同上，第 37b[、38a]页。[穆勒，第 58 页])[③]([同上，]第 38a 页。[穆勒，第 59 页])[④]需求旺盛和营业停滞。如果货物一生产出来就能迅速卖

① 参看《马克思恩格斯全集》历史考证版第 2 部分第 11 卷第 546 页，《马克思恩格斯全集》中文第 2 版第 31 卷第 191—192、621 页。——编者注
② 参看《马克思恩格斯全集》历史考证版第 4 部分第 4 卷第 338 页，《马克思恩格斯全集》中文第 2 版第 30 卷第 622 页，马克思《引文笔记》(1859—1860 年)第 43 页。——编者注
③ 参看《马克思恩格斯全集》历史考证版第 4 部分第 4 卷第 339 页，《马克思恩格斯全集》中文第 2 版第 30 卷第 623 页，马克思《引文笔记》(1859—1860 年)第 43 页。——编者注
④ 参看《马克思恩格斯全集》历史考证版第 4 部分第 4 卷第 340 页，《马克思恩格斯全集》中文第 2 版第 30 卷第 623 页。——编者注

出，就出现第一种情况；反之，如果生产出来的商品长时间卖不出去，则出现**不景气**和停滞的情况。在前一种场合，在生产中积累的资本一旦生产完成就会脱离出来，并且可以直接被用于以后的生产。在后一种场合，"国家的生产资本的一大部分处于暂时的不活跃状态。"（同上，第38b页。[穆勒，第67页]）①

资本的形态变化。这些家伙大都将生产过程**中的变化**，和流通过程中的**变化**或者说再生产过程的流通领域中的**变化**混淆起来。

"资本在生产作业中发生各种转化。资本要变成生产的，就必须被消费。"（赛·菲·纽曼《政治经济学原理》1835年安多弗—纽约版第80页）"经济周期……即整个生产过程，是从支出时起，直到收回时为止。在农业中，播种期是它的开端，收获是它的终结。"（第81页）固定资本和流动资本的差别的根据是，在每一经济周期中，一部分[资本]是部分地被消费，而另一部分则是全部被消费。（同上）②

转化为货币的重要性。经济例证的无聊。（马尔萨斯[《政治经济学定义》1853年伦敦版第72页]。大笔记本VII[《第VII笔记本》（伦敦，1859—1863年）]，第118页）只要资本以**商品资本**的形式存在，它几乎肯定不会带来利润。（穆勒《略论[政治经济学的]某些有待解决的问题》[1844年伦敦版第51页]。小笔记本2[《曼彻斯特笔记》（1845年）第5笔记本]第36b页）③

---

① 参看《马克思恩格斯全集》历史考证版第4部分第4卷第340—341页，马克思《引文笔记》（1859—1860年）第43页。——编者注
② 参看本卷第83、91—92、487页，《马克思恩格斯全集》中文第2版第31卷第254页、第45卷第173页。——编者注
③ 参看《马克思恩格斯全集》历史考证版第4部分第4卷第337页。——编者注

商业。"当制造业主结合成团体的时候，他们就不是直接依靠消费者，而是依靠商人。"（斯图亚特［《政治经济学原理研究》1770 年］都柏林版第 1 卷第 153 页）（同样的内容参看大笔记本 VII［《政治经济学批判（1857—1858 年手稿）》第 VII 笔记本］第 26 页）①

[5]"生产资本指以任何方式与劳动结合在一起、处在增大过程中的资本。

非生产资本指没有和劳动结合在一起、到年终时一如年初的资本。"（弗·威兰德《政治经济学原理》1843 年波士顿版第 35 页）[39]

不同周转时间的固定资本对价值形成的影响。［《政治经济学批判（1861—1863 年手稿）》]第 XI 笔记本第 536 页。②

流动资本、固定资本。[37]

"资本的所有者只有通过改变资本的形式或位置才能从中获得利润的资本，是流动资本…… 工具等是固定资本。流动资本是**年产品**，固定资本不是，等等…… 存在于事物本性中的趋势是把流动资本转变为固定资本，等等。"（威兰德［《政治经济学原理》1843 年波

---

① 见《马克思恩格斯全集》中文第 2 版第 31 卷第 184 页，《马克思恩格斯全集》历史考证版第 4 部分第 8 卷第 323 页。——编者注
② 见《马克思恩格斯全集》中文第 2 版第 34 卷第 209—210 页。——编者注

士顿版第 36 — 37 页]——大笔记本 VII[《第 VII 笔记本》(伦敦，1859—1863 年)]第 78 页。[《引文笔记》(1859 — 1860 年)第 50 页])"固定资本和流动资本的区别，与其说是真实的，不如说是表面的；例如，金是固定资本，只有当它被消费在镀金等上面的时候，才是流动。船舶是固定资本，虽然它们确实是在流动。外国的铁路股票在我们的市场上是商品；我们的铁路在世界市场上也可以是这样的；在这个意义上，它们和金一样是流动资本。"(亚·安德森《近来商业的困境，或恐慌分析》1847 年伦敦版第 4 页)**40**《经济学家》。[《伦敦笔记》(1850 — 1853 年)]第 VI 笔记本第 1 页。**41** 资本折旧。康迪·拉盖《论通货和银行业务》1840 年费城第 2 版第 58—60 页]。[《伦敦笔记》(1850 — 1853 年)]第 VII 笔记本第 11 页。① "流动资本，按其通常的意思，意味着被使用在生产上面的任何一种因素，它〈即它的旧形式〉消灭在这被使用的行为之中……固定[资本]……是反复用在同一作业上的资本，而且反复的次数越多，工具、发动机或机器就越有资格取得固定资本的称号。"(托·德·昆西《政治经济学逻辑》1845 年爱丁堡版第[113—]114 页。[《伦敦笔记》(1850 — 1853 年)第 X 笔记本第 4 页或《引文笔记》(1859 — 1860 年)第 30 页])② "固定资本和流动资本的差别的根据是，在每一经济周期中，一部分[资本]是部分地被消费，而另一部分则是全部被消费。"(赛·菲·纽曼《政治经济学原理》1835 年安多弗—纽约版第

---

① 参看《马克思恩格斯全集》历史考证版第 4 部分第 8 卷第 147 — 148 页，马克思《引文笔记》(1859—1860 年)第 49 页。——编者注

② 参看《马克思恩格斯全集》历史考证版第 4 部分第 8 卷第 669 页，《马克思恩格斯全集》中文第 2 版第 31 卷第 31—32、617 页。——编者注

81 页)①

　　年产品的一部分被用于再生产。(贝卡里亚[《社会经济原理》1804 年米兰版第 11 卷第 27 — 28 页]。《第 VII 笔记本》[(伦敦,1859—1863 年)]第 94[—95]页)

　　李嘉图[《政治经济学和赋税原理》1821 年伦敦第 3 版]。[《政治经济学批判(1861—1863 年手稿)》]第 XI 笔记本第 529—542 页(特别参看第 **530** 页下部)。再生产时间的区别以及固定资本和流动资本的区别(第 539 页)**42**

　　闲置资本。②

　　资本的(生产的)作用不是固定的。流通对此的影响。(贝利[《货币及其价值的变动》1837 年伦敦版第 54—85 页]。[《伦敦笔记》(1850—1853 年)]第 V 笔记本第 26、27 页)(第 28、29 页)**43**

　　既不是国家的全部资本都被充分地利用,也不是靠积蓄形成的不断积累的资本立即得到利用,等等。布莱克[《论限制兑现期间政府支出的影响》1823 年伦敦版第 54 页]。[《伦敦笔记》(1850—1853 年)]第 IX 笔记本第 68 页。③"这种资本处于闲置状态,能够通过运用适当的刺激而使其活动增加,这是毫无疑问的。每个新市场一经发现或者开放,就充斥着英国商品,而本国市场的供应并没有任何减

---

①　参看本卷第 81 页。——编者注
②　参看本卷第 80 页。——编者注
③　参看《马克思恩格斯全集》历史考证版第 4 部分第 8 卷第 604 页,《马克思恩格斯全集》中文第 2 版第 31 卷第 191 页。——编者注

少。"(布莱克[,第 66—67 页]。[《伦敦笔记》(1850—1853 年)]第 IX
笔记本第 70 页①)

[6]将可变资本和流动资本混为一谈的一个原因。

"除了留在雇主手里未被消费的这段时间,这两种资本〈流动资
本和固定资本〉之间并没有实际的差别⋯⋯　工厂主,农场主,或商
人用于支付工资的资本流通得最快,因为如果他对工人每周支付一
次,这种资本就**可能**由于他每周的卖货或付账而获得的进款每周周
转一次。投在原料和成品储备上的资本流通得没有这样快,它每年
或许周转 2 次或 4 次,这要看买进原料和卖出成品的间隔时间而定,
这里假定资本家是以相同的信用期限进行买和卖的。投在工具和机
器上的资本流通得更慢,因为它平均也许要 5 年或 10 年才周转一
次,也就是才消费掉,才被更新,虽然有不少工具经过一系列操作之
后,就已经不能使用了。投在例如工厂、店铺、栈房、谷仓等建筑物和
投在道路、灌溉工程等上的资本,看起来几乎是根本不流通的。但实
际上,这些设施完全和上述各项一样,会在它们协助进行生产的时候
消耗掉,并且必须再生产出来,以便生产者的活动能够继续下去。差
异只在于:它们比其他各项消耗得慢些,也再生产得慢些。它们所需
要的持续不断的修理证明了它们的消费和再生产;而投在它们上面
的资本也许要 20 年或 50 年才周转一次。因此,如果要保留固定资
本和流动资本这些术语,我会将流动资本的术语限定于指一年内更
新或再购入,或被消费或被卖出的那些资本;固定资本的术语则限定

---

① 参看《马克思恩格斯全集》历史考证版第 4 部分第 8 卷第 610 页。——
　　编者注

于指留在为获利而使用它们的人手中超过一年的那些资本。"(斯克罗普〈也就是说,波特尔的版本[《政治经济学:它的对象、应用和原理》]〉1841 年纽约版第 141、142 页。大笔记本 VII[《第 VII 笔记本》(伦敦,1859 — 1863 年)]第 109 — 110 页)[44] 参看[《伦敦笔记》(1850—1853 年)]第 IX 笔记本第 62 页,斯克罗普[《政治经济学原理》1833 年伦敦版第 110—113、156—158 页]。[①]

周转。"在一些生产部门内,全部预付资本〈也就是说,资本的价值或资本价值〉在一年内周转或流通多次;在另一些生产部门内,预付资本一部分在一年内周转一次以上,另一部分则没有这么频繁。资本家必须按照他的全部资本经过他的手或周转一次所需要的平均期间,来计算他的利润。"(斯克罗普。[波特尔《政治经济学:它的对象、应用和原理》1841 年纽约版]第 142 页及下页。大笔记本 VII [《第 VII 笔记本》(伦敦,1859—1863 年)]第 110 页。要使用斯克罗普在这里给出的例证,尽管我们的论述和利润一点关系也没有。)[45]

[7]**辅助资本**(不是预付用来支付工资的资本)**的增加所受的限制**是"某种发明,由此有可能通过使用这类资本来提高劳动生产力,而且提高到使劳动在先前生产的财富之外,还把所使用的追加辅助资本按其消费的程度,连同其利润再生产出来……这种使用只在如下场合才有可能,即所发明的手段要把劳动力提高到能够把追加资

---

① 见《马克思恩格斯全集》历史考证版第 4 部分第 8 卷第 592—593 页。第 IX 笔记本第 62 页不包含上述这段引文。——编者注

本在其被消耗期间再生产出来。如果不是这样,资本家就定会损失自己的财富。"(理·琼斯《国民政治经济学教程》1852 年赫特福德版第 37—41 页。[《第 VII 笔记本》(伦敦,1859—1863 年)第 122 页])(多处)①

周转的尺度:年。

"我们可以说,财富是土地和劳动的**周期性**产品,同样也可以说,是土地和劳动的'**年**'产品,年产品是斯密的用词。有规律的持续增长是目标,可以随意用任何相等的间歇期间来计量。由于自然规律,从土地获取收成的时间在大部分场合是每年一次。所以,假如情况不是这样,那么一年,或者一年的某个倍数,必定就是这种周期。"(《论[马尔萨斯先生近来提倡的关于需求的性质和消费的必要性的]原理》[1821 年伦敦版]第 2、3 页)**46**

储备的形成。"凡是生产和消费比较大的地方,在任何时候自然都会有比较多的剩余存在于中间阶段,存在于市场上,存在于从生产出来到消费者手中的道路上,除非物品卖出的速度大大加快,消除了生产的增加本来会引起的这些后果。"(《论[马尔萨斯先生近来提倡的关于需求的性质和消费的必要性的]原理》[1821 年伦敦版]第

---

① 参看马克思《引文笔记》(1859—1860 年)第 86 页,《马克思恩格斯全集》中文第 2 版第 31 卷第 603 页、第 36 卷第 327 页。——编者注

6—7 页。[《第 VII 笔记本》(伦敦,1859—1863 年)第 129 页])①

[储备]随着生产的规模和速度的增加而减少。莱勒[《货币和道德》1852 年伦敦版第 43—44 页]。大笔记本 VII[《第 VII 笔记本》(伦敦,1859—1863 年)]第 167 页。② 储备。流通蓄水池。([《政治经济学批判(1861—1863 年手稿)》]第 XV 笔记本第 872—874 页)[47]

[8]资本作为流通过程中处在过程中的、与自身保持同一的价值。

"价值是同时期的商品之间的关系,因为只有这样的商品才能够互相交换;如果我们把一种商品在一个时间的价值与其在另一时间的价值进行比较,那不过是在比较它在这些不同时间里与另一种商品的关系。"(赛·贝利《对价值的本质、尺度和原因的批判研究》1825 年伦敦版第 72 页)这里他反对的是"不同时期的商品的比较"! 资本的周转! [《政治经济学批判(1861—1863 年手稿)》]第 XIII 笔记本第 706 页。[48]

固定资本[37]:使劳动人口定居下来。见亚洲的情况,那里的劳动者不是通过资本,而是通过收入获取报酬。(理·琼斯[《国民政治经

---

① 见本卷第 432 页,《马克思恩格斯全集》中文第 2 版第 34 卷第 548 页、第 38 卷第 230 页。另外参看《马克思恩格斯全集》历史考证版第 2 部分第 11 卷第 65 页。——编者注

② 参看本卷第 470 页。——编者注

济学教程》1852 年赫特福德版第 73 — 74 页〕。大笔记本 VII〔《第
VII 笔记本》(伦敦，1859 — 1863 年)〕第 152 页。〔《引文笔记》
(1859—1860 年)第 86 页〕)①

再生产和流通。在再生产中，问题不仅仅在于**用产品补偿产品**，
而且也在于**用价值补偿价值**。这取决于如下情况：资本家能否用**相
同的执行职能的资本价值**，以相同的规模或更大的规模，在自己的产
品由产品的生产要素进行补偿的情况下，继续进行生产。(〔《政治经
济学批判(1861—1863 年手稿)》〕第 X 笔记本第 469、470 页)②

生产过剩。在某种特殊物品上使用过多的**社会劳动时间**。(**比例
性**)(〔《政治经济学批判(1861 — 1863 年手稿)》〕第 IX 笔记本第 379、
380 页)**可消费商品的相互交换**，或**收入同收入交换**。(第 380、381 页)
雇佣工人是为别人而生产的当事人，因此有相对剩余生产。**产业资本
家**也是如此，因为他为生产而生产。可见，他同样是**剩余生产的当事
人**。一方面有这种剩余生产，与此相对，另一方面必定有剩余消费；一
方面是为生产而生产，与此相对，另一方面必定有为消费而消费，等
等。同上，第 407、408 页。〔《政治经济学批判(1861 — 1863 年手稿)》〕
第 XIII 笔记本第 705 页及以下几页。李嘉图。萨伊。**资本过剩和生产
过剩**。(第 705—709 页)辩护论。坚持统一，否认区别。(第 709—724
页)**资本的生产过剩**。(第 725、726 页)(第 770 页)资本主义生产的

---

① 参看《马克思恩格斯全集》中文第 2 版第 36 卷第 325—326 页。——
编者注
② 同上，第 34 卷第 64—65 页。——编者注

狭隘特征和它不管怎样都要生产的趋势之间的矛盾。[《政治经济学批判(1861—1863 年手稿)》]第 XIV 笔记本(第 790 页)。穆勒认为需求和供给是符合的。([穆勒《政治经济学原理》1823 年巴黎版第252—255 页。]同上[笔记本,]第 800、802 页)**危机**。(第 XIV 笔记本第771ᵃ、861ᵃ 页)⁴⁹

[9]**价值流通**(补偿)。

亚·斯密说:"各种实业家之间流通的商品的价值,绝不能超过实业家和消费者之间流通的商品的价值,因为无论实业家〈他所说的实业家是指所有**产业**资本家等〉购买什么,最终必然会卖给消费者。"**图克**接受了这种说法。"实业家和实业家之间的一切交换,也就是从生产者或进口商起,通过加工制造等中间过程的各个阶段,直到零售商或出口商为止的一切出售,都可以归结为资本的运动或转移……另一个重要考虑是,实业家和实业家之间的交换总额,归根结底必须由实业家和消费者之间的交换额决定,并受它的限制。"(托·图克《通货原理研究》1844 年伦敦版第 35—36 页)⁵⁰

货币资本。"现有货币总量〈金、银行券和可转让的银行信贷〉的一部分总是处在那些打算把它们用做收入的人手里,另一部分处在把它们用做资本的人手里。在后一种场合,它们是货币资本。"(约翰·莱勒《货币和道德》1852 年伦敦版第 7、8 页)⁵¹

不同资本的支出和收入。"在一个部门支出的资本总是表现为另一个或几个部门的收入。"(约·莱勒[《货币和道德》1852 年伦敦版]第 48 页。[《第 Ⅶ 笔记本》(伦敦,1859 — 1863 年)第 167 页;《关于固定资本和信用的笔记本》(1868 年)第 11 页])

[10]经济周期。

　　"交易的世界,可以看做是在我们称为经济周期的循环中运转的,一旦企业完成它相继进行的交易,又回到它的起点,每次的循环就完成了。起点可以从资本家得到收入,从而收回资本的时候算起;从这时起,他重新着手做以下的事情:招雇工人,并以工资的形式分给他们生活资料,或者确切地说,分给他们获得生活资料的权力;从他们那里取得他所经营的制成的物品;把这种物品送到市场去,在那里把它们卖掉,在货款中收回全部投资,而结束这一系列运动的循环。"(第 85 页)(托·查默斯(神学教授)《论政治经济学[同社会的道德状况和道德远景的关系]》1832 年伦敦第 2 版)"如果产量过多,那么就是它〈资本〉生产得太多,而通过随之而来的低价这个中介,过多的产量会在经济周期的一次循环中被削减。如果产量短缺,那么就是它生产得太少,而通过随之而来的高价这个中介,短缺的产量会在经济周期的一次循环中得到补足。因此,年复一年,资本可能在回流力量的两端摇摆不定…… 不断根据可能的回报进行自我调整的资本,就是不断根据有效需求进行自我调整的供给。无论这种需求只是对直接劳动的需求,还是对过去劳动的产品的需求,它都会根据自身的相对规模,对人口,或者对资本,或者对两者,在一个时刻起到抑制作用,而在另一时刻,起到刺激作用。"(托·查默斯,第 114 页)[52]

　　"经济周期……表示整个生产过程,是从支出时起,直到收回时为止。在农业中，播种期是它的开端，收获是它的终结。"(赛米尔·菲·纽曼《政治经济学原理》1835 年[安多弗—]纽约版第 81 页)[53]

流通 G—W—G′。

"商人使用的实际的金属货币，不超过他的资本的一小部分，甚至不超过他的货币资本的一小部分；他的所有资本，尽管用货币来计量，在书面契约的力量的基础上，借助于……相当于整体中微不足道的一小部分的铸币，可以完成自己的循环，有效达成自己的所有目的。实际上，货币资本家的宏大目标是增加他的财产的名义数量。也就是说，如果用货币来表示，他的财产今年例如是 20 000 镑，那么明年这笔财用用货币来表示就应当是 24 000 镑。预付用货币来计量的资本，是他能够增加自己作为商人的利益的唯一途径。对他来说，这个目标的重要性不会受通货波动或者货币实际价值变动的影响。例如，在某一年中，假定他的财产从 20 000 镑增加到 24 000 镑，而由于货币价值的下降，这笔财产可能并没有增加他对舒适品等的支配权。尽管如此，这和货币没有贬值一样，是他的利益所在；不然的话，他的货币财产就会保持不变，而他的实际财富就会按 24 比 20 的比例下降……　可见，除了消费方面的支出对他的收入的花费以外，商品不是产业资本家的最终目的。在他的投资中，当他为生产而购买时，货币是他的最终目的。"(查默斯[《论政治经济学同社会的道德状况和道德远景的关系》1832 年格拉斯哥第 2 版]第 164—166 页)[54]

[11]资本和收入。

施托尔希反驳萨伊说："很明显,年产品的价值分成资本和利润两部分。年产品价值的这两部分中,每一部分都要有规则地用来购买国民所需要的产品,以便维持该国的资本和更新它的消费基金。"(施托尔希[《政治经济学教程》]第5卷《论国民收入的性质》1824年巴黎版第134—135页)"我们要问,靠自己的劳动来满足自己的全部需要的家庭(我们在俄国可以看到许多这样的例子)——**其收入**是否=这个家庭的土地、资本和劳动的**总产品**? 难道一家人能够住自己的粮仓和畜棚,吃自己的谷种和饲料,穿自己役畜的毛皮,用自己的农具当娱乐品吗? 按照萨伊先生的论点,对所有这些问题必须作肯定的回答。"([同上,]第135—136页)"萨伊把总产品看成社会的收入,并由此得出结论说,社会可以把=这个产品的价值消费掉。"([同上,]第145页)"一国的〈纯〉收入,不是由已生产出来的价值超过**消费了的价值总额**的余额构成,就像萨伊所描写的那样,而只是由**已生产出来的价值超过为生产目的而消费了的价值的余额**构成。因此,如果一个国家在一年内消费这全部余额,那么它就是消费自己的全部〈纯〉收入。"[同上,]第146页。"如果承认一个国家的收入等于该国的总产品,就是说**不必扣除任何资本**,那么也必须承认,这个国家可以把年产品的全部价值非生产地消费掉,而丝毫无损于该国的未来收入。"[同上,]第147页。"构成一个国家的资本的产品,是不能消费的。"([同上,]第150页)**55**

[12]积累。

"同生产力相比,积累并不重要。"(威·汤普森《财富分配原理的研究》1824年伦敦版第588页及以下几页)"人们的目光通常总是盯在这些积累起来的量上,特别是当它们掌握在少数人手里的时候。但是,每年生产和消费的巨大数量,却像大河中永不停息的、无穷无尽的波涛一样滚滚而来,并消失在被人遗忘的消费的汪洋大海中。"([同上,]第 589 页)

人为的积累。"在所谓积累起来的财富中,有很大一部分只是名义上的财富,它们不是由任何实物,例如船舶、房屋、棉纺织品、土壤改良设施构成,而是由对社会的未来年生产力的单纯索取权构成,这种索取权则是由应对风险的临时措施或制度创造出来并使其永久不变的。"([同上,]第 598 页)[56]

生产过程在流通过程范围内的继续。[《政治经济学批判(1861—1863 年手稿)》]第 XV 笔记本第 957 页。**流通费用和消费费用**。同上,第 958、959 页。在运输、分装和商品库存方面的资本投入。第 959、960 页。[57]

利润率的规律[58]

写于 1867 年 10 月—12 月之间

第一次用德文发表于《马克思恩格斯全集》2012 年历史考证版第 2 部分第 4 卷第 3 册

原文是德文

中文根据《马克思恩格斯全集》2012 年历史考证版第 2 部分第 4 卷第 3 册翻译

[1]（I）

规　律　(1)[①]

利润率始终小于剩余价值率。

剩余价值率 $=\dfrac{m}{v}$；利润率 $=\dfrac{m}{c+v}$ 或 $=\dfrac{m}{C}$。但是，$\dfrac{m}{c+v}<\dfrac{m}{v}$。只有 $c=0$，也就是说，$\dfrac{m}{c+v}=\dfrac{m}{0+v}$，$\dfrac{m}{c+v}$ 才会 $=\dfrac{m}{v}$。在这种场合，不存在与剩余价值率不同的利润率，或者说，不存在不变资本部分。c 越小，$\dfrac{m}{c+v}$ 就越接近 $\dfrac{m}{0+v}$ 或 $\dfrac{m}{v}$。而后者是绝不可能达到的界限。

规　律　(2)[②]

如果 C 保持不变，那么利润率随着 m 的增加或减少而提高或降低。而这假定了两种可能的情况。(1)要么 v 保持不变。那么 m 只

[①]　关于规律(1)，参看本卷第154—157页，《马克思恩格斯全集》中文第2版第39卷第52页。——编者注

[②]　关于规律(2)，参看《马克思恩格斯全集》中文第2版第39卷第53页。——编者注

能因为 $\frac{m}{v}$ 即**剩余价值率**的提高而增加。或者,m 只能因为 $\frac{m}{v}$ 即剩余价值率的降低而减少。(2)要么 $\frac{m}{v}$ 保持不变;那么 m 只能因为 v 增加而增加,或者只能因为 v 减少而减少。而这个 v 等于劳动力价值×同时雇用的工人的人数。在剩余价值率保持不变的情况下,m 随着 v 的量即雇用的工人的人数增加而增加,反过来,m 随着雇用的工人的人数减少而减少。但是,因为 C 在这里保持不变,而且 C=c+v,所以只有 c 减少,v 才能增加,只有 c 增加,v 才能减少。在后一种场合,较少数量的工人推动较多的不变资本,也就是说,推动价值增加的生产资料量。这要么是**劳动生产率提高**,要么是**生产资料变贵**(也就是生产生产资料的部门的劳动生产率降低,如果这种变贵不是仅仅归因于市场价格的状况的话)。或者在前一种场合,较多数量的工人推动较少数量的不变资本。这要么是因为,同样数量或更多数量的生产资料的价值降低了(即不变资本生产的生产率提高了),也就是说,归因于**生产资料变便宜**;要么是归因于推动这些生产资料的**劳动的生产率的降低**,从而需要有更多数量的劳动来推动同量的生产资料。

规　律　(3)[①]

　　相同的剩余价值率可以表现为极不相同的利润率,也可以反过来:**极不相同的利润率可以表现相同的剩余价值率**。这是因为,假设

[①]　关于规律(3),参看本卷第 158—169 页,《马克思恩格斯全集》中文第 2 版第 39 卷第 52 页。——编者注

$\frac{m}{v}$不变,极不相同的利润率就表现为$\frac{m}{c+v}$,$\frac{m}{2c+v}$,$\frac{m}{3c+v}$,$\frac{m}{4c+v}$,简言之,就表现为$\frac{m}{x\cdot c+v}$。在这里,x也可以是分数。如果c=100,而且x是整数,那么,当x=1时,x·c=100,当x=2时,x·c=200,当x=3时,x·c=300,当x=n时,x·c等于n·100。另一方面,如果x是分数,那么,当$x=\frac{1}{2}$时,x·c=50,当$x=\frac{1}{4}$时,x·c=25,当$x=\frac{1}{5}$时,x·c=20。在所有这些场合,虽然$\frac{m}{v}$保持不变,但是表达式$\frac{m}{x\cdot c+v}$随着x·c即不变资本量的缩小或增大而变化。

规 律 4.[1]

不同的剩余价值率可以表现为相同的利润率,或者反过来,**相同的利润率可以表现不同的剩余价值率**。

利润率$=\frac{m}{C}$或$\frac{m}{c+v}$。

如果m和v同时增加,那么,不管它们的绝对量是多少,$\frac{m}{v}$即剩余价值率保持不变。

剩余价值率$\frac{m}{v}$只有在以下情况才会变化:(1)**当v变化,而m保持不变时**;例如,如果v=v±δv,那么,在m保持不变的情况下,当$\frac{m}{v}$变成$\frac{m}{v-\delta v}$(这或者是将劳动压低到其价值之下,或者是劳动的价值由于生活资料等变得便宜而降低)时,$\frac{m}{v}$就会提高,而当$\frac{m}{v}$变成$\frac{m}{v+\delta v}$时,$\frac{m}{v}$就会降低。(当可变资本增加时,剩余价值量保持不变。这是不可能的,除非工作日的长度或强度发生变化而剩余

---

① 关于规律(4),参看本卷第169—170、175—190页,《马克思恩格斯全集》中文第2版第39卷第52—53页。——编者注

劳动的绝对量保持不变。)

或者(2)**当 v 保持不变,而 m 变化时**。在这种场合,预付在工资上的资本保持不变,但剩余劳动(在时间长度或强度上)改变,从而 m 也改变。在这里,m 会根据剩余劳动的时间长度或强度的增减而增减。

或者(3)当 m 和 v 变化,但并非**成比例**变化时,$\frac{m}{v}$ 会变化。$\frac{m}{v}$ 当然只能朝两个方向变化,提高或者降低。只有 m 的增加比 v 的增加快,或 m 的减少比 v 的减少慢,$\frac{m}{v}$ 才会提高;只有 m 的增加比 v 的增加慢,或 m 的减少比 v 的减少快,$\frac{m}{v}$ 才会降低。

这里涉及剩余价值率的变化,第一卷第五章包含的关于剩余价值率变化的全部情况,在这里都会再次出现。①

后面再回来谈这一点。也就是说,在关于剩余价值率的研究当中,假定了单个平均工人的工作日。但是,可变资本 v=所雇用的工人的总人数。如果工人变得便宜,那么用同样的 v 就可以雇到更多工人,而 m 就会双重地增加,(1)因为单个工人提供更多的剩余价值,(2)因为提供更多剩余价值的被剥削工人的人数增加了。稍后再回来谈这一点。

因此,剩余价值率 $\frac{m}{v}$ 在以下情况会**提高**:m 保持不变而 v 减少;m 增加而 v 保持不变;m 增加,而 v 增加较慢或者甚至减少;最后,m 的减少慢于 v 的减少。

$\frac{m}{v}$ 在以下情况会**降低**:m 保持不变而 v 增加;m 减少而 v 保持不变;在 v 增加的同时,m 增加慢于 v 或者甚至减少;最后,m 的减少快于 v 的减少。

---

① 参看《马克思恩格斯全集》中文第 2 版第 42 卷第 530—543 页。——编者注

如果 m 保持不变,而 v 变成 $v \pm \delta v$,那么,只有 C 保持**不变**,$\frac{m}{C}$ 即利润率才能保持不变。在上述场合,只有 c 的增加量同 v 的减少量相等,以及 c 的减少量同 v 的增加量相等,这种情况才是可能的。如果出现这种情况,那么,尽管剩余价值率变化,利润率却保持不变。但问题在于,这一点如何具体地表现出来?

[2]不过,我们后面再回来谈这一点。这里要完全从形式上阐述问题。

如果 v 保持不变,而 m 变化——这是剩余价值率变化的第二种可能性　,那么,只有不变资本 c 的量的变动消除、抵消(补偿)了 m 的变动,利润率 $\frac{m}{c+v}$ 才能保持**不变**。假定 m＝100,v＝100,原来 c＝400。那么我们就得到 $\frac{m}{v} = \frac{100}{100} = 100\%$,$\frac{m}{C} = \frac{m}{c+v}$ = $\frac{100_m}{400_c+100_v} = \frac{100_m}{500C} = 20\%$。按照前提,现在 v 保持不变;而 m 增加或减少。如果它从 100 增加到 120,那么 $\frac{m}{v} = \frac{120}{100} = \frac{12}{10} = \frac{6}{5} = 120\%$。剩余价值增加了 $\frac{1}{5}$ 或者说 20\%。如果现在利润率要保持不变,那么必定是:$\frac{100_m}{400_c+100_v} = \frac{120_m}{x_c+100_v}$。因此,$\frac{100}{500} = \frac{120}{x+100}$,所以,x＝500。实际上,$\frac{120}{500+100}$ 或 $\frac{120}{600} = \frac{100}{500}$ 或 $\frac{100}{400+100}$。

当剩余价值增加 $\frac{1}{5}$(20\%),并且可变资本保持不变时,不变资本必须增加 $\frac{1}{4}$(从 400 增加到 500,即增加 25\%),利润率才会保持不变。在这里,不变资本的变动不是要抵消可变资本的变动,而是抵消剩余价值的变动。剩余价值的增加由于不变资本的增大而被抵消,它的减少则由于不变资本的缩小而被抵消。假定剩余价值从 100 增加到 130,从而剩余价值率＝$\frac{130}{100}$,那么,只有当 $\frac{100}{500} = \frac{130}{x+100}$ 或者说 x＝550 时,利润率才会保持不变。这是因为 $\frac{100}{500} = \frac{130}{650} = \frac{1}{5} = 20\%$。

反过来,我们假定剩余价值率因为 m 减少而降低。例如,原来

我们得到 $\frac{100}{100}=100\%$。假定它降至 $\frac{50}{100}=50\%$。如果利润率要保持不变,那么必定是 $\frac{100}{400+100}=\frac{50}{x+100}$。也就是说,x(不变资本)=150,这样一来,$\frac{50}{250}=\frac{5}{25}=\frac{1}{5}=\frac{100}{500}$。**因此,在 v 不变而 m 变化的这种场合**,只有**总资本 C 的量**的变化同 m 的变化成反方向,也就是说,总资本由于 c 的变化而增加或减少,**利润率才保持不变**;而在第一种场合,即 m 不变而 v 变化,虽然 c 和 v 也必须朝相反方向变化,但是它们的总额 v+c 或 C 并不变化。

最后,(3)是 **m 和 v** 同时发生变化,而且这些变化会影响剩余价值率这种场合。

(I)在这种场合,剩余价值率 $\frac{m}{v}$ 能够由于下述情况而提高:**m 增加比 v 快或者减少比 v 慢,或者 m 增加而同时 v 减少**。

(a)例如,假定 v 从 100 增加到 110,即增加 $\frac{1}{10}$,m 从 100 增加到 120,即增加 $\frac{1}{5}$。在这种场合,我们得到的是 $\frac{120}{110}$,而不是旧的比率 $\frac{m}{v}=\frac{100}{100}$。剩余价值率现在是 $\frac{12}{11}$ 或 $108\frac{9}{11}\%$。如果利润率现在要保持不变,那么必定是 $\frac{100}{400+100}=\frac{120}{x+110}=\frac{120}{490+110}=\frac{120}{600}=\frac{1}{5}=\frac{100}{500}$。在这里,总资本必定从 500 增加到 600,即增加 $\frac{1}{5}$。剩余价值率的提高和从 $\frac{100}{100}$ 变为 $\frac{109\frac{1}{11}}{100}$ 是一样的。这就好像 v 保持不变,而 m 增加了。

(b)**m 减少比 v 慢**:例如我们得到的不再是 $\frac{100}{100}$,而是 $\frac{90}{80}$。(这和我们得到 $\frac{100}{88\frac{8}{9}}$ 是一样的。因此还是**以前的情况**,即 m 保持不变,而 v 减少。)$\frac{90}{x+80}=\frac{1}{5}$。x=370。$\frac{90}{450}$ 或 $\frac{90}{370+80}=\frac{100}{500}\left(\frac{90}{450}=\frac{9}{45}=\frac{1}{5}\right)$。在这里,总资本必定减少。

(c)**m 增加，而 v 减少**。例如，从 $\frac{100}{100}$ 变成 $\frac{110}{90}$。$\frac{110}{90}$ 用百分比来表示是：$\frac{100}{81\frac{9}{11}}$，也就是说，这和 m 保持不变而 v 减少又是一样的。

$\frac{110}{x+90}=\frac{1}{5}$；因此 x＝460，而 $\frac{110}{550}=\frac{11}{55}=\frac{1}{5}=\frac{100}{500}$。总资本从 500 增加到 550，而且是由于不变资本从 400 增加到 460。

（II.）**剩余价值率降低，是因为 m 减少比 v 快，因为 m 增加比 v 慢，以及因为 m 减少而同时 v 增加。**

原来 $\frac{m}{v}=\frac{100}{100}$，现在 $\frac{m}{v}=\frac{80}{90}$ 或 $=\frac{110}{120}$ 或 $=\frac{90}{110}$。这些场合同（I）中的场合正好相反。在所有这些场合中，剩余价值都会减少。如果利润率要保持不变，即保持 $\frac{1}{5}$ 或 $\frac{100}{400+100}$，那么，当 $\frac{m}{v}=\frac{80}{90}$ 时，$\frac{m}{C}$ 就必定是 $\frac{80}{x+90}=\frac{100}{500}$，或者说，x＝310；因为 $\frac{80}{310+90}=\frac{80}{400}=\frac{8}{40}=\frac{1}{5}$。在这里，总资本必定由于不变资本的减少而减少。

如果 $\frac{m}{v}=\frac{110}{120}$，那么 $\frac{110}{x+120}=\frac{1}{5}$，或者说 x＝430。而 $\frac{110}{430+120}=\frac{110}{550}=\frac{11}{55}=\frac{1}{5}$。总资本在这里必定增加。另外，$\frac{110}{120}$ 用百分比来表示 $=\frac{91\frac{2}{3}}{100}$。**这相当于 m 减少而 v 保持不变。**[59]

如果 $\frac{m}{v}=\frac{90}{110}$，那么 $\frac{90}{x+110}=\frac{1}{5}$；因此 x＝340。而 $\frac{90}{340+110}=\frac{90}{450}=\frac{9}{45}=\frac{1}{5}$。总资本必定由于不变资本的减少而减少。

另外，从第 3 条规律就已经可以得出第 4 条规律。既然**相同的剩余价值率**[可以]表现为极不相同的利润率，那么，在我们将 $\frac{m}{C}$ 视为既定的利润率的情况下，剩余价值率无论是 $\frac{m\pm x}{v}$，还是 $\frac{m}{v\pm x}$ 等，同 $\frac{m}{v}$ 完全一样，都可以表现为 $\frac{m}{C}$。

[3](5) 从规律 3 和 4 得出的结论：

(a)从(3)得出如下结论：**在剩余价值率保持不变的情况下，利润率可能保持不变、降低或提高。**只要总资本保持不变，利润率就保持不变。如果总资本因为 c 增加而增加，利润率就降低；如果总资本因为 c 减少而减少，利润率就提高。在这里假定 v 保持不变，因为假定 $\frac{m}{v}$ 保持不变。

(b)从(4.)得出如下结论：**剩余价值率只能在提高或降低时发生变化；**但是，这种提高或降低可以在 v 保持不变的情况下由 m 的变化造成，或者在 m 保持不变的情况下由 v 的变化造成，或者由 m 和 v 的不一致变化造成，而 m 和 v 的不一致变化始终全都可以归结为：m 保持不变而 v 变化，或者 m 变化而 v 保持不变。

第一：不管剩余价值率是提高还是降低，利润率都可以保持不变。为此，$\frac{m}{C}$ 这个比率必须保持不变，这当然并不意味着 C 这个量保持不变。**如果 m 保持不变，**而 v 变化，那么，当 v 减少时剩余价值率提高，当 v 增加时剩余价值率降低。在这里，在第一种场合，只有当 c 增加的程度使得总资本 C 保持不变，在第二种场合，只有当 c 减少的程度使得 c+v 保持为不变的同一量，利润率才能保持不变。

如果 m 在 v 保持不变的同时发生变化，那么就是 m 增加或者减少；也就是说，$\frac{m}{v}$ 变成 $\frac{m\pm x}{v}$。如果 m 增加，那么只有在 c 的增加使得 $\frac{m+x}{c+x'+v}=\frac{m}{c+v}$ 时，利润率才能保持不变；在这种场合，总资本 C 必定增加。反过来，如果 $\frac{m}{v}$ 变成 $\frac{m-x}{v}$，那么必定是 $\frac{m-x}{c-x'+v}=\frac{m}{c+v}$；这只有在总资本由于 c 的减少而减少的情况下才是可能的。

在(b)中的所有场合,资本的有机构成都会发生变化,不管这种变化是否伴随着预付总资本的量的变化。

(c)从(4.)得出如下结论:**当剩余价值率降低时,利润率可能提高;当剩余价值率提高时,利润率可能降低。**只有不变资本部分的减少抵消剩余价值率的降低还有余,第一种情况才是可能的;只有不变资本部分的增加抵消提高的剩余价值率还有余,第二种情况才是可能的。

因此:

(d)从(a)、(b)和(c)得出如下结论:无论是(1)剩余价值率保持不变,还是(2)剩余价值率降低,还是(3)剩余价值率提高,**利润率都可能发生所有这三种变动:保持不变、降低或提高。**

更为明确的关系尚需更加详细的阐述。

这些规律仅仅表明剩余价值率的变动如何能被抵消,等等。在所有场合,不管不变资本如何变化,如果剩余价值率相对较高,利润率也就相对较高。剩余价值率越高,因为不变资本价值的增加从而总资本价值的增加而引起的利润率的降低就相对更低;剩余价值率越高,因为不变资本价值的减少而引起的利润率的提高就更高,等等。

(6) 从规律(2)以及一般地从利润率 公式$\frac{m}{c+v}=\frac{m}{C}$得出的结论:

对于剩余价值率来说,预付可变资本的量即同时雇用的工人的人数是无关紧要的。如果劳动力价格既定,那么,当 v 表示购买单个工人所预付的资本或劳动力价值,而 m 表示剩余价值时,$\frac{m}{v}$就是剩余价值率。现在,如果使用 n 个工人,那么 v=v×n,m=m×n,因此 $\frac{m}{v}=\frac{m}{v}\cdot n$;剩余价值量同所使用的工人的数量成比例增加,但是比率保持不变,因为 $\frac{mn}{vn}=\frac{m}{v}$。利润率的情况则不同。利润率不仅由剩余价值率决定,而且也由剩余价值的**绝对量**决定,或者说,在剩余价值率既定的情况下,也由可变资本相对于总资本的绝对量所决定,这是一回事。

因此这些规律可以再次总结为:

(I.)**利润率始终小于剩余价值率。**$\frac{m}{v}>\frac{m}{c+v}$ 或 $\frac{m}{C}$。如果 c=0,也就是说,$\frac{m}{c+v}=\frac{m}{0+v}=\frac{m}{v}$,$\frac{m}{C}$ 取得最大值。c 越小,C−v 或者 (c+v)−v 就越小,$\frac{m}{c+v}$ 或 $\frac{m}{C}$ 就越接近于 $\frac{m}{v}$。

(II.)**相同的剩余价值率可以表现为不同的利润率,**或者说,在 $\frac{m}{v}$ 保持不变时,$\frac{m}{c+v}$ 随着 c 的大小或 (c+v)−v 这个差数的变化而变化,也就是说,随着 $\frac{m}{c+v}$ 转变为 $\frac{m}{(c\pm\delta)+v}$ 而变化。

$$\frac{\text{利润率}}{\text{剩余价值率}}=\frac{\text{可变资本}}{\text{总资本}}。$$

即 $\dfrac{\frac{m}{c+v}}{\frac{m}{v}}=\dfrac{mv}{(c+v)m}=\dfrac{v}{c+v}=\dfrac{v}{C}$。 $\left(\dfrac{m}{c+v}:\dfrac{m}{v}=v:x,\text{因此},x=\right.$

$\dfrac{m}{\frac{m}{c+v}}=\dfrac{m(c+v)}{m}=c+v)$(因此:$\dfrac{m}{c+v}:\dfrac{m}{v}=v:v+c$。)

[4]表示相同内容的第二个公式:

$$\frac{\text{利润率}}{\text{剩余价值率}}=\text{不变资本}:\frac{\text{不变资本和总资本的乘积}}{\text{可变资本}}。$$

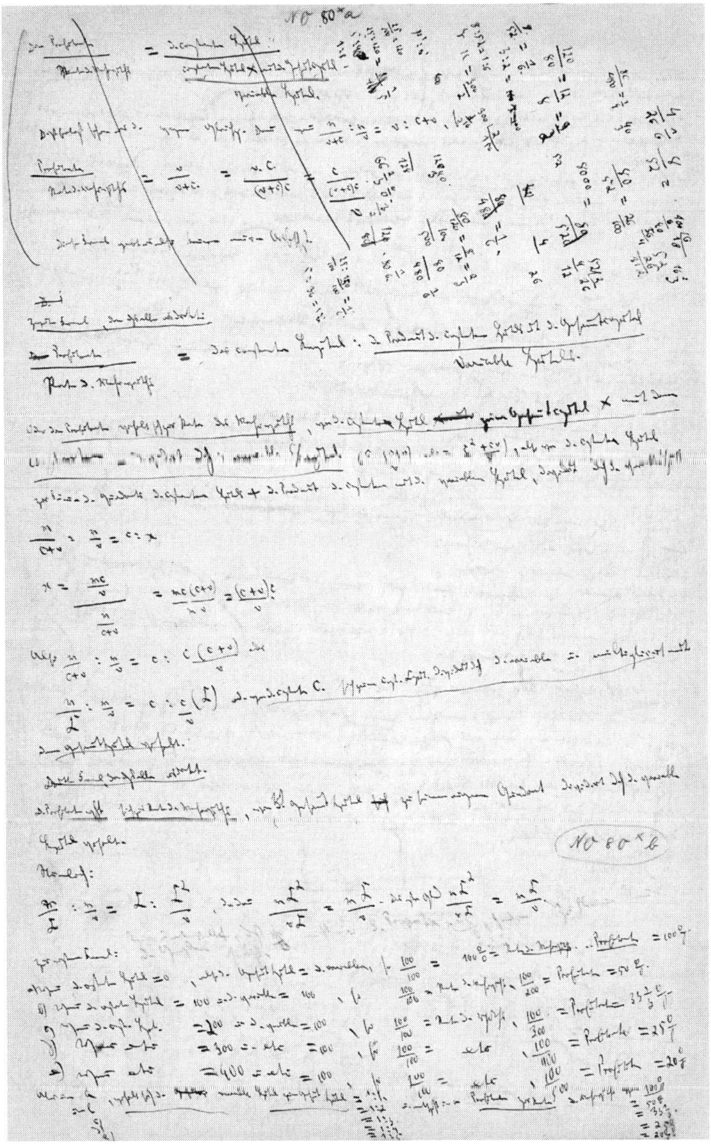

《利润率的规律》第 4 页

或者说,利润率与剩余价值率之比,等于不变资本与总资本×不变资本再除以可变资本所得数值之比。$\left(\dfrac{c\cdot(c+v)}{v}\text{ 或}=\dfrac{c^2+cv}{v}\right)$,也就是说,等于不变资本与不变资本的平方＋不变资本同可变资本的乘积之和再除以可变资本所得数值之比。

$$\frac{m}{c+v}:\frac{m}{v}=c:x。$$

$$x=\frac{\dfrac{mc}{v}}{\dfrac{m}{c+v}}=\frac{mc(c+v)}{mv}=\frac{(c+v)c}{v}。$$

因此,$\dfrac{m}{c+v}:\dfrac{m}{v}=c:\dfrac{c(c+v)}{v}$,或者说:

$\dfrac{m}{C}:\dfrac{m}{v}=c:\dfrac{c}{v}$(C),**或等于不变资本与不变资本除以可变资本再乘以总资本所得数值之比。**

表示相同内容的第三个公式。

利润率与剩余价值率之比,等于总资本与它自己的平方除以可变资本所得数值之比。

即:

$\dfrac{m}{C}:\dfrac{m}{v}=C:\dfrac{C^2}{v}$,因为这样一来,$\dfrac{mC^2}{vC}=\dfrac{mC}{v}$。第一项$\dfrac{mC^2}{vC}=\dfrac{mC}{v}$。

关于第一个公式:在这里假定,不仅$\dfrac{m}{v}$这个比率[不变化],而且分子和分母即数值本身[也都不变化]。

(a)如果不变资本＝0,也就是说,总资本＝可变资本,那么,$\dfrac{100}{100}=100\%=$**剩余价值率**,利润率＝100%。

(b)如果不变资本＝100,可变资本＝100,那么,$\dfrac{100}{100}=$剩余价值率,$\dfrac{100}{200}=$利润率＝50%。

(c)如果不变资本－200,可变资本－100,那么,$\dfrac{100}{100}－$剩余价值率,$\dfrac{100}{300}=$利润率＝$33\dfrac{1}{3}\%$。

(d)如果不变资本＝300,可变资本＝100,那么,$\dfrac{100}{100}=$剩余价值

率，$\dfrac{100}{400}$＝利润率＝25％。

(e)如果不变资本＝400，可变资本＝100，那么，$\dfrac{100}{100}$＝剩余价值率，$\dfrac{100}{500}$＝利润率＝20％。

而在 a 中，可变资本与总资本之比＝1:1，这与 a 中利润率与剩余价值率之比＝100％是一致的。

在 b 中，可变资本与总资本之比＝1:2，这与 b 中利润率与剩余价值率之比＝50％是一致的。

在(c)中，可变资本与总资本之比＝1:3，这与(c)中利润率与剩余价值率之比＝$33\dfrac{1}{3}$％是一致的。

在(d)中，可变资本与总资本之比＝1:4，这与(d)中利润率与剩余价值率之比＝25％是一致的。

在(e)中，可变资本与总资本之比＝1:5，这与(e)中利润率与剩余价值率之比＝20％是一致的。

[5]（II.）

在规律 II 中,假定剩余价值率始终保持不变。在继续探讨这个规律 II 之前,还有一个问题是:**可变资本**(假定它保持不变)如何成比例**变化**——以何种比率变化,也就是说,随着不变资本的变化,可变资本与总资本之比如何变化? 很明显,在剩余价值率保持不变的情况下,可变资本是可以变化的。例如,如果可变资本 = 90,剩余价值 = 90,那么,$\frac{90}{90} = \frac{100}{100}$。剩余价值率和以前一样 = 100%。**如果总资本保持不变**,那么,现在是 $\frac{90}{410+90}$,而不是原来的 $\frac{100}{400+100}$。利润率原来是 $\frac{100}{500} = 20\%$;它现在是 $\frac{90}{500} = \frac{9}{50} = 18\%$。在这种场合,可变资本减少的量等于不变资本增加的量。一个减少了 10,另一个增加了 10。但是,由于减少 10,可变资本减少 $\frac{1}{10}$,而不变资本增加 $\frac{1}{40}$。利润率减少 $\frac{1}{10}$,等于可变资本减少的比率。可变资本原来是总资本 C 的 $\frac{10}{50}$;现在,它仅仅是总资本 C 的 $\frac{9}{50}$;可见,它减少了 $\frac{1}{50}$。

规律 2 的内容是:

$\frac{m}{C}$(利润率) : $\frac{m}{v}$(剩余价值率) = $\frac{v}{C}$,等于可变资本与总资本之比。

所以,如果我们称利润率$\left(\frac{m}{C}\right)$为 p',剩余价值率$\left(\frac{m}{v}\right)$为 m',那么:

$p':m'=v:C$；因此，$p'=\dfrac{m'v}{C}$，或者说，利润率＝剩余价值率乘以可变资本所得数值，再除以总资本。例如，如果剩余价值率为 $50\%=\dfrac{1}{2}$，可变资本为 100，总资本为 500，那么 $p'=\dfrac{100}{2}:500$ 或 $\dfrac{50}{500}=\dfrac{5}{50}=\dfrac{1}{10}=10\%$；也就是说，是剩余价值[率]的 $\dfrac{1}{5}$，因为可变资本是总资本的 $\dfrac{1}{5}$。

从公式 $p'=\dfrac{m'v}{C}$ 得出结论，当 $v=C$ 时，$p'=m'$；还有 $\dfrac{v}{C}=1$。结论和前面已经得出的一样，即当 $c=0$ 时，$p'=m'$。现在，如果 v 不等于 C，或者说 C[不]等于 $0+v$，即不变资本 c[不]等于 0，那么，可变资本 $v<C$，始终 $<C$。如果我们假定 v 不变，C 也不变，那么很清楚：$p'=m'\cdot\dfrac{v}{C}$，m' 增加越多，$m'\cdot\dfrac{v}{C}$ 的值也就增加越多；m' 减少越多，$m'\cdot\dfrac{v}{C}$ 的值也就减少越多。

我们在前面假定 $m'=50\%=\dfrac{1}{2}$。现在，在 $\dfrac{v}{C}$ 不变的情况下，我们假定 $m'=100\%=\dfrac{1}{1}$，那么就得到：$p'=1\cdot\dfrac{100}{500}=\dfrac{1}{5}=20\%$；利润率比上述场合大一倍，在那里剩余价值率小一半即小 50%。

相反，如果可变资本的量减少一半，同时 m' 增加一倍，那么 $m''v'$ 并不比之前的 $m'v$ 大；也就是说，虽然剩余价值率改变了，利润率 $\dfrac{m''v'}{C}$ 仍保持不变。现在 $p'=\dfrac{1\times50}{500}=\dfrac{5}{50}=\dfrac{1}{10}=10\%$。可变资本同总资本的比率从 $\dfrac{100}{500}$ 即 $\dfrac{1}{5}$，降低到 $\dfrac{50}{500}$ 即 $\dfrac{1}{10}$。

另一方面，如果我们假定，在 v 和 C 保持不变即 $\dfrac{v}{C}$ 保持不变的情况下，m' 降低一半，从 50% 降到 25%，那么，$p'=\dfrac{\frac{1}{4}\cdot100}{500}=\dfrac{25}{500}=\dfrac{5}{100}=\dfrac{1}{20}=5\%$。与此相比，如果在 m' 降低一半的同时，v 增加一倍，

那么 p′保持不变,因为现在 $p' = \dfrac{\dfrac{1}{4} \cdot 200}{500} = \dfrac{50}{500} = \dfrac{1}{10} = 10\%$。

因此,这里表明,虽然剩余价值率发生变化,**利润率仍能保持不变**;所以,**不同的剩余价值率可以表现为相同的利润率**,或者说,**相同的利润率可以表现不同的剩余价值率**。

[6]此外,从方程式 $p' = \dfrac{m'v}{C}$ 可以得出结论:

(α)如果m′降低,但 $\dfrac{v}{C}$ 的提高超过 m′的降低,那么 $m' \times \dfrac{v}{C}$ 提高;因为一个因素的增加超过另一个因素的减少;这就相当于一个因素保持不变,而另一个因素增加。**因此,在这种场合,虽然剩余价值率降低了,利润率 p′却提高了**。

(β)如果m′提高,而 $\dfrac{v}{C}$ 降低得更多,那么 $m' \times \dfrac{v}{C}$ 比以前小,因为 $\dfrac{v}{C}$ 这个因素变小的程度超过m′这个因素变大的程度。这就相当于一个因素保持不变,而另一个因素减少。**因此,在这种场合,虽然剩余价值率提高了,利润率 p′却降低了**。

关于场合(α):假定m′从 100％降低到 80％;相对地,假定现在 $\dfrac{v}{C}$ 不再是 $\dfrac{100}{500}$,而是 $\dfrac{140}{500}$;那么

$$p' = \frac{\dfrac{8}{10} \cdot 140}{500} = \frac{\dfrac{4}{5} \cdot 140}{500} = \frac{112}{500} = \frac{56}{250} = \frac{28}{125} \text{或} = 22\frac{2}{5}\%。$$

因此,利润率为 $22\dfrac{2}{5}\%$,而不是以前的 20％。

这个例子自然是无聊的,它的前提是错误的,这是因为,第一,剩余价值率(m′)降低,第二,可变资本增加 40％。

因此,这里有必要研究这些场合本身。在一定的条件下,即对于有机构成不同的各个资本来说,这确实也是正确的。

―――――

在公式 $p' = \dfrac{m'v}{C}$ 或 $p' = \dfrac{m'v}{c+v}$ 中,m′v 所表示的无非是**剩余价值**

量,或者说表示比率 r×所雇用工人的人数 x,因为 v＝购买平均工
人所预付的资本×同一资本推动的工人的人数。因此,m′v＝m,且
$\frac{m'v}{c+v}$ 或 $\frac{m'v}{C}=\frac{m}{C}$。以前(**第一册**)已经分析过,在因素 m′和 v 朝相反
方向变动等情况下,m＝m′v 如何能保持不变。[1] 但是,就 $\frac{m'v}{c+v}$ 这个
公式来说,应该注意到:在剩余价值率或者说 m′既定的情况下,只有
v 增加,也就是说,只有所雇用工人的**人数**增加,m′v 或 m 才能增
加;只有当 c 不与 v 同时增加,或者说不以相同比率增加时,投在
工资上的资本的量[的增加]以及 m(＝m′v)这样的增加才能提高
利润率。

相反,如果 v 因为相同**数量劳动力**变贵、工资提高而增加,那么,
在条件不变的情况下——也就是说,在劳动时间长度和劳动强度保
持不变的情况下——,v 的任何增加都以 m′的降低为前提,而 v 的
任何减少都以 m′的提高为前提。因此,我们看到,在这一前提下,
m′和 v 互为函数,这两个函数不能视为——在变动中——相互独立
的量。因此,如果 v(它的价值量)增加,则 m′降低,并且 m′v＝m 也
就减少。例如,以前是 $\frac{100(m)}{100v}$ 或 $\frac{1\times100}{100}=100\%$。如果 v(由于工资
变贵)增加到 120,那么剩余价值就减少到 80,因为 200 是由 100 代
表的劳动力所创造的总价值。现在 $m'v=\left(\frac{80}{120}=\frac{2}{3}\right)$。$\frac{2}{3}\cdot120=80$。
除此之外,利润率要降低得更多,因为在其他条件不变的情况下,在
v 这样增长时 c 却不变。因此,v+c 或 C 就增加了 v 的这一增加额。
所以,我们得到 $\frac{80}{400+120}=\frac{80}{520}=15\frac{5}{13}\%$。假如不变资本从 400 减
少到 380,那么 380+120＝500。C 就会保持不变。因而利润率就

---

[1]　参看《马克思恩格斯全集》中文第 2 版第 42 卷第 530—543 页。——
编者注

是：$\dfrac{80}{500}=16\%$。假如不变资本从 400 减少到 280，那么 $\dfrac{80}{280+120}=$

$\dfrac{80}{400}=\dfrac{8}{40}=\dfrac{1}{5}=20\%$；而假如 C 由于 c 的减少而减少得更多，利润率

就会提高到 20% 以上，尽管剩余价值由于同样数量的劳动力的**价值**

提高而减少。

〔如果 v 因为劳动时间长度和劳动强度的增加而增加（就价值而

言，在 v 代表的工人人数保持不变的情况下），但同时 m 增加，那么，

m 也增加，而剩余价值率可以保持不变或者提高，等等。那么，问题

就在于劳动时间长度或劳动强度如何影响 c，c＋v 在这里无论如何

都会增加，但 m 也会增加，或者说，m′ 在这里随着 v 的增加而提高或

保持不变（从而无论如何 m 也会增加）。利润率在这里可能提高，也

可能降低。〕

在这个例子中，利润率原来是 20%。$\dfrac{100m}{500C}$。由于 v 的增加和

m′ 的降低，我们得到 $\dfrac{80}{500}=16\%$。

困难在于将 $\dfrac{v}{C}$ 这个比例转化为一个 v:c 的比例。

〔7〕如果 m 因为 v 减少而增加，（不是劳动力**数量**，而是其价

格），例如，以前花费 100 的同一劳动量现在花费 80，那么，在其他条

件保持不变的情况下，剩余价值量就从 100 增加到 120。（在工作日

长度和强度保持不变的情况下，和以前一样，v＋m＝价值产品。）但

是，同时 c＋v 随之减少，从 400＋100＝500 减少到 400＋80＝480。

首先，剩余价值率现在是 $\dfrac{120}{80}=\dfrac{12}{8}=\dfrac{3}{2}=150\%$，而以前是 100%。

$\dfrac{3}{2}\times80=m'v=120$。原来 $\dfrac{2}{2}\cdot100=100$。剩余价值率提高了。此

外，利润率现在 $=\dfrac{120}{480}=\dfrac{12}{48}=\dfrac{1}{4}=25\%$。在这种场合，利润率从 20%

提高到 25%，也就是说，提高了 $\dfrac{1}{4}$，剩余价值从 100 增加到 120，增加

了 $\dfrac{1}{5}$。

（也可以这样得出这个规律：$p' = \dfrac{m}{C} = \dfrac{m'v}{C} = \dfrac{m'v}{c+v}$，因为 m ＝剩余价值率×可变资本，在这里可变资本表示所雇用工人的人数。从 $p' = \dfrac{m'v}{C}$ 得出 $\dfrac{p'}{m'} = \dfrac{v}{C}$。）

（a）如果 v 因为劳动力价格提高而增加，那么 v＋c 因为 v 增加而增加。

（b）如果 v 因为劳动力价格降低而减少，那么 v＋c 因为 v 减少而减少。

在例证（b）中，$\dfrac{p'}{m'} = \dfrac{v}{C}$ 也成立，从而 $\dfrac{25}{100} : \dfrac{150}{100} = \dfrac{80}{480}$；**25：150 ＝ 8：48** 或 **5：30 ＝ 1：6。1：6 ＝ 1：6**。因此，在这种场合，一般规律是适用的。

在例证（a）中：我们得到的可变资本＝120，剩余价值＝80，总资本＝520。利润率＝$\dfrac{80}{520} = \dfrac{2}{13} = 15\dfrac{5}{13}\%$。**剩余价值率** ＝$\dfrac{80}{120} = \dfrac{8}{12} = \dfrac{2}{3} = 66\dfrac{2}{3}\%$。最后，$\dfrac{v}{C} = \dfrac{120}{520} = \dfrac{12}{52} = \dfrac{6}{26} = \dfrac{3}{13} = 23\dfrac{1}{13}\%$。

在这里也是 $p' : m' = v : C$

$$\dfrac{2}{13} : \dfrac{2}{3} = 3 : 13$$

$$\dfrac{6}{39} : \dfrac{26}{39} = 3 : 13$$

$$6 : 26 = 3 : 13$$

$$3 : 13 = 3 : 13$$

————

因此，在这种场合，这个规律也适用。可变资本的增加在这里导致总资本增加，同时导致**剩余价值率**降低。

[8]（III.）

p′＝利润率。

m′＝剩余价值率。

$(1) p' = \dfrac{m}{C} = \dfrac{m' \cdot v}{C} = \left(\dfrac{m' \cdot v}{c+v} \right)$。

所以 $p' = \dfrac{m' \cdot v}{C}$ 或者说：

$\dfrac{p'}{m'} = \dfrac{v}{C}$ 或者说 $\dfrac{利润率}{剩余价值率} = \dfrac{可变资本}{总资本}$。$v=100, C=500$，剩余价值率 $=100\%$ 或者说 $\dfrac{1}{1}$，那么 $\dfrac{p'}{1} = \dfrac{100}{500}$ 或者说 $p' = \dfrac{1}{5} = 20\%$。

或者说 $\dfrac{p'}{100\%} = \dfrac{v}{C} = \dfrac{1}{5}$。因此 $p' = 100\%$ 的 $\dfrac{1}{5} = 20\%$。

利润率同剩余价值率之比与可变资本同总资本之比成正比，与总资本同可变资本之比成反比。

（因此，也可以说，如果 **p′：m′＝v：C**，那么，**m′：p′** 等于 **C：v**，或者说，**剩余价值率与利润率之比，等于总资本与可变资本之比。**

剩余价值率以 C 大于 v 的相同比率大于利润率。）

（2）**剩余价值率和利润率之间的差数**$= \dfrac{m}{v} \cdot \dfrac{c}{v+c} = m' \cdot \dfrac{c}{C}$。

〔也就是说，$m' - p' = \dfrac{m}{v} - \dfrac{m}{v+c} = \dfrac{m(v+c)}{v(v+c)} - \dfrac{mv}{v(v+c)} = \dfrac{mv+mc-mv}{v(v+c)} = \dfrac{mc}{v(v+c)} = \dfrac{m}{v} \cdot \dfrac{c}{v+c} = m' \cdot \dfrac{c}{C}$。〕

因此，如果剩余价值率保持不变，那么**剩余价值率和利润率之间**

的差数**按照不变资本同总资本之比率而成正比地增加或减少**；〔如果$\frac{c}{C}$这个比率保持不变，那么就同剩余价值率成反比〕。

因为剩余价值率和利润率之间的差数$=\frac{m}{v}\cdot\frac{c}{v+c}$或$\frac{m'c}{C}$，因此，可以从这个表达式的变化中计算出这个差数的所有变化。

因为 $m'-p'=\dfrac{m'\cdot c}{C}$，所以 $\dfrac{m'-p'}{m'}=\dfrac{c}{C}$。也就是说，$\dfrac{剩余价值率和利润率的差数}{剩余价值率}=\dfrac{不变资本}{总资本}$。

因为根据(1)$\dfrac{p'}{m'}=\dfrac{v}{C}$，根据(2)$\dfrac{m'-p'}{m'}=\dfrac{c}{C}$，所以得出结论：$\dfrac{p'}{m'}$：$\dfrac{m'-p'}{m'}=\dfrac{v}{C}:\dfrac{c}{C}$，也就是说，$\dfrac{v}{c}=\dfrac{p'}{m'-p'}$，或$\dfrac{c}{v}=\dfrac{m'-p'}{p'}$。

(3)**如果总资本保持不变而剩余价值增加，那么，利润率按照剩余价值率提高的同一比率提高。**

如果在$\frac{m}{C}$中，m增加而C保持不变，那么$\frac{m}{C}$和m按照相同比率提高。例如，**m＝100**，C＝500，那么$\frac{100}{500}=\frac{1}{5}=20\%$。

如果100增加到110，那么$\frac{110}{500}=22\%$。利润率提高了$\frac{1}{10}$，剩余价值也是如此。如果 m＝120，那么$\frac{120}{500}=24\%$；m增加$\frac{1}{5}$，利润率20%也提高$\frac{1}{5}$，即提高4%。如果 m增加到200，那么$\frac{200}{500}=40\%$。m增加100%，那么利润率20%提高一倍，即提高到40%。如果 m减少，**情况则相反。**

如果总资本保持不变，那么利润率按照增加或减少的剩余价值同原来的剩余价值的比率而提高或降低。

$\dfrac{m}{C}:\dfrac{m+\frac{m}{x}}{C}=m:m+\dfrac{m}{x}$。 $\dfrac{100}{500}:\dfrac{100+\frac{100}{10}}{500}$或$\dfrac{100}{500}:\dfrac{110}{500}=100:110$，或$20\%:22\%=100:110=10:11=20:22$。

$$\frac{m}{C}:\frac{m-\frac{m}{x}}{C}=m:m-\frac{m}{x};\ \frac{100}{500}:\frac{100-\frac{100}{x}}{500}\ \text{或}\ \frac{100}{500}:\frac{100-\frac{100}{10}}{500}\ \text{或}\ \frac{100}{500}:$$

$$\frac{90}{500}=100:90。$$

$$\frac{1}{5}:\frac{9}{50}\ \text{或}\ 20\%:18\%=100:90=10:9。$$

$$\frac{p'}{r}=\frac{v}{C},\text{那么}\ \frac{v}{C}。^{①}\quad r\cdot\frac{0}{0+v}=r\cdot\frac{0}{v}。\quad r\cdot\frac{c}{C}=0\ \text{或}\ c=0$$
$$=\frac{r}{v}\times 0$$

(1) $p':r-v:C$。此外，因为根据(2) $r-p'=r\cdot\frac{c}{C}$，所以 $\frac{r-p'}{r}$

$=\frac{c}{C}$。

(2) $\frac{r-p'}{r}=c:C$。所以，从(1)和(2)可以得出 $\dfrac{\frac{p'}{r}}{\frac{r-p'}{r}}=\dfrac{\frac{v}{C}}{\frac{c}{C}}$ 或

$\frac{p'}{r-p'}=\frac{v}{c}$。

(3) $\frac{p'}{r-p'}=\frac{v}{c}$。例如，$\frac{100_m}{400_c+100_v}$，那么 $r=100\%$，且 $p'=20\%$。

$\dfrac{\frac{20}{100}}{\frac{100-20}{100}}$ 或 $\frac{20}{80}=\frac{100}{400}=\frac{1}{4}$。

[9] p = 贷出的本金或总额。　　　rp=p 镑1年的利息。

r =1镑的年息。　　　∴ nrp=p 镑 n 年的利息。

n =年数。　　　∴ i=nrp。

i =借贷总额的利息。　　　m=p+i=p+nrp=(1+nr)p。

m=[某一时期本金和

本金利息]之和的总额

---

① 手稿中原文如此。——编者注

$$i = \mathbf{n \cdot r \cdot p}$$

$$m = p + nrp$$

$$= (1+nr)p_\circ$$

$\times$　$i = nrp_\circ$　$m = (1+nr)p_\circ$

ρ 为利息率的百分点$; \rho = 100r_\circ \therefore r = \dfrac{\rho}{100}$

$\mathbf{i = \dfrac{n\rho p}{100}}, m = \dfrac{(100+n\rho)}{100}p_\circ$

125 镑 6 先令 8 便士——4 年……5％[的利息率]。

$p = 125\dfrac{1}{3}$ 镑$, r = \dfrac{5}{100} = \dfrac{1}{20} = 0.5, n = 4_\circ$

$\mathbf{i = 4 \times \dfrac{1}{20} \times 125\dfrac{1}{3} = 25}$ **镑 1 先令 4 便士。** $\left(1+\dfrac{1}{20}\right)$

$m = (1+nr)p = \left(1+4\left(\dfrac{1}{20}\right)\right)125\dfrac{1}{3} = 150$ 镑 8 先令。[61]

$$C' = \frac{r'Cc' - mc' + mc'}{r'C - m} = \frac{r'Cc'}{r'C - m}_\circ \quad ①$$

---

① 关于这个公式，参看本卷第 180 页。——编者注

关于剩余价值率和利润率、利润率规律、成本价格和资本周转[62]

最早写于 1867 年 10 月或 11 月—大约 1868 年秋冬

第一次用德文发表于《马克思恩格斯全集》2012 年历史考证版第 2 部分第 4 卷第 3 册

原文是德文

中文根据《马克思恩格斯全集》2012 年历史考证版第 2 部分第 4 卷第 3 册翻译

[1][关于剩余价值率和
利润率的关系]

（利润率）$p' = \dfrac{m}{C} = \dfrac{m}{c+v} = r \cdot \dfrac{v}{c+v}$。

———

（A.）c 增加引起 C 的增加
（在剩余价值率和剩余价值量保持不变、
c 可变的情况下）

(I.)**C 增加**是由于不变资本 **c 增加**。r 和 v 也就是剩余价值率和预付可变资本 v 的量仍保持不变。**v 表示一定数量的劳动力**。假如 v 由于**劳动力价格**的涨跌而增减，则 r 虽然可以保持不变，但 r 和 v 二者不可能均无变化。剩余价值 m 会发生变化。

c 增加。(α)在既定前提下，**如果生产资料价格保持不变**，则只有其**数量增加**，c 才会增加。相同数量的劳动只能由于其**生产率**提高才能推动更多数量的生产资料〔或者是由于劳动**强度**提高。如果是后面这种情况，那么在工作日**保持不变**的情况下，从而在 r 保持不变并且 m 也保持不变的情况下，v 之所以能保持不变，只是由于强度较大的劳动借以表现自身的货币价值丝毫不多于强度较小的劳动借以表现自身的货币价值；只有劳动强度**普遍**提高，或者由于出现一些妨碍利用**格外**提高的劳动强度的状况，这种情况才有可能发生。否则，只有**缩短工作日**，这一点才是可能的。〕

因此，原来是 $\dfrac{100^m}{400^c + 100^v}$，现在是 $\dfrac{100^m}{500^c + 100^v}$。**利润率**原来是 $20\%\left(\dfrac{1}{5}\right)$，现在是 $16\dfrac{2}{3}\%$。在这种场合，**产品的数量增加，单个商品的价格下降**。

利润率从 20% 降至 $16\dfrac{2}{3}$，也就是说，**下降 $\dfrac{1}{6}$** $\left(\dfrac{20}{6} = 3\dfrac{1}{3}\right.$，而 $16\dfrac{2}{3} + 3\dfrac{1}{3} = 20$）。不变资本增加 $\dfrac{1}{4}$（从 400 增至 500），而总资本从 500 增至 600，也就是说，增加 $\dfrac{1}{5}$。$\dfrac{v}{C}$ 原来是 $\dfrac{1}{5}$，它现在是 $\dfrac{1}{6}$。

（β）第二，c 之所以能增加，是因为在**生产资料数量保持不变**的情况下，其价格上涨。在这种场合，利润率的下降就会和上面情况一样。**产品量**不变，但产品**变贵了**。劳动生产率降低，但却不是发生在加工这些生产资料的行业中，而是发生在生产这些生产资料的行业中。在这里，**利润率下降**，但剩余价值量和剩余价值率保持不变。

假定所投入的不变资本 400 依然保持不变，那么它所代表的生产资料就比以前少 $\dfrac{1}{4}$，推动这些生产资料所需要的劳动力就少 $\dfrac{1}{4}$，也就是说，不再是 100^v，而是只有 $75v$。这样一来，所投入的资本就是 475，而不再是 500，并且我们得到 $\dfrac{75}{400+75} = \dfrac{75}{475} = \dfrac{15}{95} = \dfrac{3}{19} = 15\dfrac{15}{19}\%$。相反，在以前的情况下则是 $\dfrac{75}{300+75} = \dfrac{75}{375} = \dfrac{15}{75} = \dfrac{3}{15} = 20\%$。

在（α）场合，利润和工资表现为更多的产品；在（β）场合，利润和工资表现为更贵的产品。

(II.)**C 减少是由于不变资本 c 减少**。在这个前提下，c 之所以能减少，叫能是因为相同数量的生产资料所需费用减少了，其**价格下降**。（或者由于**生产资料的节约**等，或者由于**原料的价格**下降等）因此，例如我们得到的不再是 $\dfrac{100^{m}}{400^{c}+100^{v}}$，而是 $\dfrac{100^{m}}{300^{c}+100^{v}}$。**利润率从** $20\%\left(\dfrac{1}{5}\right)$ **提高到** $25\%\left(\dfrac{1}{4}\right)$，而总资本从 400 减至 300，即减少 $\dfrac{1}{4}$。（利润率提高 $\dfrac{1}{4}$（因为 20 的 $\dfrac{1}{4}=5$)，而总资本减少 $\dfrac{1}{4}$。）**产品数量保持不变**，但**产品变便宜了**，因为其不变〔资本〕价格降低了。〔假定仍使用原来的不变资本，那么在既定前提下，投入的可变资本应 $=133\dfrac{1}{2}$。〕不过，〔不变资本〕减少，也可能是因为在效率不变的情况下，生产资料的数量减少了。（**节约**等）

〔在计算利润的时候，必须区别以下情况：按照单个商品或一定时期内生产的**商品量**计算利润；按照**预付资本**计算利润。这是因为，在第一种场合，只是按照商品中**所消费的**资本计算利润，而在第二种场合，是按照**预付总资本**计算利润。在后一场合，**周转**起着重要的作用。这是由于同一流动资本价值例如可以预付 4 次，那么由此一来按年计算，可变资本和不变资本之比所表现的结果，会不同于我按照总是全部预付的**固定**资本来计算例如周利润时所表现的结果。〕

〔2〕在（I）之下，我们还要指出第三种情况。在所使用的劳动力的数量保持不变〔或者**减少**，但根据（A）场合下所确定的前提，这里不考虑这种可能性〕的情况下，为了获得同量产品，或者甚至是数量减少的产品，所使用的生产资料的数量有可能增加，结果劳动生产力的这种增长只能**补偿生产率的自然条件的恶化**，也许甚至不足以补偿。例如在农业、采掘业等的某些情况下就是如此。这里产品会变

贵,同所使用的资本的数量相比产品甚至可能会减少。随着 c 的增加,C 也增加。利润率会下降,即使假定 m 保持不变,也就是说,假定 v 既不增加(因为变贵的生产资料同时进入劳动力的价值形成),另一方面,也假定不会通过延长工作日的长度或提高工作日的强度来补偿劳动力的增大的价值。

我们必须始终区别以下情况:资本构成的变化在何种程度上影响**商品价格**,以及这种变化在何种程度上影响**利润率**。这二者并不一致。

(B.) C 保持不变,m 增加或减少

(1)C 保持不变,这或者是(α)**因为 c 和 v 都保持不变**;或者是(β)**因为 v 或 c 的数量变化被 v 或 c 的相反的变化所抵消**。

(2)**m＝r・v**。(剩余价值率×可变资本。)如果 v 保持**不变**(这是(1)之(α)场合下假定的情况),那么 m 或 r・v 只有因为 r 提高或降低才会增加或减少。所以首先要考察这种情况。(如果假定 **v** 不变,那就是假定所使用的劳动力的**数量**和**价格**保持不变。)因此:(I)**c 和 v 保持不变,从而 C 不变**〔所使用的不变资本和可变资本的数量和价格保持不变〕,**而 m 由于剩余价值率的单纯变化而变化**。

(3)m 的变化可能是由 v 的变化——不是所使用的劳动力的价格发生变化,就是所使用的劳动力的数量发生变化——造成的,并且剩余价值率相应发生变化,或者剩余价值率甚至保持不变。因此:(II)**在 v 和 m 变化的情况下,C 保持不变**。(如果 v 在这个场合增加,则 c 必须以同一数量减少,如果 v 减少,则 c 必须以同一数

量增加,这样,这里的前提——**C 保持不变**——才能得到满足(才能出现)。)

(I)**c 和 v 保持不变。m 因为 r 发生变化而变化。**

(α)**第一,剩余价值率提高**:这种提高在 c 不增加的情况下怎能发生? 固然,我们知道,在制造业中,由于延长劳动时间或提高劳动强度(在后一种情况下,固定资本也要先增加),固定资本只是加快磨损(加快周转),其数量无需增加,但是其他生产资料会增加。在这里,也就是 c 会增加,尽管这种增加同所耗费的**劳动量的增加**不成比例[①]。也就是说,前提已排除了这种情况。但是,不管是劳动强度的增加,还是劳动时间的增加,只要劳动耗费增加只是使得固定资本更快地磨损,那么在所有这样的劳动部门中,就可能出现这种情况,例如部分地在采掘业中,在许多农业劳动部门中,在劳动者及其工具作用于天然存在的劳动对象(也就是说,劳动对象不是原料)的一切劳动部门中。在这里,随着剩余价值率的提高,剩余价值量也会增加,从而 m 会增加,从而 $\frac{m}{C}$ 或利润率会提高。在这里,随着利润率的提高,在产品的可除部分或使用价值尺度例如磅等不缩小的情况下,产品的数量同时也会增加。如果 m 从 100 增至 110,那么 $p' = \frac{110}{400+100} = \frac{110}{500} = \frac{11}{50} = 22\%$。利润率提高 $\frac{1}{10}$,从 20 提高到 22%;同样,剩余价值增加 $\frac{1}{10}$,从 100 增至 110。假定从 100 增至 120,则 $\frac{120}{500} = \frac{12}{50} = 24\%$。在这里利润率从 20 提高到 24,即提高 $\frac{1}{5}$ 或 20%;同样,剩余价值率从 100 提高到 120,即提高 $\frac{1}{5}$ 或 20%。**因此,在这种场合,利润率和剩余价值按相同比率提高。**

---

① 在手稿中,马克思在"不成比例"上面又写下了"相比要慢"的字样。——编者注

(β)**第二,剩余价值率降低**:我们打算首先考察这种降低会产生什么影响,接下来考察,在既定的前提下这种降低在多大程度上是可能的。如果100_m减至90_m,那么$\frac{90}{400+100}=\frac{90}{500}=\frac{9}{50}=18\%$。剩余价值率从100降至90,即降低10%;同样,利润率从20%降至18%,即降低2或$\frac{1}{10}$,或10%。也就是说,在这个场合,**结果和前一场合正好相反**。利润率和剩余价值**按相同比率降低**。

按照前提,**所耗费的劳动量**(按照时间长度或强度来计量)(在所使用的劳动力数量不变的情况下)减少。尽管如此,如果c(从而还有C)保持不变,那么其中一种可能是:执行职能的生产资料的数量减少但其价格保持不变(也就是上涨)。在这里,前提已排除了这种情况。因此,只可能是另外一种情况,[3]即同(α)相反的情况。在劳动量的增加不会造成预付资本增加的一切劳动部门中,劳动量的减少同样也不会造成预付资本的减少。在这里,**商品的价格保持不变,其数量减少。**(产品数量减少。)利润率下降。一般说来,可以发现,只要**可变资本是所使用的劳动力数量的恒定不变的指数**,也就是说,只要所使用的劳动力的数量和价格保持不变,那么,**剩余价值量随剩余价值率的变化而变化,并且保持相同的比率**。[①]

(II.)**在 v 和 m 变化的情况下,C 保持不变**。在这里,v 的量的变化必定被 c 的量的相反变化抵消。这是因为,只有 c 这个部分变小而 v 这个另外的部分变大,或者情况相反,而且变化的数量都相同,总和 c+v=C 才能**保持不变**。因此,在这里要考察一下,在什么样的情况下可能发生这种情形。

---

① 关于最后这句话,参看《马克思恩格斯全集》中文第2版第39卷第83、126页。——编者注

此外：在这里，C 即分母保持不变，这样一来，尽管它的两个组成部分（其总和 C 保持不变）的相对量发生变化，利润率的变化却只能来自 m 的变化；可是 m 的变化在这里既然又与 v 的变化相对应，所以必须联系 v 的变化加以考察。或者说，v 的变化在这里之所以重要，起决定作用，只是因为它会影响 m 的量。

此外，就 v 的变化来说，要考虑到这可能来自两种原因。在所使用的劳动力数量不变的情况下，来自**劳动价格**的变化；或者在劳动力价格不变的情况下，来自**所使用的劳动力数量的变化**。正如在所有这类可能的原因的场合一样，两种情况总是也可能同时发生。在分析了这两种可能性之后，弄清它们同时出现的情况已毫无困难，因此我们不用进一步探讨这第三种可能。

但是，不管 v 的增减来自何种原因（来自所使用的劳动力的价格变化或数量变化），如果预先**从形式上**来进行考察，那么看来可能出现以下各种情况：

(α) **v 增加，c 按同一比率减少，m 减少。**

(β) **相反的情况：v 增加，c 按同一比率减少，m 增加。**

(γ) **v 减少，c 按同一比率增加，m 减少。**

(δ) **v 减少，c 按同一比率增加，m 增加。**

m 保持不变这种情况已被前提所排除，因为要探讨的恰恰是在 C 保持不变的情况下 m 如何变化。

上述几种情况是作为形式上的可能性而出现的结果。这些情况在多大程度上是实际可能的，也就是说，在考虑到 m 和 v 以及 v 和 c 的内在关系的情况下是可能的，这是我们现在要进一步加以研究的。

关于(α) **v 增加，c 按同一比率减少，m 减少。**

首先：在劳动力价格不变的情况下，如果 v 由于所使用的劳动力的增加而增加,那么 m 只能是由于剩余价值率下降而减少,因为所使用的工人的人数增加了。在剩余价值率保持不变的情况下,**r·v**即 **m** 在这里必定会增加。在这里,劳动力价格增加,只是由于按照和以前相同的价格使用了更多的工人。工人的必要劳动时间保持不变。因此,工作日必然缩短,而且缩短的比率要大于所使用的工人的人数增加的比率。此外,数量增加的工人只需推动数量减少的不变资本。我们一定不要忘记,这里既不涉及**不同时期或不同国家的同一产业部门的资本的不同构成**,也不涉及同一社会同一时期**不同产业部门的总资本的不同构成**,而是涉及同一社会时期同一产业中同一资本的构成上的变化。有些可能的情况(见第二章①),在那里可能出现,但在这里是不可能的。在正式阐述时,所有意义不大的情况必须压缩掉。②

按照前提,剩余价值减少,所使用的工人人数增加。因此,如果假定原来 100 镑代表 100 个工人(例如在一周期间),那么 110 镑就代表 110 个工人。工人人数增加了 $\frac{1}{10}$。如果假定剩余价值率保持不变,剩余价值就应当从 100 镑增至 110 镑。假定情况不是这样,而是剩余价值会减少。例如减至 90。假定工作日原来=10 小时,或者工作周=60 小时。100 个工人原来提供 30+30×100=6 000③个劳动小时。单个工人原来提供 1 镑=一周 30 个小时的必要劳动+一周 30 个小时=1 镑,或者说每周提供 2 镑。因此,100 个工人就提供 200 镑(100_v+100_m)。90 镑=每周 2 700 个小时。这 2 700 个小时

---

① 参看《马克思恩格斯全集》中文第 2 版第 39 卷第 251—272 页。——编者注

② 同上,第 94 页。——编者注

③ 手稿中原文如此,似应为"(30+30)×100=6 000"。——编者注

由 110 个工人完成。因此,单个工人每周完成 $22\frac{5}{11}$ 个小时的剩余劳动。按照一周六天的每一天来计算,这就 $=3\frac{2}{3}+\frac{5}{66}$,也就是说,每天的剩余劳动还不足 4 小时,而必要劳动是 5 小时。工人人数增加了 $\frac{1}{10}$,剩余价值同样减少了 $\frac{1}{10}$,而剩余价值率从 100% 降至不足 $\frac{4}{5}$,不足 80%,即降低 $\frac{2}{10}$ 以上。现在劳动总量 $=$ **110×一周 50 个小时**(必要劳动)$=5\,500+2\,700$ 剩余劳动 $=$ **8 200 小时**。原来有 100 个工人,剩余劳动为 100%,$=$ **6 000 小时**。可见,尽管剩余劳动减少,但劳动总量增加了。即便为了使所使用的劳动的数量只是减至原来的 **6 000 小时**,剩余劳动也必须[4]减至 500 小时,也就是说,110 个工人每人每周只提供 5 小时剩余劳动,从而每人每天只提供 $\frac{5}{6}$ 小时剩余劳动。[63] 或者就每周来说,每 30 小时的必要劳动就要再加上 5 小时的剩余劳动,即再加上 $\frac{1}{6}$(每天 $\frac{5}{6}$[小时]:5[小时]必要劳动,$\frac{5}{6}$[小时]同时也是必要劳动的六分之一)。剩余劳动从 5 小时减至 $\frac{5}{6}$ 小时,或者说,减少 $81\frac{1}{3}$%。工作日从 10 小时减至 $5\frac{5}{6}$ 小时。一种无聊的假设。

我们假定,剩余劳动从 100 只减至 98。那么,1 镑 $=30$ 个劳动小时,98 镑 $=98\times30$ 个劳动小时 $=2\,940$ 小时。甚至在这种场合,总劳动也 $=5\,500+2\,940=6\,440$;劳动量总还是比原来多 440。

因此,劳动量增加 $\frac{1}{10}$,剩余价值却减少,为此工作日必须大大缩短,这样**所使用的劳动量才会保持不变**,从而在其他条件保持不变的情况下,**不变资本**也才会保持不变,而不是增加。但是,按照上述假定,不变资本要**减少 10**,即从 400 减至 390,因为 $390+110=500$。不变资本应减少 $\frac{1}{40}$。然而,在**所使用的劳动量保持不变**,甚至**增加**的情况下(即使**无酬劳动量减少,所使用的劳动总量仍可能增加**),通过节约生产资料或由于其价格下降,不变资本的这种减少当然是可能的。在这种场合,利润率从 $\frac{100}{500}=20\%$ 降至 $\frac{90}{500}$ 或 18%,即下降 10%;剩余价值从 100 减至 90,减少 10%;剩余价值率从 $\frac{100}{100}$ 或 100% 降至 $\frac{90}{110}=\frac{9}{11}=81\frac{9}{11}\%$,差不多降低 20%(因为剩余价值率如果从 100 降至 80,则降低 20%,降低 $\frac{2}{10}$)。在这里,利润率的降低幅度比剩余价值率的降低幅度差不多小一半。这是因为,就其自身来考察,影响利润率的是 $\frac{m}{c+v}$,而不是 $\frac{m}{v}$。

但是,这种场合假定出现一些非常**奇特的**情况组合,因此,这种场合像所有无聊的(完全不可能的)场合一样,或者像所有只有各种状况在极特殊、极偶然的情况下交错在一起才可能的场合一样,可不予考察。

其次,现在我们假定: v 增加,这是因为,现在使用的劳动力虽然和以前一样多,但**劳动力价格上涨**,从而在工作日像往常一样保持不变的情况下,**m** 减少。这是因为,如果 100 个工人一周的劳动 = 6 000 小时 = 200 镑,那么很清楚,如果**工作日保持不变**,而工资 100 镑涨至 110 镑(也就是说,每一个工人的工资上涨 10%),剩余价值必须从 100 减至 90,减少 10%(因为必要劳动增加 $\frac{1}{10}$,剩余劳动就减少 $\frac{1}{10}$)(或者说,必要劳动从 5 小时增至 $5\frac{1}{2}$ 小时,剩余劳动从 5 小时减至 $4\frac{1}{2}$ 小时)。这样一来,所使用的**劳动量**就会和以前**一样**。为了抵消可变资本增加的 10%,**不变资本**只需**减少** $\frac{1}{40}$。减少或者是由于不变资本得到节约,或者是由于它变便宜了。不变资本同可变资本相比所占的比率越大,那么,为了抵消可变资本由于它支配的劳动〔的变贵〕而出现的增加,不变资本必须在价格上或通过节约而实现的缩减的百分数就会越小,也就是说,要做到这一点就可能越容易。**因此,**应当将这种场合纳入可能出现的情况之列。在这种场合,利润率和剩余价值率(以及剩余价值量)会按照同一比率下降,即下降

10％，就像 B 下面 I 之 β 场合的情形一样。

关于（β），在 v 增加的同时，如果**剩余价值率保持不变**，m 也可能增加，条件是劳动力的价格保持不变，或者说**所使用的劳动力的数量**有所增加。即使剩余价值率下降，m 也可能增加，只要剩余价值率的下降比**所使用的工人的人数**的增加缓慢一些。如果延长工作日或提高劳动强度，剩余价值率和剩余价值量二者也可能都增加。在所有这些场合，**所使用的劳动量**都会**绝对地**增加；如果再假定与此同时或者不变资本的数量减少，或者不变资本的**数量增加**，但其价格下降，并且**下降的量**和 v 增加的量**保持一致**，那么这就毫无意义了。**因此，应当排除这种情况**。但是，如果劳动量保持不变，但**其价格上涨**，因而 v 增加，那么 m 也有可能按照同一程度或不同程度增加；不过，只有通过延长劳动时间或提高劳动强度来增加剩余劳动，才会是这样。在这种场合，**所使用的劳动量**会增加，而不变资本的减少又变得毫无意义，或者表现为一种特别的情况组合。因此，也应当排除这种情况。但是下面的情况是可能的：例如 100v 增至 110v，而后者代表比原来的数量（100 个工人）更少的工人。但是，如果这些数量更少的工人应提供比原来更多的剩余劳动，那么总劳动量必须通过提高劳动强度或延长劳动时间来增加。**不变资本的减少**在这里又是**一种奇特的现象**。β 中的全部这类情况应予以排除。

关于（γ），假定由于所使用的工人人数减少，所以 v 减少。在**剩余价值率保持不变**的情况下，这里 m 减少。这种情况的前提是劳动过程的工艺状况发生了变化。工人人数减少，推动的不变资本的数量却增多。c 增加的数量和 v 减少的数量**恰好一样多**，这，又是**一种奇特的情况**。在这个场合，例如是 $\dfrac{90}{410+90}$。[5]**剩余价值率保持不变**，剩余价值的数量减少 $\dfrac{1}{10}$ 或 10％。同样，利润率从 20％降至

18%，或者说降低$\frac{1}{10}$即10%。商品变得便宜，其数量增加。

假定在**工人人数**保持不变的情况下，由于工资降低10%，**v**从100减至90，那么，只有在工作日的缩短与工资的降低相对应，剩余劳动量和必要劳动同样减少时，剩余价值才能同时减少。也就是说，在这种场合，**所使用的劳动量会减少**。不变资本或者在数量减少的情况下由于其价格上涨而增加，或者在价格不变（或者甚至降低）的情况下由于其数量增加而增加，但是，这时不变资本的数量增加应不是与其价格降低按同一比率发生。**这种情况应予以排除。**

(δ)**v**减少，**c**增加同一数量，**m**增加。

如果**劳动力的数量**不变，其价格下降，或者说，**v**由于工资降低而减少，那么在工作日保持不变的情况下，**m**增加。**劳动量保持不变。c**的增加只能用其价格上涨来解释。**应当排除这种情况。**但是，如果在工资降低的同时工作日延长，或者劳动强度提高〔在糟糕的时期，这一切都会发生〕，那么尽管**v**减少，但所使用的**劳动量会增加**，从而**c**会增加。这里的特别之处只是在于：**c**增加的数量和**v**减少的数量是一样的。**这里应当排除这种情况**，因为这种情况在后面将以更合理的形式再次出现。

劳动力的数量减少，从而**v**减少；与此同时，根据**这种减少的程度**的不同，较少劳动的剩余劳动可能多于原来较多劳动的剩余劳动，在这里，总劳动量甚至可能从而增加。这样一来不变资本也可能增加。于是，例如$p' = \frac{110}{410+90} = \frac{110}{500} = \frac{11}{50} = 22\%$。利润率提高$\frac{1}{10} = 2$或$10\%$，剩余价值同样增加$10\%$；现在剩余价值率$= \frac{110}{90} = \frac{11}{9} = 122\frac{2}{9}\%$。也就是说，提高$22\frac{2}{9}\%$。在这里，利润率的提高和剩余价值率的提高并不是按照同一比率。

（B）下面 **II** 中的所有情况都应当予以排除。如果有某些意义，这些情况也会在后面提到,但无需那些棘手的前提。

(C.）在 c 保持不变的情况下,由于 v 的
数量变化,C 发生数量变化

(I)(a)这里最简单的一种假定是:除**劳动力价格**(在劳动力的数量保持不变的情况下)发生变化外,一切均无变化;因此,在其他条件不变的情况下,如果工作日既定,则工资(即 v)和剩余价值增减相同数量,但方向则相反。

(a)(α)**C 由于 v 增加而增加。** 假定 v 从 100 增至 110,则剩余价值从 100 减至 90。〔在这里,这种变化对于**利润率**来说是无关紧要的,虽然在其他方面并非如此〕所使用的劳动量和原来一样,没有变化;只是有酬劳动和无酬劳动之比发生了变化。因此,c 不变。于是:$p' = \dfrac{90_m}{400_c + 110_v} = \dfrac{90}{510} = \dfrac{9}{51} = 17\dfrac{33}{51}\%$。利润率在这里降至不足 18%(如果 v 不变,从而 v+c 不变,利润率就会处于这一水平),$\dfrac{1}{2}\%$[64];这是因为,由于 v 增加 10%,总资本增加了 $\dfrac{1}{50}$。(**c 和 v 相比越大,则 v 的增加对总资本的增加〔的影响〕就越小,例如在降至 18% 的场合。v 和 c 相比越大,从而和 C 相比越大,情况则相反。**)假如 C 保持不变,〔利润率〕就会降至 18%,而这里进一步的降低是由如下情况造成的:减少 10% 的剩余价值(从 100 减至 90)是同增加 $\dfrac{1}{50}$ 的 C 进行比较。

假定 m 保持不变,只是 C 从 500 增至 510,即增加 $\dfrac{1}{50}$(因为 10 = 500 的 $\dfrac{1}{50}$。50×10 = 500),那么由于 C 的增加,便有了 $\dfrac{100}{510} = \dfrac{10}{51} = $

$19\frac{31}{51}\%$。这就是说,利润率只降低$\frac{20}{51}$。而由于剩余价值减少,利润率再降低 2［个百分点］。这就得出 $17\frac{31}{51}\%$。[65]

实际上,$\frac{90}{510}=\frac{9}{51}=17\frac{35}{51}\%$。也就是说,由于剩余价值减少而降低 2［个百分点］,降至 18%,而由于 C 增加又下降$\frac{18}{51}\%$,这样就得到 $17\frac{33}{51}\%$。[66]

不变资本和可变资本相比越多,也就是说,可变资本占总资本的比率越小,v 的增加所引起的 C 的增加就越不显著。如果 v 增加 10%,v 只是 C 的$\frac{1}{5}$,c 是 C 的$\frac{4}{5}$,那么 10%是以 C 的$\frac{1}{5}$为基数计算的,如以 C 为基数计算,百分数还要小 5 倍。10%是以 100 为基数计算,如以 500 为基数计算,则只得出 10 的$\frac{1}{5}$,即 2%。假定 $\mathbf{v}=\frac{1}{2}C$,则 5% 以 500 为基数计算＝25,而 10%以 250 为基数计算,同样得出 25。

［6］商品的价格不变(其数量也不变),因为有同量活劳动和过去劳动进入这些商品。

预付资本将会增加。新投入经营的资本必须从 500 增至 510。但是,已处于持续再生产之中的资本要做的,无非是使原来形成剩余价值的一部分产品,现在形成工资。进入总流通的仍将只有同样的价值总额。

(β)相反,在各种条件不变的情况下,C 由于 v 减少而减少。

假定各种前提不变,现在$\frac{110}{400+90}=\frac{110}{490}=\frac{11}{49}=22\frac{22}{49}\%$。假定 v 保持不变,则$\frac{110}{500}=\frac{11}{50}=22\%$。此外,由于 C 减少,提高$\frac{27}{49}\%$。

这里有资本游离出来,数量是 10 镑,或者说是原有资本的$\frac{1}{50}$。因此,新投入经营的资本的数量就减少$\frac{1}{10}$(必须投入的数量变少)。商品价格保持不变。和原来一样,同量的价值额 600 镑被再生产出来;但是,其中 10 镑将来不是进入资本(工资),而是形成剩余价值。

第一例 α：

$$\frac{100}{400+100}=\frac{100}{500}=\frac{1}{5}=20\%。$$

$$\frac{90}{400+100}=\frac{90}{500}=\frac{9}{50}=18\%。\quad（降低 2[个百分点]）$$

$$\frac{90}{400+110}=\frac{90}{510}=\frac{9}{51}=17\frac{33}{51}\%。（由于 C 增加\frac{1}{50}，又降低\frac{18}{51}\%）$$

第二例 β：

$$\frac{100}{400+100}=\frac{100}{500}=\frac{1}{5}=20\%。$$

$$\frac{110}{400+100}=\frac{110}{500}=\frac{11}{50}=22\%。\quad（提高 2 个百分点）$$

$$\frac{110}{400+90}=\frac{110}{490}=\frac{11}{49}=22\frac{22}{49}\%。（又提高\mathbf{\frac{22}{49}}\%）$$

(b)现在我们假定，v 的增加或减少来自所使用工人的人数（所使用的劳动力的数量）的增加或减少。

(α)v 减少，是由于推动同量 c 的工人减少了。例如是 90 个工人，而不是 100 个工人。如果剩余价值率仍保持原来的$\frac{100}{100}$，则：

$$\frac{90_m}{400_c+90_v}=\frac{90}{490}=\frac{9}{49}。\quad由于\frac{1}{49}=2\frac{2}{49}\%，所以\frac{9}{49}=18\%+\frac{18}{49}\%。$$

这里剩余价值的数量减少了，这是因为在剩余价值率不变的情况下，可变资本的数量（所使用的工人的人数）减少了。尽管如此，利润率并没有降至 18%，而是只降至 18%+$\frac{18}{49}$%，因为与此同时 C 由于 v 的缩减而减少。这里由于 v 减少，c 便**按比例**增加。仅仅由于 v 的绝对变动而引起 c 的按比例变动，对 C 的量没有任何影响。

（根据原来的规律$\frac{p'}{m}=\frac{v}{C}$，[1]应得出$\dfrac{18+\frac{18}{49}}{100}=\frac{90}{490}=\frac{9}{49}$。确

---

[1]　参看《马克思恩格斯全集》中文第 2 版第 39 卷第 25、28、39—49、74—110 页。——编者注

实，$\dfrac{\dfrac{900}{49}}{100}=\dfrac{9}{49}$）同时有为数 10 的资本游离出来。这样游离出来的，或者在相反的场合应成为增多的预付资本的，是**货币资本**。

如果**剩余价值率**也发生变化，而不是像假定的那样保持不变，则由此引起的变化并不是这种场合的独特之处，而是来自**剩余价值率**的变化。因此，这里无须进一步讨论。**同量商品变便宜了。**

（β）**v 增加，是由于推动同量 c 的工人增多了。** 这种情况之所以可能，是因为工人（就像在农业或采掘业中，或者一般来说，例如在建筑业中要平整土地等情况下）使用不变资本（生产资料）处理的是一种天然存在的劳动对象，而处理这种劳动对象虽然使用同量的生产资料，但是所需要的直接从事这一工作的劳动却多少不一。[1]（也可以通过提高劳动强度或延长工作日来获得这种超额的劳动（在一定限度内）。不过没必要在这里讨论这种情况。

这样一来，在剩余价值率保持不变的情况下，$p'=\dfrac{110^{m}}{400_{c}+110_{v}}=\dfrac{110}{510}=\dfrac{11}{51}=21\dfrac{29}{51}\%$。**同量商品变贵。** 利润率提高，因为分子增加 $\dfrac{1}{10}$，而分母只增加 $\dfrac{1}{50}$。按照原来的比率 $\dfrac{100}{500}$，追加资本 10 的利润率就是 $\dfrac{2}{8+2}$，全部剩余价值是：$\dfrac{100}{500}=\dfrac{102}{510}=\dfrac{1}{5}=20\%$。）

[7]　（D.）

m：v

$v：m=\dfrac{1}{m}：\dfrac{1}{v}$

---

[1]　参看《马克思恩格斯全集》中文第 2 版第 39 卷第 94 页。——编者注

两个具有相等的 **m** 的利润率之比，等于其分母之反比。

（这里 $\frac{a}{b}:\frac{a}{d}=d:b$。"如果两个分数 $\frac{a}{b}$ 和 $\frac{a}{d}$ 的分子相等，则两者之比等于分母之反比。"[1]）〔因此，$p':m'$ 也 $=v:C$；因为 $p'=\frac{m}{c+v}$，且 $m'=\frac{m}{v}$，从而 $\frac{m}{c+v}:\frac{m}{v}=\frac{v}{c+v}$。〕〔一切"分数均同分母成反比，同分子成正比。"〕（互成反比的两个量，例如 c 比 d，其中一个量增加，另一个量则按相同的比率减少，这两个量可以转化为正比，如果把它们当做分数的分母，而分数的分子为单位 1：$\frac{1}{a}:\frac{1}{b}=b:a$。[2]）

〔**比例法**。

3 个人，每天劳动 7 小时，2 天完成 84 图瓦兹[3]；

5 个人，每天劳动 4 小时，3 天完成多少图瓦兹？

3人:5人	3 个人劳动 2 天，每天劳动 7 小时，完成的劳
2天:3天 $=84$图瓦兹:x	动量等于 1 个人劳动 $2\times7\times3$ 小时 $=42$，
7小时:4小时	5 个人劳动 3 天，每天劳动 4 小时，完成的劳
$3\times2\times7:5\times$	动量等于 1 个人劳动 $5\times3\times4$ 小时 $=60$ 小时；
$3\times4=84:x$	因此，这些人的劳动，**与人数、天数和他们的**
42:60=84:120	**劳动小时数成复比例**。[4]

反比法。（当后两项之间的关系并不像前两项之间的关系那样）

4 个人劳动 3 天制成一件产品，

---

① 见让·索里《数学全教程》1778 年巴黎版第 1 卷第 100 页。——编者注

② 从"一切"至此的内容，见让·索里《数学全教程》1778 年巴黎版第 1 卷第 101 页。——编者注

③ "图瓦兹"为法国旧长度单位，1 图瓦兹相当于 1.949 米。——编者注

④ 从"比例法"至此的内容，见让·索里《数学全教程》1778 年巴黎版第 1 卷第 105—106 页。——编者注

5 个人制成同一件产品需要劳动 x 天？

4 个人：5 个人＝3：x 是错误的,因为,4＜5,3＜x。5 个人制成同一件产品所需天数要小于 3。后一个比率应是前一个比率的倒数。[1]

∴　4 个人：5＝x：3；$x=\frac{3\times 4}{5}=\frac{12}{5}=2\frac{2}{5}$ 天。

贴现法：

商品的一年期货价格为 **1 000 利弗尔**[2],但 1 000 利弗尔包括 10％ 的预付金,那么,结算时要支付多少货款？

100＋10：100＝1 000：x,∴ $x=\frac{100\ 000}{110}=\frac{10\ 000}{11}=909\frac{1}{11}$ 利弗尔。如果要支付的货款为 900 利弗尔,那么在预付 10％ 的情况下,一年后这个总数就只有 990 利弗尔。[3]〕

―――――――

〔因为 $p'=\frac{r\cdot v}{C}$ 或 $\frac{r\cdot v}{c+v}$,所以 $\frac{p'}{r}$ 或 $\frac{p'}{m'}=\frac{v}{c+v}$ 这个规律是普遍适用的。如果可变资本的量既定,则剩余价值的量(大小)取决于剩余价值率 $r(m')$。因此,如果 r 和 v 这两者都既定,那么 m 和 v 也就既定,那么不仅 $\frac{m}{v}$ 的比值,而且 m 和 v 本身的量也是既定的。

剩余价值率可以不变,而 v 可以变化从而 m 可以变化,以致 $\frac{m}{C}$ 可以变化。

如果我们不把 v 看做一定量工人的指数(在**劳动力价格既定**的情况下,v 的确为指数),那么 v 可以由于**劳动价格的涨落**而增减。在这种场合,v 相对于 c＋v 或者 C 可以增加(因为相对于 c 增加),

―――――――――――――――――――――――――――――

① 从第 139 页"反比法"至此的内容,见让·索里《数学全教程》1778 年巴黎版第 1 卷第 106—107 页。——编者注

② "利弗尔"为法国旧货币单位,1 利弗尔相当于 1 法郎。——编者注

③ 从"贴现法"至此的内容,见让·索里《数学全教程》1778 年巴黎版第 1 卷第 108 页。——编者注

同时恰恰由于 v 增加，m 会减少。而这样一来，剩余价值率会由于 m 减少而下降，利润率会由于 C 增加而下降。尽管如此，v 和 C 相比还是增加了。因此，既然 $p':m'=v:C$，同剩余价值率和利润率的绝对量较大的另一种资本构成情况相比，利润率同剩余价值率相比会更高些。

例如：

(I)

(p')　(m')　(v)　$(c^①)$

$$\frac{100}{400+100}:\frac{100}{100}=100:500$$

$$20\%:100\%=100:500$$

或者 1:5。

(II.)

(p')　(m')　(v)　$(c^①)$

$$\frac{80}{400+120}:\frac{80}{120}=120:520$$

$$15\frac{5}{13}\%:66\frac{2}{3}\%=120:520$$

$$=12:52$$

$$=3:13。$$

在(I)中，利润率是剩余价值率的 $\frac{1}{5}=\frac{13}{65}$。

在(II)中，利润率是剩余价值率的 $\frac{3}{13}=\frac{15}{65}$。

因此，在这里，I 的利润率和剩余价值率之间的差数＞II 的利润率和剩余价值率之间的差数，但是，I 的利润率比 II 的利润率**大** $4\frac{8}{13}$，I 的剩余价值率比 II 的剩余价值率大 $33\frac{1}{3}$。〕

[8]对于分母＞分子的任何分数来说，如果它的分母和分子各加上同一个数，其比值会变大（它变成一个更大的比率）。因此，如果 m 和 $c^①$ 各增加**同一个数**（大小）（量），**利润率会提高**。

$$\frac{m}{c+v}=\frac{100}{400+100}=\frac{100}{500}=20\%。$$

---

①　手稿中原文如此，"c"似应为"C"。——编者注

相比而言 $=\dfrac{110}{510}=\dfrac{11}{50}$ ① $=21\dfrac{29}{51}\%$。

所以，在这里，C 的增加无论是由于 $\dfrac{110}{410+100}$，还是由于 $\dfrac{110}{400+110}$，都是无关紧要的。不过，$\dfrac{110}{400+110}$ 是一种**更合理**的假定，因为在这里，可变资本和剩余价值增加，是由于劳动强度提高或劳动时间延长。（假定这里是由于劳动**量**增加，前提是**发生了种种情况**等，但是 400c 不变。）

————

$p'=\dfrac{r\cdot v}{v+c}$。**假定剩余价值率提高，v 保持不变**；由此有 $\dfrac{r+\delta\cdot v}{v+c}$。在这种情况下，c 应该发生怎样的变化，p′ 才能保持不变？

按照上述条件，我们得到：

$$\frac{r\cdot v}{v+c} \qquad =\frac{(r+\delta)v}{x+v} \qquad \frac{(100+10)100}{100}$$

$$r\cdot v\cdot(x+v)=(r+\delta)v\times(v+c)$$

$$r\cdot(x+v)=(r+\delta)(v+c)$$

$$x+v=\frac{(r+\delta)(v+c)}{r}$$

$$x=\frac{(r+\delta)(v+c)}{r}-v。$$

$$\frac{r\cdot v}{v+c} \qquad =\frac{(r+\delta)v}{x+v}$$

$$\frac{r}{v+c} \qquad =\frac{r+\delta}{x+v}$$

$$r(x+v)=(r+\delta)(v+c)$$

$$x+v=\frac{(r+\delta)(v+c)}{r}$$

$$x=\frac{(r+\delta)(v+c)-vr}{r}。$$

————

① 手稿中原文如此，"$\dfrac{11}{50}$"似应为"$\dfrac{11}{51}$"。——编者注

$$\frac{m}{c+v} = \frac{100}{400+100} = \frac{100}{500} = 20\%$$

$$\frac{m}{v} = \frac{100}{110} = \frac{1}{110} = 21\frac{29}{51}\%$$

$$p' = \frac{z \cdot v}{v+c}$$

$$\frac{z \cdot v}{v+c} = \frac{(z+v)}{x+v} = \frac{100+10}{100} \cdot 100$$

$$z \cdot v \cdot (x+v) = (z+v) \cdot x \cdot (v+c)$$

$$x \cdot (v+c) = (z+v)(v+c)$$

$$x + v = \frac{(z+v)(v+c)}{z}$$

$$x = \frac{(z+v)(v+c)}{z} - v$$

$$\frac{100 \cdot 8}{z \quad 12}$$

$$12\frac{1}{2}\%$$

$$100$$

$$12\frac{1}{2}\%$$

$$\frac{700}{500} = \frac{110}{550} = \frac{11}{55}$$

$$\frac{z \cdot v}{v+c} = \frac{(z+v)}{x+v}$$

$$\frac{x}{v+c} = \frac{z+v}{z}$$

$$x(z+v) = (z+v)(v+c)$$

$$x+v = \frac{(z+v)(v+c)}{z}$$

$$x = \frac{(z+v)(v+c) - zv}{z}$$

《关于剩余价值率和利润率、利润率规律、成本价格和资本周转》第 8 页

[9]我们假定，r 从 $\frac{100}{100}$ 提高到 $\frac{110}{100}$，也就是说，从 1 提高到 $\frac{11}{10}$ $\left(1+\frac{1}{10}\right)$。（提高 10％。）因此，$(r+\delta)=\frac{11}{10}$。

我们得到：

$$\frac{r\cdot v}{c+v}=\frac{(r+\delta)v}{x+v};$$

$$\therefore\ \frac{r}{c+v}=\frac{(r+\delta)}{x+v};$$

$$r(x+v)-(r+\delta)(c+v)$$

$$x+v=\frac{(r+\delta)(c+v)}{r}$$

$$x=\frac{(r+\delta)(c+v)}{r}-v。$$

或 $\dfrac{r\cdot v}{c+v}=\dfrac{r'v}{x+v}$；

$$\frac{r}{c+v}=\frac{r'}{x+v}。$$

$$r(x|v)=r'(c|v)$$

$$x+v=\frac{r'}{r}(c+v)$$

$$x=\frac{r'}{r}(c+v)-v。$$

$$x=\frac{r'}{r}(C)-v。$$

因为 $r=\frac{100}{100}=\frac{1}{1}=1$，所以

$$x=(r+\delta)(c+v)-v。$$

$$x=(r+\delta)C-v$$

$$=\frac{11}{10}(500)-100$$

$$=550-100$$

$$x=450。$$

可见，如果 r 提高 $\frac{1}{10}$，c 必须增加 $\frac{1}{8}$；但是，这种增加＝C 或 500 增加 $\frac{1}{10}$。

$$\frac{100}{500}=\frac{110}{550}=\frac{1}{5}=20\%。$$

相反，如果 δ 为负值，那么：

$$\frac{r\cdot v}{c+v}=\frac{(r-\delta)v}{x+v};$$

$$\frac{r}{c+v}=\frac{r-\delta}{x+v}。$$

$r(x+v)=(r-\delta)(c+v)$，由于 r＝1，

$$x+v=(r-\delta)(c+v)$$

$$x=(r-\delta)(c+v)-v$$

$$x=(r-\delta)C-v_。$$

$$x=\left(\frac{10}{10}-\frac{1}{10}\right)C-v$$

$$=\frac{9}{10}\cdot 500-100$$

$$=450-100 \qquad 即\frac{100}{500}=\frac{1}{5}=20\%$$

$$=350_。 \qquad\qquad \frac{90}{450}=\frac{9}{45}=\frac{1}{5}=20\%$$

$$400_c+100_v|+100_m \quad =20\% \ p' \quad =100\% m'_。$$

假定 m' 从 $\frac{100}{100}$ 降至 $\frac{75}{100}$

$$x=\frac{75}{100}(500)-100$$

$$x=\frac{3}{4}(500)-100$$

$$x=375-100=275_。 \qquad C=375$$

$$\frac{100}{500}=\frac{75}{375}_。$$

由此可见,如果 r 变为 r′(结果 r′ 是一个**或者比 r 大,或者比 r 小**的剩余价值率),要使 p′ 即利润率保持不变,c 必须从 C－v 变为 $\frac{r'}{r}(C)-v$。

反之,假定 c 保持不变,那么在剩余价值率变化的情况下,要使利润率保持不变,v 必须发生变化。这样我们得到 v＝x; $\frac{r\cdot(v)}{c+v}$

由于 $r\cdot(v)=m$,而 $c+v=C$,那么:

$$\frac{m}{C}=\frac{r'\cdot x}{c+x}_。 \quad \therefore \ m(c+x)=x\cdot r'C_。$$

$$\therefore \ mc+mx=x\cdot r'C_。 \quad \therefore \ mc=x\cdot r'C-mx_。$$

$$mc=x(r'C-m); x=\frac{mc}{r'C-m}_。$$

$$x = \frac{(r \cdot v)c}{r'(c+v) - r \cdot v} = \frac{r}{r'} \cdot \frac{v \cdot c}{(c+v) - rv} \text{。（见第 12 页①）}$$

在第一种场合，c 增加 $\frac{1}{8}$（因为 $\frac{400}{8} = 50$）；在第二种场合，它必须减少 $\frac{1}{8}$（因为 $400 - \frac{1}{8} \cdot 400 = 350$），而 450 同 500 相比是减少 $\frac{1}{10}$。

虽然剩余价值率在可变资本保持不变的情况下降低或提高了，也就是说，**虽然随着利润率②的提高或降低剩余价值量增加或减少了，但这里利润率保持不变**。在这里，剩余价值率 110％、100％ 和 90％ 均表现为相同的利润率。在前面的例子中，在［可变］资本保持不变的情况下，剩余价值增加，其前提是劳动的时间长度或强度增加，**相应地，不变资本**增加，这种情况很罕见。被消费的不变资本有可能按同一比率[10]增加，但预付的不变资本很难发生这种情形。严格来说，只有按照**产品生产上消费的资本**来计算利润率，才会有这种情形。

但是，下面的情况也是可能的：所使用的资本的量按相对较小的比率增加（因为固定资本并不是按同一比率增加），不过，一部分不变资本，不管是由辅助材料构成，还是由原料构成，其价格上涨了。

无论如何，按照百分比计算，资本构成都会发生变化。

在一种场合，我们原来得到的是：

$\overset{c}{400} + \overset{v}{100} | + \overset{m}{100}$ 或者 $= 80_c + 20_v | + 20_m$；$p' = 20\%$，$m' = 100\%$；

$\overset{c}{450} + \overset{v}{100} | + \overset{m}{110}$ 或者 $= 81\frac{9}{11}_c + 18\frac{2}{11}_v | + 20_m$；$p' = 20\%$，$m' = 110\%$；

在另一种场合：

---

① 见本卷第 152—153 页。——编者注

② 手稿中原文如此，"利润率"似应为"剩余价值率"。——编者注

$$\overset{c}{400} + \overset{v}{100} | + \overset{m}{100} \text{ 或者} 80_c + 20_v | + 20_m ; p' = 20\%, m' = 100\%;$$

$$\overset{c}{350} + \overset{v}{100} | + \overset{m}{90} \text{ 或者}: 77\frac{7}{9}_c + 22\frac{2}{9}_v | + 20_m ; p' = 20\%,$$

$m' = 90\%$。

这里假定，一方面，v 保持不变，只有 c 变化；另一方面，剩余价值率，从而剩余价值本身发生变化（在可变资本保持不变的情况下）。

然而，尽管 v 的绝对量没有改变，但在第一种场合，它和总资本之比下降了（这个比率不再是 $\frac{100}{500}$，而是 $\frac{100}{550}$）；而在另一种场合，它和总资本之比由于 c 的减少而提高了（这个比率不再是 $\frac{100}{50}$①，而是 $\frac{100}{450}$）。因此，按照百分比计算，v 减少了。至于 v 未发生变化，这不过意味着，劳动力的价格没有发生变化；因此，在剩余价值率既定的这两种场合，如果使用由 100 代表的劳动力数量，则不变资本就会有所变化（在一种场合从 400 增至 450，在另一种场合从 400 减至 350）。

在这里，这只不过表明，在剩余价值率**提高**或**降低**的情况下，**利润率**可以保持不变。但是，刚才我们已经假定，劳动力的价格保持不变，这样一来，v 的相对减少或增加（按照百分比计算）只可以表示推动一定量 c 所必需的量的增加或减少。

但是，如果我们假定**工作日**的强度和长度保持不变，那么 r 不可能在 v（劳动的价格）不减少的情况下提高，r 也不可能在 v 不增加的情况下降低。原来 100 镑 v 代表 [一定数量] 劳动力，其总工作日生产出 200。因此，如果剩余价值率提高 $\frac{1}{10}$，从而 m=110，那么 v 必定减少 $10 = \frac{1}{10}$，$= 90$；反之，情况则相反。既然这里假定，和以前一样，

---

①　手稿中原文如此，"$\frac{100}{50}$"似应为"$\frac{100}{500}$"。——编者注

推动的劳动量没有变化，只是劳动力的价格上涨或下跌，那么这里就是假定没有发生任何工艺上的变化。因此，c 的变化只能用其**价格变动**来解释。在一种场合，价格从 80 镑涨至 $81\frac{9}{11}$ 镑；在另一种场合，价格从 80 镑跌至 $77\frac{7}{9}$ 镑。数量不变而价格发生这种变化，和〔劳动力〕价格发生变化而数量不变，其结果是一样的。

原来：

$$\overset{c}{400}+\overset{v}{100}|+\overset{m}{100}=80_c+20_v|+20_m=\textbf{20\%利润率}，m'=100\%。$$

后来：

$$\overset{c}{460}+\overset{v}{90}\ |\ +\overset{m}{110}=83\frac{7}{11}_c+16\frac{4}{11}_v\ |\ +20_{\text{III}}{}^{\textbf{67}}=20\%\,\textbf{利润率}，$$
$$m'=110\%。$$

在另一种场合：

$$\overset{c}{400}+\overset{v}{100}+\overset{m}{100}=80_c+20_v|+20_m=20\%利润率，m'=\frac{100}{100}。$$
$$340+110|+90=75\frac{5}{9}_c+24\frac{4}{9}_v|+20_m=20\%利润率，m'=\frac{90}{100}。$$

(X) 至此我们已经阐明：尽管剩余价值率发生变化，不管提高也好，降低也好，**利润率可以保持不变**。由此很容易得出如下结论：在剩余价值率降低时，**利润率可以提高**；在剩余价值率提高时，**利润率可以降低**；即使假定 v 保持不变（尽管相对地说，即按照百分比计算，它是变化的），情况也是如此。

也就是说，按照如下前提，**利润率保持不变**：

如果 $\dfrac{r \cdot v}{C}$ 变为 $\dfrac{(r+\delta)v}{C}$，只要这时 c 增加 $\dfrac{(r+\delta)C-v}{r}$①（v 保持不变）；如果 c 增加得更多，利润率则会降低。

[11] 同样，如果 $\dfrac{r \cdot v}{C}$ 变为 $\dfrac{(r-\delta)v}{C}$，这时 c 减少 $\dfrac{(r-\delta)C-v}{r}$①，利

---

① 参看本卷第 145—146 页。——编者注

润率仍然保持不变。**如果 c 减少得更多，$\frac{m}{C}$或利润率**则提高。

在剩余价值率提高、v 保持不变的情况下利润率降低的例子。

假定剩余价值率提高，例如从 100％提高到 110％，而 C 原来 $=\overset{c}{400}+\overset{v}{100}$，现在 c 增至 450，从而 C 增加$\frac{1}{10}$，即和剩余价值率增加一样多（和剩余价值率按照**同一比率**增加，而不是增加**同一数字**），那么利润率保持不变。

这样一来：$\frac{100}{500}=\frac{1}{5}=20\%$，$\frac{110}{550}=\frac{1}{5}=20\%$。我们现在假定：$(r+2\delta)C-v=\frac{12}{10}\times 500-100，=600-100=500$。c 从 400 增至 500，增加$\frac{1}{4}$或 100，而 C 从 500 增至 600，或者增加$\frac{2}{10}$。$\frac{110}{550}=20\%$。$\frac{110}{600}=\frac{11}{60}=18\frac{1}{3}\%$。m 增加$\frac{1}{10}$，C（500）增加$\frac{1}{5}$或$\frac{2}{10}$。这就相当于 100 保持不变（不增至 110），而 500 增至 $545\frac{5}{11}$（即增加 $9\frac{1}{11}\%$）。

在剩余价值率降低的情况下利润率提高的例子。

$\frac{100_m}{400_c+100_v}=\frac{1}{5}=20\%$的利润率，100％的剩余价值率。

如果 m 减少$\frac{1}{10}$，减至 90，那么，如果现在 $c=(r-\delta)C-v=\frac{100}{100}-\frac{10}{100}=\frac{90}{100}=\frac{9}{10}\cdot 500-100=350，C=450$，则利润率保持不变，这样一来：

$\frac{90}{450}=\frac{9}{45}=\frac{1}{5}=20\%$。**所以，如果 C 减少得更多，利润率就会提高。**因此，如果 C 按照 $r-2\delta$ 的比率减少，则 $r-2\delta=\frac{100}{100}-\frac{20}{100}=\frac{80}{100}=\frac{8}{10}$。于是 $\frac{8}{10}\cdot 500-100=300，C=400$，这样一来：

$\frac{90_m}{300_c+100_v}=\frac{90}{400}=\frac{9}{40}=22\frac{1}{2}\%$。在这种场合，剩余价值率降低$\frac{1}{10}$，从 100 降至 90；利润率从 20 提高到 $22\frac{1}{2}$，即提高 $12\frac{1}{2}\%$。但是，在剩余价值减少$\frac{1}{10}$的同时，C 的$\frac{4}{5}$减少$\frac{1}{4}$，从而 C 减少$\frac{2}{10}$（从 500

减至 400)。这就相当于 m 保持不变,而 500 减至 $444\frac{4}{9}$。这是因

为:$\frac{90}{400}=\frac{9}{40}=\frac{100}{444\frac{4}{9}}$。

(X¹)我们在前面已经看到,C 也会受到 v 的变化的影响。如果 r 保持不变,则剩余价值量的增减和 v 的增减成正比。(假定劳动力的价格保持**不变**,这样,v 的增减只表示**所使用的**劳动力数量的增减。)在这种场合,如果 c 保持不变,那么公式如下:

原来是 $\frac{r \cdot v}{c+v}$,现在是 $\frac{(r \cdot v \pm \delta)}{c+(v \pm \delta)}$。**利润率**在这个场合会**提高**,这是因为在 $\frac{m}{C}$ 这个分数中,C>m,如果把同一个数加到分子和分母上,该分数总会变大。同样,如果可变资本减少,而 r 保持不变,c 也保持不变,**利润率**就会**降低**。

但是,如果我们假定,在 c 保持不变的情况下:

(α)**剩余价值率提高**,但慢于**可变资本**的减少,

(β)或者**剩余价值率降低**,但慢于**可变资本**的增加,

那么,$\frac{r \cdot v}{c+v}$ 在第一种场合变为(α)$\frac{(r+\delta)(v-\delta-\delta')}{c+(v-\delta-\delta')}$,

在第二种场合变为(β)$\frac{(r-\delta)(v+\delta+\delta')}{c+(v+\delta+\delta')}$;

例如,为了使计算一目了然,我们假定,v[在第一种场合]减少 2δ,在第二种场合增加 2δ。于是在第一种场合,我们得到:

[12]在这种场合,利润率$=$

$$\frac{(1+\frac{1}{10})(100-\frac{2}{10}\cdot 100)}{400+(100-\frac{2}{10}\cdot 100)}=\frac{\frac{11}{10}(100-20)}{400+(100-20)}=\frac{\frac{11}{10}\cdot 80}{480}=\frac{11\cdot 8}{480}=\frac{88}{480}。$$

在这种场合,尽管剩余价值率从 100% 提高到 110%,利润率却从 20% 降至 $18\frac{1}{3}$%。

反过来,在(b)场合$=$

$$\frac{(1-\frac{1}{10})(100+\frac{2}{10}\cdot100)}{400+(100+\frac{2}{10}\cdot100)}=\frac{\frac{9}{10}(120)}{400+120}=\frac{108}{520}=\frac{27}{130}=20\frac{10}{13}\%。$$

可见，在这种场合，尽管剩余价值率降低，利润率却提高了。

但是，我们看到，在(α)和(β)中，如果 r 降低，这取决于 v 增加的**比率**，反过来则相反；其次，这种朝某一方向或另一方向的变动，又可能被 c 的同时发生的变动抵消。

————

（见第 9 页①：）因此，(1)$\frac{r\cdot v}{c+v}=\frac{r'v}{x+v}$（这里 x=变化后的 c，或=c'），所以 c'或 x=$\frac{r'}{r}$(C)-v。

(2)如果 c 不变，比率 r 变为 r'，而利润率要保持不变，那么 $\frac{r\cdot v}{c+v}=\frac{r'x}{c+x}$。而因为 r·v=m，c+v=C，所以 $\frac{m}{C}=r'\frac{x}{c+x}$。

因此：

$\frac{m}{C}=\frac{r'x}{c+x}$，　　　因为 x=$\frac{mc}{r'C-m}$，所以 $\frac{100\cdot400}{\frac{11}{10}\cdot500-100}=$

mc+mx=r'xC，　　$\frac{400}{\frac{11}{10}\cdot5-1}=\frac{400}{\frac{55-10}{10}}=\frac{400}{\frac{45}{10}}=\frac{4\,000}{45}=\frac{800}{9}$。

$=88\frac{8}{9}$

mc=x(r'C-m)　　由于 x 或 v=$\frac{800}{9}$，所以 m=r'v=$\frac{11}{10}\times\frac{800}{9}=$

而 x=$\frac{mc}{r'C-m}$。　　$\frac{8\,800}{900}=\frac{880}{9}$。（=$97\frac{7}{9}$）

或者 x=$\frac{r}{r'}\times v\frac{c}{(v+c)-m}$。因此，现在 $\frac{m'}{C'}=\frac{97\frac{7}{9}}{488\frac{8}{9}}=\frac{\frac{880}{9}}{\frac{4\,400}{9}}=$

$$\frac{880}{4\,400}=\frac{88}{440}=\frac{1}{5}。$$

————

① 见本卷第 145—147 页。——编者注

在剩余价值率提高的情况下，如果 c 保持不变，只有可变资本减少，利润率才能不变。剩余价值率提高 $\frac{1}{10}$，可变资本减少 $\frac{1}{9}$。

$$\frac{97\frac{7}{9}}{88\frac{8}{9}}=\frac{880}{800}=\frac{88}{80}=\frac{11\times8}{10\times8}=\frac{11}{10}=\frac{110}{100}。$$

不过，假定不仅剩余价值率提高，而且剩余价值本身也增加，比如增加 $\frac{1}{10}$，即从 100 增至 110，那么在 c 保持不变的情况下，计算如下：

$$\frac{m}{c+v}=\frac{m+\delta}{c+x}\text{或者}\frac{m}{C}=\frac{m+\delta}{c+x}。$$

在这种场合，$m(c+x)=(m+\delta)C$

$$c+x=\frac{(m+\delta)}{m}C$$

$$x=\frac{(m+\delta)}{m}C-c,\text{所以}=\frac{(110)500}{100}-400=$$

$$110\cdot5-400=550-400=150。$$

$\dfrac{110_m}{400_c+150_v}=\dfrac{110}{550}=\dfrac{1}{5}$ 或 20％。在这种场合，剩余价值率降低了，因为 $\dfrac{110}{150}=\dfrac{11}{15}$。只有 $73\dfrac{1}{3}$％。

[13] 利润率的一般规律

（I.）利润率始终小于剩余价值率

如果我们将剩余价值率称做 r，利润率称做 p′，那么：

$$r = \frac{m}{v},$$

$$p' = \frac{m}{c+v} \text{ 或 } \frac{m}{C}。$$但是，$\frac{m}{v} > \frac{m}{c+v}$。首先，利润率永远不会$> \frac{m}{v}$。如果 c＝0，利润率也只能**等于剩余价值率**，因为$\frac{m}{v}$或 r＝$\frac{m}{0+v}$或 p′。在这种场合，不存在与剩余价值率不同的利润率，但也不存在不变资本部分，这种前提在资本主义生产方式下应予以排除。c 越小，c＋v就越接近 v。而后者是一个绝不可能达到的界限。①

〔(Iᵃ)**68**剩余价值量＝r 即剩余价值率或比率$\frac{m}{v}$的比值**乘以可变资本。**

或者说，m＝r·v。所以利润率 p′＝$\frac{m}{c+v}$＝$\frac{r·v}{c+v}$＝r·$\frac{v}{C}$。

因此，既然 p′＝$\frac{r·v}{c+v}$，可以得出，$\frac{p'}{r}$＝$\frac{v}{C}$（或$\frac{v}{c+v}$）：**利润率和剩余价值率之比，等于可变资本和总资本之比。**

如果我们假定**劳动力的价格**既定，那么 v 的量就表示所雇用工人的人数，或者说表示所使用的劳动力的数量。在这种场合，这个规

---

① 关于规律(I)，参看本卷第 97 页。——编者注

律是不言而喻的。但是，v 即可变资本也会因**劳动力价格的涨跌**而增减，这样一来，更多的 v 未必代表更多的劳动力，更少的 v 未必代表更少的劳动力，等等。在这种场合，得出结论说什么因为 $p':r=v:C$，从而由于 v 随工资的增长而增大，因而在其他条件不变的情况下（劳动的时间长度和强度均未增加），v 同 C 即 $c+v$ 相比也相对有所增大，所以不同资本的利润率之比，也就等于各个资本的 v 和 C 之比，或者还说什么在同一投资中，利润率会由于工资上涨而提高，那么这些说法便都是错误的。这样一来，这一规律只不过表明，虽然剩余价值率降低，利润率也降低，但利润率和剩余价值率之间的**差数**随着 v 的增加而**缩小**。

例如，$\dfrac{100_m}{400_c+100_v}=20\%p'$。这里剩余价值率是 100%，利润率是 20%。$20_p:100_r=100:500$，而 $\dfrac{100}{500}=\dfrac{v}{C}$。假定**劳动力的价格**不变，**剩余价值率**即劳动的剥削程度同样也不变，则由此得出结论，不同生产领域中的各个资本的利润率之比，等于 v 和 C 之比。例如，如果按百分比计算的资本构成为 80_c+20_v，那么在剩余价值率为 100% 的情况下，利润率=$20\%=\dfrac{20_v}{100C}$。如果构成为 75_c+25_v，那么在剩余价值率为 100% 的情况下，利润率=$25\%=\dfrac{25_v}{100C}$。20% 的利润率和 25% 的利润率之比=$\dfrac{20_v}{100C}:\dfrac{25_v}{100C}$，也就是说，等于**资本的可变组成部分的量之比**。

与此相对比，如果我们假定，同样的劳动力原来花费 100，现在花费 110，那么，假定所有其他条件都不变，则剩余价值从 100 减至 90，这是因为同量的劳动力和原来一样只生产 200 的价值产品。于是，我们就得到：$\dfrac{90_m}{400_c+110_v}=\dfrac{90}{510}=\dfrac{9}{51}=17\dfrac{33}{51}\%$。和原来相比，这里的利润率下降了 $2\dfrac{20}{51}\%$。原来在 $\dfrac{100_m}{400_c+100_v}$ 中，v:C 这个比率=

$\frac{1}{5}=20\%$，现在是 $110:510$，$=\frac{11}{51}$，$=21\frac{29}{51}\%$，或者说原来 $=\frac{51_v}{255_c}$，现在是 $\frac{55_v}{255_c}$①。然而，利润率在第一个场合比在第二个场合要高。但是，**剩余价值率**发生了变化。如果比较一下这两个场合，那么在第二个场合，剩余价值率是 $\frac{9}{11}=81\frac{9}{11}\%$（原来是 100%）。尽管如此，**利润率和这个新的剩余价值率之比**还是比以前大了。$\frac{9}{51}:\frac{9}{11}=\frac{1}{51}:\frac{1}{11}=21\frac{29}{51}\%$。相比而言，原来 $p':r=\frac{1}{5}=20\%$。因此，尽管 p' 和 r 都降低了，但它们之间的差数缩小了。所以这里 $\frac{p'}{r}=\frac{v}{C}$ 仍然成立。

可见，对于不同投资领域的不同资本来说，资本的生产率越低，也就是说，v 同 v+c 相比所占份额越大，利润率就越高。但是，在同一笔投资中，利润率由于 v（表示**劳动力数量**）同 C 相比相对增大而会提高，这看起来是十分矛盾的。而如果说这种提高是因为同一数量的 c 变得便宜，[14]或者说，是因为 c 的价值保持不变但是其数量增加，那么这其中当然就不存在任何矛盾。但是，如果 c 不仅就其价值而言保持不变，而且就其数量而言也保持不变，这里可能就存在矛盾。我们假定，v 由于使用更多的工人而增加，同时 r 即**剩余价值率保持不变**（也就是说，使用更多的工人并不一定是为了推动同一数量的劳动，而在剩余价值率下降的情况下，必然会发生这种情形）。也就是说，被推动的劳动的数量增加，但是按照假定，被推动的劳动资料的数量依旧不变。例如，我们得到的不再是原来的 $\frac{100_m}{400_c+100_v}$，$20\%p'$，而是现在的 $\frac{110_m}{400_c+110_v}=\frac{110}{510}=\frac{11}{51}=21\frac{29}{51}\%$。结果，由于劳动生产率降低，利润率提高了。如果商品按其价值出售，情况无疑就是这样；因为同一数量的商品现在必定包含更多的劳动。

---

① 手稿中原文如此，"$\frac{51_v}{255_c}$"似应为"$\frac{51_v}{255C}$"，"$\frac{55_v}{255_c}$"似应为"$\frac{55_v}{255C}$"。——编者注

不必在这里继续探讨这个问题。首先要注意的是，与 $\dfrac{100_m}{400_c+100_v}$ 不同的 $\dfrac{110_m}{400_c+110_v}$ 这个比率**并不一定表示**劳动生产率的降低。在许多农业劳动中——在许多采掘业劳动中更是如此，在这里，除了生产出来的生产资料，需要处理的是天然存在的劳动对象——，劳动量可能增加，而c（按照价值和数量）保持不变，同时产品同所使用的劳动成比例增加。可见，在这里劳动生产率似乎没有降低。

相反，如果 $\dfrac{110_m}{400_c+110_v}$ 表示劳动生产率降低，那么**同样数量的产品**就会耗费更多的劳动。而且，如果我们用产品本身来计量利润和工资，那么**同量价值就表现为更少的使用价值**。利润率提高，是因为无酬劳动随着有酬劳动量的增加而增加。如果产品构成必要生活资料的一部分，那么工资就更微薄，或者说，剩余价值率从而利润率必然降低。或者说，为了生产出同样的剩余价值率，剩余劳动必须增加。

在农业中，为了获得同量产品，在较肥沃的土地上，劳动可以使用较少的辅助资料（较少的c）就达成目的，而在不太肥沃的土地上，则必须投入较多生产资料，因此，在前一场合，同不变的v相比，c相对变小，从而在剩余价值率不变的情况下，利润率会提高，这是因为C由于c减少而减少，因而v同c相比相对增加。因此，在这里，例如 $\dfrac{100_m}{200_c+100_v}=\dfrac{1}{3}=33\dfrac{1}{3}\% \, p'$，这同 $\dfrac{100_m}{400_c+100_v}=\dfrac{1}{5}$ 或 $20\% \, p'$ 相比较，表示**更高的劳动生产率**。只有在农业和采掘业中，才会出现这种情况。

所有这些都是属于后面几章的内容。不过，既然 $\dfrac{p'}{r}=\dfrac{v}{C}$ 在任何情况下都是正确的，因此在本章中就应将其作为规律来阐述，而且是作为规律Ⅰ的推论加以阐述。〕

（II.） 相同的剩余价值率 r，可以表现（体现）为不同的利润率 p′（形成不同的利润率），反之亦然：不同的利润率可以表现相同的剩余价值率[①]

（A）首先，我们打算假定，**不仅 $\dfrac{m}{v}$ 的比值**＝r 即剩余价值率保持不变，而且**分子和分母**也均不变。如果劳动力的价格保持不变，则 v 就表示一定数量的工人或者一定量的劳动力。同时，如果**剩余价值率**也保持不变，则 r·v＝m 或剩余价值保持不变。也就是说，在这种场合，不仅 m 和 v 之比，而且二者本身都保持不变。

在这种场合，只有因为 c 发生变化，从而 $\dfrac{m}{c+v}$ 变为 $\dfrac{m}{(c\pm\delta)+v}$，$\dfrac{m}{c+v}$＝利润率才可能发生变化。在这里，v 同 C 相比相对增加或减少，是因为 c 减少或增加。

很清楚，如果 $\dfrac{m}{c+v}$ 变为 $\dfrac{m}{(c+\delta)+v}$，利润率就会**降低**，如果 $\dfrac{m}{c+v}$ 变为 $\dfrac{m}{(c-\delta)+v}$，利润率就会**提高**，这是因为，在一种场合，$\dfrac{m}{C}$ 变为 $\dfrac{m}{C+x}$，在另一种场合，$\dfrac{m}{C}$ 变为 $\dfrac{m}{C-x}$。**利润率之比和总资本之比成反比。** $\dfrac{m}{c+v}:\dfrac{m}{c+\delta+v}=\dfrac{c+\delta+v}{c+v}$，或者说＝$\dfrac{C+\delta}{C}$。

如果 $\dfrac{m}{c+v}=\dfrac{100_m}{100_c+100_v}$，则利润率＝50%；如果 $\dfrac{m}{c+v}=\dfrac{100_m}{200_c+100_v}$，则利润率＝$33\dfrac{1}{3}$%；如果 $\dfrac{m}{c+v}=\dfrac{100_m}{300_c+100_v}$，则利润

[①] 参看本卷第 98—99 页。——编者注

率 $=25\%$；如果 $\dfrac{m}{c+v}=\dfrac{100_m}{400_c+100_v}$，则利润率 $=20\%$。利润率 $\dfrac{100_m}{100_c+100_v}=50\%$ 同利润率 $\dfrac{100_m}{400_c+100_v}=20\%$ 这二者之比，和二者的总资本量成反比。$\dfrac{50}{20}=\dfrac{500C}{200C}$。

反之，如果 $\dfrac{100_m}{400_c+100_v}$ 变为 $\dfrac{100^m}{300_c+100_v}$，等等，利润率就从 20% 提高到 25%，等等。

在这里，**相同的剩余价值率** $\dfrac{100}{100}$ 却表现为 50%、20%、25%、$33\dfrac{1}{3}\%$ 等利润率。也就是说，在这里，这些 50%、20% 等不同利润率也表现相同的剩余价值率。[15]c 的**数量变化**（是由 C 的数量变化引起的）[69] 现在可能有不同的含义。

(1)假定[劳动]过程**在工艺上没有发生变化**，劳动生产力没有发生变化，则只是由于**同量生产资料价格**上涨或下跌，c 才可能增加或减少。

c 的价格上涨：例如 $\dfrac{100_m}{300_c+100_v}$ 变为 $\dfrac{100_m}{400_c+100_v}$。利润率从 25% 降至 20%。这样一来，同量产品费用增加，或者说**商品的价格上涨**，而利润率降低。所使用的劳动的数量和剥削程度保持不变。**预付资本的量增加**，利润量＝剩余价值量仍旧不变。为了生产同量利润和同量商品，必须预付更多的资本。

c 的价格下跌：$\dfrac{100^m}{400_c+100_v}$ 变为 $\dfrac{100^m}{300_c+100_v}$。利润率从 20% 提高到 25%，同量产品费用减少，**商品的价格下跌**。为了生产同量利润和同量商品，预付资本减少。

因此，在这里，我们在一种场合得到：

推动的劳动量不变，工资保持不变，劳动剥削程度保持不变，利润率降低，商品价格上涨，商品数量不变。生产规模不变。

在另一种场合是：

推动的劳动量不变，工资保持不变，劳动剥削程度保持不变，利润率提高，商品价格下跌；商品数量不变。生产规模不变。

（2）**劳动过程在工艺上发生了某种变化**。c 即不变资本的价值增加或减少，这表明，同量劳动推动并使之转化为产品的生产资料的**数量增加或减少**。c 在价格上的增加是更多数量生产资料的指数，而推动这些生产资料的仍是同一劳动量。（因为劳动量保持**不变**，这是由于按照假定所使用的工人的数量和对工人的剥削程度保持不变。）

同量劳动推动的生产资料量的增加总是表示劳动生产力的提高。但是，在农业和采掘业中，可能出现这样的情况：劳动生产力方面这种人为的提高，只是为了克服更大的自然阻力，也就是说，例如只是为了获得同量产品。在这里，生产的自然因素的减少要靠使用更多的 c 来补偿。劳动生产力从一方面来说提高了，这是因为从另一方面来说降低了。我们在这里撇开这种情况不谈，因为这要在以后（地租）进一步予以考察。因此，在下面的研究中假定**没有发生这种情况**，因而 c 的增加始终是劳动的绝对生产力提高的指数。

在这里，在劳动量保持不变的情况下，c 的增加，即不变资本价值的增加，表示生产资料量的增加，而且生产资料量的增加可以大大快于其价值所表示的增加。不管怎样，劳动生产力按照或大或小的比率提高。也就是说，同量劳动生产的产品的数量增加，从而**商品的价格**下降。与此同时，**利润率降低**，这是因为，为了推动同量的劳动（在劳动剥削程度相同的情况下），必须预付更多的 C。

因此，在这里，我们得到：

推动的劳动量不变，工资保持不变，劳动的剥削程度保持不变，

利润率降低，商品价格下降、商品数量增加。生产规模扩大。

〔如果我们以一个只使用固定资本、不使用原料的产业部门为例，例如煤炭业（假定机器所消费的煤，简言之，机器的辅助材料保持不变），那么 c 的增加未必表示机器规模的扩大，倒不如假定变贵的机器比更便宜的机器**效率更高**（而且其效率的提高和变贵程度成比例）。在这里，c 的价格上涨了，但这却不是机器增多的标志，这是机器变贵的标志，但这里和场合（1）不同，那里是生产资料数量不变，但价格上涨。在这里，是效率更高的机器变贵了，但是，就机器在生产过程中执行的职能而言，机器是变便宜了。因此，产品变便宜了。例如，一吨煤包含的补偿机器损耗的追加额减少了，这是因为：（a）机器的日损耗分摊到更多的吨数上；（b）也许由于构造更优等，机器的日损耗本身减少了。其次，是因为一吨煤包含的新的追加劳动减少了。在这种场合，利润率会下降，因为 m 会按照增大的 C 计算，而利润率乃是剩余价值同预付总资本之比，也就是说，不是同在产品上**消费的**那部分 C 之比，而是同产品生产上**所使用的** C 之比。[70][16]由此可见，在这里，c 可以表示变贵的不变资本，而商品价格却可能会下降，哪怕这时机器所追加的价值部分有所增加，只要这种增加同新追加劳动的减少不是保持同一比率。[71]

如果预付的不变资本不变，但由于更善于节约等，不变资本的损耗减少，那么**商品会变得便宜**，这是因为其不变价值部分减少了。因此，在其他条件不变的情况下，按单个商品计算，利润率提高了，这是因为，就商品而言，v 的占比，从而 m 的占比提高了。但是，利润率保持不变，因为利润率是按照**同样的预付资本**计算的。〕

〔按商品计算的利润率始终高于实际的利润率；因为在这里，始终只是按商品中消费掉的那部分不变资本的价值进行计算的；

相反，在实际利润率的场合，却是按预付并被消费掉的那部分不变资本的价值＋未被消费但被使用的那部分不变资本的价值进行计算的。

此外：

分摊在一定量产品上的机器的**日损耗**，可以由于双重的原因而减少。首先，由于分摊日损耗的产品的数量增加了。其次，由于在**机器**的构造得到改进等情况下，**机器的日损耗本身减少了**（以及机器的消费成本减少了）。也就是说，在后一种场合，同一机器在效能不变的条件下会工作更长时间，因此，按照机器直到被补偿为止来计算，同一机器会为更大量的活劳动服务。因此，按机器发挥作用的整个期间来计算，**其价值同可变资本**相比相对减少了，这种情况会对利润率产生影响，就好像机器（其价格）变便宜了一样。〕

相反的情况——始终假定，c（不变资本的价值）是所使用的生产资料的数量增加或减少的指数——是这样的：c 减少，与此同时所使用的劳动量按照假定保持不变。

也就是说，例如不再是 $\dfrac{100^m}{400_c + 100_v}$，而是变为 $\dfrac{100^m}{300_c + 100_v}$。这里假定，不变资本各要素即生产资料的价值没有发生变化。这种情况可能是由于例如原料变差，因而需要耗费更多的劳动，例如使用劣质的棉花等。例如在裁缝业中，厚重的衣料需要耗费更多的劳动。（不过，这样的衣料难道不是更贵吗？）

这里就是**商品量减少**，**商品价格上涨**，**利润率提高**，所使用劳动的数量和剥削程度仍旧不变。在农业和采掘业中，同样的比率可能表示劳动生产力提高了，也就是说，可能表示**商品数量增加**、**商品价格下降和利润率提高**。不过，这两个行业按照假定已被排除在外。

如果在制造业中可能通过节约而使 c 减少，那么这种情况总是出现在这样的地方：在这里更节约地使用的不是不变的 c，而是 c 本身减少了，不是相对地减少，而是绝对地减少，并且这种情况始终同 c 的变便宜是一回事，因此可归于第（1）种场合。

（B.）尽管 r 即剩余价值率保持**不变**——这里假定如此——，但剩余价值有可能由于 v 即**所使用的劳动力的数量的增加或者减少**而减少或者增加。如果 v 按照**比率**增加，那么在剩余价值率保持不变的情况下，剩余劳动从而 m 必定按照**同一比率**增加。如果 v 依然表示同样的数量，而其**价格降低**，情况就相反。但是，这里应该指出，在**劳动的强度和时间长度**保持不变的情况下，如果 v 增加，m 必定减少；如果 v 减少，m 必定增加。这样一来，剩余价值率就会提高或降低，而 r 保持不变这个前提排除了这种情况。但是，如果劳动的强度或时间长度增加，同时在剩余价值率不变以及劳动力**数量不变**的情况下，被推动的劳动总量必定会增加，那么在劳动生产力不变的情况下 c 也必定会增加。此外，v（同量劳动力）的价格可能由于必要生活资料价格下降而降低。这时，如果 m 按照同一比率减少，工作日必定缩短。反过来，如果 v 的价格上涨，工作日必定延长，而且要和必要劳动增加的比率保持一致，这样剩余价值率才会保持不变。同样，缩短也要和必要劳动的减少保持同一比率。如果工艺比率没有发生变化（例如在不生产必要生活资料的产业部门），c 就会按照 v 增减的同一比率增减。m 和 v 之比，以及 v 和 v＋c 之比会保持不变。可见，这并不构成一种实例。但是，如果 c 增加而 v 减少，或者说，c 减少而 v 增加，那么这属于第一种场合，即**所使用的劳动的数量**同 c 相比相对增加或减少了。

我们仔细看一下所有的场合：

（a）（1）**所使用的劳动的数量减少，c 保持不变**。这是劳动生产率提高的情况；也就是说，例如原来使用 100 个工人，现在使用 90 个工人。

这样我们就得到：$\frac{90_m}{400_c+90_v}$，而原来是 $\frac{100_m}{400_c+100_v}$。利润率 $\frac{90}{490}=\frac{9}{49}=18\frac{18}{49}\%$。或者，我们假定：

$\frac{100_m}{400_c+100_v}$，而原来是 $\frac{110_m}{400_c+110_v}$。那么 $\frac{100}{500}=20\%$，$\frac{110}{510}=21\frac{29}{51}\%$。利润率降低。商品变便宜。

[17]前面我们讨论的场合是：所使用的劳动的数量保持不变，但 c 增加，从而 C 增加；现在的场合是：所使用的劳动的数量减少，c 保持不变（如果 c 变化，这也不会影响问题的实质）。这两种场合经常出现。c 的数量有可能增加，这是因为生产资料（不变资本）的某些组成部分价格上涨，或者是因为劳动**生产力发生变化**〔或者是因为劳动强度发生变化，同时 m 和 v 仍旧不变。（在这种情况下，工作日会缩短）〕。另一种场合出现，是因为劳动或者是由于分工而变得更有效率，或者是由于 c 发生变化却没有改变价格而变得更有效率。

（2）**相反的情况：所使用的劳动的数量增加，c 保持不变**。撇开前面已经提到过的一些情况不谈，这里可以假定，c 保持不变，这是因为不变资本的一些要素，例如原料、辅助材料的价格下跌。如果 v 从 100 增至 110，那么按照假定便得出：$\frac{110_m}{400_c+110_v}=\frac{110}{510}=\frac{11}{51}=21\frac{29}{51}\%$。

假如劳动的强度或者时间长度增加（所使用的工人的数量没有增加），所使用的劳动的数量可能增加。如果劳动的时间长度增加了，c 会减少（相对地），尽管在制造业中，c 的一个要素如原料会增加。这里假定 r 保持不变。如果劳动强度提高了，c 却会增加。

(b)如果我们假定，**劳动的价格上涨或下跌**，那么在工作日（长度和强度）不变的情况下，**剩余价值率**必定会发生变化，这和前提是矛盾的。如果劳动强度改变了，那么在工作日不变的情况下，劳动的价格会上涨，剩余价值同样也会按比例增加。但是，这样一来，劳动量也会增加，同时 c 保持不变。（a 中的第 2 种场合）如果劳动时间长度增加，情况同样如此。如果劳动的价格下跌，剩余价值却不增加——剩余价值反倒必定减少，因为 r 不变——，总劳动相对于 C 就会减少。工作日会缩短，但其强度不变。也就是说，劳动量减少了，但 c 保持不变。（a 中的第 1 种场合）因此，如果假定 r 不变，这里的(b)就没有提供什么特殊的现象。

只有在考察不同生产领域中具有不同构成的资本时，(a)和(b)这两种场合才是重要的。因此，留到第 II 章再来研究。

(C)顺便提一下，在(B)中，对于我们的定理来说，c 保持不变这个假定是完全多余的。这个定理只是要证明，p' 可以在 r 保持不变的同时提高或降低。例如，如果 c 在 v 减少（数量）的同时增加，利润率会下降得更多。反过来，如果 c（价格）在 v 增加（就数量而言）的同时减少，利润率会提高得更多。

(D)我们看到，始终要考虑到下述情况：c 的价值的增加或减少可以表示 **c 的数量增加**（或者机器等在变贵的同时效率提高了），或者表示 c 的各要素**价格单纯上涨**；同样，v 的增加或减少可以表示：或者**劳动力价格**发生单纯变化，**或者劳动力数量**发生单纯变化。再者说，这些情况可能交错在一起，如 c 的价格发生变化，c 的数量发生变化等等。

现在，我们联系资本构成来简要总结一下在(II)中讨论的各种场合。

假定资本的原有构成是：

$$\frac{100^m}{400_c+100_v}=20\%。$$

(A.)(1) c 的价格发生变化，v 和 r 不变：

$$\frac{100^m}{400_c+100_v}变为\frac{100^m}{410_c+100_v}=\frac{100}{510}=19\frac{31}{51}\%。$$

同量商品变贵。利润率下降。

$$\frac{100^m}{400_c+100_v}变为\frac{100_m}{390_c+100_v}=\frac{100}{490}=20\frac{20}{49}\%。$$

同量商品变便宜。利润率提高。

(2) c 的价格变化表示 c 的数量[变化]，v 和 r 不变：

$$\frac{100^m}{400_c+100_v}变为\frac{100^m}{410_c+100_v}=19\frac{31}{51}\%。$$

商品变便宜，商品量增加。利润率下降。

$$\frac{100^m}{400_c+100_v}变为\frac{100_m}{390_c+100_v}=20\frac{20}{49}\%。$$

商品变贵，商品量减少。利润率提高。

(B.) c 不变，r 不变。**(1)** v 的数量发生变化。

$$\frac{100^m}{400_c+100_v}变为\frac{90_m}{400_c+90_v}=\frac{90}{490}=\frac{9}{49}=18\frac{18}{49}\%。$$

同量商品变便宜。利润率降低。

$$\frac{100^m}{400_c+100_v}变为\frac{110_m}{400_c+110_v}=\frac{110}{510}=\frac{11}{51}=21\frac{29}{51}\%。$$

同量商品变贵。利润率提高。

我们首先注意到，c 仅仅在价格上涨跌，抑或在数量上增减，这对商品产生的影响完全不同。同样，变化是由 v 引起，还是由 c 引起，其影响也是不同的。

我们先来比较一下**利润率**发生变动和**商品价格**发生变动的情况：

[18]

		(p′)	(r)
资本的原有构成	$\dfrac{100_m}{400_c+100_v}$	20％	$\dfrac{100}{100}$。

(1)c 增加，

因为不变资本各　　　　　　　　　　　　　　　　　同量商品变贵。

要素价格提高：　$\dfrac{100_m}{410_c+100_v}$　$19\dfrac{31}{51}$％　同上　利润率降低。

(2)c 不变，因

其价格不变

（即数量不变）

v 增加，从而劳动　　　　　　　　　　　　　　　　同量商品变贵。

量增加：　$\dfrac{110_m}{400_c+110_v}$　$21\dfrac{29}{51}$％　同上　利润率提高。

(3)c 减少，因

其价格下降　　　　　　　　　　　　　　　　　　同量商品变便宜。

（即数量不变）：　$\dfrac{100_m}{390_c+100_v}$　$20\dfrac{20}{49}$％　同上　利润率提高。

(4)c 保持不变。

v 减少，从而劳动　　　　　　　　　　　　　　　　同量商品变便宜。

量减少：　$\dfrac{90_m}{400_c+90_v}$　$18\dfrac{18}{49}$％　同上　利润率降低。

(5)c 增加，因　　　　　　　　　　　　　　　　　商品变便宜，商品量

其数量增加：　$\dfrac{100_m}{410_c+100_v}$　$19\dfrac{31}{51}$％　同上　增加。p′降低。

(6)① c 减少，因　　　　　　　　　　　　　　　　商品变贵，商品量

其数量减少：　$\dfrac{100_m}{390_c+100_v}$　$20\dfrac{20}{49}$％　同上　减少。利润率提高。

从(2)可以得出如下结论：如果**货币价值降低**（我们可以假定，

110_v之所以增加$\dfrac{1}{10}$，只是因为货币价值降低$\dfrac{1}{10}$，从而 m 也增加$\dfrac{1}{10}$），

---

① 在手稿中，马克思在(1)、(3)、(5)、(6)这几个序号左边标了"×"这个
符号。——编者注

则利润率可能由于这种降低而提高，这会发生在这样一些产业部门，在这里，由于生产率提高，不变资本价值的增加被抵消。

相反地，从（4）可以得出如下结论：如果**货币价值提高**（按照同样的假定），则**利润率**可能降低，这会发生在这样一些产业部门，在这里，尽管货币价值降低[1]，不变资本各要素的货币价格却提高或保持不变。（参看第19页分割线以下的内容。[2]）

另一个要注意的情况涉及**各个资本的构成**。

原有构成为 $400_c+100_v\,|+100_m=20\%$，剩余价值率为 100%。

在（1）和（5）中，**资本构成相同**，都是 410_c+100_v，**按照百分比表示是**： $80\frac{20}{51}{}_c+19\frac{31}{51}{}_v\,|+19\frac{31}{51}{}_m$。

在（3）和（6）中，**资本构成相同**，都是 390_c+100_v，**按照百分比表示是**： $79\frac{29}{49}{}_c+20\frac{20}{49}{}_v\,|+20\frac{20}{49}{}_m$。

在（1）中，410_c 并不表示生产资料多于原来的 400；只是价格贵了 $\frac{1}{40}$。

在（5）中，410_c 表示生产资料多了 $\frac{1}{40}$ 或者生产资料有一个更大的增量。

可见，在 c 同 v 相比相对增加（从而 v 保持不变）或者说增大的情况下——同**例如另一个具有 400_c+100_v 这一构成的资本的构成相比**——，不管这是由于劳动的效率提高了，同一劳动量可以推动数量更多的生产资料，还是由于同一劳动量仅仅是推动**价值更高的生产资料**（当然，我们只能对那些具有共同尺度的行业的生产资料的量进行比较，例如金属制品、织物、纱等），这对**利润率**不会产生任何影响；虽然对**商品的价格**有很大影响。

---

① 手稿中原文如此，"降低"似应为"提高"。——编者注
② 见本卷第170—173页。——编者注

在(3)中，390_c 表示商品量不变，和原来的 400 相同；价格便宜了 $\frac{1}{40}$。

在(6)中，390_c 表示商品量减少 $\frac{1}{40}$，因为为了推动数量减少的劳动资料等，所必需的劳动量倒是增多了。但是**利润率**不变。**商品价格不同了**。在**剩余价值率不变**的情况下，就**利润率**而言，问题只涉及 v:c 从而 v 同 C 的**价值比率**，工艺比率不在考虑之内。

————

同样地，不管是 c 增加而 v 保持不变，即 c 绝对增加而 v 相对减少，还是 c 保持不变而 v 减少，即 c 相对增加而 v 绝对减少（反过来，在 v **增加**的场合，情况同样如此，不管 v 是相对增加还是绝对增加），**C 的构成**总是会发生变化。

假定 $\frac{100_m}{400_c + 100_v}$ 变为

$\frac{100_m}{410_c + 100_v}$，那么**资本构成**则从

$80_c + 20_v$ 变为 $80\frac{20}{51}_c + 19\frac{31}{51}_v$。

如果变为 $\frac{90_m}{400_c + 90_v}$，那么**资本构成**则从

$80_c + 20_v$ 变为 $81\frac{31}{49}_c + 18\frac{18}{49}_v$。

不过，构成上的变化并不相同；因此 p′ 的变化也不相同。

[19] (III.)　不同的剩余价值率可以表现为相同的利润率，因而相同的利润率也可以表现不同的剩余价值率[①]

首先，从前面的规律就可以得出这样的结论。

————

① 参看本卷第 99 页。——编者注

按照前面的规律，在一定条件下，**剩余价值率**$\frac{100}{100}$可以表现为20％、25％等利润率。

同样，**剩余价值率**$\frac{50}{100}$也可以表现为20％、25％等利润率。

例如：$150_c + 100_v \mid + 50_m = \frac{50}{250} = 20\%$。

$$100_c + 100_v \mid + 50_m = \frac{50}{200} = 25\%。$$

可见，不同的剩余价值率 100％ 和 50％ **也可以表现为相同的利润率** 20％或25％。

此外，从下面这一点就会得出上述结论：如果可变资本量和剩余价值率这二者的变化成反比，**剩余价值量**就可以保持不变。也就是说，如果由于 c 的相应变化而 C 依然保持不变，则同一利润率就表现不同的剩余价值率。例如：$100 \times \frac{100}{100} = 100, 200 \times \frac{50}{100}$ 或者说 $200 \times \frac{1}{2}$，同样$= 100$。

所以，我们会得到：$\frac{100_m}{400_c + 100_v} = 20\%$，$\frac{100_m}{300_c + 200_v} = 20\%$，尽管前者的剩余价值率是$\frac{100}{100}$，而后者只有$\frac{100}{200} = \frac{1}{2} = 50\%$。

还应当进一步探讨一下这些场合。

————

假定货币价值降低$\frac{1}{10}$。在其他条件不变的情况下，商品的价格会上涨$\frac{1}{10}$。①

相反，如果货币价值提高$\frac{1}{10}$，那么在其他条件不变的情况下，商品的价格会下跌$\frac{1}{10}$。

如果货币价值降低，工资没有按同一比率随之提高，那么工资将**下降**；这样一来，剩余价值率将提高，而在所有其他条件保持不

————

① 从这里开始到本卷第173页分割线之前的内容，参看马克思1868年4月22日给恩格斯的信。——编者注

变的情况下，利润率也因此提高。利润率的这种提高——只要货币价值的向上波动持续下去，这种提高多半会发生——是由于工资的单纯降低，而工资的这种降低又是由于如下情况：工资的变化只是缓慢地适应于货币价值的变化。（16世纪末和17世纪的情况就是这样。）[72]相反，如果货币价值提高，工资没有按同一比率随之降低，剩余价值率就会降低，因而在其他条件不变的情况下，利润率就会降低。原因和前面一样。

由此可见，这两种变动，即货币价值降低而利润率随之提高，以及货币价值提高而利润率随之降低，都只是由下述情况造成的：劳动价格还没有同新的货币价格取得一致。劳动价格一旦和货币价格取得一致，这种现象（有关的解释早就给出了）就会消失。

困难从这里开始。有些人说，只要劳动价格和新的货币价值达到一致，例如劳动价格随着货币价值的降低而提高，利润和工资这二者就会表现为同量增多或同量减少的货币。**因此，两者之比会保持不变**。所以，不可能出现利润率随着货币价值降低而提高之类的情况。另一些人通过事实证明，尽管工资例如同谷物、肉类和房租等按同一比率提高，利润率仍会随着货币价值的降低而提高，等等。然而，这些人对事实的解释却总是废话连篇。

全部困难都是由于混淆了剩余价值率和利润率。如果我们假定，剩余价值率保持不变，例如为100％，这样一来，如果工资例如从100增至110，则剩余价值同样增至110。原来表现为200镑的同一总劳动量现在表现为220镑。因此，如果劳动价格和货币价值取得一致，货币价值的任一变动就既不会使**剩余价值率**提高，也不会使**其**降低。但是，假定不变资本各要素（或若干要素）由于生产它们的劳动的生产率提高而价值降低。如果它们的价值的降低程度大于货币

价值的降低程度,[20]那么它们的价格便会下跌,尽管货币价值降低。如果它们的价值的降低只不过同货币价值的降低保持一致,它们的价格就会保持不变。我们排除后一种情况。因此,例如某一产业部门的资本的构成假定为 $400_c + 100_v$,那么**在剩余价值率为 100%的情况下**,我们得到 $400_c + 100_v | + 100_m = 20\%$ 的**利润率**。如果货币价值降低 $\frac{1}{10}$,从而工资从 100 增至 110,则剩余价值同样增至 110。如果不变资本部分的组成部分的价值由于劳动生产率提高而降低 $\frac{1}{10}$,从而不变资本部分的价格保持不变,我们就得到: $400_c + 110_v | + 110_m = 21\frac{29}{51}\%$ 的**利润率**;而剩余价值率为 $\frac{110_m}{110_v}$,和以前一样 $= 100\%$。利润率提高了 $1\frac{1}{2}\%$ 多一点。如果不变资本的价值比货币价值降低的程度更大,利润率的这种提高就更多;如果不变资本的价值比货币价值降低的速度更慢,这种提高就更少。不过,只要 c 的价值有所降低,因而数量不变的生产资料的费用不是从原来的 400 镑增至 440 镑,利润率的这种提高就会持续下去。如果增至 440 镑,就会和以前一样,得到 $\frac{110_m}{440_c + 110_v} = \frac{110}{550} = \frac{1}{5} = 20\%$ 的利润率。

可是,特别是在真正的工业中,劳动生产率会由于货币价值的降低即货币价格的单纯上扬,以及国际上普遍存在的对已经增大的货币量的狂热追逐而受到刺激,这是历史事实,尤其可以从 1850 年到 1860 年的情况中得到证实。[73]如果货币价值提高,因而价格下降,情况则相反。假定货币价值提高 $\frac{1}{10}$,工资因此从 100 减至 90,剩余价值同样减至 90。这样,剩余价值率为 $\frac{90}{90}$,依旧是 100%。但是,如果不变资本的价值和货币价值提高的速度相一致,那么 c 的价格会保持不变。如果不变资本价值提高得更快,那么 c 的价格就会提高,并且不变资本的价值只要在一定程度内提高,其价格的降低就不会同货币价值的提高达到同一比率。假定 c 的价值的提高和货币价值的

提高相一致,从而 c 的价格保持不变,那么,如果说资本的原有构成是 400_c+100_v,现在构成则是 400_c+90_v,在剩余价值率为 100％的情况下,则是: $400_c+90_v|+90_m$。因此,利润率 $=\frac{90_m}{400_c+90_v}=\frac{90}{490}=\frac{9}{49}=18\frac{18}{49}$％。利润率下降了,这发生在生产资料价值提高了的产业部门中。

在一种情况下,利润率随着货币价值的降低而提高,在另一种情况下,利润率随着货币价值的提高而降低,这两种情况对**一般利润率**会产生多大影响,部分地取决于发生这种变化的产业部门的规模,部分地取决于这种变化的持续时间,因为特殊产业部门中利润率的升降要经过一段时间才会影响到其他部门。如果这种波动只持续很短的时间,那么这种波动就是局部的。

〔**第一卷第 186 页一个棉纺织业的相关例子。**①

(1)棉纱②按照每磅 7 便士,**每周 11 500 磅棉纱**②,(按每周全部支出计算)

不变资本	可变资本 | 剩余价值

损耗等＋原料＋辅助材料,
煤、机油等

44 镑＋336 镑＋40 镑   ＋70 镑 \| ＋60 镑

$420_c+70_v|+60_m=$约 86％的剩余价值率和 $12\frac{12}{49}$ 的利润率。

---

① 参看本卷第 245 页,《马克思恩格斯全集》中文第 2 版第 42 卷第 212—213 页。   编者注

② 手稿中原文如此,《马克思恩格斯全集》中文第 2 版第 42 卷第 213 页此处为"棉花"。——编者注

$$85\frac{35}{49}_c + 14\frac{14}{490}_v\;^{①} | +12\frac{12}{49}_m \qquad\qquad = 12\frac{12}{49}\%\mathrm{p}'.$$

假定棉花价格从每磅 7 便士降到每磅 6 便士，那么在所有其他条件保持不变的情况下，为棉花支出的现在就不再是 336 镑，而是 288 镑，所以 c 现在 $= 84 + 288 = 372$。因此：

$$372_c + 70_v | + 60_m = 约\ 86\%\ 的剩余价值，= 13\frac{121}{127}\%\ 的利润率，$$

也就是说，利润率提高了 $1\frac{1}{2}\%$ 还多。

$$84\frac{36}{221}_c + 15\frac{185}{221}_v | + 13\frac{121}{127}_m = 13\frac{121}{127}\%\mathrm{p}'.〕$$

〔规律 I 的补充。

从公式 $\mathrm{p}' = \dfrac{m}{C} = \dfrac{r \cdot v}{c+v} = \dfrac{r \cdot v}{C}$ 得出： $\qquad(1)\ \dfrac{\mathrm{p}'}{r} = \dfrac{v}{C}。$

此外，剩余价值率和利润率之间的差数 $= \dfrac{r \cdot v}{v} - \dfrac{r \cdot v}{v+c} =$

$\dfrac{(v+c)r \cdot v - r \cdot v^2}{(v+c)v} = \dfrac{(v+c)r - r \cdot v}{v+c},\ = \dfrac{r(v+c-v)}{v+c} =$

$r \cdot \dfrac{c}{(v+c)}$。因此，由于 $r - \mathrm{p}' = r \cdot \dfrac{c}{C}$，所以： $\qquad(2)\ \dfrac{r - \mathrm{p}'}{r} = \dfrac{c}{C}。$

用第一个公式除以第二个公式，得出： $\qquad(3)\ \dfrac{\mathrm{p}'}{r - \mathrm{p}'} = \dfrac{v}{c}。〕$

[21]换言之：

(1) $\dfrac{\mathrm{p}'}{r} = \dfrac{v}{C}$，这意味着：(1) $\dfrac{利润率}{剩余价值率} = \dfrac{可变资本}{总资本}。$

(2) $\dfrac{r - \mathrm{p}'}{r} = \dfrac{c}{C}$，换言之，(2) $\dfrac{剩余价值率和利润率之间的差数}{剩余价值率} = \dfrac{不变资本}{总资本}。$

(3) $\dfrac{\mathrm{p}'}{r - \mathrm{p}'} = \dfrac{v}{c}$，换言之：(3) $\dfrac{利润率}{剩余价值率和利润率之间的差数} = \dfrac{可变资本}{不变资本}$

只将(1)和(3)写入正文中。(2)之所以不可缺少，只是用于证明(3)。〕

----

① 手稿中原文如此，"$14\frac{14}{490}_v$"似应为"$14\frac{14}{49}_v$"。——编者注

规律 III 的续(第 19 页)①

如果剩余价值率**提高或降低**,而利润率应保持不变,那么,**在可变资本量保持不变的情况下**,这只有在 c(**不变资本量**)发生相应变化的情况下才是可能的;或者,在可变资本量的变化伴随着剩余价值率的变化的情况下,这也是可能的。我们打算依次研究这些情况。

(A.) 在可变资本量保持不变的情况下,剩余价值率发生变化。c 发生相应变化

我们这样得到问题本身的表达式:

$\dfrac{r \cdot v}{c+v} = \dfrac{(r \pm \delta)v}{x+v}$。我们打算依次考察 r 提高和降低这两种情况。发生变化的 r,即 r+δ 或 r−δ,均称为 r′。

$$\frac{r \cdot v}{c+v} = \frac{(r+\delta)v}{x+v}。$$

因此,$r \cdot v \cdot (x+v) = (r+\delta)v(c+v)$

$$x+v = \frac{(r+\delta)v(c+v)}{r \cdot v}$$

$$x+v = \frac{(r+\delta)(c+v)}{r}$$

因此,$x = \dfrac{(r+\delta)(c+v)}{r} - v$

即 $x = \dfrac{r'}{r} \cdot (c+v) - v$

$\qquad = \dfrac{r'}{r} \cdot (C) - v$。

因此,由于 $x = c$,c 应变为 $\dfrac{(r \pm \delta)C}{r} - v$,

$$\text{或者说变为} \frac{r'}{r} \cdot C - v \text{。}$$

如果 c 变为 $\frac{r'}{r} C - v$,

则 $C = c + v$ 变为 $\frac{r'}{r} \cdot C - v + v$,

即变为 $\frac{r'}{r} \cdot C$。

前提是: $400_c + 100_v | + 100_m$。$r = 100\%$ 　$p' = 20\%$。

如果 r 提高 $\frac{1}{10}$,那么 $\delta = 10$。因此变为 $r' = \frac{110}{100}$。

在这种场合,c 必定会由 400 变为:

$$\frac{\frac{11}{10} \cdot 500 - 100}{\frac{100}{100}},\text{或者变为} \frac{11}{10}(500) - 100,\text{或者变为 } 550 -$$

$100 = 450$。

我们会得到:

$450_c + 100_v | + 110_m$,$r' = \frac{110}{100}$,$p' = 20\%$,因为 $\frac{110}{550} = \frac{11}{55} = \frac{1}{5}$

$= 20\%$。

如果 δ 是负数,从而 r 降低 $\frac{1}{10}$,从 100% 降至 90%,也就是说,

$\delta = -10$,$r' = \frac{90}{100}$,那么现在 $C = \frac{r'}{r}C$,即 $= \frac{90}{100}C = \frac{9}{10}C =$

$\frac{9}{10} \cdot 500 = \mathbf{450}$。

如果我们从中减去 100 的可变资本,那么 $c = 350$,我们就得到:

$350_c + 100_v | + 90_m$,$r' = 90\%$,$p' = 20\%$,因为 $\frac{90}{450} = \frac{9}{45} = \frac{1}{5}$

$= 20\%$。

[22]根据规律($\mathrm{I^a}$),$\frac{p'}{r} = \frac{v}{C}$。① 在第一种场合,$\frac{20\%}{100\%} = \frac{100}{500}$;在第

---

① 见本卷第 154 页。——编者注

(2)种场合，$\dfrac{20\%}{110\%}=\dfrac{100}{550}$。也就是说，$\dfrac{2}{11}=\dfrac{10}{55}=\dfrac{2}{11}$。

同样，$\dfrac{20}{90}=\dfrac{100}{450}$，或者说，$\dfrac{2}{9}=\dfrac{10}{45}=\dfrac{2}{9}$。

由此可见，如果 p'、r' 和 v 既定，通过 $\dfrac{p'}{r}=\dfrac{v}{x}$ 这个方程式也可得出 C。或者说，$p'x=r'v$。因此 $x=\dfrac{r'v}{p}$。而由于 $p'=\dfrac{r'}{C}$，所以 $x=\dfrac{r'v}{p}=\dfrac{r'v}{\dfrac{r'v}{C}}=\dfrac{r'\cdot v\cdot C}{r\cdot v}=\dfrac{r'}{r}\cdot C$，这和前面的结果一样，且因而 $c=\dfrac{r'}{r}\cdot C-v$，这也和前面的结果一样。

在讨论这个公式的意义和各种可能的组合之前，我们要立即确定第二种可能的情况。

（B.）如果 c 保持不变，在 r 变为 r′ 的情况下，只有 v 的量发生变化，利润率才能保持不变

于是我们就得到：$\dfrac{r\cdot v}{c+v}=\dfrac{r'\cdot x}{c+x}$。因为 $r\cdot v=m$，而 $c+v=C$，那么：

$$\dfrac{m}{C}=\dfrac{r'\cdot x}{c+x}。$$

因此 $mc+mx=r'\cdot x\cdot C$。

$$mc=x(r'C-m);$$

$$x=\dfrac{m\cdot c}{r'C-m}。\text{[74]}\text{ 这就是可变资本的新值。而由于 }C'=v'+c，\text{所以现在 }C=\dfrac{m\cdot c}{rC-m}+c。$$

$x=\dfrac{m\cdot c}{r'C-m}=\dfrac{r\cdot v\cdot c}{r'C-m}$。因此，如果 $r=100\%$ 变为 $r+\delta$ 或 $r'=110\%$，那么

$$x=\dfrac{100\cdot 400}{\dfrac{110}{100}\cdot 500-100}=\dfrac{100\cdot 400}{\dfrac{11}{10}\cdot 500-100}=\dfrac{100\cdot 400}{550-100}=\dfrac{100\cdot 400}{450}=$$

$$\frac{10\cdot400}{45}=\frac{4\,000}{45}=\frac{800}{9}=88\frac{8}{9}。$$

[23]因为 x 即可变资本$=\frac{800}{9}$，所以现在剩余价值 $m=r'v=\frac{110}{100}$ 或$\frac{11}{10}x=\frac{11}{10}\times\frac{800}{9}=\frac{8\,800}{90}=\frac{880}{9}=97\frac{7}{9}。$

最初我们得到：$400_c+100_v\,|+100_m$ $r=100\%,p'=20\%。$

现在我们得到：$400_c+88\frac{8}{9}_v\,|+97\frac{7}{9}_m$ $r=110\%,p'=20\%。$

（这是因为，现在 $p'=$ 或 $\frac{m}{C}=\dfrac{97\frac{7}{9}}{488\frac{8}{9}}=\dfrac{\frac{880}{9}}{\frac{4\,400}{9}}=\frac{880}{4\,400}=\frac{88}{440}=\frac{1}{5}=20\%。$

$$r'=\dfrac{97\frac{7}{9}}{88\frac{8}{9}}=\dfrac{\frac{880}{9}}{\frac{800}{9}}=\frac{880}{800}=\frac{88}{80}=\frac{44}{40}=\frac{22}{20}=\frac{11}{10}=\frac{110}{100}。）$$

剩余价值率提高$\frac{1}{10}$（从 100% 提高到 110%），从$\frac{10}{10}$提高到$\frac{11}{10}$。

可变资本减少$\frac{1}{9}$。而由于原来可变资本$=\frac{C}{5}$（$=C$ 的$\frac{1}{5}$），所以总资本**减少了**$\frac{C}{9\times5}=\frac{C}{45},=\left(\frac{500}{45}=\frac{100}{9}\right)$，减少了$\frac{1}{45}$；即减少了$\frac{1}{9\times5}。$

剩余价值率提高 10%，

可变资本减少 $11\frac{1}{9}\%$，

总资本减少 $2\frac{2}{9}\%$。（也就是说，$11\frac{1}{9}$ 除以 5，因为 $11\frac{1}{9}=\frac{100}{9}$，而$\frac{100}{9\times5}$或者$\frac{100}{45}=2\frac{2}{9}\%。$）

相反，如果剩余价值率降低$\frac{1}{10}$，从而 $r'=90\%$，而 $r=100\%$，那么：

$$x=\dfrac{100\cdot400}{\frac{9}{10}\cdot500-100}=\frac{100\cdot400}{450-100}=\frac{100\cdot400}{350}=\frac{4\,000}{35}=\frac{800}{7}=114\frac{2}{7}。$$

可见，由于 v' 等于 $114\frac{2}{7}$，那么新的**剩余价值**现在等于

$r' \cdot 114\frac{2}{7} = \frac{9}{10} \cdot \frac{800}{7} = \frac{7\,200}{70} = \frac{720}{7} = 102\frac{6}{7}$。

因此，我们得到：$400_c + 114\frac{2}{7}_v | + 102\frac{6}{7}_m = 90\%r'$ 和 $20\%p'$。

（C）如果 r 变为 r'，同时 v 变为 v'（这里 $r' = r \pm \delta$，$v' = v \pm \epsilon$），而利润率应保持不变，

那么 $\dfrac{r \cdot v}{c + v} = \dfrac{r' \cdot v'}{x + v'}$。所以：$r \cdot v \cdot (x + v') = r'v'(c + v)$；或者说 $x + v' = \dfrac{r'v'}{r \cdot v}$（C）。

但是，因为 $x + v^{①} = C'$（也就是说，$= C \pm \gamma$），所以 $C' = \dfrac{(r' \cdot v')}{(r \cdot v)} \cdot C$；而因为 $c' = C' - v'$，所以 $c' = \dfrac{(r' \cdot v')}{(r \cdot v)} \cdot C - v^{①}$。

而 $r' \cdot v' = m'$（我们称之为新的剩余价值，这是资本 v' 按照剩余价值率 r' 得出的），$r \cdot v = m$，所以 $\dfrac{(r' \cdot v')}{(r \cdot v)} C = \dfrac{m'}{m} C$，$c' = \dfrac{m'}{m} \cdot C - v'$。

因此，$C' = \dfrac{m'}{m} C$，$c' = \dfrac{m'}{m} C - v'^{①}$。

如果 $v = 100$ 变为 $v' = 105$，$r = 100\%$ 变为 $r' = 110\%$，那么 $m' = (105)\dfrac{11}{10} = 115\frac{1}{2}$。而且 $m = 100$。所以 $\dfrac{m'}{m} = \dfrac{115\frac{1}{2}}{100}$。$C' = \dfrac{115\frac{1}{2}}{100}(500) = 115\frac{1}{2} \times 5 = 577\frac{1}{2}$；而 $c' = 577\frac{1}{2} - 105 = 472\frac{1}{2}$；因此便得出：[24] $\mathbf{472\frac{1}{2}_c + 105_v | + 115\frac{1}{2}_m}$；所以 $\mathbf{r = 110\%}$；$\mathbf{p' = 20\%}$。

我们看到，如果 v 保持不变，也就是说 $v' = v$，则 $C' = \dfrac{r'v'}{rv}C$ 或 $= \dfrac{m'}{m}C$ 就转化为 $\dfrac{r'}{r}C$。这样我们得出原来既定的公式。这样一来，c' 同样还是 $\dfrac{r'}{r}C - v$，而不是 $\dfrac{m'}{m}C - v'$。

———————

如果 r 以及 c 都朝任一方向变动，那么：

———————

① 手稿中原文如此，"v"似应为"v'"。——编者注

$$\frac{r \cdot v}{c+v} = \frac{r' x}{c' + x}。$$

于是：$r \cdot v \cdot (c' + x) = r' x \cdot (c + v)$

$$m \cdot (c' + x) = r' x \cdot C$$

$$mc' + mx = r' xC$$

$$x(r'C - m) = mc'$$

$$x = \frac{mc'}{r'C - m}，或者说 \ x = \frac{r \cdot v \cdot c'}{r' \cdot C - m}。$$

前面（第 22 页 B）$x = \dfrac{mc}{(r' \cdot C) - m}$。可见，我们只需在上面得出的公式中假定 $c' = c$，就会得出**第 22 页 B** 中的公式。

因此，两个总公式为：

(1) $C' = \dfrac{r' v'}{r \cdot v} C$ 或者 $\dfrac{m'}{m} \cdot C$，这里 $c' = \dfrac{m'}{m} \cdot C - v'$；以及：

(2) $C' = c' + \dfrac{mc'}{r'C - m}$，或者 $v' = \dfrac{mc'}{r'C - m}$；或者 $C' = \dfrac{r' c' C}{r'C - m}$。

在(1)中，如果我们假定 $r' = r$，也就是说，只有可变资本量发生变化，这样公式就变为：

$$C' = \frac{v'}{v} C, c' = \frac{v'}{v} C - v'。$$

如果我们假定 $v' = v$，也就是说，只有剩余价值率发生变化，这样又得出：

$$C' = \frac{r'}{r} C，这里 \ c' = \frac{r'}{r} C - v。$$

如果剩余价值率和可变资本以不同比率发生变化，这样公式就是：$\dfrac{r' v'}{r \cdot v} C$ 等。

在(2)中，第 22 页 B 得出的是：$v' = \dfrac{mc}{r'C - m}$；在总公式中 $= \dfrac{mc'}{r'C - m}$；因此，如果 $c = c'$，则 $= \dfrac{mc}{r'C - m}$。

(2.)的例证：假定 $r' = 90\%$，$c' = 450$。那么 $v' = \dfrac{100 \cdot 450}{\frac{9}{10} \cdot 500 - 100} = \dfrac{900}{7} = 128\frac{4}{7}。$

此外，由于 $m' = r'v'$，所以 $m' = \dfrac{90}{100}$ 或 $\dfrac{9}{10} \times \dfrac{900}{7}$〔或 $128\dfrac{4}{7}$〕，= $\dfrac{810}{7} = 115\dfrac{5}{7}$。因此我们得到：

$450_c + 128\dfrac{4}{7}\Big|_v + 115\dfrac{5}{7}{}_m$。**剩余价值率＝90％。利润率＝20％。**

[25]如果我们再简要归纳一下各种场合，就会得到：

（A.）在可变资本量保持不变的情况下，剩余价值率发生变化。c 发生相应变化

有两种场合。（α）剩余价值率即 r 提高，或者说 $r' > r$；（β）剩余价值率降低，或者说 $r' < r$。

（α）r' 提高 $\dfrac{1}{10}$，从 100% 提高到 110%

$450_c + 100_v + 110_m$。$r' = 110\%$。$p' = 20\%$。用百分比来表示，**新的资本构成是：**

$81\dfrac{9}{11}{}_c + 18\dfrac{2}{11}\Big|_v + 20_m$。$r' = 110\%, p' = 20\%$。

（β）r' 降低 $\dfrac{1}{10}$，从 100% 降低到 90%

$350_c + 100_v + 90_m$；$r' = 90\%, p' = 20\%$。用百分比来表示，**新的构成**是：

$77\dfrac{7}{9}{}_c + 22\dfrac{2}{9}\Big|_v + 20_m$。$r' = 90\%, p' = 20\%$。

在这两个场合，由于 v 保持不变，r 提高，则 m 必定按同一比率增加，r 降低，则 m 必定按同一比率减少。因此，为了使 p' 即利润率＝$\dfrac{m}{C}$ 保持不变，C 应随 r' 的提高或降低按同一比率增减。在（α）中，r 提高 $\dfrac{1}{10}$，从 100 提高到 110；但是，C 也增加 $\dfrac{1}{10}$，从 500 增至 550。而由于 v 不变，且 $c = \dfrac{4}{5}C$，所以 c 增加的比率应能使 C 增加 $\dfrac{1}{10}$。

$C(500)$ 的 $\dfrac{1}{10}=50$。也就是说，$\dfrac{\frac{4}{5}C}{x}=\dfrac{C}{10}$；$x=\dfrac{\frac{4}{5}C}{C}\cdot 10=\dfrac{40}{5}=8$。$\dfrac{4}{5}$ 的八分之一 $\left(\dfrac{4}{40}\right)$ 等于 $\dfrac{5}{5}$ 或 1 的十分之一。$\dfrac{4}{40}=\dfrac{1}{10}$。

（B.）在不变资本量保持不变的情况下，剩余价值率发生变化。v 发生相应变化

（α）$r'=r+\dfrac{1}{10}=110\%$。

$400_c+88\dfrac{8}{9}_v\,|+97\dfrac{7}{9}_m$。$r'=110\%$。$p'=20\%$。**用百分比来表示，新的资本构成是：**

$81\dfrac{9}{11}_c+18\dfrac{2}{11}_v\,|+20_m$。$r'=110\%$，$p'=20\%$。由于 c 不变，剩余价值量应减少，这样在 r 提高的情况下，$\dfrac{m}{C}$ 才会保持不变。剩余价值量只有在 v 减少的情况下才可能减少。

（β）$r'=r-\dfrac{1}{10}=\dfrac{90}{100}$。

$400_c+114\dfrac{2}{7}_v\,|+102\dfrac{6}{7}_m$。$r'=90\%$，$p'=20\%$。**百分比构成是：**

$77\dfrac{7}{9}_c+22\dfrac{2}{9}_v\,|+20_m$。$r'=90\%$，$p'=20\%$。

（C.）剩余价值率和可变资本量发生一定的变化，c 发生相应变化

（α）r 提高，或者说 $r'=r+\dfrac{1}{10}r$，$v'=v+\dfrac{1}{20}v$。

$472\dfrac{1}{2}_c+105_v\,|+115\dfrac{1}{2}_m$。$r=110\%$，$p'=20\%$。**因此，百分比构成是：**

$81\dfrac{9}{11}_c+18\dfrac{2}{11}_v\,|+20_m$。$r'=110\%$，$p'=20\%$。

（β）r 降低，或者说 $r' = r - \dfrac{1}{10}r$，$v' = v - \dfrac{1}{20}v$。（$r' = 90\%$，$v' = 95$）

$332\dfrac{1}{2}_c + 95_v \mid + 85\dfrac{1}{2}_m$；$r' = 90\%$，$p' = 20\%$。因此，**百分比构成是**：

$77\dfrac{7}{9}_c + 22\dfrac{2}{9}_v \mid + 20_m$；$r' = 90\%$，$p' = 20\%$。

［26］（D.）剩余价值率和不变资本量发生一定变化，v 发生相应变化

（α）$r' = r + \dfrac{1}{10}r = 110\%$。$c' = c + \dfrac{1}{8}c = 450$。

$450_c + 100_v \mid + 110_m$。$r' = 110\%$。$p' = 20\%$。**百分比构成是**：

$81\dfrac{9}{11}_c + 18\dfrac{2}{11}_v \mid + 20_m$。$r' = 110\%$。$p' = 20\%$。

（β）$r' = r - \dfrac{1}{10}r = \dfrac{90}{100} = \dfrac{9}{10}$。$c' = 450$。

$450_c + 128\dfrac{4}{7}_v \mid + 115\dfrac{5}{7}_m$。$r' = 90\%$，$p' = 20\%$。**百分比构成是**：

$77\dfrac{7}{9}_c + 22\dfrac{2}{9}_v \mid + 20_m$。

（见下页的一览表。）

资本的原有构成

$[27][(0)]400_c+100_v\mid+100_m。$	$C=500$	$r=100\%。\ p'=20\%$
$(1)450_c+100_v\mid+110_m。$	$C=550$	r提高$\frac{1}{10}$,v不变,c增加,C增加
$(2)400_c+88\frac{8}{9}_v\mid+97\frac{7}{9}_m。$	$C=488\frac{8}{9}$	r提高$\frac{1}{10}$,c不变,v减少,C减少
$(3)472\frac{1}{2}_c+105_v\mid+115\frac{1}{2}_m。$	$C=577\frac{1}{2}$	r提高$\frac{1}{10}$,v增加$\frac{1}{20}$,c增加,C增加
$(4)450_c+100_v\mid+110_m。①$	$C=550$	r提高$\frac{1}{10}$,c增加$\frac{1}{8}$,v不变,C增加
$(5)350_c+100_v\mid+90_m。$	$C=450$	r降低$\frac{1}{10}$,v不变,c减少$\frac{1}{8}$,C减少
$(6)400_c+114\frac{2}{7}_v\mid+102\frac{6}{7}_m。$	$C=514\frac{2}{7}$	r降低$\frac{1}{10}$,c不变,v增加,C增加
$(7)332\frac{1}{2}_c+95_v\mid+85\frac{1}{2}_m。$	$C=427\frac{1}{2}$	r降低$\frac{1}{10}$,可变资本即v同样减少,C减少
$(8)450_c+128\frac{4}{7}_v\mid+115\frac{5}{7}_m。①$	$C=578\frac{4}{7}$	r降低$\frac{1}{10}$,c增加$\frac{1}{8}$,v变化,C增加

① 在手稿中,马克思在公式的序号左边标了"×"这个符号,并且删掉了公式。——编者注

[续上表]

百分比构成。

$$[(0)]\ 80_c + 20_v \mid + 20_m;\quad r'=100\%。\quad p'=20$$

$$[(1)]\ 81\tfrac{9}{11}_c + 18\tfrac{2}{11}_v \mid + 20_m;\quad r'=110\%。\quad p'=20$$

$$[(2)]\ 81\tfrac{9}{11}_c + 18\tfrac{2}{11}_v \mid + 20_m;\quad r'=110\%。\quad p'=20$$

$$[(3)]\ 81\tfrac{9}{11}_c + 18\tfrac{2}{11}_v \mid + 20_m;\quad r'=110\%。\quad p'=20$$

$$[(4)]\ 81\tfrac{9}{11}_c + 18\tfrac{2}{11}_v \mid + 20_m;\quad r'=110\%。\quad p'=20\%$$

$$[(5)]\ 77\tfrac{7}{9}_c + 22\tfrac{2}{9}_v \mid + 20_m;\quad r'=90\%。\quad p'=20\%$$

$$[(6)]\ 77\tfrac{7}{9}_c + 22\tfrac{2}{9}_v \mid + 20_m;\quad r'=90\%。\quad p'=20\%$$

$$[(7)]\ 77\tfrac{7}{9}_c + 22\tfrac{2}{9}_v \mid + 20_m;\quad r'=90\%。\quad p'=20\%$$

$$[(8)]\ 77\tfrac{7}{9}_c + 22\tfrac{2}{9}_v \mid + 20_m;\quad r'=90\%。\quad p'=20\%$$

首先要指出,(1)和(4)没有区别。如果 r 提高 $\frac{1}{10}$,v 保持不变,那么 C 应增加 $\frac{1}{10}$,从而 c 应增加 $\frac{1}{8}$。因此,如果 c 增加 $\frac{1}{8}$,那么在同样的前提下,v 应保持不变。如果 c 增加 $\frac{1}{8}$ 还要多,那么为了使 p' 保持不变,v 也应增加。**而由于这种情况已出现在(3)中,在那里 c 从 400 增至 $472\frac{1}{2}$,v 从 100 增至 105,所以第(4)种场合应删除。**

此外:(8)和(6)之间的区别只在于,在(8)中 v 增加得更多,从而 c 也应增加,而不是保持不变。因此第(8)种场合应删除。

这样一来,我们就得到如下一览表,以资比较(见第 28 页)。

[28]我们首先比较(1)和(2)(**第 27 页的一览表**)。

在(1)中,我们假定,v 保持不变,=100,同时剩余价值率提高 $\frac{1}{10}$。因此,为了使 p' 保持不变,C 应增加 $\frac{1}{10}$,从而 c 应增加 $\frac{1}{8}$,这是因为 $c=\frac{4}{5}C$。1 的 $\frac{1}{10}=\frac{4}{5}$ 的 $\frac{1}{8}=\frac{4}{40}$。400 的 $\frac{1}{8}=50$。

在(2)中,我们假定,c 保持不变,=400,同时剩余价值率提高 $\frac{1}{10}$。因此,为了使 p' 保持不变,v 应减少。这是因为,只有在 v 减少,从而 C 减少的情况下,$\frac{100}{500}$ 才能等于 $\frac{m+\frac{1}{10}}{400+v}$。如果 v 保持不变,那么 $\frac{110}{500}=22\%$。这样一来,利润率就会提高 2%。

因为 $\frac{p'}{r}=\frac{v}{C}$,所以 $\frac{20\%}{110\%}=\frac{v'}{400+v'}$。或者说,$\frac{2}{11}(400+v')=v'$。或者说,$\frac{2}{11}\cdot400+\frac{2}{11}v'=v'$。$\therefore v'(1-\frac{2}{11})=\frac{2}{11}\cdot400=\frac{800}{11}$。$v'(\frac{9}{11})=\frac{800}{11}$。$v'=\frac{800\times11}{9\times11}=\frac{800}{9}=88\frac{8}{9}$。$(\frac{800}{9}=\frac{8}{9}\times100$,也就是说,$v'=\frac{8}{9}v_\circ)$ 因此,v' 减少 $\frac{1}{9}$。而由于 C=5v,所以 C 减少 $\frac{1}{9\cdot5}$ 或 $\frac{1}{45}$。

(1)和(2)中的前提是不同的。一种情况是 v 不变,而 c 增加(因为 r[提高]);另一种情况是 c 不变,而 v 减少(因为 r 提高)。一种情

《关于剩余价值率和利润率、利润率规律、成本价格和资本周转》第27页

况是c绝对增加,从而v只是相对减少,即同已经增加的c相比减少;另一种情况是v绝对减少,而c的绝对量保持不变,但由于v减少,c同v相比相对增加。在这两种场合,C的构成以同一量度发生变化。c增加$1\frac{9}{11}$,v减少$1\frac{9}{11}$。所以,在**构成(用百分比表示)**上,再也无法重新辨认出来,到底是c绝对增加了,还是v绝对减少了。但在(1)中,为了一如既往使用同一数量的劳动力(人数),总资本应增加$\frac{1}{10}$,从500增至550。相反,在另一种场合(2)中,为了推动同一数量的不变资本,工人的人数减少了,从而总资本减少了$\frac{1}{45}$。有$11\frac{1}{9}$镑的资本游离出来。然而,假定在第一种场合,在剩余价值率提高10%的情况下,推动的**不变资本**一如既往**数量不变**,这样我们就得到第(2)种场合;而在第二种场合,假定剩余价值率提高了,雇用的工人的数量却不变,这样我们又会得到第(1)种场合。由此可见,这是不同条件下的同一情况。

如果剩余价值率没有提高10%,那么,为了推动增多$\frac{1}{8}$的c,有必要追加$12\frac{1}{2}$的工人(因为$100:400=12\frac{1}{2}:50$),也就是说,有必要追加$12\frac{1}{2}$的可变资本,而按照100%的r,这个可变资本会带来25的一般追加劳动,并且我们就会得到:

$$\frac{112\frac{1}{2}}{450+112\frac{1}{2}}=\frac{112\frac{1}{2}}{562\frac{1}{2}}=\frac{225}{1\,125}=\frac{1}{5}$$

。因此,假定了不仅r提高$\frac{1}{10}$,而且同时劳动生产率也提高了,或者说,c的某些要素也变得便宜了。而在同一假定下,如果需要追加的只有10镑,就会得出:$\frac{105}{450+105}=\frac{105}{555}=\frac{21}{111}=18\frac{102}{111}$。可见,利润率降低了。剩余价值增加了,增加了$\frac{1}{20}$或5%;而C增加了$\frac{1}{9}$还多,准确地说,增加了11%。因此利润率降低了。

第(3)种场合没有什么特别的意义。如果v和r都增加,那么,同v不变,只有r提高这种场合相比,c应增加更多。这里没有什么新东西。在这里,情况也许是这样的〔因为,如果 105 由只是增多 $\frac{1}{20}$ 的工人创造,那就完全没有什么意义〕:不管是劳动时间长度增加,还是劳动强度增加,超额的追加劳动终归 $= 20\frac{1}{2}$ 镑,而其中不到 $\frac{1}{4}$ 归于工人,$\frac{3}{4}$ 多些则归于资本家。此外,虽然利润率会保持不变,但**利润量**随着剩余价值量的增加而增加。

(5)、(6)和(7)这三种场合也没有什么新的意义。它们只不过是**颠倒过来的**(1)、(2)和(3)这三种场合。如果剩余价值率降低,那么,利润率要保持不变,只有 c 同 v 相比相对减少才有可能,不管这是如何实现的,例如在(1)中是由于 c 绝对减少,在(2)中是由于 v 增加而 c 减少。构成应为 $77\frac{7}{9}_c + 22\frac{2}{9}_v$ |,这样才能在剩余价值率为 90％ 的情况下使利润率仍为 20％。$\frac{v}{c}$ 这个比率在这里 $= \frac{2}{7} > \frac{1}{5}$。

[29]（Ⅳ.）利润率在剩余价值率提高的情况下有可能降低,在剩余价值率降低的情况下有可能提高

在 $p' = \frac{r \cdot v}{v+c}$ 这个方程式中,如果要求出第 4 项,另外 3 项必须总是已知的。

如果 p' 提高或降低,则它会变为 p''。这样就会有一个增大或缩小的利润率。

此外,按照假定,随着利润率的增大,就会有一个缩小的剩余价值率;而随着利润率的缩小,就会有一个增大的剩余价值率。不管剩余价值率提高还是降低,我们都称之为 r'。

关于另外两项 v 和 c,只有一项可知。如果 v 已知,保持不变,c 必定变化,变为 c',而 c' 则是待确定的未知量。

如果 c 保持不变，v 必定变为 v′，而 v′ 则是待确定的未知量。

（a）利润率 p′ 变为 p″(p′±δ)；r 变为 r′(r±ε)；v 保持不变。c′ 待确定

（1）p′ 变为 p″(p′−δ)；r 变为 r′(r+ε)；v 保持不变，c′ 待确定

资本的原有构成：

$$c+v \mid +m \quad m=r \cdot v。$$

$$p'=\frac{r \cdot v}{c+v}。$$

$$400_c+100_v \mid +100_m$$

$$p'=\frac{100}{500}=20\%$$

$$r'=\frac{100_m}{100_v}=100\%。$$

因为 $\dfrac{p'}{r}=\dfrac{v}{c+v}$,

$$p''=15\%$$

所以 $\dfrac{p''}{r'}=\dfrac{v}{c'+v}。$

$$r'=110\%$$

$$\therefore \ p''c'+p''v=r'v$$

$$v=100$$

$$\therefore \ p''c' \qquad =v(r'-p'')$$

$$c'=\frac{100\left(\dfrac{110}{100}-\dfrac{15}{100}\right)}{\dfrac{15}{100}}$$

$$c' \qquad =\frac{(r'-p'')v}{p''}。$$

$$c'=633\frac{1}{3}。$$

资本的原有构成：

$$400_c+100_v \mid +100_m。 \qquad r=100\%$$
$$p'=20\%。$$

百分比构成：

$$80_c+20_v \mid +20_m。 \qquad r=100\%$$
$$p'=20\%。$$

变化后的资本构成：

$$633\frac{1}{3}{}_c+100_v \mid +100_m。 \quad r=110\%$$
$$p'=15\%。$$

$$86\frac{4}{11}{}_c+13\frac{7}{11}{}_v \mid +15_m。 \quad r=110\%$$
$$p'=15\%。$$

（2）p' 变为 $p''(p'+\delta)$，r 变为 $r'(r-\varepsilon)$，

　　v 不变，c' 待确定

根据（1），$c'=\dfrac{(r'-p'')v}{p''}$　　　$p''=22\%$

$$r'=90\%$$

$$v=100$$

$$c'=\frac{100\cdot\left(\dfrac{90}{100}-\dfrac{22}{100}\right)}{\dfrac{22}{100}}$$

$$c'=309\frac{1}{11}。$$

资本的原有构成：　　　　　　　　**百分比构成：**

$400_c+100_v|+100_m。$ $r=100\%$　$80_c+20_v|+20_m。$　$r=100\%$

$$p'=20\%。\qquad\qquad\qquad p'=20\%。$$

变化后的资本构成：

$309\frac{1}{11}{}_c+100_v|+90_m。$ $r=90\%$　$75\frac{5}{9}{}_c+24\frac{4}{9}{}_v|+22_m。$ $r=90\%$

$$p'=22\%。\qquad\qquad\qquad p'=22\%。$$

（b）p' 变为 $p''(p'\pm\delta)$，r 变为 $r'(r\pm\varepsilon)$，

　　c 不变，v' 待确定

（1）p' 变为 $p''(p'-\delta)$，r 变为 $r'(r+\varepsilon)$，

　　c 不变，v' 待确定

我们只须在前面的公式 $c'=\dfrac{(r'-p'')v}{p''}$ 中用 c 代替 c'，用 v' 代替 v，这样就得到：

$$c=\frac{(r'-p'')v'}{p''}$$

或者直接可以说：可变资本与不变资本

$$cp'' = (r' - p')v'$$

$$\therefore v' = \frac{cp''}{r' - p''}.$$

之比，等于利润率与剩余价值率和利润率的差数之比。

也就是说，$\dfrac{v'}{c} = \dfrac{p''}{r' - p''}$

$$\therefore v' = \frac{cp''}{r' - p''}.$$

$v' = \dfrac{cp''}{r' - p''}$ $\quad p'' = 15\%$

$$v' = \frac{400 \cdot \dfrac{15}{100}}{\dfrac{110}{100} - \dfrac{15}{100}}$$

$r' = 110\%$ $\quad = 15 \cdot \dfrac{400}{95}$

$c = 400.$ $\quad = 63\dfrac{3}{19}.$

资本的原有构成：

$400_c + 100_v | + 100_m.$

百分比构成：

$80_c + 20_v | + 20_m.$

$$r = 100\%.$$
$$p' = 20\%.$$

变化后的资本构成：

$400_c + 63\dfrac{3}{19}_v | + 69\dfrac{9}{19}_m.$

$86\dfrac{4}{11}_c + 13\dfrac{7}{11}_v | + 15_m.$

$$r = 110\%.$$
$$p' = 15\%.$$

[30]（2）p' 变为 $= p''(p' + \delta)$，$r = r'(r - \varepsilon)$，

$c = 400$，v' 待确定

由于 $v' = \dfrac{p''c}{r' - p''}$，则如果 $p'' = 22\%$，

$r' = 90\%$，于是 $v' = \dfrac{\dfrac{22}{100} \cdot 400}{\dfrac{90 - 22}{100}} = 129\dfrac{7}{17}$.

$$c=400,$$
$$m'=116\frac{8}{17}。$$

资本的原有构成：　　　　**百分比构成：**

$400_c+100_v\mid+100_m。$　　$80_c+20_v\mid+20_m。$

　　　　　　　　　　　　　　$r=100\%。\quad p'=20\%。$

变化后的资本构成：

$400_c+129\frac{7}{17}_v\mid+116\frac{8}{17}_m。$　$77\frac{5}{9}_c+24\frac{4}{9}_v\mid+22_m。$

　　　　　　　　　　　　　　$r=90\%。\quad p'=22\%。$

（V.）如果全部其他条件保持不变（劳动时间长度和劳动强度也就不变），那么 v=工资减少多少，剩余价值就增加多少；而如果 v 增加，情况就相反

　　$400_c+100_v\mid+100_m。\quad r=100\%。\quad p'=20\%。$

（1）$400_c+90_v\mid+110_m。\quad r'=122\frac{2}{9}\%。\quad p'=24\frac{24}{49}\%。$

（2）$400_c+110_v\mid+90_m。\quad r=81\frac{9}{11}\%。\quad p'=17\frac{33}{51}\%。$

在第一种场合，剩余价值量只增加了10％，但剩余价值率提高得更多，因为预付资本 v 减少了。此外，还有 10 镑可变资本游离出来。对于经营中的各个资本来说，这 10 镑成为可以支配的。而对于**新投入的各个资本**（现在是 490，不是原来的 500）来说，只是在否定意义上情况才如此，即应预付的不是 500，而是 490。在（2）中，情况则相反。

如果在(1)和(2)中,预付资本=500,那么:(1)$\frac{110}{500}=\frac{11}{50}=22\%$。剩余价值量会增加$\frac{1}{10}\left(\frac{1}{10}\cdot100\right)$,利润率同样提高$\frac{1}{10}\left(\frac{1}{10}\cdot20\right)$。(2)$\frac{90}{500}=\frac{9}{50}=18\%$。剩余价值量减少$\frac{1}{10}$,利润率同样降低$\frac{1}{10}$。本身就很清楚的是:如果各预付资本保持**不变**,那么$\frac{m}{C}:\frac{m'}{C}=m:m'$,不管这时$m'=m+\delta$,还是$=m-\delta$。

这种情况在(1)中之所以可能,只是因为c增加$\frac{1}{40}\left(\frac{1}{40}\cdot400=10\right)$,在(2)中之所以可能,只是因为$c'$减少10。

于是:(1)$410_c+90_v\mid+110_m;\frac{110}{500}=22\%\,p'$,

(2)$390_c+110_v\mid+90_m;\frac{90}{500}=18\%\,p'$。

（Ⅵ.）

从前面的内容可以看出,(1)**生产资料的节约是重要的**,(2)**原料价格的涨跌**对于**利润率**,即对于以百分比计算的利润量**是重要的**。因此,这两点构成这一章的两节。利润率平均化为**一般利润率或平均利润率**,价值转化为生产价格等等,商品价格可能会偏离其价值,从而剩余价值量或利润量可能会在不同的营业部门之间进行分配。尽管如此,这只会改变上述影响借以发生作用的**表现形式**,而丝毫也不会改变或者完全取消这些影响所遵循的规律。

（VII.）成本价格、利润、利润率和资本周转[75]

对于资本家来说，商品的**价值**分成两个部分：（1）商品生产中消费的资本的**价值**，（2）商品生产中生产的、包含在商品中的**剩余价值**。

第一部分＝商品生产中所使用的**固定资本**的损耗＋这一过程中所消耗的**流动**资本。后者＝所消耗的辅助材料＋所消耗的原料（如果有的话）＋工资或预付可变资本的总额。

第一个价值部分由资本家进行了支付，第二个价值部分资本家没有支付。第一部分构成资本家自己为生产商品而预付或支付的价值。这部分＝资本家**自己为生产**商品**而花费**的价值总额。因此，对他来说，这一部分构成商品的**成本价格**。但是，除了其货币表现为商品的这个成本价格的对象化劳动量，商品还包含着另外一个劳动量，这个劳动量耗费了工人的劳动，从而进入商品的劳动成本，在此我们将劳动成本理解为商品生产所耗费的总劳动量。但是，资本家并没有为另外这个劳动量支付等价物。对资本家来说，另外这个劳动量形成剩余价值，也就是说，形成超出**资本家**为商品花费的价值的**余额**，即超出商品成本价格的**余额**。

无中不能生有。[76]商品的价值绝对不会大于包含在商品中的劳动量对象化而形成的价值。但是,这些劳动有一部分得到了支付,另一部分未被支付。

因此,按照资本主义方式生产的商品的价值＝**商品的成本价格＋包含在商品中的剩余价值**或超出这个成本价格的余额。

[31]如果我们称商品的价值为 W,商品的成本价格为 K,包含在商品中的剩余价值为 m,那么:

W＝K＋m,因此 K＝W－m。

因此 W＞K,或者说,按照资本主义方式生产的商品的价值总是大于其成本价格。正因为这样,如果资本家**按照其价值出售**商品,他就会实现剩余价值 m。

如果资本家按照这样一个**出售价格**廉价出售商品,即在这个出售价格中只将**商品的剩余价值的一部分**或商品超过成本价格的余额**的一部分**计算在内,那么他就是高于商品的成本价格但**低于其价值**出售商品。(例如按照 K＋m－δ 出售)例如,假定商品的成本价格为 20,包含在商品中的剩余价值为 4。那么商品的价值＝24。如果资本家按照 $23\frac{1}{2}$、23、22 出售商品,简言之超过 20,那么他就是**低于商品的价值**,但高于其成本价格出售商品。他仍然实现了分别为 $\frac{1}{2}$①、3、2 等的利润(剩余价值)。他实现了一部分包含在商品中的剩余价值或一部分商品价值超过其成本价格的余额。由此可以得出结论,虽然资本家**低于商品价值出售商品**,但他能够赢利,能够实现剩余价值。我们后面会看到,这一规定对于通过竞争决定商品的平均价格,具有根本意义。〔参看**托伦斯**认为利润不可能包含在**价值中**

---

① 手稿中原文如此,"$\frac{1}{2}$"似应为"$3\frac{1}{2}$"。——编者注

的观点。①〕**罗德戴尔**和**马尔萨斯**也有这种错觉。(要引用)前者认为,由于劳动已经计入工资,它不能再计入利润,因此,利润独立的、不取决于劳动的源泉就是**资本本身**。② **马尔萨斯**同样认为:"资本家对于他的资本的一切部分〈不变资本和可变资本〉,都期望得到同样的利益"。③ 对马尔萨斯来说,资本的这两个部分之间没有区别。他认为,预付的资本本身就是利润的源泉。

我们在第一册第五章已经看到,在工资上,一切劳动都表现为有酬劳动,或者说,工人在他的劳动力的价格或价值上似乎获得了他的劳动的价格或价值。④ 对于资本家来说,工人劳动的这种虚假价格或价值——可变资本或预付在工资上的资本——构成商品**成本价格**的一部分;在成本价格中,劳动的这种虚假价格或价值作为单纯在量上不同的价值额、而不是作为质上有区别的要素,与不变资本的价值混在一起。因此,就资本家而言,剩余价值或商品出售价格〔如果按照商品价值出售〕超过商品价值的余额,必定看起来不是产生于工人的无酬劳动,而是产生于预付**总资本**本身。这样被规定的剩余价值——因为剩余价值作为**剩余价值**只是可变资本的职能——就获得了**利润**的形式。正如工资产生于劳动,利润产生于

---

① 参看本卷第 547、548 页。——编者注

② 参看《马克思恩格斯全集》中文第 2 版第 33 卷第 322—324 页。——编者注

③ 见托·罗·马尔萨斯《政治经济学原理的实际应用》1836 年伦敦第 2 版第 268 页。另外参看本卷第 45、541 页,《马克思恩格斯全集》中文第 2 版第 35 卷第 34 页、第 39 卷第 63 页。——编者注

④ 参看《马克思恩格斯全集》中文第 2 版第 42 卷第 548—557 页。——编者注

资本。

因此，**利润**，就其最初呈现在我们面前的样子而言，仅仅从形式上区别于剩余价值。利润只是剩余价值的一种**虚幻的**形式或范畴。但是，在一种使劳动力价格表现为劳动价格或工资的生产方式基础上，这种虚幻形式必然会产生。

如果我们得到 $400_c + 100_v + 100_m$，那么这 100m 现在就被视为 100 镑利润。同一个 100 镑的价值额，在剩余价值的范畴上表明自己的产生源泉，而在利润的范畴或形式上则表现为 500 镑预付资本的神秘产物，表现为自行增殖的或作为资本价值执行职能的 500 镑价值的神秘产物。

但是，这样一来，如果说**利润和剩余价值的区别**最初只是**范畴或形式上的区别**，利润只是剩余价值在资本主义头脑中的**表现形式**，或者一般来讲，只是剩余价值在被资本主义世界的假象所束缚的头脑中的**表现形式**，那么相反，从一开始，**剩余价值率和利润率**之间的区别就是一个量的区别，也就是说，是一个**现实的**区别。剩余价值率只是 $\dfrac{\text{剩余价值}}{\text{可变资本}} = \dfrac{m}{v}$ 这个比率的值，也就是说，只是剩余价值与这样一个资本部分的比率的值：剩余价值产生于这个资本部分在生产期间量的变化。相反，利润率 $= \dfrac{m}{C}$ 或者 $\dfrac{m}{c+v}$，即等于剩余价值与预付总资本的比率，也就是说，剩余价值与之相比的，不仅有工资的价值额（可变资本），还要加上生产资料的价值额；这些生产资料作为产品形成要素在劳动过程中与劳动结合为产品，而且这些生产资料必须存在，以便吸收在价值增殖过程中被推动的劳动量。$\dfrac{m}{c+v}$ 或者 $\dfrac{m}{C} < \dfrac{m}{v}$，除非在 $c = 0$ 的场合。例如，在上面给出的例子中，剩余价值率 $\dfrac{m}{v} = \dfrac{100\ \text{镑}_m}{100\ \text{镑}_v} = 100\%$；相较而言，利润率 $= \dfrac{100\ \text{镑}_m}{400\ \text{镑}_c + 100\ \text{镑}_v} = \dfrac{100}{500}$ 或

者 20%。

在我们对**利润率的一般规律**——（就利润率还仅仅表现为**按照不同方法计算的剩余价值率**而言，也就是说，还仅仅表现为按照总资本而不只是按照总资本的可变部分来计算的剩余价值率）——［进行考察］之前，还要进一步对利润率的计算作出几点预先说明。

我们来看一个制造业部门。

固定资本即工厂建筑物（仓库等）和机器花费 80 000 镑。它们的年损耗＝10%，也就是 8 000 镑。此外，为方便计算，我们假定年劳动计为 50 周。那么固定资本的周损耗＝$\dfrac{8\,000}{50}=\dfrac{800}{5}=$ **160 镑**。

每周消耗的原料和辅助材料＝1 380 镑，每周工资＝460 镑。此外，假定**剩余价值率**＝100%。

这样，我们就得到：160 镑$_c$＋1 380$_c$＋460$_v$｜＋460$_m$。

每周生产的商品的成本价格＝2 000 镑。价值＝2 000K（成本价格）＋460$_m$。$p'=\dfrac{460}{2\,000}=23\%$。

［32］W＝2 460

　　　K＝2 000

因此，利润＝460，这些利润与 2 000 的比率＝23%。不过，这里只是按照每周商品生产所消费的预付资本部分来计算利润。而利润率应该按照全部预付资本即所使用的和所消费的资本来计算。另一方面，利润率应该按照年生产来计算：＝$\dfrac{\text{一年当中生产的剩余价值}}{\text{预付资本}}$。一年的期间＝在一年当中执行职能的预付资本的流通时间＋生产时间的总和；因此，一年的期间同时也是预付资本的周转尺度。在一年当中生产的**剩余价值量**＝在一年当中**生产的商品量**的**价值**减去这些商品量的**成本价格**。

因此，每周商品量的**价值**＝2 460 镑。

所以在 50 周中　　　　　　　　　=123 000 镑。

每周商品量的**成本价格** =2 000 镑。

所以在 50 周中　　　　　　　　　=100 000

每年生产的价值超过成本价格　————

的余额　　　　　　　　　　= 23 000 镑

$$而\frac{23\ 000}{100\ 000}=23\%。$$

预付资本的量=100 000 镑,其中 $\frac{8}{10}$ 或者说 80 000 为固定资本, 20 000 为流动资本。

固定资本的年损耗 $=\frac{1}{10}$ 或者说 8 000 镑。因此,预付资本的 $\frac{8}{10}$ 只有 $\frac{1}{10}$ 在一年当中周转——全部 $\frac{8}{10}$ 在 10 年当中周转。相比之下, 流动资本构成总资本的 $\frac{2}{10}$,这些资本在 $10\frac{20}{23}$ 周当中周转 1 次,或者 说在 1 年(=50 周)当中周转 $\frac{23}{5}\left(4+\frac{3}{5}\right)$ 次。C 即总资本或者说 100 000 镑的 $\frac{8}{10}$ 在 10 年当中才周转 1 次;因此它的 $\frac{1}{10}$ 在 1 年当中周 转。80 000 的 $\frac{1}{10}$ =8 000。

因此,如果总资本要在 1 年中周转 1 次,那么在 x 为周转次数的 情况下,$\frac{2}{10}$C 或 20 000 的周转次数应该是：

x×20 000,(x×流动资本)=100 000-8 000=92 000。所以 x= $\frac{92\ 000}{20\ 000}=\frac{92}{20}=\frac{46}{10}=\frac{23}{5}$。

或者说,**流动资本的周转次数**为 $\frac{总资本价值减去固定资本的周转部分}{流动资本价值}$。

如果固定资本在 10 年中周转 1 次,那么它在 1 年中周转 $\frac{1}{10}$,或 者说固定资本的 $\frac{1}{10}$ 在 1 年中周转。因而固定资本的周转部分= $\frac{固定资本}{固定资本的周转次数}=\frac{80\ 000}{10}=8\ 000$。

所以,如果总资本要在 **1 年**中进行周转,**流动资本的周转次数**

就 $=\dfrac{\text{总资本价值}-\dfrac{\text{固定资本}}{\text{固定资本的周转次数}}}{\text{流动资本价值}}$。

如果我们称总资本的周转为 U,固定资本的周转为 u,而流动资本的周转为 u′,此外称总资本为 C,流动资本为 c,而固定资本为 f,那么：

$$u' = \frac{C - \dfrac{f}{u}}{c}\text{;所以 }u'c = C - \frac{f}{u}\text{;或者说 }u'c = \frac{uC - f}{u}。$$

此外：$u'c + uf = \mathbf{U \cdot C}$。而由于这里 U=1,那么 $u'c + uf = C$。

这里假定总资本 1 年周转 1 次。但是,不管 U 的大小是多少,这种情况都是重要的。在任何情况下**流动资本的周转次数**必定

$$= \frac{\text{每年生产的商品的成本价值}-\text{固定资本的周转部分}}{\text{流动资本}}。$$

如果 K 大于 C(成本价格大于 C),那么 C 在一年中的周转多于 1 次;如果 K 小于 C,那么 C 在一年中的周转少于 1 次。

扣除固定资本损耗(由固定资本的周转时间决定)之后的这个**成本价值**,只能由流动资本的不断重新周转(不管周转次数是多少)的要素构成,即只能由可变资本和流动资本的不变部分构成。因此,如果我们称每年生产的商品的成本价格为 K,那么：

预付流动资本的周转次数 $= \dfrac{K - \dfrac{\text{固定资本}}{\text{固定资本的周转次数}}}{\text{预付流动资本}}$ (周转次数不管是整数还是分数,都是按照年来计算)。这里的流动资本总是理解为**预付的**流动资本。

$$\text{因此：}u' = \frac{K - \dfrac{f}{u}}{c}\text{;从而 }cu' = K - \frac{f}{u}。$$

[33]在上述例子中,按照周产品计算的周剩余价值=23％,同样,按照预付资本计算的年剩余价值=23％。而之所以有这种情况,只是因为假定总资本1年周转1次;因为由此可以得出结论:**每年生产的商品量的成本价格＝预付资本**,所以,

$$\frac{年剩余价值}{年商品量的成本价格}=\frac{年剩余价值}{预付资本};$$

此外,由于年劳动＝x周,在我们的假定中＝50周,总是可以得出,

$$\frac{周剩余价值}{周商品量的成本价格}=\frac{周剩余价值\times50}{年商品量的成本价格^{①}\times50};$$

因此,在这个场合,

$$\frac{周剩余价值}{周成本价格}=\frac{年剩余价值}{预付资本}。$$

然而,这一点只适用于那些不像在农业中那样支出随季节不同而发生变化的生产部门。在农业那样的场合,为了准确会采用平均周。

如果周利润按照预付总资本计算,那么我们得到的就不是$\frac{460}{2\,000}$,而是$\frac{460}{81\,840}$。很清楚,在其他条件相同的情况下,流动资本部分的可变资本部分和不变资本部分之间的比例保持不变。相比之下,1年当中预付的固定资本在第1周大于在最后1周,而反过来剩余价值增加为50倍(因为1周执行职能的可变资本增至50倍)。因此,预付固定资本[与1周执行职能的可变资本]的比率缩小到原来的$\frac{1}{50}$。

同样假定,流动资本每周＝1 840镑,在$10\frac{20}{23}$周中周转1次,从而在1年(＝50周)中周转$\frac{23}{5}$(或$4+\frac{3}{5}$)次。

如果**流动资本的周转**加快一倍,那么它就在$5\frac{10}{23}$周中周转1次,

而这样一来它在 1 年当中的周转次数就是 $\frac{46}{5}$ 或 $9\frac{1}{5}$（9.2）次。

流动资本每周＝1 840 镑。预付 $5\frac{10}{23}$ 周，仅仅＝10 000 镑。**应预付的流动资本的量与它的周转次数成反比**——已知一定的生产规模。

由于 $u'=\dfrac{K-\dfrac{f}{u}}{c}$，所以 $u'c=K-\dfrac{f}{u}$。因此 $c=\dfrac{K-\dfrac{f}{u}}{u'}$。如果我们称 $\dfrac{f}{u}=$ 固定资本的年损耗为 f'，那么 $c=\dfrac{K-f'}{u'}$。如果 $\dfrac{K-f'}{u'}$ 这个数字的分母 u' 增大，那么这个数字就会缩小；如果它的分母缩小，那么这个数字就会增大。因此，由于 $c=\dfrac{K-f'}{u'}$，那么 c 的量的增减就与 u' 或其周转次数成反比。

在上面给出的场合中，年剩余价值＝23 000 就不再按照预付资本 100 000＝80 000f（固定[资本]）和 20 000 流动[资本]来计算，而是按照 80 000＋10 000＝90 000 来计算。

因此，现在年利润率＝$\dfrac{23\,000}{90\,000}=\dfrac{23}{90}=25\frac{5}{9}\%$。

由于在 m＝每年生产的剩余价值、C＝预付总资本的情况下，年利润率＝$\dfrac{m}{C}=\dfrac{m}{f+流动资本}$；然而由于预付流动资本的量与它的周转次数成反比，因此如果 u'（流动资本的周转次数）增加，C 就会减少，而如果 u' 减少，C 就会增加。也就是说，在一种场合是 $\dfrac{m}{C-x}$，在另一种场合是 $\dfrac{m}{C+x}$。因此，**假定其他一切条件保持不变**，利润率的提高和降低就**与流动资本的周转次数成反比**。按照何种比率[提高和降低]取决于流动资本与总资本的原有比率，因此也取决于流动资本与固定资本的原有比率。

（如果一个人使他的流动资本 1 年周转 4 次，那么他虽然按每 3 个月就预付 1 次而预付了 4 次流动资本，但在全年当中只预付 1 次流动资本。例如我们可以借助下面的例子弄清这一点。我借给一个人 100 镑(假定年利息率为 5%)。如果我在 1 年中将这 100 镑预付给这个人 4 次,并且因此而要求 20%,那么他就会嘲笑我。)

在上面的场合中,所有生产条件保持不变。也就是说,商品的**成本价格**和以前一样＝100 000 镑,商品的**价值**＝123 000 镑;再者,如果在 $5\frac{10}{23}$ 周中 10 000 镑流动资本周转,那么在 50 周中就要乘以 $9+\frac{1}{5}=92\,000$。还有固定资本的损耗＝8 000。和以前一样是 100 000。同样,剩余价值＝23 000。因此,产品的价值和数量保持不变,尽管预付资本从 100 000 减至 90 000,从而减少 $\frac{1}{10}$。在这里,利润率在剩余价值率保持不变和商品价格保持不变的情况下提高了。对于资本家来说,这种情况和他的预付资本由于不变资本各要素如原料等降价而在价格上降低 $\frac{1}{10}$ 是一回事。(不过,对于公众来说,并不是一回事,因为价格并没有降低。)[34]但是资本家可以更便宜地出售,却仍然能实现超额利润。

此外,10 000 镑(C 的 $\frac{1}{10}$)在这里由于周转次数增加一倍而**游离出来**。因此,尽管价格不变,但用**同样的**预付资本——100 000——会生产出更大数量的商品。

流动资本的**周转期间**和**周转程度**＝流动资本周转次数的单位,在下面的情况下可能减少:如果以**储备**形式存在的原料、辅助材料的数量——在生产规模保持不变的情况下——减少(对此影响很大的是交通运输业);或者**生产**时间缩短(即对于这样的商品,它的生产时间大于劳动时间,劳动时间被劳动对象听任自然过程作用的间歇所中断);或者**流通**时间减少,不管这种减少是由于需求旺盛而出售更快,还是由于出售地点的距离缩短(这里又是运输工具),抑或信用使商品的流通时间对于生产者来说缩短等等。

反过来,我们假定周转慢一倍,从而流动资本的**周转期间**＝

$20\frac{40}{23}$ 周 $=21\frac{17}{23}$ 周。流动资本在 1 年中的周转次数是 $2\frac{3}{10}$ 或 $\frac{23}{10}$。那么就要预付 40 000 镑,而不是 20 000。在这种情况下,预付资本就不再是 80 000＋20 000＝100 000,而是 80 000＋40 000＝120 000。因此,年利润率 $=\frac{23\,000}{140\,000}=\frac{23}{140}=16\frac{3}{7}\%$。商品价格保持不变;商品量同样保持不变;剩余价值率同样保持不变;但是,利润率由于预付总资本增多而降低。除此之外,原来可支配的 20 000 镑被束缚起来;因为现在需要把这 20 000 镑用于推动原来用 20 000 镑就可以推动的同量流动资本。也就是说,即使用 140 000 镑预付资本也不能比原来用 100 000 镑生产更多的商品。

至此,我们研究了**流动**资本周转对年利润率的影响。如果涉及**固定资本**,那么

(α)在**损耗时间**既定的情况下,固定资本对总资本周转的影响决定于它的量;

(β)在**量既定的情况下**,固定资本对总资本周转的影响决定于它的损耗时间,而固定资本的损耗时间表示它的**周转期间**。

(α)在上面的场合中,固定资本在 10 年中损耗掉,所以在 1 年中损耗它的 $\frac{1}{10}$。假如现在固定资本不是 80 000,而是只有 70 000,那么预付资本就从 100 000 减至 90 000,而年利润率 $=\frac{23\,000}{90\,000}=\frac{23}{90}=25\frac{5}{9}\%$。就利润率的考察而言,这和流动资本的周转加快一倍从而流动资本减少 10 000 的效果是一样的。在这里,因为流动资本的周转期间缩短,从而它的周转次数增加,流动资本减少;在那里,因为固定资本的量减少,从而总资本的周转时间减少,预付总资本减少。

70 000 的 $\frac{1}{10}$＝7 000。

现在要指出如下几点。首先,**商品的成本价格降低**,从而商品的价值也减少;〔因为**剩余价值**保持不变。由于 W＝K＋m,所以很清

楚，在 m 保持不变的情况下，W 随着 K 的增减而增减；在 K 保持不变的情况下，W 随着 m 的增减而增减。〕

周损耗现在是 140，而不是原来的 160。

因此，商品的周价值＝140f.＋1 840 镑$_{circ.}$[①]｜＋460$_m$＝2 440（不再是原来的 2 460）。因此，按照 50 周计算，商品的价值＝2 440×50＝**122 000**，商品的**成本价格**＝**1 980×50＝99 000**。

122 000 **价值**

99 000 **成本价格**

23 000＝剩余价值（利润）（价值超过成本价格的余额）

在这里，1 年当中生产的商品的成本价格大于预付总资本。这表明，由于固定资本的量减少，总资本的周转快于 1 年，或者说总资本的周转期间增加了[②]。

我们称总资本**按年**计算的周转为 U。（如果总资本的周转期间例如只是 2 年 1 次，那么总资本在 1 年中周转 $\frac{1}{2}$，也就是说，U 就＝$\frac{1}{2}$。）

那么，U＝$\frac{K}{C}$＝$\dfrac{\text{一年中生产的商品的成本价格}}{\text{预付总资本}}$。

因此，U＝$\frac{K}{C}$。所以，如果 K＝C，那么 $\frac{K}{C}$＝1，即 U＝1 或者说 UC 就＝K。（因为 UC 就＝U×1[③]。）因此，在这种场合，总资本在 1 年中周转 1 次。

如果 C＞K，那么 $\frac{K}{C}$ 就是一个真分数，即＜1。因此在这种情况下，U＜1，或者说总资本的周转在 1 年中少于 1 次，或者同样可以

---

①　"f."为"固定资本"的缩写符号，"circ."为"流动资本"的缩写符号。——编者注

②　手稿中原文如此，"增加了"似应为"缩短了"。——编者注

③　手稿中原文如此，"U×1"似应为"C×1"。——编者注

说,总资本只有一部分在 1 年中进行了周转。此外还有,由于 U 是分数(亦即总资本在 1 年中的周转),那么 UC<C。否则也不可能是UC=K,因为 C>K。

最后,如果 C<K,那么 $\frac{K}{C}$>1,也就是说 U>1,或者说总资本在1 年中的周转多于 1 次,而 CU=K 必然>C,因为 K>C。

[35]因此,由于 U=$\frac{K}{C}$,那么很清楚,不管 C∶K 这个比率是多少,如果 C 减少,U 就会增加,这是因为如果 C 减少,$\frac{K}{C}$ 就会变大。但是,C 是由于**固定资本**的价值量减少而减少。如果说在我们的例子中,原来 K=C,也就是说,U=$\frac{1}{1}$,那么很清楚,如果 C 由于固定资本减少而减少,现在 $\frac{K}{C}$>1,也就是 U>1。或者说,总资本在 1 年中的周转多于 1 次。如果 C 由于固定资本的价值量增加而增加,情况则相反。

在我们的例子中,事实也是如此。在 U=$\frac{K}{C}$中,如果 K=C,则$\frac{K}{C}$=1,也就是说,U=1。如果在 $\frac{K}{C}$中,K>C,则 $\frac{K}{C}$=1+x,也就是说,U>1。如果在 $\frac{K}{C}$中,C>K,则 $\frac{K}{C}$<1,也就是说,U<1。

流动资本 1 年 $\frac{23}{5}$ 次或 4+$\frac{3}{5}$ 次的周转生产 92 000,这原来是总资本 1 年周转 1 次所必需的,只要固定资本=总资本的 $\frac{8}{10}$。但是,现在固定资本只是=总资本的 $\frac{7}{9}$,流动资本=$\frac{2}{9}$。原来流动资本与固定资本之比=$\frac{2}{10}$∶$\frac{8}{10}$=2∶8;现在的比率=$\frac{2}{9}$∶$\frac{7}{9}$,=2∶7。因此,流动资本由于固定资本的绝对减少而**相对地**增加了,这就相当于固定资本保持不变而流动资本按照相同的比率而绝对地增加了。这就相当于流动资本的周转加快了,这是因为,在总资本的量减少的情况下,流动资本的周转在它的每一次周转中都使总资本一个更大的部分进行周转。

(β)现在我们假定,固定资本的量保持不变,但它的损耗时间改变。这里要区分两种情况。(1)固定资本的损耗时间之所以减少或增加,是因为它由更耐用或更不耐用的材料制造而成(或者也由于它设计得更好或更不好)。(2)第二则是,固定资本的工艺特征保持不变,但劳动过程例如由于劳动时间的延长或劳动强度的提高而得以扩展,因此,随着生产的增加,损耗增加或减少。(在这里,对于目前的研究来说,是否按照相同比率,是无关紧要的。)

(1)我们原先假定,固定资本的损耗每年是$\frac{1}{10}$=8 000镑,或者说,固定资本的周转时间=10年。我们现在假定,固定资本的损耗=每年$12\frac{1}{2}$%,=每年$\frac{1}{8}$=10 000镑,或者说,固定资本的周转时间=8年。

这时商品的成本价格改变了。现在我们得到的周损耗=200镑。

因此,**商品的周成本价格**=200镑+1 840$_{circ.}$=2 040镑。

商品的周价值=2 040|+460镑=2 500镑。按照周产品计算的利润率降低了。它原来是23%。它现在=$\frac{460}{2\ 040}=\frac{46}{204}=\frac{23}{102}=22\frac{28}{51}$%。此外,商品的周价值增加了40。

年**成本价格**现在=50×2 040镑=**102 000**镑

年**价值**　　　　　=50×2 500　=**125 000**

余额(**利润**)　　　　　　　=125 000－102 000镑

　　　　　　　　　　　　　=　23 000

而年利润率=$\frac{23\ 000}{80\ 000+20\ 000}$,和以前一样是23%。很清楚,由于和以前一样预付固定资本保持不变,年利润率并不会像周利润率那样,受到进入商品形成中的或多或少的损耗的影响。但是商品会**变贵**。假如损耗减少,情况就相反。

但是成本价格=102 000,而预付资本只=100 000,因此 U=$\frac{102\ 000}{100\ 000}$。或者说周转=$\frac{102}{100}$,或者说全部资本加上全部资本的$\frac{2}{100}$在1年中完成周转。而$\frac{2}{100}$×100 000=2 000。这在8年中等于

16 000,而实际上,如果不是这样,固定资本也不能在 8 年中而不是 10 年中进行周转。

但是我们看到,如果**总资本**在 1 年中更多的**周转**归因于更快的损耗——即商品变贵——,那么这对利润率不会有任何改变。

如果损耗减少,那就是同样的情况颠倒过来——伴随着**商品变得便宜**以及其他相同的结果。

(2)第二种情况如下:例如,假定白天和晚上都劳动,我们想说的是用两班工人,其他情况保持不变。

那么,资本在 1 周中的损耗比如说增加 1 倍(尽管**实际上**情况并非如此)。

因此,由于每周损耗原来是 160 镑,那么现在=320 镑;用于原料等=2 760 镑,可变资本=920 镑,剩余价值同样=920 镑。

[36]所生产的商品的**周价值**=320 镑$_{\text{f.c}}$+2 760$_{\text{circ.c}}$[①]+920$_v$+920$_m$ = 4 920 镑。

年价值	=4 920×50	=246 000
每周的成本价格		= 4 000 镑
每年的成本价格	4 000×50	=200 000
因此余额=W−K=246 000−200 000		= 46 000 镑。

————

1 年当中**预付的资本**:

(1)=80 000   80 000 镑

$(2)=\left(10+\dfrac{20}{23}\right)\times3\,680=36\,800+3\,200$ 40 000 镑

———

① "f.c"为"固定不变资本"的缩写符号,"circ.c"为"流动不变资本"的缩写符号。——编者注

总额　　　　　　　　　　　　　　　　　　　　**120 000 镑**

因此 $\dfrac{m}{C} = \dfrac{46\,000}{120\,000} = 38\dfrac{1}{3}\%$。

首先,在固定资本保持不变的情况下,由于预付流动资本增加1倍,可变部分与不变部分的比率提高了。

预付资本的原有构成是:$80\,000 + 15\,000_{circ.} + 5\,000_v$。因此,

$$\frac{v}{C} = \frac{5\,000}{100\,000} = \frac{5}{100} = \frac{1}{20} = 5\%。$$

现在的构成是:$80\,000_{fc} + 30\,000_{circ.c} + 10\,000_v$。因此,$\dfrac{v}{C} = \dfrac{10\,000}{120\,000} = \dfrac{1}{12} = 8\dfrac{1}{3}\%$。

可见,利润率的提高首先归因于**资本构成的改变**。

其次,原来**总资本价值在 1 年中周转 1 次**。

现在 $U = \dfrac{K}{C} = \dfrac{200\,000}{120\,000} = \dfrac{200}{120} = \dfrac{20}{12} = \dfrac{10}{6} = 1\dfrac{2}{3}$。(或者说 $\dfrac{5}{3}C$ 在 1 年中周转)

预付资本仅仅从 100 000 增至 120 000;也就是说,增加 $\dfrac{1}{5}$ 或 20 000。即增加 20%。

流动资本 $= 40\,000$,它与总资本之比 $= \dfrac{40\,000}{120\,000} = \dfrac{4}{12} = \dfrac{1}{3}$。流动资本只构成总资本的 $\dfrac{1}{3}$。

固定资本的周转原来是 $\dfrac{1}{10}$。80 000 的 $\dfrac{1}{10} = 8\,000$。它现在增加了 1 倍,$= 80\,000$ 的 $\dfrac{2}{10}$ 或 16 000。

成本价格 $= 200\,000$。$200\,000 - 16\,000 = 184\,000$。因此,这 184 000 必须通过流动资本的周转生产出来。也就是说,$u' = \dfrac{184\,000}{40\,000} = \dfrac{184}{40} = \dfrac{92}{20} = \dfrac{46}{10} = \dfrac{23}{5} = 4 + \dfrac{3}{5}$ 次周转。但是,流动资本增加了 1 倍。原来是 20 000 周转 $\dfrac{23}{5}$ 次。在这个基础上,如果 20 000 在 1 年中周转 $\dfrac{23}{5}$ 次,那么 $2 \times 20\,000$ 或者说 40 000 在 1 年中只需周转 $\dfrac{23}{10}$ 次。因此,实际上,流动资本的周转速度之所以提高 1 倍,是因为增

加 1 倍的流动资本量按以前这个量的一半所需要的周转期间进行周转。如果 100 在 1 年中周转一次，那么 200 就在 $\frac{1}{2}$ 年中周转一次。

可见，利润率的提高归因于两种情况，(1)资本构成改变，$\frac{v}{C}$ 由于资本的固定组成部分相对减少而提高；(2)流动资本的周转速度提高 1 倍。我们已经看到，流动资本的量与它的周转次数成反比。（也就是说，流动资本的周转期间×这个期间在 1 年中重复的次数。）

所以，如果流动资本的周转次数增加一倍，那么流动资本的量必定减少一半。

所以，如果流动资本的量增加一倍，而它的周转次数保持不变，这就相当于它的周转次数增加了一倍。

[37] (a) **UC=K**；这是因为，K 即每年生产的商品量的成本价格=由于固定资本的损耗而追加的价值+工资+包含在商品量中的不变资本的流动部分即原料和辅助材料的价格。

由于 UC=K，因此 U 和 C 的增加成**反比**；也就是说，预付总资本的量和它的年周转成反比。

从 UC=K 可以得出结论：$C=\dfrac{K}{U}$。U 越大，$\dfrac{K}{U}$ 就越小，即 C 就越小；而 U 越小，$\dfrac{K}{U}$ 就越大，即 C 就越大。

(b) 如果我们计算年**剩余价值率**，而且我们一定不是按照每年周转的（**执行职能的**）可变资本，而是按照**预付**可变资本来计算，那么年剩余价值率就不是由总资本的年周转决定，而是由流动资本的年周转次数决定，这是因为 v 构成预付流动资本的一部分，**流动资本的一个周转期间**包含着它所含有的可变资本的一个周转期间。

假定预付可变资本=v，在流动资本的周转期间内产生的剩余价值=m。那么，在一个周转期间内的剩余价值率=$\dfrac{m}{v}$，这是和平均日或平均周的剩余价值率相同的剩余价值率。如果流动资本在一年当中的周转次数＝u′＝no(如果我们将预付流动资本的周转期间或运转[Arbeit]称为 o 的话),那么在 o 中的剩余价值就是 m;但是在 u′或 no 中＝nm;也就是说,等于流动资本的一个周转期间或一次周转中的剩余价值×这些期间的次数。因此,**年剩余价值率**不是＝$\frac{m}{v}$,而是＝$\frac{mn}{v}$。因此,如果可变资本在一年中的周转多于一次,那么**年剩余价值率**＞这样的剩余价值率,即只作为一定期间内产生的剩余价值与同一期间内执行职能(投入)的可变资本的比率来计算的剩余价值率。例如,如果周转次数是 4,在 3 个月(流动资本的一次周转)中预付的可变资本＝100,所生产的剩余价值＝100,那么剩余价值率＝$\frac{100}{100}$。但是,年剩余价值率＝$\frac{100_m×4}{100_v}$＝400％。劳动的剥削程度保持不变,但每年产生的剩余价值的量总是与使用的可变资本成比例,而不是与预付的可变资本成比例,或者说,这个量由可变资本在一年中的各个再生产期间决定。这和将 400$_v$ 预付一年是一样的。但是,如果是 400$_v$ 预付一年,那么 $\frac{400_m}{400_v}$＝$\frac{100_m}{100_v}$。可见,如果流动资本在一年中只周转一次(在这种情况下 C 的周转就多于一年),那么年剩余价值率＝原来的剩余价值率。假如流动资本(例如在建筑业等中)只有 $1\frac{1}{2}$ 年才完成周转,那么可变资本也就只有 $1\frac{1}{2}$ 年才完成周转。假如预付一年半的可变资本＝v,剩余价值＝m,那么比率＝$\frac{m}{v}$。如果预付一周的可变资本＝v,剩余价值＝m,那么周剩余价值率＝$\frac{m}{v}$。如果年劳动计为 50 周(假定劳动不像在农业等当中那样会中断),则在 75 周($1\frac{1}{2}$ 年)完成周转,因而现在 $\frac{m}{v}$＝$\frac{m×75}{v×75}$。比率的值和以前一样＝$\frac{m}{v}$,无论 v 和 m 这两个量随着流动资本　次周转或　个周转期间的长度的变化而如何变化。随着这个期间的长度的增加,v 就增加,但 m 也成比例地增加。$\frac{m}{v}$ 因此保持不变。

(c)因此,在计算年利润率时首先要区分**周转期间**,不管是固定资本的周转期间,还是流动资本的周转期间。周转期间＝预付固定资本或预付流动资本的一次周转。用年除以这个周转期间[1]＝固定资本或流动资本的年周转次数。流动资本的周转时间＝流动资本在货币形式上的再生产时间或流动资本职能的重新开始[时间];用同样的预付资本重复同样的过程。这个周转时间＝流通时间(即从商品制成到商品出售的资本价值[77])＋生产时间。后者也包括流动资本价值的停留时间,不管是以储备(存放在货栈中的原料和辅助材料)的形式,还是以用于支付工资或不断购买原料等的货币的形式。[78]

[38](d)如果 C　　　　　　　　　　$\frac{5}{4}$年周转一次

那么(例如 C＝100 000)100 000　　　$\frac{5}{4}$年周转一次

$\qquad$ 4×100 000　　　　　　　5 年周转一次

$$\frac{4}{5}\times 100\ 000＝80\ 000\qquad 1\ 年周转一次$$

如果 C 在$\frac{5}{4}$年中周转一次,那么$\frac{4}{5}$C在一年中周转一次。

如果 C　　　　　　　　　　　$\frac{4}{5}$年周转一次

那么 100 000　　　　　　　　　$\frac{4}{5}$年周转一次

5×100 000　　　　　　　　　4 年周转一次

$\frac{5}{4}\times 100\ 000＝1\ 250\ 000$[2]　　　　1 年周转一次

如果 C 在$\frac{4}{5}$年中周转一次,那么$\frac{5}{4}$[C]在一年中周转一次。

如果 C 在$\frac{1}{3}$年(或者说 **4 个月**)中周转一次,

那么$\frac{3}{1}$C在一年中周转一次。

---

① 在手稿中,马克思在"期间"的右上方又写下了"(**时间**)"的字样。——编者注

② 手稿中原文如此,"1 250 000"似应为"125 000"。——编者注

如果 C 在一年中的周转多于一次,那么在任何情况下周转时间都是一个真分数,因为年是计算周转次数的单位。如果 C 在一年中周转 3 次,那么它在 $\frac{1}{3}$ 年中周转一次。如果 C 在一年中的周转不到一次,那么它就是在多于一年的时间中周转一次,它的周转期间是一个其分子大于分母的假分数。

只有 C 在一年中周转一次,周转时间才等于 1。

此外,周转时间为 $\frac{x}{n}$;在这里,如果 C 在一年中的周转多于一次,$x<1$;如果 C 在一年中的周转不到一次,$x>1$。[①]但是,在所有场合中,U 都是 $=\dfrac{1(年)}{\dfrac{x}{n}}$,也就是说,年周转次数都是 $=\dfrac{n}{x}=$ 表示周转时间的分数的**倒数**。

而现在我们知道,UC=K,这里 K 即成本价格=**周转资本的量**,也就是说,=预付资本的量乘以预付资本的周转次数。

不过,既然 $U=\frac{n}{x}$,那么 $UC=\frac{n}{x}C$。

∴ 如果**周转时间**(C 周转一次的时间)$=\frac{x}{n}$,那么 $\frac{n}{x}C=K$。

∴ **预付资本 C×周转时间**$\left(\dfrac{x}{n}\right)$**的倒数=一年中周转的资本量。**

如果 U=1,那么周转时间=1,而倒数 $\frac{1}{1}$ 还是 =1。

如果 $x<n$,也就是说,$\frac{x}{n}$ 是一个真分数,那么 $\frac{n}{x}$ 就是一个假分数,从而 $\frac{n}{x}$ 就 >1,从而 $\frac{n}{x}C>C$,也就是说,K 即周转资本大于 C。

如果 $x>n$,也就是说,$\frac{x}{n}$ 是一个假分数,那么 $\frac{n}{x}$ 就是一个真分数,从而 $\frac{n}{x}C<C$,也就是说,K 即周转资本 <C。

如果 C 的周转时间 $=\frac{4}{5}$,那么每年周转的资本 $\frac{5}{4}C=K$。(如果

① 手稿中原文如此,根据上下文,这句话中的两个"1"似应为"n"。——编者注

C＝100 000，那么 K＝125 000。)

如果 C 的周转时间＝$\frac{5}{4}$，那么每年周转的资本 $\frac{4}{5}$C＝K′。(如果 C＝100 000，那么 K′＝80 000。)

因此，我们得到：K∶K′＝$\frac{5}{4}$C∶$\frac{4}{5}$C，或 K∶K′＝$\frac{5}{4}$∶$\frac{4}{5}$，或者说，**这两个资本在一年当中周转的量**(如果预付资本相同的话)**之比**等于这**两个资本的周转时间的倒数之比**。在这里，周转时间总是总资本周转一次的时间，即预付资本以年为单位计量全部进行周转的时间。

[39]因此，总结起来，我们就得到：

(1)UC＝K；这里 U 是预付资本 C 在充当单位的一年中的**周转次数**的值(周转次数)，K 是周转资本的量。U 表示 C 在一年中执行职能的次数是多少。因此，U 和 C 这两个因素成反比。一个在一年中周转次数更多的更小资本和一个年周转次数更少的更大资本，它们执行职能的规模是相同的。

(2)由于 UC＝K，可以得出结论：

$$U=\frac{K}{C}。$$

如果 K＝C，那么 $\frac{K}{C}$ 的比值＝1，因为这样就是 $\frac{K}{C}=\frac{1}{1}$。因此 U＝1。

因此，如果 K＝C，在一年当中周转的资本＝预付资本，那么资本一年周转一次。或者说，如果预付资本一年周转一次，那么 K＝C。

如果在 $\frac{K}{C}$ 中，K＞C，那么 $\frac{K}{C}$ 是一个假分数，即＞1。所以 U＞1。资本的年周转次数＞1。资本在一年中的周转多于一次。

如果在 $\frac{K}{C}$ 中，K＜C，那么 $\frac{K}{C}$ 是一个真分数，即＜1。所以 U＜1。资本在一年中的周转不到一次。或者说，资本在一年中的周转＜1。

但是，在任何情况下，年周转次数 U 都是＝$\frac{K}{C}$。

(3)此外，由于 UC＝K，还可以得出结论：

$$C=\frac{K}{U}。$$

U 等于预付资本 C 的绝对周转时间，也就是说，等于 C 周转一次的时间。也就是说，U 等于绝对周转时间×一年中所包含的绝对周转时间的次数。如果一年中所包含的这个绝对周转时间的次数＝1，那么单位即年本身就是绝对周转时间，而 C＝K，周转资本＝预付资本×周转次数 1。

在其他所有场合，周转时间<1 或>1，也就是说<或>1 年。

假定绝对周转时间是 $\frac{x}{n}$。[79]作为年周转次数的 U 表示一年中包含着多少 $\frac{x}{n}$。因此 $U=\frac{1}{\frac{x}{n}}$，或者说 $\frac{n}{x}=U$。

因此，由于 $C=\frac{K}{U}$ 或 $CU=K$，那么可以得出结论：$\frac{n}{x}C=K$。如果 $\frac{x}{n}$ 即周转时间是一个真分数，例如是 $\frac{4}{5}$，那么 $\frac{n}{x}$ 就是一个假分数＝$\frac{5}{4}$；因此，在这种场合，$\frac{5}{4}C=K$。

如果 $\frac{x}{n}$ 即周转时间是一个假分数，例如是 $\frac{5}{4}$，那么 $\frac{n}{x}$ 就是一个真分数＝$\frac{4}{5}$；因此，在这种场合，$\frac{4}{5}C=K$。

因此，可以得出结论：

预付资本 C 乘以它的周转时间的倒数，等于每年周转的资本 K 的量，以及：

资本 C 每年周转的量与资本 C′ 每年周转的量之比（即 **K：K′**），**等于预付资本 C 乘以它的周转时间的倒数，与预付资本 C′ 乘以它的周转时间的倒数之比。**

[40]适用于总资本 C 的，也适用于总资本的每个部分。

如果 u' 是流动资本 c 的年周转，k 是通过 c 的周转而实现周转的资本，或者说是**成本价格 K**（每年生产的商品量的成本价格）中由

c 通过它的周转而形成**的那个部分，**

那么 $u'c=k$。如果 c 在 $\frac{1}{4}$ 年中周转，那么 $u'=\dfrac{1}{\frac{1}{4}}=4,4c=k$。

如果 u 是固定资本 f 的年周转，那么 $u'c=k'$①，即等于年商品量的成本价格的一部分，而这部分是由 f 的价值通过它在一年中的周转形成的。如果 f 在 10 年中周转一次，那么它的周转时间$=10(=\frac{10}{1})$，而它的年周转时间只能构成它的周转时间的一部分[80]。它的周转时间中包含着 10 个 1 年。周转时间的倒数$=\frac{1}{10}$，所以 $\frac{1}{10}c=k'$②。

因此，假如C($=100\,000$)有一半是 10 年周转一次的固定资本，

有 $\frac{1}{4}$ 是 2 年周转一次的固定资本（工具等），

有 $\frac{1}{4}$ 是 $\frac{1}{4}$ 年周转一次的流动资本，

那么，我们就有 $\frac{1}{2}\cdot100\,000=50\,000$ 在 10 年中周转一次。也就是说，$\frac{1}{2\times10}$ 或 $\frac{1}{20}100\,000$在一年中周转一次，或者说 **$k'=5\,000$**。$\frac{1}{4}\cdot$ $100\,000$ 或 $25\,000$ 在 2 年中周转一次。因此，$\frac{1}{4\cdot2}100\,000$ 或 $12\,500$ 在同一年中周转一次。**$k''=125\,000$**。③

最后，$\frac{1}{4}100\,000$或 $25\,000$ 在 $\frac{1}{4}$ 年中周转一次。因此，$4\times25\,000$ 或 $100\,000$ 在一年中进行周转。**$k'''=100\,000$**。

所以，在一年中 C 的总周转或 K$=142\,500$④。

因此，$U=\dfrac{K}{C}=\dfrac{142\,500}{100\,000}。=\dfrac{57}{40}=1+\dfrac{\mathbf{17}}{\mathbf{40}}$**次**。($100\,000$)。C 的周转

---

① 手稿中原文如此，"$u'c=k'$"似应为"$uf=k'$"。——编者注
② 手稿中原文如此，"$\frac{1}{10}c=k'$"似应为"$\frac{1}{10}f=k'$"。——编者注
③ 手稿中原文如此，"$125\,000$"似应为"$12\,500$"。——编者注
④ 根据上面的计算，总周转似应为"$5\,000+12\,500+100\,000=117\,500$"。——编者注

时间是 $8+\frac{24}{57}$ 个月。这个周转时间 $\times\frac{57}{40}$（周转次数）$=12$ 个月。

如果 C 的绝对周转时间是年的精确倍数，即 2、3、a、n 年，这里 n 是一个整数 $=\frac{n}{1}$，那么 $\frac{n}{1}$ 年构成周转时间。[81] 而一年中包含的 $\frac{n}{1}$ 是 $\frac{1}{\frac{n}{1}}$ 或 $\frac{1}{n}$ 次。也就是说，这就是 C 在一年中的周转次数。$\left(\frac{1}{n}C=K\right)$（例如，如果 C 在 10 年中周转一次，那么 UC 或 $\frac{1}{10}C=K$）

因此，如果周转时间是 1（1 年）的更大倍数，例如 $n\left(=\frac{n}{1}\right)$，那么年周转次数是 $\frac{1}{n}$。

$u'c+uf=UC=K$。$\frac{u'c+uf}{C}=U$。因此，如果我们计算出 $u'c$ 和 uf，那么我们用 $u'c+uf$ 除以 C 就可以得出 U。

————

在利润率既定的情况下年周转的影响[82]

一般利润率本身，只有在不同生产领域中各个资本年周转的平均数计算出来后，才能加以计算。这种计算和单个生产领域中周转的计算完全一样。如果社会资本的这种年周转既定，那么 m 的量也就既定；在剩余价值率（例如周剩余价值率）既定的情况下，这个 m 的量由可变资本（作为流动资本的部分）的周转所决定。这样一来，年利润率就 $=\frac{m}{c+v}$，这里 c+v 或 C 是**预付的**（不是周转的）社会资本。这种计算方法只有探求事实的理论上的益处。资产阶级经济学家和现实的庸人一样，以既定的一般利润率为出发点，接着就自问，不同的周转——在利润率既定的情况下——如何改变商品的生产价格？［41］如果年利润率例如是10％，那么（除去后来由于商人资本和地租而增加的关于 m 的计算）这就意味着，在总资本的一年周转次数既定的情况下，总资本按照百分比计算，得出10％。在资本的年周转中包含着 v 的年周转，从而包含着 m 的量。

如果现在这种**年利润率**既定，那么很清楚，由于固定资本和流动资本的不同构成等原因，如果一个生产领域的年周转比另一个生产领域的年周转少，那么**同样的年利润率按照年商品量的成本价格**进行计算，这个年利润率按照百分比就高于周转更多的场合，[83] 也就是说，在前一种场合，商品价格由于同样的一般利润率比在这里提得更多。

我们要采用**斯克罗普**的例证（第142—144页）（美国版，**波特尔**著）（《政治经济学》1841年纽约版）。[84]

只不过我们要加上斯克罗普没有提到的一种情况，即 C＝K，也就是说，预付资本在一年中周转一次。

C＝50 000

（1）如果这个资本在一年中周转一次，那么，在一般利润率为 $7\frac{1}{2}$ 的情况下，利润＝3 750，而**每年生产的商品量的生产价格＝53 750**。

（2）如果

C 的 $\frac{1}{2}$（固定资本，建筑物，机器）在10年中周转1次，

C 的 $\frac{1}{4}$（固定资本，工具）　　　　在2年中周转1次，

C 的 $\frac{1}{4}$（流动资本）　　　　　　在1年中周转2次，

那么我们得到：

C 的 $\frac{1}{2}＝\dfrac{50\,000}{2}＝25\,000$　　在10年中周转1次；

即 $\dfrac{25\,000}{10}$ 在1年中周转　　　　　　　　　　2 500 镑

C 的 $\dfrac{1}{4} = \dfrac{50\ 000}{4} = 12\ 500$　　　在 2 年中周转 1 次

即 $\dfrac{12\ 500}{2}$ 在 1 年中周转　　　　　　　　　　　　6 250

C 的 $\dfrac{1}{4}$　　　 $= 12\ 500$　　　在 1 年中周转 2 次　　25 000

　　　　　　　　　　　　　　　　　　　　　　　　33 750。

50 000 的 $7\dfrac{1}{2}\%=3\ 750$；因此，将这些加到

成本价格上 ＝　　　　　　　　　　　　　　　 3 750

　　　　　　　　　　　　　　　　　　　　　37 500 镑。

　　但是，3 750 按照 33 750 计算 $=11\dfrac{1}{9}\%$。周转时间 $=16$ 个月 $=$ $\dfrac{4}{3}$ 年，而 1 年中的周转次数 $=\dfrac{3}{4}$。因此，他必须对他的货物追加 $11\dfrac{1}{9}\%$，以便得到 $7\dfrac{1}{2}\%$ 的年利润。

　　(3)如果 C 的 $\dfrac{1}{4}$（固定［资本］）在 10 年中进行周转，$\dfrac{1}{4}$ 在 1 年中进行周转，$\dfrac{1}{2}$ 在 1 年中周转 2 次。

　　那么 $\dfrac{50\ 000}{4}$ 在 10 年中进行周转；或者说 12 500 在 10 年中进行周转，$\dfrac{12\ 500}{10}$ 在 1 年中进行周转　　　　　　　$=1\ 250$。

　　　$\dfrac{50\ 000}{4}$ 在 1 年中进行周转　　　　　　　12 500

　　25 000×2 在 1 年中进行周转　　　　　　　50 000

　　所以 K $=63\ 750$。

　　50 000 的 $7\dfrac{1}{2}\%=3\ 750$。所以 **生产价格**　 ＝　 63 750

　　　　　　　　　　　　　　　　　　　　　　　 3 750

　　　　　　　　　　　　　　　　　　　　　　67 500

　　追加的 3 750 按照 63 750 的成本价格计算 $=5\dfrac{45}{51}\%$。

　　因此，要在成本价格上追加 $5\dfrac{45}{51}\%$，以便得到 $7\dfrac{1}{2}\%$ 的利润。

U $=\dfrac{63\ 750}{50\ 000}=\dfrac{51}{40}$。所以，既然一年中的周转时间 ＝一年中的周转次

数的倒数,那么总资本在$\frac{40}{51} \times 12$个月$= 9\frac{21}{51}$个月中进行周转。

(4)如果 C 由于流动资本相比固定资本规模更大而在一年中周转 5 次,那么 K$= 5 \times 50\ 000 = 250\ 000$,而 C 或 50 000 的$7\frac{1}{2}$%$=$3 750。因此生产价格$=$253 750。但是,3 750 按照 250 000 计算$=$$1\frac{1}{2}$%,这个$1\frac{1}{2}$%就是对一年中出售 5 次的 50 000 镑的追加,以便得到$7\frac{1}{2}$%的年利润。商品量(以及它的总价格)在 4 中比在 3 中多,在 3 中比在 4 中多,在 1 中比在 4 中多①。[42]**周转时间=一年中周转次数的倒数。**这个周转次数即 U$= \frac{K}{C}$。因此,通过颠倒 U 或$\frac{K}{C}$,我们就会得出每周的**周转时间**[85]。周转时间$= \frac{C}{K}$,或者说,等于预付资本与周转资本之比。

从 **UC=K** 可以得出$\frac{\mathbf{UC}}{\mathbf{K}} = \mathbf{1}$,所以$\frac{\mathbf{C}}{\mathbf{K}} = \frac{\mathbf{1}}{\mathbf{U}}$。

或者说,因为 UC=K,所以 C$= \frac{K}{U}$,从而$\frac{C}{K} = \frac{1}{U}$。

————

如果各个资本的周转不同,但按照百分比计算固定资本和流动资本的构成相同,此外固定资本的损耗时间相同,还有可变资本构成流动资本一个同样大的部分,那么这种情况之所以可能,只是因为生产时间不同或流通时间不同,或者两者都不同。而这就会改变资本的**周转时间**,从而改变资本的**年周转**。这甚至在一定程度上可能会抵消可变资本和不变资本的构成上的区别。

假定了一般利润率,这种情况所产生的效果与固定资本和流动资本的构成上的区别完全是一样的。

————

①　手稿中原文如此,而从前面的计算可以看出,(1)的总价格为 53 750 镑,(2)的总价格为 37 500 镑,(3)的总价格为 67 500 镑,(4)的总价格为 253 750 镑。——编者注

如果由于**劳动过程的持续（连续）**，周转时间＞1年，那么上述平均计算就不适用。这种平均计算的基础在于，到了一年等结束的时候，商品就被出售，尽管商品的成本价格＜预付的**资本价值**。

例如一年计为 50 周，假定资本在 $1\frac{1}{2}$ 年＝18 个月中周转一次；而产品（例如建筑物）需要用这些时间来制成。另一方面，我们假定（这是第一种情况），商品量在第一年年底交付（或在一年中交付几次），但是商品量的年成本价格小于预付资本价值（小 $\frac{1}{3}$）。

（1）**第一种情况。可分立的商品。**

假定预付资本＝90 000 镑。其中 60 000 是固定资本。假定这些固定资本在 10 年中周转一次。因此 $\frac{1}{10}$ 在一年中周转＝6 000。但是，由于 90 000 只有在 $\frac{3}{2}$ 年中才完成周转，那么 $\frac{2}{3}$ 90 000 在一年中周转。＝60 000。这就是每年生产的商品的成本价格。从中扣除固定资本的损耗：60 000－6 000＝54 000。因此，这就是每年周转的流动资本。预付流动资本＝30 000。$\frac{54\ 000}{30\ 000}=\frac{54}{30}=\frac{27}{15}$。因此，流动资本的周转次数＝$\frac{27}{15}$ 或（$1+\frac{4}{5}$）次。因此，流动资本的**周转时间**＝一年的 $\frac{15}{27}$。12 个月的 $\frac{15}{27}=6\frac{18}{27}$ 个月。因此，如果我们假定剩余价值率＝100％，可变资本构成流动资本的 $\frac{1}{6}$＝5 000，那么每年生产的剩余价值＝**9 000**。因此，年利润率＝$\frac{9\ 000}{90\ 000}=\frac{9}{90}=\frac{1}{10}=10\%$。**86**

（2）**第二种情况。**各项假定相同。只不过商品要到第 3 个半年结束时才能制成，因此也只有到那时才能出售。

这样我们就会在 $1\frac{1}{2}$ 年当中预付 90 000 镑，成本价格同样＝90 000（60 000＋30 000 镑）。预付的流动资本＝30 000，其中的 $\frac{1}{6}$＝5 000 是可变资本。一年半的剩余价值＝5 000。因此，$\frac{5\ 000}{90\ 000}=$

$\dfrac{5}{90} = \dfrac{1}{18} = 5\dfrac{10}{18}\%$。这里假定和（1）一样只预付 90 000 镑，为了保证这个假设成立，必须假定工艺条件发生变化。但是，如果要和（1）一样，在一年中使用 54 000 流动资本，那么在 $1\dfrac{1}{2}$ 年中就使用 108 000，其中的 $\dfrac{1}{6}$ 是可变资本 = 18 000。这样预付资本就 = 60 000 固定资本 + 108 000 流动资本 + 18 000 剩余价值。$1\dfrac{1}{2}$ 年的**利润率** =

$$\dfrac{18\,000}{168\,000} = \dfrac{18}{168} = \dfrac{9}{84} = [43]\,10\dfrac{5}{7}\%。$$

因此，在 $\dfrac{3}{2}$ 年中是 $10\dfrac{5}{7}\%$。

在 3 年中是 $20\dfrac{10}{7}\% = 21\dfrac{4}{7}$。

在 1 年中是　　　　$\dfrac{21}{3} + \dfrac{4}{21} = 7\dfrac{4}{21}\%$。

按照单利的计算方法，如果我按照每年 10% 预付 100 镑，那么 = 10。如果我在接下来的半年又预付 50，那么 = 5。因此利息 = 15。相反，如果我将 150 预付 $1\dfrac{1}{2}$ 年，那么利息 $= 150 \times \dfrac{3}{2} \times \dfrac{1}{10} = 75 \times \dfrac{3}{10} = \dfrac{225}{10} = \dfrac{45}{2} = 22\dfrac{1}{2}\%$。这是因为，150 按照 10% 预付 1 年 = 15，所以预付 $1\dfrac{1}{2}$ 年 $= 15 + \dfrac{15}{2} = 22\dfrac{1}{2}\%$。**[87]**

应该指出，**预付流动资本**的计算方法和**预付总资本**的计算方法是一样的。

周转的流动资本 = K−δ；也就是说，= 每年周转的总资本 − 固定资本的年损耗。因此，如果我们称 K−δ 为 K′，那么 u′（流动资本的年周转次数），$u' = \dfrac{K'}{c}$。如果这个年**周转次数** $= \dfrac{x}{n}$，那么 c 的**周转时间** $= \dfrac{n}{x}$。[①] 我们和以前一样得出：$\dfrac{u'c}{K'} = 1$。因此，$\dfrac{1}{K'} = \dfrac{1}{u'} \cdot \dfrac{1}{u'}$（和以

---

① 参看本卷第 215 页。——编者注

前就总资本而言的 $\frac{1}{U}$ 一样[①]）＝年即尺度单位乘以[②]流动资本的周转次数，也就是说，乘以[②]一年中包含的周转次数的数字，也就＝一年时间中那个等于 c 的**周转时间**的部分。如果周转次数是 3，那么 $\frac{1}{u}=\frac{1}{3}$ 年＝4 个月。如果周转次数是 $\frac{5}{4}$，那么 $\frac{1}{u}=\frac{1}{\frac{5}{4}}=\frac{4}{5}$。c 在 $\frac{4}{5}$ 年中周转一次。这就是 c 的周转时间。

————

在同一个生产部门中资本的构成通常相同的情况下，周转时间可能会由于出售更快、信用等原因而发生变化。所有这些平均计算只适用于总资本投在每个特殊生产部门中的各个份额。每个特殊生产部门中的各单个资本彼此之间可能发生显著的偏离。

————

当我们说 $\frac{100_m}{400_c+100_v}$ 是**每年的一般利润率**（没有商人资本等造成的扣除）时，那么就是假定社会资本＝500（百万等任何单位）。或者说，C＝500。如果每年生产的商品的成本价格 K＝C，那么这就假定社会资本在一年中周转一次。如果 K＞C，那么 C 在一年中的周转就多于一次。如果 K＜C，那么 C 在一年中的周转就少于一次。但是，首先 m 不是按照 K，而是按照 C 来计算；无论 C 是＝K，还是＞K，还是＜K，都不会对这一点有丝毫改变。其次，**C 在一年中的周转是既定的**，无论是＝1，还是＞1，还是＜1。而利润率是按照社会总资本的这种既定的中等周转来计算，因为 m 是这样计算的。在其周转＜社会资本的中等周转的资本使用中，对预付资本追加 20％会使成本价格的提高大于 20％；在其周转＞社会中等周转的资本使用中,这些资本使用的周转使 K 的提高小于 20％;最后,在其周转＝社会中等周转的资本使用中,它们的周转使成本价格提高 20％;在所有这些场合都撇开**生产价格**与**价值的比率**不谈,而价值取决于可变资本与总资本的比率。为了使问题简化,在这些计算的场合,我们假定社会资本一年周转一次。

［44］ 固定资本、流动资本和可变资本的比例量

我们已经看到,固定资本对总资本的年周转造成怎样的影响。

资本越具有固定性的特征,它的再生产期间或周转时间就越长,它的年周转按照比率(按照和它的价值的比率)就越少(也就是说,资本一个更小的可除部分每年进行周转)。实际上,在一年之内被消费从而其再生产期间不大于一年的全部固定资本,几乎不起什么决定性作用。

固定资本的再生产期间越长,它必须**被预付的期间**也就越长,它必须被束缚在一种形式上的**期间**也就越长,在这种形式上,它在 5、10、20 年当中总是要一再重新在同样的生产过程中执行职能。

固定资本的周转时间或周转期间与流动资本的周转时间或周转期间有本质区别。固定资本和流动资本的共同之处在于,它们的周转时间都决定于它们必须被更新、必须被同种新商品补偿以便它们在生产过程中重复执行职能的期间。但是,对于固定资本来说,这个期间＝它自己的再生产期间。例如,10 年以后机器的价值转移到 10 年的产品中,而机器的使用价值被消费掉。机器必须被再生产出来。

在纺纱过程中,每天消耗的棉花必须每天被同量的新棉花补偿。但是棉花一年只再生产一次。补偿是通过本身只是每年才再生产出来的**现有储备**进行的。因此,在这里,再生产和通过新商品补偿旧商品并不是同时发生的。资本家必须拥有棉花储备,以便补偿消耗掉的棉花,但他不必拥有一台机器用来补偿机器。另一方面,我们来看其原料是半成品的产品,例如织布厂主的棉纱。每天或每周消耗掉的棉纱必须每天或每周得到补偿。在这里,棉纱的再生产和以棉纱为其原料的棉布的再生产几乎是并行的,而对于机器来说,再生产属于较远的**将来**。对于棉纱和机器来说,**补偿**都是正确的表达。固定的资本价值要一次全部以某种确定的使用形式被预付,也就是说,用社会的现有资源来预付。相反,固定的资本价值作为产品形成要素和价值形成要素的职能却分散到更遥远的将来。因此,这是利用现在(既定)的社会资源以获取较远的将来才会出现的果实。而且这一点对于相对于产品而言的所有生产资料都是适用的。生产资料属于现在,产品属于将来。在二者之间有生产过程。但是,这个将来有多遥远却使情况完全变了。所有在一年之内被再生产出来的东西,都属于现在。

既然每年周转的流动资本 $u'c = K - \delta$,这里 $\delta =$ 固定资本的年损耗,那么,**固定资本**相比于流动资本越**多**,固定资本的周转时间越长,为了使**预付资本价值**每年周转一次,流动资本在一年中的周转就必须越加频繁。如果资本一年周转一次,那么 $K = C$。

我们来看两个 100 000 镑的资本。固定资本在一种场合 $= 80\,000$,在另一种场合 $= 50\,000$;因此,流动资本在一种场合等于 $20\,000$,在另一种场合 $= 50\,000$。假定在两种场合固定资本的损耗按照百分比相同,例如是 10%。这样我们就在相同的条件下考察这种情况。(总的来说,随着固定资本的量的增加,它的周转时间会增加,因为固定资本中周转时间更长的部分例如建筑物等会增加。)在一种场合,$u'[\times]20\,000 = 100\,000 - 8\,000 = 92\,000$。因此,$u' = \frac{92\,000}{20\,000} = \frac{92}{20} = \frac{46}{10} = \frac{23}{5}$。因此,流动资本必须一年周转 $4 + \frac{3}{5}$ 次,以便总资本价值一年周转一次。

在另一种场合,$u'[\times]50\,000 = 100\,000 - 5\,000 = 95\,000$。因此,$u' = \frac{95\,000}{50\,000} = \frac{95}{50} = \frac{19}{10}$, $= (1 + \frac{9}{10})$ 次,而原来 $= 4 + \frac{3}{5}$ 次。

如果我们假定,损耗在第一种场合比在第二种场合大一倍(一种无聊的假设),那么 $100\,000 - 16\,000 = 84\,000$。因此 $u'[\times]20\,000 = 84\,000$, u① $= \frac{84\,000}{20\,000} = \frac{84}{20} = 4 + \frac{1}{5}$。在其他条件(固定资本的损耗)保持不变的情况下,固定资本相比于流动资本越多,预付资本价值的年周转就越少,而流动资本的周转就必须越多,以便预付资本价值哪怕一年只周转一次。(周转只涉及[固定资本]作为价值转移要素的职能。作为产品形成要素,固定资本每年都完全发挥作用。)

可变资本的周转包含在流动资本的周转之中。

[45]工厂主虽然每周支付工资,却要为较长期间购买例如原料和辅助材料,将其储备起来,从而也只需要在较长期间内对其进行补偿。

因此,在这种意义上我们可以说(例如参看斯克罗普),流动资本的不变部分比它的可变组成部分周转更慢。②

实际流通的只有产品即商品。生产资本只是以商品资本的形式进行流通。固定资本只有一部分进入这个产品的价值,因此,所使用的

---

① 手稿中原文如此,"u"似应为"u′"。——编者注
② 参看本卷第 85—86 页。——编者注

的固定资本也只有一部分价值进行流通。但是，与此同时完全进入这个产品的价值的，是在产品生产上预付的流动资本的不变部分的价值，以及在产品生产上消费的劳动力的价值。因此，如果商品生产上预付的不变流动资本要持续例如4周才能完成周转，那么，商品生产上预付的劳动力价值也就要持续4周才能完成周转。

如果工厂主刚开始经营，那么他必须有用于4周的劳动力价值可供支配，和用于4周的原料等的价值一样。他后来从收入中每周扣除工资，而原料等的价值只是按照一定期限扣除，这对上述情况没有丝毫改变。补偿工资的源泉总是会汇入流动资本部分的回流。

不过，随着经营的进展，会出现一种区别。如果他只需要按照较长的间歇期间支付工资，例如每月支付，那么他就不是预付工资，而是从资本的周转本身当中支付工资，然而，如果撇开信用，他却要预付流动资本的不变部分。一般来说，区别就在于：工人向工厂主预付劳动，而工厂主自己必须预付不变的流动资本。

除资本划分为流动资本和固定资本的不同外，周转差异的其他原因

（1）劳动过程在较长期间内的连续性

例如棉纱、铁等是**可分立的产品**。它们每周、每天都有如此多磅、英担等被生产出来。但是，有这样一些生产部门，其产品是经过在较长时期内不间断地连续进行的劳动过程才得到的成果。因此，每天、每周的劳动过程不仅不断重复，而且构成**一个相互联系、连续**

进行的劳动过程，例如在建筑物、铁路、铁轮船、大规模的机器等场合。同样，在农业中，**不同的劳动过程只是构成一个连续的劳动量**，这样的劳动量必须耗费在同一劳动对象即土地上，才能获得一定的有用效果。

由于周转时间＝生产时间＋流通时间，因此，周转时间会由于生产时间来源于劳动过程连续性的这种延长而延长，而生产时间的延长是为了获得产品或一定的有用效果。

在这里，流动资本（工资和原料（辅助材料）〔 〕）必须预付较长时间，然后才能在产品的形式上获得商品的形式，从而才能进行流通。

（2）生产时间的延长。由于劳动
时间和生产时间之间的差异

例如在农业中，种子在一年当中都托付给土地，而施加在种子生长上的所有辅助劳动都被这样的时期所打断，即在其中不需要劳动，而是让劳动产品（果实）听凭自然力量支配的时期。例如必须醇化的葡萄酒等就是这样。

（3）销售市场离生产地点相对较远的距离所导致的
流通时间的延长以及向出发点回流的延长

关于这一点，显然这里谈的只是周转根据所投资本执行职能方式的不同而出现的正常区别。

显而易见，生产过程的任何异常中断，同样，流通的停滞，都会造成周转的异常延长，正如任何比中等更快的流通速度会缩短周转。

年周转各要素和年周转本身之间的本质区别

预付资本的年周转的各要素是：

(1)预付流动资本的周转时间；

(2)预付固定资本的周转时间。

[46]如果例如20 000镑流动资本在4个月中周转一次，那么它的**周转时间** $=\frac{1}{3}$ 年。这不过是意味着，在4个月结束时出售的**商品产品**的预付**价值**又流回来，用于预付，不管是以货币的形式预付，还是以流动资本的生产形式预付，即和其预付价值相一致的货币（用于工资）、原料和辅助材料。（这里**撇开价值变动不谈**，无论是由于商品产品高于或者低于其价值出售而造成的价值变动，还是流动资本的物质组成部分的**价值变动**。假定商品按**其价值**出售，同样假定**商品生产要素的价值**在周转时间及其重复之中保持**不变**。）

因此，在商品产品出售以后（撇开由固定资本追加的价值部分不谈），20 000镑的价值又回到它的旧有形式，这个价值在这种形式上可以重新作为资本价值执行职能。（这个价值在这种形式上可以重新开始同样的生产过程。）

按照假定，周转期间 $=\frac{1}{3}$ 年，也就是说，一年包含3个这样的周转期间，这丝毫不会改变什么。同一个20 000的流动资本相继三次重新开始它的运动过程；也就是说，这个资本一再重新即一年3次被预付。尽管如此，**所预付的绝不会多于**20 000镑，从而流回的资本价值（这里撇开剩余价值不谈）也绝不会多于20 000镑，不管**周转期间**有多长，从而一年中**这些周转期间的次数**是多少。〔这个**周转期间**

的次数 $U = \dfrac{年}{周转时间}$。所以 $U \times$ 周转时间 = 年。〕

现在,就例如 80 000 固定资本而言,比如说,它在 10 年中周转一次。所以 1 年中它只有 $\dfrac{1}{10}$ 进行周转,而 $\dfrac{1}{3}$ 年中它只有 $\dfrac{1}{30}$ 进行周转。也就是说,在一年结束时预付价值 80 000 只有 $\dfrac{1}{10}$ 以货币形式流回。(但是,预付的固定资本 80 000 和以前一样是在同一个人手里,8 000 镑是以货币形式,72 000 镑是以固定资本(机器、建筑物等)的形式,即这 80 000 镑最初投入时的形式)。

因此,不管流动资本的周转次数是多少,在一年结束时**流回的**价值 = 在一个周转期间中**预付的**流动资本的价值 + 预付固定资本的一部分 $\left(\dfrac{1}{10}\right)$。剩余的 72 000 没有流回,因为这些资本还以它们进入过程时的使用形式继续存在。这些资本还没有抛弃这种形式,因此也不会从这种形式中流回。

但是,如果我们考察每年的总周转,那么它 = $3 \times 20\,000$ 流动资本 + 8 000 固定资本 = 68 000。因此,预付的总资本价值(100 000)中有 32 000 镑没有流回,没有完成周转。相反,假如流动资本流动 $\dfrac{23}{5}$ 次,那么,周转的资本 = 92 000(流动资本) + 8 000(固定[资本]) = 100 000。总资本的价值就会一年周转一次。

就**预付的**总资本价值的职能而言,那么上述情况就相当于,在一年开始时有 8 000 镑固定资本和 92 000 镑流动资本被预付,这些价值的周转期间为 1 年,它们在一年结束时流回。这就相当于 8 000 固定的资本价值和 92 000 流动的资本价值各自的周转期间均为 1 年。

因此,就每年的总周转——在固定资本的量和损耗都既定的情况下,流动资本的周转次数对于每年的总周转起着决定性作用——的计算而言,问题就在于预付的总资本价值(不管在固定资本和流动资本之间如何分配)作为自行增殖的价值、作为资本价值执行了多少次**职能**。

　　与之相比,不管年周转是多少次,一年结束时流回的只有预付的流动资本(如果它的周转不是也慢于一年的话)＋固定资本中完成周转的那部分。

　　所以,尽管按照后一种假定 100 000 镑总资本价值在一年当中完成了周转,从而作为资本价值执行了职能,但预付的资本价值却只有一部分即 20 000 镑流动资本和 8 000 固定资本,也就是说,只有 28 000 镑以可支配的形式存在。72 000 镑以固定资本的旧有使用形式继续存在。

　　在两种场合都是一个预付资本价值在一年中执行了一次职能,不管是预付 8 000 固定资本＋92 000[流动资本],这些资本一年周转一次,还是预付 80 000 固定资本＋20 000 流动资本,其中固定资本只有 $\frac{1}{10}$ 一年周转一次,而流动资本一年周转 $\frac{23}{5}$ 次。但是,在第一种场合,预付的资本价值以其可供支配的货币形式(一般形式)流回(回流);在第二种场合,只有 28 000 镑以这种形式流回,而 72 000 镑仍以固定资本的形式存在。所以,同样的过程还要在 9 年中相继重复进行,以便使在固定资本上投入的价值执行职能,但在第一种假定下情况并非如此。

————

[47] 固定资本和流动资本

(1) 第一个错误:将固定资本与流动资本的区别和不变资本与可变资本的区别加以混淆

不变资本由固定资本和流动资本构成。另一方面,可变资本同样具有流动资本的规定性。

(α)假定一个资本由 80 000 固定资本、5 000 辅助材料和 15 000 可变资本构成,那么可变资本与不变资本的比率=15 000∶85 000=$\frac{15}{85}=\frac{3}{17}=17\frac{11}{17}\%$。与之相比,同一个资本由 80 000 固定资本和 20 000 流动资本构成。流动资本与固定资本的比率=$\frac{20\,000}{80\,000}=\frac{2}{8}=\frac{1}{4}=25\%$。

(β)假定另一个同量资本由 5 000 固定资本、80 000 流动不变资本和 15 000 可变资本构成,那么可变资本与不变资本的比率=15 000∶85 000=$\frac{3}{17}=17\frac{11}{17}\%$。也就是说,和前面一样。与之相比,同一资本由 5 000 固定资本和 95 000 流动资本构成;从而流动资本与固定资本的比率=$\frac{95\,000}{5\,000}=\frac{95}{5}=\frac{19}{1}$。也就是说,和前面的比率完全不同。或者为了使对比具有精确的数学比率,我们假定这 100 000 镑由 20 000 固定资本、65 000 流动不变资本和 15 000 可变资本构成。和前面一样,可变资本与不变资本的比率=$\frac{3}{17}=17\frac{11}{17}\%$。但是,流动资本与固定资本的比率=$\frac{80\,000}{20\,000}=\frac{8}{2}=\frac{4}{1}=400\%$,也就是说,恰好是前面比率的**倒数**。

此外,如果我们还假定,在两种场合,年剩余价值都是 **15 000**,即剩余价值率=100%,那么,年利润率在两种场合都=$\frac{15\,000}{10\,000}$[①]=15%。

在这里提供一些有关这种混淆的历史材料。主要有:**重农学派**[88]、**亚·斯密**、**李嘉图**、**巴顿(拉姆赛)**。[②]

---

① 手稿中原文如此,"$\frac{15\,000}{10\,000}$"似应为"$\frac{15\,000}{100\,000}$"。——编者注

② 参看《资本论》第二册第 II 稿第 55—73 页(《马克思恩格斯全集》历史考证版第 2 部分第 11 卷第 135—178 页)。——编者注

（2）第二个要避免的错误：将生产资本、商品资本和货币资本的形式规定性与固定资本和流动资本的形式规定性加以混淆

商品资本和货币资本这两者是属于资本流通领域的资本形式。甚至在**货币资本**充当准备金从而不流通的情况下，它仍然处于可以流通的形式。货币资本始终是一种属于资本流通领域的资本形式。另一方面，货币资本永远也不会处于可以借以作为生产资本——即在资本的生产领域之内——执行职能的形式。此外，就商品资本而言，它是从生产领域中分离出来的制成的商品产品的形式。商品资本的职能是进行流通，从商品形式转化为货币形式或者说实现自己的价格，然后再转化为它可以借以重新作为生产资本执行职能的要素（产品的形成要素）。可能一部分产品又作为产品形成要素进入它所来自的同样的生产过程，例如煤炭生产中的煤炭，铁生产中的铁，谷物生产中的谷物等。这部分产品和其他任何一部分产品一样是商品，但它并不构成商品资本的一部分。这部分产品不作为商品进行流通。生产者向自己购买这部分产品，或者说，他为了再生产过程直接占有这部分产品。这种情况和能够直接进入其生产者的个人消费的商品产品的情况一样。正如生产者自己在生产上消费掉的那部分产品一样，他自己吃掉的那部分剩余产品也不进入他的商品资本的流通。但是，**商品量的全部其余部分**必须作为**商品资本**进行流通，而在流通过程中的转化完成之前，对于生产者来说，这全部其余部分**并不具备能够为他执行生产资本职能的形式**。而对于不能再度作为产品形成要素进入它们所来自的同样的生产过程的大量产品来说，**全**

部**商品产品**必须**作为商品资本**进行流通,以便再一次转化为这样的要素,即资本价值能够借以重新在其既定的生产形式上执行职能的要素。大部分商品产品具有的实物形式使它们只有再度进入**生产消费**才能够具有使用价值。也就是说,大部分商品产品具有生产资本的实物形式,或者更确切地说,具有生产资本的不变部分的实物形式。但是,为了进入这个商品量应以实物形式再度作为生产资本执行职能的生产领域,这个商品量必须先**被出售**,也就是说,先要执行它作为商品资本的职能。如果这个商品资本对于其占有者来说已经转化为货币资本,那么由此它对于另外一个占有者来说就已经转化为**生产资本**,正如商品一般由于已出售即对其占有者来说转化为货币,对其购买者来说就已经转化为使用价值,归他消费。

[48]**商品资本**和**货币资本**的区别在于:前者能够在其实物形式上重新作为生产资本执行职能,只是由于它在资本总过程中所占据的位置,由于它**当下的职能**,它被排除在作为生产资本的职能之外;而货币资本却能够①作为**生产资本**执行职能(在货币上具有其一般等价形式的价值,能够被生产地或非生产地消费掉,但并不是这种等价形式被消费掉;金银能够充当生产资料,但并不是作为货币充当生产资料)。除此以外,货币资本和商品资本之间还有另外一个区别。如果我们撇开资本主义生产者为了自己的生产消费或个人消费**直接**占有的那部分商品产品,那么现在存在于**商品资本**中的价值=执行职能的**资本价值**+这个资本价值在生产过程中所增加的**剩余价值**。商品资本的价值始终是已经增殖的资本价值,始终是孕育着剩余价

---

① 手稿中原文如此,关于货币资本是否能作为生产资本执行职能,参看本卷第235页。——编者注

值的资本价值。商品资本的形态变化或者它的价格的实现，同时就是存在于商品资本中的资本价值和剩余价值的实现。在商品资本中，资本价值和剩余价值不能相互分割，商品资本的流通既是包含在它自身中的资本价值的流通，同时也是剩余价值的流通。在货币资本中，情况不是这样。如果资本价值要以货币资本的形式来预付，那么资本价值首先要转化为自行增殖的价值。剩余价值还不存在。相反，如果商品资本已经再转化为货币，例如商品资本的价值＝110，而包含在这个价值中的资本价值＝100，剩余价值＝10，那么这个货币总额110会立即分解为100镑资本和10镑剩余价值。后者可以被再度计入资本，但这样一来就是一个110的货币资本在流通，而不是原来的100。如果剩余价值不被计入资本，即进行的是最初预付的资本价值的简单再生产，那么这个价值在资本周转后就和在资本周转前一样都是100。

　　如果我们假定，处于流通过程中的全部商品都是按照资本主义方式生产的，那么商品资本 W 就始终是孕育着剩余价值的资本。在 $\overset{\frown}{G-W}-P-\overset{\frown}{W'-G'}$ 中，对于预付 G 的资本家来说，第一个 W 只是他已经以货币形式预付的同一资本价值的商品形式。对于他来说，只有第二个 W′ 即他的生产过程的结果才是已经增殖的资本或孕育着剩余价值的资本。然而对于那个向他出售 W 的资本家来说，这个 W 就是 W′。如果我们因此将商品资本作为周转的出发点，那么就要将 W 设定为出发点，在这里 W 始终是孕育着剩余价值的资本价值。[①]

　　假如有人说，正如金虽然不能作为货币，但却可以作为金银构成

---

① 参看《马克思恩格斯全集》中文第 2 版第 38 卷第 202—204 页。——
　　编者注

生产资本的组成部分，所以商品资本虽然在其实物形式上（例如棉花、铁），（和货币作为金银一样）可以构成生产资本的组成部分，但却不是在它作为**商品资本**的规定性上，那么这种说法是错误的。商品资本只是在其实物形式上、按照其使用价值，作为产品形成要素进入生产过程。但是，商品资本却是作为价值进入价值增殖过程，既包括商品资本的价值中补偿资本价值的组成部分，也包括商品资本的价值中由剩余价值构成的组成部分。如果金进入生产，那么这仅仅表示金**本身作为商品资本**即金银进行流通，而不是表示金［作为］**货币**进行流通。

最后，生产资本按照其使用价值——从而在其实物形式上——只能由生产过程的各要素即各种产品形成要素组成，也就是说，由**原料（中间成品）、辅助材料、劳动资料和劳动力**组成。中间成品也许是可供消费的产品，这丝毫不会对问题有什么影响。它们在这里并不是作为中间成品执行职能，而是作为形成新产品的原料执行职能。可能其他要素也会进入生产过程，例如从自然界中发现的劳动对象。这样的劳动对象构成生产过程的物质要素。但它们并不构成现在在生产领域内执行职能的预付**资本价值**的要素。

就一方面的固定资本和流动资本，另一方面的货币资本、商品资本和生产资本的**混淆**而言，那么产生这种混淆的原因可能在于，**商品资本和货币资本**这两种形式都属于流通领域，只要它们实际执行职能，就会**进行流通**，即在这种意义上作为**流通资本**［cirkulirendes Kapital］执行职能。但是，恰恰作为以其在流通领域的职能为特征的资本形式，它们才具有**商品资本**和**货币资本**的特定形式，它们作为商品资本和货币资本在这一规定性上与**生产资本**相区别，而不是作为**流动资本**［cirkulirendes Kapital］与**固定资本**相区别。如果将商品资本和货币资本作为流动资本与固定资本对立起来,那么这就是将处于流通领域的资本与处于生产领域的资本的一部分相对立。而在生产领域被规定为固定资本的同种商品,接着在流通领域被规定为商品资本。例如,用于出售的机器作为商品资本执行职能,而其他同样的机器却在生产过程中作为固定资本执行职能。正如固定资本即劳动资料相对于流动资本而被束缚在生产领域中一样,原料、辅助材料等也是如此。因此,可以将固定在生产领域中的原料和辅助材料作为固定资本与流动资本对立起来。这样一来,同样的商品,固定于生产领域时就是固定资本,处于流通领域时就是流动资本。所以,例如在拉姆赛那里,原料和辅助材料被列入固定资本。**89**

　　[49]因此,在这里实际上没有在固定资本和流动资本之间进行区分,而是对在流通领域执行职能的资本和在生产领域执行职能的资本进行了区分。这样一来,商品资本的**一部分**,根据它出现在生产领域还是出现在流通领域,时而是固定资本,时而是流动资本。但是,**另外一部分**,和所有不是用于生产消费而是用于非生产消费的商品一起,却和固定资本对立起来,而这种对立却根本不成立。这是因为,只是作为产品从生产领域中出来但并不再次作为产品形成要素进入生产领域的那些商品,不能构成生产资本的任何组成部分。这些商品所能表现的资本形式只是**商品资本**的资本形式,而商品资本是与货币资本直接相对立,并同货币资本一起与生产资本相对立,因此并不是**与生产资本的一个特殊部分**即固定资本相对立。同样的情况适用于货币资本。货币资本本身直接与商品资本相对立,并同商品资本一起与生产资本相对立,但并不是与生产资本的一个特殊部分相对立。

　　如果说流动资本和固定资本应当包含着特定的对立和新的形式

规定,那么这些特定的对立和新的形式规定也不应等同于商品资本和货币资本(它们在特定意义上是**流动**资本)与生产资本之间的对立。

生产资本的所有要素事先都作为商品资本进行流通〔也就是说,所有体现生产资本的**价值**的要素;生产资本的无价值的要素并不作为资本价值的存在形式存在〕;商品资本既由资本的流动部分的要素组成,也由资本的固定部分的要素组成;相反,并不是商品资本的所有要素都进入生产资本,同样的要素从物质上按照可能性可以作为固定资本执行职能,或者可能根本不进入生产资本。房屋、马匹可以成为固定资本的要素,它们也同样可以根本不成为生产资本的要素,而是作为消费资料执行职能。

(3) 固定资本和流动资本

(a) 我们首先考察固定资本和不变资本的流动部分之间的区别

在第一卷第三章第 2 节中考察价值增殖过程时[①],我们已经看到,劳动过程的物的因素,即一方面是劳动资料,另一方面是原料和辅助材料,以不同的方式参与**产品价值**的形成。这些生产资料的一部分即**辅助材料**,在它们协助其形成的新使用价值或新产品的形成过程中完全被生产地消费(它们的全部使用价值被消费掉)。它们的**价值因此完全**转移到新的使用价值上,转移到在其形成中对它们进行破坏的产品上,不管它们消失得无影无踪,还是**在物质上作为成分**

---

① 参看《马克思恩格斯全集》中文第 2 版第 42 卷第 192—205 页。——编者注

进入产品本身。同样,产品形成所必需的**原料**也将它的全部价值转移到产品中,不管原料是在物质上完全进入产品、只是改变其形式,还是原料的一部分以无法利用的废料的形式损失掉。**劳动资料**的情况则不同,不管是**动力学的**劳动资料如工具、机器、役畜,还是**静力学的**劳动资料如容器、管道、建筑物、运河、道路等。它们的使用价值完全**被用**在产品的形成中,但在产品形成中只是**部分地被消费掉**。只有在劳动资料的使用价值被消费的限度内,也就是说,只有在劳动资料在其旧有的存在方式上丧失使用价值的限度内,它们才将**价值转移**到产品中。劳动资料的价值的其余部分在其旧有的使用形式上(机器、建筑物等)继续存在。劳动资料继续以这种旧有的使用形式在不断重复的同种劳动过程中发挥作用。或者说,只有劳动资料的**损耗**逐步地进入按一定周期生产出来的产品,而正如原来阐明的,这种损耗的计算基础是**劳动资料执行职能的平均时间**,是劳动资料在其旧有的使用形式上持续执行职能的**总期间**。[①] 这些劳动资料执行职能的时间或使用寿命非常不同,所以它们的价值分散其中的、在周期性劳动过程(每天、每周、每年)中生产出来的产品量也是非常不同的。如果劳动资料只能持续存在 2 年,那么它们的总价值就转移到 2 年的产品中;如果是 10 年,就转移到 10 年的产品中,等等。劳动资料的持续存在时间取决于它们的**损耗**程度,例如每周的损耗程度。在生产过程本身的持续时间既定的情况下,这种损耗本身受到三种情况的制约,即劳动资料的制造质量,劳动资料的耐用性,以及劳动资料的使用强度。例如,厂房比机器损耗得更慢,因为它的使用

---

① 关于这句话,参看《马克思恩格斯全集》中文第 2 版第 42 卷第 197 页。——编者注

强度更低，发动机比工具机损耗得更慢等等。无论如何，不同的劳动资料所经受的**损耗程度**是不同的，甚至在同一个生产过程中也是如此。损耗程度甚至对于同一机器的不同部分来说都是不同的，不过这并不妨碍对总机器的平均持续存在时间进行计算，从而也并不妨碍对总机器的平均损耗进行计算。

因此，劳动资料作为产品形成要素和价值形成要素的特征是：

相对于它们帮助形成的**产品**，劳动资料保持**独立的使用形式**，因此，甚至在残骸形式上，也就是说，在使用寿命终结、不再能够执行职能时，劳动资料仍独立地与产品相对立。这一点使劳动资料有别于不变资本的所有其他要素，或者说有别于劳动过程的其他的物的因素。

第二：劳动资料因此**永远不会在物质上进入产品**。在这一点上，它们与辅助材料的一部分是相同的，即劳动过程一般的进行所必需的那部分辅助材料（如照明、供暖），以及被劳动资料本身消费掉的那部分辅助材料，如煤、机油等。

第三：劳动资料只是将**其一部分价值**——相应于它们在一定期间内的损耗——转移到周期性生产出来的产品中，但仍继续在旧有的使用形式上发挥作用，也就是说，**劳动资料**还有一**部分价值**在旧有的使用形式上继续存在。**劳动资料的**[50]一部分价值，相应于它们在一定时间内的平均损耗，在这同一段时间内转移到产品中。劳动资料价值的另一部分，或者说，减去损耗（减去与损耗相应的价值损失）的劳动资料总价值在旧有的使用形式上继续存在。劳动资料的职能包含较大或较长的期间，同样的劳动过程在这些期间中不断重新反复进行。而劳动资料的**价值损失**，从而它们转移到产品中的价值部分，是逐渐的，并且分散到这些不同期间的产品中。最后，劳动资料的总价值转移到其产品中的劳动过程期间，不是由这个产品的量决定,而是由劳动资料自己的执行职能时间决定。

价值向产品的这种逐步和逐渐的转移——劳动资料的一部分价值转移到产品中,其余价值部分在旧有的使用形式上继续存在,直到劳动资料的使用寿命结束,这一点使劳动资料有别于不变资本的所有其他要素,除了下面将要提到的一个例外。

到目前为止,全部论述的内容都已经在第一卷第三章第 2 节中阐述过。①从劳动资料**本身在劳动过程中**执行的那些特定职能中,也就是说,从劳动资料作为劳动资料的性质中,产生了劳动资料作为价值形成要素所具有的这种特性,或者说,产生了劳动资料的价值向产品价值转移的这种特性,亦即**劳动资料的价值在产品价值中再现**的这种特性。

因此,如果说我们在进一步的研究中发现,从劳动资料在生产过程(劳动过程和价值增殖过程的统一)中的职能中产生的这种特性,是劳动资料的形式规定性的基础,是劳动资料作为**固定资本**的**特征**的基础,那么为了对固定资本进行规定,我们必定就不能说,**固定资本**具有如此这般的、归于劳动资料的属性。更确切地说,从劳动资料在生产过程中的职能中产生的特性,即它们作为产品形成要素和价值形成要素所表现出的特性,是由之出发的前提。在这些特性既定的情况下,当不仅考察生产过程,而且也考察流通过程从而也考察包括二者的统一体即周转时,预付在劳动资料中的那部分资本价值才会获得**固定资本的特征**。首先,如果能够作为劳动资料执行职能的使用价值并不作为劳动资料执行职能,而是在其他属性上执行职能,

---

① 参看本卷第 240 页,《马克思恩格斯全集》中文第 2 版第 42 卷第 192—205 页。——编者注

那么这些使用价值也不会获得固定资本的特征。此外,如果劳动资料根本**不作为资本**执行职能,也就是说,包含在这些劳动资料中的价值根本不作为资本价值执行职能,那么这个价值也就不会获得**固定资本**的进一步特征。因此,充当固定资本并不是使用价值甚至劳动资料由于物质性质而获得的属性。这是一种只有在下述条件下才会归于使用价值的属性:第一,这些使用价值作为劳动资料在生产过程中执行职能;第二,这种生产过程是资本主义生产过程。当然,这并没有排除下面的情况:那些使得在生产过程中使用的劳动资料成为**固定资本**的独特属性,即使在生产过程不是资本主义生产过程,从而劳动资料并不具有资本形式,因此也就不具有固定资本的特殊形式的情况下,对于劳动资料来说也会保留下来。只不过不要使用"**固定资本**"这个范畴。这些同样的特性的表现形式会有所不同。但是,对于资产阶级经济学家来说,固定资本这个范畴在物质上就属于某些生产资料,正如对于他们来说,资本属性一般来说在物质上就与生产资料结合在一起。

　　所有生产资料(既包括劳动资料,也包括辅助材料和原料),只要它们作为生产资料执行职能,就被束缚在**生产领域**中。只要生产资料以**生产资本**的形式执行职能,它们就是资本的要素。从生产领域中分离出来从而进入流通领域并因此进行流通的,不是生产资料,而是产品,是制成的**商品**。制成的商品作为**商品资本**进行流通。因此,生产资料**的价值**只能随着**产品的流通**而流通。在商品生产上使用的辅助材料和原料,除了存在于**新的**使用价值即**产品**上,并不具有其他**存在**;在这里,不管它们是如原料和一部分辅助材料**那样在物质上进入产品**,还是如另一部分辅助材料那样消失得无影无踪,都是无关紧要的。原料和辅助材料的**价值**完全转移(撇开比方说可以再度使用的废料不谈）到产品中；这个价值只作为产品价值的一部分而存在，正如它们的使用形式只是在产品的使用形式上存在。在其旧有的使用形式上，原料和辅助材料已不复存在；它们只存在于产品的新的使用价值中，而它们的价值已经完全并入这个产品的价值。因此，原料和辅助材料已经完完全全从生产领域中分离出来。它们按其全部价值与商品产品一起进入流通领域。商品资本的流通因此也就是原料和辅助材料的流通，当然，这是在它们的价值是**商品资本**的**价值**的一部分和实体、从而以这种形式构成流动资本价值的界限以内。

我们假定，从生产领域中分离出来、现在作为**商品资本**进行流通的产品是（第一卷第186页[①]）10 000磅价格为550镑的棉纱。生产这10 000磅等所耗费的、不是由劳动资料组成的不变资本部分＝11 500磅棉花（其中1 500为飞花）＝336镑。此外，用于辅助材料即煤、机油等的是40镑。合计＝376镑。一旦10 000磅棉纱被出售，由此经历W—G这个流通，那么存在于这些棉纱中的490镑资本价值就**完成周转**（也就是说，假定550镑的棉纱价格中有60镑构成剩余价值）；也就是说，这个资本价值回到原有形式，而它先获得产品形式，然后作为商品资本进行流通而又抛弃这种形式所需要的时间，或者说，它在生产领域＋流通领域中停留时间的总和，即它的生产时间和流通时间的总和＝它的**周转时间**。现在，如果我们从这个完成周转的商品资本的价值中先扣除包含在这个商品资本中的剩余价值，然后扣除所有归于劳动资料和工资的价值部分，那么我们看到，**和商品资本一起**，在10 000磅棉纱的生产上预付的原料和辅助材料的全

---

① 参看本卷第173—174页、《马克思恩格斯全集》中文第2版第42卷第212—213页。——编者注

部**资本价值**完成周转，=376 镑。[51]可见，这部分**预付资本**的周转和它构成其主要部分的**商品资本**本身的周转并没有什么**不同**。因此，如果这一部分被称为**流动资本**——区别于商品资本一般——，那么这只是相对于被规定为**固定资本**的那部分资本而言。**流动资本的规定作为一种独特规定**只是由于周转资本的一部分获得了**固定资本**的规定而产生的，也就是说，只是源自和源于与固定资本的对立。

为了把问题说得更清楚：

我们假定，在 10 000 磅棉纱的生产上预付的资本价值只由原料和辅助材料组成，=420＋工资＝70。合计＝490。剩余价值＝60。如果商品按其价值出售，那么资本的周转就包含着剩余价值；资本价值的周转就包含剩余价值的创造（在生产领域）和实现（在流通领域）。因此，如果我们只打算考察资本本身的周转，可以撇开剩余价值不谈。在一周之内，转化为生产资料和劳动力的 490 镑资本价值在生产领域中执行职能；在这段时间内，这个资本价值被束缚在生产领域中。这是它的**生产时间**。在一周结束时，产品即 10 000 磅棉纱制成，并从生产领域中分离出来。资本在它这种制成商品的形态上不能再作为生产资本执行职能。资本以它的商品形态即作为棉纱，现在进入流通领域。资本抛弃生产资本的形式，然后采取商品资本的形式；资本在商品资本的形式上属于流通领域，进行流通。〔作为商品资本，资本不仅是资本价值的承担者，而且还是已经增殖的资本价值的承担者，即资本价值＋剩余价值的承担者。〕假定资本在流通领域中停留一周，一周结束时它卖出去，再转化为货币。这样，第二周就是资本的**流通时间**。（在这个流通时间中还要计入资本从货币转化为棉花等即转化为生产资料所耗费的时间。这里撇开这段时间不谈。这部分流通时间即 G—W 只有在一定前提下才是重要的。）这样一来，资本的

周转时间或**周转期间**就＝2周＝1周生产时间＋1周流通时间，即1周在生产领域中的停留时间＋1周在流通领域中的停留时间。在这个时间结束时，资本又回到货币形式，在这种形式上，资本能够重新开始作为资本、作为自行增殖的价值执行职能。

（α）在这些前提下，没有什么新东西可以添加到资本流通和资本周转一般而言所具有的规定上。通过对流通的考察我们知道，执行职能的资本价值经历货币资本、生产资本、商品资本、货币资本这些不同形式的循环，或者经历生产资本、商品资本、货币资本、生产资本这些不同形式的循环。而周转只不过使**时间得到规定**，即资本从给定的原有形式出发，经历逐步采取的各种形式，然后回到原有形式所耗费的**时间得到规定**。

假如生产时间既定，那么周转时间就由流通时间的量决定，或者说由资本作为商品资本执行职能的持续时间决定。因此，如果我们上面考察的不变资本部分由于这种周转形式而获得**流动资本**的规定性，那么这之所以可能，只是因为这种周转表现为**一种特殊的周转**。这种周转之所以成为这样一种特殊周转，只是因为不变资本的另外一部分——固定部分——不具有这种周转，也就是说，只是因为与固定资本相对立。

（β）按照我们的前提，作为生产资本执行职能的全部资本价值接着都作为商品资本执行职能。所以，商品资本向货币资本的转化就是在商品生产上**使用的**全部资本向货币资本的再转化，因此就是全部资本的周转。商品资本的流通同时就是在生产上执行职能的全部资本价值的流通。情况之所以如此，这是因为在商品生产上**使用的**生产资料即原料和辅助材料（撇开劳动不谈），也全部在商品生产中被**消费掉**，它们的使用价值只存在于产品的新的使用价值中，它们的价值因此完全转移到产品价值中。全部**预付**资本价值完成**周转**,是因为它们完全从生产资本的形式转变为商品资本的形式,从而商品资本的流通就是全部预付资本价值的流通,而商品资本向货币资本的转化就是全部预付资本价值向它原有的货币形式的复归。

不过,这里要指出,10 000 磅棉纱例如是一周的产品。所有在这一周期间内消耗的棉花、机油、煤等都不是一次性地,而是逐渐地按照可除部分,例如一天一天地,进入周产品。这些生产资料的一部分在生产过程中积极地执行职能,然后转移到产品中,转化为棉纱。与此同时,另外一部分作为**储备**而存在,作为为生产过程准备好的、可支配的储备要素而存在,然后逐渐地进入生产过程。后面这些生产资料属于生产领域,尽管它们还没有在其中执行职能。如果不是这样,那么就不得不为一周准备好货币,而每天购入必需的量是不方便的,在许多情况下是不可能的。为了生产过程的连续性不致中断,这部分资本价值是以储备的形式,以生产资本要素的形式,而不是以货币的形式备用。所以,这部分资本价值在一周开始时全部预付出去,尽管它在一周结束时才完全被消费掉并转化为产品。但是,只有在一定的生产期间和与之相应的流通期间内实际被使用从而被消费的那部分,从而作为商品资本流通的那部分,从而周转的那部分,才算做是**被预付的**。假如周转期间=2周,其中1周为生产时间,1周为流通时间,那么对于这2周的周转,我们只将为一周的生产而预付的那部分资本价值算做**被预付的**,而不是将比方说为2周而预付的那部分资本价值算做**被预付的**。虽然例如为每周商品量的生产而**使用**的全部资本同时也是在每周生产中被消费的资本,但是,只有在一周内**被消费**的资本才是为每周的生产**所预付的**资本。

[52](γ)由于预付在原料和辅助材料上的全部资本在生产期间

被消费掉,也就是说,**作为生产资本**完全被消费掉,所以它所包含的全部资本价值现在都采取了**商品资本**的形式(或者说作为价值组成部分全部进入商品资本的价值),从而也按照其全部规模和商品资本一起流通。所以,一旦商品资本转化为货币,最初为生产而**预付的**资本价值就复归到它的货币形式。因此,**不变资本**中由原料和辅助材料组成的这个部分所**预付的**时间只包括(或者说,这部分不变资本被预付的时间由下述时间决定):(1)**商品资本**流通的时间,(2)这部分不变资本必须在生产过程中停留以便生产出组成商品资本的**商品量**的时间。这部分不变资本为生产这个商品量而**被使用的**时间,同时就是它为生产这个商品量而被消费或被生产地消费的时间。

(δ)一旦预付资本价值又以货币形式或一般等价形式存在,**同样的生产过程就能够被更新**,或者说同样的资本价值就能够随意转化为其他任何一种生产资本,转化为其他种类的生产资料和具有其他技能的劳动力。因此,如果就像假定的那样,预付资本(撇开可变资本不谈)只由原料和辅助材料组成,那么在商品出售之后或在预付资本的周转时间结束时,预付资本就可以转化为任何一种新形式的生产资本,并从原来被使用的旧生产领域退出。换言之,预付资本使自己具有了**绝对可支配的形式**。

(ε)另一方面,如果**同样的生产过程**要连续进行,在我们的例子中就是棉纱生产要连续进行,那么这部分不变资本在其周转期间结束时,必须从货币形式再转化为同样的产品形成要素即棉花、煤、机油等。为了让这部分不变资本重新作为资本价值在这种特定使用中执行职能,这是必需的。这部分不变资本的货币形式在这里只是转瞬即逝的等价形式,用来把产品再转化为它的物的生产要素。货币只是作为流通手段执行职能。也就是说,既然预付不变资本(原料和辅助材料)完全被消耗掉,除了商品资本的存在不再具有任何存在,那么,为了使预付不变资本重新作为同类生产资本发挥作用,就必须用新的棉花、新的煤等,简言之,用新的同类生产资料补偿它。

但是,商品产品的价值＝550 镑不是只包含为它的生产而使用的并且在生产中被消费的那部分不变资本的价值。如果我们先从550 镑中减去剩余价值,那么我们就得到 490。如果我们再减去可变资本 70,那就得到 420。其中消耗在商品产品中的不变资本的价值只有 376 镑。因此还剩下 44 镑,这是劳动产品中归于劳动资料价值的价值部分。

我们通过考察生产过程得知,例如每周商品产品的生产所使用劳动资料的价值,和这些劳动资料转移给产品的价值部分是不同的。但是,只有转移到商品产品中的、劳动资料从而丧失的价值部分,才和商品产品一起流通,或者说,只有这个价值部分的流通,从而也只有它的**周转**才包含在商品资本的流通之中。**可见**,预付在劳动资料上的不变资本价值**在过程中使自己的存在双重化了**。在周期性商品产品的生产中**消费的那部分**劳动资料(更确切地说,是劳动资料的使用价值中消费掉的那部分以及与这个部分相应的价值),作为价值部分进入商品产品,从而构成商品资本的组成部分,并和商品资本一起**流通**,**由此随着商品转化为货币或商品资本转化为货币资本而周转**。

另外一部分劳动资料继续以机器、建筑物等旧有的使用形式存在,也就是说,以**生产资本**的形式继续存在,并作为生产资本以其旧有使用形式继续被固定在**生产领域**中。资本的这个不变部分中**进行流通**的只是它的一个**价值部分**。它的旧有使用形式在它的价值部分进行这种流通时继续存在,并不进行流通,而是一直被固定在生产过程中。只有劳动资料的使用价值在各个劳动过程不断重复的一个期间内完全被消耗以后,劳动资料的价值才全部转移到商品产品中,并通过商品产品的流通而全部完成周转。所以,如果劳动资料的职能持续 10 年,那么全部价值就要转移到 10 年的产品中,并通过这些产品的流通而完成**周转**,流回到它的货币形式。

进入一定的例如每周的商品量生产的**资本价值**的周转,只包含为生产这同一商品量而**使用从而预付的劳动资料一部分价值**的周转,只包含存在于这些劳动资料中的资本价值的部分周转,同时却包含同一商品量中所含原料＋辅助材料的价值的**全部周转**。资本价值预付在劳动资料上的组成部分由于其**周转**的这种特性而获得**固定资本**的特征;预付资本价值的其余部分,这里首先是预付在原料和辅助材料上的那部分资本价值,只是与之相对立才获得**流动资本**的特征。

生产资本并不是一次性转化为**商品资本**的形式。对于生产资本的固定组成部分来说,商品资本的流通从而预付在商品资本中的资本价值的周转,与它本身价值的流通从而周转并不是一回事。

[53]因此,以**生产资本**形式预付的一部分资本价值被规定为**流动资本**,只是由于它与被规定为**固定资本**的另一部分相**对立**。没有这后一种规定,我们就只会看到,以生产资本形式执行职能的资本价值随后作为商品资本和货币资本执行职能,而这是流通资本的两种形式,即在流通领域中执行职能的资本的两种形式。**因此,流动资本和固定资本的全部区别只是建立在固定资本的规定之上。**

但是,以**生产资本**形式预付的一部分资本**价值**之所以被规定为**固定资本**,是由于它的**周转**的独特方式。这种特殊**周转方式**的基础在于:这部分资本价值只有一个价值部分进入**商品资本**,同时它的另外一部分以机器等**生产资本**的旧有存在形式被牢牢束缚在生产领域中,在那里继续执行职能。在固定资本的一部分价值进行流通的同时,另外一部分价值作为生产资本的同一部分的价值继续存在。也就是说,这种特殊**周转方式**的基础在于**固定资本价值进行流通的特殊方式**。这种特殊流通方式就其自身而言是由于劳动资料的价值只有一部分转移到产品中,或者说劳动资料的总价值只是逐渐地转移到周期性生产出来的一系列商品量中。因此,**这种特殊流通方式的**基础是原来阐述过的劳动资料在价值增殖过程中执行职能、从而作为产品的价值形成要素执行职能的特殊方式,这种特殊作用本身又以劳动资料作为产品形成要素执行的职能为基础。①

　　因此,如果说44镑是一周的损耗,一年的损耗＝2 288镑,全部固定资本＝18 304镑(从而这些资本在8年中周转),那么,一次周转之后即一周商品产品转化为货币之后,同样的机器等即同量的劳动资料仍以其旧有的形式、以生产资本的形式存在,但这些劳动资料的价值损失＝44。一方面**劳动资料的价值**18 304－44＝18 260,继续以**劳动资料的形态**存在。劳动资料的另一部分价值进入商品资本,从而完成周转,以44镑的形式沉淀下来。这种沉淀不断重复进行,直到劳动资料随着其使用价值的丧失而失去其价值,直到它的全部价值完成**周转**或者说从劳动资料的形式再转化为18 260镑的形式。

　　因此,直到劳动资料完全损耗之前——即直到它们的寿命终结之前——,也就是说,在劳动资料作为生产资本的整个寿命或执行职能期间,包含在劳动资料中的资本价值**以双重方式存在,以两种不同的存在方式**存在。这些价值的一部分作为**货币**从流通过程中沉淀下来,另一部分则作为继续执行职能和继续束缚在生产领域中的**劳动**

①　关于最后这句话,参看《马克思恩格斯全集》中文第2版第42卷第192—205页。——编者注

资料本身的**价格**而存在。在劳动资料开始执行职能时，其价值的最大部分作为其价格而存在，只有很小的一部分作为货币沉淀下来。作为劳动资料本身的**价格**存在的价值不断减少，与此同时，作为货币从流通领域中沉淀下来的价值则不断增加。在这种变动中必定会达到这样一个时刻，此时劳动资料的价值只有一半以其价格继续存在；或者说，投在劳动资料上的资本价值有一半完成了周转。从这一刻起，执行职能的劳动资料的价格不断减少直至达到零；与此同时，作为货币沉淀下来的价值部分不断增加，直到全部以货币沉淀下来的价值＝劳动资料的原有价值，也就是说，直到投在劳动资料上的资本价值已全部完成**周转**。这样劳动资料的使用价值就**耗尽**了。但是，劳动资料的价值已全部转移到在它执行职能的整个期间周期性生产出来并作为商品资本执行职能的各个商品量中，所以，劳动资料的价值随着在最后一个期间内生产的商品量的出售而流回。

按照前提，在资本开始投入一个特定的生产部门时，18 260镑就要立即**预付出去**，也就是说，转化为劳动资料（建筑物、机器等）。（所以是**创业资本**）〔这个资本〕相继在各期间流回，每年只流回$\frac{1}{8}$，每月流回$\frac{1}{8 \times 12} = \frac{1}{96}$，在8年中全部流回。因此是预付8年（尽管一些价值部分的流回要早于8年）。**预付的时间长度**与周转的方式相关联，而这是使固定资本区别于流动资本的实际的决定性因素。〔我们已经看到，资本价值根本不是被耗费，而只是被预付。这意味着，会发生这个价值向其出发点的回流。从投入点直到复归点的**时间**＝**周转时间**，而这种周转时间的单位尺度是**年**。如果预付资本的流回快于1年，那么它完成多次周转；它的周转时间＝$\frac{年}{它的周转次数}$。如果它在1年中流回，那么它只有1次周转，它的周转时间＝年；如果它的流回慢于 1 年,那么它在 1 年中的周转少于 1 次。如果它是在多年中流回,那么它的周转时间=年×n。如果它是在 1 年或多年+1 年的一部分,例如在 1 年又 $\frac{1}{4}$ 年中流回,那么它就是在 $\frac{5}{4}$ 年中流回。周转的资本量=资本×周转次数。例如,资本在 1 年中周转 4 次,那么 4C 在 1 年中周转 1 次;或者说,既然资本在 1 年中周转 4 次,它的周转时间=$\frac{年}{4}=\frac{1}{4}$,那么每年周转的资本量=C×$\frac{4}{1}$;也就是说,等于预付资本×周转时间的倒数。如果资本在 1 年中周转 1 次,那么它的周转时间=$\frac{1}{1}$。因此周转量=1×C。如果资本的周转时间=3 年,那么在 3 年(即 n 年)中周转的是 C,从而在 1 年中周转的是 $\frac{C}{3}$,或者说周转的资本量=$\frac{1}{3}$×C,周转时间的倒数[×C]。如果资本的周转时间=$\frac{5}{4}$,那么在 1 年中周转的是 $\frac{4}{5}$×C。所以,在任何条件下,在 1 年中周转的资本都=预付资本×周转时间的倒数。这个[54]周转时间的倒数=预付资本的年周转次数。如果周转时间=3 年,那么周转时间的倒数=$\frac{1}{3}$ 年。而 1 年中周转的资本量 $\frac{1}{3}$×C。在这里,这个 $\frac{1}{3}$ 就是周转次数。反过来,周转次数的倒数=周转时间。]

尽管这个固定资本有些价值部分流回更早,但预付在其中的资本价值有 8 年(在我们的例子中)被束缚(固定)在一定的使用形式上,这个资本价值必须在 8 年当中以这种既定的生产资本形式执行职能,以便它的价值全部流回。这是对未来的一种预期。从单个资本家方面来说,他必须拥有如此多的、他能够立即以这种形式投入的货币资本。从社会方面来说,必须有如此多的、现有的物质要素(产品)从现有财富中抽出,并以这种形式固定下来。

固定资本中作为货币沉淀下来的价值部分,不需要像在流动资本的场合那样,立即又转化为固定资本的补偿要素。这个价值部分可以作为折旧基金执行职能。(而且在大多数场合必定如此。)也就是说,[这个价值部分是]作为补偿预付固定资本价值的准备金而执行职能的贮藏货币。由流动的资本部分转化而来的货币必须再度作为流通手段执行职能,以便补偿消耗在商品产品中的流动资本各要素(也就是说,这些货币一直被束缚在流动资本的这种运动中),而这种货币(构成折旧基金的那些货币)却能够与此同时作为**可供支配的货币资本**执行职能,直到固定资本全部完成周转。(被贷出或由占有者本人投入其他企业。)在所有发达的资产阶级国家中,固定资本的折旧基金都构成可支配的从而可贷出的**货币资本**的很大部分。

关于至此所阐述的**固定资本**和**流动**资本的特征,现在要指出以下几点:

(α)包含在劳动资料中的资本价值只是由于它的周转方式才获得**固定资本**的规定;这个资本价值周转的特征在于,劳动资料转移给产品的那个价值部分作为货币从流通过程中沉淀下来,同时另外的价值部分在劳动资料中继续存在。因此,倘若劳动资料的价值不以这种方式周转,劳动资料就不会获得**固定资本**的规定。例如,有的劳动资料必须在劳动过程本身中直接被毁灭,例如被消灭的各种形式等等。另外一些劳动资料虽然在重复进行的劳动过程中发挥作用,但其使用寿命却不会超过流动资本的一次完整周转,等等。因此,这些劳动资料和流动资本一起周转。实际上,所有持续存在时间不超过一年因而其周转时间不>一年的劳动资料,都只是在非常有限的意义上作为固定资本执行职能。**重农学派**[88]从一开始就正确地将固定资本和流动资本的区别建立在周转时间的长度或预付的时间长度的基础上。①

另一方面，并不是劳动资料、而是归入原料或辅助材料范畴的生产资料，却会获得固定资本的规定，前提是这些生产资料的使用部分和消费部分相互区别，简言之，前提是它们就其价值而言表现得像劳动资料那样，例如其效果持续多年的肥料等。实际上，这种现象——与劳动资料相比——是单纯的例外情况。

（β）我们决不要忘记，固定资本和流动资本的区别的基础〔即不变资本的固定部分和流动部分，至此我们只考察了不变资本〕只是在于，预付在不同种类生产资料上的资本价值——**生产资本**的价值组成部分，即被束缚在生产领域中的资本的价值组成部分——有着不同的**周转方式**。

回顾第一册第三章第1节，即回顾对真正的劳动过程的考察，我们可以从中看到，一个使用价值是表现为**生产资料**（或者更确切地说劳动资料、原料、辅助材料），还是表现为**产品**，完全取决于这个使用价值在过程中的地位（职能），取决于它恰好在过程中发挥的作用。②例如，一台机器作为**劳动资料**在生产过程中发挥作用；但是一台机器也作为**产品**出自同一生产过程或另外的过程。实际上，固定资本的所有物质要素，尤其是所有劳动资料，就其本身而言，都是作为产品出自另外的劳动过程。它们作为**产品**从生产领域中分离出来，并作为**商品资本**进入流通。因此，这些使用价值本身并不具有固定资本的质。唯一可以说的是，大量作为商品进行流通的产品，按照其最终

----

① 参看《资本论》第二册第Ⅱ稿第55—58页（《马克思恩格斯全集》历史考证版第2部分第11卷第135—141页）。——编者注

② 参看《马克思恩格斯全集》中文第2版第42卷第169—174页。——编者注

使命只能充当**劳动资料**，最终必须作为劳动资料被生产地消费，从而是固定资本的物质承担者。（这些劳动资料的一部分也可以充当消费资料。）但是，只要这些产品作为商品进行流通，或者说还处于流通领域，它们就不是**固定资本**。同样的动物，例如牛可以作为固定资本（役畜）或者作为原料（肥育的牲畜、种畜）进入生产过程，或者进入个人消费过程。一切都取决于所执行的职能。**流动资本**的情况同样如此。只有原料、中间成品（这些可能是产品，它们对于某些生产过程来说具有成品形式，或者它们本身可以进入个人消费）和辅助材料作为这样的东西执行职能，即作为生产资本组成部分执行职能（现实地或潜在地），它们才获得流动资本的规定。倘若它们作为商品在流通过程中来回流动，它们就是商品资本。

我们已经看到，固定资本价值的一部分进行流通，同时固定资本的全部使用形式（或者说，这个资本价值最初借以呈现的使用价值）却继续被固定在生产领域中。这种被固定在生产领域中的状态绝不包含不移动或固定在一个地方的意思。一艘船在航行，却因此是固定资本，一台机车等同样如此。种子被固定在土地中，却仍然作为流动资本执行职能，因为种子完全——在物质上和按照价值——进入产品中，而为了将产品生产出来要使用或预付种子。尽管如此，从固定资本的概念规定可以得出结论，为什么被并入土地、[55]固定在一个地方、静止不动的劳动资料会被看做是典型的固定资本。

机器、船舶、牲畜等可以被运输，例如运往国外。因此，它们绝不需要在生产它们的国家作为固定资本执行职能。

相反，所有建筑物，并入土地的各种改良，所有固着于土地上的机器、管道、铁路等（即使其中有些部分又可以和土地分离开），只要它们应当作为资本执行职能，就必定作为劳动资料而且是作为**固定**

资本执行职能,因为它们的周转时间必然包含很长的时期。而且,它们必须在它们所固定的地方执行职能。例如,厂房作为建筑业主的产品构成他的商品资本的一部分,铁路作为承包商的产品也是一样。作为商品资本,它们不是固定资本,也不是特定意义上的流动资本。它们是商品资本,一旦被出售,就再转化为货币资本。但是,它们的出售只能改变它们的**所有权证书**(在这里,这种所有权证书本身是否在国外出售——和**安德森**的观点相反——是完全**无关紧要**的)。它们必须在本国而且在它们所处的地方作为固定资本执行职能。①它们构成**本国固定资本**的必要部分。此外,运河、铁路、码头、桥梁等,在建成以便能够作为固定资本执行职能之前,还包含着较长的生产期间。而它们一旦建成,它们的职能就取决于其余的生产运动。

(b) 可变资本作为流动资本

如果说劳动资料只是将自己价值的一部分转移给周期性地用它们生产出来的产品,那么劳动力则相反,不仅将自己的全部价值追加到产品中,还将一个剩余价值——一个超过它自身价值的余额,追加到产品中。因此,劳动力的全部价值(+剩余价值)成为它每一次执行职能期间所生产的产品的价值的一部分。实际上,**在一个与工资相当的价值已经由劳动力追加到产品中之后**,工资才会**被支付**。预付在劳动力上的资本价值部分——可变资本价值——全部进入商品产品,从而全部和商品资本一起流通,并**因此**随着商品资本向货币资

---

① 关于本段至此的内容,参看《资本论》第二册第 II 稿第 66—67 页(《马克思恩格斯全集》历史考证版第 2 部分第 11 卷第 161—162 页);关于亚·安德森,参看本卷第 83、497 页。——编者注

本的转化而进行**周转**。所以可变资本价值是和**固定资本**相对立的**流动资本**。

工资例如每周支付，而包含在产品中的价值也许平均在 4 周或 6 周或更长时间中进行周转，这种情况对问题没有丝毫改变。工资只能从产品的出售中支付；因此，预付在工资上的资本价值的周转与流动资本价值一般的周转携手并进，因此是同时的。〔原料等的价值完全进入产品，从而完全和产品一起流通。固定资本的价值只是部分地进入产品，所以固定资本只有一部分价值和产品一起流通。只有产品进行流通。因此，只有进入周期性产品中的预付资本的价值部分和产品一起流通，或者说，这个价值部分的流通＝商品资本的流通。〕可变资本的预付时间和不变资本流动部分的预付时间之间的区别只是表明：新开设一家企业的资本家必须有不依赖于周转的货币资本作为收入，以便支付工资；一旦企业步入正轨，他就必须从持续的收入中每周将一部分作为可变资本支出，而将另外一部分用做应对原料等的支付期限的准备金。如果说他必须每周补偿工资，而原料等则是在 4 周—x 周中补偿，那么另一方面，他要一下子在原料等上投入整个周转时间所需的货币，而工资只是每周支付。他无法购买劳动储备。即使他雇用工人一年，他也不是预先支付他们一年的工资。因此，问题就归结为，他将周转期间内作为可变资本所必需的价值额以货币形式，作为**货币资本**储备起来，同时可以一下子将周转期间内所需的流动资本的其他部分以生产资料的形式储备起来。然后，他又从收入中将流回的部分货币用做贮藏货币，不过这种贮藏货币在这里作为准备资本执行职能，以便在必要的期限内更新原料等；与此同时，他将另外一部分流回的货币每周花费在工资的支付上。因此，货币资本在这里以三重属性执行职能：(1)作为固定资本的折旧基金(还债基金);(2)作为用于流动不变资本更新的准备金;(3)作为每周用于支付工资的基金。

所有这些都不会造成任何困难。然而,当有人说劳动基金等属于流动资本的时候,人们通常将劳动基金理解为工人所消耗的**生活资料**,或者说,从物质上考察,理解为实际上用劳动力交换来的生活资料。这种说法在多大程度上是正确的呢?

以货币预付的可变资本价值除了**劳动力**的形式外,不会获得任何其他生产形式。可变资本价值向**生产资本**的转化无非意味着**它向劳动力的转化**。劳动力有一点与劳动资料是相同的。它不会成为产品的**物质**组成部分。它只是(也并非总是)表现在产品的形式上。当我们说,可变资本构成流动资本的组成部分时,这只是意味着:转化为劳动力的资本价值,或者说劳动力的价值完全作为产品的价值部分再现出来,而(所购买的)同一劳动力进入这个产品的生产。

劳动力,倘若不是在生产过程中作为生产资本的组成部分执行职能,而是作为**商品**在市场上即**在流通领域内**出现,就发挥着一种独特的作用。劳动力完全不同于同样在市场上或在流通领域内流动的**商品资本**。劳动力不像**商品**作为商品资本那样,是补偿资本的方式。只有在奴隶制的基础上,劳动力才是这样的。劳动力**作为商品**而存在,但并不作为**资本的商品形式**而存在,因此并不作为**商品资本**而存在。

[56]资本从货币形式转化为生产形式,转化为**生产资料**,这些生产资料——资本作为生产资本借以构成的物的要素——来自于流通。这些生产资料在进入生产消费或作为生产资本执行职能之前,曾经以**商品资本**的形式存在。相反,**劳动力**只有在出卖之后而且是在它被出卖的时间之内,才成为资本的要素——资本的存在方式之

一。只有在被并入生产资本时，也就是说，只有在生产过程内（或劳动过程内，如果这个劳动过程例如并不同时也是商品生产过程的话），劳动力才是资本组成部分。劳动力始终只能成为**生产资本的组成部分**，永远也不会成为商品资本的组成部分。劳动力通过自己的生产职能在产品的价值中再生产出它自身的价值，并且同时向产品追加剩余价值即一个超出其自身价值的余额。

如果我们把可变资本归入**流动**资本的范畴，那么这只是在下面的意义上：为购买劳动力而投入的资本价值部分全部和周期性的商品资本一起流通——劳动力已经消费在这个商品资本的生产上　，所以随着这个商品资本向货币资本的转化而进行**周转**。劳动力，就其本身来考察，是这种力的占有者即工人出卖的商品。但是，劳动力不是**资本**，所以本身从一开始也不具有这个资本的任何形式规定性，例如固定资本、流动资本等。

资本家将货币资本转化为劳动力，货币资本成为工资并且作为工资执行流通手段的职能，而流通手段转化为作为物质要素的生活资料，正是通过对这些物质要素的吸收，劳动力得以维持和再生产自身。从工人的立场来看，这种流通就是 W—G—W，其中货币只是作为转瞬即逝的商品等价形式执行职能。（A＝劳动力；因此这种流通＝A—G—W，劳动力和归个人消费的商品相交换。在这里会出现微不足道的货币贮藏现象。）必要生活资料是劳动力的物质要素。在这种意义上，我们以前曾将必要生活资料称为可变资本的物质要素。如果我们将必要生活资料视为辅助材料，在生产过程中必须向劳动力追加这些辅助材料并由其加以消耗，以便使劳动力维持活动，就像给蒸汽机追加煤和水一样——对工人阶级的绝大部分来说，情况当然就是如此——，那么是资本家为机器购买这些辅助材料，同时他却给工人货币,让工人自己购买这些辅助材料。①

但是,在区分固定资本和流动资本的场合,我们恰恰要探讨一定的形式,探讨事物的直接形式。资本家将其货币转化而成的,是劳动力。他在生产过程中消耗的,就是这种劳动力。对劳动力的消费就是劳动本身,而劳动在劳动过程持续期间完全实现在它所生产的产品的价值中。相反,货币和生活资料的交换以及这些生活资料的消费,并不是生产过程的直接要素。这些必要生活资料的一部分,例如衣服、住房、家庭用具等,并不是直接地完全被消耗掉,而是经历一系列的劳动过程,劳动力在这些劳动过程中在一定时间内被完全消费掉,从而将自身价值＋剩余价值转移到产品中。

因此,如果我们说可变资本是流动资本,那么这只是就预付可变资本的周转和补偿方式而言。相反,我们不会说,必要生活资料构成流动资本的一部分。这种说法只有在资本家(例如农场主)以实物形式进行支付的场合才是正确的。在这种情况下,确实是以生活资料的形式向工人预付的资本价值直接构成资本家的流动资本的一部分。

(c) 流行的说法(亚·斯密就已经这样说了)是:货币
　　对于单个人是流动资本,对于社会是固定资本

首先,要使货币成为**流动资本**,成为具有这种规定性或这种特定职能的资本,货币必须**作为资本一般**,作为**资本价值的货币形式**执行职能。这是货币成为**货币资本**的一般规定,而货币是在它的回流运动中,在它向出发点的回流中证明自己是货币资本的。这样的货币

---

①　关于最后两句话的内容,参看《马克思恩格斯全集》中文第 2 版第 42
　　卷第 588、597、628、764 页。——编者注

资本只能以如下形式执行职能：(1)作为资本价值被**预付**的形式，也就是说，货币资本在这里作为流通手段或支付手段执行职能；(2)作为已经增殖的资本价值流回的形式，作为资本的**回流形式**；(3)在这两种形式上，货币都可能间歇地或者也可能不间断地——尽管量是变动的(量会减少或增加)而且由不断更新的货币构成，从而货币量由不断流出和流入的组成部分构成——采取**贮藏货币**的形式，而这种贮藏货币在这里作为**准备资本**执行职能，或者是作为购买和支付所需的准备金执行职能，即随时准备去补偿资本的流动组成部分，(在这里，货币资本只是在间歇期间**暂停使用的**流通手段或支付手段，它等待着资本的流动部分必须通过新的购买或支付来**补偿**的期限到来**90**)，或者是作为固定资本的**折旧基金**执行职能。最后，[这样的货币资本]是作为**积累基金的货币形式**[执行职能]，也就是说，从与资本价值一起流回的剩余价值中取出一部分储备起来，用于新的资本形成。这个部分形成**贮藏货币**，直到这个贮藏货币达到一定量或出现一定机会，使它可以作为**追加资本**执行职能。这个部分**自在地**、按照使命来说才是货币资本。

　　资本的**货币形式**和**商品形式**，或者说，货币资本和资本的商品形式，都是属于流通领域的资本价值形式，而在货币形式上，资本价值处于始终可以流通的形式上。但是，货币并不因此就成为与**固定资本**相对立的**流动资本**，而只有这种对立才构成流动资本的独特规定。在货币形式上，资本价值构成①**生产资本**的一部分。但是，由于流动资本和固定资本的规定只是来源于生产资本的不同组成部分向产品追加价值的方式，因此这些规定中的任何一个都不可能适用于货币。

---

　　①　手稿中原文如此，参看本卷第 235—236 页。——编者注

〔有必要不说**流动资本**〔cirkulirendes Kapital〕,而说**流动资本**〔flüssiges Kapital〕。〕〔也许说**创业资本**和**经营资本**? 但是,创业资本并不需要必然具有固定资本的属性?〕

　　[57]〔**货币资本**,就其(1)作为**折旧基金**或(2)作为**积累基金**(即再转化为资本的剩余价值的货币形式)存在而言,在任何情况下都是(1)**贮藏货币**,(2)构成**准备金的贮藏货币**,这种准备金的最终职能处于暂歇状态。折旧基金按照固定资本的周转时间,只有经过**较长的间歇期间**,才需要在同一个企业中以机器、建筑物等使用形式补偿固定资本。在这个或长或短的间歇期间内,预付资本的这个价值部分不需要在企业中执行职能,它只会进入未来的资本的增殖过程。预付资本价值的一部分流回来,但却并不直接再次开始它的职能。它的职能暂时停止了。在职能暂停的这个间歇期间内,这部分价值是**可供支配的货币资本**。**积累基金**的货币形式的情况同样如此。所以,货币资本可以在这两种形式上按照一定利息贷出。随后,货币资本就在另一个企业中作为**资本价值**、作为自行增殖的价值执行职能。〕

　　我们已经看到,流动的资本部分必须不断地在每一次周转之后从货币形式再转化为商品,而这些商品构成流动资本部分的生产形态;货币在这里只是作为转瞬即逝的等价形式存在,它不同于构成固定资本价值的折旧基金的那部分流回的货币。流动资本的可变组成部分——投在工资上的组成部分——,和流动资本的周转时间相比,必须更频繁地得到补偿,从而更频繁地以货币形式支出。所以,这个部分必须不断地以货币形式存在,以便不断地转化为流动资本的这个部分。因此就产生了错觉,以为货币是与固定资本相对立的流动资本。但是,并不是货币而是货币转化而成的流动的资本组成部分,在这里作为流动资本执行职能。流动资本在其周转中不断地变换货币形式和商品形式,这种情况既不会使货币成为流动资本,也不会使商品本身成为流动资本。这种情况只是证明,对于流动资本来说,货币资本、生产资本、商品资本这三种形式变换得更快——因此,如果从整体上考察流动资本,尽管有着不同的量的比例,流动资本必定更为经常地同时存在于这三种形式中——相比于固定资本而言。

就社会而言,现存货币量确实可以被视为流通机器或流通工具。但是,在这里恰恰表明,由此就将固定资本的规定用于货币是多么错误。作为货币执行职能的金和银的量会有磨损,正如劳动资料在生产过程中会磨损一样。磨损的货币必须被新的货币补偿,正如磨损的固定资本必须被补偿一样。但磨损的货币如何被补偿? 固定资本的损耗作为价值部分转移到产品中。劳动资料由于磨损而丧失多少价值,产品就获得多少价值。因此,这是价值从生产资料向产品的单纯转移。而通过产品出售,通过产品转化为银或金,固定资本在其使用期间丧失的价值部分以货币形式流回来。这个价值部分和以前一样存在。它只是经历了形式变换。它首先作为固定资本的价值部分存在,然后作为产品价值的部分存在,最后作为货币存在=最初货币向固定资本转化时预付货币的一个**份额**。**磨损的货币的补偿**则不是这样。货币并不进入产品。它只是构成商品的**等价形式**,不管这些商品是劳动资料还是别的什么。货币与商品的价值相交换。但是,货币永远不会构成商品的一个价值组成部分。货币的磨损不会向商品追加一个价值原子,货币是作为这些商品的等价形式进行流通,或者说,它作为这些商品的流通手段而存在。货币本身由于量的损失而丧失的价值,并不作为价值部分转移到任何产品中,因此也不可能通过产品出售或者说产品价值的实现而得到补偿。补偿必须是通过用国民产品的一个追加部分交换新的金或银来实现。在生产资本形式或收入形式上,对于生产消费和个人消费来说,这些价值是绝对地丧失了。磨损的金和银丧失了,就好像被扔进了大海一样。它们必须得到补偿,就像例如由于意外事故、火灾等而被毁掉的那部分固定资本或流动资本必须得到补偿一样。这一点最有力地表明,将固定资本和流动资本的范畴运用到货币上,甚至在货币作为资本的货币形式执行职能的情况下这样做,是多么错误。

(d) 亚·斯密第二篇第一章:见第 186 页及以下几页①:

在这里,亚·斯密非常清楚,**价值**只是通过它的职能才成为资本,或者说资本本身只是**价值的一种职能**。他后来又将资本作为纯粹的物对待,例如说流动资本由什么什么东西"构成",而不是说这些东西等在什么什么条件下获得流动资本和固定资本的职能,这只是不断地进行混淆。②

[58]亚·斯密在同一章中说:

"一个资本可以有两种不同的使用方法,都会给它的使用者提供收入或利润。"③(应该说,有两种方法可以**在资本的职能上**使用**价值**,也就是说,可以为价值的使用者提供**剩余价值**。)

"第一,一个资本可以用于耕种、制造或购买,再把由此得到的货物卖掉而

----

① 参看亚·斯密《国民财富的性质和原因的研究》第 2 篇第 1 章《论资本的划分》1848 年阿伯丁版第 184—186 页。——编者注

② 同上,第 185 页。——编者注

③ 见亚·斯密《国民财富的性质和原因的研究》1848 年阿伯丁版第 185 页。另外参看《资本论》第二册第 II 稿第 58 页(《马克思恩格斯全集》历史考证版第 2 部分第 11 卷第 141 页),《马克思恩格斯全集》中文第 2 版第 45 卷第 212、217 页。——编者注

取得利润。"①

（这里有两个错误。首先，**固定资本**和**流动**资本一样被用于"耕种和制造货物"，再卖掉它们获得利润。其次，亚·斯密在这里将用于**生产利润**的产业资本与**商业资本**混杂在一起，而商业资本的作用，就赚钱来说，只限于使其使用者占有一部分已经生产出来的**利润**。亚·斯密非常清楚这个区别，他很快就表明了这一点，因为他几乎是同时说：

如果"资本投在住宅上"，……"而且如果住宅用来租给租佃者以获取租金"，那么住宅"会给它的所有者提供收入，因此会对他执行资本的职能，但是绝不会给公众提供收入〈因为"住宅本身不能生产任何东西"〉，不会对公众执行资本的职能"。②

因此，商业资本能给其使用者带来利润，使他分享已经生产出来的利润，但它不能生产利润。亚·斯密按照其惯常的方式，从他自己在其著作的某些部分中阐述的更为隐秘和更为真实的观念，滑向贯穿这一整章的庸俗观念：利润似乎是通过**出售货物**而**产生**的；然而，货物的出售只能实现事先就已经存在于货物中的利润或剩余价值。充当固定资本或流动资本只能是**生产资本**的职能。

"这样使用的资本，在仍然被它的使用者占有或保持原状时，不会给他提供收入或利润。"①

---

① 见亚·斯密《国民财富的性质和原因的研究》1848 年阿伯丁版第 185 页。另外参看《资本论》第二册第 II 稿第 58 页（《马克思恩格斯全集》历史考证版第 2 部分第 11 卷第 142 页），《马克思恩格斯全集》中文第 2 版第 45 卷第 213、220 页。——编者注

② 见亚·斯密《国民财富的性质和原因的研究》1848 年阿伯丁版第 186 页。另见《资本论》第二册第 II 稿第 63 页（《马克思恩格斯全集》历史考证版第 2 部分第 11 卷第 154 页），《马克思恩格斯全集》中文第 2 版第 45 卷第 227 页。——编者注

这里发生了混淆。固定资本和流动资本的不变部分,通过协助榨取剩余劳动,在**剩余价值**或利润的**生产**中发挥作用。**收入**在这里糟糕地与**利润**混杂在一起。利润是被生产出来的东西。**收入**是利润的一种形式,利润在这种形式上对于其占有者来说获得了可供支配的形式(变得可供使用)。

亚·斯密然后又回到这里完全离题的**商业资本**,他说:

"商人的货物在没有卖掉而换得货币以前,不会给他提供收入或利润;而货币在没有再换得货物以前,也是如此。他的资本不断地以一种形态离开他〈也就是说,货物或货币的形态〉,以另一种形态〈也就是说,货币或货物的形态〉回到他那里,并且只有通过这样的流通或连续的交换,才能给他提供利润。因此,这种资本可以非常恰当地称为流动资本。"①

因此,在这里,**流动**资本不过是在流通领域发挥作用的资本,也就是说,是以**商品**或者**货币**的形式存在,并且经历这两种形式的相继变化的资本。这种意义上的流动资本是与**生产资本**相对立,而不是与**固定资本**相对立。由于商人的资本总是以货物或者货币的形式存在,永远不会以生产资本的形式存在,他的资本可以被称为与生产资本相对立的**流通资本**。②

"第二,它可以用来改良土地,用来购买有用的机器和劳动工具,或者用来购买这一类东西,这些东西不必更换所有者或进一步流通,就可以提供收入或

---

① 见亚·斯密《国民财富的性质和原因的研究》1848年阿伯丁版第185页。另见《资本论》第二册第Ⅱ稿第59页(《马克思恩格斯全集》历史考证版第2部分第11卷第144页),《马克思恩格斯全集》中文第2版第45卷第214页。——编者注

② 参看《资本论》第二册第Ⅱ稿第59页(《马克思恩格斯全集》历史考证版第2部分第11卷第144页)。——编者注

利润。因此,这种资本可以非常恰当地称为固定资本。"①

首先,所有固定资本,就其**价值**而言,都进行**流通**;并且恰恰是**固定资本流通的独特形式**②赋予它**固定资本**的特征(给它打上固定资本的烙印)。

货币可以用来购买机器等并再次将其出售。那么这些东西就是"流动"资本。通过变换所有者,利润并不是被生产出来,而是**得以实现**。价值本身,不管是存在于固定资本中,还是存在于流动资本中,永远不会被卖掉〔也许除了在信贷的场合〕;但是,价值的一种形式会被抛弃,同时它又采取另一种形式。

[59]"租地农场主投在农具上的那部分资本是固定资本,投在他的雇工的工资和给养上的那部分资本是流动资本。他从前一种资本取得利润,是由于他把它保留在自己手里;他从后一种资本取得利润,是由于他把它卖掉。役畜的价格或价值,和农具的价格一样,是固定资本;它的给养,和雇工的给养一样,是流动资本。租地农场主取得利润的方法,是保留役畜,而卖掉它的给养。〈他指的是其他役畜的给养。〉不是为了役使,而是为了出售才买来肥育的牲畜的价格和给养,是流动资本。租地农场主把它们卖掉而取得利润。③ 在一个从事畜牧业的国家买入一群羊或一群牛,既不是为了役使,也不是为了出售,而是为了利用它们的羊毛、牛奶和繁殖物来取得利润,这样的羊群或牛群就是固定资本。取得利润的方法是保留它们。它们的给养是流动资本。取得利润的方法是卖掉这些给养;在羊毛、牛奶和繁殖物的价格中,这些给养又流回来,既带着它们

---

① 见亚·斯密《国民财富的性质和原因的研究》1848年阿伯丁版第185页。另见《资本论》第二册第Ⅱ稿第59页(《马克思恩格斯全集》历史考证版第2部分第11卷第145页),《马克思恩格斯全集》中文第2版第45卷第216页。——编者注

② 在手稿中,马克思在"形式"上面又写下了"方式"一词。——编者注

③ 见亚·斯密《国民财富的性质和原因的研究》1848年阿伯丁版第185—186页。另见《资本论》第二册第Ⅱ稿第62页(《马克思恩格斯全集》历史考证版第2部分第11卷第151页),《马克思恩格斯全集》中文第2版第45卷第223、224页。——编者注

自身的利润〈纯属废话!〉,也带着牲畜全部价格的利润。种子的全部价值也恰当地是固定资本。〈他说的是"种子的价值";他不敢说"种子",因为种子在生产过程中和煤、机油等一样被分解了。〉虽然种子往返于土地和谷仓之间,但它从不更换所有者,所以实际上并没有进入流通。〈所有作为资本被投入的价值都只是往返于工厂和市场之间等,同样可以说它"实际上并没有进入流通"。〉租地农场主取得利润,不是靠种子的出售,而是靠种子的繁殖。①"(靠**种子**作为种子的繁殖?)

这真是肤浅和浅薄得令人厌恶,比**重农学派**[88]给出的解释要糟糕得多。一个人确实是通过出售货物即制成品来**实现自己的利润**;但是相反,他只有通过让那些用于制成这些产品的生产资料和劳动力活动起来才能取得利润。在这种意义上,羊毛和煤等同样是固定资本,和用来加工它们的工具等一样。结论就是如此。只要资本被固定在生产领域中,它就是固定资本;如果转化为可以出售的货物,它就变成流动资本。这无非是将一方面资本的生产形式,与另一方面资本的流通形式即货物形式和货币形式区分开来。

"原料和辅助材料(即不变流动资本的物质要素)丧失了它们作为使用价值进入劳动过程时所具有的**独立形态**。真正的**劳动资料**却不是这样。"(固定资本的物质形态却不是这样。)劳动资料"只有保持**原来的形态**","**与产品**相对保持着独立的形态","才能在劳动过程中发挥作用"(第一卷第 169 页)。②

① 本段从"种子的全部价值"至此的内容,参看亚·斯密《国民财富的性质和原因的研究》1848 年阿伯丁版第 186 页。另见《资本论》第二册第 II 稿第 62 页(《马克思恩格斯全集》历史考证版第 2 部分第 11 卷第 152 页),《马克思恩格斯全集》中文第 2 版第 45 卷第 225 页。——编者注

② 参看《资本论》第二册第 II 稿第 63 页(《马克思恩格斯全集》历史考证版第 2 部分第 11 卷第 153 页),《马克思恩格斯全集》中文第 2 版第 42 卷第 196 页。——编者注

　　亚·斯密将这一点肤浅和错误地表达为,劳动资料之所以给它的使用者提供"利润",只是因为它保留在他手中,而流动资本之所以这样,只是因为它从他手中离开。

关于周转和成本价格利润率、
年利润率、一般利润率等的研究

（I）成本价格利润率和年利润率之间的差异

〔I〕引　　言

　　我们从后面的研究中会看到,只有成本价格利润率才能表现剩余价值率或劳动剥削程度。利润率$\frac{m}{C}<\frac{m}{v}$,但是,如果资本构成既定,而且假定商品按其价值出售,那么利润率就表现剩余价值率。例如在$\frac{100_m}{(400_c+100_v)}$中,100％的剩余价值率表现为 20％的利润率,也就是说,存在于产品中的剩余价值通过与产品中包含的和再生产出来的预付资本价值的比率表现出来。但是,这只适用于资本在执行职能中的实际构成,而不适用于资本在其**预付**形式上的构成。此外,只有在资本总价值一年周转一次的场合,$\frac{m}{C}$作为一般利润率才能表现剩余价值率等。如果资本总价值的周转一年不到一次,那么剩余价值率就表现得太小;如果一年周转多于一次,那么剩余价值率就表现得太大。资本在一年中周转更多或更少,这会改变利润率和所创造的剩余价值的量。这丝毫不会改变实际的劳动剥削程度。周转的

次数只是表明,在一年中用同样的预付资本价值可以重复多少次劳动的榨取过程。〕(I.)

[60]（1）例如资本 500,在有机构成既定和剩余
价值率既定的情况下,一年周转一次

我们已经看到:只要 m 按照总资本来计算,而不是只按照 m 从中产生的资本的可变组成部分来计算,**剩余价值率**$\dfrac{m}{v}$就转化为利润率$\dfrac{m}{c+v}$。

然而,在$\dfrac{m}{c+v}$中已经假定,摆在我们面前的是总价值＝c＋v|＋m 的商品。然后,我们计算包含在商品中的剩余价值就是按照商品中部分为保存下来的、部分为再生产出来的资本价值——总的来说,我们可以说按照**再生产**的资本价值计算,这是因为,即使只是再现的资本部分即不变资本部分,也是以新的使用形式再现。

如果生产条件保持不变——一般来说,在这个研究中都要假定这一点,因为要研究的恰恰就是在生产条件既定和保持不变时情况如何——,那么任何一个新商品量 c＋v|＋m 都按照相同的构成生产出来。因此,在分析$\dfrac{m}{c+v}$时,我们可以说,剩余价值的计算并不仅仅是按照它在商品量 c＋v|＋m 中所占的比率,而且是按照**在生产剩余价值的范围内 c＋v 被预付**的一般比率,或者如果愿意,可以换一种表达,是按照**在生产剩余价值的范围内 c＋v 被消费**的一般比率。实际上,c＋v 是商品的**成本价格**,我们称之为 K。因此,$\dfrac{m}{c+v}$＝$\dfrac{M}{K}$。**商品成本价格利润率＝π**。

与之相比,如果我们按照在任意一个商品量 c＋v|＋m 的生产中**所使用从而所预付的全部资本**计算 m,那么不进入**商品成本价格**

的**固定**资本也会进入生产。这是因为,只有转移到商品产品上的固定资本价值部分才构成商品成本价格的一个要素。如果将这个所使用的资本一并计入 c+v,那么就会得出不同于 π 的另一个利润率。但是,这个利润率每天也都会变化。这是因为预付固定资本的价值每天都会减少,也就是说,生产相同的商品量 **c+v|+m 所使用的**固定资本的价值每天都会减少。

然而,固定资本价值并不是为单个的生产行为等而**预付**,而是为将较长期间内职能包含在内的生产过程而预付。一般来说,资本主义生产的生命不是为期一天的生命,而是包括整个周转周期,固定资本价值的再生产时间的尺度是年。所以,利润率要按照年计算,或者说要作为**年利润率=p** 计算。

我们已经看到(第二册第二章),按照可变资本部分(即流动资本部分,它的一部分由可变部分构成)周转的不同情况,**年剩余价值率**不同于按照每个产品部分中包含的有酬劳动量和无酬劳动量计算的**剩余价值率**。因为剩余价值率$=\dfrac{m}{v}$。[①]如果 v 例如一年周转 3 次,那么**年剩余价值率**$=\dfrac{3\times m}{v}$,而不是$=\dfrac{3\times m}{3\times v}$,尽管实际上为了获取 3×m,v 必须被支付 3 次,即支付 3×v。但是,v 被支付 3 次,恰恰是因为它先后被预付 3 次。如果它不是周转 3 次,那么,为了推动同量劳动,从而也推动同量剩余劳动,就必须预付 3v,而不是同一个 v 连续被预付 3 次。**年剩余价值率**在后一种场合$=\dfrac{3m}{3v}=\dfrac{m}{v}$,在前一种场合$=\dfrac{3m}{v}$。或者一般来说,如果 n=可变资本的周转次数,那么年剩余价值率$=\dfrac{m\times n}{v}$。

---

① 　参看《马克思恩格斯全集》中文第 2 版第 38 卷第 284—285 页。——编者注

〔附带说明：〔A〕**[91]** 如果我们将按照可变资本一次周转计算的剩余价值率，或者说在每一个生产行为中计算的剩余价值率（也就是包含在每个可除产品部分中的剩余价值率）称为 r，将**年剩余价值率**称为 r′，那么 **r′ 可能大于 r，但绝不可能小于 r**。这是因为，可变资本在生产中会被全部消费掉。假定**生产期间持续超过一年**，那么流动资本部分也不能在一年中完成周转，而是例如在 $\frac{5}{4}$ 年中周转一次。就是说，流动资本部分预付 $\frac{5}{4}$ 年。但是，如果我们将 K 即成本价格化为 K′，也就是说，将只涉及被消费的流动资本的那部分成本价格化为 K′，那么 $\frac{5}{4}$ 年的商品价值包含着 **K′+M**，完全和商品价值的任意一个**可除部分**包含着 k+m 一样；或者说，K′+M，不管这是多长期间的产品，＝n(k+m)。根据可除部分(k+m)与(K+M)①的比率不同，n 会变大或变小。在任何情况下，$\frac{m}{k}$ 的比值都＝$\frac{M}{K}$ 的比值。**预付可变资本可能小于所使用的可变资本，但绝不会大于它**。假定我们将可变资本的量称做 V。如果 V **一年周转一次**，那么 V＝K，即等于年产品中由工资构成的价值部分。而且，如果每个可除产品部分的剩余价值率 r 是既定的，那么 V 的价值产品＝K+M。M 等于包含在年产品中的剩余价值的量。所以，**年剩余价值率** R＝$\frac{M}{K}$＝$\frac{M}{V}$＝$\frac{m}{v}$＝r，这是因为，既然价值产品的每个可除部分＝k+m＝v+m，那么 $\frac{M}{V}$＝$\frac{m}{v}$(n)。因此，在这种场合，R＝r，也就是说，年剩余价值率＝按照 k 或 v 计算的剩余价值率＝r。（按照产品每个可除部分的成本价格中由工资构成的部分计算的剩余价值。）

如果可变资本例如一年周转 3 次，那么 K＝3V。所以 $\frac{M}{V}＞\frac{M}{K}$

---

① 手稿中原文如此，"(K+M)"似应为"(K′+M)"。——编者注

$\left(\text{或}\dfrac{M}{3V}\right)$。

[61]但是，即使在这种场合，也是 $\dfrac{M}{K}=\dfrac{m}{k}=r$，尽管 $\dfrac{M}{V}=\dfrac{\dfrac{M}{K}}{3}>$ $\dfrac{M}{K}$。这里出现了年剩余价值率即按照**预付**可变资本计算的年剩余价值，和按照所消费的可变资本计算的剩余价值之间的差异，但是**所使用的可变资本和所消费的可变资本**之间并没有出现差异。

如果 V 在 $\dfrac{5}{4}$ 年中才周转一次，并且 K 是一年当中预付的工资或包含在年产品成本价格中的工资，那么，$K+\dfrac{1}{4}K$ 即 $\dfrac{5}{4}K$ 就是包含在 $\dfrac{5}{4}$ 年产品中的工资。因此包含在 $\dfrac{5}{4}$[年]产品中的也就是 $\dfrac{5}{4}M$，V 即预付资本就 $=\dfrac{5}{4}K$，而剩余价值率 $=\dfrac{\dfrac{5}{4}M}{\dfrac{5}{4}K}=\dfrac{M}{K}=$ 年剩余价值率。在这里，如果 V 增加 $\dfrac{1}{4}$，那么 M 也增加 $\dfrac{1}{4}$。

[B]假定可变资本 $=500$，剩余价值率 $=100\%$。因此，价值产品 $=1\,000$，剩余价值 $=500$。

如果可变资本一年周转一次，那么价值产品 $=500_v+500_m=1\,000$，而**剩余价值率** $=\dfrac{100}{100}$，等于按照价值产品的成本价格计算的比率 $=m'$。

如果可变资本一年周转 3 次，那么价值产品 $=3\times500_v\,|+3\times500_m=3\,000$。剩余价值率 $\dfrac{1\,500}{1\,500}=\dfrac{100}{100}$。**按照价值产品的成本价格计算的剩余价值率保持不变**。但是，**年剩余价值率**，也就是说，按照**预付可变资本**计算的年剩余价值 $=\dfrac{1\,500}{500}=\dfrac{15}{5}=\dfrac{3}{1}=300\%$。如果可变资本 500 在 $\dfrac{5}{4}$ 年中周转，那么价值产品 $=500_v+500_m=1\,000$。**按照成本价格计算的剩余价值率** $=100\%$。而如果 500 在 $\dfrac{5}{4}$ 年中周转，那么在一年中周转的就只 $=\dfrac{4\times500}{5}=400$。[92]实际上，在一年当中只

预付 400，这 400 生产出 400 剩余价值，年价值产品 = 800[93]，即一年当中预付和消费的可变资本的总额。使用的可变资本不会大于消费的可变资本，尽管预付的可变资本可能会小于使用的可变资本。使用的可变资本 = 消费的可变资本。除了消费的资本，不存在使用的资本，不存在未消费但却使用从而预付的资本，就像在固定资本的场合那样。但是，这 800 镑直到 $\frac{5}{4}$ 年结束时才会实现。它在 $\frac{1}{4}$ 年中无法利用。接下来的 100 在 $\frac{1}{4}$ 年生产出 100，〔它们〕到这 $\frac{1}{4}$ 年结束时才会实现。因此，在 $\frac{5}{4}$ 年当中预付 500，这 500 生产出 500。但是，在 $\frac{5}{4}$ 年当中预付 500，就相当于在一年中预付 400，或者说，对于在 $\frac{5}{4}$ 年当中预付的 500 来说，年剩余价值率 = $\frac{400}{500}$ = 80%，小于价值产品每个部分的剩余价值率，后者 = $\frac{100}{100}$。在这里，年剩余价值率把实际的剩余价值率或劳动剥削程度按照小 20% 表现出来。差异的产生不是由于如下情况，即实际为某个生产期间**预付**了可变资本，但这些可变资本**没有在生产上被使用或消费**，就像在固定资本的场合那样；而是由于如下情况，即实际被消费从而已经作为产品的价值部分存在的可变资本（包括它追加的剩余价值），**不能继续在生产上被使用**，因为它存在于其中的产品作为总产品的连续部分固定在生产领域，而总产品直到以后才能流动。这部分可变资本以一种**潜在**状态存在，它在这种状态中不能重新作为可变资本执行职能或剥削劳动。但是，这部分可变资本的固定状态是生产过程本身的必要条件。对于资本家来说，这就相当于他是将 500 资本在一年中预付 400、再将 100 预付 $\frac{1}{4}$ 年，还是将 400 预付 $\frac{5}{4}$ 年、再将 100 预付 $\frac{1}{4}$ 年。在这里，损失或差异产生的原因在于，最初 $\frac{4}{5}$ 年①中投入的可变资本是**不可**

① 手稿中原文如此，"$\frac{4}{5}$ 年"似应为"1 年"。——编者注

流动的,不可实现的。这就完全相当于如下情况:500镑可变资本在一年结束时就以制成品即商品资本的形式存在,而在出售之前又在$\frac{1}{4}$年内作为商品资本在市场上流通。

如果年剩余价值率小于实际的剩余价值率,或者说,小于按照一年内实际预付、从而也被消费的可变资本计算的剩余价值率,那就会有一个差数,而这个差数绝不是产生于所使用资本和所消费资本之间的差数,而是产生于如下情况:一部分被消费的资本不能重新再被使用,它处于**潜在的**、闲置而非活跃的形式上。相反,在固定资本的场合,π和p之所以产生差异,是由于在一年内预付从而也被使用的资本中有一部分[62]未被消费。年剩余价值率的差异取决于流动资本的周转,而年利润率的差异则取决于流动资本与固定资本的比率以及固定资本的周转时间。

为生产而预付和消费的可变资本之间的实际差异只能产生于生产过程的中断等等,例如一定数量的工人被雇用一年而过程被中断等等。

第二个**附带说明**:G—W开启了资本的周转。根据G能够较快或较慢地转化为W,G不能作为生产资本执行职能的时间就较长或较短。对于流动资本来说,根据交通运输工具等的不同,根据流动资本的不变部分能够较快或较慢地被更新,就必须有较大或较小部分的原料等以**储备**形式作为生产资本的要素准备好,也就是被预付。如果缺少工人,那么一部分资本可能无法执行职能。固定资本的情况就不一样。在这里可能要持续较长或较短时间,G才能转化为固定资本,例如转化为一座厂房。在[G]完成转化之前,它不是执行职能的资本,也就不是自行增殖的资本。

流动资本的**周转时间**取决于中等的正常时间,在这段时间里一部分流动资本处于闲置状态，一部分进行流通，还有一部分进行生产。处于闲置状态的，有必须准备好以供逐渐在生产中被消费的**那些生产性商品价值**；有回流前必须准备好以供支付工资的那部分货币；最后，还有存放于仓库中、还未进入流通即投入市场的那部分制成品。流通的是处于市场上的那部分商品产品。这些条件决定了周转时间，从而也决定了持续处于生产过程中从而能够增殖的那部分资本。周转时间恰恰＝**资本的增殖时间和非增殖时间的总和**。后者越短，前者就越长，从而实际作为生产资本发挥作用的那部分预付资本就越多。但是，在**流动**资本**被预付**但不被使用的时间内，它没有为了**生产**而被预付。而这种区别不是产生于流动资本为生产而**被预付和被消费的价值**的差异。流动资本在这两种形式上都是**被使用的**。更确切地说，在流动资本的场合，只是在时间上有区别，即它**在生产上被使用**的时间（或者实际作为生产资本执行职能的那部分流动资本），以及或作为货币资本或作为商品资本执行职能的那部分流动资本，或者为未来职能做好准备的作为闲置①生产资本的那部分流动资本。〕

现在回到我们的研究。

年利润率＝$\dfrac{M}{C}$＝p；成本价格利润率＝π。

因此，尽管我们在后面将会看到，年利润率对于资本的运动极其重要，我们还是应该首先研究年利润率 p 和成本价格利润率 π 之间的关系。

我们知道，预付资本价值的周转总是由$\dfrac{K}{C}$决定；这里 K＝年商品产品的成本价格，C＝为生产这个商品产品而预付的资本价值。

---

①　在手稿中，马克思在"闲置"上面又写下了"潜在"一词。——编者注

如果$\dfrac{K}{C}=1$,或者说 K＝C,那么资本价值一年周转一次。因此,在资本每年周转一次的前提下,K＝C,从而$\dfrac{M}{K}=\dfrac{M}{C}$。在任何情况下,M 无非都是包含在年商品产品**价值**中的剩余价值量,因此就是在一年的不同时期中生产的各个剩余价值量的总和。

如果$\dfrac{M}{C}=\dfrac{M}{K}$,那么 p＝π。预付资本利润率＝成本价格利润率。

虽然暂时只能得出结论,年利润率或$\dfrac{年利润（M）}{预付资本}=\dfrac{年利润（M）}{每年生产的商品的成本价格}$,但我们已经得出$\pi=\dfrac{M}{K}$。所以,问题在于:是否$\dfrac{m}{k}=\dfrac{M}{K}$,或者说这两个比率的比值是否相同?

如果一年的产品 K＋M 是一个单件制品,因此它作为一个整体存在,那么很显然,$\dfrac{M}{K}=\dfrac{m}{k}$;也就是说,并不存在一个区别于$\dfrac{M}{K}$的$\dfrac{m}{k}$。

相反,如果商品产品 **k＋m** 是可分立的,是年产品的独立部分,从而是一年的一定时期例如[63]一周的独立产品,那么很显然,$\dfrac{M}{K}=\dfrac{n\cdot m}{n\cdot k}$。因此$\dfrac{M}{K}=\dfrac{m}{k}=\pi$。（这里假定生产条件保持不变,例如棉花在第一周不会比在此后任意一周花费更多。）

但是,有这样一些生产部门,例如农业,其中劳动在一年的不同时期会变化,既有质的变化,也有涉及可变资本和不变资本的构成方面的变化。

在任何情况下,K＋M 即年产品的价值都会等于例如k_1+m'、k_2+m''、k_3+m'''、k_4+m''''加在一起。这里k_1、k_2、k_3、k_4是不同的成本价格,可变资本也以不同比例的量进入这些成本价格。

这样,$K=k_1+k_2+k_3+k_4$,$M=m'+m''+m'''+m''''$。但是,并不是因此就是例如$\dfrac{m''}{k_2}=\dfrac{M}{K}$。$\dfrac{m'}{k_1}$等是不同的,按照成本价格计算,还存在不同的利润率 π、π'、π''、π'''。尽管剩余价值率始终相同,但不同量的可变资本进入各个局部产品中。同样,例如在农业中,年产品的不同部分可能有不同的周转,因为它们是在不同的期间被生产出来的。此外,在这些场合中,M 即年剩余价值要分配到不同的、分别执行职能的各个资本部分,而且是按照**这些资本部分成本价格的**各自的量进行分配。也就是说,在这种场合,$\Pi = \dfrac{M}{K}$,然后,Π 通过计算追加到 k、k_1、k_2 等每一个部分上。无论如何,$p = \dfrac{M}{C}$ 在这里不会偏离 $\Pi = \dfrac{M}{K}$,但它会偏离 $\dfrac{m^{'}}{k_1}$、$\dfrac{m^{''}}{k_2}$ 等,所以会偏离 π、$\pi^{'}$ 等,因为 π、$\pi^{'}$ 等会偏离 Π。我们把每一个部分 k_1、k_2 等在这里看做 K 的一定部分,**如果将年产品作为整体来考察**,每一个部分 k_1、k_2 确实如此;M 的一定部分就按 k_1、k_2 等作为 K 的比例部分所占的比率归于作为 K 的一定部分的 k_1、k_2 等。假定归于 K 的一定部分的 M 的比例部分例如是 m。这样,这些局部产品的出售价格就会不同于它们的价值。例如 $k_1 + m^{'}$ 的价值 $= k_1 + m^{'}$。但是,它的出售价格 $= k_1 + m$;同样,另外一个局部产品的出售价格 $= k_2 + m$,尽管它的价值 $= k_2 + m^{''}$。局部产品就这样被看做平均部分,作为成本价格进入局部产品的价值①的,是在这个局部产品中所实际消费的资本部分,但是同时只有与这一成本价格相应的一部分 M 即年剩余价值[进入局部产品的价值]。这样修正后 $\dfrac{m}{k} = \pi = p。= \dfrac{M}{K}$。或者说,问题还可以这样表达:

假定 $\dfrac{m^{'}}{k_1}$ 在一年中 $= \dfrac{M^{'}}{K_1}$,$\dfrac{m^{''}}{k_2}$ 在一年中 $= \dfrac{M^{''}}{K_2}$,$\dfrac{m^{'''}}{k_3}$ 在一年中 $= \dfrac{M^{'''}}{K_3}$,以及 $\dfrac{m^{''''}}{k_4}$ 在一年中 $= \dfrac{M^{''''}}{K_4}$。因此在一年当中预付的 K($= K_1 + K_2 + K_3 + K_4$)$= C$,同样 $M = M^{'} + M^{''} + M^{'''} + M^{''''}$。$\dfrac{M}{K}$ 不会偏离 $\dfrac{M}{C}$,但会偏离 $\dfrac{M^{'}}{K_1}$ 等。但在这些不同的每一个年产品当中,$\dfrac{M^{'}}{K_1}$ 这个成本价格利润率 $=$ 按照这个局部年产品中的预付资本计算的利润率,而

---

① 手稿中原文如此,“价值”似应为“出售价格”。——编者注

且$=\frac{m'}{k_1}$，$\frac{m'}{k_1}$不过是$\frac{M'}{K_1}$的一定部分，而且构成相同。为了使问题简化，下面撇开这种情况不谈。我们也可以用几个构成不同的资本，即几个独立的资本，而不是用一个构成相同的资本来说明问题，这不过使计算更困难，但丝毫不会使事情发生变化。这是因为，对于任一部分$\frac{M'}{K_1}$来说，它都等于$\frac{M}{C_1}$，并且$=\frac{m'}{k_1}$。因此，下面撇开这种情况不谈。

因此，在资本一年周转一次的场合，第一个重要特征是 p＝π，按照预付资本计算的年利润率＝按照成本价格计算的利润率。

在资本价值一年进行周转时表现出来的另一个重要现象，则涉及**资本的有机构成**。

假定预付资本 500 **的构成如下：**

C＝500＝400 固定资本或 400_{fc}（固定不变资本）$+76\frac{6}{23}_{crc}$ ①（流动不变资本）$+21\frac{17}{23}_{v}$（可变资本）。

如果我们按资本的固定组成部分和流动组成部分考察资本的构成，那么它是 400 固定资本和 100 流动资本。

也就是说 **$500C＝400_f+100_{circ}$**。

相反，如果我们考察资本的**有机构成**，也就是说，考察资本的可变组成部分和不变组成部分之间的比率，那么资本的组成是：

$C＝476\frac{6}{23}_c+21\frac{17}{23}_v$。在这里，可变部分占预付总资本 500 的$\frac{1}{23}$或 $4\frac{8}{23}$ ％。

我们现在假定，剩余价值率＝100％；此外，400 固定资本 10 年周转一次，也就是说，一年周转 40。

此外，为了使问题简化，年劳动计为＝**50 周**。

----

① 手稿中原文如此，"$76\frac{6}{23}_{crc}$"似应为"$78\frac{6}{23}_{crc}$"，参看本卷第 283、284、285 页。——编者注

由于总资本一年周转一次，所以 $K=C=500$。由于预付固定资本只有 $\frac{1}{10}=40$ 一年周转~~一~~次，所以流动资本构成年产品成本价格当中的 $500-40$ 即 460。所以，流动资本 100 的周转次数 $=\frac{460}{100}=\frac{23}{5}$。所以，流动资本的周转时间 $=$ 一年 50 周的 $\frac{5}{23}=10\frac{20}{23}$ 周。

流动资本 100 在 $10\frac{20}{23}$ 周中周转一次，它在一年中周转 $4+\frac{3}{5}$ 次。

[64]因此，在 $4\frac{3}{5}$ 周或 $\frac{23}{5}$ 周①——流动资本的周转时间——当中，流动资本进行周转，因为有 100 的流动资本，或者说 $=78\frac{6}{23}_{\text{circ.c.}}+21\frac{17}{23}_{\text{v}}$。此外，由于有 40_{f} 在 50 周中周转，在 $\frac{23}{5}$ 周①中有 $8\frac{16}{23}_{\text{f}}$ 进行周转。此外，由于剩余价值率 $=100\%$，因此，在流动资本的一次周转中形成的价值产品 $=$

在 $10\frac{20}{23}$ 周中： $\qquad 8\frac{16}{23}_{\text{fc}}+78\frac{6}{23}_{\text{circ.c.}}+21\frac{17}{23}_{\text{v}}|+21\frac{17}{23}_{\text{m}}=130\frac{10}{23}$

在 1 周中： $\qquad\qquad \frac{4}{5}_{\text{f}}+7\frac{1}{5}_{\text{cc}}+2_{\text{v}}|+2_{\text{m}}=$ 价值 12

最后，在 1 年中： $40_{\text{fc}}+360_{\text{cc}}+100_{\text{v}}|+100_{\text{m}}=$ 价值 600。②

如果我们现在考察产品的有机构成，那么 $=$

1 周: $8_{\text{c}}+2_{\text{v}}|+2_{\text{m}}$

同样 $10\frac{20}{23}$ 周 $=86\frac{22}{23}_{\text{c}}+21\frac{17}{23}_{\text{v}}|+21\frac{17}{23}_{\text{m}}$

年产品 $=400_{\text{c}}+100_{\text{v}}|+100_{\text{m}}$。

因此，资本的有机构成是 $80_{\text{c}}+20_{\text{v}}$。

在剩余价值率为 100% 的情况下，这样就得出 $\frac{20_{\text{m}}}{80_{\text{c}}+20_{\text{v}}}=20\%$。

按照成本价格计算的利润 $=20\%$，年利润率同样也是 20%，因为年产品的成本价格 $=500$，$=$ 预付资本 500 的价值。

---

① 手稿中原文如此，"$\frac{23}{5}$ 周"似应为"$10\frac{20}{23}$ 周"。——编者注

② "fc"和"f"是"固定不变资本"的缩写符号，"circ.c."和"cc"是"流动不变资本"的缩写符号。——编者注

现在首先要指出的是，执行职能的资本的有机构成不同于预付资本的有机构成。

500 资本的预付形式是 $400_{fc} + 78\frac{6}{23}_{cc}\ |\ + 21\frac{17}{23}_v$，或者说是 $478\frac{6}{23}_c + 21\frac{17}{23}_v$；从而预付可变资本只构成预付总资本的 $\frac{1}{23}$ 或 $4\frac{8}{23}\%$。或者说是 $95\frac{15}{23}_c + 4\frac{8}{23}_v$。

相反，资本在价值增殖过程中执行职能的形式，或者说，资本形成商品的成本价格的形式，则是：$80_c + 20_v\ |$，其中可变资本构成总资本的 $\frac{1}{5}$，或者说，构成总资本的 20%。

但是，成本价格利润率取决于在价值增殖过程中执行职能的资本的有机构成（这同时就是周转的资本价值的有机构成，因为周转的资本价值不过是在一系列周转期间执行职能的资本价值），也就是说，取决于预付可变资本与实际消耗的不变资本的比率，从而也取决于预付可变资本与实际消耗的总资本的比率，而实际消耗的总资本是指进入可变资本被预付和被消费期间的价值增殖过程的总资本。而成本价格利润率决定年利润率。

因此，当我们谈到资本的有机构成时，总是将其理解为在价值增殖过程中执行职能这一形式上的资本的有机构成，我们将这种形式上的资本简称为执行职能的资本，尽管全部预付资本虽然不是都在价值增殖过程中执行职能，却都在劳动过程中执行职能。固定资本只有一部分进入周期性的价值增殖过程。根据固定资本一般的更多或更快的损耗及相对量，固定资本有一个更大的部分进入价值增殖过程，从而在其他条件保持不变的情况下，资本的有机构成也会改变。

所以，当我们说资本的有机构成既定时，由此已经假定，预付固定资本的周转时间既定，从而固定资本进入执行职能的资本或进入商品成本价格的价值部分既定。

在目前这种场合,即在资本价值一年周转一次的场合,如果我们将年产品中的资本价值的量和构成或者说**周转的资本价值**的量和构成,与**预付的资本价值**的构成加以比较,那么我们会发现:

[65] **预付资本**　　**预付的形式**　　　**有机构成**

500　　　　　$400_{fc}+78\frac{6}{23}_{circ.c}$　　　$478\frac{6}{23}_c+21\frac{17}{23}_v$｜=

　　　　　　　$+21\frac{17}{23}_v$　　　　$95\frac{15}{23}_c+4\frac{8}{23}_v$

周转资本

500　　　　　$40_{fc}+360_{circ.c}$　　　400_c+100_v｜=

　　　　　　　$+100_v$　　　　　　80_c+20_v

周转资本的价值(或年产品的成本价格)=预付资本的价值,但是,预付资本已经按照不同的有机构成执行职能。周转资本的量可能会偏离预付资本的量,(如果周转不是每年一次的话),但是,**周转资本的构成**总是=**商品成本价格**的构成,也就是说,等于在价值增殖过程中执行职能的资本的构成。但是,这样一来,在剩余价值率既定的情况下,就决定了应按照 C 来计算的 M 的量,从而就决定了$\frac{M}{C}$,也就决定了 p 即年利润率。

预付资本价值在它每年周转一次的情况下=周转资本的价值或商品产品的成本价格,但它按照不同的构成执行职能。

在每年周转结束时,这一点会再次表现出来。流回的资本不像执行职能的资本价值那样由 80_c 和 20_v 构成,而是和预付资本价值的构成一样。

也就是说,我们在年底时拥有:

固定资本 360,固定资本损耗的价值 40 镑——这就是我们开始时曾拥有 400,只不过现在 360 是在固定资本的旧有使用形式上,40 沉淀为货币——$78\frac{6}{23}$要重新投在原料和流动不变资本的其他部分上,$21\frac{17}{23}$作为可变资本。

有人可能以为,既然固定资本每年损耗 40,那么在每年周转一次、构成保持不变的情况下,资本的年利润率必定每年都会发生变化。

例如,在第二年中预付 $400-40$ 即 360 固定资本,其他组成部分和以前一样。有机构成及周转和以前一样。

那么现在,年利润率就会 $=\frac{100_m}{460C}=21\frac{17}{23}\%$。

在第二年 $=\frac{100_m}{420C}=22\frac{18}{21}\%$ 等等。

但是,固定资本的损耗是通过平均计算分配到 10 年当中的。这种平均计算就假定了,固定资本的效能或它的使用价值每年减少 $\frac{1}{10}$。因此,如果说更少的固定资本被预付,那么产品量会按照同样的比率减少,也就是说产品量每年都会更贵,却不能实现这种更贵的价格。确实,固定资本在较长时间内尽管有损耗却保持相同的效能,但是,到后来固定资本每年减少的效能却会多于 $\frac{1}{10}$。因此,如果说利润率在周期的一部分中高于 20%,那它在另外一部分中会低于 20%。通过平均计算,这种情况会相互抵消。

因此,在资本每年周转一次的情况下就有两个特征:

(1)$\pi=p$。或者说,$\frac{M}{K}=\frac{M}{C}$。

(2)全部预付价值在价值增殖过程中执行职能,并作为年产品的成本价格再现出来,但其构成却完全不同于这一价值原来被预付时的构成。

(2) 在和以前一样的前提下,500 的 资本 C 一年周转不到一次

我们假定,资本 500 在多于一年的时间里进行周转;此外剩余价

值率相同，**有机构成**也相同，也就是说，**在价值增殖过程中执行职能的资本分为不变组成部分和可变组成部分的构成也相同。**[94]

[66]例如在$\frac{25}{22}$年中周转。于是在一年中周转的资本量＝预付资本价值$500\times$周转时间的倒数，这个倒数＝以年计量的周转次数，也就是说$=500\times\frac{22}{25}=20\times22=440$。周转资本 K 和预付资本 C 之间的**差数** δ 等于 60＝年周转次数和实际周转次数之间的差数$=1-\frac{22}{25}=\frac{3}{25}\times500=\frac{3}{5}\times100=60$。因此，如果资本不能一年周转一次，差数 δ＝预付资本$\times$1－周转时间的倒数得出的差数，$1-\frac{22}{25}=\frac{3}{25}\times500$。

本身很清楚的是，如果资本不能一年周转一次，那么在$\frac{K}{C}$年中周转，这里 K＜C，或者说 C－K＝δ，或者说 K＋δ＝C。

这个 δ 要按照上面所说的方式进行确定。

因此，成本价格 K＝C－δ＝500－60＝440。[95]

如果资本在**多于一年**的时间里周转，那么它就只有一部分在一年中周转。C－K＝δ；所以 K＋δ＝C。因此，在这种场合，p$=\frac{\pi K}{C}$；而且这是一切情况下**年利润率**的公式，不管资本周转或差数 K－C 或 K：C 这个比率是多少。这是因为，既然$\frac{M}{K}=\pi$，则 πK＝M。

如果 C＝K，那么 p$=\frac{\pi K}{C}=\frac{\pi K}{K}=\pi$。（这种情况还是要归入（1）。）

如果 K＜C，或者说 K＋δ＝C，那么 p$=\frac{\pi K}{C}=\frac{\pi K}{K+\delta}$。

因此，既然 p$=\frac{\pi K}{K+\delta}$，那么$\frac{p}{\pi}=\frac{K}{K+\delta}$。因此，由于 K＜K＋$\delta$，那么 **p＜$\pi$**。

如果资本 C＝K＋δ **一年周转一次**，那么利润量 M＝π（K＋δ）＝$\pi K+\pi\delta$；但是，现在利润量只＝π（C－δ）＝π（K＋δ－δ）＝πK。由此

可见,如果 $C=K+\delta$ 在一年当中全部完成周转,与 πK 相比的利润量的差数 $=\pi\delta$。

成本价格利润率是 $\dfrac{M}{K}=\pi$。而年利润率 $p=\dfrac{\pi \cdot K}{K+\delta}$。

差数 $\pi-p$ $=\pi-\dfrac{\pi \cdot K}{K+\delta}=\dfrac{\pi \cdot K+\pi\delta-\pi K}{K+\delta}=\dfrac{\pi\delta}{K+\delta}=\dfrac{\pi\delta}{C}$。

$\therefore \pi-p=\dfrac{\pi\boldsymbol{\delta}}{\boldsymbol{C}}$。

因此,按照这种计算就是:

$K=C-\delta=500-60$ 或 440

$K=440$。既然按照假定资本的构成相同,资本的可变部分 $=\dfrac{440}{5}=88$。

而产品价值 $=440_k+88_m=528$。

$\pi=20\%$。而 $\pi-p=\dfrac{\pi\delta}{C}=\dfrac{\frac{1}{5} \cdot 60}{500}=\dfrac{12}{500}=\dfrac{6}{250}=\dfrac{3}{125}=2\dfrac{2}{5}\%$。

因此 $\pi-p$ 或 $20\%-p=2\dfrac{2}{5}\%$。 $\therefore p=20\%-2\dfrac{2}{5}\%=\mathbf{17\dfrac{3}{5}\%}$。

($\pi-p=\dfrac{\pi\delta}{C}$;因此 $-p=\dfrac{\pi\delta}{C}-\pi$,而 $+p=\pi-\dfrac{\pi\delta}{C}$。$=20\%-2\dfrac{2}{5}\%=17\dfrac{3}{5}\%$。)

商品成本价格利润率 20%,得出年利润率 $17\dfrac{3}{5}\%$,即按照**预付**资本价值计算的年利润。

[67]因此,如果资本 C 一年周转**不到一次**,比如说,它在 n 年中周转,那么它在一年中周转的部分,或者说每年生产的商品的**成本价格** $=\dfrac{1}{n}C$,这里 n 是 C 的周转时间。因此 $\dfrac{C}{n}=K$。而差数 $C-\dfrac{C}{n}$ 或 $C-K=\delta$。所以 $\mathbf{K+\delta=C}$。因此,在这种场合,与利润率 π(成本价格利润率)相应的是**年利润率** p,

$\mathbf{p=\pi-\dfrac{\pi\boldsymbol{\delta}}{\boldsymbol{K+\delta}}=\dfrac{\pi C}{C}}$。($\pi-\dfrac{\pi\delta}{K+\delta}=\dfrac{\pi K}{C}=\dfrac{\pi K}{K+\delta}=\dfrac{M}{C}$)。但是,这里的问题恰恰在于下面这一点,而且这也是这个公式的目的:用一个 π

在其中作为构成要素的一般表达式来表示 p，将 p 用 π 计算出来，并且同时将差数 $\pi-p$ 计算出来，因为这里 $\pi>p$。

如果 $p=\pi-\dfrac{\pi\delta}{K+\delta}$，

那么 $p-\pi=-\dfrac{\pi\delta}{K+\delta}$

而 $\pi-p=+\dfrac{\pi\delta}{K+\delta}$。而这就是 π 和 p 之间的差数。

我们还打算简单地列出上面 500 资本这个例子的细节，以便在这一节结尾处作出一个说明。

资本 500 在 $\dfrac{25}{22}$ 年中周转。

所以，周转资本 $=\dfrac{22}{25}\cdot500=440$。$\delta=60$，$\pi=20\%$，因为剩余价值率 r=100%；440 包含的固定资本的价值部分=40，因为预付固定资本 400 在 10 年中周转，也就是说，$\dfrac{400}{10}=40$ 在一年中周转。因此，440-40f=成本价格 K 当中由 100 的流动资本形成的价值部分。或者说，如果我们称流动资本的周转次数为 n，那么 n×100=400，$n=\dfrac{400}{100}=4$。所以，流动资本在一年中的周转次数=4，流动资本的周转时间 $=\dfrac{1}{4}$ 年 $=12\dfrac{1}{2}$ 周（年劳动计为 50 周）。因此，在 $12\dfrac{1}{2}$ 周内周转的有 $100_{\text{cir.}}$+固定资本 10。（由于 40 在 50 周中周转，那么在 $12\dfrac{1}{2}$ 中 $=\dfrac{40}{4}=10$。）因此，在 $12\dfrac{1}{2}$ 周内周转的资本=110。此外，由于**有机构成**为 80_c+20_v，或者说 $v=\dfrac{C}{5}=$ 执行职能的资本的 $\dfrac{1}{5}$，所以 $=\dfrac{110}{5}=22$。因此，在 $12\dfrac{1}{2}$ 周内预付的流动资本的不变部分=100-22=78。

因此，在 $12\dfrac{1}{2}$ 周内进行周转或为此预付的资本 110 就是

$$10_{\text{fc}}+78_{\text{cir. c}}+22_v，$$

而产品价值 $=\mathbf{10_{\text{fc}}+78_{\text{circ.}}+22_v}|+22_m=\mathbf{132}$。

每周 $=\dfrac{4}{5}_{\text{fc}}+6\dfrac{6}{25}_{\text{circ.}}+1\dfrac{19}{25}_v|+1\dfrac{19}{25}_m$。

每年＝40$_{fc}$＋312$_{circ.}$＋88$_v$｜＋88$_m$。K＝440。W＝528。

（3）在其他前提相同的情况下，C一年的周转多于一次

这里在$\frac{K}{C}$中，K＞C。**K－δ＝C；C＝K＋δ**[①]。

假定资本500的**周转时间**是$\frac{25}{27}$年。于是周转资本K的量＝C×周转时间的倒数或周转次数。因此＝$\frac{27}{25}$C。K和C之间的差数δ，即周转资本和预付资本之间的差数δ＝年周转次数1＋实际超出的周转次数＝$\frac{22}{25}$[②]×预付资本＝$\frac{2}{25}$×500＝$\frac{2}{5}$×100＝2×20＝40。

因此，如果资本一年周转多于一次，差数δ＝**预付资本C×**它的**实际周转次数－1**即年周转次数（在上面的场合＝$\frac{27}{25}$－$\frac{25}{25}$＝$\frac{2}{25}$×C），或者说＝**预付资本C×**它的周转时间的倒数减去**年周转时间1**。

[68]年利润率p＝$\frac{\pi K}{C}$

$$\therefore p＝\frac{\pi K}{K－\delta}$$

$\frac{p}{\pi}＝\frac{K}{K－\delta}$。既然K＞K－δ，因此，在资本一年周转多于一次的场合，**p＞π**。

〔如果C一年周转一次，那么利润率π[③]＝πC。

但是现在它＝πK＝π（C＋δ）＝πC＋πδ。因此，**πK**即C一年周转多于一次时的**利润量**，与C一年只周转一次时的πK相比，它们之间的差数＝＋πδ。（在前面的场合，这个差数＝－πδ。）〕

因此，p＞π。差数是：

---

① 手稿中原文如此，"C＝K＋δ"似应为"K＝C＋δ"。——编者注
② 手稿中原文如此，"$\frac{22}{25}$"似应为"$\frac{2}{25}$"。——编者注
③ 手稿中原文如此，"利润率π"似应为"利润量πK"。——编者注

$$p-\pi=\frac{\pi K}{C}-\pi。\quad (\pi=\frac{M}{K}=\frac{\pi K}{K})$$

$$\mathbf{p}-\boldsymbol{\pi}=\frac{\pi K}{K-\delta}-\pi=\frac{\pi K-\pi(K-\delta)}{K-\delta}=\frac{\pi K-\pi K+\pi\delta}{K-\delta}=\frac{\pi\delta}{K-\delta}=\frac{\boldsymbol{\pi\delta}}{\mathbf{C}}。$$

如果 C 一年的周转多于一次，p－π，即年利润率和成本价格利润率之间的差数$=\dfrac{\pi\delta}{C}$。

如果 C 一年的周转不到一次，π－p，即年利润率和成本价格利润率之间的差数$=\dfrac{\pi\delta}{C}$。

在第一种场合，$\mathbf{p}-\boldsymbol{\pi}=\dfrac{\pi\delta}{C}=\dfrac{\pi\delta}{K-\delta}$。

在第二种场合，$\boldsymbol{\pi}-\mathbf{p}=\dfrac{\pi\delta}{C}=\dfrac{\pi\delta}{K+\delta}$。

(1)但是，如果 $\pi-\mathbf{p}=\dfrac{\pi\delta}{C}=\dfrac{\pi\delta}{K+\delta}$，

(2)则 $\mathbf{p}-\boldsymbol{\pi}=\dfrac{-\boldsymbol{\pi\delta}}{\mathbf{C}}=-\dfrac{\boldsymbol{\pi\delta}}{\mathbf{K+\delta}}$。

在第一种场合，$\mathbf{p}=\pi+\dfrac{\boldsymbol{\delta\pi}}{\mathbf{C}}$或$=\pi+\dfrac{\delta\pi}{K-\delta}$

在第二种场合，$\mathbf{p}=\pi-\dfrac{\boldsymbol{\pi\delta}}{\mathbf{C}}=\pi-\dfrac{\pi\delta}{\mathbf{K+\delta}}$

在**第一种场合**，如果我们在成本价格利润率上加上$\dfrac{\pi\delta}{C}=\dfrac{\pi\delta}{K-\delta}$，我们就会得到**年利润率**；

在**第二种场合**，如果我们从成本价格利润率中减去$\dfrac{\pi\delta}{C}=\dfrac{\pi\delta}{K+\delta}$，我们就会得到**年利润率**。

————

我们来看一个一年周转多于一次的例子。

假定资本 500 一年周转$\dfrac{27}{25}$次。那么 C＝500，K＝$\dfrac{27}{25}\cdot500=$540－δ。$\dfrac{27}{25}-1=\dfrac{22}{25}$[①]$\times500=40$。

由于按照假定剩余价值率＝100％，并且按照相同的假定 $v=\dfrac{1}{5}C$，

————

① 手稿中原文如此，"$\dfrac{22}{25}$"似应为"$\dfrac{2}{25}$"。——编者注

所以 $\pi = 20\%$。而 $p = 20\% + \dfrac{\frac{1}{5} \cdot 40}{500} = \dfrac{8}{500}$ 或 $\dfrac{4}{250}$ 或 $\dfrac{2}{125}$ 或 [69]

$20\% + \dfrac{\frac{2}{125}}{100} = 1\dfrac{3}{5}\%$（因为利润率总是**按照百分比计算**，顺便指出，要在前面说明这一点），因此 $p = 21\dfrac{3}{5}\%$。

按照商品成本价格计算的 20% 生产出按照预付资本计算的 $21\dfrac{3}{5}\%$。

成本价格 $= 540$。按照这个成本价格计算 20% 的利润率 $= \mathbf{108}$。$\dfrac{108}{540} = \dfrac{\pi K}{C + \delta} = 20\%$。相较而言，$\dfrac{108}{500} = \dfrac{\pi K}{K - \delta} = 21\dfrac{3}{5}\%$。

商品价值 $= 540K + 108_m = \mathbf{648}$。

为了在第 2 节的结尾处进行说明，我们再次给出这个例子的细节。

$K = 540$。但是其中 $40 = fc$。因此，$500 = n \times 100_{cir.c}$ 即预付流动资本。由于 $n \times 100 = 500$，$n = \dfrac{500}{100} = 5$。因此，这就是流动资本的周转次数。所以，它的周转时间 $\dfrac{1}{5}$ 年 $= 10$ 周。

因此，在 10 周内流通的有：$\dfrac{1}{5} \times 40_{fc} = 8$ 和 $100_{cir.c} = 108$。其中的 $\dfrac{1}{5}$ 是可变资本 $= \dfrac{108}{5} = 21\dfrac{3}{5}$。所以，包含在 10 周商品产品的价值中的不变流动资本的价值部分 $= 108 - (8_{fc} + 21\dfrac{3}{5})_v = 78\dfrac{2}{5}_{cir.c}$。

此外，剩余价值率 $= 100\%$，或者说 $\dfrac{m}{v} = 1$。

因此：

10 周的产品价值同时表明预付执行职能的资本的有机构成，这一产品价值是：

$8_{fc} + 78\dfrac{2}{5}_{cir.c} + 21\dfrac{3}{5}_v | + 21\dfrac{3}{5}_m = \mathbf{86\dfrac{2}{5}_c} + \mathbf{21\dfrac{3}{5}_v}$。 $K = 108$。 $W = 129\dfrac{3}{5}$。

有机构成： $80_c + 20_v |$

每周： $\dfrac{4}{5}_f + 7\dfrac{21}{25}_{cir.c} + 2\dfrac{4}{25}_v | + 2\dfrac{4}{25}_m$。

每年 50 周： $40_{fc} + 392_{cir.c} + 108_v | + 108_m$。 $K = 540$。 $W = 648$。

432$_c$＋108$_v$执行职能的资本的有机构成。

第 I 节的附注

（1）所探讨的**有机构成**是**预付执行职能的资本的有机构成**，不是**预付资本**一般的构成，只是进入价值增殖过程的那部分预付资本的构成。**预付执行职能的资本**的构成就是**周转资本**的构成，或者说，就是**包含在商品年成本价格中的资本价值的构成**，也就是说，就是在**价值增殖过程一般中执行职能的资本的构成**。这是因为，**周转资本＝预付执行职能的资本×它的周转次数**，也就是说，**×它的周转时间的倒数**。

（2）**资本在一年中周转**，这里 K＝C，所以 $\pi K = pC$，从而 $\pi = p$，成本价格利润率＝年利润率即 $\dfrac{\text{一年中生产的剩余价值}}{\text{预付资本}} = \dfrac{M}{C}$。这种周转是我们根据成本价格利润率计算**年利润率**的基础，不管**资本在一年当中的周转时间从而周转次数**是多少。

如果资本

在一年中的周转不到一次，那么 $p = \pi - \dfrac{\pi\delta}{K+\delta} = \pi - \dfrac{\pi\delta}{C}$。$p < \pi$。

在一年中的周转多于一次，那么 $p = \pi + \dfrac{\pi\delta}{K-\delta} = \pi + \dfrac{\pi\delta}{C}$。$p > \pi$。

如果资本

在一年中的周转不到一次，那么 K＝C－δ 或 C＝K＋δ。

在一年中的周转多于一次，那么 K＝C＋δ 或 C＝K－δ。

在一年中的周转不到一次，那么 δ＝C－K。

在一年中的周转多于一次，那么 δ＝K－C。

[70] (3) 假定预付资本 500 由 400 固定资本和 100 流动资本构成，此外还假定固定资本 10 年周转一次，也就是说，预付固定资本的 $\frac{1}{10}$ 在一年中周转——，我们比较一下三种情况下的产品构成和其中包含的资本价值的构成：这个资本一年周转一次，一年周转不到一次和一年周转多于一次。

我们就得到：

$$(a) \begin{cases} \text{预付资本一年周转一次。} \\ \text{预付执行职能的资本 } 10\frac{20}{23} [\text{周}] \text{周转一次。} \\ \text{一年中周转 } 4\frac{3}{5} \left(\frac{23}{5}\right) \text{次。} \end{cases}$$

$$\text{构成}: \begin{cases} \text{一周}: \frac{4}{5}_{\text{fc}} + 7\frac{1}{5}_{\text{cir.c.}} + 2_{\text{v}} \mid +2_{\text{m}} = 10 \\ 8\frac{16}{23}_{\text{fc}} + 78\frac{6}{23}_{\text{cir.c.}} + 21\frac{17}{23}_{\text{v}} \mid + 21\frac{17}{23}_{\text{m}} \quad \mathbf{f} = \text{执行职能的资本的} \frac{2}{25} \\ \text{一年} = 40_{\text{fc}} + 360_{\text{cir.c.}} + 100_{\text{v}} \mid +100_{\text{m}} \\ \text{有机构成 } 400_{\text{c}} + 100_{\text{v}} = 80_{\text{c}} + 20_{\text{v}}. \text{（按照百分比）} \end{cases}$$

预付执行职能的不变资本按照固定资本和流动资本[1]的百分比构成：$10_{\text{fc}} + 90_{\text{cir.c.}}.$ | 或者说，$\mathbf{f}$ = 可变的[2]执行职能的资本的 $\frac{1}{10}$。

预付执行职能的流动资本部分的百分比构成：

$78\frac{6}{23}_{\text{cir.c}} + 21\frac{17}{23}_{\text{v.cir.}}$ | 或者说，可变资本 = 流动资本的 $\frac{5}{23}$。

最后，预付总资本的百分比构成：

$$\begin{cases} 400_{\text{fc}} + 100_{\text{c.cir}} \mid \text{流动资本 = 总资本的} \frac{1}{5} = 20\%. \\ = 400_{\text{fc}} + 78\frac{6}{23}_{\text{c.cir}} + 21\frac{17}{23}_{\text{v}}. \\ = 478\frac{6}{23}_{\text{c}} + 21\frac{17}{23}_{\text{v}} \mid \mathbf{v} = \frac{1}{23}\mathbf{C} = \mathbf{C} \text{ 的 } 4\frac{8}{23}\%. \end{cases}$$

---

① 在手稿中，马克思在"流动资本"右上方又写下了"按照百分比"一词。——编者注

② 手稿中原文如此，"可变的"似应为"不变的"。——编者注

执行职能的固定资本与执行职能的流动资本的百分比比率＝$8\frac{16}{23}\%＝\frac{2}{23}$。①

（b）$\Bigg\{$ 预付资本一年周转不到一次，或者说，在$\frac{25}{22}$年中进行周转。

预付执行职能的资本的周转时间＝$12\frac{1}{2}$周。

预付执行职能的资本在一年中的周转次数是 **4** 次。

构成：$10_{fc}＋78_{c.circ}＋22_v＋22_m$。$f＝$预付执行职能的资本的$\frac{1}{11}$。

周：$\frac{4}{5}_{fc}＋6\frac{6}{25}_{circ.c}＋1\frac{19}{25}_v＋1\frac{19}{25}_m$。＝$8\frac{4}{5}$

每年：$40_{fc}＋312_{circ.c}＋88_v＋88_m$。

有机构成：$352_c＋88_v$。＝$80_c＋20_v$（按照百分比）

预付执行职能的不变资本按照固定资本和流动资本的百分比构成＝$10_{fc}＋90_{circ.c}$。$f＝$执行职能的不变资本的$\frac{1}{10}$。

执行职能的固定资本与执行职能的流动资本的百分比比率＝$1:10$。

$(10:100)$

预付执行职能的流动资本部分的百分比构成＝$78_{circ.c}＋22_{cir.v}$。可变资本＝流动资本的$\frac{11}{50}$。

预付总资本的百分比构成＝

$\Bigg\{$
＝$400_{fc}＋100_{cir.}$。流动资本＝总资本的$\frac{1}{5}$

＝$400_{fc}＋78_{cir.}＋22_{vc}$

＝$478_c＋22_v$。$v＝\dfrac{1}{22+\dfrac{8}{11}}$ $C＝4\frac{2}{5}\%$。

这比在 **a** 的场合多$\frac{6}{115}$。

---

① 在手稿中，马克思在这句话开头和上页"预付执行职能的不变资本按照固定资本和流动资本的百分比构成"这句话结尾之间画了一条线，从这两句话的内容和下文（b）与（c）的相应内容来看，他打算以此表明二者的联系。——编者注

(c) 预付资本一年的周转多于一次,或者说一年周转 $\frac{27}{25}$ 次。

预付流动资本的周转时间——10 周。

构成:$8_{fc} + 78\frac{2}{5}_{circ.c.} + 21\frac{3}{5}_v | + 21\frac{3}{5}_m$;$f = C$ 的 $\frac{2}{27}$。

预付执行职能的资本的周转次数 $= 5$。

每周:$\frac{4}{5}_{fc} + 7\frac{21}{25}_{cir.c} + 2\frac{4}{25}_v | + 2\frac{4}{25}_m = 10\frac{4}{5}$。

每年:$40_{fc} + 392_{circ.c} + 108_v | + 108_m$。

有机构成:$432_c + 108_v | 80_c + 20_v$。

[71]预付执行职能的不变资本按照固定资本和流动资本的百分比构成 $10\frac{4}{5}_{fc} + 89\frac{1}{5}_{cir.c}$。

执行职能的固定资本与执行职能的流动资本的百分比比率 $\frac{2}{25} = 8\%$。

预付流动资本的百分比构成 $78\frac{2}{5}_{c.c} + 21\frac{3}{5}_v | v = \frac{27}{125}$。

预付总资本的百分比构成

$$
\begin{cases}
400_{fc} + 100_{cir.} \\
= 400_{fc} + 78\frac{2}{5}_{c.c} + 21\frac{3}{5}_v \\
= 478\frac{2}{5}_c + 21\frac{3}{5}_v | v = \frac{27}{625} C_\circ
\end{cases}
$$

对上面的内容还要指出以下几点:

(a)我们看到,为了通过成本价格利润率 π 来确定年利润率 p,我们采取的出发点是**预付资本一年周转一次**,因为在这种场合 $C = K$,$p = \pi$。

偏离只能存在于如下场合:资本 C 一年周转**不到一次**,或者一年周转**多于一次**。

在第一种场合,$\pi > p$;在第二种场合,$\pi < p$。

在第一种场合,为了得出 p,要从 π 中**减去** $\frac{\pi\delta}{C} = \frac{\pi\delta}{K+\delta}$。

在第二种场合,为了得出 p,要在 π 上加上$\frac{\pi\delta}{C}=\frac{\pi\delta}{K-\delta}$。

这个数字 δ＝K－C,如果资本一年周转一次,那么 K＝C,也就是说,K－C＝0。

如果一年周转少于一次,那么 C＞K,C－K＝δ。

如果一年周转多于一次,那么 C＜K,K－C＝δ。

δ 本身,即**周转资本和预付资本之间的差数**,是用下面的方式确定的。

一般地,**周转资本**

＝预付资本×它的周转次数

＝预付资本×周转时间的倒数

〔如果 C 在$\frac{x}{n}$年中周转,

那么,nC 在 x 年中周转,

那么,$\frac{n}{x}$C 在一年中周转。〕

如果预付资本＞周转资本,即 δ＝C－K 或 K＋δ＝C,那么就有 δ 没有周转。而由此损失的**利润量**＝πδ。如果预付资本比周转资本小 δ,情况就相反。

这个差数 δ＝**实际的周转时间和年周转时间之间的差数的倒数,或实际周转次数和年周转次数之间的差数,×C。**

如果周转时间＝1 年,那么周转次数＝1,而 1×K＝C 或者说 K＝C。所以 δ＝0。

如果周转时间＞1 年,那么在实际周转时间＝u 的情况下,实际周转时间和年周转时间的差数＝u－1。所以周转次数的差数＝$\frac{1}{u-1}$。而这个差数$\frac{1}{u-1}$×C＝C－K＝δ。

如果周转时间＜1 年,那么年周转时间和实际周转时间之间的差数＝1－u。所以周转次数的差数＝$\frac{1}{1-u}$,所以差数 K－C＝$\frac{1}{1-u}$C＝

$K-C=\delta$。

（b）**预付资本的流动部分**的构成当然就是**执行职能资本的流动部分的构成**。**预付**资本和**执行职能的**资本在构成上的差异只是来源于固定资本，而固定资本以完全不同的比例出现在**执行职能的**资本和**预付**资本中。

[72]如果我们来看一下周转周期的最后一个阶段，在我们的例子中也就是第10年，那么在这一年当中预付资本和周转资本是相同的，也就是说，例如是 $40_{cf}+360_{c.c.}+100_v$。固定资本存在的全部价值现在减少到40。（第70页例a）①执行职能的资本的构成现在＝预付资本的构成。但是，利润率和以前一样＝20％，这是因为，在资本价值一年完成周转的情况下——不管预付资本的构成怎样——，p＝π。预付资本的构成越来越接近执行职能的资本的构成，直到它最终与后者一致，也就是说，一年当中使用的固定资本＝一年当中消费的固定资本。②

如果我们考察整个周转周期内周转资本的构成，而这个周转周期取决于固定资本的周转时间，在上面的例子中就是10年，那么＝

$40×10_f+360×10_{cc}+100×10_v|+100×10_m$

或 $400_f+3\,600_c+1\,000_v|+1\,000_m$

或 $4\,000_c+1\,000_v|+1\,000_m=80_c+20_v|+20_m$。

————

这里始终假定固定资本有一定的周转时间。固定资本不同要素的周转时间可能又极为不同，例如铁路、铁路的枕木、车辆、机车等

————

① 见本卷第294页。——编者注
② 在手稿中，马克思在这句话旁边写了"＋(2)"这个标记，可能是指本卷第293页第(2)点内容。——编者注

等。在这里，就考察资本构成和周转而言，要计算平均数，这并不会改变如下情况：固定资本的每一种不同要素在它自身的周期结束时都必须得到实物补偿。

————

在上面的三个例子（第 70 页）中[①]，我们假定进入 3 个 C（a、b、c）的固定资本大小相同＝400，拥有相同的周转时间＝10 年，从而固定资本的年**损耗相同**＝40f。

预付固定资本的量不会由于它的**年损耗**更大或更小而发生变化。由此改变的是，(α)**固定资本预付的时间**，按照与它的年损耗相反的比例变得**更短或更长**；(β)在其他条件保持不变的情况下，执行职能的资本的有机构成会由此而改变。

例如，如果在例(a)（第 70 页）中 400 固定资本在 5 年而不是 10 年中周转，那么，我们会和以前一样得到：

预付资本的形态：$400_f + 78\frac{6}{23}_c + 21\frac{17}{23}_v$；和以前一样。

执行职能的资本的形态 $80_f + 360_{cc} + 100_v + 100_m$。

$$= 440_c + 100_v + 100_m \text{。 } p = 18\frac{14}{27}\%\text{。}$$

原来一周的损耗是：

$$\frac{4}{5}_{fc} + 7\frac{1}{5}_{cir.c} + 2_v \qquad\qquad = 8_c + 2_v \qquad = 80_c + 20_v$$

现在：$\frac{8}{5}$（或 $1\frac{3}{5}$）$_f + 7\frac{1}{5}_{cc} + 2_v \qquad = 8\frac{4}{5}_c + 2_v = 81\frac{13}{27}_c + 18\frac{14}{27}_v$。

(β)相反，如果我们假定 400 在 20 年而不是 10 年中周转，那么：

预付资本的形态：

$$400 + 78\frac{6}{23}_c + 21\frac{17}{23}$$，和以前一样。

执行职能资本的改变了的形态：

---

① 见本卷第 294—296 页。——编者注

$20_f + 360_{cc} + 100_v | + 100_m$。

$380_c \quad + 100_v | + 100_m$。 $p = 21\frac{1}{6}\%$。

原来一周的损耗是：

$$\frac{4}{5}_{fc} + 7\frac{1}{5}_{cc} + 2_v | = 8_c + 2_v | = 80_c + 20_v |$$

现在：$\frac{2}{5}_{fc} + 7\frac{1}{5}_{cc} + 2_v | = 7\frac{3}{5}_c + 2_v | = 78\frac{5}{6}_c + 21\frac{1}{6}_v$。|

———

我们可以这样推论：

在(α)的场合，预付资本＝500。固定资本一年的损耗＝80。因此 K－f＝420。也就是说，420 是归于流动资本周转的组成部分。而流动资本的周转次数＝$\frac{420}{100} = \frac{210}{50} = \frac{105}{25} = \frac{21}{5}$。因此，周转时间＝$\frac{5}{21}$年＝$\frac{5 \times 50}{21} = \frac{250}{21} = 11\frac{19}{21}$周。

如果固定资本只有$\frac{1}{10}$在一年中周转，固定资本预付的部分＝40。

如果固定资本有$\frac{1}{5}$在一年中周转，固定资本预付的部分＝80。

[73]因此，如果预付资本 500 一年周转一次，那么 K＝C，

那么，在固定资本损耗$\frac{1}{10}$的情况下，由流动资本形成的成本价格的价值部分＝K－40；＝460。

如果固定资本损耗$\frac{1}{5}$，那么＝**K－80＝420**。

很清楚，这个价值部分总是＝n 流动资本＝n100＝**流动资本×它的周转次数 n**。

如果 n100＝460，n＝$\frac{460}{100} = \frac{46}{10} = \frac{23}{5}$。

如果 n100＝420，n＝$\frac{420}{100} = \frac{42}{10} = \frac{21}{5}$。

如果 500－f 即 K－固定资本的损耗更大，或者说 f 更小，那么流动资本 100 的周转次数 n 就更多，如果 500－f 即 K－固定资本的

损耗更小，或 f 更大，那么流动资本 100 的周转次数 n 就更少。

而因为周转时间＝周转次数的倒数，所以在第一种场合，由于周转次数更多，周转时间就更短；在第二种场合，由于周转次数更少，周转时间就更长。

确实，在第一种场合＝$\frac{5}{23}$＝$10\frac{20}{23}$周；

在第二种场合＝$\frac{5}{21}$＝$11\frac{19}{21}$周。

在第一种场合，我们在预付执行职能的资本 $10\frac{20}{23}$ 周的周转期间内得到：

$$8\frac{16}{23}_{f.c.} + 78\frac{6}{23}_{circ.c.} + 21\frac{17}{23}_{v} \mid + 21\frac{17}{23}_{m}。 或 80_c + 20_v \mid + 20_m。 \pi = 20\%。 而 p 也 = 20\%。$$

在第二种场合，在 $11\frac{19}{21}$ 周的周转期间内：

$$19\frac{1}{21}_{f.} + 78\frac{6}{23}_{c.c} + 21\frac{17}{23}_{v} \mid + 21\frac{17}{23}_{m}。$$

由于按照假定预付资本的构成＝$400_f + 78\overbrace{\frac{6}{23}}_{cc} + 21\frac{17}{23}_{vv}$。

所以 w＝$119\frac{1}{21} + 21\frac{17}{23}_{m}$。

────────

因此，情况就是这样：

固定资本＝400。按照我们的假定，要在一周内**使用**这个价值为 400 的固定资本，在例(a)中就需要有 $7\frac{1}{5}$ 流动资本和 2 可变资本，也就是说 **$9\frac{1}{5}$ 流动资本**。这是在劳动力和不变资本的流动部分的现有价格下，工艺上既定的比率。无论是总资本的周转，还是总资本的流动部分的周转，都丝毫不会改变这个比率。[96]

如果**预付流动资本＝100**，那么它在 $10\frac{20}{23}$ **周中周转**，这是因为 $9\frac{1}{5}$ 在一周中周转。

预付资本 500 的构成是 400f＋100c.，这无非意味着，在 100c. 流回之前,必须将它预付出去。因此,**预付流动资本[和]它被预付的时间**,都必定是已知的。此外这没有什么别的意思。在这里也就是预付 $10\frac{20}{23}$ 周。在这些条件下,流动资本一年周转 $4\frac{3}{5}$ 次。此外,例 a 中既定的还有**执行职能的资本的构成**。[74]流动资本的构成是既定的。可变资本占流动资本的 $\frac{5}{23}$。此外,**剩余价值率既定**。

在这些**条件**下,n 流动资本 =n×100=460。固定资本的年损耗 v=40。**[97]**

nC′(流动资本 =C′)+v=K。而在这个例子中,nC′+v=C,所以 K=C。

在任何条件下,都是 **K=nC′+v**。

因此,如果 **C=nC′+v**,那么 **K=C**。

只要流动资本 100 在一年中周转 $\frac{23}{5}$ 次,每年由流动资本形成的**成本价格**就 =460。

按照假定,固定资本 400 的 $\frac{1}{10}$ 在一年中 =40 损耗。因此,追加到 460_{cc} 上的 =40_f,而 $460_{cc}+40_f$ 或 K=500。

但是 500=C。因此 K=C。而 π 即利润率 20%=p 即年利润率 $=\frac{M}{C}=\frac{100}{500}$。

如果在相同的前提下,固定资本在 5 年中周转,或者说其中的 $\frac{1}{5}=\frac{400}{5}=80$ 在一年中进行周转,那么每年生产的商品的成本价格 $=460_{circ.}+80f=540$。因此,K 比 C 大 40f。因此总资本价值在一年中周转 $\frac{540}{500}=\frac{270}{250}=\frac{54}{50}=\frac{27}{25}$ 次。但是,资本的流动部分和以前一样,在一年中仅周转 $\frac{23}{5}$ 次,只构成商品的年成本价格中的 460。因此,这种一年中更快的周转并没有增加一年中产生的剩余价值的量。

流动资本的构成保持不变。因此,我们在流动资本 $10\frac{20}{23}$ 周的周转期间中得到的固定资本为

$17\frac{9}{23}_f + 78\frac{6}{23}_{circ,c,} + 21\frac{17}{23}_v | + 21\frac{17}{23}$。

$= 95\frac{15}{23}_c + 21\frac{17}{23}_v$。| 构成：$= 81\frac{13}{27}_c + 18\frac{14}{27}_v$。$| + 18\frac{14}{27}_m$。

$\pi = 18\frac{14}{27}$。 **K = 117$\frac{9}{23}$**。$| m = 100$。$|$

一年当中是$80_{cf} + 360_{cc} + 100_v | + 100_m$

$\qquad$ K = 540。 $\dfrac{m}{K} = \dfrac{100}{540} = \dfrac{10}{54} = \dfrac{5}{27}$

而 $5:27 = x:100$。 $x = \dfrac{500}{27} = 18\frac{14}{27}\%$。

固定资本的损耗增加了，而通过这种增加的损耗所追加的固定资本的价值部分所造成的结果就是，**执行职能的资本**的有机构成改变了。更确切地说，从 $80_c + 20_v$ 变成 $81\frac{13}{27}_c + 18\frac{14}{27}_v$。所以 π 降低了。

因此，在其他条件保持不变的情况下，如果固定资本的损耗加快，那么 π 就会降低。

p 在这里 $= \dfrac{100}{500} = 20\%$。所以 p＞π。

现在我们假定，具有相同构成的流动资本和以前一样，在一年中周转 $4\frac{3}{5}$ 或 $\frac{23}{5}$ 次。但是，400 固定资本在 20 年中周转，因此 $\frac{1}{20}$ 在一年中周转 $= \dfrac{400}{20} = \dfrac{40}{2} = 20$。

于是，我们在 $10\frac{20}{23}$ 周即流动资本的周转时间内得到：

$4\frac{8}{23}_f + 78\frac{6}{23}_{cc} + 21\frac{17}{23}_v | + 21\frac{17}{23}_m$。

$\qquad = 104\frac{8}{23}$ **K**。 $\dfrac{m}{K} = \dfrac{21\frac{17}{23}}{104\frac{8}{23}} = 20\frac{5}{6}\%$。

一年当中是：$20_f + 360_{cc} + 100_v | + 100_m$。

$\qquad K = 480$。$| \pi = \dfrac{100}{480} = \dfrac{10}{48} = \dfrac{5}{24} = 20\frac{5}{6}\%$。

但是，年利润率 $= \dfrac{100}{500} = 20\%$。

[75]如果比较一下,我们会发现:

原来在**第一种假定中**,**成本价格和执行职能的资本的有机构成**是既定的;所以,**固定资本的损耗**,或固定资本当中**按照百分比进入成本价格**或进入执行职能的资本的部分是既定的。原来由于剩余价值率是既定的,那么在成本价格既定的情况下,**π 即成本价格利润率**也是既定的。构成相同的各个资本在周转上的差异,只是通过固定的流动资本的**周转次数**的差异而给定。**随之而变化的是 p 即年利润**,也就是$\frac{M}{C}$,但是,$\frac{M}{K}=π$ 则保持不变。

在第二种假定中,由流动资本构成的**成本价格**组成部分是既定的。流动资本的构成是既定的,剩余价值率也是既定的。最后,流动资本在一年中的周转次数也是既定的。发生变化的是**固定资本的周转时间**,从而它的**年损耗**发生变化,从而**固定资本追加到成本价格上的那个组成部分**发生变化。由于和这个成本价格相对应的剩余价值量保持不变,显然,π 或$\frac{M}{K}$必定按照 K 由于损耗的增减而增减的比率发生变化。因此,在这里,随着总资本价值的周转的变化而**变化的是π,即成本价格利润率**。相反,p 即年利润率必定保持不变,这是因为,(1)由于流动的资本组成部分的周转次数既定,M 的量不变,(2)C 的量完全不会由于它有更多或更少的部分作为损耗进入产品而变化。

因此,这里情况和前面相反。

在那里,π 不变,p 随着周转的变化而变化,而周转的差异仅仅归因于流动资本的不同的周转次数(也就是归因于它的变化的周转时间)。

在这里,p 不变,π 随着周转的变化而变化,而周转[的差异]仅仅归因于固定资本的不同的周转时间,也就是说归因于固定资本年损耗的不同量。

如果资本一年周转一次，那么始终是 π＝p。如果资本一年的周转多了一次，那么始终是 K＝C＋δ 或 C＝K－δ。而如果资本一年周转不到一次，那么始终是 K＝C－δ 或 C＝K＋δ。但是，δ 在这里相比以前有不同的含义。

由于流动资本的周转次数（同样还有它的周转时间）既定，例如在我们的例子中是 $4+\frac{3}{5}$ 次，从而周转的流动资本量也既定，这里＝460（$360_{cc}＋100_v$），那么固定资本的一定周转时间从而固定资本的年损耗始终既定，而年损耗的量是与总资本价值在一年中的一次周转相对应的。

而且，这个损耗量（与固定资本的周转时间相对应）又是这样得到规定的：f 这个数额即固定资本的年损耗＋周转的流动资本＝C，或者说，C－周转的流动资本＝f。**f＋n×流动资本＝C＝K** 即年产品的成本价格。

如果 **f＋n×流动资本＝K＝C**，那么：

(f′＋δ)＋n×流动资本＝K′＝C＋δ，或 **K－δ＝C**。

(f″－δ)＋n×流动资本＝K″＝C－δ，或 **K＋δ＝C**。

原来我们要计算的是，p 如何在周转变化而 π 保持不变的情况下发生变化。

现在则是计算，π 如何在周转变化而 p 保持不变的情况下发生变化。

(1)如果我们将成本价格利润率的量称为 π，而且资本一年周转一次，也就是说，如果 π＝p，K＝C。

那么 $\pi=\frac{\pi K}{C}=\frac{\pi K}{K}=p$。

例如，在我们的例子中，$\pi=\frac{1}{5}K=20\%$，而 $p=\frac{\frac{1}{5}K}{K}=\frac{1}{5}\frac{K}{C}=20\%$。**π＝p**。

因此，在这里出发点是 $\pi=p$。（原来是 $p=\pi$。）[98]

[76]（2）我们假定，（同量）固定资本的周转时间减少，或者一回事，它的损耗增加，那么 K 就变成 $K+\delta$；或者说，$=C+\delta$，因为资本 **C** 的预付量不会由于它的固定组成部分损耗的比率，或者说进入商品成本价格的比率的变化而变化。

由于剩余价值 M 保持不变，

从 $\pi=\dfrac{M}{C}\left(=\dfrac{M}{K}\right)$ 变为

$\pi'=\dfrac{M}{C+\delta}$。

因此，$\pi-\pi'=\dfrac{M}{C}-\dfrac{M}{C+\delta}=\dfrac{MC+M\delta-MC}{C(C+\delta)}=\dfrac{M\delta}{C(C+\delta)}$。

而由于 $\pi=\dfrac{M}{C}$，所以 $\pi C=M$。

因此，$\pi-\pi'=\dfrac{\pi C\delta}{C(C+\delta)}=\dfrac{\pi\delta}{C+\delta}$。

因此，$\pi=\pi'+\dfrac{\pi\delta}{C+\delta}$。

而 $\boldsymbol{\pi'=\pi-\dfrac{\pi\delta}{C+\delta}}$，所以 $\boldsymbol{\pi}$ 比 $\boldsymbol{\pi'}$ 大 $\dfrac{\boldsymbol{\pi\delta}}{\boldsymbol{C+\delta}}$。

而由于 $\pi=\dfrac{M}{C}=p$，

所以 $p=\pi'+\dfrac{\pi\delta}{C+\delta}$。　　　原来在一年中周转多于一次的场合：

而 $\pi'=\boldsymbol{p-\dfrac{\pi\delta}{C+\delta}}$。　　　$\begin{cases} p=\pi+\dfrac{\pi\delta}{C} \\[2mm] p=\pi+\dfrac{\pi\delta}{K-\delta} \end{cases}$

或 $\boldsymbol{p=\pi'+\dfrac{\pi\delta}{K}}$。

[77]（3）如果固定资本的周转时间减少，从而它的损耗增加，

那么 $C-K=\delta$，或 $K+\boldsymbol{\delta}=C$。

从 $\pi=\dfrac{M}{K}=\dfrac{M}{C}$，从而 $\pi K=M$，或 $\boldsymbol{\pi C=M}$

变为 $\pi'=\dfrac{M}{C-\delta}$。

因此，$\pi'-\pi=\dfrac{M}{C-\delta}-\dfrac{M}{C}=\dfrac{MC-MC+M\delta}{C(C-\delta)}=\dfrac{M\delta}{C(C-\delta)}$。

而由于 $M=\pi C$，因此

$$\pi'-\pi=\frac{\pi C\delta}{C(C-\delta)}=\frac{\pi\delta}{C-\delta}。$$

因此 $\pi'=\pi+\dfrac{\pi\delta}{C-\delta}$　　　　在原来的场合：

而 $\pi=p=\pi'-\dfrac{\pi\delta}{C-\delta}$　　　　$p=\pi-\dfrac{\pi\delta}{C}。$ **99**

I 前提　　　　　　　　　　　**（II）现在的前提**

因此,我们得到：

(1)在一年周转一次的情况下　　(1) $p=\pi$

$p=\pi$

(2)周转多于一次：　　　　　　(2) $p=\pi'+\dfrac{\pi\delta}{C+\delta}。\ p>\pi'。$

$p=\pi+\dfrac{\pi\delta}{C}。\ p>\pi。$

(3)一年周转不到一次　　　　　(3) $p=\pi'-\dfrac{\pi\delta}{C-\delta}。\ p<\pi'。$

$p=\pi-\dfrac{\pi\delta}{C}。\ p<\pi。$

在两种场合下,如果一年周转一次,那么 $p=\pi$;如果一年周转多于一次,$p>\pi$ 或 π';最后,如果一年周转不到一次,$p<\pi$ 或 π'。

但是,在(I)中,p 的**绝对量**与保持不变的**成本价格利润率**相比提高或降低。在第二种场合,p 的**绝对量**保持不变,而**成本价格利润率**降低或提高。在 II(2)中,p 超出 π' 的量恰好 $=\pi$ 所减少的量。因此,p 还和原来一样大。在 II(3)中,p 的减少量恰好是 π 所增加的量。因此,p 保持不变,与 π 相比相对地提高或降低,因为 π 降低或提高了。

[78]因此,如果对于**资本一年周转一次**的偏离,或者说对于**一个既定周转一般**的偏离,归因于固定资本缩短或延长的周转时间,即归因于固定资木每年增加或减少的损耗,那么成本价格利润率会降低,而年利润率与成本价格利润率相比会提高,提高的量恰好等于后者

降低的量;或者,如果每年的损耗减少,那么成本价格利润率会提高,但年利润率与成本价格利润率**相比**会降低,降低的量恰好等于后者提高的量。

因此,原来是 π＝p。

而　　π 变为 **π－δ**,因此,p 变为 **π－δ＋δ**,

还有 π 变为 **π＋δ**,因此,p 变为 **π＋δ－δ**。＝原有的 π,或者说,＝与一年一次周转相对应、和 p 相等的 π,或者一般来说,＝那个充当原有参照点的 π。

因此,年利润率 $p=\dfrac{M}{C}$ 保持不变,而成本价格利润率按照增加的损耗提高成本价格的比率而降低,按照减少的损耗降低成本价格的比率而提高。

如果在流动资本的周转时间既定的情况下,周转的偏离仅仅是由固定资本的不同损耗或固定资本的周转时间造成的,那么**资本的有机构成**也会改变,因为代表损耗即代表执行职能的固定资本的那个部分 D 变为 D＋δ 或 D－δ。因此,K＝f＋cc＋v 变为(f＋δ)＋cc＋v,

或变为(f－δ)＋cc＋v。

由于成本价格或执行职能的资本在有机构成上的这种改变,成本价格利润率 π 发生改变。从 $\dfrac{m}{K}$ 变为 $\dfrac{m}{K+\delta}$ 或 $\dfrac{m}{K-\delta}$;但是,m 保持不变,因为剩余价值率没有因此而受到影响,同样,预付可变资本的量也没有受到影响,这是因为流动资本的构成"cc＋v"保持不变,同样,**价值产品 v＋m** 也保持不变。

因此,这里假定了**成本价格利润率中或资本的有机构成中**的一种差异,但是,这种差异只是产生于固定资本的**周转时间**,从而间接地产生于总资本的**周转**。因此,这种情况既不属于如下范畴:在**各个资本的有机构成相同**的情况下,只有它们的**周转时间**不同,由此产生年利润率的差异；它也不属于如下范畴：周转时间相同，但各个资本的有机构成不同，由此产生年利润率的差异。这是一种独特的情况，这里**不同的有机构成**，从而**成本价格利润率**的差异产生于周转本身。

———

在资本一年周转少于一次
或多于一次的情况下对 δ 的确定

(a)$\dfrac{540K}{500C} = \dfrac{27}{25}\left(\dfrac{27}{25} = u\right)\left(\dfrac{27}{25} \times 500 = 540\right)$（u=C(500)的周转次数）

如果 C 一年只周转一次，那么 $u = \dfrac{25}{25} = 1$。

差数：$\dfrac{27}{25} - \dfrac{25}{25} = \dfrac{2}{25}$。$\dfrac{2}{25} =$ **周转次数的差数 n**。δ = nC = $\dfrac{2}{25} \times$ 500 = **40**。δ = 40。n = $\dfrac{2}{25}$。

周转次数 $\dfrac{27}{25} =$ 周转时间 $\dfrac{25}{27}$ 年的倒数。周转时间的差数 = $1 - \dfrac{25}{27}$ 年 = $\dfrac{2}{27}$ 年。

在 $\dfrac{25}{27}$ 年中周转的是 C，

在 $\dfrac{1}{27}$ 年中周转的是 $\dfrac{C}{25}$，

在 $\dfrac{2}{27}$ 年（$= 1 - \dfrac{25}{27}$）中周转的是 $\dfrac{2}{25}$C。

因此，n 即周转次数的差数由 1－周转次数的倒数＝1－实际的周转时间来确定。

因此，如果全部周转次数＝周转时间的倒数，那么周转次数的差数由 1－周转时间来确定。

(b)$\dfrac{440K}{500C} = \dfrac{22}{25} = u$。$\dfrac{22}{25}$C = $\dfrac{22}{25}$(500) = 440。

如果 C 一年周转一次，那么 $u = 1 = \dfrac{25}{25}$。差数 $\dfrac{25}{25} - \dfrac{22}{25} = \dfrac{3}{25}$。这

是**周转次数的差数**。所以 $\delta = nC = \dfrac{3}{25} \times 500 = 60$。$n = \dfrac{3}{25}$。周转次数 $\dfrac{22}{25}$ 的倒数＝周转时间＝$\dfrac{25}{22}$ 年。如果 C 一年周转一次，那么周转时间＝$\dfrac{22}{22}$。因此，**周转时间的差数**＝$\dfrac{25}{22} - \dfrac{22}{22} = \dfrac{3}{22}$。因此，周转时间的差数＝实际的周转时间－1。

级差地租。采自摘录笔记本的摘录[100]

大约写于 1868 年春夏，不早
于 1867 年秋

第一次用德文发表于《马克思
恩格斯全集》2012 年历史考证
版第 2 部分第 4 卷第 3 册

原文是德文

中文根据《马克思恩格斯全
集》2012 年历史考证版第 2 部
分第 4 卷第 3 册翻译

[1] 级 差 地 租

(1)罗西[《政治经济学教程》1843 年布鲁塞尔版]。[《布鲁塞尔笔记》(1845 年)第 5 笔记本]第 19、20 页。"将第二笔资本用于同一块土地,或者用同一笔资本去耕种肥力更低,或者**肥力相同**,但是**距离远得多**的土地,这总是以更贵的方式进行生产。"([罗西,]第 247 页[。同上笔记本,第 19 页])在这种情况下,是否欧洲所有的土地都支付地租是无关紧要的。"如果从总体上计算,那么就是按照坏地的地租计算属于好地的地租。"对于各笔不同的资本,情况同样如此。([罗西,第]251[页。同上笔记本,第 19 页])不再有地租的时刻会到来。([罗西,第]252[页。同上笔记本,第 19 页])**李嘉图**在第 24 章就是这样阐述问题的。①

(2)配第《政治算术》1699 年伦敦版。第 1 章。"由于土地的差异,1 摩尔根土地可以和 20 摩尔根土地产出同样多的谷物,饲养同样多的牲畜;一块土地天然就如此有利于防御,甚至 100 个人就能够抵御 500 个人的进攻;坏地可以改良并且变成好地;草原(像在佛兰德那样)可以被用来种植亚麻和三叶草,从而使价值从 1 增加到 100;同样的土地用于建设,其地租可以是它作为牧场带来的地租的

---

① 关于木条札记,参看《马克思恩格斯全集》历史考证版第 4 部分第 3 卷第 359—361 页。——编者注

100 倍。"(同上)([第 161—]162[页。《曼彻斯特笔记》(1845 年)第 1
笔记本第 2 页])"能够养活 1 000 人的 1 000 摩尔根土地,比不能养
活更多人的 10 000 摩尔根土地更好……节约了更多的时间……然
后是更高程度的聚居在交往、政治和道德方面带来的益处。"([配第,
第]171[页。同上笔记本,第 2 页])①

　　如果谷物②的价格保持**不变**,而土地耕种者的工资提高,那么**地
租**③必定会**下跌**。([《曼彻斯特笔记》(1845 年)第 1]笔记本第 4 页,
这本书第 193、194 页)④

　　他将爱尔兰居民迁移到英格兰的计划。假设爱尔兰人口是英格
兰人口的 $\frac{1}{5}$。⑤ "如果有人问,地租如何通过这种更密集的人口聚居
而提高,那么我回答说,好处将会来自于 80 万人口从贫困而可怜的农
业转移到收益更高的手工业;这是因为,如果人口进行了这样的大规模
追加,那么,在同样的土地上追加很少的农业投入,就能多产出五分之一
的粮食,所以,追加的人手就会转移到其他行业。"([配第,]第 232—233
页[。同上笔记本,第 5 页])(参看该笔记本接着的第 6a 页⑥)

---

①　关于本段札记,参看《马克思恩格斯全集》历史考证版第 4 部分第 4 卷
　　第 13、14 页。——编者注
②　在手稿中,马克思在"谷物"上面又写下了"小麦"一词。——编者注
③　在手稿中,马克思在"地租"(die Rente)这个德文词上面又写下了"土
　　地的租金"(rents of lands)这个英文词组。——编者注
④　参看《马克思恩格斯全集》历史考证版第 4 部分第 4 卷第 17 页,《马克
　　思恩格斯全集》中文第 2 版第 33 卷 219 页。——编者注
⑤　参看马克思《曼彻斯特笔记》(1845 年)第 1 笔记本第 5 页(《马克思恩
　　格斯全集》历史考证版第 4 部分第 4 卷第 19 页),《马克思恩格斯全集》
　　中文第 2 版第 31 卷第 446 页。——编者注
⑥　参看《马克思恩格斯全集》历史考证版第 4 部分第 4 卷第 20 页。——
　　编者注

地主对排干沼泽等的抱怨。（〔配第，〕第 230 页）（〔同上笔记本，〕第5b 页）①

（3）戴韦南特《论使一国人民在贸易差额中成为得利者的可能的方法》1699 年伦敦版。（〔《曼彻斯特笔记》（1845 年）第 1 笔记本〕第 8 页）"土地和贸易共生共荣。贸易使资本增加，这些资本经过良好而勤勉的经营，会使土地得到改良并为出口带来更多的各类产品。"（〔戴韦南特，〕第 78 页）戴韦南特《论公共收入〔和英国贸易〕》1698 年版〔第（Ⅱ）卷〕。

第（Ⅱ）卷。"自 1656 年以来，土地价值显著增加了，而利息率则显著降低了，所有新兴国家的情况都是这样。"（〔戴韦南特，〕第 23 页。〔同上笔记本，第 15 页〕）"地租可能在一些地区和一些郡内下降，但整个说来国内的土地仍然可以不断改良；比方说，如果狩猎园向公众开放，森林和公有地被围垦；如果沼泽被排干，许多地段由于耕种和施肥而改良，那么，自然，这一定会使那些过去已经充分改良、现在已无法再改良的土地的价值减低；虽然某些私人的地租收入因此降低，但与此同时，王国的总地租却由于这些改良而提高。"（〔戴韦南特，〕第 26—27 页〔。同上笔记本，第 15 页〕）②1666—1688 年期间，私人地租下降了，但王国的地租总额，在这期间比前几年有更大的增加，因为这段时间内土地的改良比以往任何时候都大，都普遍。（〔戴韦南特，〕第 28 页〔。同上笔记本，第 15 页〕）③

---

①　参看《马克思恩格斯全集》历史考证版第 4 部分第 4 卷第 20 页，《马克思恩格斯全集》中文第 2 版第 34 卷第 121—122 页、第 37 卷第 502 页、第 39 卷 947 页。——编者注

②　参看《马克思恩格斯全集》中文第 2 版第 34 卷第 122 页。——编者注

③　关于本条札记，参看《马克思格斯全集》历史考证版第 4 部分第 4 卷第 25—34、46—59 页。——编者注

(4)詹姆斯·安德森《关于导致不列颠目前粮荒的情况的冷静考察》1801 年伦敦版。

土地的持续改良等（[《曼彻斯特笔记》（1845 年）第 1 笔记本，第]19[页。安德森，第 38 页]）①（耕地转化为牧场的危害）（[同上笔记本，第]20[页。安德森，第 43—44 页]）**反对人口论**。[同上笔记本，第 20 页。安德森，第 54—61 页。]不是物质方面的原因，仅仅是道德方面的原因。[同上笔记本，第 20 页。安德森，第 72 页。]伦敦**的肥料的浪费**。（[同上笔记本，第]20b[页]下部和[第]21a[页。安德森，第 73—79 页]）②

(5)罗德戴尔引自路易斯·罗伯茨《贸易的财富》1641 年版："我们所说的商品只不过是大地从土壤中分离出来的。人们靠土地进行交易。商人是使一个地区和另一个地区进行交换的转运人。"（[《巴黎笔记》（1844—1845 年）关于詹·罗德戴尔的摘录]笔记本第 7 页）**101**

(6)布阿吉尔贝尔：不同肥力和不同位置等情况下相同的**价格**。[《巴黎笔记》（1844—1845 年）关于布阿吉尔贝尔等的摘录]笔记本第 18 页[。布阿吉尔贝尔《论谷物的性质、种植、交易和利益》，载于欧·德尔编《18 世纪的财政经济学家》1843 年巴黎版第 374—375 页]。③

---

① 参看《马克思恩格斯全集》中文第 2 版第 34 卷第 159 页。——编者注
② 关于本条札记，参看《马克思恩格斯全集》历史考证版第 4 部分第 4 卷第 62—65 页。——编者注
③ 关于本条札记，参看《马克思恩格斯全集》历史考证版第 4 部分第 3 卷第 61—62 页。——编者注

(7)施托尔希[《政治经济学教程》1823 年巴黎版]。(小笔记本[《布鲁塞尔笔记》(1845 年)第 3 笔记本])

(1)**为什么农产品**,特别是肉类等,在文明进步中[价格]一定提高?[施托尔希,]第 2 卷第 4 篇[第 13—46 页]。(小笔记本第 38 页及以下几页)(萨伊版**102**)

"在这里,不提高工业所利用的每种产品的价格——而且这种提高总是不够的——,以便支付改良和完全耕作所需的费用,一个国家的土地就永远达不到改良和完全耕作的状态……每种农产品价格的这种提高显然应该先于土地的改良和耕作发生,而土地的改良和耕作必然促使这种产品到来。利润是人们进行任何改良时所持有的目的。"[施托尔希,]第 39、40 页[。同上笔记本,第 41 页])因此,农产品实际价格的逐步提高是大众的幸运等等。([施托尔希,第]40[页。同上笔记本,第 41 页])

(2)**为什么农业的生产性不如制造业?**([施托尔希,]第 3 卷第 8 篇,第 64—66 页,同上小笔记本,第 50 页)(1)因为在这里,自然做了较大部分事情,而那里则是人做了较大部分事情;(2)农业不允许同样的劳动的连续性;(3)农业提供产品的时间,是被自然固定下来不可改变的;(4)农业劳动不太容易进行分工;(5)农产品大多运输困难,这一点限制了这些产品的市场,从而限制了由此所提供的分工;(6)除了对外贸易各个部门以外,在耕种土地时的资本回流,要比在其他产业中的资本回流慢得多。([施托尔希,]第 64—66 页)

[2](2)**垄断**。(同上[,施托尔希,第 81 页。同上笔记本,第 50 页])

"土地租金是垄断的结果,就像收益来自于制造机密一样。

(1)制造业的垄断是暂时的;农业的垄断是持久的;一个是依赖迟早会被人知晓并且模仿的工艺和机器;另一个则是依赖无法被剥夺的土地的特性;

(2)制造业的改进,以及由此产生的没有限制的收益,那些几乎无限的人类头脑除外;地租被土地所限制,而土地既不能扩大也无法增加〈事实并非如此〉。"(同上,第 82、83 页。[同上笔记本,第 50 页])①

(8)本杰明·贝尔《农业论文集,包括迅速而普遍地改良大不列颠土地的计划》1802 年爱丁堡版。其中有一篇关于**粮荒**的论文。该文由[皮·]**普雷沃翻译。1804 年。**[103]

"我们的可耕地中按照正规合理的耕种方式经营的,只是总数中的一小部分,最多只有九分之一、十分之一。剩下的土地,很大一部分是以人们所能采取的最差方式经营的。"(在[皮·]普雷沃那里是第 149 页。[《布鲁塞尔笔记》(1845 年)第 4 笔记本第 57 页])他估计种植小麦②的土地是 1 400 万英亩[这个数字似乎是错的,参看**统计材料**等][104]

"在种植小麦③的土地中,最多只有 $\frac{1}{4}$ 的土地是按照良好的耕种方式种植的。([皮·普雷沃,第]154[页。同上笔记本,第 57 页])最坏土地每英亩不超过 17 蒲式耳。([皮·普雷沃,]第 154 页[。同上

---

① 关于本条札记,参看《马克思恩格斯全集》历史考证版第 4 部分第 3 卷第 257—260、270—271 页。——编者注

② 在手稿中,马克思在"小麦"上面又写下了"谷物(?)"的字样。——编者注

③ 在手稿中,马克思在"小麦"上面又写下了"谷物"一词。——编者注

笔记本,第 57 页])我们农业的状况是如此不完善,以至于在 300 万
产量最高的土地之外所有种植谷物的土地,其产量超不过这 300 万
土地。"([皮·普雷沃,]第 155 页[。同上笔记本,第 57 页])①

(9)[吉·]普雷沃[《评李嘉图体系》,载于约·拉·麦克库洛赫
《论政治经济学的起源、发展、特殊对象和重要性》1825 年日内瓦—
巴黎版第 153—204 页]。美国的未耕种土地的价值等。(1)所有权
证书很少是无偿获得的;通过转卖获取利润;(2)农场主在所有权方
面发现了不间断劳动的优势;(3)在这些新地区,资本和劳动使沙漠
变成村庄和城镇,在短时间内赋予没有丝毫价值的所有权以巨大的
价值。在这些新地区,所有权因此具有实际价值,投机商获利是通过
农民对属于他的土地进行开垦和改良,而农民支付给他最微不足道
的租金。[投机商找到更多的理由购买土地而不进行开垦,而是以后
将土地出售出去。](第 173 页)总是存在**最少的地租**。(同上)

较坏土地的影响应根据不同肥力的土地的相对数量来修正。
([第]178[页])

我们承认,总的说来,农业利润率决定工业利润率。但是,我们
同时应该注意到,后者必然也对前者发生反作用。([第]179[页])

古代劳动,其中一部分已然消失不见;任何资本都是它不能完全
代表的劳动的对象。因此,一个野蛮人以昂贵的价格购买到的一张
弓,卖给文明人会销路极差。反之另一部分[古代劳动]则可能获得
巨大的价值。时间带来真正的变化。因此,一年的时间改善了葡萄

---

① 关于本条札记,参看《马克思恩格斯全集》历史考证版第 4 部分第 3 卷
第 317—321 页。——编者注

酒的质量。极少量的劳动增加了它的价格。这是**自然因素**的效果，是大自然的缓慢作用，而这是这一增长所需要的。……资本可以而且应该被视为劳动的产物；但是……这个资本的价值不能通过用来生产它的劳动来估算。（[第]182、183[页]）

如果资本的需求的增长使工人的价格即**工资**提高，那就没有理由坚称，这些资本的供给的增长绝不会使资本的价格即**利润**降低？（[第]188[页]）

土地的弃耕。英国的例子（第 195 页注释 1）[①]

（10）詹·韦·约翰斯顿《北美[农业、经济和社会]问题札记》[（两卷集）]1851 年[爱丁堡—伦敦版。《大笔记本》（1865—1866 年）第 345—362 页]。

北美的掠夺制度。第 1 卷（第 47 页[。同上笔记本，第 345 页]）（第 53—54 页[。同上笔记本，第 345—346 页]）。"开垦和耕种新土地比复耕旧土地更便宜，也更有利可图。"（第 1 卷第 54 页[。同上笔记本，第 346 页]）美国农业的先驱者，向西部迁移，卖掉自己的农场，将它们留给有着更多知识的人们。（第 1 卷第 54 页[。同上笔记本，第 346 页]）贫瘠的土地和荞麦。在贫瘠土地上可以生长的粮食，诱使人们任由土壤变得贫瘠，因为这种土地仍然可以种植这种作物。法国的例子。（第 1 卷第 80 页[。同上笔记本，第 346—347 页]）

农场规模和实际开垦情况的例子。（第 1 卷第 51—52 页[。同

---

① 　关于本条札记，参看马克思《巴黎笔记》（1843 年 10 月—1845 年 1 月）关于约·拉·麦克库洛赫等的摘录笔记本第 5—9 页（《马克思恩格斯全集》历史考证版第 4 部分第 2 卷第 480—484 页），《马克思恩格斯全集》中文第 2 版第 35 卷第 110—115 页。——编者注

上笔记本,第 346 页〕)

卖掉原有农场。向西部迁移。"总而言之,从缅因州的伊斯特波特到伊利湖畔的布法罗,每个农场都在待售。"等等。(第 1 卷第 163 页)(《〔大〕笔记本》〔(1865—1866 年)〕第 348 页)。① 〔同上笔记本,〕**第 350 页** $\left(\begin{smallmatrix} + \\ + \\ + \end{smallmatrix}\right)$。②

在合众国西北各州使用收割机和脱粒机的情况(一般说来,收割机只有在平地上使用才有利可图)(《大笔记本》〔(1865—1866 年)〕第 347—348 页〔。第 1 卷第 161—162 页〕)

在修建排水设施等的时候(在原来的州中)**农场主如何计算。** (第 1 卷〔第〕163〔页〕)〔同上笔记本,〕**第 348 页。**(S. ③此后总是表示新的笔记本页码。)

纽约州的十分肥沃的土地的例子。(〔同上笔记本,〕第 349—350 页〔。第 1 卷第 170—171 页〕)④

---

① 参看《马克思恩格斯全集》历史考证版第 4 部分第 8 卷第 89 页。——编者注

② 在《大笔记本》(1865—1866 年)第 350 页,马克思在摘自詹·韦·约翰斯顿著作第 174 页的相关内容旁边做了" $\left(\begin{smallmatrix} + \\ + \\ + \end{smallmatrix}\right)$ "这个标记。——编者注

③ "S."即德文 Seite 的缩写,意思是"页码"。马克思打算此后用"S."指代摘录笔记本的页码,用"p."即英文 page 的缩写指代原著的页码。他从本条札记开始这样区分页码。——编者注

④ 马克思仅在《大笔记本》(1865—1866 年)第 349 页摘录了这个例子。——编者注

掠夺制度。纽约州（[同上笔记本，]第349—350页[。第1卷第172页])加拿大。（[同上笔记本，]第355—356页[。第1卷第290、311页])（丰产的精髓是逐年向西部后退，从欧洲劳动的滥用性接触中退缩出来。）这一历史的进程。（[同上笔记本，]第356—357页。第1卷[第]361[页])随着土地面积的扩大，作物更容易发生病害，更容易受到昆虫和寄生植物的侵袭。[同上笔记本，]第357页（第1卷第361—362页)（[第1卷第]363[页])（[同上笔记本，]第[357—]358页)（第1卷[第]364[页]①,[同上笔记本，]第358页)洛锡安农场主和美洲农场主的对比。（第1卷[第]365[页])[同上笔记本，]第358页。

[3]**北美和英国的例子**，在这里，地租作为对劳动或利润的扣除（对于拥有50或100英亩土地等等的英国农场主来说，是**剩余的家庭劳动的出路**等等)（[同上笔记本，]第351页，第1卷第[204—]205页)②

在美国，对地租特别是货币地租的憎恶。第1卷[第]164[页]。（[同上笔记本，]第348页)**分成租佃制**（[同上笔记本，]第345页。第1卷[第47—]48[页])（[同上笔记本，]第351—352页[。第1卷第205—206页])**纽约州宪法条款**。（第1卷[第]164[页]。[同上笔记本，]第348页)农场主不愿意成为租佃者。（第1卷[第]174[页]。

---

① 根据《大笔记本》(1865—1866年)第358页，应为"第1卷第365页"。——编者注

② 参看《马克思恩格斯全集》中文第2版第39卷第961—962页。——编者注

《级差地租。采自摘录笔记本的摘录》第 3 页

［同上笔记本，］第 350 页）

在整个美国东北部，花费在土地上的资本太少等等。第 1 卷
［第］207［页］。（［同上笔记本，］第 352 页）

西部地区小麦和东部地区小麦之间的竞争。（［同上笔记本，］第
353—354 页［。第 1 卷第 222—223 页］）①

纽约。土地好于新英格兰的土地。密歇根的土地不如纽约的土
地。西北部地区土地的特点。（［同上笔记本，］第［353—］354 页［。
第 1 卷第 223—224 页］）②密歇根本身**不同种类土地**的区别。（［同
上笔记本，］第 354 页）（［第］355［页。第 1 卷第 223—224 页］）③

蒙特利尔。加拿大。（英格兰的制度是否合适。）（第 1 卷［第］
290［页］，［同上笔记本，］第 355 页）

贸易对农业的影响。［同上笔记本，第 359 页。约翰斯顿，第 2 卷
第 8—9 页。］由相同地质层上且具有相同的化学特征和物理特征的土
壤构成的大片土地，这些土地的实际的或现在的能力以及将来的或可
能的能力。［同上笔记本，第 359 页。第 2 卷第 46 页。］一个国家农业

---

①　参看《马克思恩格斯全集》中文第 2 版第 39 卷第 960 页。——编者注
②　同上，第 959—960、962 页。——编者注
③　同上，第 962 页。——编者注

上的各种能力是不断进步的。([同上笔记本,]第 359—361 页。[1]第 2
卷[第 47—48 页])联合王国的地图。**现在的实际**能力和潜在能力
的区分。(第 2 卷[第]48[页])([同上笔记本,]第 361 页)

　　马萨诸塞州的特征。([同上笔记本,]第 361—362 页[。第 2
卷第 432 页])[2]

　　(11)约·伊夫林[《关于土壤的哲学论述》](1676 年[伦敦版])。
土壤的构成。(《大笔记本》[(1865—1866 年)])(第 362—363 页
[。伊夫林,第 22、24、25、26、47、48、49 页])[3]

　　(12)埃·詹·斯密斯《把纯租当做永恒收入的错误观点》1850 年
[伦敦版]。风险等对土地价格的影响。(《大笔记本》[(1865—1866
年)]第 279—280 页[。斯密斯,第 3、4、7—10 页])[4]

---

①　关于"一个国家农业上的各种能力是不断进步的"这方面的内容,马克
　　思仅在《大笔记本》(1865—1866 年)第 361 页摘录了有关论述。——
　　编者注
②　关于本条札记,参看《马克思恩格斯全集》历史考证版第 4 部分第 18
　　卷第 311—320 页。——编者注
③　关于本条札记,参看《马克思恩格斯全集》历史考证版第 4 部分第 18
　　卷第 321—322 页。——编者注
④　《大笔记本》(1865—1866 年)第 279—280 页包括马克思对埃·詹·
　　斯密斯该部著作的全部摘录(见《马克思恩格斯全集》历史考证版第 4
　　部分第 18 卷第 273—274 页)。参看《马克思恩格斯全集》中文第 2 版
　　第 39 卷第 828—829 页。——编者注

（13）休·斯密斯（**土地测量员**）。《自由耕种［以适应自由贸易］》1850 年［伦敦版］。（《大笔记本》［（1865—1866 年）第 281—284 页］）

1822 年和 1835 年价格因丰收而下跌。（［同上笔记本，］第 281 页［。斯密斯，第 8 页］）在耕作水平较高的情况下为 32 蒲式耳①。［同上笔记本，第 281 页。斯密斯，第 12 页。］

耕种 1 英亩土地的费用。（［同上笔记本，］第 281 页［。斯密斯，第 13 页］）在较高耕作水平的情况下每英亩 12 镑是必需的等等（［同上笔记本，］第 282 页［。斯密斯，第 15 页］）②

土地改良和地租。（［同上笔记本，第］283［页。斯密斯，第 26—27 页］）国家也应该为施肥等等预付货币。（［同上笔记本，第］283、284［页。斯密斯，第 30—31 页］）③

（14）约·洛·摩尔顿《地产的资源》（1858 年［伦敦版］）。《大笔记本》［（1865—1866 年）］。

土地与其他机器、财产等的区别在于它能够被改良。（［同上笔记本，］第 286 页［。摩尔顿，第 5 页］）④

---

① 在手稿中，马克思在"32 蒲式耳"上面又写下了"4 夸特"一词。——编者注
② 关于耕种每英亩土地需要 12 镑这种说法，见本卷第 328 页对约·洛·摩尔顿的有关摘录，另外参看《马克思恩格斯全集》中文第 2 版第 39 卷第 1006 页。——编者注
③ 关于本条札记，参看《马克思恩格斯全集》历史考证版第 4 部分第 18 卷第 275—276 页。——编者注
④ 《大笔记本》（1865—1866 年）第 285、286 页提到约·洛·摩尔顿为"土地经纪人"、"农业工程师"，马克思将这些内容用到了《资本论》第三册主要手稿（第 I 稿）（见《马克思恩格斯全集》中文第 2 版第 39 卷第 836 页）。——编者注

太大的农场。（［同上笔记本，］第 287 页［。摩尔顿，第 19—20 页］）（对于所有者或租地农场主的生产资料来说如此）

数千英亩的土地是相对来说不赚钱的牧场。（［摩尔顿，］第 25—26 页）（［同上笔记本，］第 287 页）

英格兰农场的等级。小租地农场主往往支付过高的**地租**。现在是**较大的资本家**。饲养家畜的农场。（［同上笔记本，第］287—288［页。摩尔顿，第 116—117 页］）（集约化耕作的必要性加快了小租地农场主的没落。）①

中等农场。（［同上笔记本，］第 288 页）（［摩尔顿，］第 117 页）太小的农场。（［同上笔记本，］第 289 页，［摩尔顿，］第 118［—119］页）（在小农场中，租地农场主**自己**不得不成为**劳动者**。只有 200—300 英亩的农场才允许有监督劳动，更小的农场则不允许。）②同样的内容，同上［笔记本，第 289 页］。（［摩尔顿，］第 124 页）

每英亩 12 镑是必需的。（［同上笔记本，］第 290 页，［摩尔顿，］第 125 页）（参看该处的计算）③

货币地租刺激农业改进。（［同上笔记本，］第 291 页，［摩尔顿，］第 131 页）

小租地农场主不得不支付更多的地租。（［摩尔顿，］第 137、138 页，［同上笔记本，］第 291 页）小块土地再分割。（［摩尔顿，］同上，139 页）（［第］144［页］）（［同上笔记本，］第 292 页）一些耕种得最好的田庄缺少人手。（［摩尔顿，］第 138 页。［同上笔记本，］第 291 页）

临时租佃者。他们由于自己的行为导致地租提高……其改良狂

---

① 参看《马克思恩格斯全集》中文第 2 版第 39 卷第 836 页。——编者注
② 同上，第 837 页。——编者注
③ 参看本卷第 327 页。——编者注

热逐渐消退等等（[摩尔顿，]第 153—154 页）（[同上笔记本，]第 292 页）。[摩尔顿，]第 154 页（[同上笔记本，]第 292 页）。地主的尊严！（[摩尔顿，]第 154 页。[同上笔记本，]第 292 页）补偿制度。（[摩尔顿，]第 154 页。[同上笔记本，]第 293 页）**地主和租地农场主。**（[同上笔记本，]第 294 页，[摩尔顿，]第 210 页）

农家场院的肥料的效用持续 5—6 年，石灰肥料的效用持续 9 或 10 年。（[摩尔顿，]第 161 页。[同上笔记本，]第 293 页）同上，第 162 页[。同上笔记本，第 293 页]。

对土地的不同品质的评估：

（a）**地质学的：**大型**地质**构造，如绿砂岩和新红砂岩几乎都能产生肥沃的土壤；另外，珊瑚石灰岩等天然就是非生产性的……"当一种地质构造的潜在资源比另一种地质构造的潜在资源更容易开发时，评估员必须找到一个平衡点。"同样，**地下排水是便宜还是昂贵**——这是[4]对吸水性土壤的所有改良中最先要做的——通常取决于一个地区的地质情况，例如，给一片坚硬的黏性土地排水，肯定需要很大的花费。（[同上笔记本，]第 294—295 页。[摩尔顿，]第 213 页）

（2）**化学分析。物理条件。**"因为无论矿物质多么丰富，如果它们封闭在坚硬而细密的结块当中，用一个研磨的方法将其暴露出来所花的费用会是非常可观的。"（[摩尔顿，]第 214 页，[同上笔记本，]第 295 页）

天然野生植物作为"自然肥力证据"。相反（由于造成一个地区的牧草退化的积水和有害矿物质的存在——这两者都能够通过深度排水和彻底耕作而得以清除），"常见于贫瘠土地的"牧草并不总是"相对贫瘠的确凿证明"。（[摩尔顿，]第 214 页，[同上笔记本，]第

295 页)

(3)**气候、纬度、海拔和土壤暴露程度**以及与之相关的**土地价值的变化。**([摩尔顿,]第 215 页。[同上笔记本,]第 296 页)①

(4)**位置**(市场、铁路、水路)。良好的公共道路和私人道路。([同上笔记本,]第 296—297 页[。摩尔顿,第 215—216 页])②

在英国,土地因为永久性草地而遭到破坏。([摩尔顿,]第 591—592 页。[同上笔记本,]第 297—298 页)③

(15)帕·爱·达夫《政治学原理》1854 年爱丁堡版。(《大笔记本》[(1865—1866 年)])

在一个国家里,每个人都有权利从国家的土地中取得自己的一份。([达夫,]第 171 页。[同上笔记本,]第 299 页)

被出售的土地,其**价值**取决于**年地租。**被出售的其实**不是**作为物质的土地,而是**生产力**,=生产价值的能力,这种能力只有那些**确实**劳动的人才能创造。被出售的是……**劳动的利润**,即完完全全由这个国家的全部劳动**所创造的年地租价值。**([达夫,]第 243—244 页)[同上笔记本,]第 299—300 页。

对土地财产的迷信,就像对奴隶等财产的迷信一样。([达夫,]第 244 页)([同上笔记本,]第 300 页)

---

① 关于土地品质的评估,参看《马克思恩格斯全集》中文第 2 版第 39 卷第 957 页。——编者注

② 马克思仅在《大笔记本》(1865—1866 年)第 296 页摘录了约·洛·摩尔顿在其著作第 215—216 页有关"位置"的论述。——编者注

③ 关于本条札记,参看《马克思恩格斯全集》历史考证版第 4 部分第 18 卷第 278—283 页。——编者注

一个国家的文明程度越高,投入粮食生产的人口比例就越低。([同上笔记本,]第 304 页[。达夫,第 265 页])

在英国,由于太多人口退出(被驱离)农业,因而土地不能为这个国家生产足够的粮食。([同上笔记本,]第 305 页[。达夫,第 267—268 页])

在**不从事粮食生产的人口的比例较大的地方,地租往往是最高的。**([达夫,第]279[页])([同上笔记本,]第 308 页)①

关于**地租**的下述说法是错误的,即说什么"地租取决于**在支付地租的那部分土地本身上所花费的**劳动、技能或资本的数量"。例如,汉普斯特德的荒地取决于"那些**同土地没有联系的**人的劳动"等等。[同上笔记本,]第 310、311 页[。达夫,第 282—283 页]。②

为公共服务而征收的税转化为单个地主的地租。工人现在不得不支付地租和税,因而遭受剥夺,等等。([同上笔记本,]第 311 页[。达夫,第 284 页])

花费在特定部分的土地上的劳动和资本会创造**级差**地租,等等。([同上笔记本,]第 311、312 页[。达夫,第 285 页])

决定一个国家地租总额的,是一个国家全部劳动的总额,等等。([同上笔记本,]第 312 页[。达夫,第 285 页])

如果像在东印度那样,盛行赤裸裸地以赋税或地租的形式进行掠夺,并且如果"没有其他谋生手段可以代替土地,'这种赋税'的极限就是**不被饿死的极限**"等等。([同上笔记本,第]312[页。达夫,第 286 页])

---

① 参看《马克思恩格斯全集》中文第 2 版第 39 卷第 846 页。——编者注

② 马克思仅在《大笔记本》(1865—1866 年)第 310 页摘录了帕·爱·达夫在其著作第 282—283 页的有关论述。——编者注

地租取决于粮食生产者和非粮食生产者之间的比例,例如,如果粮食生产者占 $\frac{5}{6}$,非粮食生产者占 $\frac{1}{6}$,那么地租就是 $\frac{1}{6}$,等等。([同上笔记本,第]313、314[页。达夫,第 287、290 页])

　　所谓的**地主进行的改良**。([同上笔记本,]第 321—322 页[。达夫,第 303—304 页])

　　非农业劳动者创造土地价值。([同上笔记本,]第 323 页[。达夫,第 305 页])

　　大量的地租价值(它决定着土地的价值),绝对不是由地主创造的,——少量是由农民创造的——而是主要由那些创造或生产用来与粮食进行交换的物品的人创造的。([达夫,]第 308—309 页。[同上笔记本,]第 324 页)

　　土地改良充其量只会创造**级差**地租,而……这种级差地租不是**土地**的地租,而是实际投入在土地上的**资本和劳动**的地租。([达夫,]第 310 页,[同上笔记本,]第 324 页)

　　由于矿山和钢铁厂的建立,**苏格兰西部地租上涨**,等等。([同上笔记本,]第 324—325 页[。达夫,第 312—313 页])

　　国家的地租,等等。[同上笔记本,]第 327 页([达夫,]第 326 页)[1]

---

①　关于本条札记,参看《马克思恩格斯全集》历史考证版第 4 部分第 18 卷第 284—298 页。——编者注

利润率、成本价格和资本周转[105]

大约写于 1868 年 6—7 月

第一次用德文发表于《马克思
恩格斯全集》2012 年历史考证
版第 2 部分第 4 卷第 3 册

原文是德文

中文根据《马克思恩格斯全集》
2012 年历史考证版第 2 部分
第 4 卷第 3 册翻译

[1] （I）

按照成本价格计算的利润率和按照预付资本计算的利润率之间的差数。假定商品按其价值出售，也就是说，利润量＝执行职能的资本所生产的剩余价值量

（A.）

第一种假定。K＝C。总资本价值一年周转一次

预付的总资本价值	＝500。
其中,总的固定资本价值	＝400。
预付的流动不变资本	＝$76\frac{6}{23}$。[①]
预付的可变资本	＝$21\frac{17}{23}$。
因此,总的预付**流动资本**	＝100。
剩余价值率	＝100％。

---

① 手稿中原文如此,"$76\frac{6}{23}$"似应为"$78\frac{6}{23}$"。——编者注

按照预付总资本的这种构成，**资本的可变部分**与**总资本**之比或

$$\frac{v}{C} = \frac{21\frac{17}{23}}{500} = \frac{\frac{500}{23}}{500} = \frac{\frac{500}{23}}{\frac{23\cdot500}{23}} = \frac{\frac{500}{23}}{\frac{11\,500}{23}} = \frac{500}{11\,500} = \frac{5}{115} = \frac{1}{23}。$$

因此，$\dfrac{v}{C} = \dfrac{1}{23} = 4\dfrac{8}{23}\%$。

可见，**预付资本的有机构成** $= 95\dfrac{15}{23}_c + 4\dfrac{8}{23}_v$。

按照这种构成，**利润率**就 $= 4\dfrac{8}{23}\%$。

用资本在任何一个时期生产的产品的**价值**总是 $= K + m$，也就是说，等于 K（转移到商品产品上的固定资本的价值部分＋消费的流动不变资本的价值部分＋劳动力的价值（工资））＋m（剩余价值）。

适用于这个在一定时期内生产的产品的**价值**的东西，也适用于这个产品的每个组成部分。按照每一个这样的产品部分计算的**利润率** ＝包含在每个产品部分中的剩余价值与商品的成本价格的比率，或者说 $= \dfrac{m}{K}$。＝商品的价值余额同商品成本价格的比率。

现在首先要做的就是（在上面确定的前提下）研究周转条件，而在这种周转条件下，按照一年当中预付的（不是周转的）资本计算的年利润率＝按照任意某个产品量（商品量）计算的利润率，也就是说，$= \dfrac{m}{K}$。我们打算把 $\dfrac{m}{K}$ 叫做按照任意某个产品量计算的利润率，而把 $\dfrac{m'}{K'}$ 叫做年利润率，在这里，$m' =$ 每年生产的剩余价值，而 $K' =$ 每年生产的商品的成本价格。

[2]年利润率 $= \dfrac{m}{C}$，也就是说，$= \dfrac{\text{每年生产的剩余价值}}{\text{预付总资本}}$。

很清楚,如果 $K'=C$,那么 $\dfrac{m'}{K'}=\dfrac{m'}{C}$。(既然分子相等,如果分母也相等,那么两个分数必定相等。)

这个 $K'=C$ 意味着,一年当中生产的商品量的成本价格＝一年当中预付的资本的价值。而年产品的**成本价格＝一年当中周转的资本价值**,也就是实际执行职能的资本价值。此外,我们还知道,如果 $K=C$,即 $\dfrac{K}{C}$ 等于 1,那么 $U=1$。因此,如果年商品量的成本价格＝为生产这个商品量而**预付**的资本价值,或者,换言之,预付的资本价值**一年**周转**一次**,那么,**年利润率＝按照年产品的成本价格计算的利润率**。此外,还可以得出结论,$\dfrac{m'}{C}\left(=\dfrac{m'}{K'}\right)$ 和 $\dfrac{m}{K}$ 具有相同的比值。

这是因为,$\dfrac{m}{K}$ 和 $\dfrac{m'}{K'}$ 始终具有相同的比值。$m'+K'$ 是**年产品的价值**,$m+K$ 是**这个年产品的一部分**的价值,或者说,是**一年平均部分**的产品的价值。(我们说的平均部分是指这样的场合,即在这里产品不是可分立的,或者像在农业中那样,一年当中生产不同种类的产品。每一个这样的产品始终等于它所包含的 $K+m$,而且每一个这样的产品中包含的 K 始终＝K' 的一定部分)。

因为 $m'+K'=M'$ 即年产品的价值,而且 $m+K=M$ 即这个年产品的一部分的价值,所以,M' 始终＝nM,而且 $m'+K'=n(m+K)$,这里 n 虽然不一定是单纯的倍数,然而始终是假分数,因为 M 是 M' 的一部分,M' 中应当始终包含着大于一倍的 M。因此,既然 $n(K+m)=K'+m'$,或者说 $nK=K'$,并且 $nm=m'$,所以可以得出结论:$\dfrac{m}{K}=\dfrac{nm}{nK}=\dfrac{m'}{K'}$。然而,因为此外还有 $\dfrac{m'}{K'}=\dfrac{m'}{C}$,所以还可以得出结论:$\dfrac{m}{K}=\dfrac{m'}{C}$;也就是说,如果资本价值一年周转一次,并且由此年利润率＝**按照年产品的价值(年产品的成本价格)计算的利润率**,那么,**年产品每个部分中的剩余价值同这个部分包含的成本价格之比,**

也就等于**年利润同预付资本之比**。所以，可以得出结论，**年产品价值的构成**和**一年中一定时期内生产的产品的价值**的构成相同，也就是说，不变资本、可变资本和剩余价值的比例相同。

〔3〕$\frac{m}{K}$ 的比值始终等于 $\frac{m'}{K}$ 的比值，而 $\frac{m'}{C}$ 的比值偏离 $\frac{m}{K}$ 的程度，同它偏离 $\frac{m}{K'}$ 的程度相同。

〔**从前面阐述的内容可以得出结论**，如果两个**等量的不同资本**投在不同的生产领域中，并且具有**不同的有机构成**，也就是说，不变资本和可变资本的比例不同，与此同时，**两个资本价值**都是一年周转一次——而且剩余价值率相同——，那么，它们的利润率之比等于可变的资本组成部分的比例量之比。对于构成为 $80_c + 20_v | + 20_m$ 的资本，$p' = 20\%$；对于构成为 $70_c + 30_v | + 30_m$ 的资本，$p' = 30\%$。

相反，不同的周转可以在任意程度上抵消这种情况，因此，在那个由于可变的资本组成部分较小，所以**按照一定产品部分计算的利润率较低**的资本的场合，不同的周转可以造成同样大即相同的、更小的或更大的年利润率。〕

现在，在我们的例子中，预付资本 = 500，其中 400 为固定资本，而且年损耗 = 40。剩下 460。为了使 K = C，流动资本 100 的年周转次数必须 $= \frac{460}{100} = 4 + \frac{60}{100} = 4 + \frac{3}{5} = \frac{23}{5}$；所以，流动资本的周转时间 = 一年的 $\frac{5}{23}$ =（一年按 50 周计算）$10\frac{20}{23}$ 周。①

因此，流动资本在 $10\frac{20}{23}$ 周当中周转一次。

每周生产的预付资本价值的构成如下（cc 代表流动的不变资本）：$\frac{4}{5}_f + 7\frac{1}{5}_{cc} + 2_v | + 2_m$，即 $8_c + 2_v | + 2_m$；按照百分比计算就是 $80_c + 20_v | + 20_m$。

---

① 参看本卷第 283 页。——编者注

年产品 $= 40_f + 360_{cc} + 100_v + \lvert 100_m$ ——按百分比计算为 $80_c + 20_v \lvert + 20_m$。

$K = 500$，$= C$。所以，$\dfrac{100}{500} = \dfrac{100}{K} = \dfrac{100}{C} = 20\%$。

年产品的成本价格 = 周产品的成本价格 × 50。构成相同。 $\dfrac{m'}{C} = \dfrac{m'}{K'}$，而且和 $\dfrac{m}{K}$ 有着相同的比值。

现在，如果我们仔细看一下**年价值**，就会发现，**成本价格 = 预付资本价值**。

但是，预付资本价值的构成不同。**预付资本** $= 400_f + 76\dfrac{6}{23}_c + 21\dfrac{17}{23}_v$ 或者 $= 476\dfrac{6}{23}_c + 21\dfrac{17}{23}_v$。

「4」年剩余价值 m' 当然总是 = 年产品中包含的剩余价值的总额 $= nm$。

现在，我们假定 K' 同 C 偏离，也就是说，预付资本价值一年周转多于一次或少于一次。

在这里，需要指出：如果生产规模保持不变，也就是说，如果和以前一样生产同样多的年产品，那么在周转 $> U$ 时，流动的资本价值就会减少，**因此货币资本会游离出来**；相反，在周转 $< U$ 时，预付的流动资本就增加，从而会有**货币资本被束缚起来**。这种情况的前提是，$U =$ 预付资本价值在一年当中周转一次。

不过，这无非表明，对一定的产品量（在其他条件保持不变的情况下）来说，周转的速度和预付资本量成反比，并且可以互相补偿，这和在货币流通的场合货币量同货币流通速度之间的关系一样。

这里的问题在于要考察一下，如果 $K > C$，或者 $K < C$，按照商品成本价格计算的利润率，如何同按照预付资本计算的年利润率发生偏离。

（B）K＜C。
其他还是原来的假定

假定流动资本 100 一年只周转 4 次。

周转次数原来是 $4+\frac{3}{5}$。

所以，流动资本的周转时间现在是 $\frac{1}{4}$ 年＝$\frac{50}{4}$ 周＝$\frac{25}{2}=12\frac{1}{2}$ 周。因此，每周是 8。损耗和以前一样，每周 $\frac{4}{5}$f。

〔为了具有原来的构成，即 $\frac{4}{5}_f+7\frac{1}{5}+2_v$，每周＝10，必须投入的**资本就是 125，而不是 100**。否则就不能在全部时间内进行劳动；生产过程必定中断。但是，我们假定另外一个**同量的**预付**资本**，它有不同的周转，投在另外的生产领域中，但就成本价格或执行职能的资本而言具有相同的**有机构成**。〕这样，每周就是：

$$=\frac{4}{5}_f \quad + \quad 6\frac{6}{25}_{cc} \quad + \quad 1\frac{19}{25}_v| \quad + \quad 1\frac{19}{25}_m$$
$$=\frac{20}{25}_f \quad + \quad \frac{156}{25}_{cc} \quad + \quad \frac{44}{25}_v| \quad + \quad \frac{44}{25}_m$$
$$= \qquad \frac{176}{25}_c \qquad + \qquad \frac{44}{25}_v| \quad + \quad \frac{44}{25}_m。$$

按百分比计算＝$80_c+20_v|+20_m$。

按照周产品或者 $12\frac{1}{2}$ 周产品计算的利润率＝20％。

[5]〔在这里，为了得到相同的**有机构成**，v 同 c 的比率不变，但是 v 同流动不变资本的比率更高。〕

我们打算称 $\frac{m}{K}$ 为按照周产品计算的利润率，称 $\frac{M}{K}$ 为按照年产品计算的利润率。

对于 $12\frac{1}{2}$ 周的周转时间来说：

$10_{fc}+78_{cc}+22_v\,|+22_m$。

而对于一年 50 周来说：

$40_{fc}+312_{cc}+88_v\,|+88_m$

或者

$352_c+88_v\,|+88_m$。 $\dfrac{m'}{K'}$（或 $\dfrac{M}{K}$）$=\dfrac{88}{440}=\dfrac{1}{5}=20\%$。

但是，$C=500$，即比 440 大 40，也就是大 $\dfrac{1}{11}$（因为 $40\times11=440$），或者说大 $9\dfrac{1}{11}\%$。

所以，$\dfrac{M}{C}=\dfrac{88}{500}=\dfrac{22}{125}=17\dfrac{3}{5}\%$。

所以，**按照成本价格计算的利润率和按照预付资本计算的利润率之间的差数**$=20\%-17\dfrac{3}{5}\%=2\dfrac{2}{5}\%$。

在这种场合，按照**成本价格**计算的**利润率**为 $\dfrac{M}{K}$，年利润率即 $\dfrac{M}{C}$（因为 $C=K+\delta$）$=\dfrac{M}{K+\delta}$；而 $\dfrac{M}{K+\delta}<\dfrac{M}{K}$。

（C）K＞C。

其他还是同样的假定

[6]假定 100_{cc} 一年周转 5 次。周转时间$=10$ 周。

10 周中的 $100=1$ 周中的 10。和以前一样，周损耗$=\dfrac{4}{5}$。

(1)**因此每周：**

$$\dfrac{4}{5}_{fc}\quad+\quad7\dfrac{21}{25}_{cc}\quad+\quad2\dfrac{4}{25}_v\,|\quad+\quad2\dfrac{4}{25}_m$$

$$\dfrac{20}{25}_{fc}\quad+\quad\dfrac{196}{25}_{cc}\quad+\quad\dfrac{54}{25}_v\,|\quad+\quad\dfrac{54}{25}_m$$

$$\dfrac{216}{25}_c\quad+\quad\dfrac{54}{25}_v\,|\quad+\quad\dfrac{54}{25}_m;$$

按百分比计算为：$80_c + 20_v | + 20_m$。

或者：

$\frac{270}{25}C | + \frac{54}{25}_m$。因此，$p' = \frac{54}{270} = \frac{1}{5} = 20\%$。

而**每 10 周**，即在一个周转期间内：

$\frac{40}{5}_{fc} + 70\frac{210}{25}_{cc} + 20\frac{40}{25}_v | + 20\frac{40}{25}_m$。

(2)$8_{fc} + 78\frac{2}{5}_{cc} + 21\frac{3}{5}_v | + 21\frac{3}{5}_m$。

或者

$108C |$ $+ 21\frac{3}{5}_m$。$[p'] = 20\%$。

最后，对于 50 周＝1 年：

[7](3)$40_{fc} + 392_{cc} + 108_v | + 108_m$

或者

432_c $+ 108_v | + 108_m$

或者

$540K$ $+108m$。因此，按照年成本价格计算

的利润率＝$\frac{108m}{540K} = \frac{1}{5} = 20\%$。

相较而言，年利润率＝$\frac{m}{C} = \frac{108}{500} = 21\frac{3}{5}\%$。

从一开始就很清楚，不管 M 的绝对值如何随着周转速度而变化，它无论在分数 $\frac{M}{K}$ 中，还是在分数 $\frac{M}{C}$ 中，都始终是**相同的数字**，即分子始终相同。因为年利润量＝每年生产的剩余价值量。

由此得出结论：

(1)如果 K＝C，也就是说，如果资本价值一年周转一次，那么

$\frac{M}{K} = \frac{M}{C}$。

(2)如果 K＜C，也就是说，如果资本价值在多于一年的时间内周转，那么

$\frac{M}{K} > \frac{M}{C}$。

(3)如果 K>C，也就是说，如果资本价值在一年中周转多于一次，那么

$$\frac{M}{K}<\frac{M}{C}。$$

所以，(1)在第一种场合，年利润率＝按照年产品或年产品任何一个部分计算的利润率。

(2)在第二种场合，年利润率＜按照年产品或年产品任何一个部分计算的利润率。

(3)在第三种场合，年利润率＞按照年产品或年产品任何一个部分计算的利润率。

按照(II)，K<C，例如差数为 δ。因此 $C-\delta=K$，或者说 $C=K+\delta$。

因此，这里 $\frac{M}{K}$ 与 $\frac{M}{C}$ 之间的差数 $=\frac{M}{K}-\frac{M}{K+\delta}=\frac{M(K+\delta)-MK}{K(K+\delta)}=\frac{M(K+\delta-K)}{K(K+\delta)}=\frac{M\delta}{K(K+\delta)}=\frac{M}{K}\cdot\left(\frac{\delta}{K+\delta}\right)$。

按照(III)，C<K，例如差数为 δ。因此 $C+\delta=K$，或者说 $C=K-\delta$。

因此，$\frac{M}{C}$ 与 $\frac{M}{K}$ 之间的差数 $=\frac{M}{K-\delta}-\frac{M}{K}$。或者说 $=\frac{MK-M(K-\delta)}{(K-\delta)K}$，也就是说，$=[8]\frac{M(K-K+\delta)}{(K-\delta)K}=\frac{M\delta}{(K-\delta)K}=\frac{M}{K}\cdot\left(\frac{\delta}{K-\delta}\right)$。

因此，确切地说，我们得到下面的规律：

(1)如果 C=K，也就是说它们的差数=0，那么 $\frac{M}{C}=\frac{M}{K}$。

(2)如果 K<C，并且差数为 δ，那么 $\frac{M}{C}<\frac{M}{K}$，并且差数为 $\frac{M}{K}\cdot\left(\frac{\delta}{K+\delta}\right)=\frac{\pi\delta}{K+\delta}=\frac{\pi\delta}{C}$。

(3)如果 K＞C,并且差数为 δ,那么 $\dfrac{M}{C}＞\dfrac{M}{K}$,并且差数为 $\dfrac{M}{K}\left(\dfrac{\delta}{K-\delta}\right)=\dfrac{\pi\delta}{K-\delta}=\dfrac{\pi\delta}{C}$。

或者说,因为按照(2),C－δ＝K,即 **K＋δ＝C**,

　　　　　　按照(3),C＋δ＝K,即 K－δ＝C,

所以:

(1)如果 C＝K,也就是说,它们的差数＝0,那么 $\dfrac{M}{C}=\dfrac{M}{K}$。

(2)如果 C＞K,并且差数为 δ,那么 $\dfrac{M}{C}＜\dfrac{M}{K}$,并且差数为 $\dfrac{M}{K}\times\dfrac{\delta}{C}$。

(3)如果 C＜K,并且差数为 δ,那么 $\dfrac{M}{C}＞\dfrac{M}{K}$,并且差数为 $\dfrac{M}{K}\times\dfrac{\delta}{C}$。

在例证 B 中,我们得到 K＝440,C＝500,δ＝60。M＝88。在这里,$\dfrac{M}{K}=\dfrac{88}{440}=\dfrac{1}{5}=20\%$。

　　　　　　并且 $\dfrac{M}{C}=\dfrac{88}{500}=17\dfrac{3}{5}\%$。

$\dfrac{M}{K}-\dfrac{M}{C}=\dfrac{88}{440}-\dfrac{88}{500}$。按照公式(2),差数＝$\dfrac{88}{440}\times\dfrac{60}{500}=\dfrac{1}{5}\times\dfrac{6}{50}=\dfrac{1}{5}\times\dfrac{3}{25}=\dfrac{3}{125}$,而 $\dfrac{3}{125}=2\dfrac{2}{5}\%$,这确实就是 20％和 $17\dfrac{3}{5}\%$ 之间的差数。

[9]在例证 C 中:

M＝108。K＝540。C＝500。K－C 或差数＝40。

因此,在这里根据公式(3),$\dfrac{M}{C}-\dfrac{M}{K}=\dfrac{108}{540}\times\dfrac{40}{500}=\dfrac{108\times4}{54\times500}=\dfrac{54\times4}{54\times250}=\dfrac{4}{250}=\dfrac{2}{125}=1\dfrac{3}{5}\%$。

但是,$\dfrac{M}{K}=\dfrac{108}{540}=\dfrac{1}{5}=20\%$。

而且 $\dfrac{M}{C}=\dfrac{108}{500}=\dfrac{27}{125}=21\dfrac{3}{5}\%$。

实际上,$21\dfrac{3}{5}\%-20\%=1\dfrac{3}{5}\%$。

这里,在(I)的所有场合中都假定,商品按其**价值**出售,**剩余价值率**既定,并且商品**成本价格的有机构成**既定,也就是说,在一定生产期间所消费的资本(**消费**在这里指的是资本的使用价值,资本的**物质存在形式**)的有机构成既定。

对于这种**既定的有机构成**来说,无论所消费的不变资本部分按照什么样的比例由固定要素和流动要素构成,都是一样的。只要它们的**总额**保持不变,与**可变资本**部分保持**相同的比率**。因此,例如在流动资本的周转和量保持不变的情况下,如果总资本周转更快,原因是固定资本的周转时间增加或减少,即它的损耗增加或减少,那么成本价格的有机构成或在一定的生产行为中消费的资本的有机构成就会改变。例如,周损耗 f 就变成 f+δ,或者 f−δ。因此,由于 cc+v 的量保持不变,所以 K 就由 f+cc+v 变成 =(f+δ)+cc+v。

不变资本就会增加 δ,所以 $\frac{v}{C}$ 这个比率就从 $\frac{v}{f+cc+v}$ 变为 $\frac{v}{(f+δ)+cc+v}$;可变资本同不变资本从而同总资本的比率就会下降。同样,如果 f 变为 f−δ,**情况就相反**。因此,在其他条件保持不变的情况下,固定资本损耗的增加或减少所导致的总资本的更快周转,由于研究的条件——成本价格的有机构成保持不变——而被排除在外。

只有相同的每周(生产的)生产过程例如始终以**均衡的方式**日复一日地重复进行,$\frac{M}{K}$ 始终 $=\frac{n \cdot m}{n \cdot k}$ 才直接就是正确的,[10]在这里,(k+m)=**年产品的一部分**或者在**一年的部分时间里生产的商品量**。但是,例如农业中的年生产包含着**异质的劳动过程**,在这些劳动过程中,部分地是产品不同,部分地是劳动力和不变资本等的比率不同。这里必须要计算**平均数**;也就是说,在一定的期间内所消费的劳动力和不变资本[被视]为每年消费的劳动力和不变资本的可除部分。

不管在一定的生产行为中这个比率是多少,在其中消费的资本＋剩余价值,总是构成包含在年产品中的消费的资本＋剩余价值的一个**如此多的部分**。

本身就很清楚的是,周转对年利润率的影响(1)只可能存在于**各种偏离**之中,正是这种周转在按照年产品(从而按照年产品的一定部分)计算的利润率,和年利润率即按照**预付**资本计算的利润率之间造成这些偏离;(2)在**资本有机构成既定**并且**剩余价值率既定**的情况下,这些偏离仅仅归因于周转。因此,如果我们想确定**周转的影响**,就应当将资本的有机构成和剩余价值率视为是**不变的**。

而反过来,如果我们想确定在剩余价值率保持不变或者提高等情况下,有机构成的变化有什么影响,就必须假定**周转**是既定的。

因此,如果我们想考察一下,在撇开周转不谈的情况下,$p' = \dfrac{r \cdot v}{C} = \dfrac{r \cdot v}{c+v}$ 会如何变化,那么就要这样做。

在这里,变化只能产生于 $\dfrac{M}{K}$,或者说产生于同为一回事的 $\dfrac{m}{K}$。因此,对于目前的研究来说,最好从资本周转一次或 C＝K 这种情况出发,也就是说,最好将这种情况当做出发点,因为在这里,在一年中预付的资本的有机构成是无关紧要的。这个**资本价值**借以将自己再生产出来的年产品的构成,和**周产品**的构成是一样的。而且,按照这个周产品或者其他某个期间的产品计算的利润率＝**年利润率**。

[11] (II)

一般利润率既定。在不同生产领域的各个资本的周转不相同的情况下,价值向生产价格的平均化是如何发生的?

(A.) 剩余价值率相同。成本价格的构成相同,也就是说,在价值增殖过程中执行职能的资本的构成相同。周转不相同

在有机构成相同并且剩余价值率也相同的情况下,成本价格利润率相同,尽管利润量随着执行职能的各个资本的量的变化而变化。因此,对目前的研究来说,可以假定相同大小的各个资本被预付出去。这是因为,这些资本的百分比构成相同,它们的绝对量的差异不会影响成本价格利润率,而另一方面,成本价格利润率和年利润率之间的区别只是由周转的差异而引起的。

在生产过程的一定期间当中,例如一周当中,对这个期间来说,全部预付资本都在劳动过程中执行职能,但是其中只有一部分在价值增殖过程中执行职能,因为预付固定资本只有一部分进入价值增殖过程。现在,我们打算将进入每个周期性的价值增殖过程中的那

部分［预付资本］简称为**被消费的资本部分**。在这里，**就损耗和流动的固定**[①]**资本而言**，"被消费的"一词涉及的是**资本价值借以预付的使用价值**；因为价值在这里并未被消费，而仅仅是从消费掉的生产资料中转移到产品中；"被消费的"一词涉及的是劳动力的**价值**，因为这个价值本身被让渡给劳动者，并且由劳动者消费；但是，这个价值在产品中被再生产出来。

对于不同投资的周转来说，进行比较的可靠出发点是中等的社会周转，也就是说，是社会资本的周转。而这种周转或者是一年一次，或者是一年不到一次，或者是一年多于一次。

（1）社会资本一年周转一次。在所有资本的构成相同并且剩余价值率相同的既定前提下，任何一个一年周转一次的资本，例如一个 500 的资本，都和社会资本具有相同的**年利润率**。因此，就利润率而言，相对于那些周转速度发生偏离的资本，它可以被看做是社会资本。

[12]在这个 500 的资本当中，假定构成是 $80_c + 20_v \,|\, +20_m$，或者说 $p' = 20\%$。

如果产品按照其价值出售，那么年产品的成本价格 $= 500$，剩余价值 $= 100$；这里假定资本的流动部分一年周转 $4 + \dfrac{3}{5}$ 次，固定资本的 $\dfrac{1}{10}$ 在一年中进行周转。

适用于年产品的，也适用于年产品的每个部分，或者说，也适用于在一年的一定时期中生产的产品。执行职能的资本的构成始终 $= 80_c + 20_v \,|\, +20_m$，年产品每个部分的价值 $= k + k$ 的 20% 或 $= \dfrac{k}{5}$。因为年产品的价值 $= K + M = K + P$。而 $K + M = nk + nm$，$m = \dfrac{K}{5}$[②]。

---

① 手稿中原文如此，"固定"似应为"不变"。——编者注

② 手稿中原文如此，"$\dfrac{K}{5}$"似应为"$\dfrac{k}{5}$"。——编者注

但是，我们已经证明，成本价格利润率，不管是年产品的成本价格利润率，还是年产品的一部分的成本价格利润率，都等于年利润率。例如 100 的价值 $=100+\frac{1}{5}100=100+100$ 的 20%，同样，500 的价值 $=500+\frac{1}{5}500=500+500$ 的 20%。

虽然预付资本 500 的构成是

$$400_{fc}+76\frac{6}{23}_{cc}+21\frac{17}{23}_{[v]}$$

或者是 $476\frac{6}{23}_{c}\qquad+21\frac{17}{23}_{v}$，

而执行职能的**同一资本价值**，从而**年产品的成本价格**的构成则是：

$$40_{f}+360_{cc}+100_{v}$$

或者是 **$400_{c}\qquad+100_{v}$**。

现在，我们将这种场合和（I）中的（B）与（C）探讨的场合进行比较，资本在这两种场合的周转或者慢于社会资本，或者快于社会资本。

在（B）中，周转次数 $=4$，或者说周转时间 $=12\frac{1}{2}$ 周。尽管执行职能的资本的构成始终 $=80_{c}+20_{v}$，在每个期间**所生产的价值部分**的构成始终 $=80_{c}+20_{v}|+20_{m}$，其中 $p'=20\%$，但是，在这里，年利润率＜成本价格利润率。后者[①]不是 20%，而是 $17\frac{3}{5}\%$，差数是 $2\frac{2}{5}\%$。

如果我们只考察在价值增殖过程中执行职能的资本价值的构成，那么就不能发现［（B）］和社会资本的区别，因为构成相同，剩余价值率相同，从而成本价格利润率也相同。但是如果我们比较年利润率和每年生产的价值，那么区别就显现出来了。

我们打算称社会资本为资本 I，（B）中的资本为资本 II。

---

① 手稿中原文如此，"后者"似应为"前者"。——编者注

资本 I	年利润	年利润率	价值＝600。
500	＝100	＝$\frac{100}{500}$。	
资本 II	年利润	年利润率	价值＝528,
500	＝88	＝$\frac{88}{500}$。	因为成本价格＝**440**。

[13]因此,如果资本 II 的产品按照 600 出售,那么就是**高于它的价值 72 出售**(因为 528＋72＝600)。或者说按百分比计算,要追加 $13\frac{7}{11}$%〔或者说追加 $\frac{3}{22}$,这个数字实际上是 $\frac{M}{K}$ 与 $\frac{M}{C}$ 之间的差数(或 $2\frac{2}{5}$%),同 $\frac{M}{C}$ 或 $17\frac{3}{5}$%的比值。〕

据此,资本 II 的产品的年**生产价格**构成如下:

440K＋88M＋72s(追加)

或者是　　528 W　＋按照 W 计算追加的 $13\frac{7}{11}$%。

资本 II 一次周转(在 $12\frac{1}{2}$ 周中)**的产品的价值为**:

$10_{fc}＋78_{cc}＋22_{v}|＋22_{m}$。

或者是 88_{c}　　$＋22_{v}|＋22_{m}$。在这里,必须追加 72 的 $\frac{1}{4}$＝18。因此,$12\frac{1}{2}$ 周产品的生产价格为:

$$88_{c}＋22_{v}|　　　　＋22_{m}|　＋18_{s}。$$

或者＝110K　|　　　　＋22_{m}|　＋18_{s}。

或者　　　＝132W　　　　　　＋18_{s}。18:132＝3:22。也就是按照 132W 计算追加 $13\frac{7}{11}$%。

资本 II 的周产品的价值为:

$$\frac{4}{5}_{fc}＋6\frac{6}{25}_{cc}＋1\frac{19}{25}_{v}|＋1\frac{19}{25}_{m}。$$

或者是　　$\frac{176}{25}_{c}$　　　　＋$\frac{44}{25}_{v}$|　＋$\frac{44}{25}_{m}$。

价值＝$\frac{264}{25}＝10\frac{14}{25}$。

周产品的生产价格为:

$$\frac{220}{25}K＋\frac{44}{25}_{m}|＋\frac{36}{25}_{s}。(或者说 1\frac{11}{25})$$

或者是：$10\dfrac{14}{25}$ W$+1\dfrac{11}{25}_s$。但是：$\dfrac{36}{25}:\dfrac{264}{25}=36:264=18:132=3:22$。也就是按照 132W 计算追加 $13\dfrac{7}{11}$%。

[14]如果资本 II 的产品按其价值出售，那么，按百分比计算，就是按照 K（这个产品的成本价格）+这个成本价格的 $\dfrac{1}{5}$ 或这个成本价格的 20%出售。

$=K+\dfrac{1}{5}(K)$，或者 K+K 的 20%，在这里，k 是周产品的成本价格还是年产品的成品价格，完全是无关紧要的。$\dfrac{1}{5}$k 自然随着 k 的增加而增加。

但是，要使年利润率达到 20%，或者说 $\dfrac{M}{C}=20$%，对于资本 II 来说，必须在成本价格之上追加 $36\dfrac{4}{11}$%，而不是 20%；而对于每年周转一次的社会资本来说，只要将 20%追加到商品的成本价格上（也就是说，与这个商品的价值相应的剩余价值构成这个 20%），这样年利润率就=20%。

也就是说，现在生产价格是：

$\dfrac{220}{25}$ K$+\dfrac{44}{25}_m$ $|+\dfrac{36}{25}_s$。

现在，在 $\dfrac{220}{25}$ 之上追加的剩余价值 $\dfrac{44}{25}$（44 追加到 220 之上 $=\dfrac{1}{5}$）必定是 20%，而在 $\dfrac{220}{25}$ 之上追加的 $\dfrac{36}{25}$（或者说 36：220=9：55）必定是 $16\dfrac{4}{11}$%。因此，超出成本价格的总余额 $=\dfrac{80}{220}=\dfrac{8}{22}=\dfrac{4}{11}=36\dfrac{4}{11}$%$=20+16\dfrac{4}{11}$%。

相较而言，如果我们不是按照 K 而是按照 W 来计算追加，那么 $=\dfrac{36}{264}=\dfrac{9}{66}=\dfrac{3}{22}=13\dfrac{7}{11}$%。

然而，这个追加，如果不是按照用资本 II 生产的商品的**成本价格**，而是按照这个商品的**价值**计算，这个 $13\dfrac{7}{11}$%的追加=**成本价格利润率**和**年利润率**之间的**差数**，再除以**成本价格利润率**。

社会资本的**年利润率**=20%。按照资本 II 的成本价格计算的年利润率$=17\frac{3}{5}\%$。**差数**$=2\frac{2}{5}\%$。而这个 $2\frac{2}{5}\%$ 的差数同 $17\frac{3}{5}\%$ 的利润率相比,就等于 $\frac{12}{5}\%:\frac{88}{5}\%=\frac{12}{88}=\frac{3}{22}=13\frac{7}{11}\%$。

所以,按照资本 II 生产的商品量**价值**计算的追加

$$=\frac{\text{资本 II 的成本价格利润率和年利润率之间的差数}}{\text{资本 II 的年利润率}}。$$

或者说,因为成本价格利润率=社会资本的年利润率,所以我们得到:

$$\frac{\text{一般年利润率和资本 II 的年利润率之间的差数}}{\text{资本 II 的年利润率}}$$

=在资本 II 的价值之上的追加。

[15]而那个**差数**$=\frac{M}{K}\left(\frac{\delta}{K+\delta}\right)$。

资本 II 的年利润率$=\frac{M}{K+\delta}$。

所以,那个差数同资本 II 的年利润率之比$=\dfrac{\dfrac{M}{K}\left(\dfrac{\delta}{K+\delta}\right)}{\dfrac{M}{K+\delta}}=$

$\dfrac{\dfrac{\delta}{K(K+\delta)}}{\dfrac{1}{K+\delta}}=\dfrac{\dfrac{\delta}{K(K+\delta)}}{\dfrac{K}{K(K+\delta)}}=\dfrac{\delta}{K}=\dfrac{60}{440}=\dfrac{3}{22}=13\frac{7}{11}\%$。

但是,δ 或者 60=**预付资本 II** 与这个预付资本在一年的周转中**执行职能的那部分**之间的差数,或者说,等于预付资本 **500** 与**一年中生产的商品的成本价格 440** 之间的差数。

$\frac{\delta}{K}=13\frac{7}{11}\%$ 这个量是按照资本 II 的产品的**价值**计算的百分比**追加**。

资本 II 的**年产品的价值**$=528$。按照 528 计算追加 $13\frac{7}{11}\%$ 就是:在 528 之上追加 $\frac{150}{11}\%$。

因此:$\frac{150}{11}:100=x:528;\therefore 150:1\,100=x:528;15:110=x:528;$ $3:22=x:528;x=\frac{3\times528}{22}=3\times\frac{264}{11}=72,528+72$ 确实$=600$,如果

500 的商品产品按照 600 出售,那么利润率$=\dfrac{100}{500}=20\%$。

顺便说一下:如果 500 的资本 II 使用同样数量的活劳动,也就是说,如果其他所有条件保持不变,但是**剩余价值率**不再是 100％,而是 $131\dfrac{11}{19}\%$,也就是说,不再是 $\dfrac{88}{88}$,而是 $\dfrac{100}{78}$①(可变价值＋剩余价值＝88＋88＝176。所以,如果剩余价值是 100,那么可变价值就是 76,剩余价值率就$=\dfrac{100}{76}$)。

在这种场合:**产品价值**和以前一样$=$**528**,但是划分不同,即:

不再是:$352_c+88_v|+88_m$　　　　　　$p'=20\%$。

而是:　$352_c+76_v|+100_m$　　　　　$p'=23\dfrac{51}{107}\%$。按照 428 计算追加这 $23\dfrac{51}{107}$[％],得出 100_m,而 100_m 按照预付资本 500 计算,得出 20％的年利润率。

所以可以得出如下结论:较高的剩余价值率能够**抵消**较少的周转,在上述场合就是这样。**接近于抵消**,在上述场合,如果 m＜100,v＞76,情况就是这样。超过抵消而**有余**,在上述场合,[16]如果 m＞100,v＜76,情况就是这样。在这种场合,通过与 500 的**资本 I 比较**——这个资本一年周转一次,也就是说,它的周转多于同样为 500 的资本 II——同样可以得出结论:较低的剩余价值率能够全部地,部分地,或绰绰有余地抵消较快的周转速度。

较高的剩余价值率总是以不同的资本构成为前提,或者说,只要剩余价值率提高,就会导致不同的资本构成。要么,就像在上述[场合]一样,工艺比率保持不变。和以前一样使用同样数量的劳动力,只是划分为有酬劳动和无酬劳动的比例不同。但是,在这种场合,m 增加多少,v 就会减少多少。因此,比率 $\dfrac{v}{c}$ 也会降低,从而 $\dfrac{v}{c+v}$ 或者 $\dfrac{v}{C}$

---

① 手稿中原文如此,"$\dfrac{100}{78}$"似应为"$\dfrac{100}{76}$"。——编者注

降低。

$\dfrac{88_v}{440C} = \dfrac{1}{5}$；但是 $\dfrac{76_v}{428C} = \dfrac{1}{5 + \dfrac{12}{19}}$。或者说,剩余价值率的增大是

通过提高劳动强度或延长劳动时间而实现的。那么,不变资本的绝对量必然会发生变化。〔可变资本的相对量也会发生变化。〕

————

前面论述中有**错误**。

资本 II 的 500 中有 440K 周转。m=88。

因此,年产品的价值＝440＋88＝528。对于资本家来说,进入**价值**的预付资本数量,完全是无关紧要的。如果他通过 500 赚到 100,也就是说,将商品按照超出其成本价格 100 来出售,按照 $K + 100_m$ 出售,那么,他的利润率为 $\dfrac{100_m}{500C} =$ 按照**预付资本 500** 计算的 20％。

因此,由于 K＝440,如果年商品产品按照 $440K + 100_m$ 出售(对他来说,这和按照 $352_c + 76_v | + 100_m$ 出售是一样的,也就是说,和剩余价值率从 20％提高到等等是一样的),那么,年利润率＝$\dfrac{100}{500} =$ 20％。

因此,出售价格提高到 550①。$\dfrac{100}{440} = \dfrac{10}{44} = \dfrac{5}{22} =$ 按照商品成本价格计算的 $22\dfrac{8}{11}$％。

如果 $\delta = C - K$ 或者 $K + \delta = C$,那么年出售价格＝$K + Kp + \delta p$〔这个公式＝$K + p(K + \delta) = K + pC$〕,其中,p 为资本 II 按照成本价格计算的利润率,同时也是资本 I 按照 C 计算的利润率。＝**K(1＋p)＋δp**。$\left(= 440\left(1 + \dfrac{1}{5}\right) + 60 \times \dfrac{1}{5}. \right)$ 或者说,**$440 + \dfrac{1}{5}500$**。

利润追加 δp 同包含在**价值**中的**利润**(＝剩余价值)之比是 $\dfrac{\delta p}{Kp} =$

————

① 手稿中原文如此,"550"似应为"540"。——编者注

$\frac{\delta}{K}$。$(=\frac{60}{440}=\frac{6}{44}=\frac{3}{22}=13\frac{7}{11}\%。)$

这是 C 的**年利润率**同**资本 II 的年利润率**之间的差数。也就是 $20\%-17\frac{3}{5}\%=2\frac{2}{5}\%。$ $2\frac{2}{5}\%$ 除以 $17\frac{3}{5}[\%]=13\frac{7}{11}\%。$

[17]追加同**价值之比** $=\frac{\delta p}{K(1+p)}。$

最后,**利润追加按照成本价格计算**为:$\frac{\delta p}{K}。$ $\frac{\frac{1}{5}(60)}{440}=\frac{12}{440}=$ $\frac{6}{220}=\frac{3}{110}=\mathbf{2\frac{8}{11}}\%。$

————

为了使 C 的年利润率同年平均利润率一致,商品的出售价格必须是:$K+pC=440+100。$因此,**成本价格利润率** $=\frac{100}{440}=\frac{10}{44}=\frac{5}{22}。$ 按照成本价格计算的利润追加 $=22\frac{8}{11}$,由此按照预付资本计算的年利润率 $=20\%。$

因此,年商品产品的价格,要按照资本 II 的生产领域中的平均周转来计算,它 $=K+pC$;如果 $pC=n$,那么 $\frac{n}{K}$ 就是按照年产品每个部分或者一年中一定时期内的每个产品追加的利润率。

(2)**社会资本一年周转少于一次**。这里只需要将前面的场合颠倒过来。

具有上述构成的社会资本 500 一年周转 4 次;相较而言,具有相同构成的另一个资本 500 一年周转 $4\frac{3}{5}$ 次(而且具有相同的剩余价值率)。

那么 $440\,K|+88_m=20\%。$ $\frac{m}{C}$ 或者说 $\frac{88}{500}=17\frac{3}{5}\%。$ 这就是**一般年利润率**。在这种场合,$K+\delta=C$,或者说 $C-\delta=K$。

第二个 500 的资本,价值 $=\mathbf{500\,K|+100_m}。$ 利润率 $=20\%。$ 也就是说,超出一般利润率 $2\frac{2}{5}\%。$ 为了使第二个资本的年利润率平均化为一般利润率,年产品必须按照 $500K+p(K-\delta)=500+$

$\frac{1}{5}(500-60)=500+88=588$ 出售。也就是说，比它的价值低 12。

所以，价值＝K＋pK－pδ。＝$\mathbf{K}(1+\mathbf{p})-\mathbf{p\delta}$。利润扣除即－δp 同包含在价值中的利润之比＝$\frac{p\delta}{pK}=\frac{\delta}{K}=\frac{60}{500}=\frac{6}{50}=\frac{3}{25}=12\%$。

最后，按照成本价格计算的全部利润追加＝$\frac{pK-p\delta}{K}=\frac{\mathbf{p}(\mathbf{K}-\mathbf{\delta})}{\mathbf{K}}$＝$\frac{\frac{1}{5}(440)}{500}=\frac{88}{500}=17\frac{3}{5}\%$。商品按照低于它的价值 $2\frac{3}{5}\%$[①]出售，或者说，按照 $17\frac{3}{5}\%$[的利润率]出售，从而获得一般利润率。

这种情况还包含这样一种场合：社会资本一年周转一次，而第三个资本 C 一年周转多于一次。

（3）如果**年资本一年周转多于一次**，那么它同周转更慢的那些资本的关系，就和在场合 1 中一样，它同周转更快的那些资本的关系，就和在场合 2 中一样。

[18]在一种场合，按照实际的**成本价格**

利润率计算的按比例**追加**始终只能是　　　　$=\{+\frac{\delta}{K}$。

按照成本价格计算的**按比例追加**始终只能是：　　$=\{+\frac{\delta p}{K}$

在平均化之后追加到成本价格之上的**年利润量**　$=\{pC。=\mathbf{p}(\mathbf{K}+\mathbf{\delta})$。

　　　年产品的出售价格　　　　　　　　　　$=\{\mathbf{K}(1+\mathbf{p})+\mathbf{\delta p}$。

反过来，如果资本 II 比社会资本周转得更快：

那么按照**成本价格利润率**计算的**按比例的利润**

追加始终只能是　　　　　　　　　　　　　$=\{-\frac{\delta}{K}$

按照成本价格本身计算的按比例追加始终只能是　$=\{-\frac{\delta p}{K}$

追加到成本价格之上的**年利润量**　　　　　　$=\{=pC。p(K-\delta)$

最后，年产品的出售价格　　　　　　　　　$=\mathbf{K}(1+\mathbf{p})-\mathbf{\delta p}$。

---

① 手稿中原文如此，"$2\frac{3}{5}\%$"似应为"$2\frac{2}{5}\%$"。——编者注

应该注意的是，在这里 p 始终是相同的量，只是按照不同的价值来计算；因为假定有**相同的构成**和**相同的剩余价值率**。按照成本价格计算的利润量，在这里始终＝在商品生产本身中产生的剩余价值量。

δ 的量，不管是＋还是－，在这里始终是由一个特殊生产领域的资本的周转同社会中等周转的偏离所决定的。

例如，上面的社会周转次数＝1（流动资本周转 $4+\frac{3}{5}$ 次），资本 II 的周转次数＝$\frac{22}{25}$（流动资本周转 4 次）。

社会周转 $\frac{25}{25}$ 同资本 II 的周转 $\frac{22}{25}$ 之间的差数＝$\frac{3}{25}$。少周转的这个 $\frac{3}{25} \times 500 = 60$，而这就是**在一年中没有周转的资本部分**的量＝δ。

最重要的事情是：对于社会资本来说（对于那些与社会资本有着相同周转，或者说其周转就是社会中等周转的资本来说也一样），在资本构成既定且剩余价值率既定的情况下，**年利润率**由**成本价格利润率决定**。成本价格利润率是既定的，＝$\frac{m}{K}$，等于包含在商品**价值**中的剩余价值同商品成本价格之比。年利润率即 $\frac{m}{C}$ 同 $\frac{m}{K}$ 即成本价格利润率的偏离，在这里是周转次数的结果，[19]周转次数造成的结果是 K 或者＝C，或者＜C，或者＞C。例如，在例证 B 中，如果这种情况就是社会资本的周转，那么成本价格利润率＝20％，由此得到的年利润率却只有 $17\frac{3}{5}$％。这里的年利润率＝$17\frac{3}{5}$％，是因为成本价格利润率＝20％。这种区别只是由周转造成的，由于这样的周转，预付的资本价值在一年中的周转少于一次，也就是说，**没有全部**周转。〔生产者可能会将 $17\frac{3}{5}$％视为既定的**一般利润率**，并且相信，他在成本价格之上追加 20％，然后得到按他的预付资本计算的这个年利润率 $17\frac{3}{5}$％。〕

但是，对于其周转速度与社会中等周转速度发生偏离的资本来说，情况则不同。对这些资本来说，并不是**年利润率由与这些资本生**

产的商品的价值相应的成本价格利润率所决定，而是相反，这些资本在成本价格之上追加的利润率由既定的一般年利润率所决定。根据这些资本的周转速度比中等周转速度更快还是更慢，对与它们的价值相应的成本价格利润率进行追加或扣除。

现在，不管社会资本在一年中是周转一次，多于一次，还是不到一次即在一年中只是部分地周转，这种情况丝毫不会改变所阐述的这些规律。在这些不同的场合中，对于其周转速度同社会中等周转速度发生偏离的那些资本来说，唯一变化的是 δ 这个量，也就是说，是 C 和 K 之间的差数，即预付资本和周转资本之间的差数。

因此，如果我们将研究建立在**社会资本一年周转一次**这种假定之上，那么这丝毫也不会改变这些规律。这种假定简化了运算。由此避免了对于研究并不必要的额外计算，因为这样一来，对于社会资本来说，**总资本价值**——就其在价值增殖过程中的职能来考察——的构成和年产品价值的构成，或年产品每个部分的[价值]构成是相同的。

（B.）剩余价值率不同

我们已经看到，剩余价值率的偏离能够抵消周转速度的偏离，全部抵消，或者部分地抵消；只要剩余价值率和周转速度按照**相反的**方向发生偏离。而如果剩余价值率和周转速度按照**相同的**方向发生偏离，那么差数就只会相应地增加。

我们在这里想要研究的只是，在何等程度上剩余价值率的不同**归结为场合（C）**，也就是说，**归结为不同的资本有机构成**。

假定一年中执行职能的资本价值的构成 $= 80_c + 20_v | + 20_m$。

20_v+20_m 或者说 40 是所使用的**全部**劳动量借以呈现自身的货币表现。假定这个劳动量，[20]即体现为 40 镑价值的这个劳动量，是推动 80_c 所必要的，不管是在社会资本中，还是在偏离社会资本的投资中，情况都是如此。

社会剩余价值率＝100％。

假定在发生偏离的资本中剩余价值率是 50％ 或者 200％。

在第一种场合，这个资本的构成必定如下：

(a)$80_c+26\frac{2}{3}_v+13\frac{1}{3}_m$。这里 r＝50％。使用在 80_c 上的劳动量由 40 代表。

在第二种场合：

(b)$80_c+13\frac{1}{3}_v+26\frac{2}{3}_m$。这里 r＝200％。使用在 80_c 上的劳动量和以前一样由 40 代表。

但是，在这两种场合，资本的构成都改变了。

在第一种场合，资本的**百分比**构成是：

(a)构成＝80_c ＋ $26\frac{2}{3}_v$＋$13\frac{1}{3}_m$ 按照百分比是：

$$70\frac{10}{17}_c+ 23\frac{9}{17}_v+11\frac{13}{17}_m。$$

可见，和 80_c ＋ 20_v ＋20_m 相比较，叮变资本相对于不变资本增加了，而且这一变化是由可变资本的绝对增长造成的。耗费在不变资本上的劳动量按照百分比计算保持不变。

所使用的劳动总量＝$23\frac{9}{17}+11\frac{13}{17}=35\frac{5}{17}$，乘以 $2=70\frac{10}{17}$，＝不变资本价值；而在最初的例证中，$20_v+20_m=40$，乘以 $2=80_c$。

(b)构成80_c ＋$13\frac{1}{3}_v$＋$26\frac{2}{3}_m$ 按照百分比为：

$$85\frac{5}{7}_c+14\frac{2}{7}_v+28\frac{4}{7}_m。$$

和 80_c ＋20_v ＋20_m 相比较，可变资本相对于不变资本减少了,尽管始终是同样比例的劳动量被使用到按比例来说同样多的不变资本上。

[21]因此,如果我们假定,一个价值为 80_c 的不变资本所吸收的劳动量表现为 40 的价值,那么产品的价值 $= \overgroup{80_c + 40}$。劳动的有酬部分,或者说可变的资本价值是 20,因此预付资本的构成是 $80_c + 20_v$,而产品的构成是 $80_c + 20_v | + 20_m$。**剩余价值率** $= \dfrac{100}{100}$。如果剩余价值率要高一些,那么剩余价值必定 > 20,从而可变资本必定 < 20,而如果剩余价值率要低一些,那么剩余价值必定 < 20,从而可变资本必定 > 20。可见,在这里剩余价值率的不同假定了**资本有机构成的不同**,也就是比率 $\dfrac{v}{c}$ 的不同,因此也假定了 $\dfrac{v}{C}$ 的不同。

但是,如果我们假定,在不同的生产领域中,**价值为 80 的生产资料量即 80_c 吸收不同量的劳动**——这种情况可能出于不同的原因,例如,因为相同的价值即 80_c 所代表的生产资料量是不同的,或者因为一种[劳动]对象比另一种[劳动]对象所必需的劳动量更多,等等——,那么,在剩余价值率不同的情况下,**各个资本的有机构成可能是相同的**。

例如,假如 80_c 在一个生产领域中吸收的劳动量 $= 40$ 镑,在另一个生产领域中吸收的劳动量 $= 30$,在第三个生产领域中吸收的劳动量 $= 50$,而产品

在一种场合为 　　　　$80_c + 20_v | + 20_m$
在另一种场合为 　　　$80_c + 20_v | + 10_m$
在第三种场合为 　　　$80_c + 20_v | + 30_m$,

那么,剩余价值率分别是 $\dfrac{100}{100}$[％]、50％ 和 150％,但是资本的有机构成都是相同的。

假如发生平均化,那么 $m = 60$,而对这些资本中的每一个来说,

一般剩余价值率都＝20。

就平均化而言，这种情况等同于在**剩余价值率相同**时，各个资本和产品的构成如下的情况：

$80_c+20_v|+20_m$　　我说的是就**利润率的平均化**而言。

$90_c+10_v|+10_m$　　对于商品**价值**来说，也是一样的。只是在一种场合

$70_c+30_v|+30_m$。　不变资本更多，而在另一种场合可变资本更多。

而对于周转来说，上述情况和**具有不同构成的各个资本**在进行周转是一样的。

[22](C) 有机构成不同。剩余价值率相同

很清楚，在资本（即执行职能的资本 C）有机构成相同的情况下，只有周转的差异才能造成每年产生的成比例的剩余价值量的区别，从而造成利润率的区别。

同样清楚的是，在周转速度相同的情况下，只有有机构成的不同才能造成这种区别。

如果**周转速度**不同，资本的**有机构成**也不同，那么两者可以相互抵消，全部地或部分地抵消。

我们已经看到，500 的**预付资本 I**，即 $476\frac{6}{23}$ $(400_{fc}+76\frac{6}{23}_{cc})+21\frac{17}{23}_v$——其中 400_f 在 10 年中周转一次，流动组成部分 100 一年周转 $4+\frac{3}{5}$ 次——，按照它的全部**价值**在价值增殖过程中执行职能，和**一个 500 的预付资本 II** 一样，后者即 400_c+100_v，— 400_c $(40_{fc}+360_{cc})+100_v$，其中 40_f 一年周转一次，而 460 的流动组成部分同样一年周转一次。对这两个执行职能的资本来说，**有机构成没有区别**，

而只要**资本Ⅰ**从它的预付形式转化为**它在价值增殖过程中执行职能**的形式,二者的同一性就会出现。

社会资本的年周转速度无非就是**构成**它的不同资本部分的**中等或平均周转速度**。这种年周转速度是容易理解的,正如其不同部分在不同时间内进行周转的一个500的资本的平均周转速度容易理解一样。不过,在这里表现为个别资本A(500)的部分的东西,或者也可以说表现为投在一个特殊**生产领域**中的特殊资本(B)500的部分的东西,现在表现为社会资本(C)的部分,而社会资本(C)(首先)大规模地分配在特殊生产领域中,(其次)每个特殊生产领域的资本量又分割为许多属于资本家个体的独立的、相互并不依赖的资本。

对于年周转速度相同的各个资本来说,年利润率的差数只能是由于它们**不同的有机构成**而产生的。如果社会资本的年周转速度既定,那么其年周转=社会资本年周转的各个资本的年利润率只能产生于不同的有机构成。

[23]为了弄清楚这个问题,我们打算再列出前面的三种场合,但是要加以修改,从而除了周转时间不同,有机构成也是不同的;最后举出第4种场合,这里周转速度和社会资本的周转速度相同,只有有机构成是不同的。

假定资本Ⅰ是**社会资本**,或者说是在周转和构成方面与社会资本完全一致的一笔资本。剩余价值率在所有场合都=100%。

(Ⅰ)**预付资本500**。$(400_{fc}+76\frac{6}{23}_{cc}+21\frac{17}{23}_{v})$。它的总价值一年周转一次,而且是按照如下的有机构成:

$$\begin{cases} 400_c & +100_v \text{ 或者} \\ 40_{fc}+360_{cc} & +100_v \text{ 或者} \end{cases}$$
$$=80_c+20_v,$$

而**年产品的有机构成**$=80_c+20_v|+20_m$。$p'=\dfrac{20}{100}=20\%$。

（II.）**预付资本 500**。

预付资本的构成为 $400_{fc}+100_{cc}$。f 在 10 年中周转一次，流动资本 100 一年周转 4 次。但是，这个流动资本在预付时的构成是：$85_{cc}+15_v|$，所以 v 不像在 I 中那样 $=\dfrac{1}{4}c$，或者说 $=\dfrac{1}{5}C$，而是 $=\dfrac{3}{17}c$，并且 $=C$ 的 15％或者说 $=\dfrac{3}{20}C$。

因为流动资本 100 一年（50 周）周转 4 次，所以在 $12\dfrac{1}{2}$ 周中周转一次。因为固定资本中一年只周转 40，所以每周当中周转 $\dfrac{4}{5}$，$12\dfrac{1}{2}$ 周当中周转 **10**。

因此，在 $12\dfrac{1}{2}$ 周的　次周转中：$10_{fc}+85_{cc}|+15_v$。

而这一次周转的产品价值　　　　$=\mathbf{95_c+15_v|+15_m}=125$。

$$p'=\dfrac{15}{110}=\dfrac{3}{22}=13\dfrac{7}{11}\%。$$

对于一年 **50 周**来说：　　　　$40_f+340_{cc}+60_v|+60_m$

$$=\mathbf{440K}|+\mathbf{60_m}。\quad \dfrac{\mathbf{M}}{\mathbf{K}}=\dfrac{\mathbf{60}}{\mathbf{440}}$$

$$=\dfrac{3}{22}=13\dfrac{7}{11}\%。$$

为了使商品产品为 500 的资本提供 20％，必须按照 540 出售商品产品。

对成本价格 K 的追加和以前一样；由于 K 和以前（第 5 页）一样，因为 K 一样，而这是因为 500 的资本 II 具有相同的年周转；而且同资本 I 的周转的偏离相同。但是，对成本价格利润［率］的追加是 $[24]6\dfrac{4}{11}$（$20-13\dfrac{7}{11}=6\dfrac{4}{11}$）。这种追加原来只有 $2\dfrac{2}{5}$（$20-17\dfrac{3}{5}$）。

对包含在年产品价值中的利润的追加原来（见第 17 页）$=\dfrac{\delta}{K}=\dfrac{60}{500}=\dfrac{3}{25}=12\%$。

如果资本 II 同资本 I 相比，具有相同的有机构成，只有周转不同，情况就是这样。

在**资本 II** 的构成相同而只有周转不同的情况下，产品价值原来

$$=440\overset{\frown}{K}\,|+88_m。\frac{m}{K}=20\%。$$

而生产价格 $\qquad =\mathbf{440K}\,|+\mathbf{88_m}\,|+\mathbf{12_s}\,(追加利润)$

在这种场合，将 12 追加到 88 上。

相较而言，现在价值 $=440K\,|+60_m。\dfrac{m}{K}=\dfrac{6}{44}=\dfrac{3}{22}=9\dfrac{6}{11}^①\,[\%]$

$\qquad$ **生产价格** $=440K\quad+60_m\,|+40_s。$

按照成本价格计算的追加： $\dfrac{40}{440}=\dfrac{2}{22}=\dfrac{1}{11}=9\dfrac{1}{11}\%。$

在另一种场合，按照成本价格计算的追加为 $\dfrac{12}{440}=\dfrac{6}{220}=\dfrac{3}{110}=2\dfrac{8}{11}\%。$

追加的这个差数 $7\dfrac{3}{11}^②$ 归因于**不同的有机构成**，而 $2\dfrac{8}{11}$ 的追加则归因于周转的差异。

因此，在通过**周转的平均化**确立生产价格之后，接着还要在有机构成方面实施进一步的平均化。

在第一种场合，$\dfrac{M}{K}=20\%=P'$（资本 I 的年利润率或成本价格利润率）。

所以，在这种场合，为了使资本 II 得到 20% 的利润率，只要向 $\dfrac{M}{K}=p'=20\%$ 追加 20% 的利润率乘以 60，60 是 K 和 C 的差数，因为 $K=440,C=500$。或者说，要向 M 追加 $p'\delta=12$。

但是，在另一种场合，$\dfrac{M}{K}=13\dfrac{7}{11}\%$，资本 II 的这个成本价格利润率同年利润率（资本 I）发生偏离。在这里，差数一开始 $=60$，因为 $K=440,C=500$。

[25]在这里，$\dfrac{M}{K}=13\dfrac{7}{11}\%$，可以说 $=\pi。\pi=13\dfrac{7}{11}\%$。因此，如果

---

① 手稿中原文如此，"$9\dfrac{6}{11}$"似应为"$13\dfrac{7}{11}$"。——编者注

② 手稿中原文如此，"$7\dfrac{3}{11}$"似应为"$6\dfrac{4}{11}$"。——编者注

只将 $\pi\delta$ 追加到 M 上，我就会得到 $\pi\times60=8\frac{2}{11}$。据此，生产价格就会是：

$$440\text{K}+60_\text{m}|+8\frac{2}{11}_\text{s}。$$

$$\frac{68\frac{2}{11}_\text{m}}{500}。$$ 但是，这只会得出 $13\frac{7}{11}$ % 的年利润率。

因此，到目前为止，就周转的平均化而言，我们得到：

$440\text{K}+\pi\text{K}|+\pi\delta$。

而为了使利润率=20%，还需要追加：$100-68\frac{2}{11}=31\frac{9}{11}$。

这样**生产价格**就变成=$(440\text{K}+\pi\text{K}+\pi\delta)+31\frac{9}{11}$。

这个追加额 $31\frac{9}{11}$ 不是归因于周转的不同，而是归因于不同的有机构成。因此，应该进一步研究 $39\frac{9}{11}$ [①] 是如何追加的。

周转的平均化完成之后的生产价格=$\text{K}+\pi(\text{K}+\delta)$。

p 是**资本 I** 的成本价格利润率，所以也是和资本 I 有着相同有机构成的**资本 II** 的成本价格利润率。仅仅由于周转的不同，按照成本价格计算的同样的 20% 并没有带来按照预付资本计算的 20%。

p 和 π 之间的差数=$\text{p}-\pi=20\%-13\frac{7}{11}\%=6\frac{4}{11}\%$。

我们将 **$\text{p}-\pi$** 之间的差数称为 δ'。

还要追加的 $31\frac{9}{11}$，等于 500（或者说 K(440)+δ(60)）的 $6\frac{4}{11}\%$，即=$\delta'(\text{K}+\delta)$。因此，**构成**的平均化完成之后，**生产价格=$\text{K}+\pi(\text{K}+\delta)+\text{p}-\pi$ [②] $(\text{K}+\delta)$**。$(\text{p}-\pi=\delta')$。

或者说=$\text{K}+\pi\text{K}+\pi\delta+(\text{p}-\pi)\text{K}+(\text{p}-\pi)(\delta)$

或者说=$\text{K}+\pi\text{K}+\pi\delta+\text{p}\text{K}-\pi\text{K}+\text{p}\delta-\pi\delta=\text{K}+\text{p}(\text{K}+\delta)$。

---

① 手稿中原文如此，"$39\frac{9}{11}$"似应为"$31\frac{9}{11}$"。——编者注

② 手稿中原文如此，"p-π"似应为"(p-π)"。——编者注

实际上,$K+p(K+\delta)=K+(\pi+\delta')(K+\delta)=K+\pi(K+\delta)+\delta'(K+\delta)$。

如果 p 是资本 I 的年利润率,并且同时是它的成本价格利润率,那么**资本 II 的成本价格利润率**$=\pi+\delta'$。

如果 $\delta'=0$,那么 $\pi=p$。因此,$K+\pi(K+\delta)=K+p(K+\delta)$,并且$\frac{p}{K+\delta}=\frac{p}{C}$。但是,如果[26]就像在这里,$\delta'>0$,那么 $\pi(K+\delta)<p(K+\delta)$,而且差数为 $\delta'(K+\delta)$。

因此,我们看到,在所讨论的场合,**生产价格为**:$K+p(K+\delta)$。

$K+\pi(K^{(1)}+\delta)+\delta'(K^{(2)}+\delta)$。如果在**周转平均化**的情况下**生产价格**$=K+\pi(K+\delta)$,[那么就比上述生产价格]小 $\delta'(K+\delta)$。这第二个追加归因于利润率 p 和 π 之间的**差数**,从而 $p-\delta=\pi$。

按照**价值 $K+\pi K$** 计算的追加表现如下:

$K(1+\pi)+\delta\pi+\delta'K+\delta'\delta$ 或者:

$K(1+\pi)+\delta'K+\delta(\pi+\delta')$ 或者:

$K(1+\pi+\delta')+\delta(\pi+\delta')$。$[pC=(\pi+\delta')(K+\delta)]$

因此,如果由周转造成的年周转资本量同预付资本量的偏离$=\delta$;而且,如果由有机**构**成造成的成本价格利润率和**一般年利润率**之间的差数$=\delta'$(π 为成本价格利润率,p 为一般利润率),那么,在平均化既定的情况下,作为**价值**

$K+(\delta'+\pi)(K+\delta)$。也就是说,追加$=(K+\delta)(\delta'+\pi)=$(成本价格加上预付资本和成本价格之间差数的总和),乘以成本价格利润率加上年利润率和这个成本价格利润率之间的差数的总和。

因此,如果始终假定,例如社会资本一年周转一次,而且年利润率为 20%,相较而言,500 的资本 II 例如 $\frac{5}{4}$ 年才周转一次,同时由于资本 II 的构成[不同]，它所生产的商品的成本价格利润率＝10％，那么我们得到：

500　　$\frac{5}{4}$年　周转一次

2 000　5 年　　周转一次

$\frac{2\,000}{5}$　1 年　　周转一次

因此，400 一年周转一次。所以 K＝400。C－K 或者 δ＝100。

利润率差数或者 p－π＝10％，$\delta'＝10\%$。

因此，平均化的价格为：

400＋（400＋100）（10％＋10％）。πδ 这个追加[27]只归因于**周转的不同**。如果 π＝p，那么就不会进行其他追加。但是，如果前提是 π＜p，从而 π＋δ'＝p，那么就会进一步追加（π＋δ'）（K＋δ），而且这个追加仅仅归因于 π 和 p 之间的区别，从而 πK 和 pK 是不同的，这个区别仅仅产生于**有机构成的不同**。

一般来说，可以得出如下结论：首先是**周转的平均化**；也就是说，首先是在利润率由于周转而变化的情况下，利润率的平均化。这种平均化完成以后，进一步的变化只能产生于**有机构成的不同**。

例如，在我们的例子中，我们得到：

（I）**社会资本。一年周转一次。执行职能的价值的有机构成**＝$80_c＋20_v$。**产品价值**＝$80_c＋20_v|＋20_m$。**利润率**＝20％。

（II.）**500 的资本。**$\frac{25}{22}$年（1＋$\frac{3}{22}$年）周转一次。只有 440，或者说**只有资本的**$\frac{22}{25}$**在一年中周转。此外，由于执行职能的资本价值的有机构成**不同，成本价格利润率和周转资本利润率只有 10％。

所以，生产价格＝（440＋$\frac{1}{10}$·440）＋$\frac{1}{10}$·60＋$\frac{1}{10}$（500）＝440＋44＋6＋50＝540。

或者说，生产价格 ＝ **K ＋ p（K ＋ δ）＝ K ＋ πK ＋ πδ ＋**

$(\mathbf{p}-\boldsymbol{\pi})(\mathbf{K}+\boldsymbol{\delta})$。

$$=K(1+\pi)+\pi\delta+(p-\pi)(K+\delta)$$

对于同样为 500 的资本 II, 在**周转时间相同**的情况下, 我们原来得到:

(1) $352_c + 88_v | + 88_{m_1}$。$\dfrac{m}{K}$ 或者 $\pi = 20\%$。**利润率** $\dfrac{m}{C}$ 或者 $p = 17\dfrac{3}{5}\%$。

(2) $380_c + 60_v | + 60_{m_2}$。$\dfrac{m}{K}$ 或者 $\pi' = 13\dfrac{7}{11}\%$。**利润率** $\dfrac{m}{C}$ 或者 $p = 12\%$。

周转在这里相同。为了使(2)的利润率同(1)的利润率平均化, 就要向(2)追加 $\pi - \pi'$ (K), 即 $20\% - 13\dfrac{7}{11}\%$, 因此追加 440 的 $6\dfrac{5}{11}\%$[①] $=28$。

那么, 这个公式 $= K + \pi'K + (\pi-\pi')K = K(1+\pi') + K(\pi-\pi')$。

[28]如果我们规定利润率 π 和 π' 的差数 $=\delta'$, 那么就要在价值 $K(1+\pi')$ 之上追加 $\delta'K$。

因此, **生产价格** $= \mathbf{K}(1+\boldsymbol{\pi}') + \boldsymbol{\delta}'\mathbf{K}$。

(1)的利润率 $= \dfrac{m_1}{K} = \dfrac{88}{440}$,

(2)的利润率 $= \dfrac{m_2}{K} = \dfrac{60}{440}$。

在这里, 因为这两个资本周转相同, 所以 K 在两个场合相同, 而它们的利润率的差数只是产生于各自不同的有机构成所造成的利润量 m_1 和 m_2 的差数。

所以, 要在(2)上追加的 $(\pi-\pi')K$ 或 $\delta'K$, 必定等于 $\mathbf{m_1} - \mathbf{m_2}$。

实际上: $\left(\dfrac{m_1}{K} - \dfrac{m_2}{K}\right)K = \left(\dfrac{m_1-m_2}{K}\right)K = \mathbf{m_1} - \mathbf{m_2}$。

因此, $\boldsymbol{\delta}'\mathbf{K} = \mathbf{m_1} - \mathbf{m_2}$。

---

① 手稿中原文如此,"$6\dfrac{5}{11}\%$"似应为"$6\dfrac{4}{11}\%$"。——编者注

因此，向价值 $K(1+\pi')$ 追加的是 m_1-m_2。

因此，生产价格 $=K(1+\pi')+m_1-m_2$。

$$=440(1+\frac{13\frac{7}{11}}{100})+88-60$$

$$=440(1+\frac{13\frac{7}{11}}{100})+28$$

$$=440+60_{m_2}+28。$$

价值 $=500$。追加 28。|

也就是 $440K\,|\,60_m\,|+28$。

$60+28=88_p$。因此，利润率 $=\dfrac{88}{440}$，和场合（1）一样。

因此，如果周转相同，而成本价格利润率由于两个资本不同的有机构成而不同，那么，如果代表社会资本的那个资本〔利润率〕较大，就要向利润率较小的那个资本的产品价值追加 m_1-m_2，也就是说，追加一个数额＝由两个资本生产的[29]剩余价值量或利润量的差数。

那么，如果 $K(1+\pi')$ 就是价值，向价值进行追加的公式就是 m_1-m_2。

生产价格：$K(1+\pi')+\delta'K$（这里 δ' 是利润率的差数）

或者　　　$K(1+\pi')+m_1-m_2$。

————

最后，还有一种情况，即第三个资本的**周转比社会资本快**，同时有机构成也不同，例如，构成较低（也就是说，**利润率较高**，因为可变组成部分较大）。

〔（所有由**周转速度**产生的区别——即同中等周转速度或者社会资本周转速度的偏离——都表现在差数 $C-K$ 上，即表现在 δ 上，这个 δ 是预付资本量和周转资本量之间的差数。（实际上，〔这个差数〕

表示同一年中的资本周转的偏离,因为我们将一年中的周转设定为社会周转,此前我们已经证明,相反的假定也不会对问题有任何改变。〕如果 $K<C$,〔差数〕$=C-K=\delta$。如果 $K>C$,那么(由于这样,$C+\delta=K$)$C-K$ 就 $=C-(C+\delta)=C-C-\delta=-\boldsymbol{\delta}$。

因此,如果 $C=K$,$\delta=0$。

如果 $C>K$,则为 $+\delta$。

如果 $C<K$,则为 $-\delta$。

————

如果**有机构成相同**,**剩余价值率**也相同,而且 $K<C$,即 $C>K$,那么我们得到的商品**生产价格**公式〔前提是在社会资本的场合,$K=C$,即 $\frac{m}{K}=\frac{m}{C}$,或者说 $\pi=p$,也就是说,前提是社会资本一年周转一次〕如下,

商品的生产价格 $=K(1+\pi)+\delta\pi$。

因此,如果 $K>C$ 或者 $C<K$,那么生产价格 $=\boldsymbol{K(1+\pi)-\delta\pi}$。

所以,就由**周转决定**而言,对于所有场合,

生产价格的总公式　　　　　　　　　　　$=\boldsymbol{K(1+\pi)\pm\delta\pi}$。

$\boldsymbol{K(1+\pi)\pm\delta\pi}$ 就是由周转决定的生产价格的总公式。

如果 $\delta=0$,也就是说,$K=C$,那么 $\pm\delta\pi=0$。因此,商品的生产价格 $=K(1+\pi)=W$ 即商品价值。

如果 $\delta=+\delta$,也就是说,$K+\delta=C$,或者说 $C>K$,那么商品的生产价格 $=K(1+\pi)+\delta p=W+\delta p,>\boldsymbol{W}$。

[30]最后,如果 $K>C$,也就是说,$K-C=\delta$,因此 $K-\delta=C$,从而 δ 为负数 $=-\delta$,那么生产价格 $=K(1+\delta\pi^{①})-\delta\pi$。

————

① 手稿中原文如此,"$\delta\pi$"似应为"π"。——编者注

因此，就由周转的偏离决定而言，生产价格的总公式如下：

(1) $K(1+\pi) \pm \delta\pi$。

如果 $\delta=0$，$\pm\delta\pi=0$，那么生产价格＝$K(1+\pi)=$

商品的价值。

如果 $\delta>0$，因此为 $+\delta$，那么生产价格＝$K(1+\pi)+\delta\pi>$

商品的价值。

如果 $\delta<0$，因此为 $-\delta$，那么生产价格＝$K(1+\pi)-\delta\pi<$

商品的价值。

————

此外，如果周转相同，那么年利润率和包含在商品价值本身中的利润率之间的差数是由构成的不同，从而由生产出来的剩余价值量的不同造成的。因此，如果我们将一般利润率称为 p，将每一个特殊资本中的成本价格利润率称为 π，那么就是由差数 $p-\pi$ 即 δ' 造成的。对社会资本来说，在每年周转的场合，$\pi K=pK$。

如果由于**不同的有机构成**，$\pi K<pK$（也就是说，$\pi<p$，即 $\pi+\delta'=p$），那么**商品的生产价格**＝$K(1+\pi)+(p-\pi)K$。

如果 $\pi K<pK$，那么 $\pi<p$，因而 $\pi+\delta'=p$，这样一来，商品的生产价格＝$K(1+\pi)+\delta'K$。

如果 $\pi K>pK$，那么 $\pi-p=\delta$，而 $p-\pi=-\delta$，这样一来，商品的生产价格＝$K(1+\pi)-\delta'K$。

因此，在周转相同的情况下，由于有机构成的不同而产生的成本价格利润率同一般利润率的偏离的总公式为：

(2) $K(1+\pi) \pm \delta'K$ 或者 $K(1+\pi) \pm (p-\pi)K$。

如果 $p=\pi$，那么 $p-\pi$ 或者 $\delta'=0$。在这种场合，商品的生产价格＝$K(1+\pi)$＝商品的价值。

如果 p>π，那么 p−π>0，δ′>0，=+δ′。在这种场合，商品的**生产价格=K(1+π)+δ′K>商品的价值**。

如果 p<π，那么 p−π<0，δ′<0，=−δ′。在这种场合，商品的**生产价格=K(1+π)−δ′K<商品的价值**。

[31]所以，所有**生产价格的总公式**为：

K(1+π)±δπ±(p−π)K，或者如果 p−π=δ′，则为

K(1+π)±δπ±δ′K。

对于社会资本来说，为了使问题简化，假定它一年周转**一次**，

(1)那么价值=**K(1+π)**。而这就是以后确定所有商品的**生产价格的公式**。其中假定 **δ=0，并且 δ′=0**。在社会资本的场合，除非由于周转，πK 绝不会偏离 pC，也就是说，δ′K=0。如果社会资本的周转>或者<每年一次，那么它的公式就从 K(1+π)变为 **K(1+π)±πδ**。但是，±δ′K 在这里始终=0。

(2)如果一个具有**相同构成**的资本在周转上发生偏离，那么 δ′=0，**生产价格的公式=K(1+π)±δπ**。

如果一个具有**相同周转**的资本在构成上发生偏离，那么 δ=0，**生产价格的[公式]=K(1+π)±Kδ′**。

如果一个资本在周转和构成上都发生偏离，那么生产价格=**K(1+π)±δπ±Kδ′**。

这里可能会有非常不同的各种情况。但是**一般来说**：

(a)**周转和构成按照相同方向发生偏离**，也就是说，同时按照**负**的或正的方向发生偏离，

如果按照正的方向，**生产价格=K(1+π)+δπ+Kδ′**，

如果按照负的方向，**生产价格=K(1+π)−δπ−Kδ′**。

(b)**周转和构成按照相反方向发生偏离**；那么

如果 **δ** 按照正的方向,同时 **δ′** 按照负的方向,则 $=K(1+\pi)+$ **δπ**—**Kδ′**。

如果 **δ** 按照负的方向,同时 **δ′** 按照正的方向,则 $=K(1+\pi)-$ **δπ**+**Kδ′**。

最后提到的属于(b)场合的总公式为:$=K(1+\pi)\pm$**δπ**$\mp$**Kδ′**。

———

[32]对于(2)中的(b)场合来说,$\pi\delta=$或者$<$或者$>K\delta′$;

对于(1)$K(1+\pi)+\pi\delta-K\delta′$来说:

如果 $\pi\delta=K\delta′$,公式$=K(1+\pi)$:

也就是说,**生产价格=商品价值**,因为周转和构成的相反的偏离相互补偿,即互相**抵消**;

如果 $\pi\delta<K\delta′$,那么公式$=K(1+\pi)-x$:

商品的生产价格<商品的价值,尽管商品的构成低于平均资本的构成;因此商品中包含的剩余价值更多。

如果 $\pi\delta>K\delta′$,那么公式$=K(1+\pi)+x$:

也就是说,**商品的生产价格>商品的价值,尽管商品的周转速度>社会中等周转速度。**

对于(2)中的 $K(1+\pi)-\pi\delta+K\delta′$来说,

如果 $\pi\delta=K\delta′$,公式$=K(1+\pi)$ =商品的价值。

如果 $\pi\delta<K\delta′$,则 $=K(1+\pi)+x>$商品的价值。

如果 $\pi\delta>K\delta′$,则 $=K(1+\pi)-x<$商品的价值。

———

第31页(2)中(a)的几个公式归结为:

(**α**)生产价格

$=K(1+\pi)+$**δπ**+**Kδ′**

$$=K(1+\pi)+\delta\pi+K(p-\pi)$$

$$=K+K\pi+\delta\pi+Kp-\pi K \qquad =K(1+p)+\delta\pi。$$

$$=K+\pi(K+\delta)+K\delta' \qquad =K(1+\pi+\delta')+\delta\pi$$

$$=K(1+\pi+\delta')+\delta\pi。 \qquad =K+\pi K+K\delta'+\delta\pi$$

$$\underline{} \qquad =K+\pi(K+\delta)+K\delta'。$$

$$\qquad\qquad =K(1+\pi+\delta')+\delta\pi。$$

(β)〔生产价格〕

$$=K(1+\pi)-\delta\pi-K\delta'$$

$$=K(1+\pi-\delta')-\delta\pi。 \qquad =K(1+\pi-\delta')-\delta\pi。$$

〔33〕我们假定,在 500 的**资本 III** 中,流动部分 100 一年周转 5 次,同时成本价格利润率＝25％。固定资本部分 400 和以前一样 10 年周转一次,即一年周转 40。

因此,资本 III 生产的**产品价值**＝

对于 **10 周**的一次周转来说: $8_{fc}+73_{cc}+27_v\,|+27_m。$

也就是 $\qquad 81_c\qquad+27_v\,|+27_m。$

资本构成 $\qquad=75_c\qquad+25_{v}。|$

产品构成 $\qquad=75_c\qquad+25_v\,|+25_m。$

因此 $\pi\quad=\dfrac{25}{100}=$ **25％**。

50 周或者说一年的周转量:

$$40_{fc}+365_{cc}+135_v\,|+135_m。$$

或者说: $\qquad 405_c\qquad+135_v\,|+135_m。$

或者说: $\qquad\qquad 540\ K\qquad|+135_m。$

$$W=675。\quad \pi=\frac{135}{540}=\textbf{25％}。$$

如果我们首先考察周转,那么 K＝540,C＝500,因此 K－C＝40。δ＝40。〔原先按照 C－K 来计算,那么就是 500－540＝－40。

因此是$-\delta$。但是，反过来写成$K-C$更好，因为要用于分数$\dfrac{K}{C}$中。〕

就**生产价格**由于周转而有所改变而言，我们就会得到：

$(K+m)-\pi\delta$。〔应当注意，如果我们计算$K-C$，而不是计算$C-K$，如果δ为正值，那么就要减去它，因此变为$-\delta$；而如果δ为负值，例如$500K-540C$，则$\delta=-40$，那么就要加上它，即$-(-40)=+40$。〕

或者说

$(540+\pi540)-\pi40=(540+\dfrac{1}{4}540)-\dfrac{1}{4}\cdot40$。即$675-10=\textbf{665}$。

因此，通过周转的平均化：

W 归结为 $\textbf{K}(1+\pi)-\pi\boldsymbol{\delta}=665$。$=\textbf{540 K}+\textbf{125 W}$。

此外：因为$\pi=25\%$，p'即年利润①$=\dfrac{\pi\cdot K}{C}=\dfrac{135}{100}=\textbf{27\%}$。但是，由于扣除$\pi\delta=10$，利润从135减少到125。$\dfrac{125}{500}=25\%$。

因此，资本 III 的年利润率**变得等于按照它的成本价格计算的利润率**。

[34]在**价值$K(1+\pi)$变为$K(1+\pi)-\delta\pi$之后，就利润率而言，情况就等同于资本 I 和资本 III 在相同时间内周转，所以，利润率的差异仅仅来自于有机构成的差异**。

现在，情况是这样的：

资本 I 的价值产品为 $\textbf{500 K}+\textbf{100}_m=\textbf{K}(1+\pi)$。年利润率$=$ 20%或者说$=\dfrac{\pi_1}{K}$，因为对这个资本来说，$\dfrac{p}{C}=\dfrac{\pi_1}{K}$。

构成：$40_{fc}+360_{cc}+100_v\mid+100_m$。$=\textbf{80}_c+\textbf{20}_v\mid+\textbf{20}_m$。$p'=20\%$。

周转平均化之后资本 III 的价值产品：

$(540 \text{K} + 135_m) - 10$。或者说 $540 \text{K} + 135 - 10_m$。

$$= 540 \text{K} + 125。$$

$$= \text{K}(1 + \pi_2) - \pi_2 \delta。$$

125 按照资本 III $= 500$ 计算,因此在这里年利润率现在 $= \dfrac{125}{500} = \dfrac{1}{4} = 25\%$。

而 100 按照资本 I $= 500$ 计算,因此年平均利润率 $\delta = \dfrac{100}{500} = 20\%$。

这两个利润率 $p = 20\%$ 和 $\pi = 25\%$ 之间的差数 $= 5\% = \dfrac{1}{20} = -5\% = -\delta'$。

因此:$\text{K}(1 + \pi) - \pi\delta - \delta'(\text{K} - \delta)$。$\delta' = p - \pi$。所以:

$$\text{K}(1 + \pi) - \pi\delta - (p - \pi)(\text{K} - \delta)。$$

如果 K$<$C,那么 C$-$K$= -\delta$,那么,

$$\text{K}(1 + \pi) + \pi\delta + \delta'(\text{K} + \delta)。\quad \text{K}(1 + \pi) + \pi\delta + (p - \pi)(\text{K} + \delta)。$$

[35] 　　　　　　　　　　$p - \pi = 20 - 25 = -5$

$$\text{K}(1 + \pi) - \pi\delta - \delta'(\text{K} - \delta) = (1)\text{K} + \pi\text{K} - \pi\delta - \delta'\text{K} + \delta'\delta$$

$$\text{K}(1 + \pi) + \pi\delta + \delta'(\text{K} + \delta) = (2)\text{K} + \pi\text{K} + \pi\delta + \delta'\text{K} + \delta'\delta$$

$$(\text{I})\text{K} + \pi(\text{K} - \delta) - \delta'(\text{K} - \delta)$$

$$(\text{II})\text{K} + \pi(\text{K} + \delta) + \delta'(\text{K} + \delta)。$$

因此,$(\text{I})\text{K} + \pi(\text{K} - \delta) - \delta'(\text{K} - \delta)$。如果 $p - \pi = -\delta'$,那么 $\delta' = \pi - p$,而 $-\delta' = -(\pi - p)$。

$(\text{II.})\text{K} + \pi(\text{K} + \delta) + \delta'(\text{K} + \delta)$。如果 $p - \pi = \delta'$,那么 $\delta' = (p - \pi)$。

————

方程式$(\text{I}) = \text{K} + \pi(\text{K} - \delta) - (\pi - p)(\text{K} - \delta)$

$$= \text{K} + \pi\text{K} - \pi\delta - \pi\text{K} + \pi\delta + p\text{K} - p\delta = \text{K} + p(\text{K} - \delta)。$$

这是**一般利润率**。

方程式(II) $= K + \pi(K+\delta) + (p-\pi)(K+\delta)$

　　　　　　$= K + \pi K + \pi\delta + pK + p\delta - \pi K - \pi\delta = K + p(K+\delta)$。

假如500的**资本III的周转**与资本I＝500的周转相同,那么 $\delta = 0$。

[36]如果 $\delta = 0$,从而两个资本的周转相同,只有利润率 p 和 π 不同:

那么(I) $K + \pi(K-\delta) - \delta'(K-\delta)$ 变为　　$K + \pi K - \delta' K$

　　　　　　　　　　　　　　　　　　　$= K(1+\pi) - \delta' K$。

　　(II) $K + \pi(K+\delta) + \delta'(K+\delta)$ 变为 $= K + \pi K + \delta' K$

　　　　　　　　　　　　　　　　　　　$= K(1+\pi) + \delta' K$。

因此,总公式就是: $K \pm \pi(K \pm \delta) \pm \delta'(K \pm \delta)$。**如果周转和利润率按照相同方向发生偏离。**

以及: $K \pm \pi(K \pm \delta) \mp \delta'(K \pm \delta)$。**如果它们按照相反方向发生偏离。**

(1)如果**周转相同**,只有**利润率不同**(每年的 π 和 p),从而利润率的差数 $= \delta$,〔如果 $p > \pi$,则 δ' 是正值;如果 $p < \pi$,则 δ' 是负值。〕那么又=　　(1) $K(1+\pi) - \delta' K$

　　或者　　(2) $K(1+\pi) + \delta' K$,因为 $\delta = 0$。

(2)如果**利润率** π 和 p **相等**,只有**周转不同**,那么 $\delta' = 0$,并且变为:　　　　(1) $K(1+\pi) - \delta\pi$。

　　　　　　(2) $K(1+\pi) + \delta\pi$。

(3)如果周转和利润率都不同,但是方向相反,情况会如何,前面已经讨论过。

π' 是同社会资本相比较的那个资本的**按照成本价格计算的利润率**。

P' 是**一般年利润率**,或者说社会资本的**年利润率**;在社会资本的场合,我们假定一年周转一次,从而 $\dfrac{M}{K} = \dfrac{m}{C}$,或者说 π 是和 p 相同的比值。如果在社会资本本身中 p 同 π 偏离,按照预付资本计算的利润同按照周转资本计算的利润偏离,那么就要首先计算出 P′,此时它＝π±δ。然后将资本 II 的年利润率与这个利润率进行比较。

p′是同资本 II 的 π 相对应的年利润率。P′−p′=δ;也就是说,在**周转平均化**完成之后。

[37]**对于任意一个资本**(社会资本或者其他资本),首先要做的是研究一下,在**它的周转不同的情况下**,**成本价格利润**[**率**]如何区别于**年利润率**。

我们称 π 为按照年**成本价格 K** 计算的利润率,称 **p** 为**年利润率**,即每年生产的剩余价值 M 同**预付资本 C** 的比率。在所有情况下,M=πK。因为 $\frac{M}{K}=\pi$。**所以 M=πK**。

年利润率＝$\frac{M}{C}$或者说＝$\frac{\pi K}{C}$。

在所有情况下,$p=\frac{\pi K}{C}$。

而 K 的量取决于周转速度。

(a)如果资本价值一年周转一次,那么 K＝C;**周转资本价值同预付资本价值**之间的差数,或者说 K−C=0,因为 K=C。

因此,在这种场合,$p=\frac{\pi K}{C}=\frac{\pi K}{K}=\pi$。∴**p=π**。

(b)如果资本价值的周转**多于一年**,那么**一年中它**只有**一部分**进行周转。K＜C,而且 C−K=δ 即这两个数值之间的差数;因此就是 **K+δ=C**。

因此,在这种场合,$p=\frac{\pi K}{K+\delta}$,$\frac{p}{\pi}=\frac{K}{K+\delta}$。因此,由于 K+δ＞K,所以 π＞p,或者说 **p＜π**。∴**p＜π**。

[38]因为 $p=\frac{\pi K}{K+\delta}$

$p=\frac{M}{K+\delta}$,并且 $\pi=\frac{M}{K}$。

所以，$\pi - p = \dfrac{M}{K} - \dfrac{M}{K+\delta}$

$\qquad\qquad = \dfrac{M(K+\delta) - MK}{K(K+\delta)} = \dfrac{\overline{MK} + M\delta - \overline{MK}}{K(K+\delta)}$

$\qquad\qquad = \dfrac{M}{K}\left(\dfrac{\delta}{K+\delta}\right) = \dfrac{\pi\delta}{C}$。

所以，$\pi - p = \dfrac{\pi\delta}{C}$

并且 $\dfrac{\boldsymbol{\pi - p}}{\boldsymbol{\pi}} = \dfrac{\boldsymbol{\delta}}{\boldsymbol{C}}$。

(c)如果**资本价值相继在多于一年的时间里周转**，那么 $K > C$，或者说 $K - \delta = C$，或者说 $K = C + \delta$。

在这种场合，$p = \dfrac{\pi K}{K - \delta}$；$\dfrac{p}{\pi} = \dfrac{K}{K - \delta}$　$\therefore p > \pi$。

———

[39]**如果资本 C 一年周转一次，那么它的 $K = C$，而且 $\pi = p$。**

(1)它的产品价值 $= \boldsymbol{K(1+\pi)} = \boldsymbol{C + pC}$。它生产的利润 $= pC(= \pi K)$。

如果它的周转**多于一年**，即一年中它只有一部分进行周转，从而 $C - \delta = K$，或者说 $K + \delta = C$，那么它的产品价值

(2)$= K + \pi K = K + \pi(C - \delta) = K + \pi C - \pi\delta$。它生产的利润 $= \pi C - \pi\delta$。

如果我们向 $\pi C - \pi\delta$ 追加 $+\pi\delta$，那么利润(2)=利润(1)。因此，**由于更少周转造成的利润量的差数 $= -\pi\delta$**。比(1)少 $\boldsymbol{\pi\delta}$。

(3)如果 $K > C$，从而 $C + \delta = K$，或者说 $K - \delta = C$，那么产品价值 $= K + \pi K = K + \pi(C + \delta) = K + \pi C + \pi\delta$。如果我们从中减去 $\pi\delta$，那么 $= K + \pi C$。因此，**比(1)多 $\boldsymbol{\pi\delta}$。因此，由于更多周转造成的利润量的差数 $= +\pi\delta$**。

如果我们将(2)同(1)进行比较，那么它与(1)相差 $-\delta p$，即少 $\delta\pi$；

如果我们将（3）同（1）进行比较，那么它与（1）相差 $+\delta p$，即多 $\delta\pi$。

这个利润差额 **δp** 同实际利润量 πK 的比率是 $\dfrac{\pi\delta}{\pi K}$，即 $=\dfrac{\delta}{K}$。

$\delta = K - C$。如果 $K = C$，$\delta = 0$。

　　如果 $K < C$，那么 $K = C - \delta$；δ 是负值。

　　如果 $K > C$，那么 $K = C + \delta$；δ 是正值。

因此，δ 是**产品的年成本价格即每年周转的资本价值量**同预付**资本价值**之间的差数。

而**周转的资本价值量 $=C\times$ 周转时间的倒数。**

如果周转时间 $=1$ 年，那么**周转的资本价值量 $=C\times 1$，或者说，**在 $\dfrac{K}{C}$ 中，$K = C = K - C = 0$。

如果周转时间多于 1 年，那么**周转的资本价值量 $=C\times\dfrac{1}{1+n}$**，在这里，n 可能是整数即年的倍数，也可能是个分数。**因此，周转的资本价值量 $=\dfrac{C}{1+n}$**，而 $\dfrac{K}{C} = \dfrac{\frac{C}{1+n}}{C}$。

[40]$K < C$，而且因为 $K = \dfrac{1}{1+n}C$，所以差数 $K - C = \dfrac{1}{1+n}C - C = \dfrac{C - C(1+n)}{1+n} = \dfrac{C - C + Cn}{1+n} = \dfrac{Cn}{1+n}$。这样就是 $K + \dfrac{Cn}{1+n} = C$。我将这个差数 $\dfrac{Cn}{1+n}$ 称为 δ。

因此，在这里 $K + \delta = C$，或者说 $K = C - \delta$。

例如，如果资本一年周转 $\dfrac{5}{4}$ 次，那么 $\dfrac{1}{1+\frac{1}{4}} = \dfrac{1}{\frac{5}{4}} = \dfrac{4}{5}$。

周转的那部分资本 $=\dfrac{4}{5}C$。$=K$。那么，K 和 C 之间的差数 $=\dfrac{Cn}{1+n} = \dfrac{C\frac{1}{4}}{\frac{5}{4}} = \dfrac{\frac{C}{4}}{\frac{5}{4}} = \dfrac{C}{5} = \dfrac{1}{5}\cdot C$。$\delta = \dfrac{1}{5}C$。

如果 C 一年周转 5 次,那么**周转的资本量** $K=\dfrac{C\times 1}{1+3}=C\times\dfrac{1}{4}=$
$\dfrac{1}{4}C$。$\dfrac{1}{4}C=K$。而差数 $\delta=\dfrac{C3}{4}=\dfrac{3}{4}C$。

————

如果 C 一年周转多次,也就是说,在 $1-\dfrac{1}{n}$ 即 $\dfrac{n-1}{n}$ 年中周转,那么周转的资本量 $=\dfrac{n}{n-1}C$。

因此,$\dfrac{K}{C}=\dfrac{\dfrac{nC}{n-1}}{C}$。而 $K>C$,原因在于,由于 $\dfrac{nC}{n}=C$,所以 $\dfrac{nC}{n-1}>C$。

$K-C$ 的差数即 $\delta=\dfrac{nC}{n-1}-C=\dfrac{nC-C(n-1)}{n-1}=nC-Cn+\dfrac{C}{n-1}=-\dfrac{C}{n-1}$。例如,如果 $n=4$,那么周转时间 $=1-\dfrac{1}{4}=\dfrac{4-1}{4}=\dfrac{3}{4}$。周转的资本量 $=\dfrac{4}{3}C$,而差数 $=\dfrac{C}{3}=\dfrac{1}{3}C$。

$K=C+\dfrac{1}{3}C$。

$C=K-\dfrac{1}{3}C$。

第 二 册

资本的流通过程

（第 IV 稿）[106]

写于 1868 年春—大约 1868 年底

第一次用德文发表于《马克思恩格斯全集》2012 年历史考证版第 2 部分第 4 卷第 3 册

原文是德文

中文根据《马克思恩格斯全集》2012 年历史考证版第 2 部分第 4 卷第 3 册翻译

第 二 册
资本的流通过程

第一章。资本流通

(1)资本的形态变化：货币资本、生产资本、商品资本。

(2)生产时间和流通时间。

(3)流通费用。

第二章。资本周转

(1)周转的概念。

(2)固定资本和流动资本。周转周期。

(3)周转时间对产品形成和价值形成以及对剩余价值生产所产生的影响。

第三章。

---

① 关于《资本论》第二册第 IV 稿这个封面,见《马克思恩格斯全集》中文第 2 版第 38 卷第 163—166 页。——编者注

[0b]风险

第 14、15 页。①

同一资本由于流通速度不同而造成的执行职能时的量的差别（第 16 页）②

储备的形成第 24、25 页。③

生产时间和劳动时间第 30—32 页。④

周转（流通时间）和商品的物质性质，第 35 页。⑤

---

① 见本卷第 414—415 页。——编者注

② 见本卷第 416 页。——编者注

③ 见本卷第 432—434 页。——编者注

④ 见本卷第 446—452 页。——编者注

⑤ 见本卷第 457—458 页。——编者注

《第二册　资本的流通过程（第 IV 稿）》第二封面

[0c] IV

[1] 第 二 册

资本的流通过程

第 一 章
资 本 流 通

（1）资本的形态变化：货币资本、
生产资本、商品资本

资本主义生产过程的直接结果是一个**商品量**，[1] 例如 8 000 磅棉纱。为了使问题简化，我们首先假定，预付资本在生产过程中全部消耗掉，也就是说，预付资本现在按其全部规模存在于棉纱中。换句

---

[1] 见本卷第 55、56 页。另外参看《马克思恩格斯全集》中文第 2 版第 38 卷第 168 页。——编者注

话说:我们撇开**所使用的**资本中比如说以其旧有形式继续存在,因而并未进入流通过程的那部分不谈。[18]商品产品的价值大于在该产品形成中消耗的商品的价值。因此,商品产品的**价格总额**所代表的货币多于为购买其生产要素所预付的货币。

商品产品现在必须转化为货币,或者说,必须卖出去。现在这一过程[2]即简单商品流通中的第一形态变化,在资本的运动中构成第二形态变化或终结形态变化。这一过程是从商品形式向货币形式的**再转化**,从而对货币向其出发点的**回流**起着中介作用。因此,如果我们将最初预付的货币额称做 G,将这个货币额转化成的商品即生产资料和劳动力称做 W,将生产过程称做 P,将这一过程的商品产品称做 W′,将商品产品转化成的货币额称做 G′,那么我们就得到:

$$\textbf{第 I 种资本循环}: G \frown W — P — W′ \frown G′ \text{ (1)}$$

我们看到:这是资本在我们面前首先**出现**时的流通形式[2],即 G—W—G′,不过现在以生产过程**为中介**。

在生产过程中,不仅生产了**商品**,而且还生产了**剩余价值**。正是由于这样,预付的价值已经增殖。② * 假定资本家最初预付了 540 镑,即

---

(1) G′代表的货币额=W′的价格,而 W′这个商品量的价值高于 W 或 G 的价值。

(2) 第一册第二章第 1 节。①

---

① 参看本卷第 56、59 页,《马克思恩格斯全集》中文第 2 版第 42 卷第 131—142 页。——编者注

② 从"我们看到"至此的内容,参看《资本论》第二册第 Ⅱ 稿第 2 页(《马克思恩格斯全集》历史考证版第 2 部分第 11 卷第 7 页)。——编者注

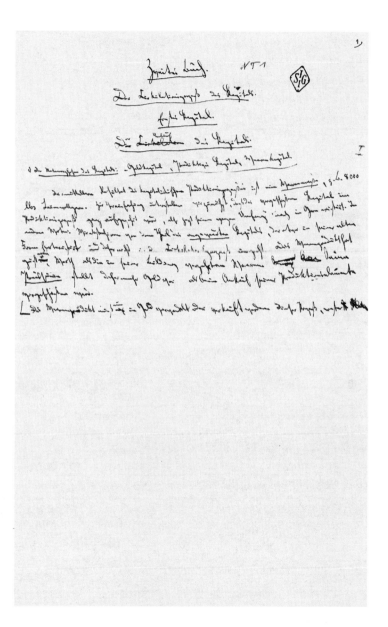

400 镑用于购买 8 000 磅棉花,80 镑用于现已消耗的劳动资料,纱锭等,60 镑用于工资。假定剩余价值率是 100%,商品产品是 8 000 磅棉纱。(3)这样,这 8 000 磅棉纱的价值就 $= 480_c + 60$ 镑$_v + 60_m = 600$ 镑(4),也就是比如说 2 000 个十二小时工作日的货币表现,不过其中只有 400 个工作日耗费在纺纱过程本身中。因此,如果 1 磅棉纱卖 1 先令 6 便士,或者说,如果 8 000 磅棉纱卖 600 镑,那么它们便是**按其价值卖出**。② 我们记得(5),[3]通过对总产品的一定划分,它的一部分可以作为**剩余产品**分离出来。在上述场合,例如 7 200 磅棉纱只是补偿预付在生产资料和工资上的资本,而 800 磅棉纱则构成剩余产品。这 800 磅没有花费**资本家**一文钱。但它们并不因此就是从天上掉下来的。更确切地说,这些棉纱的生产耗费了 2 400 个劳动小时,和其他任意 800 磅棉纱或一个 60 镑的金量所耗费的劳动恰好一样多。60 镑的价格实际上只是对象化在 800 磅棉纱中的劳动

---

(3) 为了使问题简化,飞花忽略不计。①

(4) 我在这里用 480_c 等来表示 480 镑的不变资本等,因为这种形式比在第一册中使用的 480_c 镑等更方便。**20**

(5) 第一册第 188 页及以下几页。③

---

① 参看本卷第 60 页脚注(3)、第 62 页,《马克思恩格斯全集》中文第 2 版第 42 卷第 215 页。——编者注

② 本段从第 390 页星花 * 至此的内容,参看《资本论》第二册第 II 稿第 2 页(《马克思恩格斯全集》历史考证版第 2 部分第 11 卷第 7—8 页),这两处文本基本相同,不过第 II 稿的相应内容属于用方括号标明的插入部分。——编者注

③ 参看本卷第 60 页脚注(5)、第 62 页,《马克思恩格斯全集》中文第 2 版第 42 卷第 215—217 页。——编者注

的货币名称。不管劳动被支付报酬或未被支付报酬,这种情况和劳动形成价值的属性绝对没有任何关系。[①]因此,如果买者向资本家支付了 60 镑,那么他就是支付了 800 磅棉纱的货币等价物。对于资本家来说,每磅棉纱同样只花费 1 先令 $4\frac{1}{5}$ 便士,即 1 先令用于棉花,$2\frac{2}{5}$ 便士用于消耗的劳动资料,$1\frac{4}{5}$ 便士用于工资。但是,正是由于资本家将每磅棉纱卖贵 $1\frac{4}{5}$ 便士——卖 1 先令 6 便士,他才是**按照其价值**卖出每磅棉纱,因为每磅棉纱包含的无酬劳动为它追加了 $1\frac{4}{5}$ 便士的价值。* 实际上,如果资本家是按 1 先令 $4\frac{1}{5}$ 便士而不是按 1 先令 6 便士卖出每磅棉纱,那么他就向买者赠送了 $\frac{1}{10}$ 磅棉纱,或者说,他将产品**低于其价值** $\frac{1}{10}$ 降价卖出。我们进一步假定,两个资本家互相直接出售他们的商品,例如棉纱和棉花,从而货币就只是充当**计算货币**。虽然双方交换的只是等价物,拿 600 镑的棉纱价值与 600 镑的棉花价值交换,但是他们每个人都实现了 60 镑的利润。在交易之后,一方占有棉花而不再是棉纱形式上的剩余价值 60 镑,另一方占有棉纱而不再是棉花形式上的剩余价值 60 镑。剩余价值在他们手里只是改变了使用形式。但剩余价值在交换以前就已存在。剩余价值不是在交换中而是在生产过程中产生的。交换后和交换前一样,都以棉纱和棉花的形式存在一个 1 200 镑的总价值,而[交换]后也和[交换]前一样,这个价值的 $\frac{1}{10}$ 即 120 镑构成**剩余价值**,也就是说,构成这样一个价值额:对于这两个资本家来说,除了靠剥削他们各自的劳动力以外,这个价值额没有耗费他们任何东西。正因为这样,每个人都要把一个商品价值**全部卖给**另一个人,而他**只支付过**

[①]　这句话与《资本论》第二册第 II 稿第 2 页的一句话完全相同(见《马克思恩格斯全集》历史考证版第 2 部分第 11 卷第 8 页)。——编者注

这个商品价值的**一部分**。[4]在资本主义生产过程中,商品孕育了剩余价值。这个剩余价值构成商品价值的一部分。因此,如果商品**按其价值出售**,剩余价值就会**实现**。已经以**商品形式**存在的剩余价值通过出售只不过是取得了**货币形式**。①

资本家实际上知道剩余价值或资本增殖的秘密。这一点可以由他在生产过程期间的所作所为,由他对**剩余劳动**的狂热追逐得到证明。[107]不过,虽然不是德奥古利兄弟[108]中的任何一个,但他过着双面的生活,一种生活是在隐蔽的工场中,在那里他是雇主和老板;另一种生活是在公开的市场上,在那里他作为商品购买者和商品出售者和自己的同类们打交道。(6)这种双重生活在资本的头脑里造就了双重系列的神经产物,从而造就了某种双重意识。②

我们的资本家通过占有无酬劳动,在生产过程中用 540 镑的价值创造出 600 镑的价值,从而生产出 60 镑的剩余价值,这是不争的事实。但是,预付的**价值额**只有**在丧失自己独立的价值形态之后**才能增大或增殖。这个价值额从 540 镑**货币**变成了**价格**为 600 镑的 8 000 磅**棉纱**。这个价格只是棉纱价值的观念上的货币形式,现在要通过出售棉纱来**实现**。也就是说,资本家必须从生产领域回到流

---

(6) 在比沙将有机生命和动物生命区别开的意义上。[23]

---

① 从第 394 页星花 * 至此的内容,参看《资本论》第二册第 II 稿第 2 页(《马克思恩格斯全集》历史考证版第 2 部分第 11 卷第 8 页)。——编者注

② 关于本段内容,参看《资本论》第二册第 II 稿第 2 页(《马克思恩格斯全集》历史考证版第 2 部分第 11 卷第 8 页),本卷第 64—65 页。——编者注

通领域。虽然剩余价值是在生产领域中**生产出来**,但是,它就像商品价值的其他组成部分一样,在流通领域中才会**实现**。使得货币贮藏者把商品的价值与其价值形式混淆起来的同样的错觉,使资本家把剩余价值的创造与剩余价值向金或银的转化混淆起来。这种观念混乱(7)由于种种现象得以巩固,这些现象我们以后才能加以考察。**109**但是,以前我们已经看到,商品变体为货币的过程,或者说商品的出售,对于单个的商品出售者来说始终是一个困难的过程,需要他拼尽全力。(8)对于

[A]**111**

[5]从事大规模生产,因而也要大规模出售的资本家来说,随着他的经营规模的扩大,风险也增加了。(9)假如他事先没有占有一支劳动军的剩余产品,那他也就不必事后出售这些产品。而他恰恰相反,用自己出售产品的风险来解释对他人劳动产品的占有。此外,他从工人身上榨取的剩余价值得以**实现**的规模,不仅随着市场价格的一般波动而发生变化。在市场上,资本家面对的是"资本家"。狡诈对狡诈的较量开始了。"海盗和海盗莫相残";或者像马蒂兰·雷尼埃所

---

(7)   这种观念混乱更深层次的原因在第三册中才会阐述。①

(8)   第一册第 65 页及以下几页。**110**

(9)   顺便说一下,对于那些生产产品例如生产棉花不是用于满足自身需要,而是用于出售的奴隶主来说,情况也是这样。

---

①   见本卷第 66 页脚注(7)。更准确的说法,参看《资本论》第二册第 Ⅱ 稿第 3 页脚注(3)(《马克思恩格斯全集》历史考证版第 2 部分第 11 卷第 10 页),以及本卷第 460—462 页关于商人资本所造成的错觉的论述。——编者注

翻译的那样:

"海盗相残,一事无成。"**24**

我们的资本家也许将他的 8 000 磅棉纱以 590 镑降价出售。这样他就只实现了 50 镑的剩余价值,虽然他生产了 60 镑的剩余价值。他的剩余产品的六分之一,即 $133\frac{1}{3}$ 磅棉纱,只不过是为他的营业伙伴致富而纺的。你们,不是为了你们自己。**26** 相反,如果他成功地将商品**高于其价值**出售,例如以 610 镑出售,那么,虽然他只生产了 60 镑的剩余价值,但他却实现了 70 镑的剩余价值。剩余价值的六分之一,即 10 镑,不是在**他的**生产场所生长出来的,而可能是在他邻居的生产场所生长出来的。他自己从流通领域中骗取了这 10 镑。在这两种场合,在单个资本家生产的剩余价值和他实现的剩余价值之间出现了**量的差额**。在讨价还价的交易过程中,不仅仅是剩余价值,甚至一部分资本价值也可能在没有获得等价物的情况下就换手了。这部分资本价值在所留存的人手中,始终构成剩余价值。这样,由于市场上的个人冒险行为,即由于实际上不过是改变现有价值分配的这些行为,剩余价值的源泉就一再变得模糊不清,被掩盖起来,直到最后连资本家自己也不知道哪个是哪个①。当然,对于分析流通过程来说,要假定过程正常进行,商品按其价值出售。

[B]

[5a]从事大规模生产,因而也要大规模出售的资本家来说,随着他的

---

① "哪个是哪个"(which is which)的说法可能是借用莎士比亚《麦克佩斯》第3幕第4场或《雅典的泰门》第2幕第2场的表达方式。——编者注

经营规模的扩大,经营风险也增加了。不生产商品而是盗窃商品的正人君子赛克斯尚且善于更加天花乱坠地谈论出售商品的风险。[2]假如资本家事先没有占有一支劳动军的剩余产品,那他也就不必事后出售这些产品。而他恰恰相反,用自己出售产品所付出的辛苦来解释对他人劳动产品的占有。此外,他从工人身上榨取的剩余价值得以**实现**的规模,不仅随着市场价格的一般波动而发生变化。在市场上,资本家面对的是"资本家"。狡诈对狡诈的个人较量开始了:"海盗和海盗莫相残";或者像**马蒂兰·雷尼埃**所翻译的那样:

> "海盗相残,一事无成。"[24]

我们的资本家也许不得不将他的8 000磅棉纱以590镑降价出售。虽然他生产了60镑的剩余价值,但他只实现了50镑的剩余价值。他的剩余产品的六分之一,即$133\frac{1}{3}$磅棉纱,只不过是为他的营业伙伴致富而纺的。你们,不是为了你们自己。[26]相反,如果他成功地将商品**高于其价值**出售,例如以610镑出售,那么,虽然他只生产了60镑的剩余价值,但他却实现了70镑的剩余价值。剩余价值的七分之一,即10镑,不是在**他的**生产场所生长出来的,而可能是在他邻居的生产场所生长出来的。但是他亲手在流通的赫斯贝里德姊妹圣园里摘下了金苹果,因而俨然是海格立斯式的神人[113]。在这两种场合,在单个资本家生产的剩余价值和他实现的剩余价值之间出现了**量的差额**。而在讨价还价的交易过程中,不仅仅是剩余价值,甚至一部分资本价值也可能在没有获得等价物的情况下就换手了。这部

---

(2)　英国一份幽默杂志上刊登了一幅漫画,画中赛克斯抱怨窝主不诚实,说这个家伙给他的商品出的价钱总是大大低于其价值。[112]

分资本价值在所留存的人手中,始终构成剩余价值。这样,由于市场上的个人冒险行为,即由于实际上不过是改变现有价值**分配**的这些行为,剩余价值的源泉就被遮蔽起来,直到最后连资本家自己也不知道哪个是哪个。(3)①

[6]我们来仔细看一下 G—W—P—W′—G′ 这个循环,它的第一阶段 G—W,我们原先讨论货币转化为资本时就已经考察过了。在这里,资本的最初表现形式是货币形式。¹¹⁴ 以货币形式执行职能或者确定要以这一形式执行职能的资本就是**货币资本**。(10) 通过 G—W 或者说通过**购买**,资本价值从货币形式转化为生产过程的要素,转化为产品形成要素和价值形成要素,或者说转化为**生产资本**。生产资本的职能是 P,即**生产过程本身**,我们在前一册中已经详细分析过这个过程。生产过程的结果是 W′,一个孕育着剩余价值的商品量。资本现在具有**商品资本**的形式。通过第二个流通行为 W′—G′,即通过出售,资本又从商品形式**再转化**为货币形式。资本在过程的终点上,和在过程的出发点上一样,作为货币资本而存

---

(10)　"现有货币总量〈金、银行券和可转让的银行信贷〉的一部分总是处在……把它们用做资本的人手里。在后一种场合,它们是货币资本。"(约翰·莱勒《货币和道德》1852 年伦敦版第 7、8 页)②英语能够区分作为资本本身的一般形式规定性的**货币资本**[money capital]和作为特殊资本种类的**货币资本**[monied capital]。③

---

①　这页手稿的下半部分没有注码(3)的相应注文,关于脚注(3)的内容,参看《资本论》第二册第 II 稿第 3 页(《马克思恩格斯全集》历史考证版第 2 部分第 11 卷第 10 页脚注(3))。——编者注

②　见本卷第 90 页。——编者注

③　参看《资本论》第二册第 II 稿第 7 页(《马克思恩格斯全集》历史考证版第 2 部分第 11 卷第 20—21 页脚注(6))。——编者注

在。但是,它不再仅仅自在地按照使命来说才是资本。它已经作为资本即作为自行增殖的价值而实现。它原来是 G,540 镑,现在是 $G'=G+\Delta G=540$ 镑+60 镑。原来预付的 540 镑资本,现在作为资本价值把这 60 镑当做它所生出的剩余价值,当做它自身的果实。[1]

[7]资本的第一个过程 G—W,是一个简单的流通行为,在这里资本家作为买者和作为卖者的其他商品占有者进行交易。这仅仅是一种形式上的行为,是货币和商品的换位。然而,这一行为作为资本生活过程中的一个阶段,却包含着一种**现实的**形态变化——货币资本向生产资本的转化。商品由货币转化而成,其性质是预先规定的。货币必须转化为生产资料和劳动力,转化为劳动过程的客体因素和主体因素,转化为价值增殖过程的不变要素和可变要素。就单个的个体资本而言,只要它的两种形态,即这里的货币和那里的生产资料和劳动力,在流通领域内即在商品市场上独立地相对立,也就是说,只要货币资本向生产资本的转化以一种简单的流通行为,即以一方的买和另一方的卖为中介,那么这个过程始终是**形式上的**。

资本循环的第一个行为 G—W,在简单商品流通 W—G—W 中是终结行为。不管是在资本循环中还是在简单商品流通中,G—W 都是货币向商品的转化,而商品应当在其买者手中**消费掉**。但是,使用价值作为使用价值的职能即**消费**,发生在简单商

---

① 关于手稿第 6 页最后这两句话,参看《资本论》第二册第 II 稿第 6 页(《马克思恩格斯全集》历史考证版第 2 部分第 11 卷第 18 页)。——编者注

品流通之外。①在简单商品流通内部，只涉及商品所经历的形式变换，对于商品占有者来说，商品由此从交换价值的单纯承担者转化为使用物品。相反，在资本循环中，**消费**——这里指**生产消费**——即资本家消耗劳动力，劳动力消耗生产资料，这本身就是资本形式变换的一个要素。在生产过程中，资本的**现实形态变化**，即资本向新产品的转化和资本的价值增长完成了。流通行为 G—W 只是使货币资本**自在地**、从可能性来说转化为生产资本（也就是说，转化为生产资本的物质存在形式），因为货币资本只要保持在货币形式上就是非生产的。只有生产资本的各个要素一起进入一个活的过程，也就是说置身其职能内部，置身生产过程本身内部，生产资本才成为实际的生产资本。(11)

[8]生产过程的结果是生产资本转化为**商品资本**。首先要注意的是，根据商品产品使用价值的情况，这些产品的一部分可以以实物形式用来满足商品生产者的个人需要。一部分产品被生产者自己消费，这种个人消费在以往的生产方式中占有重要地位，但在资本主义生产方式的基础上成了几乎不值一提的特殊情况。另一方面，一部分商品产品可以以其实物形式**直接**作为生产资料重新进入把它们生

---

(11) "生产资本指以任何方式与劳动结合在一起、处在增大过程中的资本。"（弗·威兰德，同上，第 35 页）②

---

① 关于使用价值的消费，参看《马克思恩格斯全集》中文第 2 版第 38 卷第 177—178 页。——编者注

② 弗·威兰德的引文见本卷第 82 页。另外，手稿第 7 页这两段内容参看《资本论》第二册第 II 稿第 3 页（《马克思恩格斯全集》历史考证版第 2 部分第 11 卷第 10—12 页）。——编者注

产出来的同一过程,例如谷物用于谷物种植,煤炭用于煤炭开采等等。商品生产者自己的产品中由他自己用于**生产性消费**的这一部分不作为**商品资本**执行职能,因而也不进入流通。只要 W′ 的一部分作为要素又重新直接进入它们作为商品从中生产出来的同一劳动过程,这部分 W′ 的价值就用不着转化为货币,或者说它们只是在计算货币上获得独立的价值存在,只是作为若干货币额的表现进入计算——进入资本家的簿记之中。因此,这部分价值进入资本的生产过程,却不进入资本的流通过程。也就是说,一部分生产资料即生产出来的商品不进入流通,从而也不要求付出货币供其流通,因为除了计算货币的形式以外,它们从不采取别的货币形式,也就是说,它们作为货币只在簿记中出现。因此,如果说以前(第一册第六章第 1 节(b)小节①)我们曾经指出,商品以外的其他要素也一起在生产过程中执行职能,那么这里则表明,不是所有进入生产过程的商品都进入流通。

初看起来,在 G—W—P—W′—G′ 这一循环中,**商品资本**和货币资本一样,也出现两次,分别作为流通行为 G—W 的终点和流通行为 W′—G′ 的出发点。但是,如果我们进一步考察 G—W 这一流通过程,那么对于首先以货币形式投入市场的资本而言,它要转化成的生产要素当然是**作为商品**与之对立的。资本主义生产越发达,生产要素本身也就越是从流通中取得,也就是说,越是以商品流通的社会过程(劳动的社会物质变换)为中介,这甚至成为表明资本主义生产

---

① 见《马克思恩格斯全集》中文第 2 版第 42 卷第 596—629 页。参看《资本论》第二册第 II 稿第 7 页(《马克思恩格斯全集》历史考证版第 2 部分第 11 卷第 22、23 页),《资本论》第二册第 V 稿第 7 页脚注(1)(同上,第 569 页)。——编者注

特征的一种特性。例如我们来比较一下发达的资本主义农业与农民的农业。农民自己生产大部分生产要素。而典型的资本主义租地农场主，即苏格兰低地的租地农场主则与此相反，他们甚至出售自己的谷种、干草以及一切能搬得走的东西。另一方面，他们又通过在市场上购买来补偿所有这些要素。①

[9]另一方面，只要生产要素还作为商品与货币资本相对立，货币资本就尚未完成它的第一形态变化。资本价值尚未摆脱其货币形式，还没有采取生产形式。相反，只要第一个流通行为完成了，即商品进入资本本身的循环并且变为资本特有的形态，这些商品也就不再作为商品执行职能，因为商品作为商品的唯一职能是转化为货币或者说是被出售。现在，它们在资本家的手中其实是作为生产资本执行职能。当然，同一个行为，对于资本家 A 来说意味着他的货币资本转化为生产资本，而对于 A 向其购买商品的资本家 B 来说，则意味着他的商品资本转化为货币资本。同一个行为，对于资本家 A 来说表现为 G—W，在这里对于资本家 B 来说则表现为 W′—G′。同一个商品 W 在资本 B 的循环中是商品资本，在资本 A 的循环中变为生产资本，但它在资本 A 的循环中不是**作为商品资本执**行职能。如果我们从代表 W 的卖者的角度来考察 G—W，那么，G—W 的行为＝W—G，与 W′—G′没有什么区别。这只不过是作为 W′走出生产过程并且要经过 W′—G′的**另一个**资本而已。因

---

① 关于手稿第 8 页的内容，参看以下文本：《资本论》第二册第 II 稿第 8、9 页（《马克思恩格斯全集》历史考证版第 2 部分第 11 卷第 23—24、25—26 页）；《资本论》第二册第 V 稿第 23 页脚注(1)（同上，第 598—599 页）；《马克思恩格斯全集》中文第 2 版第 38 卷第 196、198 页，第 42 卷第 173 页。——编者注

此，如果我们将 W′看做商品资本，那么它是作为 W′在资本 B 的循环中执行职能，而不是作为 G—W 中的 W 执行职能，既不是作为资本 A 循环中的 G—W 中的 W 执行职能，也不是作为资本 B 循环中的 G—W 中的 W 执行职能。在 G—W 中，W 变成 G 的形态，在这里**商品形态**并不是它从资本的生产过程中取得的那种形态。对于作为 G—W 终点的商品来说，它作为商品的使命是**转瞬即逝的**，它恰恰必须进入生产过程，必须在生产中被消费掉。如果它继续作为**商品**存在，那么这是因为它只是作为生产过程的条件而准备好，还没有进入生产过程，或者是因为过程尚未开始。在所有的场合，因为而且只是因为它没有履行自己作为生产过程的因素的使命，它才会重新**作为商品**进行流通。作为**商品**在市场上与货币资本相对立的生产资料，即使在其卖者手中也绝对不是严格意义上的商品资本，这种情况是完全可能的。卖者可能不是资本主义生产者，而是奴隶主、独立劳动者等等。这种情形很重要，因为这表明，一切可能存在的生产方式的产品都可能进入资本的流通过程，正如一切生产方式只要把自己的产品作为商品投入市场，就会在一般流通领域中相互交错在一起。但是，货币资本转化而成的一部分 W，虽然在转化发生之前是**商品**，但从来不曾是**商品资本**。这部分 W 只有在卖出以后才成为资本的一个组成部分。这就是**劳动力**。

在 G—W 中，资本恰恰应取得一定的使用形式。在 W′—G′中，资本应抛弃使用价值形式并重新获得独立的交换价值形式。如果说在 G⌒W—P—W′—G′中资本两次作为 W 出现，那么它**作为商品资本**执行职能只有一次，即在 W′的生产者的出售行为中作为 W′执行职能时，作为 G—W 中 W，在 W 的生产者的出售行为中［它也是作为商品资本执行职能]。

因此,我们看到,在同一资本的循环中,资本只有**一次**具有**商品资本**的形式和职能。

资本在其循环的一定阶段上所采取的并要重新摆脱的独特形式之所以是[10]**商品资本**,只是由于资本具有它必须作为**商品执行职能**的形态。但是商品本身具有的唯一职能就是转化为货币或者说被售出。①生产过程结束时所产生的产品获得一种形式,产品以这一形式从生产过程中被排出去(撇开可以重新直接进入生产过程的那部分产品不说)。这就是**商品**。* 现在,资本以商品资本的形式存在。只要它被拿来出售,它就出现在市场上,无论它是放在生产者的库房里然后就地出售,还是要先运往中国,都是一样的。这不会改变它的形式规定,因此在研究纯粹的形式时暂时可不予考虑。②**商品资本**一旦出现在市场上,就作为商品资本执行职能。制成的商品只要不拿来出售,而是由于某些原因——在这里不论由于什么原因都一样——被其生产者保存起来,那么它就是潜在的商品资本,**自在的**商品资本,就如同生产资本的各种要素,它们只要还没有进入生产过程,就只是自在的生产资本。所以,商品资本就是处于**商品形式**的资本,正像货币资本是处于货币形式的资本一样。商品资本作为资本主义生产过程的产物,不仅是预付资本价值的商品形式,同时也是预付

---

① 关于手稿第 9 页和第 10 页至此的内容,参看以下文本:《资本论》第二册第Ⅱ稿第 8—9 页(《马克思恩格斯全集》历史考证版第 2 部分第 11 卷第 24、25 页),《马克思恩格斯全集》中文第 2 版第 38 卷第 221—222 页。——编者注

② 从星花 * 至此的内容,参看《马克思恩格斯全集》中文第 2 版第 38 卷第 223 页。——编者注

资本价值所增加的剩余价值的商品形式。商品资本包含的不仅是资本价值,而且是表明自身为资本的价值,从而是由于剩余价值而增大的价值。

流通行为 $W'—G'$ 是纯粹形式上的形态变化,是一个既定的价值从商品形式转化为货币形式,就像在简单商品流通 $W—G—W$ 的第一个行为中一样。

这一点使流通行为 $W'—G'$ 与第一个流通行为 $G—W$ 区分开来。后者就其自身来看,虽然也只是形式上的形态变化,是同一个价值从货币形式转化为商品形式。但是,它同时包含了一个规定,而这个规定本身是形式上的商品形态变化 $G—W$ 所不具有的。虽然这个形式上的商品形态变化 $G—W$ 作为 $W^1—G—W^2$ 中的第二形态变化,意味着货币——商品的转化形态——再转化为一个商品,而这个商品对于商品 W^1 的原来的占有者来说是使用价值。不过这个使用价值是完全不确定的,对于一个商品占有者来说它是圣经,对另一个商品占有者来说是烧酒。它是**什么**,这对于形式运动本身来说是无关紧要的。资本的第一个流通行为 $G—W$ 则不同。依照资本家打算生产的特殊种类的商品的不同,他也将 G 转化为与自己的目的相一致的特殊种类的生产资料或劳动力。但是一般的规定已由资本的总过程决定了。G 必须转化为一般意义上的生产资料和劳动力,不管它们属于什么种类,简言之,必须转化为**生产资本**的物质形态。而 $W'—G'$ 除了从商品到货币的简单形式变化这个内容以外,不包含这样的内容。它就是 $W—G$。只有将 W' 的价值与 W **相比较**,将 G 的价值与 G' **相比较**,$W—G$ 才是 $W'—G'$。但是这一比较发生在这种流通形式本身以外。如果 W' 即商品产品按照与其价值相一致的价格出售,那么它的出售同时就不仅是预付资本价值的实现,同时也是预付资本在生产过程中所增加的剩余价值的实现。只不过这一价值还需要经历一切商品都要经历的第一形态变化,从商品形式转化为货币形式。[11]至于货币最终流回到起点,这一点我们在考察 G—W—G 这一形式时(第一册第二章第 1 节①)已经说明,这种形式是以商品的两次换位为中介的,或者说是以商品的买者再次出售商品为中介的。在这里,发生了再次出售或者说第二次换位,而在此之前,原先购进的商品即生产要素已经在生产过程本身中经历了现实的形态变化。

现在,如果我们要考察总运动 $G\overset{\frown}{—}W—P—W'\overset{\frown}{—}G'$,那么可以看出,处于过程中的资本价值按一定序列交替采取和抛弃货币资本、生产资本和商品资本的形式,最终又回到其最初的货币形式。

* 这些形式中的两种形式——**货币资本**和**商品资本**属于**流通领域**,而且只在流通领域中**执行职能**。它们的形态变化是以资本家的交易为中介的,资本家先是作为买者,然后作为卖者出现在市场上。第三种形式,**生产资本**形式,**在流通领域以外**,在**生产领域**中执行职能。每一种形式都只是一种特殊形式,来自于资本的某一特殊职能,并且只有当循环中的某个特殊阶段固定下来,或者说,只有当资本在要经历的某个阶段上停留下来,即本身固定在一个特殊的运动阶段上时,每一种形式才会表现为固定的东西。如果说资本具有两种属于流通的形式,即货币资本和商品资本的形式,那么它同样具有两种属于生产的形式,即不变资本和可变资本的形式,二者的物质承担者都取自流通。

---

① 见《马克思恩格斯全集》中文第 2 版第 42 卷第 131—142 页。——编者注

就货币资本和商品资本本身来看，它们无非就是**货币**和**商品**。它们在市场上只是作为货币和商品执行职能。不管我们考察形态变化 G—W 还是形态变化 W′—G′，货币资本在它要转化成的商品面前只是作为货币起作用，或者说，对于这些商品的出售者而言，资本家是单纯的购买者[12]，而另一方面，商品资本对于它要转化成的货币来说则只是商品，或者说，对于这些商品的购买者而言，资本家只是单纯的出售者。**货币**和**商品**成为**货币资本**和**商品资本**，只是由于作为资本价值的总过程的环节，作为暂时的外皮，并且资本价值在其循环中要穿上这些外皮，要采取并且又抛弃这些外皮，而这不过是以简单的流通行为，以简单的商品形态变化，以市场交易即买和卖为中介。② 同样，生产资本——纯粹从物质上来看，它一方面是劳动力，另一方面是生产资料——无非是由一切商品生产，甚至是一切物质生产的要素组成。它之所以成为生产**资本**，是因为价值在这里吞并了形成价值的力量，或者说生产资料强占了劳动力，而不是劳动力强占了生产资料。

---

(12)　然而，我们在第一册中说过，一旦商品出售者是**劳动力的出售者**，那么资本家和工人作为买者和卖者之间的平等就是流通过程的单纯**假象**。①

---

① 参看《资本论》第二册第 II 稿第 7 页脚注(7)(《马克思恩格斯全集》历史考证版第 2 部分第 11 卷第 21 页)。马克思在脚注(7)中给出了《资本论》第一卷的一句引文(见《马克思恩格斯全集》中文第 2 版第 42 卷第 594—595 页)。——编者注

② 从第 407 页星花 ＊ 至此的内容，参看以下手稿：《资本论》第二册第 II 稿第 7 页(《马克思恩格斯全集》历史考证版第 2 部分第 11 卷第 21 页)，《〈资本论〉第二册早期文稿中待用的段落(第 I—IV 稿)》第 17 页(同上，第 544 页)。——编者注

资本的流通阶段及其形态变化序列被生产过程**打断**,并以这一过程**为中介**,仿佛被分成两半。前一半即 G—W,是形式上的形态变化,同时构成资本价值现实的形态变化的一个环节,[12]即资本价值向生产资本的转化。流通的后一半 W′—G′,是纯粹形式上的形态变化,是每一个由最初的商品形式转化为货币形式的商品都要经历的那种纯粹形式上的形态变化。在前一半当中资本家从流通中取出商品,在后一半当中,他将商品投回(投入)流通。他在第一阶段以货币形式投入流通的价值,小于他在第二阶段结束时以货币形式从流通中取出的价值,但这只是因为,他在第一阶段从流通中取出的商品价值小于他在第二阶段投回其中的商品价值。因此,如果就**形式变换**而言,第一种形态变化同时也是现实的变化,相反第二阶段则只是形式上的变化,至于就**价值变动**而言,第一阶段的预付资本价值只是从货币形式转为使用形式,而在第二阶段,除了预付的资本价值外,同时还**实现了**在生产过程中获得的**剩余价值**。

资本总过程的这三个阶段属于两个不同的领域,即**流通领域**和**生产领域**。但是,商品在其中无非进行这一种或那一种形态变化,即实现买或卖的真正的**流通领域**,虽然与**生产领域**相对立,并且与之截然不同,然而资本的总过程 G—W—P—W′—G′ 毕竟构成一个循环,正是在这个循环中,处于过程中的资本价值会经历两个领域,既要经历流通领域,又要经历生产领域。它从流通领域的第一个阶段进入生产领域,又从这里回到第二个流通阶段。只有通过这些阶段彼此衔接的流动,它才能完成自己的循环,也就是完成它自身的总流通。因此,在资本的总流通 G—W—P—W′—G′ 中,生产阶段本身构成流通过程的一个内在因素,而对于真正的流通来说,它却是一个起中断作用和中介作用的阶段。因此,资本的流通过程,作为总过程来考察,表现为一个统一体,真正的流通和生产只不过构成这个统一体的环节。

因此,一方面,任何单个资本在它的流通的两个相互对立的阶段 G—W 和 W′—G′中,都是一般商品流通的一个能动的因素①,它不是作为货币就是作为商品在一般商品流通中执行职能,并和商品世界形态变化的序列连在一起。另一方面,它又在一般流通之内完成**自身特有的独立循环**,在这个循环中,生产领域形成一个过渡阶段,而且资本在一般流通中所采取并且又抛弃的形式无非只是处于过程中的资本价值的职能上既定的形态变化,并且在这个循环中,资本以离开出发点时的那种形式,回到它的起点。同时,资本还会在自己特有的这个循环中,即在包含着它在生产过程内的现实形态变化的这个循环中,变更它的价值量。它不仅是作为货币价值返回的,而且是作为已经增大的、已经增长的货币价值返回的。②

[13]在形式 **G—W—P—W′—G′** 中,生产过程**表现**为**资本价值进行增殖**,即由 G 变为 G+ΔG 或者 G′的单纯**手段**。也就是说,在这一形式中,资本主义生产的主导动机和起决定作用的灵魂最纯粹地凸现出来。同样,资本作为处于过程中的、**自行运动的**价值的特征也凸现出来,这个价值要经历一系列形态变化,在这些形态变化中保存下来、增大自己并作为已经增殖的价值以原有形态回到

① 手稿中原来写的是"要素"。1877年,马克思在整理早期手稿写作《〈资本论〉第二册早期文稿中待用的段落(第Ⅰ—Ⅳ稿)》这篇手稿时,将"要素"改为"能动的因素"。——编者注

② 关于手稿第12页的内容,参看以下手稿:《资本论》第二册第Ⅱ稿第5、11页(《马克思恩格斯全集》历史考证版第2部分第11卷第16、30—31页),《〈资本论〉第二册早期文稿中待用的段落(第Ⅰ—Ⅳ稿)》第17页(同上,第544页)。——编者注

运动的出发点。(13) 正因为价值的货币形态,价值的独立的、可以捉摸的表现形式开启并结束了那个可以归结为 G—G′、生货币的货币的总过程,所以价值才**表现**为保持自身同一性的、处于过程中的资本价值。另一方面,这种形式显示出一种容易造成错觉的特征,因为资本和已经增殖的资本在这里是作为实际的货币出现,因而商品的这种转化形态在这里既是最初的前提也是最终的结果。我们立刻就会看到,这种形式是单个资本的实际的运动形式,单个资本最初以货币形式出现在市场上,又以这一形式从市场上退出,而不管单个资本家现在是真正退出经营,还是将他的资本仅仅从一个特定的生产领域中撤出,然后又投入另一个领域。货币形式是资本主义生产机制中的一个重要因素,资本在这一形式上具有转化为生产资本的任何一种形式的绝对能力。资本一旦以这一形式回到资本家手中,资本家就可以随心所欲地把它从一个生产部门投向另一生产部门,投入一个新的过程。

---

(13)　例如赛·贝利将价值的独立化这一资本主义生产方式的特征看做是某些经济学家的纯粹主观的幻想,或者是日常生活中人云亦云的空话,这显得很粗暴。"价值是同时期的商品之间的关系,因为只有这样的商品才能够互相交换"。(　)他这样说,是为了反对对不同时期的商品价值进行比较,这样,他就丝毫没有觉察到,只有价值在自己必然发生在不同时期的流通的不同阶段保持着它自身的同一性,并且和它自身进行比较,它才作为**资本价值**或**资本执**行职能。①

---

①　关于赛·贝利的引文,参看《对价值的本质、尺度和原因的批判研究》1825 年伦敦版第 72 页,马克思没有在括号中写下出处。另外参看以下文本:《资本论》第二册第 II 稿第 10 页脚注(9)(《马克思恩格斯全集》历史考证版第 2 部分第 11 卷第 28 页),《资本论》第二册第 V 稿第 49 页脚注(1)(同上,第 646—647 页),本卷第 88 页。——编者注

但是,如果我们不是在这种特殊场合下考察 G—W—P—W′—G′,而是把它当做单个资本只要始终处于同一生产部门就要经历的持续过程,当做周而复始不断进行的循环,那么,资本的货币形态将不断被取得,同样不断被抛弃,因而只是一种转瞬即逝的形式。在这一循环本身中,资本从货币形式到货币形式的复归,不过是一种转瞬即逝的复归,而其他每一个经过点也都可以同样地固定为出发点和复归点。那么,正好是 G,或者说货币形式的资本价值,被固定为出发点和复归点,似乎就只是资本家的主观态度。最后,这种循环形式**通过自身**又指出作为其现实背景的另一种循环形式。这种循环形式的第一个行为是 G—W,即货币资本转化为生产资料和劳动力。就生产资料而言,例如纱锭,[14]试图通过纺纱增殖其货币的资本家会将一部分货币转化为纱锭,所以他必须在市场上找到纱锭或者订购纱锭。因此,他的单个资本的第一形态变化以纺纱厂即生产过程为前提。他用来购买劳动力的货币也是一样,对于工人来说,这只是生活资料的价值形式,工人必须立即在市场上找到这些生活资料,因而生活资料的生产便成为前提。可见,G 等等 G′这个形式本身表明并且要求有另一个资本循环,在这个循环中这个资本自身的生产过程构成出发点因而也是复归点。如果孤立地就其自身来把握,G ᐤ等等ᐧ G′这种形式不过是货币贮藏的合理形式,因而不过是理性化的货币主义[115]和重商主义[115]的合理形式。[①]因此,形式 I 就已经指引我们走向形式 II:

---

① 从手稿第 13 页开始(见本卷第 410 页)至此的内容,参看以下手稿:《资本论》第二册第 II 稿第 7、11—12 页(《马克思恩格斯全集》历史考证版第 2 部分第 11 卷 20、31、32 页),《〈资本论〉第二册早期文稿中待用的段落(第 I—IV 稿)》第 17 页(同上,第 544 页)。——编者注

第 II 种资本循环:$P—\overset{\frown}{W'—G'}—W—P$(或 P')[14]

首先我们看到,这种循环以生产资本的职能即**生产过程**为起点和终点,因而**使**生产过程**表现**为不断更新、不断重复的过程,即**表现**为连续进行的生产过程,也就是说,**使**生产过程**表现**为持续的**再生产过程**。($P—P$ 或 $P—P'$。)在 G—等等—G' 这种形式中,资本在起点和终点同样都处于同一种形式,处于一种**可以使同一循环反复进行并永恒化的形式**。但是反复进行的必然性并没有明确存在于这一形式本身中,就像现在在 P—等等—P 当中那样。相反,以**生产资本形式**存在的资本——而且在这里资本在循环的开头和结尾都处于这种形式——必须重新在生产过程中执行职能,以便作为资本保存自己并使自己增殖。

要保存自己并使自己增殖的**资本价值**,在这第二种循环中也像在第一种循环中一样构成过程的出发点。只不过现在资本价值的存在形式不同。资本价值不是作为独立的价值形态,作为货币而存在,而是以生产要素本身的形式存在,这些生产要素构成或者应当构成生产过程的基础、前提和能动因素。对资本主义生产过程的分析表明,它是劳动过程和价值增殖过程的统一,是使用价值生产和剩余价值生产的统一。而且在资本主义生产过程中,劳动过程只是手段,只是价值增殖过程的必要条件。这种从属现象发生在生产过程内部,正如在形式 $\overset{\frown}{G—W}—P—W'—G'$ 中,生产过程由于其在循环中的地

---

(14)　P' 应该这样理解:以生产要素形式进入第二个(重复的)生产过程的资本价值大于循环开始时第一个生产过程 P 所具有的资本价值。

位而表现为 G—G′即从一端到另一端的运动的单纯中介。只不过在这里,充当前提的是作为一定货币额的价值,因而已经增殖的价值也只是作为更多的货币额而存在,即 G′取代了 G。价值始终是过程的主体,它现在在生产过程这个出发点上以生产资料和劳动力的形式存在,在终点上以具有更多价值的生产要素的形式存在。使用价值,即物质产品(使用对象)只是作为价值和剩余价值的承担者来生产的。在上面所假定的场合,预付资本为价值 400 镑的棉花、价值 80 镑的纱锭等以及价格 60 镑的劳动力,=540 镑。在这里,540 镑的资本价值是以可直接用于某种生产过程的适当形式,即以纱锭、棉花和纺纱劳动的形式预付的。在 G—等等 G′的形式中,全部资本都是以**同一形式**预付的,即一切商品所具有的**普遍**相同的形态,也就是商品的**货币**形式。资本作为形式 P—等等 P′的出发点,按照要生产这种商品还是那种商品的不同,因而按照资本要在这个生产部门还是那个生产部门执行职能的不同,具有不同的特殊的物质形态。

我们知道,只有劳动过程顺利进行,生产资料中包含的**不变资本价值**才会在产品中再现出来。另一方面,作为可变资本预付在劳动力上的那部分资本,对于资本家来说不再作为价值而存在,而是作为形成价值的力量,作为执行职能的劳动[15]力,因而作为自我对象化的劳动而存在。只有劳动过程顺利进行,价值增殖过程才会顺利进行,这一过程同时使预付在生产要素上的资本价值得到保存。失败的**风险**是存在的。但是,这是生产会遭遇的一种风险,不管这种生产具有资本主义的形式还是任何其他某种形式。如果一个阶级,例如资本家阶级,将社会生产过程及其要素强占为属于本阶级的私人过程和私有财产,那么,这种社会风险看起来自然就好像是他们的私人风险。事实上,社会风险不会因此而消失,只是隐藏在另一种形式下。但是实际的生产者即工人,不仅一如既往会遭遇生产过程的风险,而且还要冒这样的风险:生产的指挥等等要听任自封的、往往无能的工业巨头的专断行为的摆布。[①]

　　*如果考察循环形式 II,我们就会发现,$W'—G'—W$ 位于中间,或者说,如果我们撇开那些表示价值量变化的符号,$W—G—W$ 位于中间,这是我们已经熟悉的商品形态变化形式或商品流通形式。如果我们将这个流通的总过程称为 C,那么形式 II 就转化为:$P—C—P$。在这里,流通以其两个对立阶段,即商品资本转化为货币资本和货币资本转化为商品资本,对生产过程的更新起着中断和中介作用,或者说,对再生产过程即生产过程的连续进行起着中断和中介作用;而在形式 I 中,生产过程处于两个流通行为 $G—W$ 和 $W'—G'$ 之间,并对它们起中介作用。(顺便说一下,在 II 中这两个流通行为的顺序是 $W'—G'$ 和 $G—W$,而在 I 中则是 $G—W$ 和 $W'—G'$。)在真正的流通领域内部——或者说在市场上——发生的运动,在这里只是表现为起中介作用的形态变化,资本价值离开生产领域后必须经历这些形态变化,才能重新回到生产领域。这种中介过程同时也就是中断状态。在这里,生产本身表现为过程的主导动机和起决定作用的灵魂。但是,资本主义生产过程不仅是劳动过程,同时也是价值增殖过程,不仅生产产品,而且还生产剩余价值。因此,在完整的形式中,在终点 P' 中执行职能的资本价值大于原来在 P 中执行

----

　　①　关于本段内容,参看以下文本:《〈资本论〉第二册早期文稿中待用的段落(第 I—IV 稿)》第 17 页(《马克思恩格斯全集》历史考证版第 2 部分第 11 卷第 544 页),本卷第 386 页,《马克思恩格斯全集》中文第 2 版第 38 卷第 219—220 页。——编者注

职能的资本价值。和在 G—等等—G′ 中一样，价值的增殖是运动的内容，但是现在，运动本身表现在为生产而生产的具体形式中，或者说表现在规模不断扩大的再生产的具体形式中，而这种形式我们早在考察积累过程时就从内容上有所熟悉了。

为了对循环 II 进行纯粹的分析，我们假定，原来在生产过程开始时在生产要素上预付的全部资本，例如 540 镑的价值，现在都以商品产品例如价值为 600 镑的棉纱的形式存在，也就是说，全部都以**商品资本 W′** 的形式存在。这个商品资本被排出生产领域。它不能再在生产领域中执行职能。它进入流通领域。它作为商品资本的职能也就是一切商品产品的职能，转化为货币或者说卖掉，经历流通阶段 W—G。只要现在已经[16]增殖的资本保留着商品资本的形式，停滞在市场上，生产过程就会停止。这个资本既不会作为产品形成要素起作用，也不会作为价值形成要素起作用，我们的资本家陷入困境。由于资本抛弃它的商品形式和采取它的货币形式的速度不同，或者说，由于卖的速度的不同，同一个资本价值就会以极不相同的程度作为产品形成要素和价值形成要素起作用，再生产的规模也会以极不相同的程度扩大或者缩小。因此，如果说我们原来（第一册第六章第 2 节①）已经指出，一个一定量的资本的作用程度，是由生产过程的各种潜能规定的，而这些潜能在一定程度上是和资本本身的价值量或资本借以执行职能的生产要素的价值无关的，那么这里指出的就是，流通过程补充了和资本本身的价值量无关的新的潜能，即资

---

① 马克思在这里可能指的是第一册第六章第 1 节（b）小节（见《马克思恩格斯全集》中文第 2 版第 42 卷第 596—629 页），他在本手稿第 8 页已引用过这部分内容（见本卷第 402 页）。——编者注

本的作用程度的新的潜能,资本的扩张或收缩的新的潜能。①

　　* **商品资本的物质形态**像所有商品的物质形态一样,是一种**特殊的使用价值**,棉纱、小麦、铁等。因此,商品资本是用于**消费**的。但是消费有两种,生产消费和个人消费。因此,只要商品产品是使用价值,而这是它作为价值承担者的首要条件,那么商品产品必须进入这两种消费中的一种,也就是说,必须也要能够再充当生活资料(15)或生产资料,或者按照其特性,既可以充当生活资料又可以充当生产资料。因此,归根到底,现在有资本价值存在于其中的商品必须卖给某个**消费者**,也就是说卖给某个需要这些商品来充当生活资料或生产资料的人,对于这个人来说购买因而就是 G—W,即货币再转化为商品,而这个商品要充当使用物品。因此,**消费**构成再生产过程的一个必要的要素。但是,商品进入消费领域,实际上就是**消费**本身,并不是必然地**直接**包含在资本循环中,虽然资本循环的持续进行以消费为前提。资本进行大规模的生产,它也进行大规模的出售,所以,如果我们撇开生产资本家卖给生产资本家的情况不说,它要出售给真正的商人。商人资本的形式在这里还用不着说明。假定它是已知的就够了。下面这一点是很清楚的,只要资本家把商品卖给了商人,他

---

　　(15)　这里所理解的生活资料包括所有的享受资料或享受品,完全撇开生活资料的生理学含义不谈。

---

　　①　从第 415 页星花 * 至此的内容,参看以下文本:《资本论》第二册第 II 稿第 14 页(《马克思恩格斯全集》历史考证版第 2 部分第 11 卷第 38—39页),《〈资本论〉第二册早期文稿中待用的段落(第 I—IV 稿)》第 19 页(同上,第 546 页),《资本论》第二册第 V 稿第 9 页注释(c)(同上,第572—573 页),本卷第 390 页。——编者注

的资本就抛弃了商品形式,蛹化为货币,虽然**他生产的商品量**仍旧会作为商品在市场上流转,而且可能还要经过 10 位商人之手。不管这种后续交易的次数有多少,对于这个商品量本身而言,流通行为 W—G 都尚未完成,还会在相继进行的只是暂时的出售中不断重复,直到最后商品从商人手里转到最终消费者手里,后者将商品作为生活资料或生产资料加以占有。而资本价值通过向商人出售抛弃了商品形式,经历其相继出现的循环阶段,并且再生产过程正常运行,尽管商品还没有被消费的能动因素从市场上最终取走。这个环节对于资本主义再生产过程的具体进行十分重要,不过在这里我们关心的只是其**形式**方面。我们看到,每一个单个的资本一方面进入一般流通,[17]另一方面在一般流通中实现其独立的流通。资本离开生产领域以后,作为商品例如以 8 000 磅棉纱的形式被投入流通。它构成流通的一个要素。在一般流通中,纱只是执行商品的职能,但是作为资本流通的要素,它是执行**商品资本**——资本价值暂时采取和抛弃的一种形态——的职能。纱卖给商人以后,就离开了执行职能的资本自身的流通过程,尽管如此,它还是作为商品继续处在一般流通的范围内。同一个商品量在继续流通,虽然这个流通不再是纺纱厂主的资本的循环或其独立的流通的要素。因此,资本家投入流通的商品量的现实的最终的形态变化,W—G,可以在时间和空间上同这同一个商品量作为商品资本执行职能时所经历的形态变化完全分离开来。在资本的流通过程中完成的同一个形态变化,还要在一般流通的领域内继续完成。这个商品量会进入另一个资本的循环,事情也不会有所改变。一般的流通既包括社会资本各个不同独立部分或各个单个资本的循环的互相交错,也包括那些不作为资本投入市场的价值的循环的相互交错。

　　资本价值自身的流通和一般流通之间的关系,以后在我们考察资本的**货币形态**时还可以看到:资本流通是一般流通的一部分,但又在后者内部进行其自身的循环,资本流通一方面不断从一般流通中取出商品,另一方面又不断向其中投入商品。商品资本 8 000 磅棉纱的价格为 600 镑,是已经增殖的资本价值,因为产品的价值比形成产品的生产要素的价值多了 60 镑。或者说 800 磅棉纱构成剩余产品。这些棉纱出售后以 60 镑剩余价值的形式存在。资本家将其中的一半当做收入消费掉,将另一半追加到原有资本中。资本家当做收入消费掉的 30 镑和另外 30 镑一样进入一般流通,但是前者并不进入资本的循环,反而脱离了资本的循环。只有执行追加**货币资本**职能的那一部分进入资本的循环。①

　　如果我们仔细看一下这 30 镑的流通——尽管这种流通从资本循环中产生,并以其为出发点,可是它脱离了资本循环——,那么这种流通就是:

(W′)　　　————　　　(G)　　　————　　　(W)

400 磅棉纱　————　　　30 镑　　————　　　30 镑生活资料,
<small>(剩余产品的一部分)</small>

　　这也就是简单商品流通,在其中货币只是作为铸币执行职能。这种流通的目的是个人消费,而庸俗经济学痴呆症的特征就在于,将这种不能并入资本循环、不进入资本循环的流通,将作为收入被消费的那部分剩余产品的循环,竟冒充为资本本身的特有循环,而

---

①　从第 417 页星花 * 至此的内容,参看以下手稿:《资本论》第二册第 II 稿第 5 页(《马克思恩格斯全集》历史考证版第 2 部分第 11 卷第 16,17 页),《资本论》第二册第 V 稿第 26 页脚注(a)(同上,第 605 — 606 页)。——编者注

后者的决定性动机和主导目的是价值增殖,是交换价值,而不是使用价值。

现在,我们转而考察转化为货币后进入资本本身的循环的那一部分商品资本,或者说,我们来考察以 570 镑卖出的 7 800[116] 磅棉纱,而暂时撇开预付生产资本的价值同现在执行职能的资本增大的价值之间的差额不谈。我们只考察形式。在 P—W—G—W—P 中,[18]资本的货币形式或者说货币资本所起的作用,完全不同于它在循环的第一种形式 G—等等 G′ 中所起的作用。货币形式现在只表现为资本的转瞬即逝的独立的价值形态,即表现为这样一种形态:资本一旦以商品资本的形态存在,就渴望取得这种形态,而一蜕化为这种形态,它又同样渴望再次抛弃这种形态,以便再采取生产资本的形态。资本只要停留在货币形态上,就不执行资本的职能,从而就不增殖价值。现在,资本不是闲置的贮藏货币,而是闲置的资本。实际上,这第 II 种形式的运动是 W—G—W,价格为 570 镑的 7 400 磅棉纱—570 镑—价格为 570 镑的棉花、纱锭等和劳动力。从货币的职能方面来看,这与作为收入消费的 400 磅棉纱所经历的运动是一样的。货币在这里只是作为**流通手段**执行职能,虽然是作为以价值增殖为目的而预付的**资本的流通手段**执行职能。货币只要以这种货币形式执行职能,它本身就是资本的一种形式,即**执行职能的货币资本**或预定要执行资本职能的货币。货币,就其作为资本的流通手段执行职能而言,或者说货币资本,就其作为流通手段执行职能而言,具有不同于铸币的形式和特殊的流通规律,但这对于这种一般规定来说绝对不会引起任何变化。(16) 资本价值的货币形式在它的循环的

---

(16)　我以前(《批判等》)就曾强调指出,**托·图克**在分析货币流通上曾建立

第一种形式中具有的独立性这种外观,在这个形式 II 中消失了,因此,形式 II 就是对形式 I 的批判,并把它归结为与实际相符的内容:不过是**自行增殖的价值**的一种**特殊表现形式**。因此,魁奈博士在他的**经济表**中实质上是把这个形式 II(和下面的第 III 种形式)拿来同

了重要功绩。① 一些装腔作势的无知之士急切地抓住从我这里得到的对图克及其学生如富拉顿的批评意见,他们这样做是要把我对货币流通的分析算做英国人的功劳。但是事实上,图克的功绩更多的是带有消极性质的,他通过细致地剖析大量事实来驳斥"通货原理"¹¹⁷。② 但是,托·图克从未纯粹地阐述过抽象的货币形式,从不知晓价值形式与价值之间的关系,就像他根本未尝试或者说根本不知道将他的经验研究的结果与一般理论联系起来。正因为这样,他在他自己真正的领域即流通领域内接二连三地犯下严重的错误。这些错误部分地是由于缺乏任何理论,部分地是由于教条地坚持流传下来的理论,如亚·斯密的理论,后面我将用一个恰当的例子来证明。③ 在上文中讨论的问题上他就犯了一个错误,他将作为**流通手段**的货币的范畴局限在工资和收入的流通上,即局限在作为铸币的货币的流通上,而没有作为货币资本的范畴来理解。货币资本在其一般的形式规定性上只具有货币一般的形式规定性。它必定具有购买手段(流通手段)的形式,或者支付手段、贮藏货币、计算货币、世界货币的形式。这些形式作为资本的运动形式所获得的特殊的规定性丝毫不改变其一般的形式规定性。④

① 参看《马克思恩格斯全集》中文第 2 版第 31 卷第 580—581 页。——编者注
② 参看托·图克《通货原理研究》1844 年伦敦第 2 版。——编者注
③ 参看《资本论》第二册第 II 稿第 123—128、159—160 页(《马克思恩格斯全集》历史考证版第 2 部分第 11 卷第 320—335、419—423 页)。——编者注
④ 关于货币资本在流通领域所执行的职能,马克思将其作为要点记入《〈资本论〉第二册早期文稿中待用的段落(第 I—IV 稿)》第 19 页(见《马克思恩格斯全集》历史考证版第 2 部分第 11 卷第 546 页)。——编者注

重商主义[115]对立起来,虽然他这样做不是依据纯粹的形态,而是同其他具体的规定混淆在一起,此外他还由于对价值增殖过程的误解而陷入迷惘。

如果资本流通过程的第二形态变化 G—W 遇到障碍,使资本价值停留在它的货币蛹之中,例如,资本要再次转化成的生产资料在市场上还不存在等等(我们在这里有意不研究再转化的**现实**条件,因为这里探讨的是**形式**),那么,资本循环,即再生产过程和价值增殖过程的流同样会中断,这和资本以商品资本的形式滞留在市场上的情形一样。区别仅仅在于:首先,货币形式的资本始终是可以流通的,比在易逝的商品形式上,能坚持较长的时间;其次,资本在必要时在货币形式上能够不采取它**原有的生产资本的形式**,而采取另一种形式,但被固定为商品资本却寸步难移。①

在形式 W—G—W——商品流通的这个总形式构成 P 等等—P′这个过程的中间环节——当中,资本的货币形态,即资本首先采取然后作为**流通手段**又抛弃的货币形态,是商品资本**再转化**为真正的原有生产要素即生产资料和劳动力的中介。因此,流通领域内的这种形式上的形态变化同时也是资本价值的**现实形态变化**的一个环节。资本变成货币在这里只是作为一种转瞬即逝的形式执行职能,其

---

① 从手稿第 18 页开始(见本卷第 420 页)至此的内容,马克思将其压缩和改写后,抄到《资本论》第二册第 V 稿第 28 页(见《马克思恩格斯全集》历史考证版第 2 部分第 11 卷第 609 页)。关于这部分论述,另外参看以下文本:《资本论》第二册第 II 稿第 14 页(同上,第 38 页),《〈资本论〉第二册早期文稿中待用的段落(第 I—IV 稿)》第 19 页(同上,第 546 页),《资本论》第二册第 V 稿第 46—47 页(同上,第 638 页),《马克思恩格斯全集》中文第 2 版第 38 卷第 183 页。——编者注

目的是使**商品产品再转化为该产品自身的生产要素**。在 G 等等—
G′ 的形式中，只有第一个流通行为 G—W[19]具有这样的物质上
确定的含义，而在第二种形式中，两个对立的形态变化 W—G 和
G—W 的整体或者说总流通都具有这样的物质上确定的含义。实
际上，在简单商品流通 W—G—W 中，只要它是顺畅进行的（在其
流动中考察），商品变成货币就是转瞬即逝的，其作用不过是使一
个只充当交换价值承担者的商品价值转化为应充当使用价值的另
一个商品价值。但是在这里，在资本的流通中，这第二个商品价值
就其**使用价值**来说，是在概念上（就其职能来说）已经确定的，这就
是充当第一种商品的生产要素，而第一种商品转化为第二个商品
价值。（只要资本在同一现实形式内进行再生产，或者说一回事，
只要资本不断生产同一种商品。）但是，我们在简单流通 W—G—
W 中已经看到，在这种用商品补偿商品的过程中，货币总是停留在
第三者之手，这种用商品补偿商品的过程完全不同于全部相互转
化的商品之间的相互交换，在资本从成品形态到其生产要素形态
转化的场合，情况就是如此。

　　生产要素转化为商品产品（以及生产要素的价值经历的相应过
程）是在真正的生产领域进行的；商品再转化为其生产要素是在真正的
流通领域进行的。这种再转化以简单的商品形态变化的形式变化为中
介。但是从内容上看，这种再转化构成**再生产过程**的一个要素（条件）。

　　W—G—W 作为资本的流通形式，除了商品的形式上的形态变
化即除了这种形式变换以外，还包含一种**职能上确定的物质变换**，即
一种现实的形态变化。

　　我们在上面撇开了过程中的资本价值的价值量的变化，只研究
了资本价值的形式变换。如果全部剩余产品都脱离资本的循环，从

而作为收入被消费，那么在其他条件不变的情况下，这就是**简单再生产**。这种形式就是 P—W′—G—W—P。〔(这时流通分为两个部分；W＝W＋△W。也就是说，W(商品资本＝原有资本价值)，△W 即等于剩余产品的那部分商品。也就是说，分为 P—W—G—W—P，即资本的循环，以及 P—△W—G—W，即从资本中分离出来不再进入再生产过程的剩余价值的循环。)〕但是，假定正常的情况(我们假定，总资本作为商品资本一次性地从生产领域中被排出并投入流通领域)是这样的，即一部分剩余产品同时再加上只是补偿原有资本的那部分产品进入资本循环。这样一来，W′就＜原来的 W′，＞预付在生产要素上的商品价值。于是便有了 **P—W′—G′—W′—P′** 的形式，这是规模扩大的再生产的形式。然而，尽管有一部分剩余价值被积累起来，但它不必因此就直接进入资本的再生产过程，而只是预留给这一用途。例如，我们知道，并不是每个货币额都能直接资本化。追加的货币资本必须达到怎样的规模才能进入再生产过程，这取决于特殊投资的性质。此外，在这里，价值的增殖始终是决定性的原则，尽管市场状况可能阻碍追加货币资本的直接动用等等。在这种场合，货币资本采取**贮藏货币**的形式，而贮藏货币现在是等待执行职能的资本。(按照使命如此的、潜在的资本。)如果货币不是以流通手段的形式而是以支付手段的形式执行职能，那么，积累的追加资本无非是**纯粹的索取权**或**所有权证书的积累**，而在资本主义再生产过程或资本主义价值增殖过程的总机制中，这种同再生产的实际扩大过程并行的积累起着非常重要的作用。

[20]我们在考察生产过程时就已经看到，如果说产品(商品)是生产过程的结果，那么产品(商品)同样也是生产过程的前提。例如在播种时我们以作为现有生产要素的谷物为出发点，但是播下的种子要来

自先前的收成,是收成的一部分。适用于生产一般(尤其是商品生产)的东西也适用于资本主义生产。在上面所考察的循环形式中,我们是从生产过程出发的,也就是说,是从作为现有商品的生产要素出发的。但是,这样一来,生产资本就要以其原先的形式是商品资本为前提。或者说,如果我们就上面分析的形式 $P—\overgroup{W—G'}—W'—P'$ 本身来进行考察,那么,这一形式的开始便是商品资本从生产过程中产生。虽然如此,但如果就生产过程的更新来看,就是说把生产过程看做再生产过程,那么,便得出 $W'—P'$,或者说,商品资本进入再生产过程,是再生产过程的前提。诚然,这个商品资本本身是从生产过程中产生的。但是它必须是已经存在的。虽然这第二个 W' 不仅仅是另一个资本的商品形式,而且同时还是劳动力,但是劳动力本身是用商品购买的。工人基金本身是以商品的形式存在的,这样我们就得到第三种也就是最后一种循环形式:

第 III 种资本循环 $\overgroup{W'—G'}—W—P—W'$(或 W'')

或者说,如果我们将出发点 W' 本身单独固定下来,并将 W' 本身就构成其第一个环节的总流通与 W' 分离开来,将它称为 C,那么我们就可以得到:$W'—C—P—W'$(或 W'')。[17]

商品资本的流通 $W'—G'—W$(它分为两种流通:

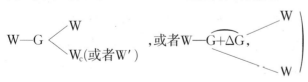

---

(17)　W'' 指的是其价值大于开启这一循环的 W' 的价值的商品资本。

作为连贯的形态变化系列,具有和第 II 种循环中相同的形式。但是,在 II 当中,这个流通位于 P 与 P′之间,在 III 当中,它位于 P 之前。不同于 I 和 II,在这里 W 构成(1)出发点和复归点。但是,形式 III 和 I、II 的真正区别在于:在 G—等等 G′(I)和 P—等等—P′(II)当中,作为出发点的预付**资本价值**在(1)当中表现为实际的货币,在(2)当中表现为开启这个过程的生产要素在资本家总账上的价格,也就是说,表现为计算货币,或者说,如果我们撇开独立的价值形式不谈,表现为存在于生产资料和劳动力当中的价值。相反,在 III 当中,过程的出发点不是原有资本,或者说,不是原来要么以货币形式要么以生产要素形式预付的资本价值,而是已经增殖的资本价值,增加了剩余价值的资本价值。商品产品本身,如果具有可分立的性质,例如纱等,可以分为两部分,一部分产品是原有资本价值的承担者,另一部分是剩余产品的承担者。例如在农业中,过程从新的收成开始。

　　[21]也就是说,首先:

在循环 I 和循环 II 当中,构成**出发点**的始终是原有资本,而原有资本作为原有价值使自身**区别**于其作为剩余价值的增加额。在 G—等等 G′中,原有资本＋剩余价值在回流时才在终点出现。在阶段 P 当中,发生的是资本的价值增殖过程本身,资本是实际进行价值增殖的资本。剩余价值形成了,但是它并不是过程的前提。只有在第二个流通阶段 W′—G′的出发点上,**在 W′当中,原有资本价值才和剩余价值一起,作为商品资本不加区分地进入流通。**在这里,剩余价值的流通本身就构成了资本流通中的一个要素。在 W′—G′这一行为完成后,剩余价值的流通和资本流通才分开,因为现在分裂为 G＋ΔG 的 G′,能够经历两种不同的流通,一种进入一般商品流通,但是离开了资本自身的循环,另一种构成资本自身循环的一个阶段。只有在

W'—G'行为中,剩余价值的流通还包括在资本的流通中。如果不是将这种形式 I 作为单个循环而是作为连续过程加以考察,或者说,如果考察它不断重复的过程,那么,第一个过程的终点 $G'=G+\Delta G$,例如在第二次重复时就可能构成第二个过程的出发点。或者说,出发点是 $G+\dfrac{\Delta G}{x}$,$\dfrac{\Delta G}{x}$ 是 ΔG 当中没有作为收入花费掉,而是追加到原有资本中的那个部分。资本原来是 500 镑,现在是 600 镑。但是,尽管如此,再生产过程就只会以一个比之前**更大的资本**开启。这 600 镑现在作为原有资本执行职能,作为预付在生产过程中的、开启自己循环的资本价值执行职能,就像之前的 500 镑一样。开启这一过程的是一个更大的资本,但不是一个已经增殖的资本或者说孕育着剩余价值的资本。资本恰恰要在过程中进行价值增殖。只要剩余价值作为 G—等等 G' 的出发点与原有的 G 一起开始运动,它就已经转化为资本。作为过程开端,出发点是 G,而不是 G' 或 $G+\Delta G$。

此外,如果我们考察 $\overparen{P-\text{等等}-P'}$(或 P)这一形式,那么就是资本价值构成出发点,而且在终点时——这个终点已经重新表现为再生产过程新的出发点——执行职能的是一个更大的生产资本,但并不是资本作为已经增殖的资本,作为自身可区分为资本和剩余价值的价值执行职能。在这里,也只有在 W'—G' 中是这种情况。这种循环按照可能性将 G' 作为货币资本和铸币被排出的情况包含在循环之中,在 G—等等—G' 形式中不是这样,因为这个过程是以 G' 结束的。

现在,在形式 III 中,可以区分为原有资本和剩余价值的价值 W' 构成资本运动本身的出发点。只有在**商品资本**这种唯一形式中,剩余价值的流通与原有资本的流通才不可分离,并且**商品资本**在这里是出发点。

在形式 I 和形式 II 当中,和在形式 III 当中一样,W'—G'构成一个不可或缺的阶段。但是这在第三种形式中更加突出,就像第一种形式中资本的货币形式更加突出,在第二种形式中资本的生产形式更加突出一样。

因为 $W'=W+\Delta W$,即其价值等于存在于商品中的资本价值 W 的那部分产品,[加上]其价值等于剩余价值、等于 ΔW、等于剩余产品的那部分产品,所以,在这种形式中,全部商品产品的消费作为资本循环**正常**进行的条件[22]被包含在内。构成社会资本的单个组成部分、从而在总流通内部进行自己的单独循环的每一个资本,都作为 W' 即以商品资本的形式,构成循环的出发点。因此,如果考察社会资本,这种同时又是社会资本再生产过程的循环,不包括① 从商品形式到使用物品形式的转化,或者说,不包括① 使用物品的消费。但是,总生产除了生产消费外还包括个人消费,除了资本本身在其中运动的使用价值的消费外,还包括剩余价值的消费。

剩余价值的个人消费包含在 W'—G' 这一阶段中,W'—G' 从形式上看只是 W—G。W—G **最终**一定总是商品向货币的转化和货币向应当充当使用物品的商品的转化。W—G 是否是在同一商品的一系列连续的出售中完成的,并不影响所有这些连续的购买最终使 G 转化为使用物品 W,即 G 进入消费。

资本价值,不管它现在是否增加了一部分剩余价值,就它完成自己的独立循环,将 ΔG 或 ΔW 的一部分排出它的循环而言,消费就只是内在地出现在循环当中,这里的消费是生产消费,是资本价值 G——

---

① 手稿中原文如此,从马克思的修改过程来看,"不包括"似应为"包括"。——编者注

这种货币形式是资本价值从其商品形式再转化成的——再转化为 W,或者说,是 G—W(在 I 当中是第一个流通阶段,在 II 当中是第二个流通阶段,在 III 中同样是第二个流通阶段)。G—W 是货币再转化为生产资料和劳动力,后两者作为生产资本的组成部分在生产过程本身中被消耗,或者不如说,生产性地消耗生产资料和劳动力构成生产过程 P 本身。* 事实上,只要 G 转化为劳动力,它在这里就只代表同劳动力相交换的生活资料的货币形式。因此,工人本身的个人消费或者一部分以商品资本形式存在的商品被工人消费,实际上包含在资本的循环中,虽然从形式上看不包含在内。从形式上看不包含在内,是因为这种形式是 G—W。资本从货币形式直接转换为劳动力,正是资本主义生产的特征。凭借这种转换,资本转化为生产资本(或者说一部分资本转化为可变资本)。①

剩余产品的消费,或者说,一部分剩余价值的消费,即虽然进入资本的第一个流通阶段,但是没有进入它的第二个流通阶段即再转化为生产资本的那部分剩余价值的消费,实际上只包含**在资本作为商品资本的运动中**,这种运动在这里,在 III 当中,构成开始阶段。但是,全部个人消费包括工人的个人消费和剩余产品中非积累部分的个人消费。因此,所有消费——个人的消费和生产的消费——全部作为条件进入[23]资本的循环。生产消费(其实也包括工人的个人消费,因为工人的劳动力是工人个人消费的不断的产物)必须由每

---

① 本段从星花 * 至此的内容,马克思将其作为要点记入《〈资本论〉第二册早期文稿中待用的段落(第 I—IV 稿)》第 21 页(见《马克思恩格斯全集》历史考证版第 2 部分第 11 卷第 548 页),接着他又将这段文字的大部分用于《资本论》第二册第 V 稿第 4 页脚注(2)(同上,第 564 页)。——编者注

个单个资本自己进行。个人消费——除非它是资本家个人生存所必需的消费——只是被看做**社会的**行为,这种行为绝不是一定要通过单个资本家进行。①

在形式 I 和形式 II 当中,总运动都表现为**预付资本价值**的运动。在形式 III 中,全部商品产品(撇开一部分商品产品直接被资本家生产者拿来自用的情况不谈)成为起点,这个全部产品具有运动着的资本的形式,并且本身以**商品资本**的形式存在。只是在这个商品资本转化为货币以后才分开,一部分进入一般流通,而另一部分转入资本的独立循环。在这个形式上,社会总产品的分配——和任何单个商品资本的特殊分配一样——既分为个人消费基金,又分为再生产基金,已经包含在资本的循环中。② 其中包含的具体规定,当然还不能从这种抽象的形式本身当中阐发出来,在这里我们还只是考察抽象形式。

(2)在 G—等等—G′ 中,如果 G′ 不大于 G,也就是说资本价值在终点没有作为已经增殖的资本价值出现,那么,这个循环就没有完成,或者说没有在它的正常条件下完成。在 P—等等 P′ 和 W′—等等 W′(W″,W)当中,资本也能够进行价值增殖等等,尽管形式本身在其两端没有表现出这一点来,也就是说,尽管 P=P,W′=W′。如果在 W′—G′(在 P—P′ 当中)这一阶段中,例如 ΔG 完全被排出资本的流通,也就是说,全部剩余价值或者成为准备的货币资本或者作为收入被消费掉,那么,在其他条件相同的情况下,P 就以和在它出发点开

---

① 关于本段内容,参看《〈资本论〉第二册早期文稿中待用的段落(第 I—IV 稿)》第 21 页(《马克思恩格斯全集》历史考证版第 2 部分第 11 卷第 548 页)。——编者注

② 从本段开始至此的内容,参看《资本论》第二册第 V 稿第 42 页脚注(1)(同上,第 632 页)。——编者注

始时相同的生产要素价值被更新。资本完成了价值增殖,但是资本并没有作为增大了的资本重新开始它的循环。在 W′ 等等—W 中也是这样。结果是一个 W′,大于第二个流通阶段 G—W 中的 W(正因为这样,W′ 是包含一部分剩余产品的商品产品,或者说是包含一部分剩余价值的商品价值),但它并不是 W″,不比循环开始时的商品价值大。

另一方面,在 G—G′ 本身中,循环扩大的**可能**,按照与原有资本 G 一起再次投入流动的 ΔG 部分的大小的情况,通过 G′ 的价值超出 G 的余额而表现出来。而 P² 比如能够用与 P 相同(也许更小)的原有价值开始,但是从物质上看,再生产过程的规模仍然扩大了。(它的各种商品要素由于劳动生产力的提高等等而变得便宜时就是这样。)反之,价值扩大了的、在生产要素中预付的资本价值,可能表现在物质上更少的、但是更昂贵的生产要素中。在 W′—等等中也是这样。①

* 在 W′—等等—W′ 的形式中,商品形式的资本是生产本身的前提。它又作为前提在这一循环内部返回。如果撇开劳动力不谈,资本转化成的生产要素同样作为商品资本存在。W′—G′—W(第二个 W。因为第二个流通阶段在第一个流通阶段之后发生,有可能 W 不在市场上,必须要先生产出来。只要 W[24]没有被生产出来,G 就不能再转化为生产资料或者不变资本的物质要素。因此,只要 W′—G—W 是在流通领域中**不间断**进行的流动的行为,那么 W——另一个资本的 W′——就现成地存在于市场上,作为另一个资本的商品形式(W′)。)

---

① 关于本段内容,参看以下手稿:《〈资本论〉第二册早期文稿中待用的段落(第 I—IV 稿)》第 19 页(《马克思恩格斯全集》历史考证版第 2 部分第 11 卷第 546 页),《资本论》第二册第 V 稿第 42 页脚注(1)(同上,第 632 页)。——编者注

在这个循环中,商品资本表现为运动的起点、经过点和终点,因此,它总是存在着。所以商品资本表现为始终在市场上现有的、充当产品前提的东西,表现为**商品储备**,表现为独立的财物世界。(商品资本在这里出现两次,作为这个过程的前提和结果,作为预付和回收。)

作为商品资本形式的 W′,商品处于一个间歇期间,处于生产与消费之间的中间阶段上,存在于真正的流通领域中,在**市场**上即仓库里等等,等待出售。因此,它形成**储备**,并且这种储备的经常存在是再生产过程的经常条件。生产的规模越大,在其他条件不变的情况下,在市场上的商品的储备,即作为**商品资本**执行职能的资本的储备规模就越大。(在本章第(3)节将进一步分析这一点)(a) 储备形成不是资本主义生产方式所特有的现象,但是,占统治地位的储备形式具有**商品储备**的形态,这却是资本主义生产方式所特有的现象。我们在这一章中还会回到这一点。**大量的储备形成**只是表示将消费过程作为要素包含在内的大规模的**再生产过程**。②

W′—等等—P—W′的形式虽然也表明,商品储备在市场上的经常存在以 P 为中介,但是这一形式更突出地表明:(1)储备经常的现有存在,(2)这种现有存在是再生产过程的经常条件。与此相反,我

(a) "凡是生产和消费比较大的地方,在任何时候自然都会有比较多的剩余存在于中间阶段,存在于市场上,存在于从生产出来到消费者手中的道路上。"(《论马尔萨斯先生近来提倡的关于需求的性质和消费的必要性的原理》1821 年伦敦版第 6、7 页)①

---

① 见本卷第 87—88 页,《马克思恩格斯全集》中文第 2 版第 34 卷第 548 页、第 38 卷第 230 页。——编者注

② 关于本段内容,参看《马克思恩格斯全集》中文第 2 版第 38 卷第 229—232 页。——编者注

们在 P—W′—G′—W—P 的形式中看到,商品资本只是生产和消费
之间的中间阶段。在 G—W(这是另一个资本的 W′,作为商品从生
产过程中排出)当中,商品资本处于从生产中出来和再次进入生产之
间的中间阶段。在 W′—G′ 中,商品资本或者是处于生产与生产之
间的中间停留状态(因为 W′—G′ 可能是货币资本 G′ 向生产资本的
转化),或者处于生产与进入个人消费之间的中间停留状态。

　　资本以其**商品资本**形式作为储备在市场上的这种经常存在,使
商品世界和财物世界具有独立的、静止存在的假象。人们看到了这
个世界的经常存在,却没有看到它的经常流动。储备不断地存在,而
且以不断增大的规模存在,因为它不断地被更新,而且以不断增大的
规模被更新。火车站总是挤满了人,但总是不同的旅客。同一种商
品,虽然不断被生产消费和个人消费从市场上取走,但是又不断作为
生产过程的结果被投入到市场上。所以,同一种商品之所以在同一
个市场上永远存在,是因为资本在其循环中必须不断采取 W′ 的形
式。如果商品资本在市场上的存在进而发展为真的**静止**,那么就会
出现[25]再生产过程和流通过程的停滞,商品充斥,市场好像中风了
一样,因为市场上现有的商品量堵住了后来的商品量的去路。另一方
面,如果再生产过程由于自然或社会的障碍停顿下来,那么栈房、商品
储藏库就会变空,这时就会立刻显示出,现有财富表面上所具有的经
常性,只是它的不断更新的经常性,是社会劳动的不断的物的形式,而
这种物的形式也同样不断地被消解。一切都是流动的[παυτα ρει]①。

---

　　①　赫拉克利特的这句名言以业里士多德的表述为基础,但在古希腊晚期
　　　　亚里士多德著作的注释者西姆普利齐乌斯那里才有了现在的表达形
　　　　式。——编者注

如果说一方面,以商品储备形式存在的物质财富,在个别点上令人惊讶地大量集聚,相比于再生产过程其余的洪流,只是一个转瞬即逝的量,只是暂时凝结了的波浪(形式 II 尤其说明这一点),那么另一方面(形式 III 尤其能说明这一点),已经对象化的劳动的规模既见证了再生产过程的规模,也是再生产过程更新规模的条件。①

我们现在考察:(1)三种资本循环的共同点是什么;(2)它们的区别是什么,已经在每一单个形式的场合阐述的区别除外;(3)作为统一体,只是作为同一资本不同形态的三种资本循环。②

(1) 三种循环的共同点

(a)在三种循环的每一种当中,**价值增殖**即 G—G′都是总过程的主导动机和决定性形式。这一点在形式 I 当中以感觉上最为鲜明的形式,即生出货币的实际货币的形式表现出来。在其他两种形式中,G 作为计算货币、生产要素或商品资本的价格存在。在这里,价值存在于真正的使用价值中,价值的独立形式或货币形态只是**计算货币**的形态(这在形式 II 当中存在于资本家的簿记中,在形式 III 当中作为商品的价格存在)。[在]形式 II 当中,价值增殖已经包含在出发

---

① 关于本段内容,参看以下文本:《〈资本论〉第二册早期文稿中待用的段落(第 I—IV 稿)》第 18 页(《马克思恩格斯全集》历史考证版第 2 部分第 11 卷第 545 页),本卷第 93—94 页,《马克思恩格斯全集》中文第 2 版第 38 卷第 232—233 页。——编者注

② 从第 431 页星花 * 至此的内容,参看《〈资本论〉第二册早期文稿中待用的段落(第 I—IV 稿)》第 18、20 页(《马克思恩格斯全集》历史考证版第 2 部分第 11 卷第 545、547 页),本卷第 386 页。——编者注

点本身当中,因为生产过程是劳动过程和价值增殖过程的统一,而且前者只是充当后者的手段。如果再生产过程本身以相同规模进行,那么 P^2 与 P^1 一样都是价值增殖过程。在形式 III 当中,作为商品资本已经增殖的价值(因此,商品资本包括剩余产品的存在)本身构成了出发点。在形式 II 和形式 III 当中,积累作为目的出现,并且作为再生产过程本身的要素出现。在形式 III 当中,如果再生产过程以相同规模进行,没有剩余价值向资本的再转化,那么[这一点]就是通过这一形式本身当中的价值增殖表现出来。也就是说,$W'—G'—W—P—$$W'$ 这样一来就**分裂**为两个循环。$W'—G+\Delta G$。ΔG 从资本的循环中被排出。也就是说,只有 W 进入循环,这个流通就是$\overset{\frown}{W—G}—W—P—W'$,其中 $W'>W$。[①]

(b.)在所有三种形式中,总过程都表现为各种形态变化的循环,资本价值按照时间**依次**经历这些形态变化,虽然顺序有所不同。首先,[总过程表现为]**循环**,这是因为资本价值在出发点上的表现形式也是它向这些形式——也就是货币形式、商品形式、生产资本形式——复归的形式,过程的前提构成其结果,结果又构成过程的前提。在三种循环的每一种当中,资本经历一些同样的形态变化,连续地采取并抛弃货币资本、生产资本和商品资本的形式,其中有两种形式属于资本在真正的流通领域的停留过程,[从而形式转化同时也是交易,其中资本家交替作为买者和卖者出现,或者说商品与其货币形式换手(一系列买与卖)],第三种形式,[26]即

---

① 关于本段内容,参看《〈资本论〉第二册早期文稿中停用的段落(第 I—IV 稿)》第 21 页(《马克思恩格斯全集》历史考证版第 2 部分第 11 卷第 548 页)。——编者注

生产资本,属于真正的生产领域。循环不仅经历真正的流通领域,也经历生产领域,既是两者的区别,又是两者的统一,两者都只是资本生活过程的特殊阶段。再生产不仅包括资本在真正的流通领域中所采取的不同形式——货币形式和商品形式——的不断再生产,而且还包括资本在生产过程中所采取的形式的不断再生产。再生产是资本在自己不同形式上的再生产。因此,资本在总过程中来考察是**流动**资本,流动经过两个领域,真正的流通领域和生产领域,完成各种形态变化的循环,资本在循环中作为价值进行增殖,同时作为已经增殖的价值得到实现。每种特殊的形式只是这个同时也是再生产过程的流通过程的一个流动的要素。但是,如果说这样一来,处于过程中的资本价值本质上是流动的,因为它的流通过程的总体等于它的再生产经过不同阶段进行的运动,那么,同时[处于过程中的资本价值]在每个环节上被**固定下来**,束缚在某种特殊形式上。只要它作为商品资本存在,就不能作为货币资本存在,只要它作为生产资本执行职能,就不能处于任何一种真正的流通形式中。决定资本的总流通过程或再生产过程的就是这种区别,以及这种区别的消融、**流动**。因此,资本一旦在这两个领域——流通领域和生产领域——中的某一个停留时间过长,以及在流通领域内部只有克服障碍才能从货币形式转化为商品形式或者相反,这种区别及其消融和流动就会多少遇到阻碍或者完全被阻止。全部资本表现为流动的,就是说,表现为完成它的各种形态变化的循环的资本,这些形态变化构成资本的过程中同样多的阶段。同时还出现了本来的流通领域和生产领域之间的差别。只要它处在一个阶段上,它就不处在另一个阶段上。因而,它在每个阶段上都表现为**固定的**。如果从一个阶段不能顺利地过渡到另一个阶段,没有流通领域的两种不同形式的相互转化,再生产过程或循环就会发生停滞。总过程表现为流通过程和生产过程的流动性统一,所以不仅直接生产过程表现为流通过程的中介环节,反之亦然。①

(c)在考察资本循环——不管是三种形式中的哪一种——的时候,我们关注的其实是资本在完成单个循环时所采取的不同形式,这些形式是同一个处于过程中的资本价值的各种形态变化。我们并未进一步考察各个资本的形态变化的相互交错。在这里只需明确下面的内容。同一个资本价值所经历的两个流通阶段,不管以哪种顺序,总是 G—W 和 W—G,是简单商品形态变化的两个阶段。如果卖者的另一个商品没有从商品形式转化为货币形式,一个商品就不能从货币形式转化为商品形式(G—W)。W—G 也是一样。G 是否代表货币资本,W 是否代表商品资本,对此不会有任何改变。在这两个流通行为中,它们只是作为货币和商品相互发生作用。* 因此,在这里,各个资本的形态变化的相互交错所呈现的就完全是简单商品流通中已经阐述过的内容,这些内容涉及商品形态变化的相互交错和货币在这种情况下作为流通手段或支付手段所起的作用。[27]但是,如果不仅要确定形式的方面——实际上这个方面在简单商品流通中已经分析过了——,还要确定各个资本的形态变化之间的实际联系,实际上就是确定单个资本的各个循环——这些循环是社会总资本的再生产过程的要素——之间的联系,那么这种联系的叙述要在本篇的第三章中才会给出。它不能从货币和商

---

①　关于以上(a)和(b)的内容,参看以下文本:《〈资本论〉第二册早期文稿中待用的段落(第 I—IV 稿)》第 21 页(《马克思恩格斯全集》历史考证版第 2 部分第 11 卷第 548 页),《马克思恩格斯全集》中文第 2 版第 38卷第 211—213 页。——编者注

品间的单纯形式变换得到解释。①

（2） 三种循环作为特殊的、相互排斥的形式

新投入的资本只能以形式 I 即 G—G′出现。在积累过程中加到旧资本中的**追加资本**同样算是新投入。在这种场合，第三种形式自动被排除在外。只有货币，也就是说，只有资本家作为单纯的支付手段（信用）执行职能，形式 II 才能表现为资本最初的形式。

形式 III 表现为区别于形式 II 的特殊形式，这是因为，无论是形式 I 还是形式 II，都以形式 III 中的社会资本为前提。

（3）

处于过程中的资本的循环——不管我们将循环确定为三种形式中的哪一种——首先表现为，它在时间上前后相继的各个阶段中经历各种形态变化，并且以与各个阶段相应的形式执行职能。采取某种形式、进入某个阶段同时也是抛弃另一种形式、离开另一个阶段。例如，资本预付出去，以 480 镑棉花、纱锭等以及 60 镑劳动力的生产要素的形式存在。这样它就在生产过程中执行职能，并不处于流通过程中。一旦生产过程结束，它就作为价值 600 镑的棉纱存在。它

---

① 从手稿第 27 页（见本卷第 437 页）开始至此的内容，参看以下文本：《资本论》第二册第 II 稿第 16 页（《马克思恩格斯全集》历史考证版第 2 部分第 11 卷第 45 页），《马克思恩格斯全集》中文第 2 版第 38 卷第 217 页。——编者注

现在作为 W' 进入流通,不再存在于生产领域。它现在要经历 W'—G' 的阶段。一旦经过了这一阶段,资本就作为货币资本存在,它就既不是作为生产资本存在,也不是作为商品资本存在。然后它要经历 G—W 的阶段,直到它再次进入生产过程。这样,生产过程就被流通过程**中断**了,流通过程本身分成两个阶段,在这两个阶段中,资本一次(W'—G')只作为商品资本存在,另一次(G—W)只作为货币资本存在。过程的连续性只是以过程的经常的中断为中介,实际上只是这种中断的连续性。生产过程在流通阶段中止,流通在生产过程期间中止。①

但是,我们看到,这三种资本循环是资本的再生产和流通过程所具有的三种不同形式,总过程以三种形式的各自方式呈现出来。因为这个整体是一个运动的、转动的圆圈,所以每个特殊的点、资本的每种特殊形态都在经历自己的循环,或者说每个点都同时作为出发点、经过点和复归点执行职能,以至于总循环对于每一个特殊的点来说都表现为它的特殊循环。总的再生产过程的一个必要条件是,它同时是自己的每个环节的再生产过程,从而是每个环节的循环。

资本的总过程作为这三种循环的统一体只是形式上的,也就是说,根据考察者作为出发点所确定的阶段或形式,它总是三种循环中的这一种或那一种,也就是说,假如全部资本价值连续地从一种形式和阶段过渡到另一种形式和阶段,资本的总过程就会总是**一种形式**。作为三种循环**实际的**统一体,资本必须始终**同时**处于每一种阶段和形式上。[28]或者说,三种循环**实际的**统一体假定

---

①　关于本段最后两句话的内容,参看《资本论》第二册第 11 稿第 17 页(《马克思恩格斯全集》历史考证版第 2 部分第 11 卷第 47—48 页)。——编者注

了,更确切地说,表明了资本在自己的不同形式和阶段上的**连续性**。如果我们来看一个转动的圆圈,那么每个点都是出发点、经过点和复归点。但是,作为不同点的运动被固定下来的,始终只是同一个单一的运动。

只有三种循环**实际上相互区别**,同时通过其不同的进程为总过程提供中介,资本的流通过程才表现为它的三种不同循环的**实际统一体**。因此,如果说例如货币形式的资本总是构成出发点和复归点,那么**与此同时**,生产资本和商品资本也同样如此。为此,资本必须同时在其不同形式中执行职能,同时经历其不同的阶段,也就是说,必须既同时在生产领域和流通领域这两个领域执行职能,又同时在流通领域的两个阶段执行职能。①

但是,每一单个资本都是一个一定的**价值额**。只有当它在每个阶段都不是**整个地**,而是部分地存在时,才能同时在两个领域和流通领域的两个阶段执行职能。这样,资本就作为**整体同时地、在空间上并存地**处于它的不同阶段。这样,资本作为整体被分割,总是部分地处于每一个阶段,或者说只有它的一个可除部分处于每一个阶段。但是,每一部分都不断地、连续地从一个阶段过渡到另一个阶段,从一种形式过渡到另一种形式。每一部分都连续地在各种形式中执行职能。这些形式是流动的形式,其同时性以其相继性为中介。例如,当资本以 W 即棉花、煤、劳动力等形式进入生产过程并在这里执行职能时,另一部分作为棉纱离开生产过程并通过 W′—G′ 转化为 G,

---

① 关于以上三段内容,参看以下手稿:《资本论》第二册第 II 稿第 11、17 页(《马克思恩格斯全集》历史考证版第 2 部分第 11 卷第 32、47 页),《〈资本论〉第二册早期文稿中待用的段落(第 I—IV 稿)》第 21 页(同上,第 547 页)。——编者注

同时还有另外一部分为了回到生产过程,以货币的形式(G—W)再转化为生产条件。运动的统一性正是存在于这样的**过程**中,通过这一过程,资本分配为不同部分的**并存性**与**同时性**以下述情况为中介:每一部分不间断地经历总过程的各个阶段,也就是说,离开一个阶段是为了过渡到另一个阶段;**每一部分都跟随着另一部分;因而每一种形式都既跟随在另一种形式后面,又先于这另一种形式**,以至于某种形式的一部分资本的再生产**取决于另一种形式的另一部分资本**的再生产;因此不仅这种分配不断被再生产出来,而且被再生产出来恰恰因为这种分配是流动的形态变化。同时并存取决于各种形态变化的流动,而各种形态变化的流动又取决于资本同时分配在各个阶段。因此,总资本作为统一体按照一定顺序同时经历资本循环的各个阶段,就像这一运动同时也经历三种循环,因为总资本的一定部分总是同时和其他部分一起作为出发点、经过点和复归点存在;每一部分都在不间断地进行自己的循环,但是总是一个不同的资本部分处于这一形式,并且这些特殊的循环只是构成资本总循环的连续的要素。①

[29]资本的不同份额依次经历不同的阶段和形式。因此,每种形式,虽然它不断地由一个不同的资本部分来代表,同时与其他形式一起经历自己的循环。一部分资本(不过是不断变化、不断再生产出来的一部分资本)作为要转化为货币的商品资本存在,另一部分作为要再转化为生产条件的货币资本存在,第三部分作为要转化为商品资本的生产资本存在,**这些形式经常的现有存在是以**

---

① 关于本段内容,参看《资本论》第二册第 II 稿第 17 页(《马克思恩格斯全集》历史考证版第 2 部分第 11 卷第 48—49 页)。——编者注

总资本经过这些阶段为中介的。这样，货币资本不断作为出发点和复归点等出现。因此，直接的生产过程和真正的流通过程并列进行，流通的两个对立阶段 W—G 和 G—W 也是如此。但是，这些不同过程并列进行的中介条件是，资本的一定部分不断作为一个循环的出发点依次通过构成它的再生产过程的形态变化系列，同时另一部分则作为另一种流通形式的出发点经历相同的系列等等。①

总过程的连续性，而不是上面描述的总过程的中断，只有作为三种循环的统一体才会产生，如果总资本总是只处于一个阶段或者另一个阶段，就会发生这种中断。

如果考察社会总资本——单个资本只构成它的组成部分——，那么它始终具有这种连续性，而且它的过程始终构成三种循环的统一体。

就每一单个资本而言，那么应该指出，(1)价值量在不同时期以不同份额分配在不同的阶段和相应形式上；(2)按照所要生产的商品的性质的不同，也就是说，按照生产资本及其职能的独特性质的不同——或者说按照资本所投入的特殊生产领域的不同——，价值量进行不同的分配；(3)如果生产过程本身由于自然条件只能零散进行，例如像捕鲱鱼那样受特定季节所限，或者像在农业中那样只能按照特定的时期得到更新，那么连续性必然只能或多或少地得到实现，以至于循环不会同时表现为由不同阶段所造成的中断。总的来说，资本主义生产的特征是生产过程的不间断性。处于过程中的资本价

---

① 关于本段内容，参看《资本论》第二册第 II 稿第 18 页(《马克思恩格斯全集》历史考证版第 2 部分第 11 卷第 49 页)。——编者注

《第二册 资本的流通过程(第 IV 稿)》第 29 页

值按照时间顺序经历它的不同阶段,不管它每次都完全只在一种形式中执行职能或者只处于一个阶段,然后完全采取接下来的形式并进入下一个阶段等等,还是通过资本价值在不同领域和阶段的分配而使不同形式和过程有了同时性和空间上的并存性。在后一种场合,各阶段的同时性或者空间上的并存性是以各阶段时间上的相继性为中介的。资本的一定价值部分连续通过一系列阶段,以至于一部分离开一个阶段,另一部分则踏入这一阶段,也就是说,(1)**总资本价值**,虽然是部分地,但是从时间上经历了整个系列,(2)资本价值的不同部分的同时的、空间上并列发生的过程,以总资本价值的过程的连续性以及总资本价值的部分的每个过程的连续性为中介,构成一个处于过程中的整体。这就像例如在一个连续进行生产的工厂里,不仅全部原料经历一系列不同的阶段性过程,而且与此同时,对于全部原料的各个部分来说,不同的阶段过程又是同时、在空间上并列地进行的。①

————

在(III)W′等等—W 当中,从**收入**出发,而收入以制成的商品产品的形式存在;在(I)G—G′等等当中,和在(II)P—等等 P′当中一样,从**支出**出发〔虽然在(I)当中,资本以货币形式支出或预付,在(II)当中,资本以生产要素的形式支出或预付〕,一种是从播种出发,另一种是从收获出发。**118**

————

① 关于上段和本段内容,参看以下手稿:《资本论》第二册第 II 稿第 17、18 页(《马克思恩格斯全集》历史考证版第 2 部分第 11 卷第 48、49—50 页),《资本论》第二册第 V 稿第 48 页脚注(2)(同上,第 644—645 页)。另外,从 437 页星花﹡至此的内容,参看《〈资本论〉第二册早期文稿中待用的段落(第 I—IV 稿)》第 21 页(同上,第 548 页)。——编者注

[30] （2）生产时间和流通时间[①]

我们已经知道,资本是按照**时间**顺序通过生产领域和流通领域两个阶段完成运动的。[119]资本在生产领域停留的时间是它的**生产时间**,资本在流通领域停留的时间是它的**流通时间**[Cirkulationszeit]或**流通时间**[Umlaufszeit]。所以,资本完成它的循环的全部时间,等于**生产时间和流通时间之和**。

生产时间,即资本在生产领域停留的时间,当然包含劳动过程期间,但劳动过程期间并不包含全部生产时间。首先我们记得,一部分不变资本存在于机器、建筑物等**劳动资料**中。它们会在不断重新反复的同一劳动过程中起作用,直到寿命终结为止。劳动过程的周期性中断,例如在夜间,虽然会使这些劳动资料的职能中断,但劳动资料仍然留在生产场所。劳动资料不仅在执行职能时属于生产场所,在它不执行职能时也属于生产场所。另一方面,资本家必须**储备**一定量的**原料**和**辅助材料**,以便生产过程在或长或短的时间内,按照预定的规模进行,而不受[31]每日市场供应的偶然情况的影响。原料等的这种储备,只是逐渐地在生产中消费掉。因此,在它的生产时间和职能时间之间,就产生差别。因此,生产资料的生产时间一般包括:1. 生产资料作为生产资料执行职能,也就是在生产过程中起作用的时间;2. 生产过程**中断**,从而并入生产过程的生

---

① 恩格斯将本节内容编入《资本论》第二卷第五章《流通时间》(参看《马克思恩格斯全集》中文第2版第45卷第138—145页)。——编者注

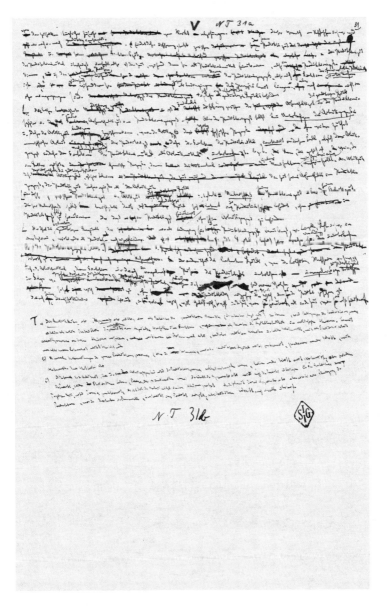

《第二册　资本的流通过程(第 IV 稿)》第 31 页，
手稿下半部分为马克思在 1876—1877 年期间增补的内容

产资料执行职能**中断**的休止时间;3.生产资料作为过程的条件虽已准备好,从而已经具有生产资本的规定性,但尚未进入过程的时间。

以上所说的那种差别,都是指生产资本停留在生产领域内的时间和它停留在生产过程内的时间之间的差别。但是,生产过程本身也会使**劳动过程**从而使劳动时间发生**中断**,在这个间歇期间,劳动对象听任自然过程对它发生作用,而没有人类劳动参加进去。在这种场合,虽然劳动过程从而生产资料作为劳动资料的职能**中断**了,但生产过程从而生产资料的职能却**继续下去**。例如,播在地里的谷种,藏在窖中发酵的葡萄酒,许多制造厂,例如制革厂等中的劳动材料听任其发生作用的化学过程,就是这样。在这里,劳动时间,即生产资本在劳动过程的停留时间比它在生产过程的停留时间短,所以生产时间比劳动时间长。

资本的生产时间和劳动时间之间的差总是=它的生产时间**超过**劳动时间的**部分**。这个超过部分本身总是由以下的事实产生的:生产资本**潜在地**处在生产领域内,但不在生产过程本身中执行职能,或者在生产过程中执行职能,但不处在劳动过程中。

只是作为生产过程的条件而准备好的那部分潜在生产资本,如纺纱厂的棉花、煤炭等,既不起产品形成要素的作用,也不起价值形成要素的作用。它是闲置的资本,虽然它的闲置是使生产过程连续不断进行的一个条件。

(a)为保存生产储备(潜在资本)而必需的**建筑物**等、**装置**等,是生产过程的条件,本身也是预付生产资本的组成部分。它们的职能,是在预备阶段保存生产的各个资本组成部分。如果在这个阶段上产生了劳动过程,它就使原料等变贵,但它是生产劳动,并且形成剩余价值,因为这种劳动同一切其他的雇佣劳动一样,有一部分是没有报酬的。

(b)在整个生产过程的正常中断期间(即生产资本不执行职能的间歇期间)既不生产价值,也不生产剩余价值。因此有了夜间劳动等等。

(c)劳动对象在生产过程本身中必须经历的劳动时间的间歇,既不形成价值,也不形成剩余价值;但它促进产品的完成,成为产品生涯的一部分。(是产品必须经过的一个过程。)装置等等的价值〔与它们执行职能的全部时间成比例地〕转移到产品中去;产品是由劳动本身安置在这个阶段中的,这些装置等等的使用是生产的一个条件,正如不加入产品的棉花变成棉屑,但仍把自己的价值转移到产品中去,是生产的条件一样。①

另一部分潜在资本,如建筑物、机器等等,即那些只是由于生产过程有规则的休止才中断自身职能的劳动资料——由通常的生产规模②、危机等等引起的生产过程的**不规则的**中断,是纯粹的损失——,只加进价值,不加入产品的形成。这部分资本加到产品中的全部价值,由它的平均寿命决定,而且它在执行职能和不执行职能的时间里,都会因丧失使用价值而丧失价值。[32]最后,即使劳动过程

---

① 以上(a)(b)(c)三点内容,可能是马克思在1876年10月至1877年1月写作《资本论》第二册第Ⅴ稿时补写在本手稿第31页下半部分注释区域,并用符号"T"提示将其插入现有位置。——编者注

② 恩格斯将"通常的生产规模"改为"生产的缩减"。关于本段前两句话的内容,参看《〈资本论〉第二册早期文稿中待用的段落(第Ⅰ—Ⅳ稿)》第12页(《马克思恩格斯全集》历史考证版第2部分第11卷第534页)。——编者注

中断,但**继续留在**生产过程中的不变资本的价值,会在生产过程的结果中再现。各种生产资料在这里被劳动本身安置在某些条件下,让它们自己经过一定的自然过程,其结果是产生某种有用的效果或改变它们的使用价值的形式。当劳动把它们作为生产资料实际有目的地消费时,总是把它们的价值转移到产品中去。在这里,不论劳动必须借助劳动资料**不断**作用于劳动对象,以产生这种效果,还是劳动在一定程度上只需给个**推动力**,把生产资料安置在一定条件下,使生产资料由于自然过程的作用,无须再加劳动,自己发生预想的变化,情况都是如此。

现在,不管生产时间和劳动时间之间的差额或生产时间超过劳动时间的余额产生的原因是什么——或者是各种生产资料只形成**潜在的**生产资本,就是说还处在进入现实生产过程之前的预备阶段;或者是生产资料已经被并入生产过程,但它们本身的职能随着生产过程的休止而中断;最后,或者是生产过程本身造成劳动过程的中断,——无论在哪一种情况下,生产资料都不起劳动吸收器的作用。它们不吸收劳动,也就不吸收剩余劳动。因此,当生产资本处在超过劳动时间的那一部分生产时间时,即使价值增殖过程的进行和它的这种休止是不可分离的,生产资本还是不会**增殖**。显然,生产时间越=劳动时间,在一定期间内一定资本的生产效率就越高,它的价值增殖就越大。因此,资本主义生产的趋势,是尽可能缩短生产时间超过劳动时间的部分。不过,资本的生产时间虽然可以和它的劳动时间不一致,但前者总是包含后者,而且超过的部分本身就是它的生产过程的条件。因此,生产时间总是指这样的时间,在这个时间内,资本生产使用价值并自行增殖,因而执行生产资本的职能,尽管它也包含这样的时间,在这个时间内,资本是潜在的,或者也进行生产但并不自行增殖。①

在**流通领域**中,资本是作为**商品资本**和**货币资本**存在的。资本的两个流通过程是:由商品形式转化为货币形式,由货币形式转化为商品形式。商品转化为货币在这里同时就是包含在商品中的剩余价值的实现,货币转化为商品同时就是资本价值转化为,或再转化为它的各种生产要素的形态,这种情况丝毫也不影响如下的事实:这些过程,作为流通过程,是简单的商品形态变化的过程。*束缚在货币形式中的资本是非生产的。只要被束缚在商品形式中,资本就既不进入生产消费,也不进入个人消费。从一种形式过渡到另一种形式所耗费的时间,也就是说,同一些价值的纯粹形式变换的时间或者说出售时间和购买时间,本身既不会向货币的价值追加一文钱,也不会向商品的价值追加一文钱,这是因为,这恰恰正是**同一价值**只转换形式的时间,即商品应该实现其价格而货币实现其使用价值的时间,或者说,是等价物应该相互交换的时间。〔资本停留在流通领域内、经历商品形态变化的两个阶段的**时间**,或者说资本的**流通时间**,是资本从生产职能中抽离出来的时间,从而是既不形成产品,也不形成价值,也不形成剩余价值的时间。〕②

---

①　从手稿第 30 页开始(见本卷第 446 页)至此的内容,参看《〈资本论〉第二册早期文稿中待用的段落(第 I—IV 稿)》第 12 页(《马克思恩格斯全集》历史考证版第 2 部分第 11 卷第 534 页),本卷第 386 页。——编者注

②　本段从星花 * 至此的内容,参看《〈资本论〉第二册早期文稿中待用的段落(第 I—IV 稿)》第 12 页(《马克思恩格斯全集》历史考证版第 2 部分第 11 卷第 534 页)。——编者注

[33]**流通时间**和**生产时间**是相互排斥的。资本在流通时间内不是执行生产资本的职能,因此既不生产商品,也不生产剩余价值。如果我们考察循环的最简单形式,也就是资本价值依次完全由一个阶段进到另一个阶段,那就很清楚,在资本流通时间持续的时候,生产过程就中断,资本的自行增殖也就中断;并且生产过程的更新根据资本流通时间的相对长短而或快或慢。相反,如果资本的不同部分是依次通过资本循环的——也就是总资本价值的循环是在资本的不同部分的循环中依次完成的——,那就很清楚,资本的各组成部分在流通领域不断停留的时间越长,资本在生产领域不断**执行职能**的部分就越小。因此,**流通时间的延长和缩短**,对于生产时间的缩短或延长,或者说,对于一定量资本作为生产资本执行职能的规模的缩小或扩大,起了一种**消极限制**的作用。资本在流通中的形态变化越成为仅仅**观念上**的现象,也就是说,流通时间越等于零或近于零,资本作为生产资本的职能就越大,资本的生产效率就越高,它的自行增殖就越大。例如,假定有一个资本家按订货生产,因此他在提供产品时就得到支付,又假定支付给他的是他自己需要的生产资料,那么,流通时间就接近于零了。

流通时间对生产时间(既定资本作为生产资本执行职能的规模)起**消极限制**的作用,这意味着:资本的流通时间,一般说来,会限制资本的生产时间,从而也会限制它的价值增殖过程。限制生产时间的程度与流通时间的大小或长短成比例。流通时间越短,越在更大程度上=0 或者说越接近于零,既定的资本价值作为生产资本执行职能的规模就越大。因为流通时间对生产过程一般起消极作用,所以流通时间越短,这种消极作用就越小。而流通时间增加或减少的程度可以极不相同,因而对资本的生产时间限制的尺度或程度也可以极不相同。但是政治经济学看到的是**表面的**现象,也就是流通时间对资本增殖过程的作用。它把这种消极的作用理解为积极的作用,因为这种作用的结果是积极的。并且,因为这种假象似乎证明了资本有神秘的自行增殖的源泉,它产生于流通领域,与资本的生产过程,从而与对劳动的剥削无关,所以,政治经济学就更是抓住这个假象不放。我们以后会看到,甚至科学的经济学也不免受这种假象迷惑。以后也会进一步表明,这种假象由于下述状况①而根深蒂固:〔1. 资本主义的利润计算方法。按照这种方法,消极的原因被当做积极的原因,因为对于那些只是流通时间不同的各种投资领域的资本来说,较长的流通时间成了价格提高的原因,简单地说,就是成了利润平均化的原因之一。2. 流通时间只是周转时间的一个要素;而周转时间包含[34]生产时间的更新或再生产时间。由周转时间引起的事情,好像是由流通时间引起的。3. 与积累相关。商品转变为可变资本,先要发生形态变化或先要转化为货币。商品转变为追加可变资本是在流通领域内,在流通时间中发生的。因此,由此产生的积累,好像也是由流通时间引起的。〕②

　　资本在流通领域内——不管是按这个序列还是那个序列,总是要通过 W—G 和 G—W 这两个对立的阶段。因此,资本的流通时间

---

① 在手稿中,马克思在"下述状况"上面又写下了"各种现象"。——编者注

② 关于本段内容,参看以下手稿:《资本论》第二册第 II 稿第 19 页(《马克思恩格斯全集》历史考证版第 2 部分第 11 卷第 55 页),《〈资本论〉第二册早期文稿中待用的段落(第 I—IV 稿)》第 12 页(同上,第 534 页)。——编者注

也分成**两个部分**,由 W 转化为 G 即由商品转化为货币所需要的时间,和由 G 转化为 W 即由货币转化为商品所需要的时间。我们在分析简单商品流通时已经知道,W—G 即卖,是资本形态变化的最困难部分,因此,在通常的情况下,也占总流通时间较大的部分。作为货币,价值处在随时可以交换和转化的形式上。作为商品,它必须先转化为货币,才取得可以直接交换,从而随时可用的这种形态。可是,问题在于:在资本流通过程的 G—W 阶段上,货币要转化成在一定投资领域形成生产资本的一定要素的商品。生产资料也许在市场上还没有,还必须生产出来,或者要取自远方市场,或者它们的通常供给出现了障碍,价格发生了变动等等,总之,发生了许多这样的情况,这些情况在 G—W 这个简单形式变换中看不出来,但会使流通阶段的这个部分必需的时间时而较长,时而较短。像 W—G 和 G—W 可以在时间上分离一样,W—G 和 G—W 也可以在空间上分离,购买市场和销售市场可以是空间上不同的市场。W—G 和 G—W 之间有一种区别与商品和货币之间的形式区别无关,而是由生产的资本主义性质产生的。不论是 W—G,还是 G—W,就它们本身看,都只是一定价值从一种形式到另一种形式的转化。但是,W—G 同时是 W 所包含的剩余价值的实现。G—W 则不是这样。因此,相比买,对于卖的渴望更强烈。G—W,在正常条件下,对于表现为 G 的价值的增殖来说,是必要的行为,但它不是剩余价值的实现;它是剩余价值生产的导论,而不是它的补遗。* 例如就工厂来说,采购者和推销者是不同的人。在商品生产中,流通和生产一样必要,从而流通当事人也和生产当事人一样必要。再生产过程包含资本的两种职能,因而也包含这两种职能的必要性,不管是由资本家自己,还是由雇佣工人,即由资本家的代理人实现。然而,这并不是把流通当事人和生产当事人混淆起来的理由，正如不是把商品资本和货币资本的职能同生产资本的职能混淆起来的理由一样。流通当事人必须由生产当事人支付报酬。不过，如果说互相买卖的资本家，通过这种行为，既不创造产品，也不创造价值，那么，即使他们的营业规模使他们能够或必须把这些职能转交给别人，这种情况也不会发生任何变化。在有些营业中，采购者和推销者的报酬，只是用利润分成的办法支付的。他们的报酬是由消费者支付的说法是不能说明问题的。消费者只有作为生产当事人给自己生产了商品形式的等价物，或者要么凭法律证书（例如作为生产当事人的合伙人），要么靠个人服务，从生产当事人那里占有了这种等价物，他才能支付这种报酬。①

　　商品本身的存在形式，商品作为使用价值的存在，使商品资本的流通——$\overparen{W'—G'}$——受到一定的限制。商品会自然变坏。因此，如果商品没有按照它们的用途，在一定时期内，进入生产消费或个人消费，换句话说，如果它们没有在一定时间内卖掉，它们就会变坏，并且在丧失它们的使用价值的同时，也就丧失作为交换价值承担者的属

---

① 从第 455 页星花 * 至此的内容，可能是马克思在写作《资本论》第二册第 V 稿时补写在本手稿第 34 页下半部分注释区域的。他用两组符号"(a)＋＋＋＋"和"＋＋＋＋"提示将其插入正文现有位置，也可能将标为"(a)＋＋＋＋"的这部分插入论述作为正文的注释。他还将这部分内容记入《〈资本论〉第二册早期文稿中待用的段落（第 I—IV 稿）》第 12 页（见《马克思恩格斯全集》历史考证版第 2 部分第 11 卷第 534 页）。另外，关于本段内容，参看以下手稿：《资本论》第二册第 II 稿第 18 页"关于第 5 页的补充论述"（同上，第 50 页），《〈资本论〉第二册早期文稿中待用的段落（第 I—IV 稿）》第 12 页（同上，第 534 页）。——编者注

性。商品中包含的资本价值(以及资本价值中增长的剩余价值)将丧失。使用价值只有不断更新,不断再生产,也就是由同种或别种新的使用价值来补偿,才是长久保存而自行增大的资本价值的承担者。而使用价值以完成的商品形式出售,从而由此进入生产消费或个人消费,是它们的再生产不断更新的条件。它们必须在一定时间内变换它们的旧的使用形式,以便在一种新的使用形式上继续存在。交换价值只有通过其躯体的这种不断更新才能够保存自己。*很清楚,不同商品或不同财物的使用价值变坏的快慢程度不同,[35]在长短不等的时间内保持其使用属性,在自己的生产和消费之间能够经历长短不等的间隔时间①,因此,它们能够以长短不等的时间,作为商品资本停留在 W—G 流通阶段,作为商品经受长短不等的流通时间,而不致消灭。由商品体本身会变坏所决定的商品资本流通时间(W—G)的界限,就是流通时间的这一部分的绝对界限。(或者说,就是资本作为商品资本能够经过的流通时间的绝对界限。)一种商品越容易变坏,因而生产出来越要赶快消费,也就是越要赶快卖掉,它能离开产地的距离就越小,它的空间流通领域就越狭窄,它的销售市场就越带有地方性质。因此,一种商品越容易变坏,它的物质特性对于它作为商品的流通时间的绝对限制越大,它就越不适于成为资本主义生产的对象。这种商品只有随着地域的距离由于运输工具的发展而缩短(靠近)时,才能成为资本主义生产的对象,或者是在人口稠密的地方。而一种物品的生产集中在一个地方少数人手里,甚至能够为这样一类产品,如大啤酒厂、牛奶厂等生产的产

---

①　在手稿中,马克思在"间隔时间"上面又写下了"间歇期间"一词。——编者注

品,造成较大的市场。①

(3) 流 通 费 用②

〔流通费用产生(1)**于纯粹的形式转化**。(α)买卖时间,交易时间,(β)簿记,收付款等。(γ)货币本身是流通过程的费用。(2)**商品储备**。存储费用等。(商品储备和生产储备的形式差异。消费基金。)商品的保存费用。(3)**空间流通的费用**。运输费用(包装费用等)。(4)**分割费用、分类费用、零售费用**等。〕

(a) 从形式转化本身中产生的流通费用

(α)资本由商品到货币和由货币到商品的形式转化,同时就是**资本家的交易**,即买卖行为。资本完成这些形式转化的时间,从主观上,从资本家的观点来看,就是**买卖时间**,就是他在市场上执行卖者和买者的职能的时间。

正像资本的流通时间是资本再生产时间的一个必要部分一样,资本

---

① 从第 457 页星花＊至此的内容,参看以下文本:《资本论》第二册第 II 稿第 19、85 页(《马克思恩格斯全集》历史考证版第 2 部分第 11 卷第 53、211 页),《〈资本论〉第二册早期文稿中待用的段落(第 I—IV 稿)》第 12 页(同上,第 533 页),本卷第 386 页。——编者注

② 恩格斯以本节内容为基础,同时利用其他手稿,编成《资本论》第二卷第六章《流通费用》(参看《马克思恩格斯全集》中文第 2 版第 45 卷第 146—170 页)。——编者注

家进行买卖，在市场上奔走的时间，也是他作为资本家即作为人格化的资本执行职能的时间的一个必要部分。这是他的经营时间的一部分。

正像资本的流通时间是资本的生产时间的消极限制一样，资本家为了欺骗他的营业伙伴或规避其欺骗企图而消耗的时间——也许他在这些时间中同时耗费他自己的劳动力，并且使自己的体力和脑力高度紧张——，也就是说，对于资本家来说是劳动时间的时间，是他从[36]自己在生产过程和价值增殖过程中的职能中抽取出来的同样多的时间。尽管对于资本家来说是劳动时间，但这些时间既不创造产品，也不创造价值，更不创造剩余价值，虽然除了就商品的购买价格和出售价格进行实际的**讨价还价**的时间，这些时间可能还包括发现卖者或者买者的时间。这些时间只是为了将价值从一种形式转化为另一种形式而耗费掉的时间，就其减少资本家在生产过程中的执行职能时间而言，构成直接的时间损失。所以，这些时间构成**流通费用**一个否定的组成部分。形式转化耗费时间和劳动，但不产生任何利润。

如果直接的商品生产者（也就是说，出售自己劳动产品的人）相互交换他们的商品（或者说产品），那么交换时间、讨价还价的时间等显然对双方来说都是非生产地耗费的时间。这样一来，经济学家就会强调，或者是这些人可能会浪费更多的时间(a)①，或者是这些人会徒劳无益地损失许多时间(b)①。实际上，在古代人那里和对于中世纪的农民等来说，交易通常在节日进行，在此时除了购买和出售，同时还要履行宗教职能和政治职能。(c)①对于使别人为自己劳动的

---

①　马克思在正文中写下三个注码(a)(b)(c)，但没有在手稿下半部分注释区域写下注释内容，也没有标记注码。关于(c)的内容，参看《资本论》第二册第 II 稿第 20 页（《马克思恩格斯全集》历史考证版第 2 部分第 11 卷第 55 页）。——编者注

资本家来说，买卖成了一种主要职能。因为他按巨大的社会的规模占有许多人的产品，所以，他也得按同样的规模出售这些产品，然后重新把货币转化为各种生产要素。和以前一样，买卖时间并不创造价值。错觉是从商人资本的职能产生的。但是，在这里，即使对这个问题不作进一步的考察，事情本来就很清楚：如果一种职能本身是非生产的，然而是再生产的一个必要的因素，现在这种职能由于分工，由多数人的附带工作变为少数人的专门工作，变为他们的特殊行业，那么，这种职能的性质本身并不会改变。**一个**商人（在这里只是看做商品的形式转化的当事人，只是看做买者和卖者）可以通过他的活动，为**许多**生产者缩短买卖时间。因此，在这种意义上，他可以被看做是一种机器，它能减少力的无益消耗，或有助于腾出生产时间。为了简便起见〔因为我们以后才考察作为资本家的商人或者说商人资本〕，我们假定，这种买卖的当事人是出卖自己劳动的人。他在 W—G 和 G—W 活动上，耗费自己的劳动力和劳动时间。他以此为生，就像别人靠纺纱或制药丸为生一样。他在再生产过程中执行一种必要职能，虽然是一种非生产职能，因为再生产过程本身包含非生产职能。他和别人一样劳动，不过他的劳动的内容既不创造价值，也不创造产品。他本身属于生产上的非生产费用。他的作用，不是使一种非生产职能转化为生产职能（或使非生产劳动转化为生产劳动）。如果这种转化能够通过职能的这种转移来完成，那真是奇迹了。他的作用是使社会的劳动力和劳动时间只有**更少一**部分被束缚在这种非生产职能上。[37]不仅如此。我们不妨假定，他只是一个雇佣工人，他的报酬尽可比较优厚。不管他的报酬怎样，他作为一个雇佣工人，总有一部分时间是无偿地劳动的。他也许每天干了 10 小时而得到 8 个劳动小时的价值产品。他从事的两小时剩余劳动，和他的 8 小时必要劳动一样不生产价值，虽然由于这 8 小时必要劳动，社会产品有一部分转移给他了。第一，和以前一样，从社会的观点看，一个劳动力在 10 小时内耗费在这个单纯的流通职能上。它不能用于别的目的（不能用于生产劳动）。第二，社会对这两小时的剩余劳动没有支付报酬，虽然这种剩余劳动已经由完成这种劳动的这个人耗费了。社会并没有因此占有任何超额的产品或价值。但是，这个人所代表的**流通费用**减少了 $\frac{1}{5}$，是 8 小时而不是 10 小时。社会对以他为当事人的这一现实的流通时间的 $\frac{1}{5}$，没有支付等价物。但是，既然这个当事人是由资本家使用的，资本家会由于未对这两小时支付报酬而减少**他的资本的流通费用**，而这种费用是对他的收入的扣除。对资本家来说，这是一种实际的利润，因为他的资本在价值增殖上所受的不利限制收缩（缩小）了。当独立的小商品生产者把他们的一部分时间耗费在买卖上的时候，这种时间或者只是在他们的生产职能的间歇期间耗费的时间，或者是他们的生产时间的损失。无论如何，用在买卖上的时间，是一种不会增加转化了的价值的**流通费用**。这是将这些价值从一种形式转变为另一种形式，从商品形式转变为货币形式，或者反过来的费用。资本主义的商品生产者——如果他是流通当事人——同直接的商品生产者的区别只是在于，他的买卖规模较大，因而他作为流通当事人执行职能的范围较大。一旦他的营业范围使他必须购买或者能够购买（雇用）作为雇佣工人的他的流通当事人，事情的本质也不会发生变化。劳动力和劳动时间必须以某种程度耗费在流通过程（就它只是形式转化来说）上。但是，现在这种耗费表现为**追加的资本支出**，即表现为为了购买这种仅仅在流通中执行职能的劳动力而支出的那部分可变资本。这种资本支出既不创造产品，也不创造价值。它相应地缩小支出的资本生产地执行职能的范围。这就好像是把产品的一部分转化为一种机器,用来买卖产品的其余部分。这种机器构成产品的扣除。它虽然能够减少在流通中耗费的劳动力等,但不参加生产过程。它构成纯粹的**流通费用**。①

(β)劳动时间除了耗费在实际的买卖上外,还耗费在**簿记**上;此外,簿记又耗费对象化劳动,如钢笔、墨水、纸张、写字台等,即事务所费用。一方面是在这种职能上耗费的劳动力,另一方面是劳动力在执行职能期间所消费的劳动资料。这里的情况和买卖时间完全一样。

[38]资本作为它的循环中的**统一体**,作为处在过程中的**价值**——无论是在生产领域,还是在流通领域的两个阶段——,首先只是以计算货币的形态,**观念地**存在于商品生产者(或资本主义商品生产者)的头脑中。这种运动是由包含商品的定价或计价在内的**簿记**来确定和监督的。这样,生产的运动,特别是价值增殖的运动——在这里,商品只是作为价值的承担者流通,只是这样一种物品的名字,这种物品的观念的价值存在固定为计算货币——获得了反映在观念中的形象(象征的形象)。在单个商品生产者仅仅用头脑记账(例如在农民那里;只有资本主义农业,才产生使用簿记的租地农场主),或者仅仅在他的生产时间之外附带地把收支、支付日等等记载下来的时候,很明显,他的这种职能和他执行这种职能所消耗的劳动资料,如纸张等等,都是追加的劳动时间和劳动资料的追加消费。这些都

---

① 从第458页(α)小节至此的内容,参看以下手稿:《资本论》第二册第 II 稿第 20、21 页(《马克思恩格斯全集》历史考证版第 2 部分第 11 卷第55—57 页),《〈资本论〉第二册早期文稿中待用的段落(第 I—IV 稿)》第 13 页(同上,第 534 页)。——编者注

是必要的，但既要从他能生产地消耗的时间中扣除，又要从那种在现实生产过程中执行职能、参加产品形成和价值形成的劳动资料中扣除。不论这种职能集中在资本主义商品生产者手中，不再是许多小商品生产者的职能，而是一个资本家的职能，是一个大规模生产过程内部的职能，从而获得了巨大的**规模**；还是这种职能不再是生产职能的附带部分，而从生产职能中分离出来，独立化为特殊的、专门委托的当事人的职能，——这种职能本身的性质都不会改变。（如果一种职能就其本身来说，也就是在它独立化以前，不形成产品和价值，那么，分工，这种职能的独立化，并不会使这种职能能形成产品和价值。）如果资本家才投入资本，他就必须把一部分资本投在雇用记账员等等和购买簿记用品上。如果他的资本已经执行职能，处在不断的再生产过程中，那么，他就必须使他的商品产品的一部分，通过商品产品转化为货币，不断再转化为记账员、事务员等等。这部分资本是从生产过程中抽出来的，它属于**流通费用**，属于总收益的扣除部分。（专门耗费在这一职能上的劳动力也包括在内。）

但是，簿记所产生的各种费用，或劳动时间（既有活劳动时间，也有对象化在簿记的各种资料中的劳动时间）的非生产耗费，同单纯买卖时间的费用，毕竟有一定的区别。单纯买卖时间的费用只是由生产过程的一定的社会形式而产生，是由这个生产过程是商品的生产过程而产生。过程越是按社会的规模进行，越是失去纯粹个人的性质，作为对过程的监督和观念上的总括的簿记就越是必要；因此，簿记对资本主义生产，比对[39]手工业和农民的分散生产更为必要，对公有生产，比对资本主义生产更为必要。但是，簿记的费用随着生产的积聚而减少，簿记越是转化为社会的簿记，这种费用也就越少。

我们这里谈的,只是由单纯形式上的形态变化所产生的流通费用的一般性质。这里用不着考察这些流通费用的各种详细形式。但是,这些属于纯粹的形式转化的职能——从而产生于生产过程的一定社会形式的职能——这些职能在单个商品生产者那里是转瞬即逝的、几乎觉察不到的要素,是同他的生产职能并行或交织在一起的——在表现为巨额的**流通费用**时,却令人触目惊心。在单纯的货币收支上,一旦这种业务独立化为银行等或单个企业的出纳员的专门职能并且大规模集中,我们就看到这一点。要牢记的是,这些**流通费用**不会因形态的变化而改变其性质。①

(γ)**货币**。不管一种产品是不是作为商品生产的,它总是财富的物质形态,是要进入个人消费或生产消费的使用价值。作为商品,它的价值**观念地**存在于价格中,这个价格丝毫不改变它的现实使用形态。但是,某些商品,如**金和银**,执行**货币的**职能,并且作为货币专门留在流通过程(也作为贮藏货币、准备金等等**潜在地**留在流通领域),这纯粹是生产过程的一定**社会**形式即商品生产过程的产物。因为在资本主义生产的基础上,商品成为产品的一般形态,或者说绝大部分产品是作为商品生产的,从而必须取得货币形式,——因此商品总量,即社会财富中执行商品职能的那部分不断增大——,所以,在这里,执行流通手段和支付手段以及准备金等等职能的金银量也增大了。这些执行货币职能的商品,既不进入个人消费,也不进入生产

---

① 从手稿第 37 页开始的(β)小节(见本卷第 462 页)至此的内容,参看以下手稿:《资本论》第二册第 II 稿第 21 页(《马克思恩格斯全集》历史考证版第 2 部分第 11 卷第 57 页),《〈资本论〉第二册早期文稿中待用的段落(第 I—IV 稿)》第 13 页(同上,第 535 页)。——编者注

消费。^(a)这是固定在充当单纯的**流通机器**的形式上的社会劳动。^(b)除了社会财富的一部分被束缚于这种非生产的形式之外,货币的磨损也要求不断得到补偿,或要求把社会劳动——产品——转化为更多的金和银。这种补偿费用,在资本主义发达的国家是很可观的,因为一般说来被束缚在货币形式上的财富部分是巨大的。对于这些社会来说,金和银——作为货币商品——是仅仅由生产的社会形式产生的**流通费用**。这是商品生产的非生产费用,这种费用,随着商品生产的发展而增大,也就是说,在资本主义生产方式的基础上会增大。它是社会财富中必须为流通过程牺牲的部分。③

[40] (2) 并非从价值的单纯形式转化中 产生的流通费用

由价值的单纯形式变换,由观念地考察的流通产生的流通费用,

(a) 重农学派**88**。①
(b) 《经济学家》。②

---

① 可能马克思在这里打算引用《〈资本论〉第二册按主题挑选的引文摘录》这篇手稿。在该手稿第 2 页"再生产过程中的货币流通"这个关键词下(见本卷第 76—77 页),他摘录了尼·勃多和吉·弗·勒特罗纳的著作中的有关内容。——编者注

② 参看《〈资本论〉第二册按主题挑选的引文摘录》第 4 页摘自《经济学家》的引文(本卷第 79—80 页)。——编者注

③ 关于本段内容,参看《〈资本论〉第二册早期文稿中待用的段落(第 I—IV 稿)》第 13 页(《马克思恩格斯全集》历史考证版第 2 部分第 11 卷第 535 页)。——编者注

不加入商品价值。耗费在这种费用上的资本部分,就资本家来考察,只是耗费在生产上的资本的一种扣除,就社会来考察,只是非生产地耗费的劳动力的一种扣除。我们现在考察的那些流通费用的性质则不同。它们可以产生于这样一些生产过程,这些生产过程只是在流通中继续进行,因此,它们的生产性质完全被流通的形式掩盖起来了。另一方面,从社会的观点看,它们又可以是单纯的**费用**(是活劳动或对象化劳动的非生产耗费),尽管如此,对单个资本家来说,它们可以起创造价值的作用,成为他的商品出售价格的一种加价。这种情况已经来源于以下事实:这些费用在不同的生产领域是不同的,(根据情况)在同一生产领域对不同的单个资本来说,也是不同的。这些费用追加到商品价格中时,会均衡分配或者说按照各个资本家分担这些费用的比例进行分配。但是,一切追加价值的劳动也会追加剩余价值,并且在资本主义基础上总会追加剩余价值,因为劳动形成的价值取决于劳动本身的量,劳动形成的剩余价值则取决于资本家付给劳动的报酬额。因此,使商品变贵而不追加商品使用价值的费用,对社会来说,属于生产上的非生产费用,对单个资本家来说,则可以成为发财致富的源泉。另一方面,既然这些费用加到商品价格中去的这种加价,只是均衡地分配流通费用,所以这些费用的非生产性质不会因此而消失。例如,保险公司把单个资本家的损失在资本家阶级中间分配。尽管如此,就社会总资本考察,这样平均化的损失仍然是损失。[①]

---

①　关于本段内容,参看以下手稿:《资本论》第二册第 II 稿第 24 页脚注(25)(《马克思恩格斯全集》历史考证版第 2 部分第 11 卷第 63 页),《〈资本论〉第二册早期文稿中待用的段落(第 I—IV 稿)》第 13 页(同上,第 535 页)。——编者注

（α）商品储备。仓储费用和保存费用(保管费用)[①]

在产品作为商品资本存在或在产品停留在市场上时,也就是,在产品处在它从中出来的生产过程和它进入的消费过程之间的**间隔时间**内,产品形成**商品储备**。(如果消费是生产消费的话,这个消费过程本身又是生产过程。)商品资本,作为市场上的商品,从而具有储备形态的商品,在每个循环中出现两次,例如(Ⅰ)G—W$^{(1)}$—P—$^{(2)}$W′—G′,或(Ⅱ)P—W′—G′—W$^{(1)}$—P。在这两种循环中,W′是作为我们正在考察其循环的、处在过程中的资本的商品产品;相反,W$^{(1)}$是另一个资本的商品产品,这种产品必须出现在市场上,以便要么将G作为生产资本投入(Ⅰ),要么由此已经投入的生产资本通过再生产的循环而永远存在(Ⅱ)。当然,W^{1}可能只是根据订货生产的。[41]如果这样,G—W就会一直持续到W生产出来为止,就会发生中断。然而,生产过程和再生产过程的不断进行,要求相当数量的商品(**生产资料**)不断处在市场上,也就是形成储备。G—W还包括对劳动力的购买,在这里,货币形式只是生活资料的价值形式,这种生活资料的大部分,工人必须在市场上找到现成的。我们在本节的论述中还要详细说明这个问题。在这里,下面这一点已经清楚了:如果我们的出发点是处在过程中的资本价值,这个资本价值已经转化为商品产品,现在必须出售或再转化为货币,因而现在在市场上执行商品资本的职能,那么,这个资本价值形成储备的状态,是市场上的一种违反目的的非自愿的停滞状态。出售越迅速,再

[①]　关于马克思在本小节中的论述内容,参看本卷第87—88页"储备的形成"这个关键词下的摘录。——编者注

生产过程就越流畅。W′—G′这一形式转化的停止,会妨碍要在资本循环中进行的现实的物质变换,妨碍资本进一步作为生产资本执行职能。另一方面,在 G—W 中,商品不断存在于市场,即商品储备,却是再生产过程不断进行的条件,是投入新资本或追加资本的条件。①

　　商品资本要作为商品储备停留在市场上,就要有建筑物,栈房、储藏库、货栈,也就是要支出不变资本,还要对把商品搬进储藏库的劳动力付给报酬。以外,商品会变坏,会受有害的自然因素的影响。为了保护商品不受这些影响,要投入追加的资本,一部分投在劳动资料上,即物的形式上,一部分投在劳动力上。(a) 可见,资本在商品资本状态中从而作为商品储备的存在,产生了**费用**,因为这些费用不属于生产领域而属于流通领域,所以算做**流通费用**。这类流通费用同在(1)中所列举的流通费用的区别在于:它们在一定程度上加入商品本身的**价值**,因此使商品**变贵**。在任何情况下,用于保存和保管这种商品储备的资本和劳动力,总是从直接的生产过程抽出来的。另一

　　(a)　柯贝特。②

---

①　关于本段内容,参看《〈资本论〉第二册早期文稿中待用的段落(第 I—IV 稿)》第 15 页(《马克思恩格斯全集》历史考证版第 2 部分第 11 卷第541 页)。——编者注

②　马克思可能指的是托·柯贝特的著作《个人致富的原因和方法的研究》1841 年伦敦版。另外参看以下文本:《资本论》第二册第 II 稿第 25页脚注(29)(《马克思恩格斯全集》历史考证版第 2 部分第 11 卷第 66页),《伦敦笔记》(1850—1853 年)第 XVI 笔记本第 18 页,《马克思恩格斯全集》中文第 2 版第 36 卷第 182—196 页、第 38 卷第 266 页脚注(a)、第 45 卷第 156 页脚注(14)。——编者注

方面,这里使用的资本(包括作为资本组成部分的劳动力),必须从社会产品中得到补偿。因此,这些资本的支出所产生的影响,就像劳动生产力降低一样,因而,要获得一定的效用,就需要更大量的资本和劳动。这是**非生产费用**。

如果形成商品储备所需要的流通费用,只是产生于现有价值由商品形式转化为货币形式的时间,就是说,只是产生于生产过程的一定的**社会形式**(只是由于产品是**作为商品**生产的,因此必须转化为货币),那么,这些流通费用和在(1)中所列举的流通费用的性质就完全相同。另一方面,商品价值在这里被保存(或者增加),只是因为**使用价值**,**产品**本身,被置于一定的、需要有资本支出的物的条件卜,并且必须经历那些有追加劳动作用于使用价值的操作。相反,商品价值的计算,记载计算过程的簿记,买卖交易,却不会在商品价值借以存在的使用价值上发生作用。这些事情只是同商品价值的形式有关。[42]因此,虽然在我们假定的场合,花费在储备(在这里是非自愿的)上的非生产费用只是产生于形式转化的停滞和必要性,但是,这些费用和(1)中的非生产费用仍然不同,**这些费用的目的**本身不是价值的形式转化,而是价值的保存,而价值存在于作为产品,作为使用价值的商品中,因而只有通过产品的保存,使用价值本身的保存,价值才能得到保存。在这里,使用价值既没有增加,也没有提高,反而减少了。但是,它的减少受到了限制,它被保存下来。在这里,商品中存在的预付价值,也没有增加。但是,预付价值中加进了新的劳动(不管是以对象化的形式和还是以活的形式)。

现在要进一步研究,这种**非生产费用**在什么程度内,产生于商品生产和普遍绝对形式的商品生产即资本主义商品生产的特有性质,又在什么程度内,为一切社会生产所共有,而在这里,在资本主义生产中,只是取得一种**特殊的**形态,一种特殊的**表现形式**。

亚·斯密曾提出一种荒诞的见解,认为储备只是资本主义生产所特有的现象。[a] 相反,现代经济学家则断言,储备将随着资本主义生产的发展而减少。[b] 西斯蒙第③甚至认为这是资本主义生产的一个缺陷。④

实际上,储备有三种形式:生产资本的形式,个人消费基金的形式,商品储备(或商品资本)的形式。(虽然就**绝对量**来说,三种形式的储备可以同时增加)但是一种形式的储备会在另一种形式的储备增加时**相对地**减少。不过,这是单纯的形式变换。

不言而喻,在生产是直接为了满足自身需要,只有很小一部分是为了交换或出售的地方,也就是说,在社会产品全部不采取商品

(a)　亚·斯密。①

(b)　莱勒。②

---

①　参看《资本论》第二册第 II 稿第 22 页(《马克思恩格斯全集》历史考证版第 2 部分第 11 卷第 60 页),马克思在这里引用了亚·斯密《国民财富的性质和原因的研究》1848 年阿伯丁—伦敦版第 183 页的一段文字。——编者注

②　参看本卷第 88 页。——编者注

③　参看本卷第 88 页"储备。流通蓄水池"这则札记。马克思在《布鲁塞尔笔记》第 1 笔记本第 X—XI 页摘录了有关内容(见《马克思恩格斯全集》历史考证版第 4 部分第 3 卷第 127—128 页),这些内容出自西斯蒙第《政治经济学概论》1837 年布鲁塞尔版第 1 卷第 48—51 页。——编者注

④　关于本段内容,参看本卷第 87 页"储备的形成"这个关键词下的摘录。另外参看《〈资本论〉第二册早期文稿中待用的段落(第 I—IV 稿)》第 15 页(《马克思恩格斯全集》历史考证版第 2 部分第 11 卷第 542 页)。——编者注

形式,或者只有很小的部分采取商品形式的地方,商品形式的储备或**商品储备**只是财富的很小的、微小的部分。但是,消费基金,特别是真正的生活资料的消费基金,在这里相对地说却是很大的。我们只要看一下古代的农民经济。在那里,产品的绝大部分正因为留在它的所有者手中,所以不形成商品储备,而直接转化为备用的生产资料或生活资料。它不采取**商品储备**的形式,并且正因为这样,亚·斯密就认为,以这种生产方式为基础的社会,不存在储备。他把储备的形式同储备本身混淆起来了,并且以为,社会历来就是干一天吃一天,或者等到明天去碰运气。(c)这是一种幼稚可笑的误解。②

生产资本形式的储备,是这样一些生产资料形式的储备,这些生产资料或者已经处于生产过程,或者至少已经在生产者手中,也就是已经潜在地处于生产过程。我们在前面已经看到,随着劳动生产力的发展,从而随着资本主义生产方式(它比一切以前的生产方式更加发展了劳动的社会生产力)的发展,那种以劳动资料形式一下子全部并入过程,并在一个或长或短的时期内在过程中不断反复执行职能的[生产资料的量],[43]不断增大,并且这种生产资料的增大,既是

(c) 格林。①

---

① 参看雅·格林《德意志语言史》1853 年莱比锡第 2 版第 1 卷第 164 页,《资本论》第二册第 II 稿第 23 页脚注(21a)(《马克思恩格斯全集》历史考证版第 2 部分第 11 卷第 61 页)。——编者注

② 关于以上两段内容,参看《〈资本论〉第二册早期文稿中待用的段落(第 I—IV 稿)》第 15 页(同上,第 542 页)。关于本段中斯密的观点,参看《资本论》第二册第 II 稿第 22 页(同上,第 60 页),本卷第 470 页。——编者注

劳动的社会生产力发展的前提,又是它的结果。这种形式的财富**不仅绝对**增加而且**相对**增加的事实(参看**第六章**①),最能说明资本主义生产方式的特征。但是,不变资本的物质存在形式,生产资料,不仅由这种劳动资料构成,而且还由各阶段上的劳动材料以及辅助材料构成。随着生产规模的扩大,随着劳动生产力由于协作、分工、机器等等而提高,例如逐日进入生产过程的原料、辅助材料等等的量也会增加。这些要素必须预先在生产场所准备好。因此,这种以生产资本形式存在的储备的规模是**绝对**增大的。要使生产过程流畅地进行——不管这种储备可以逐日更新,还是只能在一定时期内更新——,就总是要在生产场所准备好更多的原料等等,比如说要多于一天或一周的消耗量。过程的连续性,要求它的各种条件的存在不会因为逐日购买而中断,或者说不致因为逐日购买而受影响,也不致因为商品产品逐日逐周出售,从而再转化为它的各种生产要素而受影响。不过,生产资本显然可以以极不相同的程度(规模)**潜在地**存在或形成**储备**。例如,比方说纺纱业者必须准备好够用三个月的,还是只够用一个月的棉花、煤炭等,就有很大的差别。我们看到,这种**储备**虽然绝对地增大了,但是可以相对地减少。逐日进入生产过程的原料等的量在状态 I 中可能大一些,在状态 II 中可能小一些,虽然这部分资本的潜在存在时间在状态 I 中比在状态 II 中要短,也就是说,**相对地**,与生产规模相比,这种形式的储备在状态 II 中比在状态 I 中要多。

这要取决于各种条件,而这一切条件实质上不外就是,要使必要

---

① 见《马克思恩格斯全集》中文第 2 版第 42 卷第 620—622 页。——编者注

数量的原料能够**更迅速地、更有规则地、更有保证地**不断得到重新供应,不断得到更新,而且采取的方式不致出现任何停滞①。这些条件越不具备,从而供应越没有保证,越不规则,越没有连续性,越缓慢,生产资本的**潜在**部分,即已经在生产场所中并且受生产者支配的那个部分就必然越大,而这部分生产资本逐步地才实际执行职能和进入生产过程。这些条件同资本主义生产的发展水平,因而同社会劳动的生产力的发展水平成反比。因此,这种形式的储备也是这样。

不过,这里表现为储备减少的现象(莱勒②),部分地说,只是生产资本形式的储备的减少,而这是因为商品资本形式的储备或真正商品储备的增加,因此,只是同一个储备的形式变换。

这些条件就是:**第一:生产要素的迅速更新**。例如,如果本国每天生产的煤炭量,从而煤炭生产的规模和能力很大,纺纱业者用不着储备大量煤炭,就可以保证他的生产连续进行。[44]煤炭供应的不断的有保证的更新,使这种储备成为不必要。**第二:**一个过程的产品能够以什么样的速度作为生产资料进入另一个过程。这取决于交通运输工具的发展。在这方面,运费的低廉有很大的作用。例如,如果没有便宜的运输工具,从煤矿一次又一次地不断向纺纱厂运输煤炭就比为较长时期供应较大量煤炭更贵。以上考察的这些情况,都发生在**生产过程**本身。**第三:**信用制度的发展。例如,纺纱业者为了更新棉花、煤炭等等的储备越不依赖于他的纱的直接出售——信用制度越发达,这种直接依赖性就越小——,为保证一定规模的连续生产

---

① 在手稿中,马克思在"停滞"上面又写下了"中断"一词。——编者注
② 见本卷第 470 页。——编者注

(棉纱生产)[不受]棉纱出售上偶然情况的影响而需要的煤炭、棉花等储备的相对量,就可以越小。**第四**,许多原料、半成品等等需要有较长的生产时间,农业提供的一切原料,尤其是这样。因此,要使生产过程本身不致中断,就要在新产品还不能代替旧产品的整个时期,储备一定量这样的原料、半成品。* 例如,如果在产业资本家手中这种储备减少了,那不过表明,它在商人手中以**商品储备**的形式增加了。例如,运输工具等的发展,使存放在港口的进口棉花可以迅速从利物浦运到曼彻斯特,这样,工厂主就可以逐步以相对较小的规模更新他的棉花储备。不过,这时作为商品储备存放在利物浦商人手中的棉花的数量就要相应地增大。因此,这只是**储备的形式变换**,而莱勒等人却看不到这一点。而就社会资本来考察,储备形式的产品量,现在仍然和以前一样多。对于一个国家来说,必须为比如说一年准备好的储备量,会随着运输工具的发展而减少。如果有大批蒸汽轮船、帆船往来于美英之间,英国的棉花储备更新的交货时期就会增多,因而必须在英国为较长时期准备好的棉花储备量就会减少。世界市场的发展,从而同种物品供应来源的增多,会产生同样的结果。物品会从不同国家和在不同时期一批一批地运来。①

商品储备:

我们已经知道,在资本主义生产的基础上,商品成为产品的一般

---

①　从第 471 页"生产资本形式的储备"至此的论述,参看《〈资本论〉第二册早期文稿中待用的段落(第 I—IV 稿)》第 15 页(《马克思恩格斯全集》历史考证版第 2 部分第 11 卷第 542 页)。另外,本段从星花 * 至此的内容,参看《资本论》第二册第 II 稿第 24 页(同上,第 64 页)。——编者注

形式,而资本主义生产在广度和深度上越是发展,情况就越是这样。因此,不管和以前的各种生产方式相比,还是和发展水平较低的资本主义生产方式相比,即使生产规模相同或者说生产量相同,产品中大得不可比拟的部分是**作为商品**存在的。但是,任何商品——从而任何商品资本,它们只是商品,不过是作为资本价值存在形式的商品——,只要它不是从生产领域直接进入生产消费或个人消费,因而在这个间歇期间处在市场上,[45]它就是商品储备(商品储备的要素)。因此,**商品储备**本身(因为产品的商品形式的独立和固定),即使在生产规模不变的情况下,也会随着资本主义生产的发展而增大。我们已经知道,这只是**储备的形式变换**,也就是说,在这一方面,商品形式的储备所以增大,是因为在那一方面,对于生产者本身来说,它在生产资料和消费资料的直接形式上减少了。这只是储备的**社会**形式的变化。如果商品储备同社会总产品相比,不仅它的相对量增大,而且同时它的**绝对**量也同时增大,那么,这是因为总产品的量随着资本主义生产的发展而增大了。

随着资本主义生产的发展,生产的规模在越来越小的程度上取决于对产品的直接需求,而越来越取决于单个资本家支配的资本量,取决于他的资本的价值增殖欲以及他的生产过程连续进行的必要性。因此,每一个特殊生产部门中作为商品出现在市场上或寻找销路的产品量,必然增大。在较短或较长时期固定在商品资本形式上的资本量也增大。因此,商品储备也增大。①

最后,社会上绝大部分人变为雇佣工人,他们靠挣一文吃一文过

---

①　关于以上两段内容,参看《〈资本论〉第二册早期文稿中待用的段落(第 I—IV 稿)》第 15 页(《马克思恩格斯全集》历史考证版第 2 部分第 11 卷第 542 页)。——编者注

活,他们的工资按周领取,逐日花掉,因此,他们必须找到作为储备的生活资料。不管这种储备的单个要素的流动性有多大,其中一部分总要不断地停留下来,以便储备可以始终存在。

所有这些因素,都来源于生产的形式和它所包含的、产品在流通过程中所必须经历的形式转化。

不管产品储备的社会形式如何,保管这种储备,总是产生**费用**——需要有贮存产品的建筑物、容器等等,还要根据产品的性质,耗费或多或少的生产资料和劳动,以便防止各种破坏性的影响。储备越是社会地集中,这些费用相对地就越少。这些支出,总是构成对象化形式或活的形式的社会劳动的一部分,——因而,在资本主义生产中,这些支出就是**资本的支出**,它们不进入产品形成本身,因此是耗费在直接的产品形成上的社会劳动的一种**扣除**。这些非生产费用是必要的,是社会财富的非生产费用。它们是耗费在产品本身上的费用,是产品的保存费用,不管产品只是由于生产的社会形式即商品形式及其必要的形式转化才成为商品储备的要素,也不管商品储备只是存在于一切社会中的产品储备的一种变化形式;它们是产品本身的保存费用,即使产品储备不具有商品储备形式这种属于流通过程的产品储备形式。

现在要问,这些费用在多大程度上加入商品**价值**。

[46]如果资本家已经把他预付在生产资料和劳动力上的资本转化为产品,转化为一定量现成的待售商品,而这些商品还堆在仓库、库房等地方,简言之,就是没有卖出去,不能转化为货币,那么,在这个期间不仅他的资本的价值增殖过程会停滞,为保存这种储备而用于建筑物、追加劳动等方面的支出(资本支出),也会形成直接的损失。如果这个资本家说,我的商品存放了六个月没有卖出去,在这六个月

期间,为了保存这些商品,不仅使我的这样多的资本闲置起来,而且使我花掉了 x 量的非生产费用,那么,最后的买者就会嘲笑他。买者会说,这算您倒霉！除了您以外,还有另一个卖者,他的商品前天刚生产出来。您的商品是陈货,放了那么久,不免多少有些损坏。因此,您应该比您的对手卖得便宜些。不管商品生产者是他的商品的实际生产者,还是商品的资本主义生产者,也就是说,实际上只是商品的实际生产者的代表,都丝毫不会改变商品的生活条件。把商品转化为货币是他的事情。他由于把商品固定在商品形式上而支出了非生产费用,这只是他个人的冒险行为,和商品的买者无关。买者不会对他的商品的出售时间(流通时间)实行支付。在发生现实的或设想的价值革命的时候,资本家会有意把他的商品从市场上抽回来,即使在这种情况下,他能不能捞回那笔追加的非生产费用,要看这种价值革命是否出现,看他投机是否成功。但是,价值革命并不是他的非生产费用所造成的结果。因此,如果储备的形成就是流通的停滞,由此引起的费用就不会把价值加到商品上。另一方面,没有流通领域内的停滞,没有资本在商品形式上的或长或短的停留,就不会有储备,也就是说,没有流通的停滞,就不会有储备,就像没有货币准备金,就不会有货币流通一样。而没有商品储备,就没有商品流通,如果这种必要性对资本家来说不是出现在 $W'-G'$ 上,那对他来说则是出现在 $G-W$ 上,不是出现在他的商品资本上,但出现在另一些为他生产生产资料并为他的工人生产生活资料的资本家的商品资本上。[①]

　　* 不管储备的形成是自愿的还是非自愿的,也就是说,不管商

---

①　以上三段关于"保存费用"的论述,参看《〈资本论〉第二册早期文稿中待用的段落(第I—IV稿)》第15页(《马克思恩格斯全集》历史考证版第2部分第11卷第542页)。——编者注

品生产者是有意识地保持储备,还是因为流通过程本身的状况阻碍商品转化为货币,使他的商品在市场上形成储备,问题的实质好像也不会有什么改变。不过,弄清自愿储备和非自愿储备的区别,对于解决问题是有益的。非自愿商品储备是由**流通停滞**造成的,或者同它是一回事,而这种停滞是商品生产者无法知道的,是违背他的意志的。自愿储备的特征是什么呢? 和以前一样,卖者力图尽快地使自己的商品脱手。他不断把产品当做商品来兜售。如果他把产品留着不卖,这个产品也只是商品储备的可能的而不是现实的要素。对他来说,商品本身仍旧只是商品的交换价值的承担者,并且只有抛弃商品形式,取得货币形式,然后才能起这种承担者的作用。

[47]商品储备必须有一定的量,才能在一定时期内满足需求量。这里要把买者范围的不断扩大计算在内。为了满足比如一天的需要,市场上的商品必须有一部分不断保持商品形式,另一部分则流动着,转化为货币。在其他部分流动时停滞的部分,会和储备量本身的减少一样不断减少,直至最后完全卖掉。因此,在这里,商品停滞要看做是商品出售的必要条件。其次,储备量要大于平均出售量或平均需求量。不然,超过这个平均量的需求就不能得到满足。另一方面,储备因为不断消耗,所以要不断更新。这种更新归根到底只能从生产领域中得到,只能从商品的供应中得到。(这些商品是否来自国外,是与问题无关的。)更新以商品再生产所需要的时间为转移。在这个期间,商品储备必须够用。至于储备不是留在原来的生产者手中,而是经过了从大商人一直到零售商的各种各样的储藏库,这仅仅改变了现象,而并不改变事情本身。从社会的观点看,只要商品没有进入生产消费或个人消费,资本的一部分就仍旧处于商品储备的形

式。生产者本身为了使自己不直接依赖于生产,为了保证自己有一批老顾客,总想保持一批与平均需求相适应的存货。购买期限是适应于生产期间的,商品在它能够由同种新商品替换以前,在一个或长或短的期间内形成储备。只是由于有了这种储备,流通过程从而包含流通过程在内的再生产过程的不断连续进行,才得到保证。

必须记住,对 W 的生产者来说,$W'—G'$可以已经完成,虽然 W 仍然在市场上。如果生产者本人想在他自己的商品卖给最后的买者之前把它保存在仓库内,他就必须使二重的资本发生运动,一次是作为商品的生产者,另一次是作为商人。对商品本身来说——把商品作为社会资本的组成部分来看——,储备的费用不管是由生产者自己负担还是由从 A 到 Z 的商人负担,事情是不会发生变化的。

既然**商品储备**不外就是储备的**商品形式**,这种储备在一定规模的社会生产中如果不是作为**商品储备**存在,就是作为生产储备(**潜在的生产基金**)或者作为消费基金(个人消费资料的储存)存在,所以,维持这种储备所需要的费用,也就是储备形成的费用,也就是说,以对象化劳动或活劳动的形式追加到成品中的价值,不过是社会生产基金或社会消费基金的保存费用的一种变形。由此引起的商品价值的提高,只是把这种费用按比例分配在不同商品上,因为这种费用对不同种商品来说是不同的。[48]储备形成的费用仍然是社会财富的扣除,虽然它是社会财富的存在条件之一。

只有在商品储备是商品流通的条件,甚至是商品流通中必然形成的形式时,也就是,只有在这种表面上的停滞是流动本身的形式,就像货币准备金的形成是货币流通的条件一样时,商品储备才是正常的。相反,一旦留在流通蓄水池内的商品,不让位给后面涌来的生产浪潮,致使蓄水池泛滥起来,**商品储备**就会因流通停滞而扩大,就像在货币流通停滞时,贮藏货币会增加一样。在这里,不论这种停滞是发生在产业资本家的库房(仓库等)内,还是发生在商人的货栈、栈房等内,情况都是一样的。这时,商品储备已经不是不断(连续)出售的条件,而是商品卖不出去的结果。费用仍旧是一样的,但是,因为它现在完全是由形式产生,也就是由于必须把商品转化为货币而产生,并且是由于这种形态变化发生困难而产生,所以它不加入商品价值,而是构成扣除,即构成在价值实现时的价值损失。因为商品储备的正常形式和不正常形式,从形式上是区分不出来的,而且二者都是流通的停滞,所以,这些现象可以互相混同,加上对生产者来说,虽然他的已经转移到商人(独立的流通当事人)等手中的商品的流通过程发生了停滞,但他的资本的流通过程仍然能够畅通,所以,这些现象更可以使生产当事人本身感到迷惑。如果生产和消费的规模扩大了,在其他条件不变的情况下,商品储备的规模也会扩大。商品储备会同样迅速地被更新和被吸收,但是它存在的规模更大。因此,商品储备的规模由于流通停滞而扩大的现象,会被误认为是再生产过程扩大的征兆,特别是在现实的运动由于信用制度的发展而变得神秘莫测时,更是这样。①

储备形成的费用包括:1. 产品总量的**数量**减损(例如,储存面粉时就是这样),2. 质量变坏,3. 维持储备所需的对象化劳动和活劳动。

---

① 从第 477 页星花 * 至此关于自愿的和非自愿的储备形成的论述,参看《〈资本论〉第二册早期文稿中待用的段落(第 Ⅰ—Ⅳ 稿)》第 15 页(《马克思恩格斯全集》历史考证版第 2 部分第 11 卷第 542 页)。——编者注

(β) 运 输 费 用

在这里,我们不必考察流通费用的一切细目,如包装、零售等等。一般的规律是:一切**只是由**商品的**形式转化**而产生的流通费用,都**不会把价值**追加到商品上。这仅仅是实现价值或价值由一种形式转变为另一种形式所需的费用。**投**在这种费用上**的资本**(包括它所支配的劳动),属于资本主义生产上的非生产费用。这种费用必须从剩余产品中得到补偿,对整个资本家阶级来说,是剩余价值或剩余产品的一种扣除,就像对工人来说,例如购买生活资料所需的时间是损失掉的时间　样。

但是,**运输费用**起很重要的作用,因此在这里必须简短地加以考察。

[49]商品在空间上的变动——从而商品的运输劳动和运输工具——是商品在直观上进行流通的现象,但并不是直接从商品的形式变换中产生的现象,甚至并不是必然与这种形式变换联系在一起的现象,也就是说,并不是从严格意义上的流通中产生的现象。更确切地说,这属于人类劳动的物质变换。单纯的产品交换以产品运输为中介,运输将产品从一个人手中转移到另一个人手中。(只有对于金、银而言,简言之,只有对于货币商品而言,在它们作为货币进行流通产生运输费用的情况下,我们才可以说,运输费用这里产生于流通即形式变换本身。)① 运输费用随着产品的生产地点和消费地点的距离的增加而增加,不管产品是进入生产消费也好,还是进入个人消费

---

① 关于括号中的内容,参看《〈资本论〉第二册早期文稿中待用的段落(第Ⅰ—Ⅳ稿)》第15页(《马克思恩格斯全集》历史考证版第2部分第11卷第541页)。——编者注

也好。甚至在没有产品交换的情况下，也会进行运输，从而会有对运输起中介作用的劳动和劳动资料。如果说在这种情况下，没有商品流通却产生运输费用（甚至在没有产品交换的情况下也能产生运输费用，也就是说，在没有以货币流通为中介的产品交换的情况下，也能产生运输费用），那么商品可以在严格意义上进行流通，却并不改变地点，例如，被出售的房子（不动产），码头上被买卖的商品，对于这些商品来说，只是所有权证书发生变化，等等。

运输业涉及的是产品，是运输业改变**其空间存在**的物（使用价值），不是产品的**价值形式**。另一方面，这个产业既不会增加现存商品的数量——我们不会通过现存商品的运输使它们增加——，也不会改变内在于使用价值的有用属性。不管是否被运输，谷物仍然是谷物。为了将产品送到预定地点，在产品的运输期间会耗费劳动（活劳动和对象化在劳动资料中的劳动）。因此，产品的**价值**提高了。(a)

在其他条件不变的情况下，由运输费用追加到商品价格中去的相对价值部分，和被运输的商品的体积和重量成正比，和这些商品的

(a) 李嘉图引用萨伊的话，萨伊认为商业由于运输费用而使产品变贵或提高价值，是商业的一种天惠。萨伊说："商业使我们能够从商品产地取得商品，并把它运往另一个消费它的地点。所以商业使我们能够按前一个地方和后一个地方商品价格之间的全部差额增加商品的价值。"李嘉图对这段话评论说："这话说的对，但是这个追加的价值是怎样加上去的呢？是在生产成本上首先加上运费，其次再加上商人预付资本的利润。这种商品之所以有更大的价值，同任何其他商品价值的增加一样，因为它在被消费者买去以前在生产上和运输上已经费去更多的劳动。这不能算做是商业的一种好处。"（李嘉图，同上，第309、310页）①

---

① 参看《资本论》第二册第 II 稿第 27 页脚注(35)(《马克思恩格斯全集》历史考证版第 2 部分第 11 卷第 70 页)，《马克思恩格斯全集》中文第 2 版第 38 卷第 269 页脚注(b)。——编者注

价值成反比。商品的消费地点离生产地点越近,运输费用就越少,或者说,在其他条件不变的情况下,运输费用和市场与生产地点之间的距离成正比。最后是交通运输工具,也就是说,是运输业所使用的劳动的生产力的相对便宜或昂贵(效能)。

资本主义生产方式,由于交通运输工具的发展,由于运输积聚(规模扩大),使单个商品的运输费用减少。它使耗费在商品运输上的那部分社会劳动——活劳动和对象化劳动——增加,(1)因为把一切产品的绝大多数转化为商品,(2)因为远方的市场代替了当地的市场。①

⌊49a⌋商品在**空间**上的流通⌊Cirkuliren⌋(实际上是商品在空间上的移动[Umlaufen])就是商品的运输。**运输业**一方面形成一个独立的生产部门,从而形成生产资本的一个特殊的投资领域。另一方面,它又具有如下的特征:它表现为生产过程**在**流通过程**内**的继续,并且**为了**流通过程而继续。②

---

① 关于以上两段内容,参看《资本论》第二册第Ⅱ稿第 27、32 页(《马克思恩格斯全集》历史考证版第 2 部分第 11 卷第 70、79 页)。关于本段内容,另外参看《〈资本论〉第二册早期文稿中待用的段落(第Ⅰ—Ⅳ稿)》第 15 页(同上,第 541 页)。——编者注

② 关于本段内容,参看《马克思恩格斯全集》中文第 2 版第 38 卷第 241页。——编者注

[50] 第 二 章

资 本 周 转①

（1）周转的概念

我们已经知道，一定资本的总流通时间，等于它的流通时间和它的生产时间之和。这就是从资本价值以一定的形式预付时起，直到处在过程中的资本价值以同一形式返回时止的一段时间；就是资本价值从预付直到回流到出发点所经历的时间。②

资本主义生产的决定目的，总是预付价值的增殖，不管这个预付价值以它的独立的形式即货币形式预付，还是以商品形式预付，在后一个场合，它的价值形式在预付商品的**价格**中只具有观念上的独立性。在一个场合和另一个场合，这个资本价值在它的过程中都要经过不同的存在形式。这个资本价值自身的同一性，是在资本家的账

---

① 恩格斯将本章内容编为《资本论》第二卷第七章和第八章开头部分（参看《马克思恩格斯全集》中文第 2 版第 45 卷第 171—182 页）。——编者注

② 关于本段内容，参看《资本论》第二册第 II 稿第 33 页（《马克思恩格斯全集》历史考证版第 2 部分第 11 卷第 87 页）。——编者注

簿上或在计算货币的形式上固定下来的。

无论我们是考察 G—W—P—W′—G′ 形式,还是考察 P—W′—G′—W—P 形式,这两个形式都包含:1. 预付价值已经作为资本价值执行职能,并且已经增殖,2. 预付价值通过它的过程之后,又回到它开始过程时的形式。预付价值 G 的增殖和与此同时资本又回到这个形式(货币形式),这在 G 等等 G′ 形式中是一目了然的。不过在第二个形式中情形也是一样。这是因为,起点 P 是具有一定价值的生产要素的存在;所有这些生产要素都是具有一定价值的商品 W。这个形式包含这个价值的增殖(W′ 和 G′),在 W 中包含向原有形式的复归,这是因为,作为 W,预付价值重新取得生产要素的形式,即它原来预付时的形式。W(具有既定价值的生产要素)(以及这些生产要素的过程)P—W′—G′—W,与 G—W—P—W′—G′ 是一致的。在这两个形式中同样都是四个阶段。

[51]以前我们已经知道:"生产具有资本主义的形式,再生产也就具有同样的形式。在资本主义生产方式下,劳动过程只表现为价值增殖过程的一种手段,同样,再生产也只表现为**把预付价值作为资本**即作为自行保存和自行增殖的价值**来再生产的一种手段**。"(第一卷第 553 页)①

(1)G 等等 G′、(2)P 等等 P 和(3)W′ 等等 W′ 这三个形式有如下的区别,**首先**:形式(2)和形式(1)的区别在于〔撇开如下**内容**不谈,即在(1)中运动完全是从单个资本和单个资本家的角度出发,所以,运动的出发点即货币事实上只是表面的出发点,而在(2)中,**实际的出**

---

① 见《马克思恩格斯全集》中文第 2 版第 42 卷第 582 页。——编者注

发点即生产过程尚且表现为出发点〕,过程的更新,即再生产过程,表现为现实的,而在形式(1)中只是在**可能性**上包含(表现)再生产过程。但是二者和形式(3)相区别的是:**预付的资本价值**——无论它采取货币的形式,还是采取物质的生产要素的形式,即客体的生产要素和主体的生产要素的形态,这些生产要素构成 P 即生产过程的**前提**(生产过程作为资本主义生产过程同时是价值增殖过程)——是出发点,因而也是复归点。在 G 等等 G' 中,复归点是 $G+\Delta G$。如果过程以同一规模更新,G 就重新构成过程的出发点,ΔG 则不进入过程,而只是表示 G 作为资本已经完成过程,已经生产了(抛开了)一个剩余价值 ΔG。在 $P—\overline{W'—G'}—W—P$ 这个形式中,以生产要素(W)形式预付的资本价值同样是出发点。这个形式包含预付资本价值的增殖。如果进行简单再生产,同一资本价值就以同一形式 W 重新开始它的过程。如果进行积累,G' 或者 W' 就作为**已经增大的资本价值**开始过程。但是,过程仍然以预付资本价值(尽管是以比以前更大的资本价值)开始。相反,在形式(3)中,开始过程的资本价值不是预付的资本价值,而是处在商品产品形式上的总财富,其中只有一部分作为资本完成了过程。因此,这最后一个形式对第三章来说是很重要的,因为在那里,资本的运动要和社会总产品的运动联系起来加以考察。但是在考察资本**周转**时,这个形式是不适用的,因为资本的周转总是以货币形式或商品形式的资本价值的预付开始,并且总是使过程中的资本价值回到它预付时的形式。至于(1)和(2)这两个循环,那么,在主要是研究周转对剩余价值的形成的影响时,我们应该抓住前者;而在主要是研究周转对产品的形成等的影响时,我们就应该抓住后者。

　　经济学家们既不区分不同的循环形式,也不[考察]它们和资本周转的关系。他们通常是考察 G 等等 G′形式,因为这个形式是单个资本家的形式,而且对他的计算有用,即使货币只是在计算货币的形式上成为出发点。另一些人则从生产要素形式上的支出出发,一直考察到"取得收入",[52]对收入的形式是商品还是货币则闭口不谈。例如:

"经济周期……即整个生产进程,是从支出时起,直到收回时为止。在农业中,播种期是它的开端,收获是它的终结。"(赛·菲·纽曼《政治经济学原理》安多弗—纽约版第81页)①

另一些人则从 W′(第3种形式)开始。

"交易的世界,可以看做是在我们称为经济周期的循环中运转的,一旦企业完成它相继进行的交易,又回到它的起点,每次的循环就完成了。起点可以从资本家得到收入,从而收回资本的时候算起;从这时起,他重新着手做以下的事情:招雇工人,并以工资的形式分给他们生活资料,或者确切地说,分给他们获得生活资料的权力;从他们那里取得他所经营的制成的物品;把这种物品送到市场去,在那里把它们卖掉,在货款中收回全部投资,而结束这一系列运动的循环。"(托·查默斯《论政治经济学》1832年伦敦第2版第84页及下页)②参看勃多(《补充笔记本 C》第37页)③

单个资本家投在任何一个生产部门的**总资本价值**,在完成它的

---

① 参看本卷第81,91—92页,《马克思恩格斯全集》中文第2版第45卷第173页。另外参看《资本论》第二册第 II 稿第33页脚注(1)(《马克思恩格斯全集》历史考证版第2部分第11卷第87页)。——编者注
② 参看本卷第91页。另外参看《资本论》第二册第 II 稿第33页脚注(1)(《马克思恩格斯全集》历史考证版第2部分第11卷第87—88页),托·查默斯的这段话见其著作第85页。——编者注
③ 参看本卷第76页。另外参看《资本论》第二册第 II 稿第56页(《马克思恩格斯全集》历史考证版第2部分第11卷第137页)。——编者注

运动的循环,从而也回到它开始运动时的形式之后,就重新处在它能够**重复**和必须重复同一过程和同一循环的形式上,因为价值要作为资本价值永久保持和增殖。单个循环在资本的生活中只形成一个不断重复的段落,也就是一个**周期**。如果我们考察 G 等等 G′ 这个形式,那么资本重新处在货币资本的形式上,这个货币资本重新通过包括资本更新的生产过程或价值增殖过程在内的形式转化序列。如果我们考察 P—W′—G′—W—P 这个形式,那么资本重新处在生产要素的形式上,这些生产要素形成资本的更新的生产过程等的前提。资本的循环,不是当做孤立的过程,而是当做**周期性的**过程时,叫做资本的**周转**。这种周转的持续时间由资本的流通时间+资本的生产时间之和来计量。因此,这个时间之和形成资本的**周转时间**。因此,周转时间计量总资本价值从一个循环周期到下一个循环周期的那段时间,计量资本生活过程经历的**周期**,或者说,计量同一资本价值的增殖过程或生产过程**更新**、**重复的时间**。①

把可以加速或缩短单个资本的周转时间的个别冒险行为撇开不说,资本的周转时间在不同的投资部门是不同的。

[53]正如**工作日**是劳动力职能的自然计量单位一样,**年**是处在过程中的资本的周期性循环或周转的自然计量单位。这个计量单位的自然基础是,在温带这个资本主义生产的祖国,最重要的农产品都是**一年**收获一次。②

---

① 关于本段中对资本周转的定义,参看《资本论》第二册第 II 稿第 33 页(《马克思恩格斯全集》历史考证版第 2 部分第 11 卷第 87 页)。——编者注

② 关于本段内容,参看《资本论》第二册第 II 稿第 33 页(同上,第 88 页)。——编者注

假定我们用 U 表示周转时间的计量单位——年,用 u 表示一定资本的周转时间,那么这个资本的周转的次数 $n=\dfrac{U}{u}$。因此,举例来说,如果周转时间等于 3 个月,那么 $\dfrac{12}{3}=4$。资本在一年中完成 4 次周转,或者说,周转 4 次。[①]如果 $u=18$ 个月,那么 $\dfrac{12}{18}=\dfrac{2}{3}$,或者说,资本在一年内只完成它的周转时间的 $\dfrac{2}{3}$。如果资本的周转时间等于若干年,那么,它就要用一年的倍数来计算。

对资本家来说,他的资本的周转时间,就是他必须预付他的资本,以便使它增殖并回到它原有形态的时间。

在进一步研究周转对生产过程和价值增殖过程的影响以前,我们要考察两种新的形式,这两种新形式是资本由流通过程得到的,并且会对资本周转的形式发生影响。

（2）固定资本和流动资本
（创业资本和经营资本）

（α）固定资本和流动资本:形式区别

我们在第一册第三章第 2 节(**不变资本**和**可变资本**)已经看到:一部分**不变资本**和它帮助形成的产品相对立,保持着它进入生产过程时的一定的使用形式。在一个或长或短的期间内,在不断重新反复的劳动过程中,这部分资本总是反复地执行着相同的职能,在这个期

---

① 参看《资本论》第二册第 II 稿第 33 页(《马克思恩格斯全集》历史考证版第 2 部分第 11 卷第 88 页)。——编者注

间,它被束缚在原有的实物形式中。这部分不变资本,按照它在丧失自身的使用价值时丧失掉自身的交换价值的同一比例,把价值转给产品。这些生产资料把多少价值转给或转移到它们帮助形成的产品中去,要根据平均计算来决定,即根据它执行职能的平均持续时间来计量,这个持续时间,从生产资料进入生产过程时起,到它完全损耗,不能使用,而必须用同一种新的物品来替换或被再生产出来时为止。①

因此,这部分不变资本——真正的劳动资料——的特征是:

[54]一部分资本必须以不变资本的形式即生产资料的形式预付。这些生产资料的一定部分又必须以劳动资料的形式预付,只有在劳动资料保持着它进入劳动过程时的独立使用形式的期间,它才作为劳动过程的因素执行职能。(劳动资料作为劳动过程的因素的作用受到它们最初的使用形式的持续存在的束缚。)完成的产品从而已经转化为产品的产品形成要素,脱离生产过程,作为**商品**从生产领域转移到流通领域。劳动资料永远不会离开生产领域。它的职能把它牢牢地限制在那里。劳动资料一进入生产领域,就永远不会以其**实物形式**离开。一部分预付资本价值,被**固定**在这个由劳动资料在过程中的职能所决定的形式上。在劳动资料执行职能并因而损耗时,劳动资料的一部分价值转移到**产品**中,另一部分则仍旧固定在劳动资料中,因而仍旧固定在生产过程中。这样固定的价值不断地减少,一直到劳动资料不能再用;因此,它的价值在一个或长或短的期间内,分配在由一系列不断反复的劳动过程产生的**一批产品**中。但是,只要它还起劳动资料的作用,就是说,只要它还不需要由同一种

① 参看《资本论》第二册第 II 稿第 35a 页(《马克思恩格斯全集》历史考证版第 2 部分第 11 卷第 90 页),《马克思恩格斯全集》中文第 2 版第 42 卷第 195—197 页。——编者注

新的物品来替换,就总是有不变资本价值**固定**在它里面,而与此同时另一部分原来固定在它里面的价值则转移到产品中,从而作为商品价值的组成部分进行流通。劳动资料越耐用,它的损耗越缓慢,不变资本价值固定在这个使用形式上的时间就越长。但是,不管耐用的程度如何,劳动资料转移价值和价值被束缚在劳动资料当中的比例总是和它已经执行职能的时间成反比,或者说,和它的执行职能时间成反比。①

这部分资本价值和其他任何部分一样要进行流通。我们曾经一般地说过,全部资本价值是处在不断流通之中,因此从这个意义上说,一切资本都是流动资本。但是这个资本部分的流通是独特的流通。首先,这个资本部分永远不会在它的使用形式上进行流通,进行流通的只是它的价值,并且这种流通是逐步地、按照价值从它那里转移到作为商品进行流通的产品中去的程度一部分一部分地进行的。在它执行职能的全部时间内,它的价值总有一部分固定在它里面,和它帮助生产的商品相对立,保持着自己的独立。由于这种特性,这部分不变资本取得了**固定资本**的形式。相反,资本的其他一切物质组成部分,则与此相反,形成**流动资本**。

一部分生产资料——即这样一些辅助材料,它们不是作为组成部分在物质上进入产品,而是在劳动资料执行职能时由劳动资料本身消费掉,例如煤炭由蒸汽机消费掉,或者对劳动过程只起协助作用,例如煤气等等——在物质上不加入产品。② 不过它们的价值形

---

①　关于以上两段内容,参看《资本论》第二册第 II 稿第 35a 页(《马克思恩格斯全集》历史考证版第 2 部分第 11 卷第 90 页)。——编者注

②　从本段开始至此的内容,看看《马克思恩格斯全集》中文第 2 版第 42 卷第 172 页。——编者注

成产品价值的一部分。产品在它本身的流通中,也使这部分生产资料的价值流通。在这一点上,它们和固定资本是相同的。但是,它们在所进入的每一个劳动过程中被全部消费掉,因此对每一个新的劳动过程来说,必须全部用同一种新的物品来替换。它们在执行职能时不保持自己的独立的使用形式。因此,在它们执行职能时,资本价值没有任何部分固定在它们的旧的使用形式即实物形式上。* 这部分辅助材料在物质上不加入产品,[55]只是按照它们的价值加入产品的价值,成为产品价值的一部分;因此,这种材料的职能被牢牢地限制在生产领域之内,——这种情况曾经使像拉姆赛这样的经济学家(撇开他还混淆了固定资本和不变资本不谈)错误地把这部分生产资料列入固定资本的范畴。①

在物质上加入产品的那部分生产资料,有一部分取得了以后作为享受资料进入个人消费的形式。真正的劳动资料,即固定资本的物质承担者,只被生产地消费,不能进入个人消费,因为它不加入它帮助形成的产品或使用价值,相反,它与产品相对立,在它完全损耗以前一直保持独立的形式。运输工具则例外。运输工具在它执行生产职能、从而停留在生产领域时产生的那种有用效果即场所变更,同时可以进入个人消费,例如旅客的个人消费。这时,旅客使用运输工具就像使用其他消费资料一样,也要支付报酬。

我们说过,在化学工业中,原料和辅助材料彼此是分不清的。② 劳

① 本段从星花 * 至此的内容,参看本卷第 238—239 页。关于马克思在《资本论》第二册第 II 稿中对乔·拉姆赛观点的分析,参看该手稿第73、138、141、153 页(《马克思恩格斯全集》历史考证版第 2 部分第 11卷第 178、358、367、404—405 页)。——编者注

② 参看《马克思恩格斯全集》中文第 2 版第 42 卷第 172 页。——编者注

动资料、辅助材料或原料之间也是如此。例如为改良土壤而投下的物质，就有一部分作为产品的形成要素加入植物产品。另一方面，这些物质会在较长的时期如四五年内发挥作用。因此，其中一部分会在物质上加入产品，同时也就把它的价值转移到产品中去；另一部分则保持它原有的使用形式，把它的价值固定在这种形式上。它继续作为生产资料存在，因而取得固定资本的形式。牛作为役畜，是固定资本。如果它被吃掉，它就不是作为劳动资料执行职能。

决定一部分投在生产资料上的资本价值具有固定资本性质的，始终只是这个价值特别的**流通**方式。这种特别的流通方式，是由劳动资料把它的价值转移到产品中去，或者说，在生产过程中充当价值形成要素的特殊方式产生的。而这种方式本身，又是由劳动资料在劳动过程中执行职能的规定产生的。

我们知道，同一个使用价值既作为产品来自一个劳动过程，又作为生产资料进入另一个劳动过程。只有一个使用价值(产品)作为生产过程中的劳动资料的职能，才赋予它固定资本的规定性。在它**作为产品**刚离开过程时，和其他任何产品一样，它是流通资本的物质要素。例如，一台机器，作为机器制造业者的产品或商品，是他的流通资本的承担者。这台机器在生产地使用它的资本家手里，成为固定资本。

在其他一切条件保持不变的前提下，劳动资料**固定性**的程度随着劳动资料的耐久性的增加而增加。**固定**在劳动资料上的资本价值和这个价值量中由劳动资料在反复进行的劳动过程中转给产品的部分之间的**差额**，就是由这种耐久性决定的。这个差额减少得越慢——如果生产过程是连续的(或者说，如果同样的劳动过程重复下去)，这个差额就会不断地减少——，固定化的资本就越大，生产过程中**使用的**资本和生产过程中**消费的**资本之间的差额也就越大。这个差额一旦消失,劳动资料的寿命就完结了,它的价值也就和它的使用价值一同丧失。它不再是价值的承担者了。因为劳动资料和其他任何生产要素或不变资本的其他任何物质承担者一样,[56]只是按照它在丧失使用价值时丧失价值的程度,把它的价值转给产品,很清楚,它的使用价值减少得越慢,丧失得越慢,它在生产过程中越耐用,不变资本价值固定在劳动资料上的期间就越长。

有的生产资料不是本来意义上的劳动资料(也就是说,或者是辅助材料,或者是原料、中间成品等等),但从价值转移来看,因而从它的价值的流通方式来看,是和劳动资料一样的,因此,它们也同样是固定资本的物质承担者即存在形式。在这样进行土壤改良的场合就是这样:这种土壤改良把生产性化学成分加到土壤中去,而这些成分只是逐渐地被消费,从而它们的作用会延续若干个生产期间(年),所以只是在一系列年份当中,它们的作用才在物质上进入一系列农产品(产品)。劳动资料只是就其价值而言进入产品,并不在物质上进入产品。在这里(在化学改良中),价值中也有一部分继续以它的独立形式或固定资本的形式(相对于转给产品,因而和产品一起流通的价值部分,是固定的)存在于产品之外,与此同时,另一个价值部分则加入产品,不过同时这个价值部分借以存在的使用价值也在物质上加入产品。反过来,如果一个能够作为劳动资料执行职能的使用价值不充当劳动资料,例如牲畜,那么这个使用价值作为固定资本的规定也就消失了。

撇开把固定资本和流动资本的范畴混同于不变资本和可变资本的范畴这一根本错误不说,迄今为止在概念规定上所以陷入混乱,首先是由于下述原因：

他们把劳动资料在物质上具有的某些属性，变成固定资本的直接属性，例如物体不动性。(房屋)但是我们也很容易证明，其他一些劳动资料即固定资本具有相反的属性，例如物体可动性。(例如船舶)

他们把那种由价值流通引起的经济的形式规定性，和物质的属性混同起来，好像那些就本身说根本**不是资本**，只是在一定社会关系内才成为资本的东西，就它们本身说可以是具有一定形式的资本——固定资本或流动资本。说到底，只有假定了资本主义生产方式，这种区别才有意义，或者说，无论如何，只有在这个基础上，生产资料就其本身说所具有的这种区别才会采取这种形式。以此为前提，那种执行劳动资料职能的东西才成为固定资本。如果按照物质属性，它除了执行劳动资料的职能之外，还能执行别的职能，那么它是不是固定资本，就要根据它的职能的不同来决定。牲畜作为役畜，是固定资本，它作为肥育的牲畜，则是最后会作为产品进入流通的原料，因此不是固定资本。①

有的生产资料较长期地固定在一些**反复进行**、但是互相联结的(连续不断的)因此形成一个生产期间——即制成一个产品所需的生产时间——**的劳动过程**中，单是这种较长期的固定存在，[57]就和固定资本一样，要求资本家进行时间或长或短的预付，但是并不能使他的资本变成固定资本。例如，种子不是固定资本，而只是原料，它差不多要有一年固定在生产过程中。一切资本在执行生产资本的职能

① 关于牲畜的这个例子，参看《马克思恩格斯全集》中文第 2 版第 42 卷第 173 页。——编者注

时，都固定在生产过程中，因而生产资本的一切要素，不管它们的物质形式、职能和价值流通方式如何，也都是如此。由于生产过程的种类不同或预期的有用效果不同，资本的这种固定存在，在时间上是长短不等的，但这并不造成固定资本和流动资本的区别。**生产时间**包括将生产资料转化为制成品或用生产资料取得预期的有用效果所必需的时间。因此，生产时间——或生产期间——与**劳动时间**或**劳动期间**有双重区别。生产时间可以包括较长或较短的一系列连续的劳动过程——因为劳动过程由工作日、工作周等来计量——，从这些劳动过程的重复中才会产生制成品。第二，就像前面所阐述过的，生产时间可以包含劳动过程的中断，劳动对象在此期间必须一直经受自然过程的支配，或者说，必须一直接受劳动此前已经将劳动对象置于其中的条件的影响。(a)

物体不动性。地点的固定

一部分劳动资料（包括一般劳动条件在内），一旦它们作为劳动资料进入生产过程（也就是说，作为生产资本的组成部分实际执行职

(a) 由于固定资本和流动资本的规定所造成的困难，施泰因先生以为，这种区别只是为了阐述更加容易。①

---

① 参看洛·冯·施泰因《政治学体系》第 1 卷《统计学、人口学和国民经济学的体系》1852 年斯图加特—蒂宾根版第 162 页。另外参看《马克思恩格斯全集》中文第 2 版第 38 卷第 323 页。马克思在写作本手稿过程中查阅了他在 1858 年对洛·冯·施泰因这部著作的摘录。——编者注

能或准备执行职能),或者位置被固定(固定在一定的地点),例如工厂中的机器,或者一开始就在这种不动的、同所在地点不能分开的形式上被生产出来,例如土壤改良、厂房、熔炉、运河、铁路等等。在这里,劳动资料在它们执行职能的生产过程中的持续固定存在,同时也由它们的可感觉的存在方式所决定。另一方面,一种劳动资料,也可以在物体上不断变更位置(不断运动),然而却不断处在生产过程中,例如机车、船舶、役畜等等。在一个场合,不动性不会使劳动资料取得固定资本的性质,在另一个场合,不动性①也不会使它丧失同一性质。(b) 不过,劳动资料固定在一个地点,把根牢牢扎在地里这个事实,使这部分固定资本在国民经济中具有一种独特的作用。它们不能被运往国外(不能作为商品在世界市场上流通)。这种固定资本的所有权证书却可以变换(固定资本可以买卖,就这一点说,可以观念地流通)。这种所有权证书,甚至可以在国外市场上流通,例如以股票的形式。(c) 但是,这一类固定资本的所有主的人身变换,不会使一个国家财富中不动的、物质上固定的部分和可动的部分之比发生变化。(d)

一切资本都是流动资本,只要它作为商品产品从资本主义生产过程中出来,从而预定用于出售,[58]以便在出售即转化为货币之后再次转化为相同的生产要素,并且最终再转化为相同的商品产品。

(b)　[亚·]安德森。②

(c)　[亚·]安德森。②

(d)　《经济学家》。②

---

①　在恩格斯整理出版的《资本论》第二卷中,"不动性"为"可动性"。——编者注

②　参看本卷第 83 页。——编者注

亚当·斯密《国民财富的性质和原因的研究》第一篇的几则评注性摘录[120]

大约写于 1868 年 6 月 21—22 日

第一次用德文发表于《马克思恩格斯全集》2012 年历史考证版第 2 部分第 4 卷第 3 册

原文是德文

中文根据《马克思恩格斯全集》2012 年历史考证版第 2 部分第 4 卷第 3 册翻译

[1] 亚·斯密

第 （I） 篇

农业并不那么适合于采用分工。所以，这种优越程度的差别，在农业中的开垦地与未开垦地之间是不存在的。（第一篇第一章第14、15页）

在亚当·斯密那里，习艺所［Workhouse］¹²¹等同于工场［Workshop］或手工工场［Manufacture］。（"如果两种作业是在同一座习艺所内进行。"）（第16页）"在个别习艺所内的劳动者之间发生的事情，由于同一原因，也会在整个社会中的劳动者之间发生。"（第66页）¹²²

分工。基础："人性中的某种……交换、交易、买卖的倾向。"（第一篇第二章第18页）"最初产生分工的也正是这种交换的倾向。"（同上，第20页）①

---

① 参看《马克思恩格斯全集》中文第 2 版第 3 卷第 353—355、356—357页。——编者注

价　　值

价值。"可使用的价值"和"可交换的价值"。（第一篇第四章第28页）

极其独特的研究方法。

"为了研究那些调节商品的交换价值的原理"，他尝试探究，

"(1)什么是这种交换价值的真实尺度；或者说，构成商品真实价格的究竟是什么。

(2)构成或形成这种实际价格的各个不同部分究竟是什么；"

(3)那些"有时会妨碍商品的市场价格——也就是实际价格——与可称为商品的自然价格的东西完全一致的原因是什么"。（第一篇第四章第28页）

(I)**关于价值尺度或价值的第一个说明**。"在分工产生后……他〈每个人〉注定富有或贫穷，这将取决于他能够支配的劳动量，或者说他能够购买的劳动量。因此，任何一种商品的价值，对于占有这种商品而不打算自己使用或消费，却打算用它来交换其他商品的人来说，都等于这个商品使他能够购买或支配的劳动量。由此看来〈!〉，劳动是一切商品的交换价值的真实尺度。"（第一篇第五章第28、29页）可见，在这里，一个商品的**价值**＝该商品能够支配或购买的**劳动量**。

(II.)"……货币或者……商品……包含着一定量劳动的价值，我们用它来交换假定在当时包含着同量价值的东西。"（第一篇第五

章第29页)就是说,刚才还说一个商品的**价值**=它能够支配的**劳动量**,现在却说一个商品的价值=该商品中包含的"一定量劳动的价值",这个价值能够与另一商品中包含的"同量价值"相交换。可见,在这里,"商品的价值"是用"一定量劳动的价值"来加以说明。糟糕的同义反复!

(III)此外,还出现了前面已经发生过的如下混乱〔顺便可注意一下确定"不同劳动量"之间比例方面的困难。(同上,第29页)〕:"财富就是权力",即"在市场上……购买对于一切劳动或一切劳动产品的某种支配权的权力……究竟是他人的劳动量,还是他人的劳动产品量,这二者是一回事"。(第一篇第五章第29页)先是说,价值是商品与商品之间的关系,紧接着又**假定存在着出卖**劳动的**雇佣工人**,从而将商品的价值与商品能够支配的雇佣劳动量等同起来,也就是说,用**劳动的价值**来决定商品的价值,而这是一种错觉。

[2]因此,他接下来也就得出结论:**劳动作为商品**(也就作为自身已具有价值的物)应被当做计量**其他商品的价值**的尺度。

"一种本身价值总是不断变化的商品〈如金和银〉,绝不能成为计量其他商品的价值的准确尺度。等量的劳动,在任何时候和任何地方,可以说对工人都具有同样的价值。"〔也就是说,因为这些劳动要求他付出同样的代价……"在他的技能和熟练程度处于通常水平的条件下,他总是要放弃同样多的安宁、自由和幸福。不论他能够得到多少商品量作为劳动的报酬,他付出的代价必定总是一样的。诚然,他用这个代价能够购买的商品量,有时会多些,有时会少些;但发生变化的是这些商品的价值,而不是购买这些商品的劳动的价值。"〕因此,这里实际上假定,**劳动价值**无非意味着**所耗费的劳动力的量**,但接下来他又从主观方面看待这一价值,即看做个人付出的代价的大小。紧接着是下面这句话："在任何时候和任何地方，难于获得的或者说要耗费许多劳动才能获得的东西，总是贵的；而容易得到的或者说用很少劳动就能得到的东西，总是便宜的。"可见，在这里，商品的价值是由商品中包含的劳动量或生产商品所必需的劳动量决定的。这里说的根本不是劳动的**价值**，而是商品中包含的可以比较的劳动量。随后在半路上又立即冒出关于雇佣劳动或工资的观念。紧接着在下面一段话中又说明："因此，只有劳动本身的价值从来不会变化〈从前文看，这不过是说：一定量的劳动始终是一定量的劳动，或者说劳动力的一定耗费〉，唯有劳动才是最终的和真实的尺度，在任何时候和任何地方都可以用来计量和比较一切商品的价值。劳动是商品的实际价格，而货币只是商品的名义价格。"（同上，第 30、31 页）可见，在这里，**工资**即一定量劳动的价值就被说成商品的**价值尺度**。而且斯密陷入与这里根本无关的考察，即如果我们有可能对不同时期等等的商品的价格进行比较，那么什么样的商品能为我们提供最好的尺度。

　　"然而，尽管等量的劳动对于工人来说总是具有同样的价值〈在这里，劳动的**价值**的意思是说，如果其他一切条件已定，那么在一定劳动时间内会耗费**一定量劳动力**；而这对于工人本身来说就应当是劳动的**价值**！他试图另辟蹊径，改变'价值'一词的含义来自圆其说。不过，这种说法背后的意思是，表现为商品价值的劳动＝所耗费的劳动力的量；如果不是这样，那么根据他对价值一词含义的规定，我们同样可以说：等量的小麦对于消费者来说，将总是具有相等的价值，因为它们形成同样多的血液，等等。这套谬论后来又被马尔萨斯大大发挥。[①]〉，不过，对于雇用工人的人来说，等量的劳动的价值似乎

---

① 参看本卷第 45、198、541 页。——编者注

有时多些,有时会少些。雇主购买等量的劳动所付出的商品量,有时会多一些,有时会少一些。对于他来说,劳动的价格看起来像所有其他东西的价格一样在变化。对于他来说,劳动似乎在一种场合贵些,在另一种场合便宜些。然而,实际上是商品在一种场合便宜些,在另一种场合贵些。"(同上,第31页)

在第一篇第六章中,亚·斯密才提出(IV)对**商品价值**的切实的解释,但据说这种解释只适用于出现"资本积累"和"土地占有"之前的洪水期前时代(第一篇第六章第40页),因为他头脑中思考的始终是**雇佣劳动**,所以,在他看来,商品按照各自所包含的劳动进行交换,也就意味着**商品同等量的活劳动**进行交换,其数量等于商品自身中包含的劳动,因此,"全部产品属于劳动者"。(同上)

价值的这个新规定就是:"为获得不同物品所必需的劳动量之间的比例……是它们彼此进行交换的尺度……通常需要两天或两小时劳动制造的产品的价值,自然是通常需要一天或一小时劳动制造的产品的价值的两倍。"斯密认为,只有**等量的活劳动和死劳动**相交换,这一规律才会有效。这就是说,一言以蔽之,他觉察到工资并不是由这一规律规定的,所以他认为这一规律从根本上说只有在"资本积累"和"土地占有"出现之前的时期才有效。他说:"在这种情形下,全部劳动产品属于劳动者;通常为获得或生产某一商品所使用的劳动量,是决定用这个商品通常可以买到、支配或换得的那个劳动量的唯一条件。"

下面将所有后来出现的与价值相关的段落整理在一起,而且是在第IV种意义上。

[5] 第一篇第六章
"论商品价格的组成部分"

随着资本在"个别人的手中积累起来,其中某些人自然就利用它驱使勤劳者去劳动,会向他们提供材料和生活资料,以便从他们的劳动产品的出售中,或者说,从他们的劳动追加到材料价值上的东西中,取得利润:〈可见,在这里,"从他们〈雇佣工人〉的劳动产品的出售中取得的利润=他们的劳动追加到材料价值上的东西"。〉在用制成品同货币或劳动,或其他商品交换时〈这里又愚蠢地把一方面的某**物与货币和商品**的交换,同另一方面的某**物与劳动**的交换混为一谈〉,除了偿付可足以支付材料价格和工人工资的东西以外,还必须有一些东西支付在这个事业上冒风险投资的企业主的利润。因此,工人追加到材料上的价值〈也就是说,**因为还必须要给承担风险**的企业主**支付利润**,工人追加的价值就要分解为利润!!〉,在这种场合下,就分解为两个部分,其中一部分支付工人的工资,另一部分支付雇主的利润,作为预付在材料和工资上的全部资本的报酬。〈首先,这里的两分法是正确的:工人追加的价值=他的工资的价值+构成他的雇主的利润的剩余价值。所以他在这里正确地宣告利润的源泉是剩余劳动。其次,他同样正确地指出,并不是工资和利润**构成**(compose)**追加到材料上的**价值,而是相反,**追加的价值本身分解为工资和利润**。

可是接下来立刻又出现错误的转折,或者说至少是一个使斯密再入歧途的转折,因为他立即又把利润看成"预付在材料和工资上的全部资本"的利润。也就是说,他立即在与预付资本总额的关系中考察剩余价值。这让他在随后的论断中忘记了,利润＝工人在自己的工资价值以外追加的价值,并且使他回想起,平均利润同预付资本的量成一定比例,因而在每一特定部门中都不取决于追加的剩余劳动量,等等。他立即就将这种进一步的具体形式牵涉进来,由此误入歧途。〉如果企业主不能指望从出售劳动产品〈但是,并不是出售产生更多东西〉当中取得多于足够为他补偿资本的东西,他便不会有兴趣雇用工人;并且,如果他的利润不能同他所使用的资本的大小保持一定比例,那他也就没有兴趣去使用较大的资本,而宁愿使用较小的资本了。①"(第一篇第六章第40、41页)。斯密在这里把许多极为不同的东西混了一起。首先:利润的来源是什么? 来自出售? 不是,来自工人追加的剩余价值。其次:利润同预付资本的量成一定比例这种情况是怎样发生的? 这属于剩余价值在各个资本家之间进行分配的问题。随后亚当很好地反驳了将资本利润解释为"某种特殊劳动,即监督和管理的劳动的工资"的说法。②(同上,第41页)同时,这里还出现了利润不均等的问题,就是说,按照相同价格使用同样数量的工人,但是不变资本的价值不相同,例如,在一个部门原料价格为700镑,而在另一个部门价格为7 000镑。按照10％的利润,在一个部门

---

① 关于最后这句话,参看《马克思恩格斯全集》中文第2版第32卷第448—449页。——编者注

② 关于亚·斯密的反驳,参看《马克思恩格斯全集》中文第2版第33卷第57页、第39卷第551、552—559页,并参看马克思1868年6月23日给恩格斯的信。——编者注

利润为 100 镑,而在另一个部门则为 730 镑。斯密举这个例子只是为了表明,利润并不是由监督和管理的劳动决定的。[123](此外,他还说:"他〈经理〉的工资恰当地表现了这种监督和管理的劳动的价值。")而这把他自己也搞糊涂了。他得出结论说:"因此,在商品的价格中,资本的利润就是一个完全不同于工资的构成部分,它受完全不同的原则支配。"(同上,第 41 页)这是完全正确的,但是他忘记了此前自己在讨论利润源泉时所说的话。所以接下来又是一团混乱:

"在这种情况下,劳动产品并不总是全部属于劳动者。〈由前面的内容可以得出结论,除非劳动者是他自己的企业主,否则全部劳动产品**从来不会**属于他。〉在大多数场合,他必须同雇用他的资本所有者一起分享劳动产品。〈所以,[他]不是通过出售,而是通过在出售劳动产品之前就占有劳动产品的一部分来获得利润的。〉通常为获取或生产某一商品所使用的劳动量,也不再是决定用这个商品通常可以购买、支配或交换的那个劳动量的唯一条件。显然,这里还应当有一个追加的劳动量,作为预付工资和给劳动提供材料的资本的利润。"(同上,第 41 页)这是一种令人难以忍受的混淆:实际上又回到了**出售**的观念上。如果说亚当认为,生产一个商品所使用的劳动量并不决定该商品与**其他商品**交换的比例,而是说必须进行**价格追加**以支付利润,那么他的确以前就已经对我们说过:商品包含的**劳动**总**量**之中还存在一定量的劳动,用来"支付企业主的利润",而这也就是工人必须无偿提供的劳动量。但是,如果说他认为工人[6]提供的劳动必须**多于**支付给他的工资所包含的**劳动**,那么他的确刚刚又说过,工人**没有**获得**自己的**全部劳动产品。他为下述观念留下了萌生的余地:利润来源于出售商品时的某种**价格追加**。

斯密接下来转而探讨**地租**,并把地租称为——在土地被私人占有以后—**劳动者应向地主缴纳的贡赋**,这发生在土地被私人占有之后;因此,地租也是**劳动产品或者劳动产品价格的一部分**,实际上也就是劳动者追加到生产资料价值上的价值的**一部分**。

他说:

"一旦一个国家的土地全部变成私有财产,地主也像所有其他人一样,喜欢在他们未曾播种的地方得到收获,甚至对土地的自然产品也索取地租。森林中的树木,原野上的草地,大地上的一切自然产物,在土地公有的时代,劳动者只须付出辛劳便能采集它们,如今甚至对于劳动者来说,它们也变得具有了固定的追加价格。于是,劳动者必须为获准采集这些自然产物而付出代价,必须把用自己的劳动或采集或生产的东西让给地主一部分。这一部分,或者说一回事,这一部分的价格,就构成地租,并且在大部分商品的价格中构成第三个组成部分。"(同上,第41、42页)

可见,如果我们撇开亚·斯密提出相反说法、用价格追加来解释利润的那些中间夹杂的段落不谈,那么他是这样说明问题的:在材料等**的价值上**,简言之在不变资本的价值上,也就是说,在**生产资料的价值上**,工人追加了**一个价值**,这个价值本身,首先分解为**工人工资的价格**,又可以称做工人劳动价格的补偿额,其次,分解为**剩余价值**,而剩余价值**本身又分解为利润**,在使用土地等的场合,还分解为**地租**。可见,**追加到生产资料价值上的价值本身分解**为工资、利润和地租。

在这里,斯密本应该顺势指出,一个商品的价值=固定在商品中的劳动量,然后对这个劳动量本身作出进一步的分析。可是他并没有这样做,而是立即又回到他关于价值的错误解释上来,所以他说:

"必须指出，价格的全部不同组成部分的真实价值，是由它们各自能够购买或支配的劳动量来计量的。〈也就是说，例如劳动即工资的真实价值，比方说如一日劳动的真实价值，是由一日劳动的价值所能支配的劳动量来计量的！简直是胡说！〉劳动计量价值〈如果他在这里把劳动理解为固定下来的劳动量，而不是理解为能够被购买或支配的劳动量，那么这就是正确的〉，不仅仅是计量本身分解为劳动〈在混乱中斯密在这里说的是**劳动**而不是**工资**〉的那部分价格的价值，还计量本身分解为地租的那部分价格的价值，以及本身分解为利润的那部分价格的价值。"(第42页)

完全和关于**价值**本身的混乱一样，正确的说法和错误的说法之间也是混乱的，正确的说法是**那个价值的一个部分**"分解为工资、利润和地租"，错误的说法则把"工资、利润和地租"说成是"商品价格的组成部分"。在前一说法中，价值是既定的，它的各个特定部分的名称是工资等，或者说，它们被支付给不同的人。在后一说法中，工资等是先有的东西，这些不同的量合起来决定了**价格**的量（在亚当那里，价格只有在这里才等同于价值）。

现在，亚·斯密一下子就跳到下述结论上：**一切商品的总价值**都分解为这三个组成部分或者其中某一两个部分。

"在任何一个社会中，任何一个商品的价格最终都要分解为这三个部分或其中的某一部分；在任何一个进步的社会中，所有这三个部分都或多或少地作为组成部分，进入绝大部分商品的价格。例如，在谷物的价格中，一部分支付地主的地租，另一部分支付用来生产谷物的劳动者和役畜〈在这里，和论生产劳动的那一章一样，也把役畜和劳动者相提并论〉的工资或给养，第三个部分支付租地农场主的利润。这三个部分看来直接地或最终地构成谷物的全部价格。也许有人以为必须有第四个部分,用来补偿租地农场主的资本,或者说,补偿他的役畜和其他农具的损耗。但是必须考虑到,任何一种农具的价格,例如一匹役马的价格,本身又是由上述三个部分构成:养马用的土地的地租,养马的劳动,预付这块土地的地租和这种劳动的工资的租地农场主的利润。——因此,谷物的价格虽然要补偿马的价格和给养,但全部价格仍然直接地或最终地分解为这三个部分:地租、劳动和利润。"(同上,第42页)**124**

这一论证过程是相当巧妙的。要证明的是,所有商品的价格都分解为**工资、利润**和**地租**。现在要通过谷物的例子来加以证明,而证明的依据却是谷物的价格**并不分解**为工资、利润和地租。因为此外还必须补偿**役畜的给养和租地农场主的资本**,也就是补偿"他的役畜和其他农具的损耗"。我们打算稍后回头进一步讨论这个例子本身。这里我们先说一下他的论证**方法**。

亚·斯密说:"但是必须考虑到,任何一种农具的价格,例如一匹役马的价格,本身又是由上述三个部分构成。"也就是说,我们是想证明,一切商品的价格都分解为工资、利润和地租。我们以谷物为例。关于谷物,我们证明了,它的价格=**消费掉的不变资本的价格**(消耗的生产资料的价格)+工资、利润和地租,也就是说,并不=工资、利润和地租。但是,现在我们假定,[7]农业中的**生产资料**例如耕畜、犁等**的价格**,分解为工资、利润和地租。对于所有这些生产资料来说,和谷物的价格一样,虽然我们又完全可以证明,**它们的价格**的一部分由**在它们的生产上消费的生产资料的价格**构成,另一部分则由地租、工资和利润构成。然后我们又断定,生产这些生产资料所需的生产资料的价格分解为工资、利润和地租。在任何一个单独的例子中,我们都证明了与我们的论断相反的东西,但我们还是断定,最终在某个点上,价格究竟还是会分解为这三个组成部分。由此可见,我们**断定**了我们应该证明的东西。不过,我们在每一个具体例子中所证明的,都是与我们的论断**截然相反的东西**。

亚·斯密的例子本身选的很不走运。在这里,他自己把"役畜的给养"同样当做谷物价格的组成部分;为了分门别类,他使之纳入**工资**一类,即役畜的工资,而他甚至将役畜称为"一种农具"。[①]他尽可以如此这般把机器消耗的煤炭称为机器的**工资**。因此,实际上除了工资、利润和地租,他甚至已经把辅助材料作为谷物价格的组成部分包括进来,作为预付的生产资料的一部分,这个部分又分解为工资、利润和地租。

一旦全部社会产品的价值都分解为工资、利润和地租,即分解为各种收入,那时就不会有任何产品部分来补偿资本,而这也许便是从斯密的定律中得出的结论。[②] 但是,产品每年要补偿(1)不变资本,以及(2)工资、利润和地租。也就是说,产品分为**资本**和**收入**。在这一假定下,唯一得到补偿的**资本**部分也许是**可变资本**,因为,这一资本分解为**工资**,也就是说,分解为工人的收入。所以,例如在约·斯·穆勒那里,就有这样的定律:全部资本最终都分解为工资。[③]

---

① 参看《资本论》第二册第Ⅱ稿第135页(《马克思恩格斯全集》历史考证版第2部分第11卷第352页)。——编者注

② 参看《资本论》第二册第Ⅱ稿第140页(同上,第365页)。——编者注

③ 关于约·斯·穆勒的定律,参看《资本论》第二册第Ⅱ稿第139页(同上,第361页),《马克思恩格斯全集》中文第2版第42卷第604页脚注(31)。——编者注

此外，由此也就产生了萨伊先生的美妙定律：

"要完全了解这个关于收入的问题，就必须注意，产品的全部价值分解为各种不同人的收入；因为任何产品的总价值，都是由促成它的生产的土地所有者、资本家和勤劳者的利润相加而成的。因此，社会的收入和生产的总价值相等，而不像某派经济学家所认为的那样，只和土地的**纯产品**相等。"（萨伊《论政治经济学》1817年巴黎第 3 版第 2 卷第 63 页）[1] "纯产品只能和私人利益发生关系。在每个个体企业主看来，纯产品就是扣除他们的开支之后的收入。而他们预付的这一开支，对于他们支付的对象来说，又是一种纯产品。毛纺织厂主向农场主购买羊毛，这个价值对于毛纺织厂主是预付额，对于农场主则是利润，是农场主收入的一部分。农场主只把扣除开支后剩余的收入看做自己的纯产品；但是，这部分开支又构成其他人，例如农场工人的收入，用来支付他们的劳动。因此，**一切产品的总**价值，是作为收入在社会上进行分配的。"（同上，第 64 页）[2]

"如果一个国家的收入只是生产出来的价值超过消费掉的价值的余额〈不应该这样算，应该是用于非生产消费的价值减去用于生产消费的价值后得到的余额〉，那么，从这里就会得出一个完全荒谬的结论：如果一个国家在一年内消费的价值等于它生产出来的价值，这

---

[1]　关于这段引文，参看《资本论》第二册第 II 稿第 141 页（《马克思恩格斯全集》历史考证版第 2 部分第 11 卷第 366 页），《马克思恩格斯全集》中文第 2 版第 45 卷第 433 页。——编者注

[2]　关于这段引文，参看《资本论》第二册第 II 稿第 140 页（《马克思恩格斯全集》历史考证版第 2 部分第 11 卷第 365 页），《马克思恩格斯全集》中文第 2 版第 45 卷第 433 页。——编者注

个国家就没有任何收入了。"（第[63—]64页）**这个国家以前是有收入的，但以后它就没有资本了!**①例如，一个国家如果吃光全部粮食，或者同样吃光全部牲畜等，那它也就连种子，连种畜等都不再有了。蠢货，蠢货中的蠢货！百年难遇的蠢货!②

这个蠢货自己也感觉到他在什么地方干了蠢事，这一点甚至从他下面这段蠢话中便可以看得明白："人们以货币或者其他形式获得的一切价值，如果不是本年中生产出来的产品的价格，就不是当年收入的一部分；这是资本，是通过交换、馈赠或者继承而不断转手的财产。"（同上，第62页）因此，例如一块银币，"它并不是从当年创造的价值中获得的；所以它就不是年产品的一部分，也不构成任何个人的收入。"（同上，第60页）只有**当年通货**的突然增加才属于年产品的一部分（第60页，脚注1）我们现在终于看到了困难所在。例如，只有当年生产的产品，这一年劳动的产品，才分解为各种收入，即工资、利润和地租。但是，**年产品的价值**并不=**年劳动的价值产品**。年产品的价值更大一些，因为其中包含了一部分**不变资本价值**，这个部分在生产中被消耗掉，只是再现出来，而且必须得到补偿。因此，年产品的价值就分解为不变资本价值和当年由新劳动**追加的**价值。后者才直接表现为工资、利润和地租。③

[8]亚·斯密总是在兜圈子，试图通过不断**重复同一论断**来摆脱

---

①　关于这句话，参看《马克思恩格斯全集》中文第2版第33卷第135页。——编者注

②　马克思这里借用了一句中世纪的拉丁谚语："Asinus asinorum in saecula saeculorum"（意为"一切时代中最大的笨蛋"）。——编者注

③　关于本段中马克思的论述，参看《马克思恩格斯全集》中文第2版第33卷第135—136页。——编者注

困境。① "然而,一切商品的总价格,最终还是必定会分解为这三个部分或其中某一个部分;在支付了地租,支付了雇用来从事耕作、生产商品并把它运送到市场上去的全部劳动力的价格以后,不论商品价格中还剩下什么,不可避免地必定是某个人的利润。"(同上,第43页)。为什么不是某个人的资本? 这是因为,如果已经承认事情就是这样,虽然还无法理解事情何以这样,那么事情也就必然这样了。

"既然每个特定商品,如果单独考察,其价格或者交换价值,都分解为全部这三个部分或其中某个部分,所以,构成每个国家的全部年劳动产品的全部商品,如果合并起来考察,其价格或交换价值必定也分解为同样这三个部分,并且分配给国内不同的居民,或者作为他们的劳动的工资,或者作为他们的资本的利润,或者作为他们的土地的地租。由每个社会的劳动每年汇集起来或生产出来的总产品,或者同样也可以说,其总价格,最初就是以这样的方式在不同社会成员的某些人中间进行分配。工资、利润和地租,是一切收入的三个原始源泉〈应该叫做**原始形式**〉,也是一切交换价值〈错! 它们绝不是价值的**源泉**〉的三个原始源泉。——所有其他收入最终都来自其中某一个源泉。"(同上,第43页)②

可见,首先应该证明的是,"单独考察的每个特定商品的价值"分

---

① 关于亚·斯密的这种证明方式,参看《资本论》第二册第 VIII 稿第 8 页(《马克思恩格斯全集》历史考证版第 2 部分第 11 卷第 713 页)。——编者注

② 关于本段引文中最后两句话,参看《资本论》第二册第 VIII 稿第 3、7 页(《马克思恩格斯全集》历史考证版第 2 部分第 11 卷第 703、712 页),《马克思恩格斯全集》中文第 2 版第 39 卷第 1057 页脚注(1)。——编者注

解为工资、利润和地租。他没有这样做。这样就假定，从整个社会联系看来，事情最终就是这样。现在反过来了。说什么"每个特定商品，如果单独考察"，事情就是这样，这反倒成了前提，而且从这个**前提**出发证明：因此对于"每个国家的全部年劳动产品，如果合并起来考察"，情况也必定如此。（所以就有了萨伊的谬论。）让亚当先生误入歧途的是，这里的**年劳动**，一般来说就像和商品生产有关的一切劳动一样，发挥着**双重**的作用，因而也应该从两方面来看。从具体的生产劳动的角度看，年产品就是**这一劳动的**产物，也就是说，是作为这种劳动的成果的使用价值，完全和一周内生产的全部棉纱作为棉纱就是一周纺纱劳动的产物一样。但是，作为这样的生产劳动，这种劳动并不就是年产品的唯一形成要素。生产资料（不论是生产出来的或者自然存在的）和劳动本身一样，同样是产品形成要素。相反，年劳动作为劳动力的耗费来考察，作为**价值形成要素**，体现在**年价值产品**中，而这个年价值产品无非是**一年当中追加的新劳动的化身**，比如说等于 500 镑，假定这是一个包含着同样多劳动的货币量。这个年价值产品最初表现为工资和剩余价值（利润和地租）。但是，这个**年价值产品**并不等于**年产品价值**。年产品价值还包括一个体现不变资本的价值部分，因而这个价值部分不分解为任何人的收入。年产品的一定部分必须作为这一价值的承担者被分离出来，重新并入生产。原来就任意某个时期例如一周的产品所阐述的内容，在这里也适用于年产品。

亚·斯密在第六章结尾的一段话，立即又表明他是多么热衷于把"特定商品"的价值还原为工资、利润和地租。他在这里谈到了租地农场主："在支付了地租之后，余下的收成……不仅要补偿他们在耕作上使用的资本，同时包括这个资本的通常的利润，而且还要支付……工资"等等。(同上,第44页)也就是说,谷物的价值还原为工资、利润和地租＋用于补偿生产活动中使用和消耗的资本的**价值**。可见,这里还原为工资、利润和地租**不是**通过对特殊商品的价值的分析而发现的,而是通过归因于社会联系。后来他又反过来断言,对社会资本的这种分析是通过分析每一个特殊商品的价值而发现的。因此,这是循环论证。

在第六章的结尾,他说:

"因为在一个文明国家里,只有极少数商品的交换价值仅来自于劳动〈应当说,**领取报酬的劳动,即工资**〉,绝大多数商品的交换价值中大多包含有地租和利润〈即剩余劳动,或任何劳动实现在其中的那部分价值〉的贡献额,所以,这个国家的劳动的年产品通常能够购买和支配的劳动量,会**远远大于**该国年产品在制造、预制和送到市场上所使用的劳动量。"(同上,第44页)应当说:这个劳动量远远大于在[制造]等方面使用的总劳动量所获得的报酬。

[9]亚·斯密先生既然已经这样把工资、利润和地租,简言之,把**商品价值的各个特定部分**按照占有它们的不同类别的人员拥有的特殊名称,转化为**商品的自然价格或价值的各个构成部分**,那么现在,在**第一篇第七章**中,他自然就不得不向我们阐述**这些构成部分各自的价值**,以便从这些部分的加总或综合(即相加)中得出**产品的价值**。这个第七章的正式论题就是《论商品的自然价格与市场价格》。

在这一章中我们得知:

"在任何社会或任何地区,工资和利润都有一个通常比率或平均比率",同样也存在"地租的平均比率或通常比率"。"在工资、利润和地租普遍盛行的时期和地区,这些通常比率或平均比率,可以称为工资、利润和地租的自然率。如果一个商品的价格不多不少恰好足以支付土地的租金、劳动的工资和资本的利润……符合它们的自然率，这个商品就是按照可称之为其自然价格的东西出售的。"①（第一篇第七章第 45 页）所以，为了确定商品的价值，我们必须**事先**确定工资、利润和地租的这种自然率。

紧接着，亚·斯密继续写出下面这段美妙的论断：

"那么，商品就是恰好按其所值出售，或者说，按照把商品送到市场上的人的实际花费出售〈此前，在**第五章**《论商品的真实价格和名义价格，或论用劳动表示的商品价格和用货币表示的商品价格》中，我们看到：'劳动是它们（商品）的真实价格……劳动……最初用于购买的货币……支付了一切'②，同上，第 29 页〉：这是因为，虽然在日常语言中，任何商品的所谓原初费用〈即**成本价格**，它不同于生产价格即 price of production〉，并不包含将它再度出售的人的利润，但是，如果他出售商品的价格不足以让他获得当地通常的利润率，他的生意显然就要受到损失；因为，如果以别的某种方式使用资本，他本来是能够获得这一利润的。"〔这倒是一种让人感到十分惬意的解释。为了说明为什么不代表任何劳动的利润构成商品**价值**的一个组成部分，或者说，构成"把商品送到市场的人的实际花费"的一个组成部分——尽管这个部分**不耗费这个人的任何劳动**，说到底**不耗费他任何东西**——，斯密断定，这个人"的生意显然就要受到损失"，尽管我们看不出来，一个人如何能够"失去"他原来"并不"拥有的东西。而他"显然就要受到损失"，那是因为他没有获得当地盛行的或者他在其他营业部门中本来能够获得的"通常的利润率"。也就是说，这个

---

①　关于最后这句引文，参看马克思 1868 年 7 月 23 日给恩格斯的信。——编者注

②　参看本卷第 502 页。——编者注

通常的利润率之所以构成商品价值或成本价格的一部分,是因为这个**通常的利润率**在当地是通行的。先是假定当地普遍存在利润甚至一定的利润率,那么自然就可以说明当地各个生产部门中享有利润或通常的利润率!在这段蠢话之后,亚当竟又说了一句更加愚蠢的话。〕也就是这句话:"此外,他的利润就是他的收入,即他的生活资料的正当基金……他预付给他自己……自身的生活资料,这通常相当于他出售自己的商品所理应获取的利润。〈他获得利润,是因为他自己预付或预先垫付了它,是因为他活着好像就必须获取利润。〉因此,如果商品不能使他得到这种利润,那么完全可以有理由说,商品便没有补偿他为它们所付出的费用。"(同上,第45页)①

　　这也就是说,利润之所以成为商品费用的一个部分,是因为资本家活着好像商品就必须给他带来利润,是因为利润是资本家的执念!亚当在这里陷入庸俗经济学的泥潭!

　　"**自然价格**……可以说是商品价格不断地围绕其波动的中心价格……不管有什么障碍阻止商品价格在这个停歇和持续的中心安顿下来,商品价格都不停地朝着这个中心运动。"(同上,第47页)这里应该指出,斯密所谓市场价格围绕其波动的"**自然价格**"不是商品的**价值**,而是商品的**生产价格**,按照斯密的看法,这样的生产价格总是包含着利润和工资的自然率,在许多场合还包含着地租的自然率。②

　　亚当在第一篇第六章和第七章中深深地陷入庸俗经济学的泥

---

① 关于本段内容,参看马克思1868年6月23日给恩格斯的信。——编者注

② 关于本段内容,参看《马克思恩格斯全集》中文第2版第39卷第315、322页。——编者注

潭,变得愚蠢起来,此后在**第八章(论工资)开头部分**又回到了正确的东西上。①总的来说,这是最好的章节之一。其中阐述的人口论是以**康替龙**(斯密在这里也引用了他)¹²⁵为基础。

斯密在这一章开头部分说:

"劳动产物构成劳动的实物报酬或实物工资。在那种既先于土地占有也先于资本积累的事物的原初状态下,全部劳动产物都属于劳动者。既没有地主也没有雇主来与他分享。假如这种状态持续下去,工资将随着由分工引起的劳动生产力的所有改进而增加。"(第一篇第八章第51页)

[10]"一旦土地变为私有财产,对于劳动者能够在土地上种植或采集的几乎所有产物,地主都会要求得到一个份额。地主的地租构成对使用在土地上的劳动的产物的第一次扣除。很少发生的情况是,耕种土地的那个人拥有直到收获以前能够维持自身生活的必要资金。他的生活资料通常从雇主的资本中预付给他,而雇主即雇用他的租地农场主没有兴趣雇用他,除非自己能够分享劳动产物,或者说,除非能够在补偿自己的资本的同时获得利润。利润构成对使用在土地上的劳动的产物的第二次扣除。几乎所有其他劳动的产物都会发生相同的利润扣除……他〈工厂主〉分享他们〈**工人**〉的劳动产物,或者说,分享他们的劳动在所使用的材料上追加的价值;而他的利润就存在于这种分享之中。确实,有时候会发生这样的情况,即一个单个的独立劳动者拥有足够的资本来购买劳动材料,并且维持自己的生活直到劳动完成。他既是雇主,也是工人,享有自己劳动的全部产物,或者说,享有自己的劳动在所使用的材料上追加的全部价

---

① 　参看《马克思恩格斯全集》中文第2版第39卷第323页。——编者注

值。"（同上，第 52 页）

雇主和工人的相互敌对的利益。在两个方面进行的联合。（第 52、53 页）

关于**工资的地区差异**："在所有种类的商品中，人是最难进行运输的"。（同上，第 58 页）

计件劳动。（同上，第 63 页）

"然而，如果设想一下，通常来说人们为自己劳动时会比为别人劳动时，劳动的量更少一些，那就没有比这更荒谬的事情。一个贫穷的独立劳动者通常甚至比一个计件劳动的熟练工更为勤劳。一个人享有自己劳动的全部产物，另一个人则与雇主分享自己劳动的全部产物。"（同上，第 64 页）

我们来看看整个这一章。究竟要阐述什么东西呢？作为商品自然价格或价值的构成部分的"工资的自然率"。而解决方案是什么呢？

"人必定总是靠劳动谋生，而他的工资必须至少足够维持他的生活。甚至工资必须……还要稍微多一些，否则他就不可能养活一家人，而这类劳动者的持续存在也就不会超过第 代人。"（同上，第 53 页）

而且：

"尽管劳动价格的变化不仅并不总是与生活资料的价格的变化保持一致，而且常常还是截然相反，但是，我们一定不能基于这种情况就设想，生活资料的价格对劳动的价格没有影响。劳动的货币价格必然受两种情况的调节：对劳动的需求，以及生活必需品和方便品的价格。对劳动的需求，根据它恰好处于增加状态、恒定状态还是减少状态，或者说，根据它恰好是需要增加的人口、恒定的人口还是减少的人口,决定了必须给予劳动者的生活必需品和方便品的数量;而劳动的货币价格决定于购买这个数量所必不可少的量。"(同上,第65页)这样我们就弄明白了。为了确定**商品**的价格(自然价格),也就是说,也是为了确定"生活必需品和方便品的价格",**我们原来先是寻求确定"工资的自然率"**,而现在,反过来,我们通过"生活必需品和方便品的价格"来确定劳动的货币价格。

还要记下下面这两句话,这一部分是因为斯密在第二句话中批判了资产者,但尤其是因为,在第一句话中他明白不能再将"工资"(和原来的利润一样)理解为商品价值分解而成的部分,而是理解为**要形成商品价值的一个构成部分**。

"工资的增加必然会提高许多商品的价格,因为它会增加商品价格中分解为工资的那个部分,由此,工资的增加往往会减少这些商品在国内和国外的消费。然而,提高工资并使资本增加的同一原因,却往往会提高劳动的生产力,使更少量的劳动生产出更大量的产品。"(同上,第66页)

劳动价格和食物价格的变动(第65、66页)。

[11] 第一篇第九章　论资本的利润

斯密并没有向我们阐述什么是"利润的自然率"（而我们应该由此才得以规定商品的"自然价格"），他一下子就转移到确定什么是"资本的平均利润"上，而这是另外一个完全不同的问题。接着我们听到的说法是"可以从货币的利息当中形成关于资本的平均利润的某种观念"。（第 67 页）

但是，斯密用如下的说法**开启**了这一章的内容，即利润的增加和减少取决于与工资的增加和减少即社会财富的增加状况或减少状况相同的原因；**但是，这些原因对两者的影响很不相同。资本增加会提高工资，但往往会降低利润。**（第 67 页①）

（1）为此提出的**第一个原因是竞争**。"如果许多富有商人的资本投入相同的行业，他们的相互竞争自然往往会使这个行业的利润减少；而如果同一个社会的所有不同行业的资本都有类似的增加，那么相同的竞争必定会在所有这些行业中造成相同的结果。"（同上，第 67 页）

（2）相比在乡村中，在大城市中经营任何一种行业所必需的资本都更多。"在每一个行业中所使用的大资本，以及富有的竞争者的数量，通常会使在大城市中的利润率低于在乡村中的利润率。另一方面，在大的城镇中工资更高，人们在这里拥有大资本可以使用，经常

---

① 这段话在亚·斯密著作的第 66 页。——编者注

雇不到他们所需的工人数量,所以相互竞价,以便雇到尽可能多的工人,这种情况就提高了工资,降低了资本利润。"(第68页)

(3)在苏格兰,几乎没有什么行业不能以比在英格兰更少的资本进行经营。所以,通常的利润率必定要高一些。(第68页)

(4)"荷兰人做生意的利润率比任何欧洲国家的人都更低……利润率减少是其〈一个国家〉繁荣的自然结果,或者说,是在这个国家中使用更多资本的自然结果"……荷兰人借出的贷款表明,"他们的资本是过剩的,或者说,资本的增加超出了他们在自己国家的正经生意中可以使用资本获取利润的极限……一个私人的资本,虽然是通过特定行业获得的,可能会增加到超出他能够在这个行业中加以使用的限度,尽管如此,这个行业还是继续增长,而一个大国的资本也是如此。"(第69页)

(5)在**殖民地**中:"高工资和高资本利润……一个新的殖民地,在一段时间内,资本与它的领土范围的比例,以及人口与它的资本规模的比例,必定总是低于大部分其他国家。"(第69页)**在殖民地耕种最肥沃和位置最好的土地的理论。耕种较差的土地,利润随之降低。**(第69、70页)

(6)"工资并不随着资本利润的减少而减少。对劳动的需求随着资本的增加而增加,不管资本的利润是多少;在资本的利润减少以后,资本不仅可能继续增加,而且会比以前增加得更快……一个大资本,虽然带来的利润少,但通常比一个带来较多利润的小资本增加得更快。"(第70页)①

---

① 关于(5)和(6)的内容,参看《马克思恩格斯全集》中文第2版第39卷第366—367页。——编者注

（7）"然而,社会资本或预定用于维持工业的基金的减少,在它减少工资的同时,却会增加资本利润,结果也会增加货币利息。"（第70页）东印度的例子。在这里是低工资、高利润和高利贷。"能够担负这样一种利息的利润必定会吃掉地主的几乎全部地租,在这种情况下,这样巨量的高利贷反过来必定吃掉这些利润的更大部分。"（第71页）

（8）因此,按照（5）,在**殖民地**中是高工资和高利润。相反,"在一个达到完全富裕程度的国家中",是**低工资**和**低利润**等等。因为,工人之间的竞争维持着低工资,而雇主之间的竞争维持着低利润。（第71页）完全是蠢得不动脑筋!

最后,在只涉及利润率的提高或降低的所有这一切内容之后,终于出现了这个问题:什么是利润的**自然率**?而这才是本章唯一应该研究的问题。

在这里,亚·斯密的做法是确定一个**最低界限**和一个**最高界限**。

利润率的最低界限:"最低的通常利润率必定总是高于足以补偿每次使用资本都面临的偶然损失的水平。只有这个剩余部分才是纯利润或净利润。所谓的总利润,不仅常常包括这个剩余部分,而且还包括预留下来用于补偿这样的意外损失的那部分。借贷者能够支付的利息,只与净利润成比例。同样,最低的通常利息率必定高于足以[12]补偿即使谨慎贷放也会面临的意外损失的水平。假如情况不是这样,进行贷放的动机只能是单纯的慈善或友谊。"（第72页）①

因此,利润率的最低量是超出保险基金的**剩余部分**。这个保险

---

① 关于本段内容,参看《资本论》第二册第 VIII 稿第 4 页（《马克思恩格斯全集》历史考证版第 2 部分第 11 卷第 704 页）。——编者注

基金从何而来,没有进行阐述。这个保险基金是必要的,这一点并未向我们表明它的形成原因。因此,最低的自然利润率是非常少的利润,一些剩余部分! 在这里,**一些**这个小词,也就是说,完全不确定的某种东西,是"自然的"。

利润的最高界限。

"在大部分商品的价格中,最高的通常利润率可能是这样的:它吃掉应该作为土地租金的整个部分,只留下足够按照各地可以向劳动进行支付的最低比率,支付将商品准备好并送到市场上的劳动的那部分,即只留下劳动者的基本生活资料。只要从事劳动,劳动者必定总是以这种或那种方式被养活,但是地主却可能并不总是得到支付。"(同上,第72页)

因此=价格超出工资的剩余部分。这里的论述接近正确的内容。但是,即使在这里,所确定的也不是最高**比率**,而是**利润量**。

关于**价格构成**的错误观念:

"在快速迈向富裕的国家中,许多商品价格的低利润率会抵消高工资,使这些国家能够按照与不那么繁荣的邻国同样低廉的价格出售商品,而这些邻国的工资可能更低。"(第73页)

利　　息

"由经营或使用资本的人从资本中取得的那部分〈收入〉叫做利润；并不自己使用资本，而是将其贷给他人，由这样的人从资本中取得的那部分叫做货币利息或者货币收益。这是借入者向贷出者支付的报酬，因为借入者通过使用货币而有机会获取利润。这个利润的一部分自然属于借入者，他承担了使用资本的风险和麻烦，另一部分属于贷出者，他向借入者提供了获取利润的机会。货币利息总是一种派生的收入，这种收入如果不是由使用货币所获取的利润来支付，必定由某种其他的收入源泉来支付，除非借入者是一个挥霍者，通过签订契约获得第二笔贷款来支付第一笔贷款的利息。"（第一篇第六章第43页）

[I] 地　　租

在殖民地耕种最肥沃和位置最好的土地的理论。[①]第一篇第九章第 69、70 页。

第 三 册

第 一 章

剩余价值转化为利润和
剩尔价值率转化为利润率

（第 四 草 稿）[126]

大约写于1868年春

第一次用德文发表于《马克思恩格斯全集》2012年历史考证版第2部分第4卷第3册

原文是德文

中文根据《马克思恩格斯全集》2012年历史考证版第2部分第4卷第3册翻译

[1] 第 一 章

剩余价值转化为利润和
剩余价值率转化为利润率

（1）成本价格和利润

"**剩余价值**首先表现为**产品价值**超过在产品形成中**消耗的**各种生产要素的**价值总和的余额**。"[(1)]

在第一册中，剩余价值的性质、来源、生产方法，以及调节剩余价值量的规律已经研究过了，现在，我们回到剩余价值的这种直接表现形式。

假定某个商品的生产所必需的资本耗费为 500 镑，即 20 镑用于劳动资料的损耗，380 镑用于生产材料，100 镑用于劳动力。假定劳动力的剥削程度为 100%。于是，我们得到的商品价值 ＝ c_{400} ＋

---

(1)　第一卷第 178—179 页。[①]

---

① 参看《马克思恩格斯全集》中文第 2 版第 39 卷第 57 页、第 42 卷第 205—206 页。——编者注

$(\overbrace{v_{100}+m_{100}})=600$ 镑，其中六分之五不过是所耗费资本的等价物。商品**使资本家自己耗费**的价值总额 c＋v＝500 镑。因此，**对他来说**，商品价值中仅仅补偿在生产中消耗的生产资料和劳动力的价值的这个组成部分，构成商品的**成本价格**。如果我们把商品的价值叫做 w，把成本价格叫做 k，那么，按照资本主义方式生产的商品的总公式即 **w＝c＋v＋m**，就转化为 **w＝k＋m** 这个公式，或者说，**商品价值＝成本价格＋剩余价值**。①

　　* 因此，商品的**成本价格小于它的价值**。因为 w＝k＋m，所以 **k＝w－m**，或者说，**商品的成本价格等于商品价值同这个价值包含的剩余价值之间的差额**。只有 m＝0，公式 w＝k＋m 才会化为 w＝k。这种情况在资本主义生产的基础上是绝不会发生的，虽然在特殊的市场行情下，商品的出售价格可以降低到商品的成本价格，甚至降低到商品的成本价格以下。

　　如果商品是按照它的价值出售的，那么，在商品出售时实现的**超过商品成本价格的余额**，就等于商品中包含的全部剩余价值。[127]

　　然而，资本家即使**低于商品的价值出售**商品，也可以获得利润。只要商品的出售价格**高于商品的成本价格，即使它低于商品的价值**，也总会实现商品中包含的剩余价值的一部分。例如，在上面的场合，商品价值＝600 镑，成本价格＝500。假定商品按 510 镑、520 镑、530 镑、560 镑、590 镑出售，它就分别**低于它的价值** 90 镑、80 镑、70 镑、40 镑、10 镑出售，但在它出售时仍然可以分别实现 10 镑、20 镑、30 镑、60 镑或 90 镑剩余价值。在商品的价值和它的成本价格之间，显然会有无数的价格。商品价值中由剩余价值构成的要素越大，这些

---

　　①　关于本段最后一句话，参看本卷第 15、23、31 页。——编者注

中间价格的活动余地也就越大。

这可以说明日常现象,例如在单个资本家之间的竞争斗争中的某些**低价出售**(underselling)的情形,某些产业部门的商品价格异常低廉的现象(2)等等。但是,更为重要的是,我们下面将会看到,政治经济学迄今没有理解的关于资本主义竞争的基本规律,即调节**一般利润率**和由它决定的所谓**生产价格**的规律,就是建立在价值和成本价格之间的差异之上的,建立在由此引起的商品**低于**价值出售也能获得剩余价值这样一种可能性之上的。②

[2]**128**成本价格的价值要素由预付资本的价值要素组成,这个预付资本必须山商品的成本价格来补偿。预付资本的组成部分因此又表现为成本价格的组成部分,并且是**以它们作为资本预付所具有的同样的形式**。现在我们已经看到,支付劳动力时所投入的资本部分,表现为支付劳动或在**工资**上投入的资本。(3) 而在工资上,所有在生产过程期间被推动的劳动都**表现为有酬**劳动。④ 因此,在劳动力上投入的资本部分的**可变**特征消失了,与之相对的在生产资料上投

---

(2) 同上,第 536—537 页。①

(3) 第一卷第 525 页及以下几页。③

---

① 参看本卷第 47 页,《马克思恩格斯全集》中文第 2 版第 42 卷第 565—566 页。——编者注

② 关于这个基本规律,参看《马克思恩格斯全集》中文第 2 版第 39 卷第 61—62 页,并参看马克思 1862 年 8 月 2 日给恩格斯的信。另外,从第 532 页星花 * 至此的内容,参看本卷第 47—48 页,《马克思恩格斯全集》中文第 2 版第 42 卷第 565—566 页。——编者注

③ 参看《马克思恩格斯全集》中文第 2 版第 42 卷第 553—557 页。——编者注

④ 同上,第 554 页。——编者注

入的资本部分的**不变**特征也随之消失，而生产资料的价值在产品价值中只是**再现出来**。

在成本价格公式 k＝耗费的生产资料的价值（**耗费在生产资料上的资本**）＋工资（**耗费在劳动上的资本**）中，在劳动上投入的资本部分，与在生产资料上例如棉花上投入的资本部分的差别仅仅在于，它用于支付一种**物质上**不同的生产要素，而绝不是在于，它在产品的价值形成中，从而也在资本的价值增殖过程中发挥着在职能上不同的作用。

就预付的资本价值的不同组成部分构成商品价值的组成部分的方式方法而言，成本价格实际上**只**表现出**一种唯一的**区别。商品的成本价格不包含在商品生产中**所使用的**资本总价值，而是仅仅包含在商品生产中**所耗费的**（消耗的）资本总价值。在我们的例子中，20镑被算在劳动资料的**损耗**上。如果这些劳动资料在商品生产之前的价值＝1 200 镑，那么这个价值在商品生产之后以两种不同的形态存在，20 镑作为商品成本价格的部分，1 200－20 或者说 1 180 镑作为和以前一样由资本家占有的劳动资料的剩余的价值，或者说，不是作为资本家的商品资本的价值要素，而是作为他的生产资本的价值要素。与之相反，生产材料和工资在商品生产中完全耗费掉。因此，预付在它们当中的资本价值全部进入商品的成本价格。我们在第二册中已经看到，预付资本的这些不同组成部分就周转而言是如何获得**固定资本**和**流动资本**的形式的。①

如果现在回到我们的例子，那么就得到：

---

① 参看《资本论》第二册第 II 稿第 35—38 页（《马克思恩格斯全集》历史考证版第 2 部分第 11 卷第 89—100 页），本卷第 489—497 页，《马克思恩格斯全集》中文第 2 版第 38 卷第 285—338 页。——编者注

资本预付 1 680 镑

固定资本:**1 200 镑**(用于劳动资料)＋**流动资本 480 镑**(＝380 镑用于生产材料＋100 镑用于工资)

商品的成本价格 500 镑

固定资本损耗＝**20 镑**＋流动资本＝**480 镑**(＝380 镑用于生产材料＋100 镑用于工资)[129]

如果说预付资本的各个价值要素对商品的成本价格并且因而对商品价值一般的影响不同,那么这种区别就仅仅在于,逐渐在生产中用掉的那部分所使用的资本,也只有一个**价值部分**进入成本价格,相反,在生产中完全用掉的那部分资本,**总价值**进入成本价格。另一方面,在这个区别——而这是比较商品的成本价格和资本预付所显示的**唯一区别**——的基础上,投在劳动力上的资本和投在生产材料上的资本即**不变资本的一部分**并列起来,和它一起作为**流动资本**,构成**不变资本另外一部分**的对立面,[3]即存在于劳动资料中的**固定资本**的对立面。如果说投在劳动力上的资本作为**可变资本**,和投在生产资料上的资本作为**不变资本**之间的区别,原来就由于如下原因而被抹煞了,即在支付劳动力上所投入的资本同时表现为投在劳动本身或**工资**上的资本,那么现在,投在劳动力上的可变资本**明确地**和投在生产材料上的**不变资本**部分被**混为一谈**。这样一来,在成本价格上,生产资本不同组成部分在商品的价值形成过程中,从而在资本的价值增殖过程中实际执行的不同职能的任何痕迹都消失了。不仅如此,成本价格所表明的是这种职能差别的明确的对立面。[130]

在第一卷第 193 页及下页,以纳・威・西尼耳为例,我们已经看到,固定资本和流动资本之间的区别,这样一种明确地把可变资本与不变资本的一部分混淆在一起的区别,如果被当成说明资本的不同组成部分在产品的价值形成中的特征的唯一且本质性的区别,这会导致什么样的观点。① 但是,成本价格范畴同生产资本的不同价值组成部分**如何转移到产品中根本没有关系**。这个范畴仅限于表明:构成在商品生产上耗费的资本的等价物的那个商品价值部分之所以构成商品的成本价格,**因为**在商品生产中会耗费如此多的资本。如果我们仔细看一下商品价值公式 w = $\overbrace{(c+v)}$ + m,那么下列说法就是正确的:c 仅仅由固定资本的一个价值部分构成,而由生产材料的全部价值构成,正如 v = 劳动力的全部价格,或者更确切地说,工资的全部价格;因而,在我们的例子中,c = 用于固定资本损耗的 20 镑 + 用于生产材料的 380 镑,v = 预付在工资上的 100 镑。然而,下列说法同样是正确的:用于固定资本的 20 镑和用于生产材料的 380 镑一样,都不是在商品生产过程中新形成的**价值**,而是通过对这些生产资料——这 20 镑和 380 镑是这些生产资料的价值——合乎目的的消费,从这些生产资料**转移**到产品中,因而只是在产品价值中**再现出来**;而补偿工资的 100 镑是在商品生产过程本身当中**新形成的、新生产出来的价值**。所耗费的资本价值 c + v 作为产品价值的组成部分被生产出来的这些完全不同的方式,并不妨碍如下情况:产品的这些价值组成部分即价值总额 c + v,= 所耗费的资本价值 c + v,也就是说,仅仅补偿所耗费的资本,从而对资本家来说构成商品的**成本价格**。补偿商品生产中所耗费资本的那个商品价值组成部分,是商品的**成本价格**。商品价值的这个组成部分是如何形成的,预付的各个资本价值因此在价值增殖过程中起着哪些不同的作用,都和这个**价值组成部分**作为**成本价格**的规定毫无关系。这个价值组成部分之所

---

① 参看本卷第 43 页,《马克思恩格斯全集》中文第 2 版第 21 卷第 440—441 页、第 42 卷第 218—224 页。——编者注

以是成本价格,并不是由于它**如何被生产出来的方式方法**,而是由于
它同**预付的资本价值**相等。但是,就资本价值被预付而言,它的各个
要素仅仅作为**不同的价值额**互相区别。这里预付了 500 镑,400 镑
用于生产资料,100 镑用于工资。作为**预付额的一部分**,预付在劳动
力上的 100 镑,完全不具有任何不同于预付在生产资料上的 400 镑
的其他形成价值的属性。这 100 镑不是作为**预付资本**的一部分转化
为可变资本,而是在生产过程本身中转化为可变资本,在生产过程
中,它被劳动力代替,而劳动力在过程中被推动。作为**预付额的一部
分**,这 100 镑和预付额的任何其他部分一样,是既定的资本价值。因
此,商品的一个价值组成部分与商品生产中所耗费的价值额相
等——**成本价格**表达的无非就是这个意思——,就同这个价值组成
部分被生产出来的方式方法没有任何关系。这个价值组成部分构成
商品的成本价格,并不是由于它被生产出来的方式,而是由于它和预
付资本价值相等。

在成本价格内部,生产资本的各个价值组成部分的表现形式,并
不是它们在生产过程中实际具有的形式,即不是它们借以执行职能
的形式,而是它们构成一个预付价值额——它们与这个价值额进行
比较——的各个部分的形式。因此,尽管 k＝c＋v,但各个资本的这
些组成部分在这些资本中并不表现为 c＋v。

如果在"**资本预付**"的范畴下立即进行必要的计算,而不是将全
部**所使用的**资本放在一边,将商品的**成本价格**放在另一边,我们就会
清楚,固定资本和流动资本之间的关系对那种简单联系没有什么改
变。所使用的劳动资料形式的固定资本为 1 200 镑,生产材料 380
镑,工资 100 镑,总计 1 680 镑。这是**所使用**资本的价值。在 1 200
镑的固定资本价值中,资本家通过在商品量生产中的预付,只失去了

20镑。因此,他实际上只耗费了1 200镑固定资本中的20镑。如果我们再仔细看一下计算过程,那么就得出:

资本预付(耗费的资本①)

　20镑　　是所耗费的劳动资料的价值

380镑　　用于生产材料

100镑　　工资

500镑　　资本耗费。

商品的成本价格也是这样构成的,500镑＝20镑用于所耗费的劳动资料＋380镑生产材料＋100镑工资。成本价格的价值要素和资本投入的价值要素是一样的。这些价值要素在成本价格中的区别,和它们在资本投入中的区别是一样的,即作为物质上不同的各个生产成分的价值,而且这些价值要素按其价值量的比例**同样地**进入成本价格的形成之中。

〔4〕然而,成本价格只构成商品价值的一个要素。$w=k+m$,＝**成本价格＋剩余价值**。如果我们将商品价值和成本价格进行比较,那么剩余价值显然表示**成本价格的**一个**价值增加额**。我们知道,剩余价值实际上只是投在劳动力上的可变资本部分的增长额;这个资本价值转变为在生产过程期间被推动的劳动力,也就是说,转变为劳动,而且劳动力要在足够长的时间内被耗费,从而劳动的形成价值的要素既创造出投在劳动力上的资本价值的一个等价物,又创造出超过这个价值的一个余额,在此之后,剩余价值才会产生。但是,一旦这个过程结束,一旦商品价值形成,剩余价值就既构成v的一个增加额,也构成$c+v$的一个增加额。公式$c+(v+m)$表示,m产生于预

---

① 在手稿中,马克思在"耗费的资本"上面又写下了"资本耗费"一词。——编者注

付价值 v 在生产过程中所经历的转化,这个公式同样可以表现为
$(\overset{\frown}{c+v})+m$。因此,由于 c+v=k,那么下列说法就是正确的,即 m 是
成本价格 k 的一个增加额。成本价格原来是 500 镑。商品价值现在
是 600 镑。因此,加到成本价格上的是一个 100 镑的**价值增加额**。[(4)]

　　人们可能会以为,这种价值增加现象必定至少和成本价格的性
质有着某种隐蔽的联系,即和下述状况有着某种隐蔽的联系:价值增
加额代表实际在生产过程中耗费的资本价值,也就是说,代表以这样
或那样的方式实际进入商品的价值形成,因而也进入资本价值增殖
过程的那部分所使用的资本。然而这是错误的。剩余价值既构成不
进入商品的价值形成,因而不在商品**成本价格**中出现的那部分预付
资本价值的增加额,也构成进入商品的价值形成,因而作为商品**成本
价格**再现出来的那部分预付资本价值的增加额。**在生产过程之前**,
我们拥有的资本价值为 1 680 镑,1 200 镑固定资本,其中只有 20 镑
进入商品价值,380 镑用于生产材料,100 镑用于工资。**在生产过程
之后**,我们拥有 1 180 镑(**固定资本,生产资本**的价值组成部分)+一
个 600 镑的商品资本。如果我们将这两个数额相加,那么现在资本
家手中的价值为 1 780 镑。如果他从中减去预付总资本,那么还剩
卜一个 100 镑的价值增加额。因此,100 镑既构成所使用的总资本

---

　　(4)　"实际上我们已经知道,**剩余价值**只是 v 这个转变为劳动力的资本部
分发生**价值变化**的结果,因此,**v＋m＝v＋Δv**(v 加 v 的增长额)。但是**现实的价
值变化**和价值变化的**比率**却是被这样的事实掩盖了:由于**资本可变部分的增
加,全部预付资本**也增加了。全部预付资本以前是 500,在过程结束时是 590。"
(第一卷第 180 页)[①]

　　①　参看本卷第 43 页,《马克思恩格斯全集》中文第 2 版第 42 卷第 207
页。——编者注

1 680镑的价值增加额,也构成这个总资本的所耗费部分500镑的价值增加额。我们以后会看到,剩余价值的这种属性,即它不仅是成本价格的或者所耗费的资本价值的增加额,而且也是预付的总资本价值的增加额——不管是否耗费在生产过程中——,起着**极其重要的**作用。①

现在,这个剩余价值是**如何**产生的,是一个谜。只有下面这些是清楚的,即剩余价值产生于**预付资本**;这个资本价值的所有要素,无论它们是否耗费在生产过程中,必定都**同样地**参与这个价值追加额的形成。首先,就构成商品成本价格的资本而言,我们已经注意到,这个资本的各个要素不是作为不变要素和可变要素相互区别,而是按照它们既定的价值量的比例**同样地**进入成本价格的形成。因此,只要剩余价值产生于这个资本,它就**同样地**产生于这个资本的各个价值要素。另一方面,同样清楚的是,这个剩余价值既产生于进入商品成本价格的那部分所使用的资本,也产生于没有进入商品成本价格的那部分所使用的资本。首先,正如我们看到的,商品价值超过其成本价格的余额——剩余价值——,既是在商品成本价格中得到补偿的资本的**价值增加额**,或者说是所耗费的资本的**价值增加额**,也是所使用的总资本的**价值增加额**。其次,其价值在商品生产中耗费掉并因而形成商品成本价格的那部分所使用的资本,**在它形成这个成本价格的情况下,并且正是因为它形成这个成本价格**,或者说,正是因为它被耗费掉,并不形成剩余价值。这是因为,恰恰在这部分资本形成成本价格的情况下,它不形成剩余价值,不形成所耗费的资本的

---

① 关于本段最后这句话,参看《马克思恩格斯全集》中文第2版第42卷第208页。——编者注

价值增加额,而是只形成所耗费的资本的一个等价物。因此,在这部
分预付资本形成剩余价值的情况下,它并不是通过自己进入成本价
格的独特属性,而只是作为**所预付的**或**所使用的**资本一般的**组成部
分**形成剩余价值。因此,很清楚的是,所使用资本的另一部分,即没
有进入成本价格的形成的剩余固定资本,必定和所使用的资本中耗
费掉的部分一样,同样参与剩余价值的形成。因此,剩余价值**同样地**
产生于总的预付资本或总的使用资本。并不能看出来这是如何发生
的。就商品是使用价值,是产品而言,总资本——劳动资料(固定资
本)的总量,完全和生产材料以及劳动的总量一样——,在物质上进
入商品的生产。总资本在物质上进入正常的劳动过程,尽管总资本
只有一部分进入价值增殖过程。也许可以推测,正是因为资本全部
进入劳动过程,而只是部分地进入价值增殖过程,所以,资本只是部
分地进入商品的成本价格,但却全部进入商品的其他价值要素的形
成,即进入剩余价值的形成。不管怎么样,下面这些是清楚的,即所
使用的资本的不同的组成部分按其价值量的比例**同样地**参与剩余价
值的形成。如果用马尔萨斯的简单的说法,这个推论还可以非常简
短地表述为:

"资本家对于他所预付的资本的一切部分,都期望得到同样的利益。"(5)

在**剩余价值**——商品价值超过商品成本价格的余额——看起来

---

(5)　马尔萨斯《政治经济学原理》(1836 年伦敦第 2 版)第 267 —
268 页。①

---

①　参看本卷第 45、198 页,《马克思恩格斯全集》中文第 2 版第 35 卷第 34
页、第 39 卷第 63 页。——编者注

不是产生于投在劳动力上的资本部分,也就是说,不是产生于无酬劳动,而是产生于**预付总资本**的情况下,剩余价值就获得了**利润**的转化形式。一个价值额之所以是资本,是因为它为了生产利润而被耗费掉[6],或者说,利润之所以产生出来,是因为有一个价值额被当做资本来使用。如果我们把利润叫做 p,那么 $w=c+\overset{\frown}{v+m}=k+m$ 这个公式,就转化为 $w=k+p$ 这个公式,也就是**商品价值=成本价格+利润**。

因此,我们目前在这里看到的利润,和剩余价值是一回事,不过它具有一种转化的并且神秘化的形式,而这种形式将利润**表现**为产生于预付总资本。但是,由于这种观念必然会从资本主义生产方式中产生,并且它表达了资本主义生产方式的一定的事实关系,所以它构成资本主义经济学的一个**范畴**。

[5]在资本主义生产的基础上,资本家而非工人是实际的商品生产者,同样,也是资本家而非工人决定着究竟是否生产商品。因此,商品的成本价格就必然将自己规定为**对于资本家而言**的商品成本价格。但是,商品**使资本家**耗费的东西和**使商品的生产本身**所耗费的东西,是两个完全**不同的量**,也就是说,它们是商品的资本主义成本价格和商品的实际成本价格。资本主义成本价格由在商品生产中**所耗费的资本**决定,实际的成本价格按照商品价值计量,由商品生产中**所耗费的劳动量**决定。我们来看一下商品价值的科学公式,在我们的例子中是 $C_{400}+V_{100}+M_{100}$,此外,我们假定一个十小时的平均工

---

(6)　马尔萨斯:"资本是用来取得利润的。"(《政治经济学定义》1827年伦敦版第86页)[①]

---

① 见《马克思恩格斯全集》中文第2版第35卷第32页。参看本卷第45—46页。——编者注

作日表现为 6 先令的货币量,那么,在一个 600 镑的商品价值上体现着 2 000 个工作日,更确切地说,$1\,333\frac{1}{3}$ 个工作日体现在只是转移到产品中并在其中再现出来的 400 镑不变资本价值上,$333\frac{1}{3}$ 个工作日体现在再生产出来的 100 镑可变资本的价值上,$333\frac{1}{3}$ 个工作日体现在追加生产出来的 100 镑剩余价值上。相反,在商品生产中所耗费的资本 500 镑($=C_{400}+V_{100}$)中只表示 $1\,666\frac{2}{3}$ 个工作日。100 镑剩余价值使工人付出了 $333\frac{1}{3}$ 个工作日的劳动力耗费,但是它没有使资本家付出任何资本耗费。正因为这样,这 100 镑剩余价值对资本家来说构成商品价值的这样一个组成部分,即出售商品时它被支付给资本家,但却没耗费资本家任何东西。商品生产实际耗费并且表现在商品价值中的 2 000 个工作日,和 $1\,666\frac{2}{3}$ 个工作日之间的差额正是对于资本家来说形成剩余价值,而这 $1\,666\frac{2}{3}$ 个工作日表现在由资本家为商品生产所耗费的资本价值上,从而表现在商品成本价格上。从资本主义生产者的观点来看,进入商品价值生产的,也就是说进入商品成本的,只有现成的价值,预付资本的价值组成部分,现金投入,而绝对没有在生产过程本身中发挥作用的价值形成和价值变动。因此,剩余价值作为现成商品价值的一部分,似乎是在没有剩余价值的形成要素,即没有它的生产费用提前进入生产的情况下,从生产当中产生的。这些费用归结为在生产过程期间被推动的工人的剩余劳动或者无酬劳动,也就是说,归结为工人用自己的人身支付而非资本家从自己的钱袋中支付的费用。但是,投在工资上的资本出现在资本家的投入中,而在工资的形式上[7],所有在商品生产期

(7)①

①　参看本卷第 533 页脚注(3)。——编者注

间完成的劳动都表现为**有酬**劳动。只要劳动力的价值或者说价格以**工资**的转化形式表现出来,剩余价值就必然以**利润**的转化形式表现出来。**131**

因此,由于在生产过程中发生的价值变动不能归因于资本的实际可变部分,就必定归因于预付总资本。++**132**

因此,商品成本价格和商品价值之间的区别表现了一种事实关系。这种区别的基础在于,资本主义的商品生产者并不是实际的生产者。资本家认为剩余价值即商品价值超过成本价格的余额产生于预付**总资本**,这种观念也在下述意义上有一种实际依据,即生产资料——不变资本部分——不仅仅用于生产使用价值,而且还用于占有他人劳动,也就是说,在资本主义价值增殖过程中执行一定的职能。生产资料作为**资本**的存在是劳动力并入资本的条件。

[6]我们假定这样一种情况,即为生产而预付的资本只由投在劳动力上的资本构成,在我们的例子中,预付资本就从 $c_{400}+v_{100}$ 减至 v_{100}。这个 100 镑的资本价值,尽管它构成预付资本或者投入资本的组成部分,但完全不作为要素进入实际执行职能的**生产资本**。在生产过程中代替这个资本价值,因而作为生产形式上的资本的组成部分出现的,是创造价值的要素,即在 $666\frac{2}{3}$ 个十小时工作日期间被耗费的劳动力。这个劳动力形成一个 200 镑的商品价值。作为资本预付(资本投入)和作为**生产资本要素**,我们拥有的是两种截然不同的东西,一方面是一个既定的价值,另一方面是形成价值的力量,即劳动。因此,如果可变资本构成**资本预付**的组成部分的形式,就是可变资本进入商品的实际**价值形成过程**的形式,那么剩余价值与资本可变部分的关系,就和剩余价值与资本不变部分的关系一样。剩余价

值同样地产生于资本可变部分与资本不变部分,因为它们都是资本
预付。至于不变资本,实际上它出现在商品的价值形成过程中时,和
它原来以资本预付的形式出现时一样,也就是作为在生产过程之前
就**既定的**价值量。在实际的劳动过程中,生产资料以不同的方式作
为产品形成要素执行职能,作为劳动资料和生产材料。但是,它们转
移到产品中的价值,只是它们在进入生产过程中时就具有的价值。
作为价值增殖过程的要素,它们保留着自己作为预付资本要素的特
征,即既定的价值这种特征。但是,可变资本作为预付资本的组成部
分的表现形式,使它与不变的资本部分等同起来,而不是使它区别于
不变的资本部分。预付在劳动力上的资本必然表现为预付在**工资**上
的资本,或者说,劳动力的价值或与之发生偏离的劳动力价格,必然
表现为所完成劳动的价值或与之发生偏离的所完成劳动的价格。在
我们的例子中,十小时工作日的价值或价格 $= \dfrac{100 \text{ 镑}}{333\frac{1}{3} \text{个工作日}}$,根
据这个公式,3 先令,劳动力的价格即 5 小时的价值产品,表现为一
个工作日的 10 个小时的价格,或者说,表现为创造出一个 6 先令价
值的这些劳动的工资。[8]

因此,假如预付资本不是由预付在生产资料上的 400 镑和预付
在工资上的 100 镑构成,而是只由预付在工资上的 100 镑构成,那
么,剩余价值仍然和以前一样,会以利润的形式表现出来,也就是说,
表现为只要一个资本价值以生产资本的形式被预付,就会以一种神

---

(8)　第一卷第 525 页及以下几页。①

①　参看《马克思恩格斯全集》中文第 2 版第 42 卷第 553—554 页。——
编者注

秘的方式产生的价值增加额。作为工资,资本的可变部分进入价值增殖过程的方式,似乎和生产资料的价格完全一样。所有在生产过程中耗费的劳动都在工资上得到了支付,因而构成资本预付的部分,并在商品的**成本价格**中再现出来;同样,所有在产品中消耗的生产资料的价格都得到了支付,构成资本预付的部分,并由此在商品的成本价格中再现出来。因此,一方面,就预付资本的不同价值组成部分,即所消耗的生产资料的价格以及所使用的劳动的价格,构成商品的成本价格而言,它们似乎以同样方式构成商品的成本价格。它们以同样的方式进入商品的价值形成过程。所以,另一方面,就它们参与剩余价值的形成而言,它们必定同样以相同的神秘方式参与剩余价值的形成。

　　成本价格构成商品的**最低价格**。如果商品低于它的成本价格出售,生产资本中已经消耗的组成部分,就不能全部由出售价格得到补偿。如果这个过程继续下去,预付资本就会消失。从这个观点来说,资本家就乐于把成本价格看做商品的真正的**内在价值**,因为单是为了保持他的资本,成本价格已是必要的价格。①况且,商品的成本价格还是资本家自己为了生产商品而支付的**购买价格**,因而是由商品的生产过程本身决定的购买价格。因此,在资本家面前,在商品出售时实现的价值余额或剩余价值,很容易就表现为**商品的出售价格超过它的价值的余额**,而不是表现为**它的价值超过它的成本价格的余额**,因而商品中包含的剩余价值好像不是通过商品的出售来实现,而

---

　① 从本段这句话至手稿结尾的内容,被恩格斯编入《资本论》第三卷第一章(参看《马克思恩格斯全集》中文第 2 版第 46 卷第 45—48 页)。——编者注

是从商品的出售才产生的。①关于这种错觉,我们在第一卷第二章第
2节②已经作了详细的论述,现在,我们回头看一下托伦斯③等人在
把这种错觉看成政治经济学超过李嘉图的一个进步时再次提出的那
种说法。

托伦斯说:

"自然价格由生产费用构成,或者换句话说,由生产或制造商品时的资本支
出构成,它不可能包含利润。一个租地农场主支出 100 夸特谷物,而收回 120
夸特,这 20 夸特就构成他的利润;如果把这个余额或利润叫做他的支出的一部
分,不是荒谬的吗?……同样,一个工厂主获得一定量的成品作为收入,这些成
品的交换价值高于它的材料等的价值。"(9)

托伦斯由此得出结论说,出售价格超过成本价格的余额或利润
的产生是由于:消费者

"通过直接的或间接的〈迂回的、曲折的〉交换付出的部分,大于生产商品时
所耗费的资本的一切组成部分。"(10)

实际上,超过一个定量的余额,并不形成这个一定量的一部分,因
而,利润,商品价值超过资本家的支出的余额,也绝不可能形成他自己

---

(9)　罗·托伦斯《论财富的生产》1821 年伦敦版第 51—53 页,散见
各处。④

(10)　同上,第 70—71 页。**133**

---

①　关于这句话,参看《马克思恩格斯全集》中文第 2 版第 39 卷第 66 页。——
编者注

②　同上,第 42 卷第 148—155 页。——编者注

③　同上,第 39 卷第 67 页。——编者注

④　同上,第 35 卷第 81 页。另外参看本卷第 197—198 页。——编者注

的支出的一部分。因此，如果除了资本家预付的价值，再没有任何别的要素加入商品的价值形成，那么我们就不明白，怎样会从生产中得出一个比加入生产中的价值更大的价值，不然的话就是无中生有了。但是托伦斯只是用从商品生产领域转移到商品流通领域的办法，来逃避这个无中生有的创造**134**。托伦斯说，利润不可能从生产中产生，否则，它就包含在生产费用中了，因而也就不是超过这个费用的余额了。**拉姆赛**反驳说，如果利润不是**在**商品交换**以前**就已经存在，它也就不能从[7]商品的交换中产生出来。①互相交换的产品的**价值总额**，显然不会通过产品的交换而改变，因为这个价值总额本来就是这些产品的价值总额。这里应当指出，**马尔萨斯**明确地以托伦斯的权威意见作为根据(10)，虽然他自己对于商品高于它的价值出售这个问题，提出过不同的解释，或者不如说没有作过什么解释，因为所有这类论证，实际上和施塔尔的**燃素有负重量**的说法**136**，完全是一路货色。

　　在资本主义生产占统治地位的社会状态内，非资本主义的生产者也受资本主义观念的支配。以对现实关系具有深刻理解而著名的**巴尔扎克**，在他最后的一部小说《农民》里，切当地描写了一个小农为了获得一个高利贷者对自己的厚待，如何白白地替高利贷者干各种活，并且认为，他这样做，并没有向高利贷者献出什么东西，因为**他自己的劳动不需要花费他自己的现金**。这样一来，高利贷者却可以一

---

(10)　马尔萨斯《政治经济学定义》，卡泽诺夫编，1853年伦敦版第70—71页。**135**

---

①　参看乔·拉姆赛《论财富的分配》1836年爱丁堡—伦敦版第184页，《马克思恩格斯全集》中文第2版第42卷第153页。——编者注

箭双雕。他既节省了工资的现金支出,同时那个由于无法在自有土地上劳动而日趋没落的农民,越来越深地使自己陷入高利贷的蜘蛛网中。①

有一种糊涂观念以为,商品的成本价格构成商品的现实价值,而剩余价值是由于商品高于价值出售产生的,因而,只要商品的出售价格等于它的成本价格,也就是等于在它上面消耗的生产资料的价格加上工资,商品就是按照它的价值出售的。这种糊涂观念,被那个惯于用科学招牌来招摇撞骗的**蒲鲁东**②吹嘘为新发现的社会主义秘密,并引入法国工人中间。把商品价值归结为商品成本价格,实际上就是他的**人民银行137**的基础。以前已经指出,产品的不同价值组成部分,可以表现在产品本身的各个相应部分上。例如$^{(11)}$,假定 20 磅棉纱的价值是 30 先令,即 24 先令代表生产资料,3 先令代表劳动力,3 先令代表剩余价值,那么这个剩余价值就可以表现在产品的 $\frac{1}{10}=2$ 磅棉纱上。如果这 20 磅棉纱按照它的成本价格即 27 先令的价格出售,那么买者就可以白得 2 磅棉纱,或者说,商品就是低于它的价值 $\frac{1}{10}$ 出售的;但是工人仍然完成了他的剩余劳动,不过不是为资本主义的棉纱生产者完成,而只是为棉纱的购买者完成。认为只要**一切**商品都按各自的成本价格出售,结果实际上就会和一切商品都**高于**各自的成本价格但**按**各自的价值出售一样,这是完全错误的。

---

(11)　参看第一卷第 189 页。③

---

① 　参看巴尔扎克《农民》第 13 章《农村高利贷者》。——编者注
② 　参看马克思 1865 年 1 月 24 日给约·巴·冯·施韦泽的信(《马克思恩格斯全集》历史考证版第 1 部分第 20 卷第 67 页)。——编者注
③ 　参看《马克思恩格斯全集》中文第 2 版第 42 卷第 216—217 页。——编者注

因为,即使劳动力的价值、工作日的长度和劳动的剥削程度都相等,不同种类商品的价值中包含的剩余价值量,也仍然会由于生产这些商品所预付的资本的有机构成不同而极不相等。[12]

---

(12) "在劳动力的价值已定和劳动力受剥削的程度相同的情况下,不同的资本所生产的价值量和剩余价值量,同这些资本的可变组成部分即转化为活劳动力的组成部分的量成正比。"(第一卷第 285 页)[1]

---

① 见《马克思恩格斯全集》中文第 2 版第 42 卷第 310 页。——编者注

注　释

索　引

注　释

1　在《关于剩余价值率和利润率的计算的札记》中，马克思通过数字例证的计算，说明了资本有机构成变化引起剩余价值率和利润率发生变化的情况。路·库格曼在札记最后写了一段话，说明在生产资料上的投资增大，利润率会降低。但是，尽管如此，剩余价值率有可能会提高，也就是说，工人的剥削程度可能会提高。

　　显然，马克思是在向库格曼或其他人讲解剩余价值率和利润率这两个范畴的不同社会经济内涵时写下了这则札记。这很可能发生在马克思拜访库格曼一家人期间。由此推测，这则札记可能写于 1867 年 4 月 16 日至 5 月 15 日之间。在此期间，马克思为了校对《资本论》第一卷的清样在汉诺威逗留。在校对清样之余，马克思还根据库格曼的安排会见了一些当地人士。另一个可能的写作时间是 1869 年 9 月 18 日至 10 月 7 日之间，马克思此时第二次拜访库格曼，并会见了其他人。因此，除了库格曼本人，马克思见过的所有人都可能在交谈时促成了这则札记的写作。——5。

2　《第三册第一章〈剩余价值转化为利润。利润率〉(第一草稿)》是一篇不到两页的片断稿，是四篇主题相同的片断稿中的第一篇。根据考证，它的写作时间可能是 1867 年 6 月 26 日—27 日。在对《资本论》第三册主要手稿（第 I 稿）第一章进行编辑加工的过程中，马克思写下了关于第三册第一章第(1)节《成本价格和利润》的第一篇片断稿。它与其他三篇片断稿的区别在于，马克思并不是有意将其作为可以付排的誊清稿来写作，而是为了自己弄清问题，并且第二页没有写完就中止了写作。从理论内容来看，这篇手稿的形成过程与马克思 1867 年 6 月 27 日给恩格斯的两封书信联系十分紧密，这也是推断该手稿写作时间的重要依据之一。正是由于其形成过程的独特之处，这篇片断稿的标题与另外三篇片断稿也有所不同。这些情况就解释了为什么它与《资本论》第三册主要手稿第一章开头部分存在细微区别,包括章节的标题和所选择的资本预付的例证。恩格斯在整理出版《资本论》第三卷时没有利用这篇手稿,他在手稿第1页写下了"没有使用"的字样。——11。

3 在手稿中,马克思在这里删掉了下面的内容:

"另一方面:商品**使资本家耗费**的东西和**商品的生产本身耗费**的东西,是两个完全不同的量。商品价值中由剩余价值构成的部分**不需要资本家耗费什么东西**,因为它耗费的只是工人的**无酬劳动**。

商品的成本价格**小于**商品的价值。既然 $w=k+m$,那么 $k=w-m$,或者说,**成本价格=商品价值减去包含在它当中的剩余价值**。但是,商品价值表达了商品的实际生产费用,也就是说,表达了这样一个**劳动总量**:为了既要生产出商品的生产资料,又要将这些生产资料转化为一个新产品,必须要耗费这样一个劳动总量。因此,初看上去,似乎将商品价值即商品的实际生产费用的一个单纯部分命名为商品的**成本价格**的做法是随意的和荒谬的。但是,商品价值的一部分即剩余价值**不需要资本家耗费什么东西**,因为它耗费的只是工人的**无酬劳动**。所以,商品使资本家耗费的东西和**商品的生产本身耗费**的东西,是完全不同的量。商品的资本主义费用确实不同于商品的价值,也就是说,不同于商品的实际费用。商品的实际费用是用**劳动的耗费**来计量的,商品的资本主义费用是用**资本的耗费**来计量的。在商品价值只补偿**商品生产者**的费用的限度内,商品价值构成**成本价格**。但是,在资本主义生产的基础上,资本家是实际的商品生产者,而雇佣工人相反则是生产资本的单纯成分。所以,商品的成本价格**对于资本家来说**是商品的成本价格,而且是不同于商品价值的成本价格。假如商品的成本价格等于商品的价值,那么就不会存在剩余价值,不会存在预付资本的价值增殖,从而不会存在资本主义生产。"——16。

4 在手稿中,这句话中从"那么"至此的内容,马克思原来写的是:"那么,这只是就在资本的生产过程中发生的变化而言的,而只有在100镑的资本预付被用它所购买的劳动力取代之后,这种变化才会发生。在资本预付内部,所表现的和以前一样——是这些劳动力的既定价格100镑。"——19。

5 《第三册第一章〈剩余价值转化为利润和剩余价值率转化为利润率〉(第二草稿)》是有关第三册第一章开头部分的第二篇片断稿,可能写于第一草

稿完成之后不久,更确切地说是 1867 年 9 月。这时马克思已经完成了
《资本论》第一卷清样的校对和修改工作。从内容上看,这篇片断稿与第
一草稿区别不大,马克思可能打算对第一草稿进行誊抄,所以手稿也只有
两页。值得注意的是,与第一草稿相比,第一章的标题发生了变化,第一
草稿结尾处关于庸俗经济学的论述也从正文变为脚注的内容。手稿第 1
页上有恩格斯所写的"没有使用"的字样。——21。

6 在手稿中,马克思在这里删掉了下面的内容:"即使我们知道,一个商品价值的 $\frac{5}{6}$ 只构成商品的成本价格,即只够补偿在商品生产上所耗费的资本,我们由此还是既不会知道,商品价值的这 $\frac{5}{6}$ 是怎样生产出来的,也不会知道,商品价值超出这 $\frac{5}{6}$ 以外的余额是怎样生产出来的。"——24。

7 在手稿中,马克思在这里删掉了下面的内容:

"产品价值=c_{400} 的那部分不仅补偿耗费的 400 镑资本价值,而且同时还是一个只通过这个资本**追加**到产品中**的价值部分**。生产资料的价格通过劳动过程从其自身转移到产品中,因此作为商品价值的部分再现出来。所以很清楚,随着预付的资本部分 c 增加或减少,从而也随着由这个资本部分追加到产品中的价值部分 c 增加或减少,不仅成本价格的**绝对量**,而且总商品价值=**c+新生产的 200 镑价值**的绝对量必定也会增加或减少。反过来,相比之下,商品价值 c+新生产的 200 镑价值的绝对量绝不会受到下面这种情况的影响:随着同量劳动力的价格提高或降低,这 200 镑中有一个更大或更小的部分[2]需要用来补偿所投入的可变资本部分,从而进入商品的成本价格。而同量劳动力价格的单纯提高或降低所造成的结果无非就是,需要更多或更少的新价值来补偿可变资本。可变资本是由产品的新生产的价值部分来补偿的,但是,可变资本根本**不会**向这个产品**追加**任何价值。

产品价值的一个部分即 c_{400} 不仅补偿耗费在生产资料上的资本 c_{400}。这个部分同时还是一个由这个资本价值本身**追加**到产品中去**的价值部分**。劳动过程中消耗的生产资料的价格从生产资料本身转移到产品中去,因此作为产品价值的一个要素再现出来。因此,按照这些生产资料的绝对价值量的变化,或者说,按照资本部分 c 的绝对价值量的变化,一个更大或更小的价值组成部分=c 会追加到产品中去。"——25。

8 在手稿中,马克思在这里删掉了下面的内容:"反过来,200 镑新价值的量,

从而还有商品价值＝c＋**200镑新价值**的绝对量，不会受到劳动力价格即可变资本部分 v 的增加或减少的影响。这个资本部分会由商品价值来**补偿**，但它不是商品价值的一个要素。它并不向产品追加它自身的价值。"——26。

9 《第三册第一章〈剩余价值转化为利润和剩余价值率转化为利润率〉（第三草稿）》是马克思撰写第三册第一章的第三次尝试。第二草稿只有两页，马克思无论如何都要继续推进写作，即便只是为了自己弄清楚问题。第三草稿的大部分内容可能是紧接着第二草稿写成的，即 1867 年 9 月—10 月。最后几页则可能是在几个月之后，也就是 1868 年春才写成。

这篇手稿分成若干部分，可能是在不同的时间写成。手稿前三页主要以第二草稿为底稿。在间隔一段时间以后，马克思写下第 4—6 页，这部分先是对前三页的一些内容进行誊抄和重写，然后开始探讨新的问题。在这之后，写作中断了较长时间。第 6 页从"＋＋关于第（3）页"（见本卷第 46 页）这段增补开始直到手稿结尾与第四草稿的写作联系密切（见注 132），可能"〔第（1）篇开头部分〕"（见本卷第 48—52 页）这部分内容是在写作第四草稿前才写成的，起到了后者底稿的作用。从手稿第 4 页开始，马克思就将注释放在正文中，这说明他已经意识到这篇手稿的临时性质。

恩格斯将这篇片断稿命名为"第 III 稿"。1885 年 10 月—11 月，在编辑《资本论》第三册"第一篇初稿"（见《马克思恩格斯全集》历史考证版第 2 部分第 14 卷第 172—183 页）的过程中，恩格斯利用了这篇手稿。最终恩格斯将这篇手稿的部分内容编入《资本论》第三卷第一章《成本价格和利润》（见《马克思恩格斯全集》中文第 2 版第 46 卷第 30—48 页）。——29。

10 在手稿中，马克思在这里删掉了下面这句话："在这两个场合，可变资本的绝对数量变化无非表示劳动力的价格的变化，与这种绝对的数量变化相应的，只是新生产的 200 镑价值的两个组成部分的相对量的变化，而这两个组成部分中的一个形成剩余价值，另一个**补偿**预付可变资本，**从而进入成本价格**。"——36。

11 在手稿中，马克思在这里删掉了下面的内容："不仅成本价格表现为商品价值中一个**补偿**所耗费的资本价值的总额的组成部分，而且所耗费的资

本的价值总额同时表现为一个进入价值生产,从而创造商品的**成本价格**
的**价值要素**。成本价格表现为一个涉及商品价值形成本身的范畴。"——
37。

12 在手稿中,马克思在这里删掉了下面的内容:"在我们的例子中,100镑可
变资本是 $333\frac{1}{3}$ 个十小时工作日的价值产品。在工资的形式下,这100
镑表现为在 $666\frac{2}{3}$ 个工作日内被推动的劳动的价值,或者说,3先令,也就
是5小时劳动的价值产品,表现为十小时劳动即生产一个6先令价值的
劳动的价值。而如果我们现在比较一下一方面的**资本耗费**,以及另一方
面的**商品价值**,我们就会发现:"——37。

13 在手稿中,马克思在这里删掉了下面的内容:
　　"这样一来,资本预付的**不变**组成部分和**可变**组成部分之间,在我们
的例子中就是 c_{400} 和 v_{100} 之间的区别就消失了。如果作为500镑资本预
付的单纯部分来考察,实际上购买劳动力所投入的100镑是一个不变量,
完全就像购买生产资料所投入的400镑一样。后者是1 $333\frac{1}{3}$ 个十小时
工作日的价值产品,前者是 $333\frac{1}{3}$ 个十小时工作日的价值产品。所以,
400镑支付生产资料的既定价值,100镑支付劳动力的既定价值。但是,
购买劳动力所预付的资本部分100镑从劳动力的既定价值转化为形成价
值的劳动力,这个形成价值的劳动力在 $666\frac{2}{3}$ 个工作日当中进行劳动,所
以生产出一个200镑的新价值,用来取代它自身的100镑价值,而这100
镑价值是 $333\frac{1}{3}$ 个工作日的价值产品。将购买劳动力所预付的资本部分
100镑称为可变资本,也是为了表明这个资本部分作为实际执行职能的
生产资本的要素,从而在生产过程本身当中,发生了变化,不同于它原来
在资本预付当中的样子。劳动力并不是通过它的价值在生产过程中——
从而在实际处于过程中的生产资本当中——发挥作用,而是通过它作为
价值形成的职能,通过它的劳动职能在其中发挥作用。因此,将资本预付
的这个组成部分称为可变资本就是正当的,其目的在于,(1)表明这个资
本部分作为预付的一部分存在与它作为执行职能的生产资本的一部分存
在是有区别的,它作为生产资本的价值的一部分存在与它作为处于价值
增殖过程中的生产资本的一部分存在是有区别的,(2)表明这个价值在产
品中被一个大于它自身的新价值补偿;表明劳动力通过它自身的过程提
供一个更大的价值,一个比为了将劳动力并入生产过程而支付的价值更

大的价值。

这样一来,资本预付(所投入的资本)的不变组成部分与可变组成部分之间的区别就消失了。劳动力的价值,在我们的例子中是一个 100 镑的既定价值,和生产资料的价值是一个 400 镑的既定价值完全一样,而劳动力的价值之所以被称为**可变的**资本部分,恰恰是因为它在实际的生产过程中不再是它作为资本预付的一部分时的样子,恰恰是因为它发生了变化。劳动力的价值本身是 $333\frac{1}{3}$ 个工作日的价值产品,而且它在资本预付中就表现为这样,而在实际的生产资本中,也就是说,在生产过程本身当中,取代劳动力的价值的是活动的劳动力,活动的劳动力在 $666\frac{2}{3}$ 个工作日内作为劳动被消耗,从而形成一个 200 镑的新价值。但是,只要劳动力的价值获得的是工资形式,也就是说,获得的不是劳动力的价格形式,而是劳动力的职能即劳动本身的价格形式,预付的 100 镑资本即 $333\frac{1}{3}$ 个工作日的价值产品,表现为在生产过程本身当中在 $666\frac{2}{3}$ 个工作日内被推动的劳动的价值或价格,或者说,3 先令,也就是 5 小时劳动的价值产品,表现为十小时的日劳动的价值。"——38。

14 这里的"成本价格"的原文为 Kostpreis,而 Kostpreis 这一术语在《资本论》早期手稿中被译为"费用价格"。正像马克思在《政治经济学批判(1861—1863 年手稿)》第 XIV 笔记本第 788—790 页和第 XV 笔记本第 928 页(见《马克思恩格斯全集》中文第 2 版第 35 卷第 83—87、374—375 页)指出的那样,"费用价格"具有三种不同的意义:(1)同商品的价值一致的商品的"内在生产费用"(c+v+m)(同上,第 33 卷第 74 页);(2)生产价格(c+v+平均利润)(同上,第 36 卷第 172 页);(3)等同于资本家的生产费用(c+v)(同上,第 40、76、195、248、254 页)。这里,Kostpreis 可能是"费用价格"的意思,而且是用在第二种意义上,也就是"商品的生产价格"的意义上(同上,第 46 卷第 34、184 页)。这一术语在"资本家的生产费用"的意义上译做"成本价格",因此本卷中的 Kostenpreis 或 Kostpreis 一般译为"成本价格"。——39。

15 在手稿中,马克思在这里删掉了下面的内容:

"因此,我们目前在这里看到的利润,和剩余价值是一回事,不过它具有一个**神秘化的**形式,而这个神秘化的形式必然会从资本主义生产方式中产生出来。因为在成本价格的表面的形成上,不变资本和可变资本之间的区别看不出来了，所以在生产过程中发生的价值变化的起源，必然从可变的资本组成部分转移到预付的总资本上面。因为在劳动力的购买上所投入的可变的资本部分表现为**劳动本身的价格**，从而看起来和所耗费的不变的资本部分一样，按照相同的方式进入成本价格的**形成**，所以，超过这个成本价格的余额即剩余价值必然看起来是从预付的总资本当中产生的。因为在一极上，劳动力的价格表现为**工资**这个转化形式，所以在另一极上，剩余价值必然表现为**利润**这个转化形式。"——46。

16　在手稿中，马克思在"〔第(1)篇开头部分〕"这个标题之后删掉了下面的内容：

"按照资本主义方式生产的商品的价值公式是 $w=c+v+m$。在价值总额 $c+v+m$ 中，c 补偿所耗费的不变资本或所消耗的生产资料的价值，v 补偿所耗费的可变资本或所使用的劳动力的价值，而 m 即剩余价值，则构成**产品价值超过**在产品的生产上**所耗费的资本**的**价值总额的余额**。如果我们从这个产品价值中减去剩余价值，那么，我们就会**在产品中**得到一个在**生产要素**上耗费的资本价值 c+v 的**等价物**或**补偿价值**。$c+v+m-m=c+v$。通过商品的流通过程，商品的一个价值组成部分 $=c+v$ 确实也不断地从商品形式再转化为生产资本的形式。

如果生产某一商品耗费资本 500 镑，即劳动资料的损耗 20 镑，生产材料 380 镑和劳动力 100 镑。如果所使用的劳动力的剥削程度为 100%，那么，作为生产过程的结果，我们会得到一个 600 镑的商品价值 $=c_{400}+v_{100}+m_{100}$。这个价值的六分之五 $=c_{400}+v_{100}$ 只是构成已经耗费的资本 500 镑的等价物或补偿价值。商品的生产使资本家花费 500 镑资本支出，商品价值的六分之五 $=c_{400}+v_{100}$ 只是补偿这些费用。正如我们所看到的，**商品的生产使资本家耗费**的东西和**商品的生产本身所耗费**的东西，是两个完全不同的量。我们假定，一个十小时的社会平均工作日表现为一个 6 先令的货币额。这样一来，在我们的例子中，600 镑的商品价值即 2 000 个十小时工作日的价值产品，就耗费了资本家 500 镑即 $1\ 666\frac{2}{3}$ 个工作日的价值产品。商品价值的六分之一构成 100 镑剩余价值，这个六分之一和商品价值的任何其他六分之一一样，使得劳动力在 $333\frac{1}{3}$ 个十小时工作日内进行耗费。它耗费了工人 $3\ 333\frac{1}{3}$ 个小时的无酬劳动，而正因为如此，它不耗费资本家一文资本。"

另外，从此处至手稿结束的内容，参看本卷第 31—37 页。——48。

17　《第二册〈资本的流通过程〉第一章开头部分》可能写于 1867 年 10 月。从 1867 年 9 月起，马克思开始尝试从《资本论》第二册第 I 稿（见《马克思恩格斯全集》中文第 2 版第 38 卷第 167—444 页）中整理出一份付排稿。本手稿是马克思的第一次尝试。马克思写到第 4 页就中止了写作，因此这篇手稿只涉及第二册第一章《资本流通》的第（1）节《资本的形态变化》。这 4 页手稿每一页上半部分都是以第 I 稿为基础写成的草稿，并经过多次修改。而在每一页的下半部分，马克思尝试将上半部分的内容择要直接予以誊抄，誊抄部分出现的脚注也与草稿保持一致，每页手稿的脚注内容没有进行誊抄。不过，马克思往往又立即对誊抄稿进行润色和删改，因此本手稿通篇遍布着各种修改和删除痕迹。马克思在写作《资本论》第二册第 IV 稿的过程中利用了本手稿的誊抄部分。

　　《资本论》前三卷构成一个严密的逻辑整体，分别研究资本的生产过程、资本的流通过程和总过程的各种形态。这就要求三卷在内容上相互呼应、叙述上彼此衔接。但是，《资本论》第一卷已经单独出版。马克思面临着一个"结构上"的难题：如何从第一册的论题顺畅地过渡到第二册的论题。由于马克思在《资本论》第一卷结尾宣告了资本主义生产方式的历史命运，这使他接着在第二册中对持续进行的资本循环进行分析面临困难。这篇手稿充分表明了这种困难。1876—1880 年，马克思就第二册第一章开头部分的写作作过多次尝试，留下一系列手稿（参看《马克思恩格斯全集》历史考证版第 2 部分第 11 卷第 549—697 页）。——53。

18　关于全部预付资本转化为新商品量的假定，采自《资本论》第二册第 I 稿第 4 页（见《马克思恩格斯全集》中文第 2 版第 38 卷第 172 页）。在 1877 年写成的《〈资本论〉第二册早期文稿中待用的段落（第 I—IV 稿）》这篇准备稿的第 7 页和第 16 页（见《马克思恩格斯全集》历史考证版第 2 部分第 11 卷第 526、543 页），马克思记下了《资本论》第二册第 I 稿和第 IV 稿关于全部预付资本转化为新商品量的假定。在《资本论（1863—1865 年手稿）》所包含的《资本论》第一册第六章《直接生产过程的结果》这篇手稿第 446 页（见《马克思恩格斯全集》中文第 2 版第 38 卷第 37 页），马克思提到了这个假定。——55、59、390。

19　关于本段最后这两句话，马克思在手稿中先写的是："所生产的商品量的**价值**高于在这个商品量的形成中消耗的商品的价值。"然后，马克思将其改写为:"所生产的商品的价值量高于在这些商品的形成中消耗的商品的价值量。因此,所生产的商品的**价格总额**所代表的货币多于最初在这些商品的生产要素的价格上所预付的货币。"最后,马克思将其改为正文中的表述。——59。

20　关于马克思打算用更方便的方式书写价值公式的想法,参看《资本论》第二册第一章开头部分(本卷第 60 页)和第二册第 IV 稿第 2 页(本卷第 393页),以及《资本论》第二册第 II 稿第 2 页(《马克思恩格斯全集》历史考证版第 2 部分第 11 卷第 7 页)。在 1868 年 4 月 22 日给恩格斯的信中,马克思结合第 II 稿中的论述表达了同样的想法,恩格斯在同年 4 月 26 日的回信中对此做了回复。——60、393。

21　在手稿中,马克思在这里删掉了下面的内容:"〔资本家在每磅棉纱上实现 $1\frac{4}{5}$ 便士的剩余价值,或者说,在 8 000 磅上实现 60 镑的剩余价值,并不是因为他将这些棉纱**高于**其价值卖出,而是因为他将棉纱**按**其价值卖出,因为他将商品价值形式的等价物转化为货币形式的等价物,也就是说,因为他将商品价值转化为它的货币等价物。〕"——60。

22　在手稿中,马克思在这里删掉了下面的内容:

　　　"资本家[3]在生产过程当中使他的商品孕育了剩余价值,他对于所**出售**的商品价值只是**支付了**一部分。8 000 磅棉纱的价值是 600 镑,但这些棉纱只**花费了**他 540 镑。因此,他在出售这些棉纱时实现一个 60 镑的剩余价值,并不是因为他将这些棉纱**高于其价值**卖出,而是因为他将棉纱**按其价值**卖出。在他的商品**价值**无论是和货币,还是和其他商品进行交换时,问题都在于用价值补偿价值,而不在于这个价值如何落入他手中的那些条件。剩余价值作为商品价值的一部分已经存在。出售只是将剩余价值从商品形式转化为货币形式。"——61。

23　克·比沙在他的著作《生与死的研究》1800 年巴黎版中区分了有机生命和动物生命。有机生命是躯体内部不断进行的所有吸收和排泄的过程,需要借助血液循环完成,构成整体的物质循环的一部分。相对而言,动物生命表示躯体与环境的能动关系,这是与感官知觉和意志表达联系在一起的。黑格尔在其著作中提到过比沙,因此马克思可能了解这个人,但此前从未提到过他。不过,在《资本论》第三册主要手稿第 37 页,有一个比喻显然是借用了比沙的说法。马克思说,资本进入流通"可以说会从它的内

部的有机生命,进入外部的生活关系"(见《马克思恩格斯全集》中文第 2
版第 39 卷第 66 页)。——64、395。

24　"海盗和海盗莫相残"是一句西班牙谚语,马·雷尼埃在《讽刺诗 XII。致
弗雷米内先生》结尾处引用了这句谚语,将其翻译为法语:"海盗相残,一
事无成"。马克思在 1867 年 10 月 19 日给恩格斯的信中向他推荐了雷尼
埃的讽刺诗,并且在信中大段地抄录原诗。《资本论》第二册第 II 稿第
2—3 页(见《马克思恩格斯全集》历史考证版第 2 部分第 11 卷第 9 页)也
引用了这句西班牙谚语和雷尼埃的诗句。——66、68、397、398。

25　在手稿中,马克思在这里删掉了下面的内容:"这个价值额原来是 540 镑
货币,它现在是 8 000 磅棉纱。8 000 磅棉纱的价值在 600 镑的棉纱**价格**
中仅仅具有观念上的货币形式。这个价格必须通过出售来实现。商品出
售是一种流通行为。"——67。

26　"你们,不是为了你们自己"(Vos, non vobis)出自维吉尔的《警言诗》:"你
们,鸟儿们,作巢不是为了你们自己;你们,绵羊们,蓄毛不是为了你们自
己;你们,蜜蜂们,酿蜜不是为了你们自己;你们,犍牛们,拉犁不是为了你们
自己"。这句话在这里的意思是"你们工作,却不是为了你们自己"。——
68、397、398。

27　《〈资本论〉第二册按主题挑选的引文摘录》的主要内容是有关资本周转的
引文摘录,而资本周转是马克思在《资本论》第二册第二章考察的对象。
马克思的摘抄方法是,先在手稿中写下关键词,并预留出一定空白位置,
然后将查找到的合适引文抄写上去。除了资本周转,马克思还从以前的
手稿中摘录了关于再生产(例如价值补偿)的论述,以及手稿中一些论述
要点(例如关于生产过剩和资本过剩)。每条札记都附有《政治经济学批
判(1861—1863 年手稿)》所属的某个《补充笔记本》或者其他摘录笔记本
的出处和原著出处。这里涉及的《补充笔记本》的形成过程如下:1863 年
5 月—6 月,在写作《政治经济学批判(1861—1863 年手稿)》最后几个笔
记本的过程中,由于疾病困扰,马克思不能正常工作,于是转而进行阅读
并摘录原文的工作,从大约 150 部经济学著作中作了摘录,逐渐写成了共
计约 700 页的 8 个笔记本。后来,马克思将这 8 个笔记本统一命名为《补
充笔记本》,并编为 A 至 H。马克思在这篇摘录中就利用了其中的《补充
笔记本 A》《补充笔记本 C》《补充笔记本 D》《补充笔记本 E》《补充笔记本

《G》等。

1865年上半年，马克思中断《资本论》第三册主要手稿(见《马克思恩格斯全集》中文第2版第39卷)的写作,在几周内写成《资本论》第二册第Ⅰ稿(同上,第38卷第167—444页)。在第二册第Ⅰ稿的写作过程中,马克思推迟了对许多问题的论述,甚至在《政治经济学批判(1861—1863年手稿)》(同上,第32—37卷)已经取得研究成果的情况下也是如此。其中涉及商品储备尽管绝对地增加但相对地减少这个问题,包括对问题本身的阐述,也包括对相关文献的梳理和引证(同上,第38卷第233页,另见本卷第87—88页)。此外,第二册第Ⅰ稿的许多注释并没有完成,马克思只是标好注码、记下要点(同上,第38卷第335、343页)。

本篇手稿中的札记并不是按照第二册第Ⅰ稿的范畴顺序系统处理上述有待探讨的问题。这篇手稿的写作过程可能是这样的:在通读第二册第Ⅰ稿之后,马克思转而利用《政治经济学批判(1857—1858年手稿)》的"总结材料",即《资本章计划草稿》《引文笔记索引》《我自己的笔记本的提要》(同上,第31卷第583—623页)。特别是《资本章计划草稿》在"Ⅱ.资本的流通过程"这个要点下罗列了大量第二册的关键词以及《政治经济学批判(1857—1858年手稿)》的相应段落。这些关键词与本手稿的关键词大部分一致。《引文笔记索引》使马克思能够方便地找到早期摘录笔记本中的相关段落。而对于《政治经济学批判(1861—1863年手稿)》以及它所属的各个《补充笔记本》来说,并没有这样的总结材料。不过,在《政治经济学批判(1861—1863年手稿)》最后两个笔记本中,标题为"[增补]"的部分是按主题整理好的文献札记,都与第二册和第三册有关,许多地方都指示参看《补充笔记本》(同上,第37卷第465—579页)。1865年写作第二册第Ⅰ稿时,马克思还来不及利用这些摘录,现在他将它们纳入了使用范围。本篇手稿前三页的札记都是采自《补充笔记本》,第一条和第二条札记甚至是直接采自《政治经济学批判(1861—1863年手稿)》第ⅩⅩⅢ笔记本,这些札记的内容都与重农学派有关。从第4页开始,马克思有时在一个关键词下只从一篇手稿中进行摘录,有时则将不同手稿中与同一主题有关的内容摘录到同一关键词下。

在某个时间,马克思停止了对摘录笔记本的通读和摘抄,也就没有将所有关键词下预留的空白处补充完整。1868年3月开始写作的一个摘录笔记本可以被看做是上述摘录过程的继续。马克思感兴趣的还是资本、固定资本和流动资本的定义,流动资本在换手和职能变换过程中的形式变换,还有资本回流等内容。此外,马克思还单独就斯密关于固定资本和流动资本的观点写下一份摘录(见本卷第499—528页)。

1867年年底至1868年春,马克思在写作《资本论》第二册第Ⅱ稿和第Ⅳ稿的过程中利用了本手稿的许多内容。在第Ⅱ稿和第Ⅳ稿中,引文被使用的起止范围都是从第一章至第二章开头部分。1877年3月—4月,马克思在搁置较长一段时间后重新着手第二册的撰写。作为准备工作,他先整理了早期所写手稿,撰写了《〈资本论〉第二册早期文稿中待用的段落(第Ⅰ—Ⅳ稿)》这篇准备性材料。在这篇准备性材料中,他总是提到"Ⅲ"即"第Ⅲ笔记本",也就是他在1877年3月底制作并编号为"Ⅲ"的文件夹。这个文件夹的封面上同时还有马克思写的"属于第二册"的字样。可能这就是所谓《资本论》第二册第Ⅲ稿的封面。本篇引文摘录被放入这个文件夹,后来也一直保存在其中。在上述准备性材料中,马克思在罗马数字"Ⅲ"后面标出的页码与本篇引文摘录的页码一致。1876—1877年,在协助恩格斯与欧·杜林展开论战的过程中,马克思利用了本摘录中尼·勃多对魁奈经济表进行阐释的内容。恩格斯在1884—1885年整理出版《资本论》第二卷的最后阶段也利用了这篇摘录。

马克思将一部分引文用在《资本论》第二册第Ⅳ稿当中。第Ⅳ稿第一章经考证可能写于1867年冬至1868年春,因此本手稿可能写于1867年秋冬。——71。

28　这则札记的关键词和关于西斯蒙第的内容,采自《政治经济学批判(1861—1863年手稿)》第XXIII笔记本第1418页(参看《马克思恩格斯全集》中文第2版第37卷第501页)。马克思在《补充笔记本C》第7—9页摘录了西斯蒙第的两卷集著作《论商业财富,或商业立法中运用的政治经济学原理》(1803年日内瓦版)。马克思在该笔记本第8页摘录了西斯蒙第这部著作第1卷第228—229页上的相关论述。

这则札记中关于施托尔希的内容采自《政治经济学批判(1861—1863年手稿)》第XXIII笔记本第1431页(参看《马克思恩格斯全集》中文第2版第37卷第525页)。马克思在《补充笔记本G》第6—8、53—61、114—116页摘录了施托尔希的著作《政治经济学教程,或论决定人民幸福的原理》(1815年圣彼得堡版)。马克思在该笔记本第56—57页摘录了施托尔希这部著作第2卷第127页的相关论述。——75。

29　马克思在《补充笔记本C》第29页摘录了弗·魁奈的著作《关于商业和手工业者劳动的问答》中"关于商业的问答"部分（载于《重农学派》1846年巴黎版第1部第145—184页），魁奈著作中第145—146页的两段论述与这则札记有关。在1868年写作《资本论》第二册第Ⅱ稿的过程中，马克思在一个脚注中附带批评了欧·杜林的看法，因为后者认为美国人亨·查·凯里第一个区分了贸易（Handel）和交换（Verkehr）（参看《马克思恩格斯全集》历史考证版第2部分第11卷第78—79页脚注（47））。马克思在批评杜林时使用了上述两段论述。1877年，马克思在《〈资本论〉第二册早期文稿中待用的段落（第Ⅰ—Ⅳ稿）》这篇手稿第12页提到了这则有关流通时间缩短的札记："流通时间的缩短。引文。Ⅲ，第1页。魁奈等人"（见《马克思恩格斯全集》历史考证版第2部分第11卷第534页）。——75。

30　马克思在《补充笔记本D》第74—78页和《补充笔记本E》第1—16页摘录了吉·勒特罗纳的著作《就价值、流通、工业、国内外贸易论社会利益。(1777年)》(载于《重农学派》1846年巴黎版第2部第885—1023页)。与这则札记相关的是《补充笔记本E》第13页上对这部著作第963页的一段摘录。马克思在1868年写作《资本论》第二册第Ⅱ稿的过程中没有注意到这段摘录，而是使用了《补充笔记本E》第11页上的一段内容（参看《马克思恩格斯全集》历史考证版第2部分第11卷第139页）。

　　马克思在《补充笔记本E》第111—117页和第125—139页摘录了梅尔西埃·德拉里维耶尔的著作《政治社会天然固有的秩序》(载于《重农学派》1846年巴黎版第2部第445—638页)。马克思在《资本论》第二册第Ⅱ稿中没有使用《补充笔记本E》第116、117页上的任何摘录内容，而是使用了第127页上的两段摘录（参看《马克思恩格斯全集》历史考证版第2部分第11卷第79页）。在手稿中，恩格斯用钢笔在"勒特罗纳"、"梅尔西埃·德拉里维耶尔"这两个人名下面写下了"属于第Ⅲ册"的标注。——75。

31　马克思在《补充笔记本C》第30—31页摘录了弗·魁奈的著作《关于商业和手工业者劳动的问答》中"关于手工业者劳动的问答"的内容（载于《重农学派》1846年巴黎版第1部第185—212页）。1876年年底至1877年年初，马克思将《补充笔记本C》第30页的一大段内容抄到与杜林进行论战的准备材料《评杜林〈国民经济学批判史〉。札记》中（见《马克思恩格斯全集》历史考证版第 1 部分第 27 卷第 139—140 页），其中包括本札记中这段文字。——76。

32　马克思在《补充笔记本 C》第 37—41 页和《补充笔记本 D》第 1—13 页摘录了尼·勃多的《经济表说明》（载于《重农学派》1846 年巴黎版第 2 部第 822—867 页）。"总生产或再生产"这个关键词与《经济表说明》第一章第 1 节的小标题一致（同上，第 822—823 页）。马克思在《资本论》第二册第 IV 稿第 52 页提了这则札记："参看勃多（《补充笔记本 C》第 37 页）"（见本卷第 487 页）。在《资本论》第二册第 II 稿第 56 页，马克思摘录了勃多著作第 823 页的一段引文，其中包含"总生产或再生产"这个关键词（见《马克思恩格斯全集》历史考证版第 2 部分第 11 卷第 137 页），这段引文也是采自《补充笔记本 C》第 37 页。——76。

33　马克思在《补充笔记本 C》第 38 页摘录了尼·勃多《经济表说明》的一段论述（载于《重农学派》1846 年巴黎版第 2 部第 825 页），提到原预付的维护、修理和不断更新，并用数字说明这些支出每年花费原预付的十分之一。不过在《资本论》第二册第 II 稿第 56 页，马克思没有摘录这段论述，而是以"原预付的维护、修理和更新"为小标题摘录了《补充笔记本 C》第 38 页上这段论述前面和后面的内容（见《马克思恩格斯全集》历史考证版第 2 部分第 11 卷第 137—138 页）。——76。

34　马克思在《补充笔记本 C》第 38 页上摘录了尼·勃多《经济表说明》中的一些论述（载于《重农学派》1846 年巴黎版第 2 部第 826 页），这些论述和经济表中计算原预付和年预付时使用平均估值和平均比例有关。在《补充笔记本 C》第 39 页，马克思在摘录了勃多的图表后再次确认："在经济表的所有计算中，数据是以好的农场的平均数为依据的"。在《资本论》第二册第 II 稿第 56 页，马克思只是简要提到第 826 页的引文："（平均估值……平均比例。第 826 页）"（见《马克思恩格斯全集》历史考证版第 2 部分第 11 卷第 138 页）。1877 年，在为《反杜林论》写作准备材料以及写作《资本论》第二册第 VIII 稿（见《马克思恩格斯全集》历史考证版第 2 部分第 11 卷第 698—828 页）的过程中，马克思再次研究了勃多的《经济表说明》，将《补充笔记本 C》第 38 页摘录的勃多著作的内容，以及《补充笔记本 C》第 39 页的这句话都抄到了《评杜林〈国民经济学批判史〉。札记》这篇准备材料中（见《马克思恩格斯全集》历史考证版第 1 部分第 27 卷第

140 页），并且在《评杜林〈国民经济学批判史〉》这篇手稿中对这些内容进行了分析利用（参看《马克思恩格斯全集》中文第 2 版第 26 卷第 421 页）。另外，马克思在《政治经济学批判（1861—1863 年手稿）》第 XXII 笔记本第 1377 页（见《马克思恩格斯全集》中文第 2 版第 37 卷第 428—429 页）和《资本论》第二册第 I 稿第 144 页（同上，第 38 卷第 429 页）都提到了勃多在《经济表说明》中关于预付和回收的论述。——76。

35　1876 年年底至 1877 年年初，马克思将采自《补充笔记本 D》第 4—5 页的这段话逐字逐句抄到了《反杜林论》的准备材料《评杜林〈国民经济学批判史〉》。札记》中（见《马克思恩格斯全集》历史考证版第 1 部分第 27 卷第 142 页）；将采自《补充笔记本 D》第 11 页的这句话也抄到了上述准备材料中（同上，第 143 页）。——76。

36　这段引文出自安·罗·雅·杜尔哥的著作《关于财富的形成和分配的考察》（载于《杜尔哥全集》，欧·德尔新编，1844 年巴黎版第 1 卷第 45 页）。马克思在《第 VII 笔记本》（伦敦，1859—1863 年）第 171 页摘录了杜尔哥该著作第 45 页的内容。另外，马克思在《引文笔记》（1859—1860 年）第 66 页也摘录了这段内容。马克思从《引文笔记》中将这段内容逐字逐句抄到本手稿当中。1877 年，马克思在《〈资本论〉第二册早期文稿中待用的段落（第 I—IV 稿）》这篇手稿第 21 页"关于流通形式的引文"这个关键词下提到了杜尔哥这段引文（参看《马克思恩格斯全集》历史考证版第 2 部分第 11 卷第 548 页）。——77。

37　"固定资本"和"流动资本"这对概念作为关键词也出现在马克思的其他手稿中：《我自己的笔记本的提要》（参看《马克思恩格斯全集》中文第 2 版第 31 卷第 617—620 页），《资本章计划草稿》（同上，第 590—591 页）。同样，马克思在《引文笔记》（1859—1860 年）第 49—51 页"固定资本。流动资本"这个关键词下也摘录了许多引文。本卷第 79 页的两句引文或者采自《伦敦笔记》（1850—1853 年）第 IX 笔记本（1851 年）第 51 页（见《马克思恩格斯全集》历史考证版第 4 部分第 8 卷第 571 页），或者采自《引文笔记》（1859—1860 年）第 6 页。在本卷第 82—84 页和第 88—89 页，马克思分别在"固定资本、流动资本"和"固定资本"的关键词下摘录了引文。——79、82、88。

38　这段引文逐字逐句采自《伦敦笔记》（1850—1853 年）第 V 笔记本（1851

年)第 52 页,马克思在这里摘录了《经济学家》第 V 卷(1847 年卷)第 520
页的内容,也就是该杂志 1847 年 5 月 8 日第 193 期所发表的文章《当前
的危机,其特征和解决办法》中的一段话。马克思曾将这段引文抄到《政
治经济学批判(1857—1858 年手稿)》第 VII 笔记本当中(见《马克思恩格
斯全集》中文第 2 版第 31 卷第 183 页)。1867 年年底至 1868 年年初,马
克思打算在《资本论》第二册第 IV 稿利用这段引文(见本卷第 465 页脚注
(b))。1877 年,马克思在《〈资本论〉第二册早期文稿中待用的段落(第
I—IV 稿)》这篇手稿第 13 页记下了这则札记(见《马克思恩格斯全集》历
史考证版第 2 部分第 11 卷第 535 页)。1884—1885 年,恩格斯在整理出
版《资本论》第二卷时将这段引文编入第六章《流通费用》的脚注(13)(见
《马克思恩格斯全集》中文第 2 版第 45 卷第 154 页)。——80。

39 这两段引文或者逐字逐句采自《第 VII 笔记本》(伦敦,1859—1863 年)第
78 页,马克思在这里摘录了弗·威兰德《政治经济学原理》1843 年波士顿
版第 35 页的内容,或者采自《引文笔记》(1859—1860 年)第 43 页。马克
思将第一句话用到了《资本论》第二册第 II 稿第 8 页(见《马克思恩格斯全
集》历史考证版第 2 部分第 11 卷第 22 页),同时也将其用到了收入本卷
的《资本论》第二册第 IV 稿第 7 页(见本卷第 401 页)。——82。

40 这段引文逐字逐句采自《伦敦笔记》(1850—1853 年)第 I 笔记本(1850
年)第 26 页,马克思在这里摘录了亚·安德森《近来商业的困境,或恐慌
分析》1847 年伦敦版第 4 页的内容(见《马克思恩格斯全集》历史考证版第
4 部分第 7 卷第 66 页)。马克思将这段引文用到了《政治经济学批判
(1857—1858 年手稿)》第 VI 笔记本(见《马克思恩格斯全集》中文第 2 版
第 31 卷第 31 页),后来又将其抄到《引文笔记》(1859—1860 年)第 30 页。
在《我自己的笔记本的提要》这篇手稿中,马克思记下了关于安德森的引
文(见《马克思恩格斯全集》中文第 2 版第 31 卷第 617 页)。在《资本论》
第二册第 I 稿中,马克思在两个脚注中提到了安德森(参看《马克思恩格
斯全集》中文第 2 版第 38 卷第 324、329 页),却没有给出相应的引文。本
卷所收《资本论》第二册第 IV 稿的两个脚注情况与此相同(见本卷第 497
页)。——83。

41 马克思在《伦敦笔记》(1850—1853 年)第 VI 笔记本(1851 年)第 1 页摘录
了《经济学家》第 V 卷(1847 年卷)第 1271、1305 页上关于固定资本和流

动资本的争论的内容(见《马克思恩格斯全集》历史考证版第4部分第7卷第467—468页)。马克思在《政治经济学批判(1857—1858年手稿)》中总结了这些争论(参看《马克思恩格斯全集》中文第2版第31卷第125—131页),还在《我自己的笔记本的提要》这篇手稿中记下了要点(同上,第620、621页)。《引文笔记》(1859—1860年)第30页包含《伦敦笔记》(1850—1853年)第Ⅵ笔记本(1851年)中的摘录内容。在《资本论》第二册第Ⅰ稿中,马克思打算在两个脚注中引用《经济学家》的引文,不过却没有给出相应引文(参看《马克思恩格斯全集》中文第2版第38卷第326、329页),本卷所收的《资本论》第二册第Ⅳ稿的一个脚注的情况与此相同(见本卷第497页)。——83。

42 在《政治经济学批判(1861—1863年手稿)》第Ⅺ笔记本第529—542页,马克思讨论了大·李嘉图的著作《政治经济学和赋税原理》1821年伦敦第3版的一系列理论观点。马克思指出,将固定资本和流动资本的区别与周转时间联系起来,从再生产时间推导出这种区别,这是李嘉图的一个重大功绩(参看《马克思恩格斯全集》中文第2版第34卷第195—225页)。1868年,马克思将上述内容中李嘉图的一部分引文(同上,第195、196页)用到了《资本论》第二册第Ⅱ稿第二章《资本周转》中,属于"关于固定资本和流动资本的各种理论的批判"这部分的一个小节即"李嘉图关于固定资本和流动资本的论述"(参看《马克思恩格斯全集》历史考证版第2部分第11卷第166、174、177页)。——84。

43 在《伦敦笔记》(1850—1853年)第Ⅴ笔记本(1851年)第26—29页,马克思摘录了赛·贝利《货币及其价值的变动》1837年伦敦版第54—85页的内容(见《马克思恩格斯全集》历史考证版第4部分第7卷第397—401页)。马克思将这些引文用到了《政治经济学批判(1857—1858年手稿)》第Ⅵ笔记本第8—9页(参看《马克思恩格斯全集》中文第2版第30卷第584—587页),后来将其抄到《引文笔记》(1859—1860年)第43页。在相同的关键词"闲置资本"下,马克思在《资本章计划草稿》以及《我自己的笔记本的提要》这两篇手稿中都标记了贝利的引文(同上,第31卷第590、616页)。在《引义笔记》(1859—1860年)第43页(同上,第602页),马克思给出的出处是《伦敦笔记》(1850—1853年)第Ⅴ笔记本(1851年)第26页。

　　马克思写下本札记的原因可能在于,他在《资本论》第二册第 I 稿中打算在两个地方引用贝利的论述却没有写下注文(参看《马克思恩格斯全集》中文第 2 版第 38 卷第 247、280 页)。在《资本论》第一卷德文第一版中,马克思借助贝利的一则引文批评了认为一个既定资本的作用程度是固定的这种观点:"贝利主要是从流通过程的观点来批判这个教条"(见《马克思恩格斯全集》中文第 2 版第 42 卷第 627—628 页脚注(65))。1880 年,在《资本论》第二册第 VIII 稿第 59 页,马克思预告说他还要回来讨论这个问题(见《马克思恩格斯全集》历史考证版第 2 部分第 11 卷第 807 页)。——84。

44　这段包括对部分内容的强调和马克思自己在括号中插入内容的引文,采自《第 VII 笔记本》(伦敦,1859—1863 年)第 109—110 页,马克思在这两页摘录了阿·波特尔的著作《政治经济学:它的对象、应用和原理。以美国人的生活状况来加以说明》1841 年纽约版第 141、142 页的内容。1868年,马克思将这段摘录的部分内容用到了《资本论》第二册第 II 稿,编入要点"(6)流动资本的不同部分的周转上的实际差别和表面差别"(见《马克思恩格斯全集》历史考证版第 2 部分第 11 卷第 134 页,参看《马克思恩格斯全集》中文第 2 版第 45 卷第 208 页)。

　　从波特尔著作的《导言》中可以清楚地看到,这本书的主要部分(第51—209 页)是对乔·斯克罗普的《政治经济学原理》1833 年伦敦版的翻版(波特尔做了一些修改),因此马克思在本手稿中称斯克罗普为作者,马克思在《政治经济学批判(1861—1863 年手稿)》第 IV 笔记本中也指出过这一点(参看《马克思恩格斯全集》中文第 2 版第 32 卷第 315 页)。在斯克罗普的著作中,这段引文在第 155—156 页。——86。

45　1868 年,马克思将这段关于周转的引文连同后面关于周转的计算例证从《第 VII 笔记本》(伦敦,1859—1863 年)抄写到《资本论》第二册第 II 稿第53 页上,编入要点"(5)周转的计算方法"(见《马克思恩格斯全集》历史考证版第 2 部分第 11 卷第 132—133 页,参看《马克思恩格斯全集》中文第 2版第 45 卷第 207—208 页)。在《第 VII 笔记本》(伦敦,1859—1863 年)第110 页从阿·波特尔的著作摘录的计算例证中,波特尔将乔·斯克罗普著作中例证的数字全部扩大了 5 倍,将货币单位从英镑改为美元,例如总资本从 1 万镑扩大为 5 万美元。马克思在《伦敦笔记》(1850—1853 年)第

IX笔记本(1851年)第62页摘录过斯克罗普在自己的著作中给出的这一计算例证,他在上一则札记结尾处记下了这页摘录。在《资本论》第二册第II稿第53页,马克思在这个计算例证后同样写道:"这里关于利润所说的内容与我们无关。问题只在于计算"(见《马克思恩格斯全集》历史考证版第2部分第11卷第133页)。此外,马克思在1868年还将斯克罗普或者说波特尔的这个计算例证运用到本卷所收手稿《关于剩余价值率和利润率、利润率规律、成本价格和资本周转》当中(参看本卷第220—222页)。——86。

46 在《资本章计划草稿》和《我自己的笔记本的提要》这两篇手稿中,马克思都列出了年是周转的尺度这个主题词,并且都标记了《政治经济学批判(1857—1858年手稿)》第VI笔记本第26、27页(参看《马克思恩格斯全集》中文第2版第31卷第590、617页)。这段引文可能逐字逐句采自《第VII笔记本》(伦敦,1859—1863年)第129页(马克思在这里摘录了匿名著作《论马尔萨斯先生近来提倡的关于需求的性质和消费的必要性的原理》1821年伦敦版第2、3页的内容),也可能采自《引文笔记》(1859—1860年)第37页。在《资本论》第二册第I稿,马克思称"年"为资本周转的"自然尺度",并且在一个脚注中提到了上述匿名著作,但并没有给出引文(参看《马克思恩格斯全集》中文第2版第38卷第250页)。1868年,马克思在《资本论》第二册第II稿中重复了这一观点,将本手稿中的引用用到了第II稿第33页(见《马克思恩格斯全集》历史考证版第2部分第11卷第88页,参看《马克思恩格斯全集》中文第2版第45卷第174页)。——87。

47 这里指的是《政治经济学批判(1861—1863年手稿)》第XV笔记本第872—874页(见《马克思恩格斯全集》中文第2版第35卷第261—268页)。此外,马克思在上述第XV笔记本第873—874页还提到以后继续考察商品储备的步骤之一:"关于储备即处在流通中的商品同生产和消费的量相比而言的相对减少,见莱勒的著作、《经济学家》、柯贝特的著作(有关的引文放在霍吉斯金之后)。[XV—874]西斯蒙第曾错误地认为这是一件值得遗憾的事(也请参阅他的著作)。"(同上,第265—266页)除了莱勒的著作《货币和道德》1852年伦敦版第43—44页,这里还涉及托·柯贝特的《个人致富的原因和方法的研究;或贸易和投机原理的解释》1841年伦敦版、西斯蒙第《政治经济学概论》1837年布鲁塞尔版第1卷第49页及以下几页。1868年，马克思在《资本论》第二册第 IV 稿讨论商品储备的问题时，主要以《政治经济学批判（1861—1863年手稿）》第 XV 笔记本的相关论述为依据，特别是这段引文（参看本卷第467—480页，特别是第470页）。——88。

48 贝利的这段引文和第一句评论采自《第 VII 笔记本》（伦敦，1859—1863年）第142页。马克思把这段引文的前半句和第一句评论用到了《资本论》第二册第 IV 稿第13页的脚注（13）（见本卷第411页）。此外，他还将引文的前半句用到《资本论》第二册第 II 稿第10页脚注（9）（见《马克思恩格斯全集》历史考证版第2部分第11卷第28页）和《资本论》第二册第 V 稿第49页脚注（1）（同上，第464—467页）。第二句评论"资本的周转！"与《第 VII 笔记本》（伦敦，1859—1863年）第142页上的这句话有关系："就好像例如在资本周转当中，资本家没有不断地将一个时期的价值与同一东西在另一个时期的价值进行比较一样。"在《政治经济学批判（1861—1863年手稿）》第 XIII 笔记本第706页，有一段话与这则札记相关："相反，一批商品在一个时期的价值和同一批商品在较后一个时期的价值的比较（这被贝利先生说成是经院式的虚构）倒是资本流通过程的基本原则。"（见《马克思恩格斯全集》中文第2版第34卷第562页）——88。

49 关于"生产过剩"的这则札记，马克思主要从《政治经济学批判（1861—1863年手稿）》第 IX 笔记本、第 XIII 笔记本、第 XIV 笔记本摘录了要点并给出了相应页码，我们在这里一并给出可以参看的中译文出处。第 IX 笔记本第379—381、407—408页参看《马克思恩格斯全集》中文第2版第33卷第283—288、342—344页。第 XIII 笔记本第705—726页参看《马克思恩格斯全集》中文第2版第34卷第560—607页。在第 XIII 笔记本第770页（见《马克思恩格斯全集》中文第2版第35卷第45—47页）并没有关于"资本的生产过剩"的论述，马克思这里可能指的是第 XIII 笔记本的封底即封四，这一页被他编为第770^{a}页。马克思在这一页写下了关于危机的增补内容，并在第 XIV 笔记本的封二和封三上继续写作（在这两页上有关于固定资本的生产过剩的论述），这两页又被马克思编为第771^{a}和第861^{a}页（这是因为第 XIV 笔记本除封皮外所有页码被编为第771—861页）。马克思在第770^{a}页提示这些关于危机的增补内容属于第 XIII 笔记本第 716 页,因此这三页手稿被编者插入到第 716 页(参看《马克思恩格斯全集》中义第 2 版第 34 卷第 582—587 页)。第 XIV 笔记本第 790、800、802 页参看《马克思恩格斯全集》中文第 2 版第 35 卷第 87—88、106—107、109—110 页。第 XIV 笔记本第 771ᵃ、861ᵃ 页参看《马克思恩格斯全集》中文第 2 版第 34 卷 584—587 页。——90。

50　这段内容采自《政治经济学批判(1861—1863 年手稿)》第 XVII 笔记本第 1062 页(参看《马克思恩格斯全集》中文第 2 版第 36 卷第 150—151 页),这里亚·斯密的论述转引自托·图克的《通货原理研究》1844 年伦敦版第 35—36 页,图克在该著作中引用的是斯密《国民财富的性质和原因的研究》(四卷集)(约·拉·麦克库洛赫编,1838 年爱丁堡版)第 2 卷第 141—142 页。在《资本论》第二册第 II 稿第 160 页(见《马克思恩格斯全集》历史考证版第 2 部分第 11 卷第 422—423 页),马克思先是直接引用了斯密的《国民财富的性质和原因的研究》1848 年阿伯丁—伦敦版第 215—216 页,然后从图克的著作摘录了图克的评注。——90。

51　这段引文逐字逐句采自《第 VII 笔记本》(伦敦,1859—1863 年)第 167 页。马克思将其部分内容运用到《资本论》第二册第 IV 稿第 6 页(见本卷第 399 页)以及《资本论》第二册第 II 稿第 7 页(见《马克思恩格斯全集》历史考证版第 2 部分第 11 卷第 20—21 页脚注(6))。在第 II 稿和第 IV 稿中,马克思引用这段引文后接着展开论述,指出英语可以用 money capital 表示作为资本的一般形式规定的货币资本,用 monied capital 表示生息资本这种特殊资本,他在第 II 稿的论述更为详细。在《〈资本论〉第二册早期文稿中待用的段落(第 I—IV 稿)》这篇手稿中,马克思提到了这段引文(同上,第 548 页)。——90。

52　马克思在《引文笔记索引》和《我自己的笔记本的提要》这两篇手稿中均在"经济周期"这个关键词下提到了托·查默斯(见《马克思恩格斯全集》中文第 2 版第 31 卷第 603、616 页),《资本章计划草稿》这篇手稿也提到了查默斯(同上,第 590 页)。查默斯的著作《论政治经济学同社会的道德状况和道德远景的关系》1832 年第 2 版同时在格拉斯哥、爱丁堡、都柏林和伦敦出版。第一段引文摘自该著作 85 页,但马克思是逐字逐句采自《伦敦笔记》(1850—1853 年)第 IX 笔记本(1851 年)第 54 页。《政治经济学批判(1857—1858 年手稿)》第 VI 笔记本已经通过《伦敦笔记》(1850—

1853年)第IX笔记本(1851年)利用过这段引文(同上,第30卷第605页)。在《资本论》第二册第I稿第20页,马克思在论述资本的形态变化时在一个脚注中提到"见马尔萨斯和查默斯"(同上,第38卷第201页)。马克思将这段引文用到了《资本论》第二册第IV稿第52页(见本卷第487页)和《资本论》第二册第II稿第33页(见《马克思恩格斯全集》历史考证版第2部分第11卷第87—88页脚注(1))。第二段引文摘自查默斯该著作第114页,这段引文逐字逐句采自《伦敦笔记》(1850—1853年)第IX笔记本(1851年)第55—56页。——91。

53 关于赛·菲·纽曼的这段引文,参看本卷第81页。马克思将这段引文用到了《资本论》第二册第II稿第33页(见《马克思恩格斯全集》历史考证版第2部分第11卷第87页脚注(1))和《资本论》第二册第IV稿第52页(见本卷第487页,《马克思恩格斯全集》中文第2版第45卷第173页)。1877年,马克思在《〈资本论〉第二册早期文稿中待用的段落(第I—IV稿)》这篇手稿中提到了这则引文(见《马克思恩格斯全集》历史考证版第2部分第11卷第548页)。——92。

54 这段托·查默斯的引文采自《伦敦笔记》(1850—1853年)第IX笔记本(1851年)第57页(见《马克思恩格斯全集》历史考证版第4部分第8卷第581—582页)。马克思在《资本论》第一卷德文第一版第二章的脚注(7)中引用了这段引文最后部分的内容(见《马克思恩格斯全集》中文第2版第42卷第139页)。1877年,马克思在《〈资本论〉第二册早期文稿中待用的段落(第I—IV稿)》这篇手稿第17页提到了查默斯的这段引文(见《马克思恩格斯全集》历史考证版第2部分第11卷第544页)。——92。

55 本段所有引文采自《政治经济学批判(1861—1863年手稿)》第VI笔记本第270页(见《马克思恩格斯全集》中文第2版第33卷第82页)。在写作《资本论(1863—1865年手稿)》的过程中,马克思就利用过这些引文。他将前两条引文从《政治经济学批判(1861—1863年手稿)》第VI笔记本分别抄到了《资本论》第二册第I稿119—120、121页(同上,第38卷第379、383页)。本段引文中的大部分内容都被用到了《资本论》第三册主要手稿第七章《各种收入及其源泉》的一个脚注中(同上,第39卷第1079页)。后来,马克思又将本手稿的这段引文用到了《资本论》第二册第II稿第三章(见《马克思恩格斯全集》历史考证版第2部分第11卷第366—

367、401 页）。——93。

56 这则以"积累"为关键词的摘录，所有内容都采自《曼彻斯特笔记》（1845年）第 4 笔记本。"同生产力相比，积累并不重要"采自第 4 笔记本第 7页，这句话是威·汤普森的著作《最能促进人类幸福的财富分配原理的研究》1824 年伦敦版第 589 页上的小标题。

汤普森该著作第 589 页上的这段话也采自第 4 笔记本第 7 页，同时这段话也出现在《引文笔记》（1859—1860 年）第 35 页。1865 年，马克思在《资本论》第二册第 I 稿第 35 页已经间接引用过这段话（见《马克思恩格斯全集》中文第 2 版第 38 卷第 233 页），在手稿第 35 页的脚注区域，马克思紧接着上述间接引文写了一个注码(a)，可能是打算在这里给出这段引文的出处。1867 年年底至 1868 年年初，马克思将包括上述汤普森间接引文的那段话从《资本论》第二册第 I 稿改写转抄到第 IV 稿第 25 页（见本卷第 433—434 页）。在《资本论》第二册第 II 稿，马克思则对汤普森的原著进行了摘录。在一张标题为《第一章补充材料》的单独印张上，马克思摘录了汤普森著作第 589 页和第 598 页这两段引文的英文原文。由于马克思在这里使用的是汤普森同一著作 1850 年新版本的自用本，因此这两段引文的页码分别为第 443 页和第 453 页（参看《马克思恩格斯全集》历史考证版第 2 部分第 11 卷第 83 页）。在《资本论》第二册第 II 稿第二章，马克思还从未来生产的所有权的角度详细摘录了汤普森的论述（同上，第 313—315 页）。

第 598 页的这段引文采自《曼彻斯特笔记》（1845 年）第 4 笔记本第 9页。上面已经提到，马克思在《资本论》第二册第 II 稿从英文原文摘录了这段引文。1877 年，马克思在《〈资本论〉第二册早期文稿中待用的段落（第 I—IV 稿）》这篇手稿第 19 页提到了这段引文（同上，第 546 页）。——94。

57 关于这则札记参看《政治经济学批判（1861—1863 年手稿）》第 XV 笔记本第 957—960 页（《马克思恩格斯全集》中文第 2 版第 36 卷第 40—47 页）。该手稿第 XV 笔记本封面上写有"关于流通费用还要查阅一下第 957—959 页"这样一句话，这可能是在这则札记的写作过程中记下的。另外，《资本论》第二册第 I 稿第 41 页也出现过"生产过程在流通过程范围内的继续"这样的表述（同上，第 38 卷第 241 页）。——94。

58 《利润率的规律》这篇手稿的主题与《资本论》第三册第一章第 1 节《成本

价格和利润》直接相关。因此,这篇手稿的撰写与马克思在1867年6月底至10月撰写第三册第一章开头部分的前三次尝试联系在一起,这些尝试直接涉及利润率规律这个问题。《资本论》第三册主要手稿刚写到第3页(见《马克思恩格斯全集》中文第2版第39卷第13页),马克思就开始探讨利润率规律问题,不过第1节的标题是《剩余价值和利润》。利润率规律的问题究竟有多重要,放到哪里论述比较合适,这是马克思需要确定的问题。从恩格斯整理出版的《资本论》第三卷来看,这个问题从属于第三章《利润率和剩余价值率的关系》。

1864—1865年,马克思在撰写《资本论》第三册主要手稿的过程中曾致力于探寻剩余价值率和利润率的变化之间合乎规律的联系(参看《马克思恩格斯全集》中文第2版第39卷第12—54、74—128页)。第三册主要手稿开头部分这些研究性探讨层次繁多、方法独特,再加上马克思尝试尽可能直接地探讨这两种比率的所有变化情况,以及决定这两种比率的资本部分的所有变化情况,这就使得这些研究更加庞杂和零乱,让人无法把握其主旨和脉络。总的来看,1864—1865年的这些研究由于一开始就将剩余价值率和利润率的差数这个因素纳入考虑而变得难以向前推进。

三年后,马克思第一次开始总结第三册主要手稿的研究成果并确定继续考察的出发点。他在此前发表的《资本论》第一卷德文第一版中曾预告,他在第三册中将说明,"同一个剩余价值率可以表现为极不相同的利润率,而不同的剩余价值率在一定情况下也可以表现为同一利润率"(见《马克思恩格斯全集》中文第2版第42卷第535页)。马克思在本手稿中首先概括了他在《资本论》第三册主要手稿中发现的四个规律,接着探讨了各种不同的情况(它们具有的不同可变因素),以及这些不同因素对利润率的影响。从方法上来看,马克思首先从数学的角度,也就是"完全从形式上"深入研究某种因素的何种变动对剩余价值率和利润率产生什么影响。然后,他再对某种因素的变动方向有什么经济含义加以检验,看看这种情况是可能的,还是属于"无聊的"应加以删除的情况。例如,在可变资本增加的背后可能是所雇用人数的增加,同样也可能是工资提高了。

这篇手稿可能写于1867年10月至12月之间。后来,在撰写《关于剩余价值率和利润率、利润率规律、成本价格和资本周转》第二部分《利润率的一般规律》的过程中马克思利用了本手稿。——95。

59　在手稿中，马克思在这里删掉了下面的内容："或者说 $=\dfrac{100}{109\frac{1}{11}}$，这就相当于 m 保持不变而 v 增加。"——103。

60　在手稿中，马克思在这句话前面删掉了下面的内容：

"$\dfrac{利润率}{剩余价值率}=\dfrac{不变资本}{\dfrac{不变资本\times 总资本}{可变资本}}$。

从前面的方程式就可以得出这个结论。这是因为，如果 $\dfrac{m}{v+c}:\dfrac{m}{v}=v:c+v$，那么 $\dfrac{利润率}{剩余价值率}=\dfrac{v}{v+c}=\dfrac{v\cdot c}{(v+c)c}=\dfrac{c}{\dfrac{(v+c)c}{v}}$。

因此，这个公式没有给我们提供新东西。"——106。

61　手稿第 9 页上这些关于利息的计算公式，摘自约·欣德《代数学原理》1837 年剑桥第 3 版第 251—252 页。这些摘录再加上欣德该部著作的其他一些内容还被马克思摘抄到《政治经济学批判（1861—1863 年手稿）》第 XXIII 笔记本最后几页上（参看《马克思恩格斯全集》中文第 2 版第 37 卷第 584—592 页，关于本手稿的摘录内容，参看第 589—590 页）。——120。

62　《关于剩余价值率和利润率、利润率规律、成本价格和资本周转》（简称《大手稿》）写于 1867 年 10 月或 11 月至 1868 年秋冬。1867 年 10 月，马克思撰写《资本论》第三册第一章开头部分的第三次尝试又没有成功，仅写成《〈资本论〉第三册第一章〈剩余价值转化为利润和剩余价值率转化为利润率〉（第三草稿）》这篇手稿。接着，他写下《利润率的规律》这篇手稿，将利润率的规律这个问题单独提出来，概括了这方面的主要内容，以便确定其理论地位。此后，他转而探讨《资本论》第三册前三章的遗留理论问题，例如剩余价值率和利润率的关系、周转对利润率的影响等问题。在 1864—1865 年撰写第三册主要手稿的过程中，马克思从全卷手稿的整体考虑出发暂时搁置了这些问题的讨论。特别是资本周转对利润率的影响问题，第三册主要手稿第一章第 6 节只写下一个小标题，即《流通时间的变化即它的缩短和延长（以及与之相关的交通工具）对利润率的影响》（见《马克思恩格斯全集》中文第 2 版第 39 卷第 244 页），没有任何正文内容。正是在研究探讨这些遗留理论问题的过程中，马克思逐渐写成了这篇手稿。

按照小标题的划分,这篇手稿可以分为四个部分:(1)关于剩余价值率和利润率的关系(见本卷第 123—153 页);(2)利润率的一般规律(见本卷第 154—195 页);(3)(Ⅶ.)成本价格、利润、利润率和资本周转(见本卷第 196—271 页);(4)关于周转和成本价格利润率、年利润率、一般利润率等的研究(见本卷第 272—310 页)。第一部分是对《资本论》第三册主要手稿开头部分的相应内容进行总结和整理,特别是确定其中所发现公式的适用范围。在第二部分的写作过程中,马克思直接利用了《利润率的规律》这篇手稿,对其内容进行了提炼和概括。在本手稿第 1 页,马克思用 r 这个符号表示剩余价值率,这是《利润率的规律》这篇手稿最后一页所引入的符号。在本手稿第 19—20 页,马克思写下一部分插入论述,讨论货币价值变化对利润率的影响,这部分论述开始和结束的地方都用分隔线与其他内容分开(见本卷 170—173 页)。马克思在 1868 年 4 月 22 日给恩格斯的信中,同样谈论了这个问题,并从手稿中抄了大段的内容。第三部分标题中"(Ⅶ.)"这个编号比较随意,仅仅是因为第二部分最后有标为"(Ⅵ.)"的一段论述。在第四部分的写作过程中,马克思一再受到病痛和其他不利因素的干扰。

这篇手稿的写作最早开始于 1867 年 10 月或 11 月,一直持续到 1868 年秋冬。在近一年的写作过程中,它逐渐扩充成为一个包括四个相对独立部分的手稿束,马克思对全部手稿进行连续编码,一共 79 页。在这篇手稿中,马克思主要研究第三册的问题,但也论述了第二册中与之相关的问题。可以说,在本手稿中,第二册和第三册探讨的问题相互交织在一起。马克思在本手稿中一再从不同角度对同一问题进行探讨,由此可以证明,它与本卷所收的某些其他手稿关系密切。例如,本手稿第三部分的写作与《第三册第一章〈剩余价值转化为利润和剩余价值率转化为利润率〉(第四草稿)》的写作过程交织在一起;第四部分的写作与本卷所收手稿《利润率、成本价格和资本周转》几乎是并行写成的。另外,第三部分最后三页即本手稿第 57—59 页是对斯密关于固定资本和流动资本的观点的批判,这几页手稿的撰写与本卷所收手稿《亚当·斯密〈国民财富的性质和原因的研究〉第一篇的几则评注性摘录》的写作过程联系在一起。与此同时,所有这些对斯密观点的批判也与第二册第Ⅱ稿的写作联系在一起,马克思在该手稿第二章中对斯密观点进行了大量摘录和批判(参看《马克思恩格斯全集》历史考证版第 2 部分第 11 卷第 140—178 页)。显然,在1868年春夏,马克思同时围绕本手稿和第二册第 II 稿交替进行写作。

1877年,马克思在整理早期文稿的时候,将本手稿分成两个部分,分别装入两个文件夹中:第1—27页被放入"属于第三册"这个文件夹中,第28—79页被放入"属于第二册"这个文件夹中。——121。

63　在手稿中,"也就是说,110个工人每人每周只提供5小时剩余劳动,从而每人每天只提供$\frac{5}{6}$小时剩余劳动"这句话,马克思原来写的是:"也就是说,110个工人[每人]每天只提供$\frac{25}{33}$小时剩余劳动,还不到1小时。"——131。

64　在手稿中,"$\frac{1}{2}$％"马克思原来写的是"比2＋稍多一些"。"$\frac{1}{2}$％"可能是指"18％"和"$17\frac{33}{51}$％"之差的约数。——135。

65　在手稿中,马克思在这里删掉了下面的内容:"[如果这个数字正确的话,那么按百分数表示的利润率降低的总量＝由于剩余价值减少而下降＋由于 C 增加产生的下降的总量。]但是 $\frac{90}{510}=\frac{9}{51}=17\frac{33}{51}$％。也就是说,比按照上面的计算多出 $\frac{2}{51}$％。"——136。

66　在手稿中,"$17\frac{33}{51}$％"原来写的是"$17\frac{35}{51}$％"。——136。

67　在手稿中,马克思在这里删掉了下面的内容:"。在这种场合商品变贵"。——149。

68　在手稿中,马克思原来写的是"(II)",可能在写到第(I)部分最后一段内容时,马克思将其改为"(I^a)"。——154。

69　在手稿中,这个词组马克思原来写的是:"其变化在这里**造成 C 的数量变化的 c**"。——159。

70　在手稿中,马克思在这里删掉了下面的内容:"所以,如果我们按商品量计算利润率——撇开没有被消费的那部分 c 不谈——,那么利润率就会提高。这是因为,每一吨中都包含着更少的不变资本部分。"——161。

71　在手稿中,马克思在这里删掉了下面的内容:"[但是,如果我们假定,**c 的价值**增加—不管这是由于效率更高的机器更为昂贵,还是由于只是所使用的机器的数量增加——尽管机器的单个要素变得便宜或者保持不变;此外,我们还假定,机器转移给同量产品的价值部分减少了,部分地是因为机器价值分配到更大的产品量上，部分地是因为损耗减少了。此外假定，劳动量也减少，那么按产品计算的利润率（也就是说，撇开没有被消费的那部分 c 不谈）在采掘业中会提高，在制造业中会降低。这是因为不变资本部分减少了。"——161。

72　在寻找工资变化适应货币价值变化的实际例证的过程中，马克思可能查阅了 1851 年春写成的手稿《金银条块。完成的货币体系》（见《马克思恩格斯全集》历史考证版第 4 部分第 8 卷第 3—85 页）。在这篇手稿中，马克思摘录了佩·罗西《政治经济学教程。1836—1837 年讲授。（包括巴黎版的两卷内容）》（载于《政治经济学教程》1843 年布鲁塞尔版第 260—261 页的内容，其中包括"金的价格在 16 世纪和 17 世纪对地租、利润和工资的影响"这句话（同上，第 8 页）。在 16 世纪和 17 世纪，由于南美洲和中美洲金矿的发现和开发，金的价格普遍降低，而商品的价格普遍变贵。此外，他还在这篇手稿中摘录了古·冯·居利希《关于当代主要商业国家的商业、工业和农业的历史叙述》（五卷集）1830—1845 年耶拿版第 5 卷第 136—137 页的有关内容，小标题为"（b）16 世纪、17 世纪以及 18 世纪早期［的商品价格］"（同上，第 35 页）。这些摘录也涉及同一时期货币价值相对于商品价格发生变化的问题。——171。

73　关于这方面的内容，参看马克思 1856 年 6 月至 1858 年 12 月在《纽约每日论坛报》发表的大量文章，他在这些文章中分析了 1850—1860 年这十年中经济发展与货币市场波动之间的关系。——172。

74　在手稿中，从"于是"至此的内容马克思原来写的是：

"于是我们就得到：$\dfrac{r \cdot v}{c+v}=\dfrac{r' \cdot x}{c+x}$。

所以 $r \cdot v(c+x)=r' \cdot x(c+v)$

所以 $c+x=\dfrac{r' \cdot x(c+v)}{r \cdot v}$

所以：$x=\dfrac{r' \cdot x(c+v)}{r \cdot v}-c$

所以 $r \cdot vc+r \cdot vx=r'xc+r'xv$

$r'x(c+v)$

所以 $r \cdot v \cdot c=r'x(c+v)-r \cdot vx$

$r \cdot v \cdot c=x(r'c+r'v-rv)$

$x=\dfrac{rvc}{r'c+r'v-rv}=\dfrac{r \cdot (vc)}{r' \cdot (c+v)-rv}$"。——177。

75 在手稿中,马克思在写下这部分的正文之前,先写了这样一句话:"按照第一卷第 186 页的例子",后来将其删掉。关于这个例子,参看《马克思恩格斯全集》中文第 2 版第 42 卷第 212—213 页,本卷第 173—174、245 页。——196。

76 "无中不能生有"引自卢克莱修《物性论》第 1 卷第 156—157 行。另外参看《马克思恩格斯全集》中文第 2 版第 44 卷第 249 页脚注(27),本卷第 548 页。——196。

77 在手稿中,"资本价值"马克思原来写的是"停留时间"。——214。

78 在手稿中,马克思在这里删掉了下面的内容:

"(d)UC=u′c+uf,也就是说,总资本的年周转=固定资本的年周转次数+流动资本的年周转次数的总和。如果我们称流动资本的周转时间为 t,那么 u′=tn,周转时间×周转时间的次数,而 $t=\frac{u′}{n}$,即年周转除以周转时间的系数。固定资本的周转时间(不管固定资本的单个要素的周转在多大程度上更快)大于一年。因此,如果我们称 T 为固定资本的周转时间,u 为它的年周转。假定固定资本在 n′ 年中进行周转=T,那么它的年周转=$\frac{T}{n′}$。因此,如果 u 是固定资本的年周转,那么 u=$\frac{T}{n}$。或者说 un′=T。因此:UC=u′c+uf=tnc+$\frac{T}{n}$f。所以,如果总资本一年周转一次,那么 U=1,那么 C=tnc+$\frac{T}{n}$f。所以,如果预付固定资本=总资本的 $\frac{4}{5}$=$\frac{4}{5}$C,而 n′=10,那么[38]f 只有 $\frac{1}{10}$T=10[……]"。——214。

79 在手稿中,马克思在这里删掉了下面的内容:"如果这个绝对周转时间<1,那么它构成一年的一部分,是一个<1 的真分数。"——217。

80 在手稿中,马克思在这里删掉了下面的内容:"而且是 $\frac{1}{10}$,也就是说,用年除以它的周转时间持续的年数。"——218。

81 在手稿中,这句话和下两句话马克思原来写的是:"那么这个绝对周转时间包含在一年当中的数目,或者说只有这个周转时间的 $\frac{1}{n}$[才是 C 在一年中的周转次数]"。——219。

82 在手稿中,这句话马克思原来写的是"年周转次数对既定利润率的影响"。——219。

83 在手稿中，从"那么"开始至此的内容马克思原来写的是："那么**年利润率按照同量资本的成本价格**进行计算，后者〔成本价格〕按照百分比必定比在周转次数更多的场合提高得更多"。——220。

84 参看阿·波特尔《政治经济学：它的对象、应用和原理。以美国人的生活状况来加以说明》1841 年纽约版第 142—144 页。从该书《导言》可以看出，其大部分内容基本上是 1833 年在英国发表的乔·斯克罗普《政治经济学原理》一书前十章的翻版，阿·波特尔也做了一些修改。例如就这个例证而言，他将斯克罗普的初始数字扩大了 5 倍，并将货币单位从英镑改为美元。另外，关于斯克罗普的这个计算例证，参看本卷第 86 页。——220。

85 在手稿中，马克思先写的是"中等的周转时间"，后将其改为"周转时间"，最后又改成正文中的"每周的周转时间"。——222。

86 在手稿中，马克思在这里删掉了下面的内容："而这个利润率，对于在第二年上半年周转的 30 000（$=\frac{1}{3}$C）来说，就带来 3 000。因此利润在 $1\frac{1}{2}$ 年中一共是$\frac{11\ 000}{90\ 000}$。而 $1\frac{1}{2}$ 年的利润率$=\frac{11\ 000}{90\ 000}=\frac{11}{90}=12\frac{2}{9}$ %。"——223。

87 在手稿中，这一段话马克思原来写的是：

"如果我们采用**单利的计算方法**，那么，如果年利息＝10%，则半年的利息＝5；因此第一年的 10 和接下来的半年的（从预付同一个 100 中获得的）5 的总额＝15。"——224。

88 重农学派是 18 世纪法国古典政治经济学的一个学派，主要代表人物是弗·魁奈和雅·杜尔哥。当时在农业占优势的法国，因实行牺牲农业而发展工商业的政策，使农业遭到破坏而陷于极度衰落。重农学派反对重商主义，主张经济自由，重视农业，认为只有农业才能创造"纯产品"，即总产量超过生产费用的剩余，即剩余价值，因而认为只有农业生产者才是生产阶级。这一学派在生产领域中寻求剩余价值的源泉，研究社会总资本的再生产和流通，是对资本主义生产进行系统理解的第一个学派。但是，它没有认识到价值的实体是人类的一般劳动，混同了价值和使用价值，因而看不到一切资本主义生产中都有剩余劳动和剩余价值，以致把地租看成是剩余价值的唯一形式，把资本主义的生产形态看成是生产的永恒的自然形态。——234、255、270、465。

89　马克思在《资本论》第二册第 Ⅱ 稿中也提到了乔·拉姆赛的这种观点,参看《马克思恩格斯全集》历史考证版第 2 部分第 11 卷第 178 页,《马克思恩格斯全集》中文第 2 版第 45 卷第 254 页。关于拉姆赛的观点,参看其著作《论财富的分配》1836 年爱丁堡—伦敦版第 21—24 页。关于本段内容,参看本卷第 492 页。——239。

90　在手稿中,马克思在这里删掉了下面的内容:",而且一部分流动的资本价值总是采取这种形式"。——263。

91　在手稿中,马克思用钢笔画的斜线删掉了本卷第 275—276 页被《马克思恩格斯全集》历史考证版编者标为"⌊A⌋"的这部分文字。——275。

92　在手稿中,马克思在这里删掉了下面的内容:"而这样一来,在一年当中生产的剩余价值也只有 400。"——276。

93　在手稿中,"800"马克思原来写的是"400"。——277。

94　在手稿中,马克思在这里删掉了下面的内容:

"如果资本在多于一年的时间里进行周转,那么它的周转时间为 $1+\frac{x}{n}$ 年。(如果周转时间是整数年,那么 $\frac{x}{n}$ 的最小值 $=\frac{n}{n}=2$ 年。如果这个整数 >2,那么 $x=2n$。例如 3 年,$1+\frac{6}{3}=3$ 等。)如果周转时间 >1 年而 <2 年,那么 $=1+\frac{1}{n}$ 年。因此,周转次数 $=\dfrac{1}{1+\dfrac{1}{n}}=\dfrac{1}{\dfrac{n+1}{n}}=\dfrac{n}{n+1}$。如果 $n=3$,那么 $1+\frac{1}{n}=1+\frac{1}{3}$。例如周转时间为 ⌊66⌋$\frac{25}{22}$ 年 $+\frac{2}{22}$ 年 $=\frac{25}{22}$ 年。在这种场合,一年中周转的资本量 $=$ 预付资本价值 $500\times$ 周转时间的倒数 $=\frac{500\times22}{25}$"。关于这段内容,参看本卷第 214—216 页。——287。

95　在手稿中,马克思在这里删掉了下面的内容:

"因此,$K=440$。如果资本一年周转一次,那么按照(1),产品价值 $=C+\pi C$,因为在这种情况下 $K=C$。

因此,既然 $C-\delta=K$,那么从这个公式就得出:$(C-\delta)+(C-\delta)\pi$。"——287。

96　在手稿中,马克思在这里删掉了下面的内容:

"或者,我们也可以说,为了推动 400 的固定资本,在一年当中就必须要有 $360_{c\ cir.}$ 和 100_v,总共 **460 流动资本**。

周转改变的只是这个问题,即在这 460 当中,有多少是必须预付并随后通过周转次数自动更新的。

如果固定资本的损耗每周是 $\frac{4}{5}$,或每年是 40,那么在一年中周转的资本＝500,所以它的价值在一年中周转一次[……]"。——301。

97 在手稿中,"固定资本的年损耗 v＝40"这句话马克思原来写的是:"而由于固定资本的比率 v＝40,那么 n×流动资本＋v 或 460＋40＝500＝C,因此 C－460＝40,或 C－流动资本＝v,所以 K＝n×C′(资本的流动部分)＋v [……]"。——302。

98 在手稿中,马克思在这里删掉了下面的内容:

"(2)现在我们假定,(同量)固定资本的周转时间减少,或者一回事,它的损耗增加,那么 K 就变成 K＋δ＝K(＝C＋δ)。

由于剩余价值 M 保持不变,从

$\pi = \dfrac{M}{K}$ 变为

$\pi' = \dfrac{M}{K+\delta}$。

因此,$\pi - \pi' = \dfrac{M}{K} - \dfrac{M}{K+\delta} = \dfrac{MK + M\delta - MK}{K \cdot (K+\delta)}$,也就是 $\dfrac{M\delta}{K(K+\delta)}$。

而由于 $\pi = \dfrac{M}{K}$,所以 $M = \pi K$。

因此,$\pi - \pi' = \dfrac{\pi K \delta}{K(K+\delta)} = \dfrac{\delta \pi}{K+\delta}$。因此,$\pi - \pi' = \dfrac{\delta \pi}{K+\delta}$。"——306。

99 在手稿中,第(3)点的内容马克思原来写的是:

"(3)或者这样:π 现在 $= \dfrac{M}{K} = \dfrac{M}{C+\delta}$。

由于 $\pi = \dfrac{M}{C+\delta}$,

所以 $\pi(C+\delta) = M$。

而 $p = \dfrac{M}{C}$,因此 $\dfrac{\pi C + \pi \delta}{C} = \dfrac{\pi C}{C} + \dfrac{\pi \delta}{C} = \pi + \dfrac{\pi \delta}{C}$。

但是,π 现在比它原来小了 $\dfrac{\pi \delta}{C}$;因此 $\dfrac{\pi + \pi \delta}{C} =$ 原来的 π,**p 保持不变**。

从原来的 π 变为 $\pi - \dfrac{\pi \delta}{C}$,

因此 $\pi - \dfrac{\pi \delta}{C} + \dfrac{\pi \delta}{C} =$ 原来的 π。

[77]因此,可以简单地这样说明问题:

如果 f＝C－周转的流动资本,那么 f＋周转的流动资本 K＝C,π＝p。

但是,如果由于固定资本的周转时间缩短,或它的损耗增加,K＝C＋δ,或者说 K－δ＝C,那么 $\pi = \dfrac{M}{K} = \dfrac{M}{C+\delta}$。因此 **M** 变为 $= \pi(C+\delta)$。

但是，p 还和以前一样 $=\dfrac{M}{C}$。

所以，$p-\pi=\dfrac{M}{C}-\dfrac{M}{C+\delta}=\dfrac{MC+M\delta-MC}{C(C+\delta)}=\dfrac{M\delta}{C(C+\delta)}=[\cdots\cdots]$"。——307。

100　《级差地租。采自摘录笔记本的摘录》这篇手稿是马克思对 15 位作者的观点的汇编和注解，内容涉及农业级差地租的产生原因、形式和结果。为了从内容和形式上对《资本论》第三册主要手稿的第六章《超额利润转化为地租》(见《马克思恩格斯全集》中文第 2 版第 39 卷第 818—1036 页)进行修改，马克思做了几项准备性工作，这篇手稿的写作就是其中之一。马克思这些关于级差地租的札记主要采自《大笔记本》(1865—1866 年)，这是马克思在 1865—1868 年写成、由四个笔记本组成的"农业笔记"中的第一个笔记本(见《马克思恩格斯全集》历史考证版第 4 部分第 18 卷第105—326 页)。可能正是在摘录的过程中，马克思才对《大笔记本》(1865—1866 年)统一进行了编码。

在摘录过程中，马克思从通读《政治经济学批判(1861—1863 年手稿)》相应内容开始，由此回到 19 世纪 40 年代在巴黎、布鲁塞尔和曼彻斯特所做的读书笔记，并进行相应摘录。需要说明的是，马克思在写作《曼彻斯特笔记》(1845 年)的过程中，将笔记本纸张左右对折，分两栏进行书写，后来又在对折处居中编写页码。在本手稿中，马克思称左栏为 a，称右栏为 b，例如 6a 页就是指 6 页左栏，6b 页为 6 页右栏。虽然这份摘录可能对于修改《资本论》第三册主要手稿第六章《超额利润转化为地租》十分有用，但它显然没有完全解决未完成的注释和未尽的理论问题。反过来，第六章中有些已经探讨过的问题，马克思在本手稿中也摘录了相应内容。

这篇手稿的写作不早于 1867 年秋，可能写于 1868 年春夏。——311。

101　这段引文逐字逐句采自《巴黎笔记》(1844—1845 年)"关于詹·罗德戴尔的摘录笔记本"。马克思在这个笔记本中摘录的全部内容都是出自詹·梅·罗德戴尔的著作《论公共财富的性质和起源及其增加的方法和原因》1808 年巴黎版(拉计蒂·德拉瓦伊斯译自英文)。这段引文采自该笔记本第 7 页，出自罗德戴尔著作的第 79—80 页，是一段较长引文的开头部分(见《马克思恩格斯全集》历史考证版第 4 部分第 3 卷第 97 页)。

根据考证，罗德戴尔是从约·阿斯吉尔的著作《为了创造不同于金和银的另一种货币而对几种观点的证明》1696 年伦敦版引用了这段话,而不是引自路·罗伯茨的著作《贸易的财富》1641 年版。在《巴黎笔记》(1844—1845 年)"关于詹·罗德戴尔的摘录笔记本"第 7 页,马克思在抄写这段引文时给出了三个出处,除了阿斯吉尔和罗伯茨的上述著作,还有杰·范德林特的著作《货币万能,或试论怎样才能使各阶层人民都有足够的货币》1734 年伦敦版。在罗德戴尔著作第 80 页,这段引文的出处是阿斯吉尔的上述著作,具体来说是该著作第 21—22 页。而马克思之所以将罗伯茨和范德林特的著作也抄到摘录笔记本上,可能是因为罗德戴尔在这段引文前面的一段文字中引用了这两个人的论述。——316。

102 指亨·施托尔希的著作《政治经济学教程,或论决定人民幸福的原理》附让·巴·萨伊的注释和评述,1823 年巴黎版第 1—4 卷。这是施托尔希该部著作的第二版,第一版为 1815 年圣彼得堡版。在本卷所收手稿《〈资本论〉第二册按主题挑选的引文摘录》中,马克思已经使用过第一版,见本卷第 75 页。

施托尔希是德裔俄国经济学家,他从 1799 年起担任俄国皇帝保罗一世女儿的教师,而保罗一世的继任者亚历山大一世又委托他教授尼古拉政治经济学,尼古拉即后来的俄国皇帝尼古拉一世。在亚历山大一世的推动下,施托尔希的授课内容于 1815 年在圣彼得堡以法语出版,书名为《政治经济学教程,或论决定人民幸福的原理》。由于施托尔希在书中提到俄国政治制度的弊病,这部著作没有出版俄文版。1823 年,在没有征得作者同意的情况下,让·巴·萨伊出版了这部著作的第二版第 1—4 卷,并附有批评性的注释。为了回应萨伊的批评,1824 年,施托尔希在巴黎出版了《论国民收入的性质》一书,这部著作被看做是《政治经济学教程》1823 年巴黎版的第五卷。——317。

103 本·贝尔的著作《农业论文集,包括迅速而普遍地改良大不列颠土地的计划》1802 年爱丁堡版第四部分是论文《论食品缺乏和粮荒》。这篇论文经皮·普雷沃由英文译为法文,于 1804 年在日内瓦出版,标题为《粮荒》。在《布鲁塞尔笔记》(1845 年)第 4 笔记本第 55—58 页(见《马克思恩格斯全集》历史考证版第 4 部分第 3 卷第 317—321 页),马克思对皮·普雷沃翻译出版的《粮荒》进行了摘录,根据考证,这部分摘录的写作时间可能晚于 1845 年。——318。

104　关于皮·普雷沃估计小麦种植面积英亩数的论述,采自《布鲁塞尔笔记》(1845 年)第 4 笔记本第 57 页(见《马克思恩格斯全集》历史考证版第 4 部分第 3 卷第 320 页),在普雷沃的书中是第 153—154 页。马克思认为 1 400 万英亩这个数字可能错了。我们从后面的摘录中可以看出,本·贝尔认为种植谷物的土地只有四分之一得到了良好的耕种,预估为 300 万英亩。按照这个比例推算,种植谷物的土地总面积应为 1 200 万英亩。马克思在这里打算参考的统计材料可能是《联合王国的各种统计材料》1866 年伦敦版。——318。

105　马克思在《利润率、成本价格和资本周转》这篇 40 页的手稿中重新回到了《资本论》第三册主要手稿前三章重点研究的一个问题,即衡量资本增殖运动速度的几个因素有什么区别。在这里,随着决定因素如剩余价值率、利润率、资本周转等发生量的变化,社会经济的内涵也随之发生变化。在《资本论》第三册主要手稿中,马克思关注的问题是如何通过探讨剩余价值率和利润率的不同变化情况,从量上把握被利润率所掩盖的劳动力剥削程度。在本手稿中,基于对预付总资本利润率和更精确的成本价格利润率作出的新的区分,马克思在重新进行的讨论中将《资本论》第二册的内容资本周转包括进来。

　　这篇手稿的写作与《关于剩余价值率和利润率、利润率规律、成本价格和资本周转》(即《大手稿》)的第四部分《关于周转和成本价格利润率、年利润率、一般利润率等的研究》的写作紧密联系在一起。在两者所使用的例证中,预付资本及其构成部分的量完全相同。可能马克思先开始写作本手稿,后来同时写作本手稿和《大手稿》第四部分。《大手稿》的探讨重点逐渐偏向利润率对执行职能的资本的有机构成的依赖,而在本手稿中,马克思更加关注平均利润和生产价格的问题。

　　这篇手稿可能写于 1868 年 6 月—7 月。——333。

106　《〈资本论〉第二册〈资本的流通过程〉(第 IV 稿)》一共 58 页,是一篇未完成的手稿,内容包括第一章《资本流通》和第二章《资本周转》的开头部分。第一章包括 3 节,即《资本的形态变化:货币资本、生产资本、商品资本》《生产时间和流通时间》《流通费用》。第二章第 1 节为《周转的概念》,第 2 节为《固定资本和流动资本(创业资本和经营资本)》,马克思在第 2 节中止了写作。《资本论》第二册第 IV 稿和第 II 稿的部分内容在写作时间上重合,二者的创作过程紧密联系在一起,共同构成马克思创作《资本论》第二册全卷手稿的第二次尝试。在这一过程中,马克思尽可能完善地构思出第二册的要点和结构,用探究的方式对内容加以叙述。

马克思在1865年上半年第一次深入探讨了有关资本流通的大量问题,写下了《资本论》第二册第Ⅰ稿(见《马克思恩格斯全集》中文第2版第38卷第163—444页)。本手稿第1—5a页的内容是对本卷所收手稿《第二册〈资本的流通过程〉第一章开头部分》第1—4页中的誊抄稿(注释也包括在内)的抄写,并做了少量改动。因此,第二册的这篇片断稿可以说是本手稿这部分内容的准备稿。与此同时,本手稿第1—5a页的内容与《资本论》第二册第Ⅱ稿第2—3页(见《马克思恩格斯全集》历史考证版第2部分第11卷第7—10页)在表述上很接近。从手稿开头部分的书写情况来看,马克思本来是打算写一份誊清稿:先是将《第二册〈资本的流通过程〉第一章开头部分》中的成熟内容抄写过来,然后以作为研究稿的第二册第Ⅱ稿取得的研究成果为基础,同时推进第二册第Ⅱ稿和作为誊清付排稿的第Ⅳ稿的写作。但是,从手稿第6页开始,修改、改写和调整位置的情况多起来,书写也开始使用缩写、简写,字体明显变小,不太容易辨认。后来,注释也和正文混在一起,开始在每页单独编码。最终,马克思认识到,这篇手稿仍然只能是草稿。在这种情况下,他有时将第Ⅱ稿的内容抄到第Ⅳ稿,有时则反过来,将第Ⅳ稿的内容抄到第Ⅱ稿。根据考证,第Ⅱ稿第一章和第二章开头部分写作于1868年春至秋冬之际(参看《马克思恩格斯全集》历史考证版第2部分第11卷第910—920页)。这种相互誊抄的情况表明,马克思在1868年春至秋冬之际交替进行第Ⅱ稿和第Ⅳ稿的写作。

第Ⅳ稿有两个封面。马克思在第一个封面0a页上标记了罗马数字(Ⅰ),在第二个封面0c页上标记了罗马数字Ⅳ。第一个封面一直被认为是第二册第Ⅰ稿的封面,并相应地发表在《马克思恩格斯全集》历史考证版第2部分第4卷第1册(见《马克思恩格斯全集》中文第2版第38卷第163—166页)。但第2部分第4卷第3册的编者在最新的研究中认为,这张标有罗马数字(Ⅰ)的封面极有可能是第Ⅳ稿的一部分,因此在本卷再次发表,第Ⅳ稿本身保存于第二封面中。马克思从1868年春开始写作《资本论》第二册第Ⅳ稿,期间有中断,可能到1868年底中止写作。

马克思着手再次写作第二册以后,先是在1877年3月—4月通读了第Ⅳ稿,将其大量段落记入《〈资本论〉第二册早期文稿中待用的段落(第

Ⅰ—Ⅳ稿)》这篇手稿中。此前,在 1876 年 10 月和 1877 年 1 月之间写作
《资本论》第二册第Ⅴ稿底稿过程中,他在第Ⅳ稿第 31、34 页写下两段增
补内容(见本卷第 449—450、455—456 页)。1883—1884 年,恩格斯在整
理出版《资本论》第二卷的过程中利用了本手稿,将其部分内容编入第一
篇和第二篇(参看《马克思恩格斯全集》中文第 2 版第 45 卷第 138—182
页)。——383。

107 在手稿中,马克思在这里删掉了下面的内容:"只要这个世界触及他的生
产洞穴,用法定工作日进行威胁,资本家自己就会一怒之下向世界大声公
开这个秘密。"(见本卷第 65 页)——395。

108 德奥古利兄弟是古希腊神话中的孪生英雄必死的卡斯托尔和永生的波鲁
克斯,他们的名字成了形影不离的兄弟情谊的象征。根据神话,卡斯托尔
在一次搏斗中死亡以后,宙斯让永生的波鲁克斯同自己的弟兄分享永生。
从那以后,哥俩开始过双重生活:一天在亡灵的地府中生活,一天在奥林
波斯山上和众神一起生活。——395。

109 在手稿中,这句话和下一句话马克思原来写的是:"这种观念混乱还由于
种种流通现象得以巩固。正如以前我们看到的,商品变为货币的过程,
对于单个的商品出售者来说始终是一个困难的过程。"(见本卷第 68 页)
马克思先将其改为:"这种观念混乱由于种种现象得以巩固,这些现象我
们以后才能加以考察。但是,我们已经知道,商品变为货币的过程,或
者说商品的出售,对于单个的商品出售者来说始终是一个费力的过程,需
要他拼尽全力。"最后,马克思将其改为正文中现在的表述,并加上脚注
(7)和脚注(8)。——396。

110 参看《马克思恩格斯全集》中文第 2 版第 42 卷第 87—90 页,另见本卷第
66 页脚注(8)。关于本段所论述的内容,参看本卷第 68 页。可能受到《资
本论》第一卷关于商品形态变化的考察的启发,马克思在手稿第 4 页注释
区域记下如下循环公式:

$$\text{``}G\mathrel{-}W\mathrel{-}G'$$
$$\overgroup{G\mathrel{-}W\mathrel{-}P\mathrel{-}G'\mathrel{-}W'}$$
$$\mathbf{P\mathrel{-}\overgroup{G'\mathrel{-}W'}\mathrel{-}G\mathrel{-}P}$$
$$\overgroup{W'\mathrel{-}G\mathrel{-}W\mathrel{-}P\mathrel{-}W'}\text{''}。\quad\text{——}396。$$

111 马克思先写好本手稿第 5 页标题为[A]的这部分内容,在这个过程中,马克思参考了《第二册〈资本的流通过程〉第一章开头部分》的相应内容(参看本卷第 68—69 页)。然后,他将手稿第 5 页内容誊抄到第 5a 页上,写成第 5a 页手稿中标题为[B]的这部分内容。在抄写的过程中,马克思进行了一些改写。第 5 页和第 5a 页上这两部分内容与《资本论》第二册第 II 稿第 2—3 页(见《马克思恩格斯全集》历史考证版第 2 部分第 11 卷第 9—10 页)的相应部分表述相近,特别是第 5a 页,它的内容与第 II 稿的表述基本相同。——396。

112 比尔·赛克斯是查·狄更斯的小说《奥列佛尔》中的人物形象。马克思在将手稿第 5 页内容誊抄到第 5a 页的过程中,将脚注(9)改为脚注(2),删掉了已经从第 5 页抄过来的脚注(9)的原有内容,改写为现在的内容。马克思可能是受到《资本论》第二册第 II 稿的脚注排序的影响,在第二册第 II 稿第 2 页提及比尔·赛克斯之前,只有两个脚注(见《马克思恩格斯全集》历史考证版第 2 部分第 11 卷第 9 页)。——398。

113 在希腊神话中,金苹果树是该亚送给宙斯和赫拉的结婚礼物,由赫斯贝里德姊妹负责看管。海格立斯盗取了金苹果,这成了他闻名的功绩之一。——398。

114 在手稿中,马克思为手稿第 6 页开头这两句话在反复修改的基础上写过两个方案,最后他将第 2 个方案改为现在正文中的表述,这两个方案分别是:

1. "如果我们现在考察 $\overset{\frown}{G-W}-P-\overset{\frown}{W'-G'}$ 这个循环,那么它的第一个阶段 $G-W$ 由于从货币向资本的转化那一篇我们就熟悉了,第二个阶段 P 是详细分析过的资本主义生产过程,最后,第三个阶段 $W'-G'$ 就自身来考察,仅仅是商品的形态变化,是商品从商品形式向货币形式的转化。"

2. "$\overset{\frown}{G-W}-P-\overset{\frown}{W'-G'}$ 这个循环的第一个阶段,也就是 $G-W$,在讨论货币转化为资本时我们已经较为详尽地考察过。G 即货币在这里是**资本的第一个形式**。"——399。

115 货币主义或货币体系(Monetarsystem)是重商主义的早期形式。

重商主义是 15—16 世纪流行于欧洲各国的一个经济学派,反映了那个时期商业资本的利益和要求。重商主义者认为货币是财富的基本形式,主张国家干预经济生活,采取措施在对外贸易上实现出超,使货币流入本国,并严禁货币输出国外,对进口实行保护关税政策。早期重商主义的形式是货币主义,主张货币差额论,即禁止货币输出,增加金银收入。晚期重商主义盛行于17世纪,主张贸易差额论,即发展工业,扩大对外贸易出超,保证大量货币的输入。——412、422。

116 根据上下文,"7 800"似应为"7 600"。在手稿中,可能是恩格斯用铅笔先将"7 800"改为"7 400",后又改为"7 200"。——420。

117 "通货原理"(currency principle)或"通货理论"(currency theory)是19世纪广泛流行于英国的一种货币理论,是资产阶级经济学家对1825年开始的资本主义周期性发展所作出的一种反应。它以大·李嘉图的货币数量论为出发点,认为商品的价值和价格决定于流通领域中的货币数量。他们的目的是要保持稳定的货币流通,并认为银行券所必需的黄金保证和根据贵金属进出口情况调整银行券的发行量是达到这一目的的唯一手段。从这些错误的理论前提出发,"通货理论"认为生产过剩的经济危机的决定性原因,是由于他们所宣布的货币流通规律遭到破坏。这一理论的代表人物有赛·琼·劳埃德(1850年起为奥弗斯顿男爵)、罗·托伦斯、乔·沃·诺曼、威·克莱、乔·阿巴思诺特等人。他们主张把金属货币流通的抽象规律推广到银行券的发行上。除了金属货币以外,他们还把银行券称做"通货"(即流通手段)。他们相信,用贵金属为银行券建立充足的准备金,可以实现稳定的货币流通,认为银行券的发行应按照贵金属的输出、输入来调整。英国政府依据这个理论所进行的尝试(包括1844年和1845年银行法)没有收到任何成效,从而证明了这一理论在科学上缺乏根据,在实践上也不能解决问题(见《马克思恩格斯全集》中文第2版第31卷第577—580页)。——421。

118 在手稿第29页下半部分注释区域的空白处,马克思记下了下述可能与第二册第 II 稿有关的公式:

"(I)$400_c + 100_v + 100_m$ ＝ 600 的产品

(II)$800_c + 200_v + 200_m$｜＝1 200 的产品

因此,在交换之后作为可变资本＋收入存在的是:

(I)$200_v + 200_m + 100_v + 100_m$＝600 镑生活资料;

而作为**不变资本**存在的是:

$(II)800c+400c=1\ 200$ 镑。

或者说,加在一起:$1\ 200_c+300_v|+300_m$。"——445。

119 在手稿中,马克思在这里为表达一层意思进行了许多次写作尝试,其中可以辨读出这样一句话:"由于过程中的资本价值分割在其不同领域当中而造成的不同形态变化的同时性或空间的并存,对此不会造成任何改变。"——446。

120 《亚当·斯密〈国民财富的性质和原因的研究〉第一篇的几则评注性摘录》是马克思为在《资本论》第二册和第三册中驳斥斯密的观点而写下的最后一份准备材料。这些带有马克思评注的摘录涉及斯密关于价值、价格、工资、利润、利息和地租的观点,这些观点作为斯密教条载入政治经济学的历史,并产生了持久的影响。

1865—1866 年,马克思在《资本论》第二册第 I 稿(见《马克思恩格斯全集》中文第 2 版第 38 卷第 353—404 页)和第三册主要手稿(见《马克思恩格斯全集》中文第 2 版第 39 卷第 1045—1113 页)中已经对斯密的观点进行了分析。在这两部手稿中,马克思将注意力集中在论证的一致性上,没有对斯密进行详细的引证。在《资本论》第一卷德文第一版中,马克思宣告,将在第二册关于再生产过程的第三章和第三册关于各种收入及其源泉的第七章,对斯密教条进行驳斥(参看《马克思恩格斯全集》中文第 2 版第 42 卷第 604—605 页)。在这种意义上,可以说马克思的《资本论》计划就是对斯密教条逐步进行剖析和批判的过程。

从 1844 年到 1863 年,马克思对几个法文版和英文版《国民财富的性质和原因的研究》作了大量摘录。在此基础上,在《政治经济学批判(1861—1863 年手稿)》中他对斯密的循环论证进行了分析(见《马克思恩格斯全集》中文第 2 版第 33 卷第 45—81 页)。除了斯密以外,马克思没有对其他人的著作进行过如此多的阅读和摘录。马克思的目的在于论证政治经济学中不一致的价值理论与矛盾的再生产观念是相互依存的,这篇摘录是这方面的最后一份准备材料,其形成过程与《资本论》第二册第 II 稿的写作过程有直接联系。

马克思在进行摘录时没有利用早期的相关摘录笔记,而是直接摘录了他的自用本《国民财富的性质和原因的研究》1848 年阿伯丁—伦敦版第 13—182 页的内容并加以评注。这是因为,他进行摘录的目的是直接驳斥斯密教条,不能直接从摘录笔记本中找到相关引文,而且如果从摘录笔记中抄写引文就必须和原著进行核对。此外,还要考虑到,他要以忠于原文的方式批驳斯密的概念和定义,只有这部著作的英文版才合适,而上述英文版是最新和最详实的版本。

这篇摘录可能写于 1868 年 6 月 21 日——22 日前后。马克思在 1868 年 6 月 23 日给恩格斯的信中也谈到斯密,并引用了大段内容,这些引文与本手稿第 9 页部分内容一致。马克思本来打算摘录更多的内容,例如第一印张只用完了第 1—2 页,第 3—4 页是空白的。

马克思先是在写作《资本论》第二册第 II 稿时利用了这篇摘录,并说明在第三册中将继续分析斯密的观点(参看《马克思恩格斯全集》历史考证版第 2 部分第 11 卷第 351 页)。1876—1877 年,在写作《资本论》第二册第 VIII 稿的过程中,马克思也利用了这篇摘录。马克思在第 VIII 稿中极大地改进了第三章的叙述,再一次批判斯密教条。在对《国民财富的性质和原因的研究》第二篇内容进行分析时,马克思在第 II 稿和第 VIII 稿中都直接使用了自己的自用本即 1848 年阿伯丁——伦敦版。

后来马克思将这份摘录一分为二,将它们放入封面标有"属于第二册"和"属于第三册"字样的两个文件夹中。手稿第 5—12 页保存在"属于第二册"这个文件夹中,其他部分保存在"属于第三册"这个文件夹中。——499。

121 习艺所是根据英国的《济贫法》设置的救济贫民的机构。1601 年《济贫法》规定以教区为单位解决贫民的救济问题。1723 年颁布的《济贫法》进一步作出规定,设立习艺所,受救济者必须入所接受救济。1782 年又改为只对年老和丧失劳动能力的人采取集中救济的方法。1834 年英国颁布的新济贫法对以前实施的《济贫法》作了修订,规定不得向有劳动能力的人及其家属提供任何金钱和食品的救济,受救济者必须在习艺所里从事强制性劳动。习艺所里生产条件恶劣,劳动强度大,生产效率低,那里实行的制度与强迫囚徒从事苦役的牢狱制度不相上下,因此,被贫民们称为"济贫法巴士底狱",马克思则称它为"无产者的巴士底狱"。——501。

122 斯密在《国民财富的性质和原因的研究》1848 年阿伯丁——伦敦版第 66 页为这种类比设立了前提,即资本所有者雇用的工人通过分工生产出数量尽可能多的产品,而且他为工人提供最好的机器。——501。

123 在《国民财富的性质和原因的研究》1848年阿伯丁—伦敦版第41页,斯密假定某地制造业通常的年利润率为10%。有两个不同的工场,每一个都雇用20个工人,两个工场的工资率都是每年15镑。另外,斯密假定其中一家工场每年加工的粗原材料价值为700镑,而另一家工场加工的较精细原材料价值为7 000镑。在这种情况下,第一家工场每年使用的资本就只有1 000镑,而另一家工场使用的资本则为7 300镑。按照10%的利润率,第一家工场的企业主只能期望获得100镑的年利润,而另一家工场的企业主则能够期望获得730镑的年利润。斯密指出,虽然这两个企业主的利润极为不同,但他们监督和管理的劳动或者完全相同,或者基本相同。——508。

124 马克思将斯密《国民财富的性质和原因的研究》1848年阿伯丁—伦敦版第42页这一大段引文也抄到了《资本论》第二册第II稿第135页(见《马克思恩格斯全集》历史考证版第2部分第11卷第350—351页)。在此之前,他在《资本论》第三册主要手稿第七章已经使用过这段引文(见《马克思恩格斯全集》中文第2版第39卷第1075页)。1876—1877年,马克思将这段引文用到《资本论》第二册第VIII稿第3页和第8页(见《马克思恩格斯全集》历史考证版第2部分第11卷第703、712—713页)。——511。

125 斯密在《国民财富的性质和原因的研究》1848年阿伯丁—伦敦版第53—54页引用了理·康替龙的观点。斯密曾引用康替龙对雇佣劳动者和奴隶的比较,马克思在《政治经济学批判(1861—1863年手稿)》第VI笔记本中引用了斯密的论述(参看《马克思恩格斯全集》中文第2版第33卷第49页)。在《资本论》第一卷中,马克思指出,魁奈、詹·斯图亚特和亚·斯密都曾"充分利用过"康替龙(同上,第42卷第572—573页脚注(54))。——520。

126 《第三册第一章〈剩余价值转化为利润和剩余价值率转化为利润率〉(第四草稿)》是《资本论》第三册第一章开头部分最后一个稿本,这一稿不仅篇幅最大,而且马克思也写得最为细心。第四草稿主要以《政治经济学批判(1861—1863年手稿)》、《资本论》第三册主要手稿和《资本论》第一卷为参照,从第三草稿中采用的内容不多。除了一个例外情况(见本卷第543页脚注(7)),所有注释作为脚注都完整地写好了,这是马克思进行大量资料查考的成果。例如,马克思引用了托·罗·马尔萨斯的著作《政治经济学定义》的两个不同版本，即1827年版和1853年版。从第3页开始，马克思在写作中大量使用缩写。在第7页删掉大量内容之后，马克思写成一份可用誊清稿的想法落空了。本手稿第5页原来是第三草稿的一部分，在第三稿中被编为第3页。

第四草稿可能写于1868年春。这是因为，手稿中有一段文字以纳·威·西尼耳关于固定资本和流动资本的观点为例（见本卷第535—536页），这个例子也出现在恩格斯为《资本论》第一卷写的一篇书评当中（参看《马克思恩格斯全集》中文第2版第21卷第440—441页），这篇书评写于1868年5月—6月，本来打算发表在《双周评论》上。

恩格斯将这篇手稿标为"第II稿"，在1885年将这篇手稿的部分内容编入《资本论》第三卷第一章《成本价格和利润》（参看《马克思恩格斯全集》中文第2版第46卷第45—48页）。——529。

127　在手稿中，马克思在这里删掉了下面的内容：

"在我们的例子中，如果商品是按照它的价值600镑出售的，那么就会实现一个余额，该余额等于商品包含的100镑剩余价值。这种价格差异并不是产生于**商品高于其价值出售**，而是产生于**商品价值高于商品成本价格的余额**。然而，从公式**w＝k＋m**或**商品价值＝成本价格＋剩余价值**可以得出结论，资本家可以获得利润［……］"。——532。

128　在手稿中，马克思在这里删掉了下面的内容：

"我们已经看到，商品价值中补偿商品生产中耗费的资本的那个组成部分，构成商品的成本价格。在这个成本价格内部，预付资本的各个价值要素仅具有同　形式。"——533。

129　在手稿中，马克思先在这个公式下面写了一大段内容，又将其删掉，我们可以从中辨读出如下内容：

"如果说预付资本的各个价值要素以不同的方式影响商品的成本价格，从而影响商品价值一般，那么这种区别就仅仅在于，所使用的固定资本的价值只是**部分地**进入成本价格，相反所使用的流动资本的价值则**全部**进入成本价格。但是，就它们都进入成本价格而言，不存在**质的**差别。同用于生产材料的380镑和用于工资的100镑一样，用于固定资本损耗的20镑以同样的方式表现为成本价格500镑的价值要素。它们只是作为**物质上**不同要素的价值而相互区别，这些要素就是预付的**生产资本的**

存在形式。在这里，投在劳动力上的资本和**不变资本的一个组成部分**，即以生产材料形式存在的部分，按照**流动资本**的范畴，构成固定资本的对立面，也就是说，构成**不变资本另一个组成部分**的对立面，即不变资本投在劳动资料上那个组成部分的对立面。因此，如果说预付在劳动力上的资本的可变特征已经由于这部分资本表现为投在工资上的资本而被抹煞，那么现在，投在劳动力上的资本在考察商品价值形成的情况下明确地和**不变资本价值混为一谈**。"——535。

130　在手稿中，马克思接着写了下面两段文字，然后又删掉了它们。我们可以从中辨读出如下内容：

"**所使用的**资本的价值＝1 680镑（1 200镑固定资本，380镑生产材料和100镑工资），但**所耗费的**资本的价值＝500镑（20镑固定资本的损耗，380镑生产材料和100镑工资）。这个500镑的资本作为商品的**成本价格**再现出来，这是由于下面这个简单的理由，即在商品生产上耗费了一个500镑的资本。所耗费的资本的不同价值组成部分**如何在商品的成本价格中再现出来**〔……〕

我们原来（第一卷第三章第2节）在分析价值增殖过程时看到，所用掉的生产资料（劳动资料和生产材料）的价值并不是真正地**再生产出来**，而仅仅是通过合乎目的地使用在产品价值中**再现出来**，并没有真正地被再生产出来〔……〕"。——535。

131　在手稿中，本段最后这句话马克思原来写的是："只要劳动力的价值或者说价格以**工资**的转化形式表现出来，那么在由现有的商品价值构成的资本收入方面，剩余价值就必然以**利润**的转化形式表现出来。"

在本段最后这句话后面，马克思还写下一大段内容，又将其删掉，我们可以从中辨读出如下内容："一种变化无论如何在生产过程中发生了。取代因为生产商品而耗费的资本价值而出现的，是这个资本价值本身加上一个价值增量。但是，这种变化必然被归因于预付总资本，也就是说，必然从预付总资本中推导出来，而不是从预付资本价值的一个特有部分中推导出来，这个特有部分在生产过程本身中通过形成价值的力呈现出来。"——544。

132　在手稿中，马克思在这段话结尾处写了"＋＋"这个符号，但在本篇手稿中没有对应的插入符号。根据分析，这个标记可能与《〈资本论〉第三册第一

章(第三草稿)》中的一段标为"＋＋关于第(3)页"(见本卷第46页)的插入
文字有关。这种情况的出现,可能是因为第四草稿这张编为第5页的手稿
原来属于第三草稿。而从手稿中看,"5"这个数字(见本卷第542页)原来写
的是"3",马克思在第三草稿为第3页写下上述插入文字(见注126)。后
来,马克思把这一页编入第四草稿,并重新将其编为第5页。——544。

133　这句引文出自托伦斯《论财富的生产》1821年伦敦版第349页。马克思在
《资本论》第一卷已经引用过这句话(见《马克思恩格斯全集》中文第2版
第42卷第149页),他引用的依据是《政治经济学批判(1861—1863年手
稿)》第XIV笔记本对托伦斯的评论(同上,第35卷第81页)。这两处的
引文出处都是正确的。但在本脚注中,马克思给的出处第70—71页是错
误的。这可能是因为他并没有从上述两处抄写这句引文,而是利用了《政
治经济学批判(1861—1863年手稿)》第XIII笔记本第758—759页的相
关内容,这里马克思通过马尔萨斯的著作《政治经济学定义》1853年伦敦
版第70—71页间接引用了托伦斯这句引文(同上,第35卷第20—21
页)。——547。

134　"无中生有的创造"指早期基督教神学的信条。根据这个信条,世界是由
造世主绝对地不依靠任何前提创造出来的。早期基督教神学的这种立场
针对的是古希腊哲学一些认为存在物不能从非存在物中产生的流派的观
点。关于类似说法,参看《马克思恩格斯全集》中文第2版第42卷第211
页,本卷第196页。——548。

135　参看《马克思恩格斯全集》中文第2版第35卷第20—21页。马尔萨斯在
《政治经济学定义》1853年伦敦版第70—71页引用了托伦斯《论财富的
生产》1821年伦敦版第345、348—349页的内容。马克思在这里编了两
个注码(10),可能是由于在抄写引文时交替使用《政治经济学批判
(1861—1863年手稿)》第XIII笔记本和第XIV笔记本(见注133)。——
548。

136　燃素说是德国化学家格·施塔尔于1700年前后创立的,在18世纪的化
学中曾一度占统治地位。根据这一学说,燃烧的过程决定于可燃物体中
有　种特殊的物质——燃素(这个概念来自于希腊语Phlox,意为火焰),
它在燃烧时从可燃物体中逸出。但是,由于人们知道,物质在空气中燃烧
时重量增加了,于是主张燃素说的人断言燃素具有一种在物理学上无法

解释的负重量。法国化学家安·拉瓦锡证明了这种理论是毫无根据的，他把燃烧过程正确地解释为燃烧着的物质与氧化合的反应。关于燃素说曾经起过的积极作用，恩格斯曾在《自然辩证法》的《〈反杜林论〉旧序》一文结尾部分谈到(见《马克思恩格斯全集》中文第 2 版第 26 卷第 504—505 页)，并在《资本论》第二卷(1885 年汉堡版)的序言中作了详细的论述(见《马克思恩格斯全集》中文第 2 版第 45 卷第 20—21 页)。1872 年，恩格斯在其论战著作《论住宅问题》中将皮·约·蒲鲁东的公平概念比喻为过时的燃素说。——548。

137 蒲鲁东的人民银行是 1849 年 1 月 31 日成立的。他打算借助这个银行通过和平的途径实现他的"社会主义"，即消灭信贷利息，在生产者获得自己劳动收入的全部等价物的基础上进行没有货币的交换。这个银行在开始正常业务活动之前就于 4 月初宣告关闭。马克思在《哲学的贫困》这部著作中对蒲鲁东的观点作了详细的批判分析。

马克思在近 20 年后提及"人民银行"，可能是为了驳斥互惠主义和联邦主义。这种理论在 19 世纪 60 年代末期通过蒲鲁东的晚期著作在国际工人协会法国支部中传播开来。同样，马克思的批评也可能是针对在德国大量出现的建立工人消费协会和生产合作社的计划，这些计划有的借助国家帮助，有的不借助国家帮助，目的都在于解决社会问题。这些计划和"人民银行"一样遵循相互性原则，并尽可能依靠无息信贷来推进。——549。

人 名 索 引

A

安德森,亚历山大(Anderson,Alexander 19 世纪)——英国格拉斯哥和曼彻斯特的工厂主,1847 年在伦敦发表过一本名为《近来商业的困境》小册子。——83、258、497。

安德森,詹姆斯(Anderson,James 1739—1808)——苏格兰资产阶级经济学家,研究了级差地租理论的基本特征。——316。

B

巴顿,约翰(Barton,John 1789—1852)——英国经济学家,资产阶级古典政治经济学的代表人物。——234。

巴尔扎克,奥诺雷·德(Balzac,Honoré de 1799—1850)——法国现实主义作家。——548、549。

贝尔,本杰明(Bell,Benjamin 1749—1806)——苏格兰医生,写有关于农业方面的著作。——318。

贝卡里亚侯爵,切扎雷·博内萨纳(Beccaria,Cesare Bonesana,marchese de 1738—1794)——意大利法学家、政论家和经济学家;18 世纪资产阶级启蒙运动的代表。——84。

贝利,赛米尔(Bailey,Samuel 1791—1870)——英国资产阶级经济学家和哲学家,从庸俗经济学的立场反对李嘉图的劳动价值论,同时也正确地指出了李嘉图经济学观点中的一些矛盾。——84、88、411。

比沙,玛丽·弗朗索瓦·克萨维埃(Bichat,Marie-François-Xavier 1771—1802)——法国医生、解剖学家,组织学创始人。——64、395。

波特尔,阿朗索(Potter,Alonzo 1800—1865)——美国哲学家和经济学家,1815 年起为宾夕法尼亚的主教;曾在一些院校教授神学。——86、220。

勃多，尼古拉（Baudeau，Nicolas 1730—1792）——法国神父，经济学家，重农学派的代表。——76、465、487。

布阿吉尔贝尔，皮埃尔·勒珀桑（Boisguillebert，Pierre Le Pesant 1646—1714）——法国经济学家和统计学家，重农学派的先驱，法国资产阶级古典政治经济学的创始人；写有《法国详情》和其他经济学著作。——316。

布莱克，威廉（Blake，William 约1774—1852）——英国经济学家，写有关于货币流通的著作。——80、84、85。

C

查默斯，托马斯（Chalmers，Thomas 1780—1847）——苏格兰神学家和资产阶级经济学家，马尔萨斯的追随者。——91、92、487。

D

达夫，帕特里克·爱德华（Dove，Patrick Edward 1815—1873）——英国资产阶级哲学家和经济学家。——330—332。

戴韦南特，查理（Davenant，Charles 1656—1714）——英国经济学家和统计学家，重商主义者。——315。

德·昆西，托马斯（De Quincey，Thomas 1785—1859）——英国著作家和经济学家，李嘉图著作的注释者。——83。

德尔，路易·弗朗索瓦·欧仁（Daire，Louis-François-Eugène 1798—1847）——法国著作家和资产阶级经济学家，政治经济学著作的出版者。——75、316。

杜尔哥，安娜·罗伯尔·雅克，洛恩男爵（Turgot，Anne-Robert-Jacques，baron de l'Aulne 1727—1781）——法国国务活动家、经济学家和哲学家，重农学派的重要代表人物，魁奈的学生；财政总监（1774—1776）。——77。

F

范德林特，杰科布（Vanderlint，Jacob 死于1740年）——英国经济学家，重农学派的先驱，货币数量论的早期代表。——78。

富拉顿，约翰（Fullarton，John 1780—1849）——英国经济学家，货币数量论的反对者；写有一些关于货币流通和信贷问题的著作。——421。

G

格林，雅科布·路德维希·卡尔（Grimm，Jacob Ludwig Karl 1785—1863）——

德国语文学家和文化史学家,柏林大学教授;温和的自由主义者;1848 年是
法兰克福国民议会议员,属于中间派;比较历史语言学的奠基人,第一部德语
比较语法的作者;写有德国语言史、法学史、神话史和文学史方面的著作;
1852 年与其弟威·卡·格林合作开始出版《德语辞典》。——471。

H

赫拉克利特(Herakleitos 约公元前 540—480)——古希腊哲学家,辩证法的奠
基人之一,自发的唯物主义者。——433。

K

卡泽诺夫,约翰(Cazenove,John 1788—1879)——英国庸俗经济学家,马尔萨斯
的追随者。——548。

康替龙,菲力浦(Cantillon,Philip 1700 前后—1759 以后)——英国经济学家,
1759 年曾修订出版理·康替龙《试论一般商业的性质》一书的英文版。
——520。

康替龙,理查(Cantillon,Richard 1680—1734)——英国经济学家,商人,重农学
派和亚·斯密的先驱;《试论一般商业的性质》一书的作者。——78—
79、520。

柯贝特,托马斯(Corbet,Thomas 19 世纪)——英国资产阶级经济学家,李嘉图
的追随者。——468。

库格曼,路德维希(Kugelmann,Ludwig 1828—1902)——德国医生,1848—
1849 年革命的参加者,国际会员,国际洛桑代表大会(1867)和海牙代表大会
(1872)的代表;1862—1874 年经常和马克思通信,通报德国的情况;马克思
和恩格斯的朋友。——7。

库格曼,路易——见库格曼,路德维希。

魁奈,弗朗索瓦(Quesnay,François 1694—1774)——法国经济学家,重农学派
的创始人,职业是医生。——75、76、421。

L

拉盖,康迪(Raguet,Condy 1784—1842)——美国政论家和经济学家。——83。

拉姆赛,乔治(Ramsay,George 1800—1871)——英国经济学家,资产阶级古典
政治经济学的后期代表人物之一。——234、239、492、548。

莱勒,约翰(Lalor,John 1814—1856)——英国资产阶级政论家和经济学家。
——88、90、91、399、470、473、474。

勒特罗纳,吉约姆·弗朗索瓦(Le Trosne,Guillaume-François 1728—
1780)——法国资产阶级经济学家,重农主义者。——75、77、465。

雷尼埃,马蒂兰(Régnier,Mathurin 1573—1613)——法国讽刺诗人。——66、
68、396、398。

李嘉图,大卫(Ricardo,David 1772—1823)——英国经济学家,资产阶级古典政
治经济学最著名的代表人物。——84、89、234、313、482、547。

罗伯茨,路易斯(Roberts,Lewes[Lewis]1596—1641)——英国商人和经济学
家,经营地中海和印度贸易。——316。

罗德戴尔伯爵,詹姆斯·梅特兰(Lauderdale,James Maitland,Earl of 1759—
1839)——英国资产阶级政治活动家和庸俗政治经济学家,亚·斯密理论的
批评者。——198、316。

罗西伯爵,佩莱格里诺·路易吉·爱德华多(Rossi,Pellegrino Luigi Edoardo,
conte 1787—1848)——意大利资产阶级庸俗经济学家、法学家和政治活动
家,长期住在法国。——313。

M

马尔萨斯,托马斯·罗伯特(Malthus,Thomas Robert 1766—1834)——英国经
济学家,教士,人口论的主要代表。——45、79、81、87、198、504、541、
542、548。

麦克库洛赫,约翰·拉姆赛(McCulloch,John Ramsay 1789—1864)——英国资
产阶级经济学家和统计学家,李嘉图经济学说的庸俗化者。——319、320。

梅尔西埃·德拉里维耶尔,保尔·皮埃尔(Mercier de la Rivière,Paul Pierre
1720—1793)——法国资产阶级经济学家,重农学派。——75。

摩尔顿,约翰·洛克哈特(Morton,John Lockhart 19 世纪中叶)——英国农学
家,《地产的资源》(1858)一书的作者。——327—330。

穆勒,约翰·斯图亚特(Mill,John Stuart 1806—1873)——英国资产阶级经济
学家和实证论哲学家,政治经济学古典学派的模仿者;詹·穆勒的儿子。
——80、81、512。

穆勒,詹姆斯(Mill,James 1773—1836)——英国资产阶级经济学家、历史学家
和哲学家,李嘉图理论的庸俗化者;在哲学方面是边沁的追随者;《英属印度

史》一书的作者。——90。

N

纽曼，赛米尔·菲力浦斯（Newman, Samuel Philips 1797—1842）——美国哲学
家、语文学家和经济学家。——81、83、92、487。

P

配第，威廉（Petty, William 1623—1687）——英国经济学家和统计学家，英国资
产阶级古典政治经济学的创始人。——77、313—315。

蒲鲁东，皮埃尔·约瑟大（Proudhon, Pierre Joseph 1809　1865）　法国政论
家、经济学家和社会学家，小资产阶级思想家，无政府主义理论的创始人，第
二共和国时期是制宪议会议员（1848）。——549。

普雷沃，吉约姆（Prévost, Guillaume 1799—1883）——瑞士经济学家，李嘉图理
论的庸俗化者；枢密院顾问。——319。

普雷沃，皮埃尔（Prévost, Pierre 1751—1839）——瑞士经济学家和物理学家，马
尔萨斯的著作法文版的译者。——318、319。

Q

琼斯，理查（Jones, Richard 1790—1855）——英国经济学家，资产阶级古典政治
经济学的最后代表。——87、88。

S

萨伊，让·巴蒂斯特（Say, Jean-Baptiste 1767—1832）——法国资产阶级经济学
家，庸俗政治经济学的代表人物，最先系统地阐述"生产三要素"论。——89、
93、317、482、513、516。

莎士比亚，威廉（Shakespeare, William 1564—1616）——英国戏剧家和诗人。
——397。

施塔尔，格奥尔格·恩斯特（Stahl, Georg Ernst 1660—1734）——德国医生和化
学家，哈雷大学教授。——548。

施泰因，洛伦兹·冯（Stein, Lorenz von 1815—1890）——德国法学家、国家法专
家、历史学家和庸俗经济学家，普鲁士政府的密探，《现代法国的社会主义和
共产主义》一书的作者。——496。

施托尔希,安德烈·卡尔洛维奇(Шторх, Андрей Карлович 原名亨利希·弗里德里希·冯·施托尔希 Heinrich Friedrich von Storch 1766—1835)——俄国经济学家、目录学家、统计学家和历史学家,德裔;彼得堡科学院院士,资产阶级古典政治经济学的模仿者。——75、93、317、318。

施韦泽,约翰·巴蒂斯特·冯(Schweitzer, Johann Baptist von 1833—1875)——德国律师和新闻工作者,拉萨尔派代表人物之一,《社会民主党人报》创办人和编辑(1864—1871);全德工人联合会会员(1863年起)和主席(1867—1871);支持俾斯麦所奉行的在普鲁士领导下"自上而下"统一德国的政策,阻挠德国工人加入国际工人协会,反对社会民主工党;国会议员(1867—1871);1872年因同普鲁士当局的勾结被揭露而被开除出全德工人联合会。——549。

斯克罗普,乔治·朱利叶斯·波利特(Scrope, George Julius Poulett 1797—1876)——英国经济学家和地质学家,马尔萨斯主义的反对者;议会议员。——86、220、228。

斯密,亚当(Smith, Adam 1723—1790)——英国经济学家,资产阶级古典政治经济学最著名的代表人物。——87、90、234、262、266—271、421、470、471、501、504、505、507—512、514—520、522—523、525。

斯密斯,埃德蒙·詹姆斯(Smith, Edmund James 1817—1880)——英国土地测量员和地产经纪人。——326。

斯密斯,休(Smith, Hugh)——英国土地测量员,《自由耕种以适应自由贸易》一书的作者。——327。

斯图亚特,詹姆斯(Steuart, James 1712—1780)——英国资产阶级经济学家,重商主义的最后代表人物之一,货币数量论的反对者。——82。

索里,让(Sauri, Jean 1741—1785)——法国神父、数学家、天文学家和物理学家,蒙彼利埃大学教授。——139—140。

T

汤普森,威廉(Thompson, William 1775—1833)——爱尔兰经济学家,空想社会主义者,欧文的信徒。——93。

图克,托马斯(Tooke, Thomas 1774—1858)——英国资产阶级经济学家,资产阶级古典政治经济学的代表人物,货币数量论的批评者;写有多卷本的《价格史》。——90、420、421。

文学作品和神话中的人物索引

B

比尔·赛克斯——见威廉·赛克斯。

D

德奥古利(德奥古利兄弟)——古希腊神话中宙斯和勒达的儿子,孪生的英雄(必死的卡斯托尔和永生的波鲁克斯)。——395。

H

海格立斯——古希腊神话中的一个最为大家喜爱的英雄,以非凡的力气和勇武的功绩著称,他的十二件功绩之一是驯服并抢走地狱之犬塞卜洛士。——398。

赫斯贝里德姊妹——古希腊神话中狄坦神阿特拉斯的女儿们,看守长在生命树上的金苹果。——398。

W

威廉·赛克斯(比尔·赛克斯)——狄更斯的小说《奥列佛尔》中的角色,强盗。——398。

文 献 索 引①

卡·马克思和弗·恩格斯的著作

卡·马克思

《巴黎笔记》(1843年10月—1845年1月)(Pariser Hefte, Oktober 1843 bis Januar 1845)。——320。

《巴黎笔记》(1844—1845年)(Pariser Hefte, 1844/1845)。——316。

《补充笔记本》(伦敦,1863年5月至可能年底)(Beihefte, London, Mai bis möglicherweise Ende 1863)。

《补充笔记本 A》(Beiheft A)。——77。

《补充笔记本 C》(Beiheft C)。——75、76、487。

《补充笔记本 D》(Beiheft D)。——76。

《补充笔记本 E》(Beiheft E)。——75、77、78。

《补充笔记本 G》(Beiheft G)。——75、78、79。

《布鲁塞尔笔记》(1845年)(Brüsseler Hefte, 1845)。——313、317—319、470。

《大笔记本》(1865—1866年)(Großheft, 1865/1866)。——320—332。

《第 VII 笔记本》(1859—1863年)(Heft VII, 1859—1863)。——81、83、84、86—89、91。

《关于固定资本和信用的笔记本》(1868年)(Heft zum fixen Kapital und Kredit, 1868)。——91。

① 凡不能确切判明马克思和恩格斯所引用的著作的版本,只注出著作第一版的出版日期和地点。方括号〔 〕内的文字是编者加的。——编者注

417、419、421、422、438—442、445、456、458、459、462、464、466、468、470、471、
474、482—484、487—492、512、513、534。

《资本论。政治经济学批判》第 1 卷第 1 册《资本的生产过程》1867 年汉堡版
(Das Kapital. Kritik der politischen Oekonomie. Bd. 1. Buch 1. Der Produk-
tionsprocess des Kapitals. Hamburg 1867)。——16、25、35、37、39、43、50、
56、59、60、66、100、173、198、240、243、245、256、390、393、396、407、408、416、
485、489、531、533、535、539、545、547、549、550。

《资本论。政治经济学批判》第 2 卷第 2 册《资本的流通过程》,弗·恩格斯编,
1885 年汉堡版(Das Kapital. Kritik der politischen Oekonomie. Bd. 2. Buch 2:
Der Cirkulationsprocess des Kapitals. Hrsg. von F. Engels. Hamburg 1885)。
——446、458、484、497。

《资本论。政治经济学批判》第 3 册《资本主义生产的总过程》(上、下),弗·恩
格斯编,1894 年汉堡版(Das Kapital. Kritik der politischen Oekonomie. Buch
3:Th. 1. 2. Der Gesammtprocess der kapitalistischen Produktion. Hrsg. von
F. Engels. Hamburg 1894)。——39、546。

其他作者的著作

A

安德森,亚·《近来商业的困境,或恐慌分析。阐明其原因和对策》1847 年伦敦
版 (Anderson, A.: The recent commercial distress; or, the panic analysed:
showing the cause and cure. London 1847)。——83、497。

安德森,詹·《关于导致不列颠目前粮荒的情况的冷静考察》1801 年伦敦版
(Anderson, J.: A calm investigation of the circumstances that have led to the
present scarcity of grain in Britain: suggesting the means of alleviating that e-
vil, and of preventing the recurrence of such a calamity in future. London
1801)。——316。

B

贝尔,本·《粮荒》,皮·普雷沃译自英文,1804 年日内瓦版(Bell, B.: De la
disette. Traduit de l'anglois par P. Prevost. Genève 1804)。——318。

贝尔,本·《农业论文集,包括迅速而普遍地改良大不列颠土地的计划》1802 年

爱丁堡版（Bell，B.：Essays on agriculture，with a plan for the speedy and general improvement of land in Great Britain. Edinburgh 1802）。——318。

贝卡里亚，切·《社会经济原理》，载于《意大利政治经济学名家文集·现代部分》，〔彼·库斯托第编，〕1804 年米兰版第 11 卷（Beccaria，C.：Elementi di economia pubblica. In：Scrittori classici italiani di economia politica.〔Hrsg.：P. Custodi.〕Parte moderna. T. 11. Milano 1804）。——84。

〔贝利，赛·〕《对价值的本质、尺度和原因的批判研究，主要是论李嘉图先生及其信徒的著作》，《略论意见的形成和发表》一书的作者著，1825 年伦敦版（〔Bailey，S.：〕A critical dissertation on the nature，measures，and causes of value；chiefly in reference to the writings of Mr. Ricardo and his followers. By the author of essays on the formation and publication of opinions，&c. &c. London 1825）。——88、411。

〔贝利，赛·〕《货币及其价值的变动，这种变动对国家工业和金钱契约的影响》，附关于股份银行的附录，1837 年伦敦版（〔Bailey，S.：〕Money and its vicissitudes in value；as they affect national industry and pecuniary contracts：with a postscript on joint-stock banks. London 1837）。——84。

比沙，克·《生与死的研究》1800 年巴黎版（Bichat，X.：Recherches sur la vie et la mort. Paris 1800）。——64、395。

波特尔，阿·《政治经济学：它的对象、应用和原理。以美国人的生活状况来加以说明》1841 年纽约版（Potter，A.：Political economy. Its objects，uses，and principles：considered with reference to the condition of the American people. With a summary，for the use of students. New-York 1841）。——86、220。

勃多〔，尼·〕《经济表说明》，载于《重农学派》，附欧·德尔的绪论和评注，1846 年巴黎版第 2 部（Baudeau〔，N.〕：Explication du Tableau économique，a Madame de***，par l'auteur des Ephémérides. 1770. In：Physiocrates ... par E. Daire. Pt. 2. Paris 1846）。——76、465、487。

布阿吉尔贝尔〔，皮·德·〕《论谷物的性质、种植、交易和利益》，载于《18 世纪的财政经济学家》，附欧·德尔编写的作者史料、评注和注解，1843 年巴黎版（Boisguillebert〔，P. de〕：Traité de la nature，culture，commerce et intérêt des grains，tant par rapport au public，qu'a toutes les conditions d'un état. In：Économistes financières du XVIIIᵉ siècle. Précédés de notices historiques sur chaque auteur，et accompagnés de commentaires et de notes explicatives，par

E. Daire. Paris 1843)。——316。

布莱克,威·《论限制兑现期间政府支出的影响》1823 年伦敦版(Blake,W.:Observations on the effects produced by the expenditure of government during the restriction of cash payments. London 1823)。——80、84、85。

C

查默斯,托·《论政治经济学同社会的道德状况和道德远景的关系》1832 年格拉斯哥第 2 版(Chalmers,Th.:On political economy in connexion with the moral state and moral prospects of society. 2. ed. Glasgow 1832)。——91、92、487。

D

达夫,帕·爱·《政治学原理》(共两册),第一册《方法论》,第二册《学说》,附英国政治经济学创始人安·耶伦顿的报告,1854 年爱丁堡——伦敦版(Dove,P. E.:The elements of political science. In 2 books. Book 1. On method. Book 2. On doctrine. With an account of A. Yarranton,the founder of English political economy. Edinburgh,London 1854)。——330—332。

[戴韦南特,查·]《论公共收入和英国贸易》(两卷集)1698 年伦敦版([Davenant,Ch.:] Discourses on the publick revenues,and on the trade of England. Which more immediately treat of the foreign traffick of this kingdom. In 2 pt. London 1698)。——315。

[戴韦南特,查·]《论使一国人民在贸易差额中成为得利者的可能的方法》1699 年伦敦版([Davenant,Ch.:] An essay upon the probable methods of making a people gainers in the balance of trade. By the author of the Essay on ways and means. London 1699)。——315。

《当前的危机,其特征和解决办法》,载于 1847 年 5 月 8 日《经济学家》(伦敦)第 193 期(The present crisis,its character and remedy. In:The Economist. London. Nr.193,8. Mai 1847)。——80。

德·昆西,托·《政治经济学逻辑》1844 年爱丁堡——伦敦版(De Quincey,Th.:The logic of political economy. Edinburgh,London 1844)。——83。

杜尔哥[,安·罗·雅·]《关于财富的形成和分配的考察》,载于《杜尔哥全集》,欧·德尔新编,1844 年巴黎版第 1 卷(《经济学名家文集》第 3 卷)(Turgot[,

A. R. J.]：Réflexions sur la formation et la distribution des richesses. In：
Œuvres. Nouv. éd. classée par ordre de matières avec les notes de Dupont de
Nemours augm. de lettres inédites, des questions sur le commerce, et d'obser-
vations et de notes nouvelles par Eugène Daire et Hippolyte Dussard et
précédée d'une notice sur la vie et les ouvrages de Turgot par E. Daire. T. 1.
Paris 1844. (Collection des principaux économistes. T. 3))。——77。

F

范德林特，杰·《货币万能，或试论怎样才能使各阶层人民都有足够的货币》
1734 年伦敦版（Vanderlint, J.：Money answers all things：or, an essay to make
money sufficiently plentiful amongst all ranks of people, and increase our fo-
reign and domestick trade ... London 1734）。——78。

G

格林，雅·《德意志语言史》（两卷集）1853 年莱比锡第 2 版第 1 卷（Grimm, J.：
Geschichte der deutschen Sprache. 2. Aufl. Bd. 1. 2. Bd. 1. Leipzig 1853）。
——471。

《固定资本和流动资本》，载于 1847 年 11 月 6 日《经济学家》（伦敦）第 219 期
（Fixed and floating capital. In：The Economist. London. Nr. 219, 6. November
1847）。——83。

K

［康替龙，理·］《试论一般商业的性质》第 1—3 册，译自英文，载于《政论集》
1756 年阿姆斯特丹版第 3 卷（［Cantillon, R.：］Essai sur la nature du
commerce en général. Pts. 1—3. Trad. d'anglois. In：Discours politiques. T. 3.
Amsterdam 1756）。——78、79、520。

柯贝特，托·《个人致富的原因和方法的研究，或贸易和投机原理的解释》（两卷
集）1841 年伦敦版（Corbet, Th.：An inquiry into the causes and modes of the
wealth of individuals；or the principles of trade and speculation explained. In 2
pt. London 1841）。——468。

魁奈，弗·《关于商业和手工业者劳动的问答。关于商业。H 先生和 N 先生的
第一次问答》，载于《重农学派》，附欧·德尔的绪论和评注，1846 年巴黎版第

from which it is concluded, that taxation and the maintenance of unproductive consumers can be conducive to the progress of wealth. London 1821）。——87、432。

罗伯茨，路·《贸易的财富。或论外国贸易》1641 年伦敦版（Roberts, L.: The treasure of traffike. Or a discourse of forraigne trade. Wherein is shewed the benefit and commoditie arising to a Common-Wealth or Kingdome, by the skilfull merchant, and by a well ordered commerce and regular traffike. London 1641）。——316。

罗德戴尔［，詹·梅·］《论公共财富的性质和起源及其增加的方法和原因》，E. 拉让蒂·德拉瓦伊斯译自英文，1808 年巴黎版（Lauderdale［, J. M.］: Recherches sur la nature et l'origine de la richesse publique, et sur les moyens et les causes qui concourent a son accroissement. Trad. de l'anglais, par E. Lagenti de Lavaïsse. Paris 1808）。——198、316。

罗西，佩·《政治经济学教程。1836—1837 年讲授。（包括巴黎版的两卷内容）》，载于《政治经济学教程》1843 年布鲁塞尔版（Rossi, P.: Cours d'économie politique. Année 1836—1837. 〈Cont. les 2 vol. de l'éd. de Paris.〉 In: Cours d'économie politique. Bruxelles 1843）。——313。

M

马尔萨斯，托·罗·《政治经济学定义》1827 年伦敦版（Malthus, T. R.: Definitions in political economy, preceded by an inquiry into the rules which ought to guide political economists in the definition and use of their terms; with remarks on the deviation from these rules in their writings. London 1827）。——45、79、542。

马尔萨斯，托·罗·《政治经济学定义》，附约·卡泽诺夫的序言、注释和补充评论，1853 年伦敦新版（Malthus, T. R.: Definitions in political economy, preceded by an inquiry into the rules which ought to guide political economists in the definition and use of their terms; with remarks on the deviation from these rules in their writings. A new ed., with a pref., notes, and suppl. remarks by J. Cazenove. London 1853）。——81、548。

马尔萨斯，托·罗·《政治经济学原理的实际应用》，根据作者的手稿和札记作了大量补充，1836 年伦敦第 2 版（Malthus, T. R.: Principles of political economy considered with a view to their practical application. 2. ed. with considerable additions from the author's own manuscript and an original memoir. London 1836）。——45、198、541。

麦克库洛赫,约·拉·《论政治经济学的起源、发展、特殊对象和重要性》,吉·普雷沃译自英文,1825 年日内瓦—巴黎版（MacCulloch, J. R.: Discours sur l'origine, les progrès, les objets particuliers, et l'importance de l'économie politique. Contenant l'esquisse d'un cours sur les principes et la théorie de cette science. Trad. de l'angl. par G. Prevost. Et suivi de quelques observations du traducteur sur le système de Ricardo. Genève, Paris 1825）。——319、320。

梅尔西埃·德拉里维耶尔[,保·皮·]《政治社会天然固有的秩序》1767 年伦敦版,载于《重农学派》,附欧·德尔的绪论和评注,1846 年巴黎版第 2 部（Mercier de la Rivière[, P. P.]: L'ordre naturel et essentiel des sociétés politiques. Londres 1767. In: Physiocrates ... par E. Daire. Pt. 2. Paris 1846）。——75。

摩尔顿,约·洛·《地产的资源。论农业的改进和地产的综合经营》1858 年伦敦版（Morton, J. L.: The resources of estates: being a treatise on the agricultural improvement and general management of landed property. London 1858）。——327—330。

穆勒,约·斯·《略论政治经济学的某些有待解决的问题》1844 年伦敦版（Mill, J. S.: Essays on some unsettled questions of political economy. London 1844）。——80—81。

穆勒,约·斯·《政治经济学原理及其对社会哲学的某些应用》（两卷集）1862 年伦敦第 2 版第 1 卷（Mill, J. S.: Principles of political economy with some of their applications to social philosophy. 2. ed. In 2 vol. Vol. 1. London 1862）。——512。

穆勒,约·斯·《政治经济学原理及其对社会哲学的某些应用》1866 年伦敦版（Mill, J. S.: Principles of political economy with some of their applications to social philosophy. People's edition. London 1866）。——512。

穆勒,詹·《政治经济学原理》,雅·泰·帕里佐译自英文,1823 年巴黎版（Mill, J.: Élémens d'économie politique. Trad. de l'anglais par J. T. Parisot. Paris 1823）。——90。

N

纽曼,赛·菲·《政治经济学原理》1835年安多弗—纽约版(Newman,S. P[h.]: Elements of political economy. Andover,New York 1835)。——81、83、91—92、487。

P

[配第,威·]《赋税论》1667年伦敦版([Petty,W.:] A treatise of taxes & contributions. Shewing the nature and measures of crown-lands,assesments,customs, poll-moneys, lotteries, benevolence, penalties, monopolies, offices, tythes,raising of coins,harth-money,excize,etc. London 1667)。——77。

配第,威·《政治算术》,载于配第《政治算术论文集》1699年伦敦版(Petty,W.: Political arithmetick,or a discourse concerning the extent and value of lands, people, buildings; husbandry, manufacture, commerce, fishery, artizans, seamen,soldiers ... In:Petty:Several essays in political arithmetick ... London 1699)。——313—315。

普雷沃,吉·《评李嘉图体系》,载于约·拉·麦克库洛赫《论政治经济学的起源、发展、特殊对象和重要性》1825年日内瓦—巴黎版(Prevost,G.: Reflexions du traducteur sur le système de Ricardo,contenant l'exposé et la discussion sommaires des principes et des conséquences de ce système. In:J. R. MacCulloch:Discours sur l'origine,les progrès,les objets particuliers,et l'importance de l'économie politique. Contenant l'esquisse d'un cours sur les principes et la théorie de cette science. Genève,Paris 1825)。——319、320。

Q

琼斯,理·《国民政治经济学教程》1852年赫特福德版(Jones,R.:Text-book of lectures on the political economy of nations,delivered at the East India-College. Haileybury. Hertford 1852)。——86—89。

S

萨伊,让·巴·《论政治经济学,或略论财富是怎样产生、分配和消费的》(两卷集)1817年巴黎第3版(Say,J.-B.:Traité d'économie politique,ou simple exposition de la manière dont se forment, se distribuent et se consomment les richesses. 3. éd. T. 1. 2. Paris 1817)。——482、513—514。

施泰因，洛·[冯·]《政治学体系》第 1 卷《统计学、人口学和国民经济学的体系》1852 年斯图加特—蒂宾根版(Stein, L. [von]: System der Staatswissenschaft. Bd. 1: System der Statistik, der Populationistik und der Volkswirthschaftslehre. Stuttgart, Tübingen 1852)。——496。

施托尔希，亨·《政治经济学教程，或论决定人民幸福的原理》1815 年圣彼得堡版第 1—4 卷(Storch, H.: Cours d'économie politique, ou exposition des principes qui déterminent la prospérité des nations. Ouvrage qui a servi à l'instruction de Leurs Altesses Impériales, les Grand-Ducs Nicolas et Michel. T. 1—4. St.-Pétersbourg 1815)。——75。

施托尔希，亨·《政治经济学教程，或论决定人民幸福的原理》，附让·巴·萨伊的注释和评述，1823 年巴黎版第 1—4 卷。第 5 卷《论国民收入的性质》1824 年巴黎版(Storch, H.: Cours d'économie politique, ou exposition des principes qui déterminent la prospérité des nations ... Avec des notes explicatives et critiques par J.-B. Say. T. 1—4. Paris 1823. T. 5: Considérations sur la nature du revenu national. Paris 1824)。——93、317、318。

《18 世纪的财政经济学家》，附欧·德尔编写的作者史料、评注和注解，1843 年巴黎版 (Économistes financiers du XVIIIᵉ siécle. Précédés de notices historiques sur chaque auteur, et accompagnés de commentaires et de notes explicatives, par E. Daire. Paris 1843)。——316。

斯克罗普，乔·波·《政治经济学原理》1833 年伦敦版(Scrope, G. P.: Principles of political economy, deduced from the natural laws of social welfare, and applied to the present state of Britain. London 1833)。——86、220、228。

斯密，亚·《国民财富的性质和原因的研究》(又译《国富论》)(四卷集)，附约·拉·麦克库洛赫写的作者传记、序言、注释和补充论述，1838 年爱丁堡版第 2 卷(Smith, A.: An inquiry into the nature and causes of the wealth of nations. With a life of the author, an introductory discourse, notes, and supplemental dissertations. By J. R. McCulloch. Vol. 1—4. Vol 2. Edinburgh 1838)。——90。

斯密，亚·《国民财富的性质和原因的研究》(全一卷)，附作者生平回忆录，1848 年阿伯丁—伦敦版(Smith, A.: An inquiry into the nature and causes of the wealth of nations. With a memoir of the author's life. Complete in 1 vol. Aberdeen,London 1848)。——266—270、470、501—512、514—528。

斯密斯,埃·《把纯租当做永恒收入的错误观点》1850 年伦敦版(Smith,E.：The error of mistaking net rental for permanent income. London 1850)。——326。

斯密斯,休·《自由耕种以适应自由贸易》1850 年伦敦版(Smith,H.：Free farming to meet free trade. London 1850)。——327。

斯图亚特,詹·《政治经济学原理研究,或自由国家内政学概论》(三卷集)1770 年都柏林版第 1 卷(Steuart,J.：An inquiry into the principles of political oeconomy：being an essay on the science of domestic policy in free nations. In 3 vol. Vol. 1. Dublin 1770)。——82。

索里[,让·]《数学全教程》1778 年巴黎版第 1 卷(Sauri[,J.]：Cours complet de mathématiques. T. 1. Paris 1778)。——139、140。

T

汤普森,威·《最能促进人类幸福的财富分配原理的研究》1824 年伦敦版 (Thompson,W.：An inquiry into the principles of the distribution of wealth most conducive to human happiness；applied to the newly proposed system of voluntary equality of wealth. London 1824)。——93—94。

图克,托·《通货原理研究；通货与价格的关系》1844 年伦敦第 2 版(Tooke, Th.：An inquiry into the currency principle；the connection of the currency with prices,and the expediency of a separation of issue from banking. 2. ed. London 1844)。——90、421。

托伦斯,罗·《论财富的生产》1821 年伦敦版(Torrens,R.：An essay on the production of wealth；with an appendix,in which the principles of political economy are applied to the actual circumstances of this country. London 1821)。——197、547。

W

威兰德,弗·《政治经济学原理》1843 年波士顿版(Wayland,F.：The elements of political economy. Boston 1843)。——82—83、401。

X

西尼耳,纳·威·《关于工厂法对棉纺织业的影响的书信。附伦纳德·霍纳给西尼耳先生的信以及埃·阿什沃思先生、汤普森先生和西尼耳先生之间的谈话记录》1837 年伦敦版(Senior, N. W.: Letters on the factory act, as it affects the cotton manufacture, addressed to the Right Hon. the President of the Board of Trade. To which are appended, a letter to Mr. Senior from Leonard Horner, and minutes of a conversation between Mr. E. Ashworth, Mr. Thompson and Mr. Senior. London 1837)。——43、535。

[西斯蒙第,]让·沙·莱·西蒙德·[德·]《论商业财富,或商业立法中运用的政治经济学原理》(两卷集)1803 年日内瓦版([Sismondi,] J.-C[h.]-L. Simonde [de]: De la richesse commerciale, ou principes d'économie politique, appliqués à la législation du commerce. T. 1. 2. Genève 1803)。——75。

西斯蒙第,让·沙·莱·西蒙德·德·《政治经济学概论》(两卷集)1837 年布鲁塞尔版第 1 卷(Sismondi, J.-C[h.]-L. Simonde de: Études sur l'économie politique. T. 1. 2. T. 1. Bruxelles 1837)。——470。

Y

伊夫林,约·《关于土壤的哲学论述,1675 年 4 月 29 日提交英国皇家学会》1676 年伦敦版(Evelyn, J.: A philosophical discourse of earth, relating to the culture and improvement of it for vegetation, and propagation of plants, &c. as it was presented to the Royal Society, April 29. 1675. London 1676)。——326。

约翰斯顿,詹·芬·韦·《北美农业、经济和社会问题札记》(两卷集)1851 年爱丁堡—伦敦版(Johnston, J. F. W.: Notes on North America, agricultural, economical, and social. 2 vol. Vol. 1. 2. Edinburgh, London 1851)。——320—326。

Z

《重农学派。魁奈、杜邦·德奈穆尔、梅尔西埃·德拉里维耶尔、勃多神父、勒特罗纳》,附欧·德尔关于重农学派学说的绪论、评注和史料,1846 年巴黎版第 1、2 部(《经济学名家文集》第 2 卷)(Physiocrates. Quesnay, Dupont de Nemours, Mercier de la Rivière, L'Abbé Baudeau, Le Trosne, avec une introd. sur la doctrine des Physiocrates, des comm. et des notices historiques, par E. Daire. Pt. 1. 2. Paris 1846. (Collection des principaux économistes. T. 2))。——75—77。

文 学 著 作

B

巴尔扎克《农民》。——548。

L

雷尼埃，马·《讽刺诗 XII。致弗雷米内先生》。——66、68、396—398。

S

莎士比亚《麦克佩斯》。——397。
莎士比亚《雅典的泰门》。——397。

报 刊 索 引

J

《经济学家。每周商业时报,银行家的报纸,铁路监控:政治文学总汇报》(The Economist, Weekly Commercial Times, Bankers' Gazette, and Railway Monitor. A political, literary, and general newspaper)——英国的一家周刊,1843年由詹·威尔逊在伦敦创办,大工业资产阶级的喉舌。—— 80、83、465、497。

名 目 索 引

203—205、207、208、213、217—219、221、222、224—227、231—233、253—255、272—280、282—302、305—310、335—342、346、348、351—354、357、358、362、363、366、367、370—374、377—381、488、489。

——生产时间和流通时间的总和——200。

——年预付资本——125、200、204、205、210—213、232、233、276—278、280—282、285、286、298、336—338、358、378。

——年价值产品——276、277、284、308、375、514、516。

——年剩余价值量——213、275、280、302、306、342、361、371。

——年剩余价值率——200、203、212、213、274—278、280。

——年利润——209、221、222、280、288、304、338、350、363。

——年利润量——287、342、356、379。

——年生产价格——220—222、350、364—367、369、370。

——年出售价格——354—356。

——年成本价格——200、202、203、207、209—212、217、218、223、225、280、283、285—288、293、302、305、336—339、342、348、352、380。

——资本的年周转——201、214、215、351。

——资本的年周转速度——358、362。

——年周转次数　214　219、221、222、224、253、254、287、290、293、297、304、339、340。

——固定资本的年周转——201、218、226、227、231—233、348。

——年损耗——76、200、204、206、209、223、224、252、285、286、299、300、302、304、305、338。

——年地租——330。

——年土地产品——488。

——年消费——94。

——为期一年的雇佣劳动——278。

——一年的储备——474。

——每年消费的劳动力——345。

年产品

——概述——241、279、340、343、346、356、514、517。

——年商品量——94、200—203、207、212、217、218、220、223、225、337、345。

——可分立的产品量——280。

——价值、价值部分——93、200、280、281、283、285、337—339、352、354、358、514、516。

——成本价格——200、203、206、209—212、217、218、223、225、226、276、280、283—288、293、302、305、336—339、342、349、351、352、380。

——生产价格——220—222、350、364—368、370。

参加本卷译文校订工作的有：

张红山　张凤凤　周思成　张　红　金　建

参加本卷资料和编辑工作的有：

李　楠　刘洪涛　沈　延　高　杉　孙晓迪
姜　颖　李园园　朱　羿　李莉娜　姚　颖
赵梦同　罗　炯

参加本卷审稿工作的有：

王锡君　李其庆

全卷译文由张红山　章林　张红审定

项目统筹：崔继新
责任编辑：杜文丽
封面设计：尹凤阁　王师颉　石笑梦
版式设计：胡欣欣
责任校对：周　昕　余　佳

图书在版编目（CIP）数据

马克思恩格斯全集　第四十卷.上册／中共中央党史和文献
　研究院编译.-2版
-北京：人民出版社，2023.12
ISBN 978-7-01-026276-5

Ⅰ.①马… Ⅱ.①中… Ⅲ.①马恩著作-全集 Ⅳ.①A1

中国国家版本馆 CIP 数据核字(2023)第 253151 号

马克思恩格斯全集

MAKESI ENGESI QUANJI

第四十卷 上册

中共中央党史和文献研究院编译

人民出版社 出版发行

（100706　北京市东城区隆福寺街 99 号）

北京新华印刷有限公司印刷　新华书店经销

2023 年 12 月第 2 版　2023 年 12 月北京第 1 次印刷

开本：880 毫米×1230 毫米 1/32　印张：23.25

字数：539 千字　印数：0,001—5,000 册

ISBN 978-7-01-026276-5　定价：78.00 元

邮购地址 100706　北京市东城区隆福寺街 99 号

人民东方图书销售中心　电话（010）65250042　65289539

ISBN 978-7-01-026276-5

9 787010 262765 >